中国社会科学院创新工程学术出版资助项目

世界社会保障法律译丛
（卷五）

欧美社会保障法律

中国社会保险学会
中国社会科学院世界社保研究中心
中国证券投资基金业协会
—— 组织翻译 ——

中国社会科学出版社

图书在版编目（CIP）数据

欧美社会保障法律/中国社会保险学会，中国社会科学院世界社保研究中心，中国证券投资基金业协会组织翻译．—北京：中国社会科学出版社，2017.10
（世界社会保障法律译丛）
ISBN 978 - 7 - 5161 - 9101 - 9

Ⅰ.①欧…　Ⅱ.①中…②中…③中…　Ⅲ.①社会保障法—研究—欧洲②社会保障法—研究—美洲　Ⅳ.①D950.218.2②D970.218.2

中国版本图书馆 CIP 数据核字（2016）第 241738 号

出 版 人	赵剑英	
责任编辑	王　衡	
责任校对	朱妍洁	
责任印制	王　超	

出　　版	中国社会科学出版社	
社　　址	北京鼓楼西大街甲 158 号	
邮　　编	100720	
网　　址	http://www.csspw.cn	
发 行 部	010 - 84083685	
门 市 部	010 - 84029450	
经　　销	新华书店及其他书店	

印　　刷	北京明恒达印务有限公司	
装　　订	廊坊市广阳区广增装订厂	
版　　次	2017 年 10 月第 1 版	
印　　次	2017 年 10 月第 1 次印刷	

开　　本	710 × 1000　1/16	
印　　张	49	
插　　页	2	
字　　数	823 千字	
定　　价	179.00 元	

序一　社会保障法律的国际视野

社会保障是现代社会不可缺少的制度安排，是人民群众的"安全网"、社会运行的"稳定器"和收入分配的"调节器"，在促进经济发展、维护社会公平、增进国民福祉、保障国家长治久安等方面具有重要作用。改革开放以来，我国社会保障事业取得了显著成就，基本医疗保险实现全覆盖，基本养老保险参保率超过80%，覆盖城乡居民的社会保障体系基本建立，这些对于保障人民群众的基本生活、促进人民群众更加公平合理地分享经济社会发展成果发挥了重要作用。在改革开放的大背景下，随着我国计划经济体制逐步向社会主义市场经济体制的根本转变，我国社会保障制度实现了由政府和企业保障向社会保障、由职工保障向城乡全体居民保障的重大制度性变革，基本形成了社会保障、社会救助、社会福利和慈善事业相衔接的总体制度框架。在充分肯定成绩的同时，还必须看到，目前社会保障制度设计和运行还存在一些深层次的矛盾和问题，风险隐患不容忽视；以往改革实践中所呈现出来的制度碎片化，以及相关制度不能有效协同的现象，表明我国社会保障体系建设中面临的客观困难、观念障碍、机制约束仍然很深刻，极其需要从理论上理清是非曲直，在制度选择上实现统筹布局，在发展战略上分清轻重缓急。社会保障制度是最具有政治经济意义的一项社会制度，需要我们特别用心、特别用功，还要特别"用情"，就是说，我们要始终满怀深厚、热烈的感情，帮助那些特别需要帮助的困难群众。

制度建设贯穿于社会保障体系的方方面面，而法制建设在其中起着引领和基础性的作用。法治是治国理政不可或缺的重要手段，法制化是社会保障事业持续良性发展的根本保障。用法律保护多元主体的社会保障权利，从法治上提供解决社会保障问题的制度化方案，是中国法制建设和社会保障事业发展的必由之路。2010 年，《社会保险法》问世，这是新中国成立以来中国第一部社会保险制度的综合性法律，也是一部在中国特色社会主义法律体系中起支架作用的重要法律。这部法律的制定实施，标志着我国社会保险制度建设进入法制化轨道，有力地促进了社会保险各项事业的持续、稳定、健康发展。但是，社会保险只是社会保障的一部分，仅仅一部《社会保险法》远不能涵盖社会保障领域的所有问题。同时，《社会保险法》实施 7 年多来，又出现了不少新情况，加上一些原有矛盾的激化，都迫切要求对这部法律加以修订和完善。例如，机关事业单位的养老保险制度已经出台，亟须在《社会保险法》中加以明确和补充；基本养老保险全国统筹仍然步履维艰，劳动力跨地区、跨部门转移社会保险关系存在障碍；补充社会保险的政策支持还未到位；"三医联动"机制尚待完善；生育保险和医疗保险即将合并、社会保险连续降低费率等实践已经突破现有法律的规定，等等。我们在立足国情，总结历史经验，将多年积累形成的有效政策做法提炼上升为法律制度的同时，也要多做国际比较，重视国际经验的学习借鉴。因为社会保障制度作为人类应对自身风险的科学机制，面对的风险具有相通性，尽管各国所采取的对策可能因国情不同会有所差别，但必然都要符合一定的客观发展规律。在我国社会保障制度变革从试验性状态走向定型、稳定、可持续发展的关键阶段，特别需要树立社会保障历史观和国际视野，以开放的心态吸取他国的智慧。

德国是现代社会保障制度的起源国。19 世纪末，世界第一部社会保险法律在德国诞生，经过百年发展，推动德国成为社会保险体系最健全、机制运行最有效的福利国家之一。社会组织是德国社会保障的管理主体，16 家养老保险经办机构、134 家医疗保险经办机构构成了高密度的管理体系，也正是得益于健全的法制，方能良性运转、高效运营。美国的《社会保障法》出台较晚，但内容详尽，自 1935 年面世以来，美国各项社会保障事业无不遵循该法确立的自我维持、自我发展的宗旨，尽管社会保障制度随经济社会变化不断调整，但始终未脱离这一原则，确保了美国远离福利陷阱。英国等一些国家则采用平行法制模式，如自 1908 年颁布《老年年金保险法》、1911 年颁布《失业保险和健康保险法》，此后相继出台覆盖全民的《国民年金法》、覆盖特殊群体的《妇女儿童保护法》《寡妇孤儿及老年年金法》《家庭津贴法》《工伤保险法》《健康服务法》《救助法》等。此外，瑞典是名义账户制的"权威"，丹麦是主权养老金投资的"典范"，澳大利亚是第二支柱养老金的"标杆"，韩国是第一支柱养老金的亚洲的"范例",智利是养老金私有化和市场化改革的"开拓者",新加坡与马来西亚是账户制管理的"先行者",加拿大是公务员退休金管理的"模版",等等。这些国家在世界社会保障改革创新方面做了有益探索,其社会保障法律体系经过不断修订更趋完整,可以为我们构建中国特色的社会保障法律体系提供重要参考。

多年来,我国理论学术界围绕中国社会保障体系的建立和完善开展了大量研究,取得了重要的成果,做出了重大的贡献。略感缺憾的是,在国际比较方面,以前还没有人将国外社会保障法律体系完整地介绍给国内,导致社会保障法律研究资料不足,引用资料也有失偏颇,很大程度上制约和影响了我国社会保障制度改革的学术研究。令人高兴的是,中国社会科学院世界社保研究中心用时8年,组织翻译出版了《世界社会保障法律译丛》。目前出版的六卷500多万字的巨作,是我国第一部全面完整引入国外社会保障法律的译丛,填补我国社会保障法律研究的空白,使我国社会保障改革和社会保障法律的研究基础更加扎实。这是一项重要的学术贡献,再次体现了我国社会保障学界心系国家发展、心系人民福祉的责任与担当。

党的十八届三中全会提出"建立更加公平可持续的社会保障制度",在社会保障方面有许多理论突破,例如"完善个人账户制度""坚持精算平衡原则""降低社会保险费率""制定渐进式延迟退休年龄政策"等,其中有很多提法已经超出了现有法律所涵盖的内容;十八届四中全会提出"全面推进依法治国",要求"加快保障和改善民生、推进社会治理体制创新法律制度建设";十八届五中全会进一步提出"建立更加公平更可持续的社会保障制度"。这就要求我们必须将社会保障法制建设摆到更加突出的位置,以法治化引导和规范社会保障制度的改革与创新,加快构建起中国特色的社会保障体系。我相信,在社会各界特别是学术界的共同努力下,我国社会保障理论研究一定会更加繁荣,社会保障法制化的进程一定会加速推进,为实现我国社会保障体系的全面建成和更加公平更可持续的发展做出重要的历史贡献。

华建敏

第十一届全国人大常委会副委员长

原国务委员兼国务院秘书长

序二　社会保障法治的鸿篇巨制

前些时日，收到中国社会科学院世界社保中心翻译的《世界社会保障法律译丛》，看着这部鸿篇巨制，敬佩之情油然而生。8年时间，500多万字，作为一名社会法学研究工作者，我深知这需要付出多少心血和努力。拜读之后，更为本套译丛内容之浩渺、体现精神之深邃所震撼。当郑秉文教授邀请我为本套译丛作序的时候，我不愿也不能推托，因为这套译丛不仅凝聚着世界社保中心多年来的心血，也和中国法学会、中国社会法学研究会一贯以来促进社会法学研究的宗旨深深切合。

法律法规是社会利益与社会行为的规范，劳动关系是最基本、最重要的社会关系，社会保障法律体系不仅涉及最重要的社会关系，也涉及方方面面的利益。社会保险法、社会保障法、劳动法、劳动合同法等，均属于社会法学中的核心内容，相对于民法学、刑法学、行政法学等，社会法学研究的人数较少，学科不是很发达，与国外的学科研究规模差距也大一些，与中国社会保障事业发展和广大劳动民众的需求相比，存在的差距就更大了。应当讲，社会保障法律这个中国社会保障研究与法学研究的交叉领域，整体水平尚待提升。现有的社会保障法律相关著作数量偏少，而且往往偏重于一隅，缺乏社会保障和法学研究的融合。学界甚至有人认为在国内目前还未完全形成社会法的完整的学科体系。

这部鸿篇巨制的适时出版，可以弥补国内社会法学领域的严重不足。至今，国内还没有系统完整地翻译过国外的社会保障法律，从教学到科研，从政策建议到法规制订，从理论到实践，都急迫地期待一套较为系统完整的社会保障法律的原滋原味的译著，以满足国内社会保障事业、社会法学发展的需求。

展开译丛，可以清晰地感受到不同法系国家社会保障法律历史与现状在眼前流淌：美国社会保障法律占据四卷，从《1935年社会保障法》到现今影响极大的《2006年养老金保护法》，在具体的机构职能、流程、管理与监督条文的变化中，80余年法律的传承和制度的变革的融合静静展现在读者面前。

英国的《1977年社会保障管理（欺诈）法》《1998年公共利益信息披露法》《2001年社会保障欺诈法》和《2004年养老金法》，这些法规充分体现了海洋法系注重延续性的特征。加拿大、澳大利亚与新加坡历史上是英国的殖民地，这些国家社会保障法律规定与宗主国之间的差异更是值得我们关注。尤其是澳大利亚超级年金相关法律，已成为世界范围内研究企业年金立法的重要参照之一。

在大陆法系国家方面，德国是现代社会保障制度的发源地，法国的社会保障制度也独具一格，译丛中也不乏韩国、新加坡等亚洲国家与智利等拉丁美洲国家国的社会保障法律。智利养老体系的3500号律令首创了养老保险制度的个人账户模式；日本的《养老金公积金经营基本方针》为我国基本养老金投资运营提供了可资借鉴之经验；韩国《国民年金法》包括从1986年到2005年一系列的修订，条文无声的体现着法律变更的动因所在。

本套译丛中还包括了丹麦、瑞典等典型福利的社会保障法律，他们构建福利国家的努力以及再改革，都在书中呈现。此外，还有俄罗斯、马来西亚等卓有特色的法律规章。这套译丛，不仅是实用的工具，也是不同的社会保障制度、模式与道路的发展和演化的缩影，堪称世界社会保障比较法治的一个丰富的智库。中国的社会保障制度自建立以来，尤其是自20世纪90年代以来取得了举世瞩目的成就，但是相关的法律发展却相对滞后，亟待构建完整的中国社会保障法律体系。目前，中国经济进入新常态，社会保障事业的发展也步入了关键的变革时期。机关事业单位养老保险制度已经建立，劳动力跨地区、跨部门转移社会保险关系仍存在障碍，关于法定退休年龄调整以及十八届五中全会提出的"实现职工基础养老金全国统筹，划转部分国有资本充实社保基金，全面实施城乡居民大病保险制度""深化医药卫生体制改革，理顺药品价格，实行医疗、医保、医药联动，建立覆盖城乡的基本医疗卫生制度和现代医院管理制度"的各个目标明确，以上新老问题交织叠加在一起，在实践中已触碰到了现有法律的边界。

在这种情势下，落实贯彻十八届四中全会精神，"坚持立法先行，发挥立法的引领和推动作用"，"坚持立改废释并举，增强法律法规的及时性、系统性、针对性、有效性"，以立法促进制度改革已刻不容缓。这也是实现十八届三中全会要求，"建立更加公平可持续的社会保障制度"的关键所在。

一个国家的社会保障法制毫无例外的都具有本国特色和适合本国国情。但像其他事物一样，社保法制具有自身发展的规律性和特点。这些规律和特点，是人类的共同财富，是社会保障法制设立、发展的基础和支撑。从立法工作角度看，中国在立法过程中，一直坚持科学立法、民主立法，而开门立法是做到科学、民主立法的最重要方法；因此几十年来一贯注重吸收借鉴国际相关经验。在中国社会保障法制发展的关键时刻，《世界社会保障法律译丛》的出版发行，为系统了解世界社会保障立法情况提供了最宝贵的一手资料。这套译丛全面覆盖了不同法系国家、不同福利制度国家以及不同社会保障制度模式国家的相关法律资料，其翔实丰富程度是前所未有的。

最后，我再次向本书的译者们表示敬意，他们用了 8 年的时间，为完善中国的社会保障法律体系带来了一套完整的第一手资料，在这里我衷心希望，这套译丛能够在完善中国社会保障法律体系乃至社会保障制度改革中发挥更大的作用；希望这套著作尽快地普及开来，成为每一个法学界、社会保障学界人士手边的工具。

张鸣起

第十二届全国人大法律委员会副主任委员

中国法学会副会长，中国社会法学研究会会长

前全国总工会副主席、书记处书记

序三　他山石　攻我玉

2009 年年底，我国《社会保险法》草案经过全国人大常委会三读审议，接近面世，但还有一些难题在深入讨论；企业年金市场化运营已经 3 年了，也遇到进一步完善监管法规制度的问题。这些都亟须在更好总结自身经验的同时，更多参考国际经验。于是，当时担任中华人民共和国人力资源和社会保障社部副部长分管社会保险工作的我，责成当时的社会保障基金监督司尽快搜集国外相关法规资料，为我所用。后来得知，中国社会科学院世界社保研究中心承接了这项任务，2010 年组织翻译了十多部计70 多万字的外国社会保障法律，满足了当时的急迫需求，应该说，这项工作的及时完成，对我国《社会保险法》的出台和企业年金监管制度的健全是做出了贡献的。

我以为，这件事至此就算过去了。直到不久前，该中心郑秉文主任告诉我，他们在那 70 万字的基础上，又经过 5 年努力，翻译了 500 多万字，编成了一部六卷的《世界社会保障法律译丛》。这确实令我惊讶。早年间，由于工作需要，我自己也曾尝试翻译过国际劳工组织有关社会保障的一些公约，深知翻译法律文件是最吃力、最枯燥的事情。该中心锲而不舍、孜孜以求，把当年我提出的"一件事"用 8 年心血演绎成"一项事业"，值得敬佩。

我敬佩此举，不仅出于赞赏这种做事的精神，更在于这部译著的现实和历史价值。回想我从事社会保障工作 20 多年，正是我国改革开放不断深化、社会保障事业蓬勃发展的时段，立足国情、勇于创新，同时又广泛借鉴国际经验是我们屡试不爽的成功之道。但客观地说，也不乏这样的尴尬情景：有时讨论起一个问题来，各方缺乏对基本事实的共同认知，都声言自己在国外考察时亲眼所见、亲耳所闻某种情况（政策、标准、处置方式等），引用的资料也出入甚大，并据此坚持己见、互不退让，结果往往使本应理性的论辩变成一场根本不在同一事实基础上的无谓争吵。这着实令人烦恼！如果那时有网络可以大量、方便、快捷地搜集相关信息，如果那时有经过翻译的成熟的国外法规集作相对准确的参照，而不是过度局限于个人体验，我们将减少多少时间和精力的消耗，并或许可以由此找到解决问题的更加经济有效的方法。我不是法学专家，在外语方面造诣亦浅，所以无从评价这部译著的质量；但我从它提供了诸多国家社会保障现行法律状态的基本事实的角度，足以肯定其价值：它不仅是一个可随时查阅的实用工具——对某国某项制度规定认知不清，查一查该国法规资料即可；更是为社会保障专业人士的科学比较、论证、辨识、借鉴乃至批判提供了事实基点，从而有助于摆脱这一领域或多或少的"盲人摸象"的困境。

我肯定这部译著的价值，还在于其广泛的包容性——所翻译的几十部外国法律，不是单一的模式，而是各式各样、多姿多彩的，甚至体现着不同的社会保障理念：美国的社会保障制度结构，政府提供直接援助较少，更多通过市场机构依法运作，反映了这个国度高度尊崇自由市场经济原则；德国这类雇佣双方缴费、由公法指定社会组织管理的社会保险模式，其法律规制体现着100多年来始终秉持的社会团结、代际赡养理念；曾被称为"第三条道路"典型的北欧丹麦、瑞典等国的社保法律，践行着贝弗里奇"从摇篮到坟墓"的梦想；韩国、新加坡、马来西亚等国的社保法规，可以让我们更多感受到东亚文化的基因……如此色彩纷呈、各具千秋的社保法规展示的"画廊"，使人很容易记起那个著名的感悟——我们不能照抄照搬外国某种模式！也实在是无法照抄照搬，因为外国也是多种模式并存的。我们由此也更明了，"立足国情"原来并非是我国的独有理念，实际上各国都在作这样的选择。

我肯定这部译著的价值，又在于其所译各国社保法律反映出内在的生命律动——单独看各部法律，充满了冷冰冰、硬邦邦的"法言法语"，似乎是僵化的；但多部法律彼此联系，就可以从中看出变异、发展、演进。例如，美国有《1935年社会保障法》与《2006年养老金保护法》的延展关系；英国以1942年为中点，其前后的社会保障法律要旨差别明显，体现出贝弗里奇报告对重构制度体系的深刻影响；加拿大、澳大利亚这些前英殖民地的社会保障法律，隐隐透出对宗主国既继承又发展的关联；所翻译的智利社会保障法规集中于20世纪80年代后，反映了那一时期包括养老金在内的一大批公共品私有化的国际风潮。触摸着时间流动冲刷下的印痕，我们也很容易记起耳熟能详的那句话——与时俱进！几十年来，国际政治、经济大格局发生了翻天覆地的变化，各国在国际大棋局中的绝对或相对位置都今非昔比，各国面对的国内主要矛盾和发展任务也随之变化，没有哪个治国理政者可以靠固守多年前的法规而获得进步。这也再次印证了不能照抄照搬外国理论和制度的必然性，因为人家也在变。如果说有什么共同规律，最本质的便是——法随势易、令因时变。所以，研究国外资料获取的真正价值，不是熟知或死抠哪个法条是如何规定的，而是明白他们在什么背景和条件下做出了这样的规定。如果研究国外法律、制度、经验能够达到"知其然，更知其所以然"的境界，就说明我们更加成熟了。

郑秉文主任邀我为《世界社会保障法律译丛》作序，这本非我擅长之事，但想到自己毕竟与这部译著还有些渊源，便不好推托，写下以上实话、实感、实情聊充序言。如果可以加一点对未来的期许之语，那就是：我希望有一天，中国的社会保障法律也被外国广泛翻译、引用和研究，那时就是中国更深融入世界，并对世界做出更大贡献的时候。

胡晓义
第十二届全国政协委员
中国社会保险学会会长
中华人民共和国人力资源和社会保障部原副部长

目　　录

欧洲地区

美洲地区

欧洲地区

《1997 年社会保障管理(欺诈)法》
(英国)

1997 年
第 47 章

为修订社会保障犯罪及其他社会保障管理相关法律的法律。

1997 年 3 月 21 日

该法遵照女王殿下最明智的权威,依照上下议院的建议,在本届议会中通过,并由本届议会颁布。具体规定如下:

信息的提供与使用

1. 税务机关掌握的信息

(1)《1992 年社会保障管理法》[1992 c. 5.] 第 122 节(税务机构所得税信息披露)以及替代条款的标题:

"信息

税务机关掌握的信息

122 税务机关应该掌握欺诈预防及核查方面的资料

(1)本节适用于:

(a)税务局局长或海关专员掌握的信息;

(b)或者,个人向税务局局长或海关专员提供的与这些机构规定相关的信息。

(2)本节也适用于由有关专员授权或向国务大臣或北爱尔兰部门提供服务的任何人提供的以下信息:

（a）与社会保险犯罪相关的预防、侦查、调查或起诉方面的信息；

（b）或者，为检查与福利、捐款或者国家保险号码相关的资料精确程度的信息，以及其他有关社会保险或者（如果适当）修改、补充这方面资料的信息。

（3）根据上述第（2）款提供的信息不得由其他任何个人或团体接受者提供，除非：

（a）根据该款允许由个人或者团体提供的信息；

（b）基于《捐款与福利法》《1995 年求职者法》［1995 c. 18.］、本法或为北爱尔兰任何立法中民事或刑事法律程序目的而提供的信息，或者

（c）根据下面的第 122C 条提供的信息；

且在没有相关专员的授权时不得进行信息提供行为。

（4）但是，第（2）款提供的信息主要适用于［按照该款第（b）项］修改或补充其他信息，因此在如下情形中是合法的，即：

（a）提供给那些可以向其提供任何其他信息的任何个人或团体；

（b）或者，为任何目的而使用任何可以使用的其他信息。

（5）本条也适用于本条以外的信息提供情况。

122A 税务局基于捐款目的而进行的信息提供

（1）本条适用于以下信息持有者：

（a）税务局专员；

（b）或者，任何向税务专员提供符合相关机构规定信息的个人。

（2）本节也适用于由有关专员授权的向国务大臣或北爱尔兰部门提供服务的任何人提供的信息。

（3）根据前面第（2）款提供的信息不得由任何其他个人或团体接受者提供，除非：

（a）根据该款可以由个人或者团体提供的信息；

（b）基于《捐款与福利法》《1995 年求职者法》［1995 c. 18.］、本法或为北爱尔兰任何立法中民事或刑事法律程序目的而提供的信息；

（c）或者，根据下面第 122C 条提供的信息；

且在没有相关专员的授权时不得进行信息提供行为。

（4）但是，第（2）款提供的信息主要适用于［按照该款第（b）项］修改或补充其他信息，因此在如下情形中是合法的，即：

（a）提供给那些可以向其提供任何其他信息的任何个人或团体；

（b）或者，为任何目的而使用任何可以使用的其他信息。

（5）本条也适用于本条以外的信息提供情况。"

（2）《1992 年社会保障管理法》［1992 c. 5.］第 116 条（税务机构所得税信息披露）以及替代章节的标题：

"信息

税务机关所掌握的信息

116 税务局基于捐款目的而进行的信息提供

（1）本条适用于以下信息持有者：

（a）税务局专员；

（b）或者，任何向税务专员提供符合相关机构规定信息的个人。

（2）本条也适用于由有关专员权威支持或向国务大臣或北爱尔兰部门提供服务的任何人提供的以下信息：

（a）与社会保险犯罪相关的预防、侦查、调查或起诉方面的信息；

（b）或者，为检查与福利、捐款或者国家保险号码相关的资料精确程度的信息，以及其他有关社会保险或者（如果适当）修改、补充这方面资料的信息。

（3）根据前面第（2）款提供的信息不得由其他任何个人或团体接受者提供，除非：

（a）根据该款可以向个人或者团体提供的信息；

（b）基于《捐款与福利法》《1995 年求职者行政命令（北爱尔兰）》［S. I. 1995/2705（N. I. 15）.］、本法或大不列颠任何立法中民事或刑事法律程序目的而提供的信息；

（c）或者，住房管理方面的信息；

且在没有相关专员的授权时不得提供信息。

（4）但是，第（2）款提供的信息主要适用于［按照该款第（b）项］修改或补充其他信息，因此在如下情形中是合法的，即：

（a）提供给那些可以向其提供任何其他信息的任何个人或团体；

（b）或者，为任何目的而使用任何可以使用的其他信息。

（5）本节也适用于本节以外的信息提供情况。

116A 税务局基于捐款目的而进行的信息提供

（1）本条适用于以下信息持有者：

（a）税务局专员；

（b）或者，任何向税务专员提供符合相关机构规定信息的个人。

（2）本条也适用于由有关专员权威支持或为任何有关捐款目的而向国务大臣或北爱尔兰部门提供服务的任何人提供信息。

（3）根据前面第（2）款提供的信息不得由其他任何个人或团体接受者提供，除非：

（a）根据该款可以由个人或者团体提供信息；

（b）基于《捐款与福利法》《1995年求职者行政命令（北爱尔兰）》〔S. I. 1995/2705（N. I. 15）.〕、本法或大不列颠任何立法中民事或刑事法律程序目的而提供的信息。

且在没有相关专员的授权时不得进行信息提供。

（4）但是，第（2）款提供的信息主要适用于〔按照该款第（b）项〕修改或补充其他信息，因此在如下情形中是合法的，即：

（a）提供给那些可以向其提供任何其他信息的任何个人或团体；

（b）或者，为任何目的而使用任何可以使用的其他信息。

（5）本节也适用于本节以外的信息提供情况。"

2. 其他政府信息

（1）在《1992年社会保障管理法》〔1992 c. 5.〕第122A条之后插入〔插入第1条第（1）款〕

"其他政府信息

122B 其他欺诈预防及核查方面的政府信息的提供

（1）本节适用于个人掌握的向内阁部长或者政府部门提供服务方面并涉及如下内容的信息：

（a）护照、外来移民和侨民、国籍或囚犯；

（b）或者，其他规定事项。

（2）本节也适用于需要提供那些信息，或者个人向国务大臣或北爱尔兰部门提供服务方面的以下信息：

（a）与社会保险犯罪相关的预防、侦查、调查或起诉方面的信息；

（b）或者，为检查与福利、捐款或者国家保险号码相关的资料精确程度的信息，以及其他有关社会保险或者（如果适当）修改、补充这方面资料的信息。

（3）根据前面第（2）款提供的信息不得由其他任何个人或团体接受者提供，除非：

（a）根据该款可以提供给个人或者团体的信息；

（b）基于《捐款与福利法》《1995 年求职者法》［1995 c. 18.］、本法或与北爱尔兰任何立法中民事或刑事法律程序目的而提供的信息，或者

（c）根据下面的第 122C 条提供的信息。

（4）但是，第（2）款提供的信息主要适用于［按照该款第（b）项］修改或补充其他信息，因此在如下情形中是合法的，即：

（a）提供给那些可以向其提供任何其他信息的任何个人或团体；

（b）或者，为任何目的而使用任何可以使用的其他信息。

（5）本节也适用于本节以外的信息提供情况。"

（2）插在《1992 年社会保障管理法（北爱尔兰）》［1992 c. 8.］第 116A 条后［插入第 1 条第（2）款］：

"其他政府信息

116B 其他欺诈预防及核查方面的政府信息的提供

（1）本节适用于个人掌握的向内阁部长或者政府部门提供服务方面并涉及如下内容的信息：

（a）护照、外来移民和侨民、国籍或囚犯；

（b）或者，其他规定事项。

（2）本节也适用于需要提供那些信息，或者个人向国务大臣或北爱尔兰部门提供服务方面的以下信息：

（a）与社会保险犯罪相关的预防、侦查、调查或起诉方面的信息；

（b）或者，为检查与福利、捐款或者国家保险号码相关的资料精确程度的信息，以及其他有关社会保险或者（如果适当）修改、补充这方面资料的信息。

（3）根据前面第（2）款提供的信息不得由任何其他个人或团体接受者提供，除非：

（a）根据该款可以提供给个人或者团体的信息；

（b）基于《捐款与福利法》《1995 年求职者行政命令（北爱尔兰）》［S. I. 1995/2705（N. I. 15).］、本法或大不列颠任何立法中民事或刑事法律程序目的而提供的信息；

（c）或者，住房执行方面的信息。

（4）但是，第（2）款提供的信息主要适用于［按照该款第（b）项］修改或补充其他信息，因此在如下情形中是合法的，即：

（a）提供给那些可以向其提供任何其他信息的任何个人或团体；

（b）或者，为任何目的而使用任何可以使用的其他信息。

（5）本节也适用于本节以外的信息提供情况。"

3. 行政机构管理住房福利或者地方税收优惠

在《1992 年社会保障管理法》［1992 c. 5.］第 122B 条后插入行政机构管理住房福利或者地方税收优惠的信息［插入第 2 条第（1）款］：

"行政机构管理住房福利或者地方税收优惠

122C 行政机构管理福利时需要的信息提供

（1）本节适用于以下相关的社会保障信息提供者：

（a）国务大臣或者北爱尔兰部门；

（b）或者，为国务大臣或北爱尔兰部门提供相关服务规定的个人。

（2）本节也适用于：

（a）管理住房福利或者地方税收优惠的权力机关提供的信息；

（b）或者，为了管理这些福利而被授权行使相关权力的人提供的信息。

（3）但是本节也适用于根据上面第 122 条或第 122B 条向国务大臣、北爱尔兰部门或者个人提供相关服务的以下信息，可能只是根据上面的第（2）款：

（a）与社会保险犯罪相关的预防、侦查、调查或起诉方面的信息；

（b）或者，为检查与福利、捐款或者国家保险号码相关的资料精确程度的信息，以及其他有关社会保险或者（如果适当）修改、补充这方面资料的信息。

（4）国务大臣或北爱尔兰部门：

（a）可能还需规定与根据上面第（2）款提供信息使用方面的相关条件；

（b）根据上面第（2）款，可以合理收取因提供信息而产生的费用。

（5）行政机构或其他人行使与住房福利或地方税收优惠相关的任何职能时，都必须使用第（2）款向行政机构或其他人提供信息的规定。

（6）根据前述第（2）款提供的信息不得由接受者向任何其他个人或团体提供，除非：

（a）这些信息由：

（ⅰ）相关机构授权行使任何有关房屋福利或地方税收利益职能的人

提供。

（ⅱ）经授权行使有利于权力机构的任何职能的人提供。

（b）基于《捐款与福利法》《1995 年求职者法》［1995 c. 18.］、本法或与北爱尔兰任何立法中民事或刑事法律程序目的而提供的信息，或者

（c）根据下面的第 122D 条或者第 122E 条提供的信息。

（7）本节也适用于本节以外的信息提供情况［特别是其原因为前述第 122 条第（4）款或第 122B 条第（4）款的相关规定］。

122D 福利管理机关的信息提供

（1）国务大臣或北爱尔兰部门要求：

（a）管理房屋福利或地方政府税收优惠的相关机构提供信息；

（b）或者，被授权行使与这些福利有关权力的人提供信息；

基于社会保障相关目的而向国务大臣或北爱尔兰部门提供相关机构或他人及提供服务的相关人员所掌握的福利管理信息。

（2）国务大臣或北爱尔兰部门要求：

（a）管理房屋福利或地方政府税收优惠的相关机构提供信息；

（b）或者，被授权行使与这些福利有关权力的人提供信息；

基于社会保障相关目的而向国务大臣或北爱尔兰部门提供相关机构或他人及提供服务的相关人员所掌握的福利管理信息。

（3）信息提供应当遵循第（1）款或第（2）款规定的方式和形式，并且符合条文的规定。

（4）涉及权力机关和其他人员的上述第（1）款中的'福利管理信息'，即权力机关和其他人员行使与房屋福利或地方税收优惠相关的职能所涉及的信息。

（5）第（2）款中的'福利政策信息'指的是与国务大臣或北爱尔兰部门有关的信息，即：

（a）与房屋福利或地方税收优惠有关的预算开支；

（b）与房屋福利或地方税收优惠有关的发展政策。

122E 福利管理机构之间的信息提供

（1）本节适用于以下福利管理信息的持有者：

（a）管理房屋福利或地方税收优惠的权力机构；

（b）被授权行使上述机构权力的人员。

（2）此部分信息可以提供给另外具有类似职权的机构和个人：

（a）与社会保险犯罪相关的预防、侦查、调查或起诉方面的信息；

（b）或者，为检查与福利、捐款或者国家保险号码相关的资料精确程度的信息，以及其他有关社会保险或者（如果适当）修改、补充这方面资料的信息。

（3）为了管理房屋福利和地方税收优惠之需，国务大臣或者北爱尔兰部门可能需要本节所涉及的以及在规定的环境下采用规定方式向相关机构或者其他人员提供的信息。

（4）信息提供应当按照第（3）款规定的方式和形式，并且符合条文的规定。

（5）第（2）款或第（3）款提供的信息主要适用于［按照该款第（b）项］修改或补充其他信息，因此在如下情形中是合法的，即：

（a）提供给那些可以向其提供任何其他信息的任何个人或团体；

（b）或者，为任何目的而使用任何可以使用的其他信息。

（6）涉及权力机关和其他人员的上述第（1）款中的'福利管理信息'，即权力机关和其他人员行使与房屋福利或地方税收优惠相关的职能所涉及的信息。

（7）本节也适用于本节以外的信息提供情况。"

4. 行政官员未经授权的信息披露

（1）在附表4中，《1992 年社会保障管理法》［1992 c. 5.］（人们可能会触犯此法中第 123 条规定的罪行）"其他公共部门和办事处"的标题后插入：

"地方机构，等等。

管理房屋福利或者地方税收优惠的委员、官员或雇员。

被授权行使与这些福利相关职能的人员，或是被授权成为这些人员的雇员的人。

根据第 139A 条第（1）款被授权人需要行使思考住房福利和地方税收优惠管理并向国务大臣报告的权利。"

（2）在本法第 123 条（某些人未经授权披露有关人士资料的罪行）第（8）款（支出审计雇员的人员）：

（a）在第（h）项后插入：

"（ha）英格兰地方委员会成员；

（hb）威尔士地方委员会成员；

（hc）苏格兰地方行政署委员；"

（b）在第（j）项后插入：

"（ja）地方机构审计署、英格兰和威尔士国民保健服务署以及委员会任命的任何审计机构的成员。

（jb）苏格兰会计委员会和《1973 年地方政府法（苏格兰）》第七部分［1973 c.65.］中的任何审计机构的成员。

（jc）北爱尔兰地方政府审计员；"

（c）在第（k）项，由"上述第（c）项到第（h）项的内容"替代"第（c）项到第（hc）项涉及的有关委员会、第（ja）项和第（jb）项以及第（ja）项、第（jb）项或第（jc）项中涉及的协助审计员的内容"。

住房福利和地方税收优惠的管理

5. 在《1992 年社会保障管理法》［1992 c.5.］的第 139 条后插入国务大臣对管理的监督：

"**报告**

139A 报告管理的人员

（1）国务大臣可能授权某些人为其调查并报告住房福利和地方税收优惠机关的状况，特别是这些机关在预防和侦测与这些福利相关的欺诈方面的表现。

（2）个人可能在国务大臣认为合适的期间内以第（1）款所规定的方式被授权，且可被一般授权或获得与指定机构、部门相关的授权。

（3）在下面第 139B 条和第 139C 条：

'福利'指的是住房福利和地方税收优惠；

'权力机关'指的是管理住房福利或者地方税收优惠的权力机关。

139B 调查权

（1）个人可以根据上面的第 139A 条第（1）款被授予如下权利：

（a）在任何合理的时间获得与福利管理相关的任何文件的权利；

（b）如其认为有必要，即有权要求持有人或负责人提供相关文件、信息及解释；

（c）如其认为有必要，即有权要求任何相关人员提供相关文件或者亲自向其提交信息、解释。

（2）根据上述第 139A 条第（1）款规定某人有权要求权力机关的任

何工作人员、成员或与权力机关福利管理相关的任何人履行以下行为：

（a）如其认为有必要，向其提供福利管理方面的信息和解释；

（b）如其认为有必要，要求其中任何人向其提供信息或解释。

（3）如果某人无合理原因而未能遵守第（1）款或第（2）款规定的要求，即属犯罪，并应根据简易程序对其处以不超过标准数额三倍的罚款。

（4）根据第139A条第（1）款规定某人可被授权执行以下行为：

（a）根据上述第（1）款或第（2）款规定，要求向其提交的文件或者信息以符合其提出的合理方式提供；

（b）向其出示任何文件的副本。

（5）本节中的'文件'是指任何记录描述信息的东西。

139C　报告

（1）根据第139A条第（1）款规定而被授权的人员制定的报告应包括该权力机关在福利管理方面的改善建议，特别是在预防和侦测与这些利益相关的欺诈方面的建议。

（2）在国务大臣接收根据第139A条第（1）款规定而被授权的人员所制作的关于某个权力机关的报告时，他应该向该权力机关送达一份副本。"

6. 审计署的职能

（1）《1982年地方政府财政法》［1982 c. 32.］的修改如下。

（2）在第28AA条后插入：

"**28AB 国务大臣要求下的福利管理研究**

（1）国务大臣可以要求审计署施行或协助国务大臣进行研究，此目的在于通过地方机构履行住房福利和地方税收优惠的管理职能而提高经济、效率、效益和质量。

（2）本节规定的'研究'是指根据上述第（1）款要求审计署施行或协助国务大臣施行所进行的研究。

（3）如果审计署要求：

（a）任何列入研究的地方机构；

（b）或者，该权力机关的任何工作人员或成员；

为研究目的而按照要求向审计署或者授权人提供信息，则权力机关或工作人员、成员应该提供。

（4）如果审计署要求任何列入研究的地方机构为研究目的而向审计署或授权人员的检查提供便利，则权力机构应该提供相关文件。

（5）为了便于委员会履行其住房福利或地方税收优惠管理相关的职能，审计署根据第（3）款或第（4）款规定而获得的任何信息都需向国务大臣披露。

（6）第（3）款和第（4）款中的'被授权人'是指委员会为本节规定的目的而授权的人员。

（7）委员会应向国务大臣送交任何有关研究报告的副本，且国务大臣或委员会也可向与研究相关的地方机构发送研究报告的副本。

（8）国务大臣可联合委员会发布任何研究报告。

（9）委员会不应进行或者协助国务大臣进行项目研究，除非在此之前国务大臣已经为合理数额做好了支付安排，并且该数额可在委员会和国务大臣之间达成协议。"

（3）在该款后插入：

"28AC 与国务大臣相关的参考资料和报告

（1）如果是为国务大臣履行有关社会保障职能，委员会或审计师则可以根据本法此条向国务大臣查阅审计或研究所涉及的任何事项。

（2）委员会可向国务大臣发送任何根据第 18 条第（4）款项发送给委员会的有关地方机构住房福利或地方税收优惠意见的报告副本。"

（4）[1] 在第 30 条第（1）款（规定审计署的信息披露）第（b）项后插入：

"（ba）为国务大臣履行有关社会保障职能；或者"

（5）在该款后插入：

"30A 向提供委员会的福利信息国务大臣可向委员会提供由国务大臣所持有的与委员会履行职能相关的住房福利及地方税收优惠信息。"

7. 苏格兰会计委员会的职能

（1）《1973 年地方政府法（苏格兰）》［1973 c.65.］第七部分（财务）修改如下。

（2）在第 97 条（苏格兰账目委员会）第（4D）款后插入：

"（4E）向提供委员会的福利信息。国务大臣可向委员会提供由国务

---

① 在英国官方公布的原文中无第（3）款。——译者注

大臣所持有的与委员会履行职能相关的住房福利及地方税收优惠信息。"

（3）在第 101 条（审查和抗议账目的权利）后插入：

"101A 国务大臣涉及社会保险问题的参考如果是与国务大臣履行社会保障相关职能目的相关，则委员会或审计人员可根据本法此条向国务大臣查阅审计或研究所涉及的任何事项。"

（4）在第 105 条（账目相关规定）插入：

"105A 应国务大臣要求进行的福利管理研究

（1）国务大臣可要求委员会进行或协助国务大臣进行研究，以改善地方机构履行住房福利及地方税收优惠职能的经济、效率、效能与质量。

（2）本节规定的'研究'是指国务大臣根据上述第（1）款要求进行或协助国务大臣进行的研究。

（3）如果苏格兰会计委员会要求：

（a）任何列入研究的地方机构；

（b）或者，该权力机关的任何工作人员或成员。

为研究目的而按照要求向苏格兰会计委员会或者被授权人提供信息，则权力机关或工作人员、成员应该提供。

（4）如果委员会要求任何列入研究的地方机构为研究目的而向委员会或被授权人员的检查提供便利，则权力机构应该提供相关文件。

（5）为了便于委员会履行其住房福利或地方税收优惠管理相关的职能，苏格兰会计委员会根据第（3）款或第（4）款规定而获得的任何信息都需向国务大臣披露。

（6）第（3）款和第（4）款中的'被授权人'是指委员会为本节规定的目的而授权的人员。

（7）委员会应向国务大臣送交任何有关研究报告的副本，且国务大臣或委员会也可向与研究相关的地方机构发送研究报告的副本。

（8）国务大臣可联合委员会发布任何研究报告。

（9）委员会不应进行或者协助国务大臣进行项目研究，除非在此之前国务大臣已经为合理数额做好了支付安排，并且该数额可在委员会和国务大臣之间达成协议。"

8. 国务大臣的指令

在《1992 年社会保障管理法》［1992 c. 5.］第 139C 条后（插入第五节）插入：

"国务大臣指令

139D 指令

（1）本节适用于：

（a）根据上述第 139C 条第（2）款送交给权力机关的报告副本；

（b）根据《1982 年地方政府财政法》［1982 c. 32.］第 18 条第（3）款送交权力机关的以及根据此法第 28AC 条第（2）款送交国务大臣的报告副本。

（c）根据《1973 年地方政府法（苏格兰）》［1973 c. 65.］第 102 条第（2）款送交给当地权力机关的以及根据此法第 103 条第（1）款送交给国务大臣的与福利管理相关的报告副本。

（d）根据《1982 年地方政府财政法》［1982 c. 32.］第 28AB 条第（7）款或《1973 年地方政府法（苏格兰）》［1973 c. 65.］第 105A 条第（7）款送交给权力机关的报告副本。

（2）国务大臣可要求相关权力机构并针对下列事项提交建议和研究报告：

（a）改善福利欺诈防止及侦测的表现，或者改善福利管理方面的质量；

（b）纠正报告中的任何缺点。

（3）在审议报告及相关权力机关反馈的建议后，国务大臣可以向权力机关做出如下指令：

（a）福利欺诈防止及侦测方面的标准或者福利管理方面的标准；

（b）达到该标准的时间限定。

（4）根据上述第（3）款规定给予权力机关指令的同时，国务大臣可以向其提出建议，要求其列出认为针对上述标准所应实施的合适行动。

（5）本条中的'福利'是指住房福利或地方税收优惠。"

9. 指令的执行

在《1992 年社会保障管理法》［1992 c. 5.］第 139D 条后（插入第 8 条）插入：

"139E 与标准实现有关的信息

（1）根据上述第 139D 条第（3）款规定给予权力机关指示时，国务大臣可以要求该机关向其提供其认为对认定下列事项有帮助的信息：

（a）权力机关是否达到指令中的标准；

（b）或者，是否权力机关在指定的时间内按照指示可以达到标准。

（2）根据上述第（1）款按照国务大臣要求的方式及格式提供信息。

139F 通知的执行

（1）凡根据上述第 139D 条第（3）款向权力机关发出的指示，如果国务大臣：

（a）不满意权力机关达到的指示中的标准；

（b）或者，不相信权力机关在指定的时间内能按照指示达到标准。

则其可根据本条向权力机关送达书面通知。

（2）通知应该：

（a）确定指示内容并说明国务大臣对上述第（1）款第（a）项或第（b）项中描述的情况不满意的理由；

（b）要求权力机关在通知规定的特定时间内向国务大臣呈交书面回应。

（3）如果任何人（除权力机关外）开展与福利管理相关的工作可能会受到某些根据下述第 139G 条所做出的裁决的影响，则权力机关应：

（a）在提交答复之前向此人咨询；

（b）在答复中包括此人所提意见的回复。

（4）权力机关的回复应当：

（a）陈述权力机关已经达到标准或已在指示所规定的特定时间内达到标准，并声明理由；

（b）或者，陈述权力机关未达到标准或未在指示所规定的特定时间内达到标准，（若权力机关愿意的话）可以解释为何该决定不应该根据下述第 139G 条做出或者为什么该决定不应该包含特殊规定。

（5）通知可与指示所涉及的任何一个或多个事项相关。

（6）本条中指示所涉及的任何一个或多个事项有关的通知，其产生并不会阻止相同条件下产生更多的通知。

（7）本条中的'福利'是指住房福利和地方税收优惠。

139G 决定的执行

（1）如第 139F 条通知指定的时间已到期，则国务大臣：

（a）对有关权力机关达到的既定标准尚不满意；

（b）或者，对有关权力机关在指示规定的时间内达到的既定标准尚不满意，则其可以根据本条做出决定。

（2）可以根据上述第 139F 条做出权力机关是否已经对通知做出回应方面的决定。

（3）该决定应该设计以保证实现现行标准，以及：

（a）应包括下面第（4）款的规定；

（b）也可以包括下述第（5）款的某些规定。

（4）上述第（3）款第（a）项所指的规定，指的是权力机关必须遵守具体要求邀请、准备、考虑并接受进行以下工作的出价：

（a）着手履行权力机关有关福利管理的职能；

（b）决定中具体描述的工作。

（5）该款第（b）项所指的规定，是关于任何一项或多项工作，或者某些特定的工作种类的规定，以及与决定相关的如下规定：

（a）可以不被权力机关作为执行依据的规定；

（b）可以不被某些适用过的人作为执行依据的规定；

（c）权力机关和某些人联合施行的规定应该包括用来保障或有助于保障完成既定标准的规定。

（6）本条所指'福利'是房屋福利或地方税收优惠。

139H 条决定执行的补充

（1）根据上述第 139G 条决定中包含的规定应从决定制定之日起生效；且不同的规定适用不同的日期。

（2）根据上述第 139G 条，做出与某些指示相关的决定并不妨碍做出与前述指示相关的更多决定。

（3）根据上述第 139G 条第（3）款决定中包含的规定可能包括：

（a）满足国务大臣对任何特定事项的要求；

（b）国务大臣授权或同意的任何特定事项所需的要求。

（4）包括这些内容的决定也可能包括合同中与决定相关的（以前没有被排除过）被决定所限制的开展工作所需要的时间的相关规定。

（5）根据上述第 139G 条规定所做的决定应具有效力，可以要求权力机构或者授权人员开展任何与决定相关的工作。

（6）根据上述第 139G 条规定所做的决定可以使规定发生效力，该决定与其涉及的工作相关，而与根据《1988 年地方政府法》规定的任何要求（除了决定）相关的工作无关。"

10. 补贴的调整

将《1992 年社会保障管理法》［1992 c. 5.］第 140B 条（计算房屋福利和地方税收优惠的福利补贴额）的第（4）款和第（5）款修改为：

"（4）国务大臣可：

（a）支付部分指定的额外补贴，或根据行政命令规定的方式加以计算；

（b）或者，从指定金额中扣除以资助的形式或者以行政命令规定的方法计算或者支付的补贴。

（4A）根据上述第（4）款第（a）项规定支付的额外数额包括：

（a）管理相关福利的成本；

（b）或者，成功阻止和侦破相关福利欺诈，或者采取欺诈防止及侦测的行动。

（5）国务大臣可以：

（a）如果认为如下情形适当，可在权力机关的申请要求下，向权力机关支付部分额外补贴：

（i）成功阻止和侦破相关福利欺诈；

（ii）或者，为阻止或侦破上述欺诈而采取的行为。

（b）若认为是不合理的补贴支付方式，则从补贴中扣除，否则应向权力机构支付相同数目的补贴。

（5A）根据上述第（4）款第（b）项或第（5）款第（b）项规定被扣除的数额包括：

（a）没有遵照上述第 139D 条第（3）款规定产生的数额；

（b）其他没有有效地阻止或侦破相关福利欺诈而产生的数额。"

住房福利与地方税收优惠的调查

11. 来自土地所有者及其代理人的信息

在《1992 年社会保障管理法》［1992 c. 5.］第 126 条后插入：

"土地所有者及其代理人

126A 要求土地所有者及其代理人提供信息的权力

（1）管制应规定，向权力机关提出的房屋福利住宅方面的要求的主体如下：

（a）该权力机关；

（b）或者，被授权行使权力机关与房屋福利相关职能的人。

该规定可以要求任何人员向权力机关或其他人员以既定的方式提供信息。

（2）为了达到上述第（1）款规定的目的，应根据下述第（4）款的规定，如果一个人符合下列条件则是住宅管理方面的合适人选：

（a）有责任对任何人提出的索赔诉求支付相关款项；

（b）在第（a）项中所叙，因有权接受有关付款而单方面同意付款的人。

（c）如上述第（a）项或第（b）项所述，与住宅管理相关的能以个人名义行为的人。

（3）上述第（2）款中的'相关支付'，就某住宅，指的是与房屋福利相关的支出。

（4）条例规定，根据上述第（1）款的目的，任何规定人员或规定所指的人员都不是合适人选。

（5）为上述第（1）款中的目的而描述的信息，特别是包括与住房及其他在英国的财产相关的信息。

（6）应根据上述第（1）款规定的方式与格式，并在特定的时间，按照其他要求提供相关信息。

（7）根据上述第（1）款规定提供给权力机关或其他人员的信息可能用于房屋福利或地方税收优惠方面的职能行使。

（8）上述第 122D 条和第 122E 条的规定适用于根据上述第（1）款规定提供的福利管理或非福利管理信息（在这些条款的含义中）。"

12. 行政机关任命的督察人员

在《1992 年社会保障管理法》〔1992 c. 5.〕第 110 条后插入：

"110A 权力机关督察人员的任命

（1）管理房屋福利或地方税收优惠的权力机关可委任督察。

（2）国务大臣可通告权力机关：

（a）其可委任的督察人数；

（b）任命方式。

（3）权力机关可以只任命下列机关聘请的人：

（a）该权力机关；

（b）其他权力机关或联合委员会，即以权力机关名义行使与房屋福利或地方税收优惠相关的职能的机关；

（c）或者，任何被授权行使与房屋福利或地方税收优惠相关的职能的人或机关。

（4）上述第（3）款第（c）项所指的人只有经过国务大臣同意才可被委任为督察人员。

（5）督察人员的任命期限不得超过 1 年，但这种任命：

（a）可连续多次；

（b）在出现第（3）款第（c）项规定的情况时，可随时由任命机构终止其委任，无论是权力机关还是国务大臣。

（6）每位被委任为督察的人必须持有委任证。

110B 根据 110A 被委任督察员的权力

（1）督察员可以：

（a）根据本条规定在合理时间与必要人员进入待检查的建筑物内时，出示督察员的委任证明（若需要这样做的话）；

（b）要求其认为的福利申索人或福利接收人接受询问并对相关文件进行检查；

（c）根据本条在任何建筑物内询问其认为有义务接受检查的人或持有与其认为的福利申索人或福利接收人相关的信息或文件的人。

（2）根据本条，任何有义务提供信息或出示文件的人应：

（a）向督察员提供这些信息；

（b）向督察员出示这些文件或提供文件的副本；

如果他可以合理地确定房屋福利或地方税收优惠可以向某些人支付。

（3）根据上述第（2）款，信息、文件及副本应以督察员要求的合理方式提供或出示。

（4）不应根据上述第（2）款要求任何人回答证明其有罪的问题或者提供证明其有罪的问题，如果某人已经结婚，则还不应提供其配偶这方面的信息。

（5）若督察员有理由相信以下内容，则可根据本条检查相关建筑物：

（a）任何人受雇于那里；

（b）在那里进行贸易或生意；

（c）那里保有贸易或生意的记录；

不过根据本条，私人住所是不能检查的，除非督察员有足够的理由相信贸易或生意在私人住宅内进行，而这种贸易或者生意一般是无须在私人住宅内进行的。

（6）就本条而言：

（a）福利申索人指的是索取房屋福利或地方税收优惠的人；

（b）福利接收人指的是房屋福利或地方税收优惠的支付对象。

（7）如果某人存在下列情形，则有义务提供信息或出示文件：

（a）根据本条占有有义务接受检查的建筑物或被督察员在此类建筑物中发现；

（b）督察员认为其为福利申索人或福利接收人；

（c）被督察员认为持有与上述第（b）项中所述人有关的信息或文件；

（d）是上述第（a）项到第（c）项文中的雇员或代理人。

（8）管理房屋福利或地方税收优惠的权力机关可根据本条做出与任何假设检验相关的权力安排：

（a）如果该建筑物有义务接受督察人员或者有关官员的检查，或者在权力机关的控制下，任何督察员或权力机关工作人员有权进行检查；

（b）或者，如果该建筑物有义务接受督察人员或者有关官员的检查，或者在权力机关的控制下，任何督察员或政府部门其他地方或者其他权力机关工作人员进行检查。

（9）本条中的‘督察员’指的是［排除上述第（8）款］根据上述110A 被委任的督察员。‘文件’指的是任何信息或描述记载的地方。”

罪行、处罚和过多付款

13. 虚假陈述获得利益的罪行

在《1992 年社会保障管理法》［1992 c. 5.］第 111 条后插入：

“111A 虚假陈述获得利益的罪行等

（1）如果某人不诚实地：

（a）做出虚假陈述；

（b）制作、提供或导致、允许制作、提供任何虚假的文件或资料；

（c）根据本法中的管制要求通知条件变化时，却没有通知；

（d）或者，根据本法中的管制要求通知条件变化时，却导致或允许他人不履行通知义务。

以期获得福利、其他利益或好处（不论是为其自身或为其他人）的行为，根据社会保险立法，均属犯罪行为。

（2）本节中的'社会保险立法'指的是本法上述第110条适用的规则以及《1995年求职者法》［1995 c. 18.］。

（3）根据本条对某人的定罪：

（a）若适用简易程序，则可处不超过6个月的监禁，或不超过法定最高限额的罚款，或并罚；

（b）若适用公诉程序，则可处不超过7年的徒刑，或罚款，或并罚。

（4）本节在苏格兰的适用中，用'明知'来代替第（1）款中的'不诚实'。"

14. 虚假陈述罪行的扩展

为牟利而进行虚假陈述罪行的扩展在《1992年社会保障管理法》［1992 c. 5.］第112条（为牟利或其他与社会保险立法目的相关的虚假陈述罪）第（1）款后插入：

"（1A）如果某人无正当理由：

（a）不遵循本法在情况发生变化时不履行通知义务；

（b）或者，明知会导致或允许他人不遵循本法，在情况发生变化时不履行通知义务；

且他明知自己或他人有履行通知情况变化的义务，那么他就是在犯罪。"

15. 作为起诉替代方式的罚款

在《1992年社会保障管理法》第115条后插入：

"**115A 作为起诉替代方式的罚款**

（1）本节适用于根据以上第71条、第71A条、第75条或第76条个人向国务大臣或者权力机构过多付酬或者应该由个人支付的过多付酬可以补偿的情况，国务大臣或者权力机构：

（a）认为过多付酬部分应归因于个人行为或遗漏；

（b）过多付酬的原因足以对其罪行提起诉讼（根据本法或其他法律）。

（2）国务大臣或权力机关可书面通知该人：

（a）向其说明其可能需要同意支付罚金，且如果其按照国务大臣或权力机关规定的方式支付，则不会向其提起公诉；

（b）必须附上本条规定的操作说明方面的信息。

（3）该罚款数额应为多付金额的 30%（四舍五入取最接近的整数便士）。

（4）若该人同意以特定方式支付罚款：

（a）则罚款的数额应当以追讨多付部分的相同方法收回；

（b）对于多付部分，不会向其提起公诉（根据本法或其他法律）。

（5）该人可以国务大臣或权力机关指定的方式，在其同意的 28 天内，撤回同意交纳罚款的；且一旦该人这么做了，则：

（a）已经收回的罚款应立即归还；

（b）不再适用上述第（4）款。

（6）然而，一旦该人已同意支付罚款，则根据审查、上诉或相关管制，多付款项无法收回，已经收回的罚款应立即归还。

（7）该人同意支付罚款后，根据审查、上诉或相关管制，应该修改多付的款项数额：

（a）已经收回的罚款应立即归还；

（b）一旦同意，上述第（4）款第（b）项不再适用。

但如果根据本条已经对多付数额的修改达成了新协议，以罚款的方式收回的金额，只要不超过新的罚款额，则可视为新协议下的收回而无须归还。

（8）本节‘多付款项’指的是：

（a）本不应产生的款项；

（b）国务大臣应该接收的一笔钱；

（c）补助金外的超额福利；

（d）或者，相当于一笔超额的合法收益；

上述第（1）款第（a）项所提及的多付款项是支付的产生，没有得到款项，补助金外的超额福利或一笔超额的合法收益。”

16. 超额住房福利的收回

在《1992 年社会保障管理法》［1992 c. 5.］第 75 条第（4）款后插入：

“（5）根据本条以及上述第（3）款、第（4）款的规定，如果为他人的利益向某人支付的金额可以收回，那么其有权向他人索要：

（a）从规定的福利到其合法所有的各种利益；

（b）从依照规定支付给该人的福利到以该人名义接收的各种利益；

（c）或者，从依照规定支付给该人的福利到其他人应该支付给该人的各种利益。

（6）如上述第（5）款第（b）项所提到的数额被收回，那第（b）项规定的义务应在特定环境下依照被扣除的数额履行；并且如果第（c）项所提到的数额被收回，那么就应在所有情况下都履行该目规定的义务。

（7）根据本款可收回的金额应该收回，否则应从规定的福利中加以扣除：

（a）如果收回的对象居住在英格兰、威尔士以及城市法院等地，那么应该执行来自城市法院或者根据法院的行政命令规定需要支付的相关问题；

（b）如果该人住在苏格兰，那么就可能以与析取登记的仲裁裁决为依据，可能为苏格兰任何郡的治安法庭提供合法根据的执行的相同方式被强制执行。"

审查和体检

17. 国务大臣发起的审查

（1）在《1992 年社会保障管理法》第 30 条（审查有关勤工津贴、伤残生活津贴或伤残工作津贴的决定）第（7）款后插入：

"（7A）国务大臣可以根据上面第（7）款通过调查获取提出申请的相关信息和证据。"

（2）在本法第 32 条第（4）款第（b）项（有关支持不应继续的理由的生活状况问题审查的思考），将"由国务大臣向仲裁官提供的信息或对国务大臣有用的信息"修改为"对裁判官有用的信息"。

18. 对可以获得利益的个人进行的医疗检查

在《1992 年社会保障管理法》［1992 c. 5.］第 57 条后插入：

"**健康体检**

57A 享受勤工津贴或伤残生活津贴的人的健康检查管制规制可能会规定：

（a）国务大臣有权规定享有勤工津贴或伤残生活津贴的人在规定情况下可以享受健康检查的权利；

（b）如果某人没有根据上述第（a）项要求的方式提交健康体检，则可以扣留相关福利；

（c）根据上述第（b）项的规定，随后可以制定扣留福利的法定
情形。"

国家保险号码

19. 说明国家保险号码的要求

在《1992 年社会保障管理法》第 1 条（根据赔偿授予相应福利）第
（1）款后插入：

"（1A）任何人所享有的任何利益取决于他有权得到的利益诉求，除
非下面第（1B）款能够同时满足提出赔偿要求的人以及作为赔偿要求对
象的其他人的利益。

（1B）该款能够满足个人，如果：

（a）赔偿伴随着：

（ⅰ）个人国家保险号码及其已经分配给个人的信息或者证据的
说明；

（ⅱ）或者，信息或证据能够使分配给个人的国家保险号码变得
确定；

（b）个人申请国家保险号码伴随着的信息或者证据能够使其按照这
种分配进行。

（1C）可以制定下列情形不适用上述第（1A）款：

（a）规定的福利；

（b）个人提起赔偿的规定说明；

（c）或者，进行赔偿的个人的规定说明；

或在其他规定的环境下。"

邮件的重寄

20. 社会保险邮件的退回

（1）在《1992 年社会保障管理法》［1992 c. 5.］第 182 条后插入：

"邮件的重寄

182A 社会保险邮件的退回

（1）社会保障机关可能需要：

（a）邮政局；

（b）或者，其他传递邮包的人：

将邮递给相关机构的需要重寄的社会保险邮件退回给寄件人。

（2）如果国务大臣认为社保机构应该根据上述第（1）款退回社会保险邮件，那么社保机构就应该支付该款项。

（3）上述第（1）款、第（2）款中的'社保机关'指的是：

（a）国务大臣；

（b）北爱尔兰部门；

（c）或者，任何管理房屋津贴或税收优惠的地方政府机构或其他机构（包括北爱尔兰住房执行官）。

（4）上述第（1）款和第（2）款中的'社会保险邮件'指的是：

（a）涉及任何利益、缴费确定或国家保险号码或涉及任何社会保险方面其他有关事项的邮包；

（b）以邮政局规定的方式或者通过他人传递的带有标记，并附带发件人姓名、地址，同时还附上退邮而重寄的说明的邮件。

（5）在本节中：

（a）就任何邮包而言，'重寄'指的是投递到与发件人在邮包上说明的地址不同的某个地址。

（b）'邮包'指的是《1953 年邮政法》［1953 c.36.］中的定义。

（6）上述第（1）款规定的任何要求对根据以下条文制定的行政命令有影响：

（a）《1986 年破产法》［1986 c.45.］第 371 条或《1989 年破产行政命令（北爱尔兰）》［S.I.1989/2405（N.I.19）.］第 342 条（破产程序中向受托人投递的破产信件的重寄）；

（b）《1974 年律师法》［1974 c.47.］附表 1 的第十段或《1976 年律师行政命令（北爱尔兰）》［S.I.1976/582（N.I.12）.］附表 1 的第十五段（律师会介入后信件的重寄）；

（c）或者，《1985 年司法管理法》［1985 c.61.］附表 5 的第十段（财产转让许可委员会介入后信件的重寄）。"

（2）在《1992 年社会保障管理法》［1992 c.8.］第 158 条之后插入：

"**邮件的重寄**

158A 社会保险邮件的退回

（1）社会保障机关可能需要：

（a）邮政局；

(b) 或者, 其他传递邮包的人;

将邮递给相关机构的需要重寄的社会保险邮件退回给寄件人。

(2) 如果国务大臣认为社保机构应该根据上述第 (1) 款退回社会保险邮件, 那么社保机构就应该支付该款项。

(3) 上述第 (1) 款、第 (2) 款中的'社保机关'指的是:

(a) 国务大臣;

(b) 北爱尔兰部门;

(c) 或者, 任何管理房屋津贴或税收优惠的地方政府机构或其他机构 (包括北爱尔兰住房执行官)。

(4) 上述第 (1) 款、第 (2) 款中的'社会保障邮件'指的是:

(a) 涉及任何利益、缴费确定或国家保险号码或涉及任何社会保险方面其他有关事项的邮包;

(b) 以邮政局规定的方式或者通过他人传递的带有标记, 并附带发件人姓名、地址, 同时还附上退邮而重寄的说明的邮件。

(5) 在本节中:

(a) 就任何邮包而言, '重寄'指的是投递到与发件人在邮包上说明的地址不同的某个地址。

(b) '邮包'指的是《1953 年邮政法》[1953 c. 36.] 中的定义。

(6) 上述第 (1) 款规定的任何要求对根据以下条文制定的行政命令有影响:

(a)《1986 年破产法》[1986 c. 45.] 第 371 条或《1989 年破产行政命令 (北爱尔兰)》[S. I. 1989/2405 (N. I. 19).] 第 342 条 (破产程序中向受托人投递的破产信件的重寄);

(b)《1974 年律师法》[1974 c. 47.] 附表 1 的第十段或《1976 年律师行政命令 (北爱尔兰)》[S. I. 1976/582 (N. I. 12).] 附表 1 的第十五段 (律师会介入后信件的重寄);

(c) 或者,《1985 年司法管理法》[1985 c. 61.] 附表 5 的第十段 (财产转让许可委员会介入后信件的重寄)。"

21. 邮件重寄的相关信息

(1) 在《1992 年社会保障管理法》[1992 c. 5.] 第 182A 条后插入 [第 20 条第 (1) 款]:

"182B 邮件重寄信息提供的要求

（1）国务大臣或北爱尔兰部门可以要求邮递邮包的邮局或其他人向这些机构提供与邮包重寄相关的以下信息：

（a）与社会保险犯罪相关的预防、侦查、调查或起诉相关的信息；

（b）或者，为检查与福利、捐款或国家保险号码相关的资料精确程度的信息，以及其他有关社会保险或（如果适当）修改、补充这方面资料的信息。

（2）管理住房福利或地方政府税收优惠的地方机构或其他主管机构（包括北爱尔兰住房执行官），可要求传达邮包的邮局或任何其他人向其提供职权范围内的邮包重寄的以下信息：

（a）与社会保险犯罪相关的预防、侦查、调查或起诉相关的信息；

（b）或者，为检查与福利、捐款或者国家保险号码相关的资料精确程度的信息，以及其他有关社会保险或者（如果适当）修改、补充这方面资料的信息。

（3）应根据上述第（1）款、第（2）款规定的方式和模式提供相关信息。

（4）上述第（1）款、第（2）款规定，如果国务大臣认为个人或者机构提供信息的成本合理，那么就应该根据相关要求支付这些成本。

（5）根据上述第（1）款或第（2）款提供的信息，收件人不得向其他任何人或团体提供，除非：

（a）根据本条任何一款可以提供给这些个人或者团体；

（b）基于《捐款与福利法》《1995年求职者法》［1995 c. 18.］或任何大不列颠立法中民事或刑事法律程序目的而提供。

（6）但是，如果第（2）款提供的信息主要适用于［按照该款第（b）项］修改或补充其他信息，那么在如下情形中是合法的，即：

（a）提供给那些可以向其提供任何其他信息的任何个人或团体；

（b）或者，为任何目的而使用任何可以使用的其他信息。

（7）上述第（1）款、第（2）款中的'邮包重寄的安排'是指邮递邮包的邮政局或其他人直接发送到目的地而不是根据发件人在邮包上说明的地址投递邮件的安排。

（8）本条中的'邮包'指的是《1953年邮政法》［1953 c. 36.］中的定义。"

（2）在《1992年社会保障管理法（北爱尔兰）》第158A条后插入

［第 20 条第（2）款］：

　　"158B **邮件重寄信息提供的要求**

　　（1）国务大臣或北爱尔兰部门可要求投递邮包的邮局或其他人提供其职权范围内的邮包重寄方面的以下信息：

　　（a）与社会保险犯罪相关的预防、侦查、调查或起诉相关的信息；

　　（b）或者，为检查与福利、捐款或者国家保险号码相关的资料精确程度的信息，以及其他有关社会保险或者（如果适当）修改、补充这方面资料的信息。

　　（2）管理住房福利或地方政府税收优惠的房屋管理执行官，地方机构或其他主管机构，可要求传达邮包的邮局或任何其他人向其提供职权范围内的邮包重寄的以下信息：

　　（a）与社会保险犯罪相关的预防、侦查、调查或起诉相关的信息；

　　（b）或者，为检查与福利、捐款或者国家保险号码相关的资料精确程度的信息，以及其他有关社会保险或者（如果适当）修改、补充这方面资料的信息。

　　（3）应根据上述第（1）款、第（2）款规定的方式和模式提供相关信息。

　　（4）上述第（1）款、第（2）款规定，如果国务大臣认为个人或者机构提供信息的成本合理，那么就应该根据相关要求支付这些成本。

　　（5）根据上述第（1）款或第（2）款提供的信息，收件人不得向其他任何人或团体提供，除非：

　　（a）根据本条任何一款可以提供给这些个人或者团体；

　　（b）基于《捐款与福利法》《1995 年求职者法》［1995 c. 18.］或任何大不列颠立法中民事或刑事法律程序目的而提供的。

　　（6）但是，如果第（2）款提供的信息主要适用于［按照该款第（b）项］修改或补充其他信息，那么在如下情形中是合法的，即：

　　（a）提供给那些可以向其提供任何其他信息的任何个人或团体；

　　（b）或者，为任何目的而使用任何可以使用的其他信息。

　　（7）上述第（1）款、第（2）款中的'邮包重寄的安排'是指邮递邮包的邮政局或其他人直接发送到目的地而不是根据发件人在邮包上说明的地址投递邮件的安排。

　　（8）本条中的'邮包'指的是《1953 年邮政法》［1953 c. 36.］中

的定义。"

<h2 align="center">其他补充</h2>

22. 轻微但必然的修订及废除

附表 1（轻微及必然的修订）和附表 2（废除）具有效力。

23. 北爱尔兰

（1）第 1 条第（1）款、第 2 条第（1）款、第 3—19 条、第 20 条第（1）款及第 21 条第（1）款不适用于北爱尔兰。

（2）第 1 条第（2）款、第 2 条第（2）款、第 20 条第（2）款及第 21 条第（2）款和本条第（4）款及第（5）款只适用于北爱尔兰。

（3）第 22 条和附表在修改或者废除方面与成文法具有相同的适用范围。

（4）附表 1 第 1 条第（1）款第（b）项的枢密院令到《1974 年北爱尔兰法》［1974 c. 28.］（北爱尔兰过渡时期的立法）包括相关目的的说明：

（a）不受附表第 1 条第（4）款及第（5）款（议会两院都通过的决议）的约束；

（b）但，若要使其无效，须在议会两院其中之一的决议中提出。

（5）第（4）款中的"相关目的"是指与不适用于北爱尔兰的第 3—9 条及第 11—19 条，或第 22 条以及附表一致的目的。

24. 财政拨款

（1）应该由议会提供的资金支付：

（a）部长或因本法产生的政府部门的任何开销；

（b）根据其他法，任何因该法而增加的须由国会提供支付的货币款项。

（2）国务大臣根据本法接收的款项应该上缴国库。

25. 生效时间

（1）第 1—22 条和附表在国务大臣根据法律文书做出任命之日起生效。

（2）可以在不同时期做出不同目的的委任。

（3）根据本条做出的行政命令可能包括过渡性条文、必然条文或国务大臣基于认为适用规定适当或者与适用条文相关条款。

（4）根据本条做出的行政命令可规定，该法的效力仅及于该行政命令明确说的地区。

（5）本条生效前，第13条或第14条的规定不适用于该法。

（6）规定第15条只有在特殊区域才生效的行政命令也可规定该条只在行政命令中指定的时间内有效（除非以后的行政命令规定其继续有效）。这样规定的行政命令可能包括过渡性条文、必然条文或国务大臣认为在该地区内特定时期到来时应该停止生效的条文。

（7）如果第15条在某一地区不生效力，则该条款不适用于该地区某一时点的任何作为或者不作为。

26. 简称

本法可作为《1997 年社会保障管理（欺诈）法》而被引用。

附表

第 22 条

附表 1

轻微但必然的修订

《1982 年地方政府财政法》（c. 32）

1.《1982 年地方政府财政法》附表3的第9条第（2）款（有关审计署的财务规定：就某些职能的分开核算），在第（a）项和第（aa）项之间插入：

"（aza）该法第28AB条规定的职能与住房福利管理职能和税收管理职能相关。"

《1992 年社会保障管理法》（c. 5）

2.《1992 年社会保障管理法》第54条第（2）款第（b）项（仲裁员有权审查提出医疗检查申请的人）"根据上述第30条或第35条，审查申请已经做出或者看作已经做出"代替"谁申请"。

3. 在该法第75条第（1）款（收回多付的房屋福利）中的"房屋福利"后插入"根据管制已确定"。

4.（1）该法第112条（基于牟利或其他与社会保障立法相关的目的

而犯的虚假陈述罪）修改如下。

（2）在第（1）款中，用"上述第110条适用的立法"代替"社会保险立法。"

（3）在第（2）款，"上述第（1）款"代替"本条"。

（4）在该项后插入：

"（3）本条中'社会保险立法'指的是该法第110条的适用及《1995年求职者法》［1995 c. 18.］"。

5. 在该法第116条（法律诉讼）第（2）款后插入：

"（2A）如果犯罪诉讼是根据上述第111A条展开的，那么上述第（2）项就不得对时间做出任何限制"。

6. 在该法的第123条第（2）款第（b）项及第（9）款第（d）项（未经授权披露的犯罪：北爱尔兰），用"附表三"代替"附表四"。

7.（1）将该法第140B条（住房福利和地方税收优惠方面补贴金额的计算）修改如下。

（2）在第（1）款，"用特定方式计算"代替"根据特定方式决定"；

（3）在第（2）款，"总数"代替"相关福利数额"；

（4）在第（7）款，"第（2）款或第（4）款"代替"第（4）款或第（5）款"。

8. 在该法第164条（目的地还款）第（7）款后插入：

"（8）根据上述第115A条，国务大臣收回的所有罚款应收缴国库。"

9. 在该法第182B条后［插入第21条第（1）款］插入：

"公民保险号码

182C 申请国家保险号码的要求

（1）管制可以规定某人申请分配给他的国家保险号码。

（2）根据上述第（1）款管制的要求申请时应附上分配号码的相关资料或者证据。"

10. 在该法第189条第（7）款（行政命令和管制在住房福利以及地方税收优惠方面为不同区域做出不同规定的权力）中的"不同区域"后插入"或不同权力机关"。

11. 该法第190条第（1）款第（b）项（规定须由议会两院的决议批准），在"第154条"前插入"第122B条第（1）款第（b）项"。

12.（1）该法第191条（解释）修改如下。

（2）在"相应条款法"的定义后插入：

"'捐款'指的是根据《捐款和福利法》的第一部分的出资。"

（3）在"北爱尔兰部门"的定义最后插入"不过在第 122 条和第 122B—122E 条也包括北爱尔兰环境部门"。

《1992 年社会保障管理法（北爱尔兰）》（c. 8）

13.《1992 年社会保障管理法（北爱尔兰）》第 166 条第（2）款第（a）项（管制应以大会决议的形式通过），在"第 131 条"之前插入"第 116B 条第（1）款第（b）项"。

14.（1）该法第 167 条第（1）款（解释）修改如下。

（2）在"综合基金"的定义后插入：

"'捐款'指的是根据《捐款和福利法》第一部分而进行的出资。"

（3）在"部门"的定义中，在结尾处插入"但在第 116 条及第 116B 条中还包括环境部门"。

附表 2

废除

简称废除的程度

《1992 年社会保障缴费和福利法》［1992 c. 4.］附表 1、第 8 条第（1）款第（p）项。

《1992 年社会保障管理法》［1992 c. 5.］第 6 条第（1）款第（a）项第（ⅲ）目，"根据《捐款和福利法》第 1 条"一语。

第 75 条第（1）款中的"以规定的方式"。

第 110 条第（2）款第（c）项第（ⅰ）目和第（6）款第（a）项第（ⅰ）目中的"根据《捐款和福利法》的第一部分"一语。

第 114 条第（1）款中的"根据《捐款和福利法》的第一部分"一语。

第 123 条第（8）款第（j）项中的"且"。

第 127—128A 条（每条的标题）。

第 140B 条第（2）款中的"该行政命令规定的任何增加，以及减少"

一语。

第 162 条第（1）款中的"根据《捐款和福利法》的第一部分"一语。

附表 4 第二部分第 4 条第（a）项第（ⅰ）目，"国家保险"一词。

《1992 年社会保障管理法（北爱尔兰）》［1992 c.8.］第 59 条第（1）款第(a)项第(ⅲ)目中"根据《捐款和福利法》的第一部分"一语。

第 104 条第（2）款第（c）项第（ⅰ）目和第（6）款第（a）项第（ⅰ）目中的"根据《捐款和福利法》的第一部分"一语。

第 108 条第（1）款中的"根据《捐款和福利法》的第一部分"一语。

第 142 条第（1）款中的"根据《捐款和福利法》的第一部分"一语。

附表 4 第二部分第 4 条第（a）项第（ⅰ）目中的"国民保险号码"。

附表 9 第 18 条《1992 年当地政府财政法》［1992 c.14.］

《1994 年当地政府法》［1994 c.39.］附表 13 第 175 条第（3）款中的"第 128 条第（1）款、第（2）款及第（3）款"。

《1994 年管制放松和对外合同法》［1994 c.40.］附表 16 中的第 22 条和第 23 条。

《1995 年求职者法》［1995 c.18.］中的第 28 条第（1）款第（a）项及第（2）款。

第 34 条第（1）款、第（4）款。

附表 2 中第 58 条、第 62 条、第 63 条。

《1995 年求职者行政命令（北爱尔兰）》［S.I.1995/2705（N.I.15）.］附表 2 中第 40 条。

《1998 年公共利益披露法》
（英国）

1998 年
第 23 章

立法目标：保护披露公共利益信息的公民，允许由此受到伤害的公民提起诉讼，以及相关事宜。

1998 年 7 月 2 日

本法由议会的上下议院共同讨论和同意，并与女王陛下一同制定。内容如下：

1. 受保护的披露行为

［1996 c. 18.］《1996 年就业权利法》（简称《1996 年法》）第四部分提到：

"第四 A 部分受保护的披露行为

43A '受保护的披露行为'定义

本法中'受保护的披露行为'是指劳动者按照第 43C—43H 条的规定的合法披露行为（关于合法披露行为的定义在第 43B 条）。

43B 受保护的合法披露行为

（1）本部分'合法披露行为'是指劳动者基于如下合理理由而为的信息披露行为：

（a）有犯罪行为已经发生，或正在发生，或将要发生；

（b）公民违反法律义务的行为已经发生，或正在发生，或将要发生；

（c）法院误判已经发生，或正在发生，或将要发生；

（d）公民的健康和安全已经，或正在，或将要受到危害；

（e）环境已经，或正在，或将要遭到破坏；

（f）或者，任何故意隐藏前款所规定的信息的行为已经，或正在，或将要发生。

（2）就第（1）款的目的而言，以上已经，或正在，或将要发生的相关违法行为的发生地是英国还是其他地方，适用于此行为的法律是英国法律还是其他国家或地区法律，都是无关紧要的。

（3）公民通过犯罪手段披露信息的行为不是合法披露行为。

（4）在法律咨询的过程中获取的，依照法律职业伦理（如在苏格兰，职业法律顾问与客户之间的保密协定）不能在诉讼中公开的信息不是合法披露信息。

（5）本部分'相关违法行为'，与合法披露行为相关，是指第（1）款第（a）项到第（f）项所指的行为。

43C 对雇主和其他责任者的披露行为

（1）若劳动者的披露行为为善意，则符合如下条件的行为是合法披露行为：

（a）对雇主行为的披露；

（b）或者，劳动者有合理的理由相信，相关违法行为单独或主要由以下引起：

（i）雇主以外第三人的行为；

（ii）或者，雇主以外负有法律义务的第三人，对其行为的披露。

（2）若劳动者对第三人的合法披露行为符合本部分所规定的对雇主的合法披露行为的目的，可与后者适用相同程序。

43D 对法律顾问的披露

在获得法律咨询的过程中，符合如下条件的行为是合法披露行为。

43E 对部长的披露行为

符合如下条件的行为是合法披露行为：

（a）劳动者的雇主是：

（i）执行部长签署的规章；

（ii）或者，执行部长签署的规章的成员之一。

（b）对部长的披露行为善意。

43F 对指定人员的披露行为

(1) 劳动者符合如下条件的行为是合法披露行为:

(a) 善意披露首相命令所指示的行为,此命令须符合本部分目的,并且

(b) 有合理理由相信:

(i) 违法行为没有遵守相关指示;

(ii) 所披露信息中的指控都是真实的。

(2) 符合本部分目的的命令,是指对具体的人及其需要完成的具体事件做出指示的命令。

43G 其他情况的信息披露

(1) 符合以下条件的行为是合法披露行为:

(a) 劳动者的善意披露行为;

(b) 劳动者有合理理由相信其所披露的信息及包含的指控大部分是真实的;

(c) 劳动者的披露行为不以为自己牟利为目的;

(d) 符合第 (2) 款所规定的条件;

(e) 在任何情况下,劳动者的披露行为都是合理的。

(2) 第 (1) 款第 (d) 项所提到的条件是:

(a) 劳动者有合理的理由相信,如果他披露其雇主或者依照第 43F 条的规定进行披露,他会受到雇主的损害;

(b) 劳动者有合理理由相信如果他披露其雇主,相关的违法证据将可能被隐藏或销毁,以致没有符合第 43F 条的相关违法行为;

(c) 劳动者曾经充分地披露了同样的信息:

(i) 向他的雇主,

(ii) 或者,符合第 43F 条的情况。

(3) 在确定根据第 (1) 款第 (e) 项由劳动者进行披露是否合理这个问题上,特别应该考虑到:

(a) 信息披露对象的身份;

(b) 相关违法行为的严重性;

(c) 相关违法行为是否会持续到未来,或者可能在未来出现;

(d) 信息披露是否会违反雇主对其他人的保密义务;

(e) 在符合第 (2) 款第 (c) 项第 (i) 目或第 (ii) 目的规定的

情况下，任何雇主或个人根据第 43F 条的规定进行了披露或者可以合理地
认为已经根据第 43F 条进行披露的行动是先前披露行为的结果；

（f）在符合第（2）款第（c）项第（ⅰ）目规定的情况下，雇员向
雇主进行披露的程序是否是依照由雇主完全控制的程序进行。

（4）就这款而言，尽管后续披露延伸到任何人采取行动或没有采取
行动的相关信息，后续披露可能被视为本质上相同的信息披露、正如第
（2）款第（c）项中提到的一样。

43H 异常情况的披露

（1）根据本条，在下列情况下的披露是一个合格的披露：

（a）劳动者善意的进行披露；

（b）他有理由相信所披露的信息以及任何内含的陈述很大程度是真
实的；

（c）他不是为了个人私利进行披露；

（d）相关违法行为的性质相当的严重；

（e）根据所有的案情，他进行披露是合理的。

（2）在根据第（1）款第（e）项确定劳动者进行披露是否合理时，
应该特别注意披露对象的身份。

43J 保密合同义务

（1）本条的目的在于说明，任何旨在于阻止劳动者进行防御性披露
的合同条款，都是无效的。

（2）本条适用于任何劳动者与雇主之间的协议（无论劳动者是否可
以提供合同），包括所有放弃提起或者继续本法中规定的相关程序，或者
其他任何关于违约的法律程序的合意。

43K IVA 条中'劳动者'等概念的扩展

（1）在这个部分中，'劳动者'包括一个不符合第 230 条第（3）款
关于劳动者的规定，但是：

（a）正在或曾经在以下情况为一个人工作：

（ⅰ）他是或曾经是由第三人的推荐而获得工作；

（ⅱ）他从事这方面工作的具体条款不是或实际上不是由他自己决
定，而是由他的雇主、第三人或者这两者共同决定。

（b）为了这个人的工作，以及为了工作的执行所必须签订或曾经签
订的合同，并不在这个人的控制之下，而且如果为了'个人'这个条款

可以被取代，则可能列入第 230 条第（3）款第（b）项中。

（c）根据以下法，正在或曾经从事内科医生、牙医、眼科医生以及制剂师工作：

（ⅰ）根据卫生部门制定的《1977 年国民健康服务法》第 29 条、第 35 条、第 38 条或第 41 条；

（ⅱ）或者，依据健康委员会制定的《1978 年国民健康服务法（苏格兰）》第 19 条、第 25 条、第 26 条或第 27 条。

（d）现在或过去的工作经验提供了符合标准的培训课程或计划，以及就业培训（或两者皆有），除了：

（ⅰ）根据雇佣合同（获得培训）；

（ⅱ）或者，在一个由这个企业所指定的教育机构提供的课程中（获得培训）；

任何提及劳动者的合同，劳动者就业或劳动者被‘雇佣’都应做相应的解释。

（2）在这一部分中，‘雇主’包括：

（a）与第（1）款第（a）项范围内雇员概念相关的，决定或曾经决定他自己使用或曾经使用的大量条款的人；

（b）与第（1）款第（c）项范围内雇员概念相关的，在那段中所提到的权力机关或委员会；

（c）与第（1）款第（d）项范围内雇员概念相关的，提供工作经历以及培训的人。

（3）在这一部分，"教育机构"包括任何大学、学院、学校或者其他教育机构。

43L 其他事宜条款

（1）在这部分：

• "合格披露"的定义由第 43 条给出；

• 与合格披露有关的"相关违法行为"概念的定义，由第 43B 条第（5）款给出。

（2）为了实现这一部分的目标，分辨一个人是否是为了个人利益而做出披露，在任何法规中都不应该对披露行为设立奖励。

（3）根据本法披露的信息应该是合法的，对于任何与本法相关的案件，人们都应该清醒地认识到这一点，并把这个信息作为参考的依据。"

2. 不受侵害的权利

在《1996 年法》第 47A 条后插入一条：

"**47B 受保护的揭露行为**

（1）一个雇员在做出受保护的揭露行为后，他有权不受其雇主做出的任何积极或消极损害行动的影响。

（2）除了该劳动者是属于根据第 197 条，第 X 部分条款规定不适用解雇雇员的情形下被解雇的这一情况外，此条款不能应用于：

（a）劳动者是一个雇员；

（b）被讨论的损害是由于解雇而产生（在那部分的意义上）的。

（3）就本条而言，以及第 48 条、第 49 条中只要与本条相关的部分，'劳动者''劳动者的合同'，'雇佣'以及'雇主'现对于第 43K 条的定义都有所引申。"

3. 就业仲裁程序

在《1996 年法》第 48 条第（1）款后增加：

"（1A）如果（雇主）违反第 47B 条导致劳动者遭受损失，劳动者可以向就业仲裁委员会提起仲裁申请。"

4. 赔偿数额限制

（1）对《1996 年法》（补救措施）第 49 条做如下修正。

（2）在第（2）款的开始处插入"以第（6）款为准"。

（3）在第（5）款后插入：

"（6）当：

（a）赔偿是依据第 48 条第（1A）款做出；

（b）劳动者受到的损害是他的'劳动合同'所造成的结果；

（c）该合同不是雇佣合同。

如果劳动者曾经是一个雇员并曾经由于第 103A 条的规定被解雇，任何赔偿不能超出根据第 X 部分第 II 章的规定所能得到的支付数额。"

5. 不公平的解雇

在《1996 年法》第 103 条后插入：

"**103A 受保护的披露**

如果一个雇员被解雇的原因（如果原因不止一个，则依最主要的原因而定）是其做出了受保护的披露，这个雇员被解雇的结果应该根据本条的规定被认为是不公平的解雇。"

6. 裁员

在《1996 年法》（裁员部分）第 105 条第（6）款后面插入：

"（6A）当雇员由于第 103A 条规定的原因（如果原因不止一个，则依最主要的原因而定）而被选择性解雇时，本款适用。"

7. 限制"不被不公平解雇权利"的例外情况

（1）在《1996 年法》第 108 条第（3）款（雇佣不需要试用期的情况）第（f）项的后面插入：

"（ff）适用第 103A 条，"。

（2）在《1996 年法》第 109 条第（2）款（不适用年龄上限的情况）第（f）项的后面插入：

"（ff）适用第 103A 条，"。

8. 不公正解雇的赔偿

（1）在《1996 年法》第 112 条第（4）款（不公正解雇的赔偿）中，"第 118—127A 条"后插入"或者依照第 127B 条的规定"。

（2）第 117 条（强制执行复职或重新录用命令）中：

（a）在第（2）款"第 124 条"后插入"并根据第 127B 条规定"；

（b）在第（3）款"以及第（2）款"后插入"并根据第 127B 条规定"。

（3）第 118 条（不公平解雇的一般规定）中，在第（1）款的开头插入"以第 127B 条的规定为准，"。

（4）在《1996 年法》第 127A 条后插入：

"**128B 由于受保护的披露而导致的解雇**

（1）但出现以下情况（如果原因不止一个，则依最主要的原因而定）时，此款适用：

（a）在裁员时，选择性地解雇雇员；

（b）或者，用第 103A 条规定的其他方法，解雇雇员。

（2）国务大臣可以根据条例规定，本部分适用于根据第 112 条第（4）款、第 117 条第（1）款或第 117 条第（3）款（而不是根据第 117—127a 条的规定计算）的不公平解雇的赔偿金，可以包括一项或多项补偿。

（3）正如本款所指明的，根据特别规定，本款适用于任何从第 117—127A 条的变通规定。"

9. 临时救济

把《1996 年法》第 128 条第（1）款第（b）款以及第 129 条第（1）款（关于临时救济）中"或者第 103 条"改为"，第 103 条或第 103A 条"。

10. 皇室雇佣

在《1996 年法》第 191 条（皇室雇佣）第（2）款第（a）项自然段后插入：

"（aa）第ⅣA 部分，"。

11. 国家安全

（1）《1996 年法》第 193 条做如下修改：

（2）第（2）款第（b）项自然段后插入：

"（bb）第ⅣA 部分，

（bc）在第 47B 条第Ⅴ部分，"。

（3）此款第（3）款后插入：

"（4）第ⅣA 部分、第 47B 条以及第 103A 条在以国家安全为目的的相关领域内，在秘密情报事务的相关领域内或者国家首脑通信的相关领域内并不适用。"

12. 在英国以外地区的效力

（1）《1996 年法》第 196 条（在英国以外地区的雇佣）做如下修改：

（2）在第（3）款后插入：

"（3A）如果根据劳动者的合同规定，劳动者一般在英国以外的地区工作，第ⅣA 部分以及第 47B 条不适用于这种雇佣关系。"

（3）第（5）款"第（2）款"后插入"，第（3A）款"。

13. 警务人员

在《1996 年法》第 200 条（警务人员）第（1）款中（其中列出了该法的规定不适用根据警察的就业服务或从事这类职业的人的就业合同）：

（a）"第Ⅲ部分"后插入"，第ⅣA 部分"；

（b）"第 47 条"后插入"，第 47B 条"。

14. 侵犯权利的救济

在《1996 年法》第 205 条（对侵犯某些权利的救济）第（1）款后插入：

"（1A）在与第 47B 条所赋予的权利相关的问题上，第（1）款的规定对雇主以及劳动者同样有效。"

15. 《1996 年法》的释义条文

(1) 在《1996 年法》第 230 条 (雇主, 劳动者及其他) 的结尾插入:

"(6) 本条款对第 43K 条以及第 47B 条第 (3) 款有效; 就第Ⅲ部分与第ⅣA 部分或第 47B 条相关的部分而言, '劳动者''劳动合同'以及与劳动者相关的, '雇主''雇佣'和'就业'的定义相对第 43K 条给出的定义, 都有所扩张。"

(2) 在《1996 年法》第 235 条 (其他定义)"职务"定义之后插入: "'受保护的披露'的定义由第 43A 条给出,"。

16. 由于参加非官方性劳工活动而被解雇

(1) 在《1992 年工会与劳资关系 (综合) 法》第 237 条 (由于参加非官方性劳工活动而被解雇) 第 (1A) 款中 (其中规定在这种情况下对不公平解雇的控诉权的例外规定并不适用):

(a) 把"或者第 103 条"改为", 第 103 条或第 103A 条";

(b) 把"和雇员代理案件"改为"雇员代理案件以及受保护的披露案件"。

17. 北爱尔兰的对应规定

根据依照《1974 年北爱尔兰法》目录 1 第 1 条第 (1) 款第 (b) 项自然段的规定所做出的枢密院令 (过渡时期的北爱尔兰法律) 规定, (在北爱尔兰) 应该这样实施本法:

(a) 不受该目录第 1 条第 (4) 款以及第 (5) 款 (决议需要议会两院通过) 规定的约束;

(b) 但是, 应该受决议需要经过议会两院中任意一院通过这一规定的约束。

18. 简称、解释、生效时间以及范围

(1) 该法应该被称为《1998 年公共利益披露法》。

(2) 本法中"《1996 年法》"是指《1996 年的就业权利法》。

(3) 根据第 (4) 款的规定, 该法应该在首相通过行政命令做出法定文书的当天或几天内生效, 不同的生效时间代表了不同的含义。

(4) 下列条款应该在该法通过后生效:

(a) 第 (1) 款中与根据《1996 年法》第 43F 条所赋予的发布命令的权力有关的条款。

(b) 第 (8) 款中与根据《1996 年法》第 127B 条所赋予的制定规章

的权力有关的条款。

　　(c) 第 17 条。

　　(d) 本款。

　　(5) 本法，除了第 17 条外，均不适用于北爱尔兰。

《2001 年社会保障欺诈法》
（英国）

2001 年
第 11 章

　　该法旨在规定社会保险法信息披露机制，并当相关机构进入诉讼以及行为人被判违反相关法律时，限制社会保障和战争抚恤金以及其他相关福利的支付。

2001 年 5 月 11 日

　　由尊敬的女王陛下颁布，通过召集上议院、下议院及政府机构讨论同意，规定如下：

第一章　获取和分享信息

第一节　获取信息的额外权力

　　第一条　《管理法案》应做如下修改。

　　第二条　在第 109B 条（要求信息权力）的规定中，在第二款后应插入"或者"；而且，在第二款（信息应从哪些主体获得）后应该插入：

　　"**第二 A 条**　本款所指主体是：

　　（一）任何银行；

　　（二）任何从事商业活动的个体，其活动的全部或一部分涉及对公众提供信用备案（无论是否有担保）；

　　（三）任何保险公司（本条所指保险公司意指符合《1982 年保险公

司法》第 50 章的规定）；

（四）任何担保机构（符合《1974 年消费者信用法》第 39 章 145 条的规定）；

（五）任何以为信息交换提供便利，从而预防和侦办欺诈行为为主要工作职责的机构；

（六）任何从事商业活动的个体，其活动的全部或一部分涉及对公众提供金钱在不同地方之间转换的服务；

（七）任何水务公司和污水处理公司，以及任何依据《1994 年地方政府管理法》第 62 条建立的水务和污水管理当局，以及其他由该法授权建立的机构；

（八）任何通过管道供应天然气的主体（意指符合《1986 年天然气法》第 44 章的规定）；

（九）任何通过电网提供电力的主体（意指符合《1989 年电力法》第 29 章的规定）；

（十）任何电信运营商；

（十一）任何教育机构；

（十二）任何以向前款中提到的教育机构提供相关服务为主要业务的主体；

（十三）学生贷款有限公司；

（十四）前述条款中提到的所有机构雇员或主体。

符合本条规定的情形发生，政府工作人员依据前款所赋予的权力，可以向任何个人或前款中规定的主体要求获取信息，但仅限于获取特定主体的相关信息（特定主体指国家机关通过名字或描述而确定的个体）。

政府工作人员不应该利用本法赋予的权力，向前款中规定的主体要求获得任何个体的任何信息，除非有确实的证据表明该行为人与如下事实存在联系：

（一）行为人已经承认，正在承认或将要承认其违法行为；

（二）或者，行为人（意指符合《捐款与福利法》第 7 条之规定）是（一）中所指的行为人家庭成员。

本条中任何一款都不能阻止政府部门工作人员通过应用本法所规定的权力从下列机构获取信息：

(一) 水务公司和污水处理公司,指任何依据《1994 年地方政府管理法 (苏格兰)》第 39 章第 62 条建立的水务和污水管理当局,以及其他由该法授权建立的机构;

(二) 任何通过管道供应天然气的主体 (意指符合《1986 年天然气法》第 44 章之规定的主体);

(三) 任何通过电网提供电力的主体 (意指符合《1989 年电力法》第 29 章之规定的供电主体);

(四) 前述条款中提到的所有机构的雇员或分支机构。

任何与水、天然气、电力供应的质量相关的专门信息,指在居住前提条件中要求被确定或描述的相关信息。

本条中所赋予的权力不应被用于从电信运营商处获得除交流信息以外的其他任何交换类信息 (交流信息意指《2000 年监管与调查权力法》第 23 章第 21 条规定的信息种类)。

本条第二款和第三款的规定,并不禁止政府工作人员根据本条赋予的权力从电信运营商处根据其提供的相关服务,由邮件地址或电话号码获得有关行为主体邮政地址和身份的相关信息。"

第三条　对于《管理法案》第 5 条 (自认犯罪的保护),应替换为:

"第五条　在本条下,任何人不应被要求提供:

(一) 任何信息可能致使其本人或其配偶遭受控告的信息;

(二) 任何关于法律特权的权利主张,或指在苏格兰,专业法律顾问和其客户之间的保密协议中涉及,从而导致任何针对福利违法行为的法律程序胜诉的信息。

根据本条规定,信息可以由有形的文件形式或其他形式承载。"

第四条　在《管理法案》第 6 条后应该插入:

"第六条　依照如下顺序规定:

(一) 在本法第一条第一款所列主体中,添加其他主体;

(二) 在本法第一条第一款所列主体中,移除某个主体;

(三) 由于主体的名称在本规定实施时发生改变的情况,修改本法第一条第一款所列主体。"

在本条中:

银行指:

(一) 任何基于《1987 年银行法》第 22 章之规定建立的机构;

（二）任何在《银行法》附表 2 中第 2—10 条中所列举的个体（豁免个体）。

（三）任何根据《1992 年银行分类（第二委员会指引）监管法》（S. I. 1992/3218）的授权，在英国境内接收存款（意指符合该监管法规定）的个体。

"信用贷款"包括现金贷款或任何形式的财政资助，包括贴现；

"住宅"，涉及水、天然气以及电力供给，意指任何住宅：

在供给时，该房屋全部或部分用于居住。

按照已经居住的状态供给；

"电信服务"与上同理，意指按照《2000 年监管与调查权力法》第 23 章之规定提供的服务。

第五条　在第 110 条第一款（对于授权管理住房补贴和税收优惠的工作人员，在适用第 109 条第二款和第三款规定的调整）中，在其后应该插入"；以及第 109 条第 4 款的遗漏"。

第六条　在第 111 条第一款（过错障碍），"监督者"应被替换为"政府工作人员"。

第七条　在第 121 条（第 6 部分阐释）中，定义"福利违法行为"，应替换为：

（一）"福利违法行为"意指：

任何一项与申领社会保险福利有关的犯罪行为；

（二）任何一项涉及接收或支付前款社会保险福利的犯罪行为；

（三）任何为福利违法行为提供便利的犯罪行为（无论是否由同一个人实施）；

（四）任何实施福利违法行为的未遂或阴谋。

第八条　在第 121 条（关于第 121 条中的定义）中，在"条"后应插入：

"相关的社会保险福利"意指任何相关社会保险立法中规定的福利。

第九条　在第 190 条第一款（需要议会程序通过的法律），在第一项后应插入：

"（aza）任何含有向第 109 条第（2A）款所列主体中添加主体的规定的命令"。

第二节　以电子化方式获取信息

第一条　在《管理法案》第 109B 条下，应当插入：

"**第 109B 条**　国务大臣有权要求以电子方式获取信息

对于以下第二款的规定，有关国务大臣授权的规定适用于下列情形：

（一）第 109B 条第二款规定的主体持有任何电子记录；

（二）该记录通常包含或可能包含与第 109A 条第一款中规定事项有关的情况；

（三）借助电子化设备，这些主体可以提供此类信息。

符合上述条件，国务大臣可以要求有关主体遵守有关规定，向获得授权的工作人员提供信息。"

第二条　获授权人员：

（一）应当根据法律法规的授权，获取前款中规定的信息；

（二）不应当试图获取任何有关法律法规规定以外，与特定个人有关的其他信息。

第三条　法律规定前款中的信息提供主体应向工作人员提供：

（一）向工作人员开放有关电子信息；

（二）允许工作人员根据法律规定使用这些信息；

（三）根据法律规定，限制有关信息的使用和披露；

（四）其他国务大臣认为适当的其他要求。

第四条　按照法律规定，获得授权的工作人员有权对前款中规定的信息进行复制、摘抄。

在该法第 110A 条后，应插入：

"**第 110A 条**　地方当局要求以电子方式获取信息的权力

根据以下第二款的规定，住房补贴管理委员会或税收优惠委员会有权获得信息的情形：

（一）第 109B 条第二款规定的主体持有任何电子记录；

（二）该记录通常包含或可能包含与第 109A 条第一款中规定事项有关的情况；

（三）借助电子化设备，这些主体可以提供此类信息。

符合上述条件，住房补贴管理委员会或税收优惠委员会可以要求有关主体遵守有关规定，向获得授权的工作人员提供信息。

获得授权的工作人员；

（一）应当根据法律法规的授权，获取前款中规定的信息；

（二）不应当试图获取，任何有关法律法规规定以外，与特定个人有关的其他信息。

法律规定前款中的信息提供主体应向工作人员提供：

（一）向工作人员开放有关电子信息；

（二）允许工作人员根据法律规定使用这些信息；

（三）根据法律规定，限制有关信息的使用和披露；

（四）其他有关机构认为适当的其他要求。

按照法律规定，获得授权的工作人员有权对前款中规定的信息进行复制、摘抄。"

第五条　住房补贴管理委员会或税收优惠委员会，不得：

（一）要求信息提供主体向工作人员提供一切信息；

（二）除非国务大臣认为符合法定强制情形，否则本条规定为了公共目的仅限于获取前款规定的信息，不应涉及信息中包含的任何隐私信息。

第六条　第五条中规定的法定强制情形，是指特殊案例，或者案件出现特殊情形。

第七条　在本条中，"隐私信息"意指，对住房补贴管理委员会或税收优惠委员会而言，个人持有的无须向政府机构公开的信息，除非政府机构依照法定权力强制其公开。

《管理法案》第 111 条（违法行为）：

在第一款第一项，结尾应换为"或"：

（一）"拒绝或忽略遵守第 109 条、第 110 条以及该条下第一款的规定和要求，或"；

（二）在第二款，"第（1）款第（b）项"，须替代为"第（1）款第（ab）项或第（b）项"。

第三节　信息权实施的规定

第一条　国务大臣应发布关于下列事项的实施细则：

（一）《管理法案》第 109B 条规定的获授权工作人员在实施该条第二款规定时的权力；

（二）《管理法案》第 109BA 条和第 110AA 条赋予获授权人员的

权力。

第二条 国务大臣可以随时：

（一）适用本条规定，修订全部或任何部分的守则；

（二）发布修改后的守则。

第三条 根据本条，在发布或修订实施守则前，国务大臣应该：

（一）准备和公布实施细则草案或修订后的草案；

（二）考虑任何向他提出的关于草案的申述。

在草案公布后，国务大臣可以将向他提议的人和修改意见以提案方式纳入草案中。

第四条 国务大臣应该将实施细则，以及对细则的每次修改依照本节规定提交议会。

第五条 根据本节发布的实施细则，以及关于细则的任何修改，应该在国务大臣发布后才能实施。

第六条 一个获授权工作人员实施的任何权力，必须是依照本节规定而取得的，而且他的行为是依据本节的规定进行的（目前本节规定是现行法律）。

第七条 任何人在实行本节规定时的错误，根据本节规定，个人免于承担任何民事或刑事诉讼。

第八条 适用本节规定的行为，可被任何民事或刑事法律程序采纳为证据。

第九条 在本节中，"获授权工作人员"指《管理法案》第 6 部分中的规定。

第四节 关于信息使用费的规定

第一条 国务大臣有义务在他认为适合要求或授权时，确保此类规定（如果存在这样的规定的话）的实施，国务大臣认为适当时，关于费用的规定应与如下机构的相关法律义务一致：

（一）信贷资料服务机构［符合《1974 年消费者信用法》第 145 条第 8 款规定下（39 章）］或其任何雇员或代理人；

（二）电信服务提供商［符合《2000 年监管与调查权力法》定义（第 23 章）］或其任何雇员或代理人；

（三）任何水务公司和污水处理公司，以及任何依据《1994 年地方政府管理法》第 62 条建立的水务和污水管理当局，以及其他由该法授权建立的机构；

（四）任何通过管道供应天然气的主体（意指符合《1986 年天然气法》第 44 章之规定）；

（五）任何通过电网提供电力的主体（意指符合《1989 年电力法》第 29 章之规定）；

（六）其他任何《管理法案》第 109 条第 2 款列举以外的，被该法第 109 条第六款收录的主体，以及此类主体的雇员及代理人。

第二条　在上一条中，"相关法律义务"，指：

（一）对于上一条第一款、第二款、第六款中规定的主体，"相关法律义务"指：

当这些主体符合《管理法案》第 109 条规定的情形，并且是该条第二款规定的赋有信息提供义务的主体时，这些主体应当提供相关信息；或者为获授权的工作人员提供《管理法案》第 109 条、第 110 条规定的工作人员有权获得或者可以强制获得的相关信息。

（二）对于上一条第三款、第四款、第五款中规定的主体，"相关法律义务"是指，向《管理法案》第 109 条及该条第四款规定的有权获得信息的机构提供相关信息。

第三条　为了使本节规定的信息提供主体更好地履行义务，国务大臣可以制定向这些主体付费，此类费用由议会承担。

第四条　住房补贴管理局和税收优惠委员会应当遵守这些普通指引或特别指引，按照国务大臣制定的规定，在实施本节第一条时，向信息提供主体付费。

第五节　与外国机构的信息交换

第一条　在《管理法案》第 14 部分（大不列颠以外的保障制度）第 179 条后，应插入以下条款：

"（一）与海外机构的信息交流

本条适用于涉及国务大臣的情形：

（一）在英国社保部和英国以外的国家（海外国家）间有关于信息交换的协议；

（二）该海外国家存在防止信息滥用的法律法规，从而可以保证本节规定下经由社保部披露的信息不会被滥用。"

第二条　为了便于相关机构在海外国家实施与社会保障有关的行为，国务大臣可以在其认为必要时，向海外国家的相关机构披露有关信息，从而保证两国间的协议的效力。

第三条　国务大臣应当采取一切措施保证根据协议取得的相关信息的安全，确保这些信息不会为协议明示或暗示以外的目的使用。

第四条　本条不适用于根据《管理法案》第 179 条，保证协议有效的情形。

第五条　根据《北爱尔兰管理法》第 122 条和第 116 条之规定，相关机构根据国务大臣要求披露信息时，应当包括根据该法规定对于信息的进一步披露。

第六条　在本条中，"相关信息"是指海外国家的有关机构或国务大臣持有的，与社会保障和福利有关的任何信息。

在《1992 年社会保障管理法（北爱尔兰）》（第 8 章）的第 13 部分（北爱尔兰以外的社会保障体系）中，第 155 条后，应插入以下条款：

"第 155 条　与海外机构的信息交流

本条适用于涉及国务大臣的情形：

（一）在英国社保部和英国以外的国家（海外国家）间有关于信息交换的协议；

（二）该海外国家存在防止信息滥用的法律法规，从而可以保证本节规定下经由社保部披露的信息不会被滥用。"

为了便于相关机构在海外国家实施与社会保障有关的行为，国务大臣可以在其认为必要时，向海外国家的相关机构披露有关信息，从而保证两国间的协议的效力。

国务大臣应当采取一切措施保证根据协议取得的相关信息的安全，确保这些信息不会为协议明示或暗示以外的目的使用。

本条不适用于根据《管理法案》第 179 条，保证协议有效的情形。

根据《北爱尔兰管理法》第 122 条和第 116 条之规定，相关机构根据国务大臣要求披露信息时，应当包括根据该法规定对于信息的进一步披露。

在本条中，"相关信息"是指海外国家的有关机构或国务大臣持有的，与社会保障和福利有关的任何信息。

第六节　社会保障福利管理机构间的信息交换

在《管理法案》第 122 条第四款第三项和第五款第四项（国务大臣和北爱尔兰有关部门要求住房补贴管理委员会或税收优惠委员会以及代行其职责的主体提供信息的权力），"国务大臣或者北爱尔兰社保部指定的方向"应被替换为"法定的"。

第二章　社会保障福利丧失的规定

第一节　实施福利违法行为导致的福利丧失

第一条　如果：

（一）行为人（违法行为实施者）在两个独立的法律程序中被判实施了一项或多项福利违法行为；

（二）行为人的违法行为在前一个法律程序中被判有罪之后 3 年内，又因福利违法行为而在另一法律程序中被判有罪；

（三）后一个法律程序尚未对行为人或其家庭成员适用本条或第 8 条和第 9 条的相关规定；

（四）在应用本条或相关条款对行为人或其家庭成员进行处罚时，尚未将其前一个因福利违法行为导致的法律诉讼纳入考虑；

（五）行为人的条件符合取消其领取福利的权利资格的要求，并且是在规定的期限内。

那么，即使以上条件被满足，下列限制应适用于对于违法行为人福利的发放。

第二条　根据第三款至第五款的规定，在行为人的取消资格期间，可惩罚性的福利不应支付给行为人。

第三条　如果可惩罚性的福利属于收入支持项目，即使在其取消资格期间，仍应予以支付。但是支付的福利金额将根据《1992 年社会保障缴费和福利法》第 124 条第四款的规定进行削减。

第四条　国务大臣可以通过法规规定如果可惩罚性福利是求职者补贴，任何收入支持项目下的求职者津贴应当予以支付，即使在行为人取消资格期间，或者下列一项或多项规定实施的情况下：

（一）津贴的支付额度依照有关规定削减；

（二）只有当行为人依照有关规定履行了提供信息的义务时，津贴可以支付；

（三）法律规定的其他情况下，津贴也可支付。

第五条 国务大臣可以通过法规规定，如果可惩罚性的福利是住房补贴或税收优惠时，该福利应当支付，即使在行为人取消资格期间，或者下列一项或多项实施的情况下：

（一）津贴的支付额度依照有关规定削减；

（二）法律规定的情况下，福利也可支付。

第六条 本条的规定是关于取消资格期间，对于任何实施了一项或多项福利违法行为的行为人，取消资格期间自其后一个违法行为被判有罪之时起算十三周以内，或者是由国务大臣颁布的相关法律确定。

第七条 凡：

（一）在本条实施时，考虑行为人之前的违法行为的判决；

（二）该判决随后被撤销。

如果由于该判决导致了行为人承担了相关的处罚和限制，所有的支付和决定都应当在必要时做出调整。

第八条 在本条中：

"福利违法行为"是指：

（一）任何事后实施的违法行为，该行为导致了其取消资格的后果；

（二）任何事后实施的违法行为，导致了收取人收取的福利数额的变化；

（三）任何事后实施的违法行为，为福利违法行为的实施提供了便利（无论是否由同一人实施）；

（四）任何事后实施的违法行为，是福利违法行为的构成部分。

"取消领取补助的资格"是指（第 10 条第一款规定的情形）：

（一）《1995 年求职者法》（第 18 章）或《1995 年求职者法（北爱尔兰）》中规定的任何福利补助［SI 1995/2705（NI 15）］；

（二）《1992 年社会保障缴费和福利法》（第 4 章）或《1992 年社会保障缴费和福利法（北爱尔兰）》（第 7 章）中规定的任何福利补助，除了：生育津贴、工作家庭税收抵免、残疾人的税收抵免、法定病假工资和法定产假工资；

（三）任何战争养老金。

"福利制裁"（第 11 款以及第 10 条第 1 款中规定）是指任何被取消领取资格的福利，除了：

（一）求职者联合索赔津贴；

（二）任何退休金；

（三）阶段制养老金；

（四）残疾生活津贴；

（五）出勤津贴；

（六）儿童福利金；

（七）监护人的津贴；

（八）按照《1992 年社会保障缴费和福利法》第 8 部分规定的，社会基金以外的福利支付；

（九）根据该法第十章规定的支付（圣诞奖金）。

第九条　为了保障本节的实施：

（一）一个人因福利犯罪被认定有罪的日期，应该确定为其在那些犯罪行为中被发现有罪的日期（即当其被定罪时）；

（二）定罪是指，法院就某项行为做出有条件释放的命令，或苏格兰法院发出感化令，或者北爱尔兰在定罪的情形。

第十条　本节规定中涉及适用任何前述条款或第 8 条或第 9 条时：

（一）包括前述任何一项规定在北爱尔兰生效，与本节或其他章节的规定有关的规定的应用；

（二）不包括本条之前的适用，也不包括在同一取消领取资格期间，前述那些条款实施引起的限制。

第十一条　本节规定适用于北爱尔兰，犹如仅就战争养老金有关的福利处罚。

第二节　违反求职者津贴联合索赔规定的法律后果

第一条　第二款及第三款应具有效力，但须符合本条中的其他规定，凡：

（一）就求职者联合津贴共同提出申请的夫妻符合发放条件；

（二）第 7 条第二款的限制，适用于夫妻中至少一人福利受限的情形。

第二条　在取消领取福利资格的期间内，夫妻领取的福利不应发放；

（一）第 7 条第二款的限制，适用于夫妻中至少一人福利受限的情形；

（二）下列情形，该限制适用于夫妻一方及另一方：

根据《1995 年求职者法》第 20 条第一款的规定（第 18 章）的情形（停发或减少求职者联合索赔津贴）；

或者，如果涉及领取《2000 年儿童扶助、养老金和社会保障法》中规定的相关福利，该法第 62 条第二款的限制性规定（第 19 章）将对个人生效。

第三条　在不适用第二款的被取消资格期限内的任何时期，津贴将会：

（一）对于夫妻共同的案件是应该支付的，即使津贴减少至根据本条所规定的目的而计算出的数额；

（二）应当只支付给夫妻中不是因第 7 条将被判有罪的那一方。

第四条　国务大臣可以通过条例规定在有关的情况下，适用第二款应当向夫妻支付求职者联合索赔津贴，在属于第一款或第二款规定的关于回避期间规定的全部或部分期间内，使用如下规定：

（一）津贴的比率，可能按规定进行削减的比率；

（二）只有当夫妻双方都按照法律规定，履行了关于信息的义务时，津贴是可支付的；

（三）只有当情况符合规定时，津贴才可以支付。

第五条　《1995 年求职者法》（第 18 章）第 20 条第六款（减少数额的计算）应适用于上述第三款，因为它适用于本节第五款的规定。

第六条　凡：

（一）因任何违法行为被定罪的夫妻的任何一方，在该夫妻应用本节时，其先前的违法行为将被纳入考虑；

（二）这一判决随后被撤销，如果需要的话，应当对所有这些支付做出调整，因为如果没有该判决的话，本节规定下的限制本不应强加给当事人。

第三节　对违法者家庭成员福利的影响

第一条　本条适用于：

（一）收入支持；

（二）求职者津贴；

（三）住房补贴；

（四）地方税收优惠。

第二条　国务大臣可以通过条例做出规定，在个案处理中，按照下列规定执行本节规定：

（一）对于任何人（"犯罪者的家庭成员"），符合本节规定实施的关于任何福利的授权条件；

（二）根据第 7 条规定的（犯罪者的）家庭成员，在规定的全部或任何部分期限内（"有关期间"），其条件符合取消领取福利的权利资格的要求，则其所领取福利应予降低；

（三）（犯罪者的）家庭成员是指：

犯罪者家庭成员被质疑的获得福利的条件被满足；

或者，罪犯的家庭成员获得的福利支付的下降幅度（除了任何根据本条做出的规定外）待定。

第三条　如果案件有关的福利来自收入支持，凭借第二款规定，对于罪犯的家庭成员的福利，须包括有关期间内的全部或任何部分期间，根据《1992 年社会保障缴费和福利法》（第 4 章）第 124 条第四款规定的可行的额度，在该时期内，犯罪者所获得的福利额度根据规定减少。

第四条　如果是有关求职者津贴的案件，可凭借第二款的规定，对于罪犯的家庭成员，任何以收入为基础的求职津贴应当被支付，须在有关期间的全部或部分的任何期间内缴付，即使实施了一个或多个下列规定：

（一）津贴的比率，是按规定进行削减后的比率；

（二）只有在犯罪者或其家庭成员，或者他们都履行了法律法规规定的关于信息的义务时，他们才能获得津贴；

（三）只有当符合规定情况时，津贴可支付。

第五条　在有关住房补贴或税收优惠的案件中，可凭借第二款规定，对于犯罪者家庭成员的利益，在有关的时期全部或部分期间内，应当对其进行福利支付，即使出现了下款中的情形：

（一）补贴率按照规定减少；

（二）只有当符合规定情况时，津贴可支付。

第六条　凡：

（一）根据本条生效的规定，任何一个被判有罪者的家庭成员，均应当考虑（津贴支付）的强制性减少；

（二）这一判决后来撤销。

如果需要的话，应当对所有这些支付做出调整，因为如果没有该判决的话，本节规定下的限制本不应强加给当事人。

第四节　规定增加和减少福利损失的权力

第一条　国务大臣可以根据第 7—9 条的立法宗旨，通过法规为任何社会保障福利提供法律规定。

（一）可以取消获得福利的资格，但是不能对福利本身做出制裁。

（二）既不取消福利资格，也不对福利本身做出制裁。

第二条　国务大臣可以通过法规第 7 条、第 8 条、第 9 条规定，未适用于任何福利支付，考虑到将减少任何折扣（如果已经支付的话），在任何法律规定的框架下，从（已经）支付的福利中扣除并支付给违法行为人以外的人，在某些情况下，支付给违法行为人的家庭成员。

第三条　在本条中，"社会保险金"是指：

（一）由《1992 年社会保障缴费和福利法》或《1992 年社会保障缴费和福利法（北爱尔兰）》规定的福利；

（二）《1995 年求职者法》或《1995 年求职者法（北爱尔兰）》规定的福利；

（三）战争抚恤金。

第五节　关于丧失福利的规定

第一条　在第 7—10 条中，"法定"是指由国务大臣颁布的法规所确定或指明。

第二条　第 7—10 条的任何规定必须是经由成文法颁布实施（适用第 3 款的情形除外），该成文法的制定、废止和修改应当遵从上议院或下议院决议。

第三条　一部成文法应当包括（无论是单行法律或者包含其他规定）：

（一）依据第七款的规定，成文法中的任何规定应视为对获得福利的资格取消而不是对福利的取消。

（二）根据第 7 条第三款或第 9 条第三款的规定，制定对适用的金额的减少的规定。

（三）由第 7 条第四款、第五款，第 8 条第四款或第 9 条第四款、第五款授权下制定规定。

（四）根据第 8 条第四款第三项的规定，制定对求职者联合津贴的减少的规定。

第四条　《管理法案》第 189 条第四款到第六款（补充和附属权力）应用于制定法规的权力，根据第 7—10 条的规定，适用于制定由那部法授予的制定相关法规的权力。

第五条　由第 7—10 条授予的法规制定权，应当包括针对不同地区制定不同法规的权力。

第六节　相应修正案

第一条　对于《2000 年儿童抚助、养老金和社会保障法》第 63 条第 2 款（关于共同申报权利的夫妻中的一方因违反社区命令而丧失福利）应被替换为：

"那条限制适用于夫妻一方或另一方：

（ⅰ）违反《1995 年求职者法》第 20A 条的规定（拒绝接受或削减求职者联合申请津贴）；

（ⅱ）或者，《社会保障欺诈法》第 8 条第 2 款（违法行为者丧失其福利）规定的限制适用于行为人领取福利的资格可以被惩罚的情形（根据该条款的规定）"。

第二条　《1998 年社会保障法》附表三第三项中（针对决定提出上诉），在第五项后应当插入：

"；或者（f）《2001 年社会保障欺诈法》第 7 条、第 8 条、第 9 条"。

第三条　在《管理法案》第 170 条（社会保障顾问委员会在从事相关立法以及北爱尔兰相关立法时的职责），在第（5）款：

（a）在"相关立法"的定义之后应当插入：

"（ag）《社会保障欺诈法》第 7—11 条"；

（b）在"相关的北爱尔兰立法"的定义，第（af）项后应当插入：

"（ag）任何与《2001 年社会保障欺诈》第 7—10 条相应的北爱尔兰规定；和"。

第七节　第 7—10 条释义

在本条和第 7—10 条中：

"福利"包括津贴、支付、信用贷款或公债；

"资格取消期"的意义由第 7 条第六款给出；

"家庭"的意义同《1992 年社会保障缴费和福利法》第 7 部分的规定；

"按收入缴费的求职者津贴""求职者联合申请津贴"和"共同申请夫妻"的意义同《1995 年求职者法》中的定义；

"事后违法行为"意指任何在第 7 条开始适用后实施的刑事犯罪行为；

"可处罚的福利"意同第 7 条第 8 款中的定义；

"战争抚恤金"意同《1989 年社会保障法》第 24 章第 25 条之规定（战争抚恤金委员会的设立和职责）。

第三章　罚款作为刑事诉讼的替代机制

第一节　授权

在《管理法案》第 115A 条（罚款作为刑事诉讼的一种替代机制），在第七款后应插入：

"（7A）对于下面的第（7B）款，国务大臣和住房补贴管理机构或税务优惠委员会可能赞成，在协议确定的范围内，一个人可以为他人利益执行或参与执行他人在本条规定下的任何职责。

（7B）上述第（7A）款不应授权任何与下列规定有关的权力：

（a）一个人的责任在于，他可以赔偿过度支付的损失，或者对他而言，决定是否提供上述第（2）款规定的那种过度支付的通知是适当的；

（b）或者，国务大臣为第（7A）款第（b）项制定规章的权力"。

第二节　雇主共谋行为

在《管理法案》第 115A 条后应当插入：

第 115B 条　罚款作为刑事诉讼的替代机制：雇主共谋行为等

第一条　本条适用于出现国务大臣或住房补贴管理机构或税务优惠委

员会时：

（一）有理由对任何人（指责任人）提起诉讼，针对其实施的任何一项违法行为（不局限于本法规定）；

（二）有理由对其提起诉讼的行为属于下面条款中规定的行为。

第二条　有理由对其提起诉讼的行为属于本款规定的情形：

（一）诉讼是针对本法下调查与雇佣或与一名或多名特定相关雇员有关的违法行为；

（二）或者，相关雇员为了给福利违法行为的实施提供便利的行为（无论这样的违法行为是否已经实行）。

第三条　国务大臣或当局可以书面通知责任人：

（一）在质询中，详细说明或描述行为；

（二）阐明他可能被邀请同意为其违法行为支付罚款；

（三）阐明如果他按照国务大臣或当局指明的方式来行为，针对其行为而提起的刑事诉讼程序将无法被替代；

（四）关于本条实施的有关信息可能包含于其他规定中。

第四条　如果上述第三款的通知接收人同意以法定方式支付罚款：

（一）罚款数额应当足以赔偿债务诉讼中涉及的金额，并且应该足以抵消支付给通知接收人的相关的福利金；

（二）与通知相关的行为将不再受到刑事起诉。

上述第 71 条第十款（执行追索权等）应当在确定与上述第（a）项相关的赔偿数额时应用；如同其应用于在上述第 71 条第八款规定中提到的赔偿金额的确定上。

第五条　罚款数额应当为：

（一）在符合前面第二款第（a）项规定的质询中的行为，但不符合该款第（b）项规定的情况时，为 1000 英镑；

（二）对于符合第二款第（b）项规定的行为，同时参考该款规定处以相关雇员人数 5 倍或更多，为 5000 英镑；

（三）在其他情况下，参考该款规定，罚款数额为相关雇员人数乘以1000 英镑。

第六条　责任人可以在其同意支付罚款之日起 28 日以内，收回根据本条规定，通过国务大臣或当局，依照国务大臣或当局确定的方式愿意支付的同意。

第七条　责任人收回上述第六款中的同意时：

（一）应当退还已经作为罚款而收取的赔偿金；

（二）上述第四款第（b）项不再适用。

第八条　本条的目的在于，个人责任人的违法行为涉及的雇员，如果

（一）责任人在个人是其雇员期间实施；

（二）违法行为发生时，个人是该单位的雇员，而且责任人是该单位的负责人；

（三）责任人实施该行为时，是作为该单位的代表，或与该单位有利益关系。

第九条　在本条中：

"实施"包括作为、不作为和文件声明；

"负责人"：

（一）对于依据《1985 年公司法》之规定成立的公司，包括影子总裁；

（二）对于某些公司的附属公司而言，包括母公司的总裁或影子总裁；

（三）对于自主经营、自我管理的机关单位，意指其行政负责人。

"雇员"是指：

（一）通过服务或学习合同被雇佣，或在一家机构工作（包括选举机构）；

（二）或者，从事他获得其工作岗位的合同下的任何工作。

"雇佣关系"可做相应解释：

"相关福利"指第 71 条第八款规定的福利；

"影子总裁"指《1985 年公司法》第 741 条第二项定义的实际控制人；

"附属"指《1985 年公司法》第 736 条对附属的定义；

在《管理法案》第 164 条第八款（罚款由统一基金收缴），在第 115A 条后应插入"或者第 115B 条"。

第四章　违法行为

第一节　不通知情况变更的违法行为

第一条　《管理法案》第 111A 条（为获得福利而做出的不实陈述）：

（一）在第（1）款第（c）项和第（d）项（法律规定应通知情况变更而不通知的欺诈行为）应当删去，应在第（a）项后插入"或者"；

（二）在该款后，应当插入以下第（2）款的描述；

（三）在第（4）款、第（1）款，应被替换为第（1）—（1E）款。

第二条　具体条款如下：

一个人的某项违法行为应当获罪，如果：

（一）存在影响其任何相关社会保障法律规定的福利或其他支付和补贴的权利资格的情况变更；

（二）这种情况变更不是法律排除在应通知的情况变更之外的变更；

（三）他明知这种变更会影响其获得福利、支付或其他补贴的权利资格；

（四）他以欺诈手段未及时以法定方式向法定主体通报情况变更。

一个人的某项违法行为应当获罪，如果：

（一）存在影响他人取得任何相关社会保障法律规定的福利或其他支付和补贴的权利资格的情况变更；

（二）这种情况变更不是法律排除在应通知的情况变更之外的变更；

（三）行为人明知这种变更会影响其获得福利、支付或其他补贴的权利资格；

（四）行为人的欺诈行为导致或允许他人未能以法定方式向法定主体通报情况变更。

本款适用的情形：

（一）存在影响个人（权利人）取得任何相关社会保障法律规定的福利或其他支付和补贴的权利资格的情况变更；

（二）另一人（指受领人）有权收取权利人已经或未来获得的福利、支付或津贴（但是协议认定对于受领人来说是可付的），或者应当支付的津贴；

（三）这种情况变更不是法律排除在应通知的情况变更之外的变更。

在适用前款的情形下，受领人的违法行为应当获罪，如果：

（一）行为人明知这种变更会影响权利人获得相关社会保障法规定的福利、支付或其他补贴的权利资格；

（二）"权利资格"是指他有权收到权利人已经或将会获得的支付（但是协议认定对于受领人来说是可付的）；

（三）行为人的欺诈行为导致或允许他人未能以法定方式向法定主体通报情况变更。

本款适用的情形：受领人之外的人应当获罪，如果：

（一）行为人明知这种变更会影响权利人获得相关社会保障法规定的福利、支付或其他补贴的权利资格；

（二）"权利资格"是指他有权收到权利人已经或将会获得的支付（但是协议认定对于受领人来说是可付的）；

（三）受领人的欺诈行为导致或允许他人未能以法定方式向法定主体通报情况变更。

在适用本条第三款的情形下，受领人的权利受限于另一项权利，原因是权利人应为受领人支付住宅，受领人才能收到住房补贴支付。

（一）在第（1D）款或第（1E）款下，一个人不因其违法行为而获罪，除非变更与下列一项或两项有关：

权利人占有该住宅或者权利人有义务支付与该住宅有关的费用；

但是：

（二）上述第（1D）款第（a）项和第（1E）款第（a）项均有效，即使在"明知"后应当插入"或者应当知道"；

上述第（1A）款和第（1E）款的宗旨是，当且仅当变更发生后，以合理可行的方式尽快通报时，变更通报才是及时的。

第三条　那部法律第 112 条第（1A）款（明知而不通报情况变更）应被替换为：

一个人的违法行为应当获罪，如果：

（一）存在影响其任何相关社会保障法规定的福利或其他支付和补贴的权利资格的情况变更；

（二）这种情况变更不是法律排除在应通知的情况变更之外的变更；

（三）他明知这种变更会影响其获得福利、支付或其他补贴的权利资格；

（四）他没有以法定方式向法定人员及时通报该情况变更。

一个人的违法行为应当获罪，如果：

（一）存在影响他人取得任何相关社会保障法律规定的福利或其他支付和补贴的权利资格的情况变更；

（二）这种情况变更不是法律排除在应通知的情况变更之外的变更；

（三）行为人明知这种变更会影响其获得福利、支付或其他补贴的权利资格；

（四）他导致或允许他人未能以法定方式向法定主体通报情况变更。

在适用上述第 111A 条第（1C）款的情形下，受领人的违法行为应当获罪，如果：

（一）行为人明知这种变更会影响权利人获得相关社会保障法律规定的福利、支付或其他补贴的权利资格；

（二）"权利资格"是指他有权收到权利人已经或将会获得的支付（但是协议认定对于受领人来说是可付的）；

（三）他导致或允许受领人未能以法定方式向法定主体通报情况变更。

在适用上述条款的情形下，受领人以外的他人的违法行为应当获罪，如果：

（一）其明知这种变更会影响权利人获得相关社会保障法律规定的福利、支付或其他补贴的权利资格；

（二）"权利资格"是指受领人有权收到权利人已经或将会获得的支付（但是协议认定对于受领人来说是可付的）；

（三）他导致或允许受领人未能以法定方式向法定主体通报情况变更。

上述第 111A 条第（1F）款的实施与上述两款相关，该款的实施与那部法第 111 条规定相关。

上述第一款至第四款的宗旨是，当且仅当变更发生后，以合理可行的方式尽快通报时，变更通报才是及时的。

第二节　苏格兰诉讼时效规定

在《管理法案》第 116 条第七款（法律程序）第（a）项后，应插入：

"（aa）当根据上述第 111A 条可能开始针对一项违法行为的诉讼时，

本款不应在时间上设置任何限制。"

第五章　补充规定

第一节　"《管理法案》"的含义

在本法中，"《管理法案》"意指《1992 年社会保障管理法》。

第二节　废止

特此废止在本法附表第二栏中提及的法令（包括某些关于费用的规定）。

第三节　开始（实施）

第一条　本法前面的规定，经国务大臣通过法定文件制定，开始实施。

第二条　依照第三款，本条中针对不同立法目的可能制定不同的实施方式。

第三条　根据本条指定第一款、第二款规定实施的权力，在必须依据第三款发布的实施细则之前，不应批准任何相关指令。

第四节　简称及运用范围

第一条　"本法"是指《2001 年社会保障欺诈法》。

第二条　第 5 条第二款、第 7 条、第 10 条、第 11 条、第 12 条第三款、第 20 条以及本条，适用于北爱尔兰，但不及于本法的其他规定。

第六章　附表和废止

简称和章节	废止内容
《1992 年社会保障管理法》	在第 110A 条第（8）款，在第（a）项末尾的"和"字
《1997 年社会保障欺诈管理法》	第 14 条
《1998 年社会保障法》	附表 3 中的第 3 条，第（d）项末尾的"或者"一词

根据 2001 年 9 月 1 日错误纠正修改。

《2004 年养老金法》
（英国）

2004 年
第 35 章

本法对养老金和退休财务计划、遗属支付权益以及其他目的制定条款。

2004 年 11 月 18 日

根据女王陛下的许可，征得上议院神职人员和世俗议员以及下议院的建议和同意，并在本届国会获得通过；通过并根据上述授权，予以颁布本法。

第一部分　养老金监管局

第一节　机构建立

第一条【养老金监管局】

养老金监管局是一个团体法人。

第二条【养老金监管局成员】

第一款　养老金监管局将由下列成员组成：

（a）由内阁大臣任命的养老金监管局主席；

（b）养老金监管局局长；

（c）在内阁大臣与养老金监管局主席会商后，由其任命的五位以上其他成员；

第二款 养老金监管局主席人选既不能是养老金监管局职员，也不能是养老金保障基金理事长（参见第一百〇八条）。

第三款 根据本条第一款第（c）项任命的监管局成员中，至少有两名为养老金监管局的职员。

第四款 内阁大臣根据本条第一款第（c）项任命养老金监管局成员时，必须确保大多数监管局成员是非执行成员。

第五款 养老金保障基金理事会职员不能成为养老金监管局成员。

第六款 在本部分中，

（a）养老金监管局执行成员指的是：

（ⅰ）养老金监管局局长；

（ⅱ）根据本条第一款第（c）项从养老金监管局职员中指定的成员。

（b）养老金监管局非执行成员指的是那些不是执行成员的监管局成员。

第三条【有关养老金监管局的进一步规定】

附录一对养老金监管局进一步做出规定，这些规定包括：

人事任命的条件、监管局成员的任期和报酬、监管局局长和其他职员的任命、监管局的议事程序、资金筹集和财务、监管局的地位和责任以及监管局成员和职员等。

第二节 关于养老金监管局职能的一般规定

第四条【养老金监管局的职能】

第一款 监管局：

（a）根据本法或北爱尔兰现行的相应法律规定，拥有由职业养老金监管局向其移交的职能；

（b）拥有或根据本法或其他成文法赋予的其他相关职能。

第二款 有关履行养老金监管局职能的规定：

（a）根据第八条第二款的规定，该条第四款所列的非执行职能应由根据第八条规定成立的委员会履行；

（b）以下规定提及的职能只能由决策小组履行：

（ⅰ）第十条第一款（在某些情况下决定是否履行附录二列示的职能和履行职能的权力）规定的职能；

（ⅱ）第九十九条第一款（与强制性审查某种决议有关的职能）规定

的职能；

（c）监管局根据附录一第二十小节受托行使的其他职能。

第三款　本条第二款应以内阁大臣根据附录一第二十一小节制定的规章（职权委托或限制职权委托的权力）为准。

第五条　【养老金监管局的目标】

第一款　养老金监管局在履行职能时，其主要目标如下：

（a）保障职业养老金计划参保人或与参保人有关的利益；

（b）保障本条第二款规定的个人养老金计划参保人或与参保人有关的利益；

（c）降低养老保障基金（参见第二部分）支付补偿的风险；

（d）促进对基于工作的养老金计划的理解，提高基于工作的养老金计划的管理水平。

第二款　根据本条第一款第（b）项规定，个人养老金计划参保人：

（a）是那些与直接支付制度有关的雇员；

（b）在养老金计划为存托养老金计划时，为其他参保人。

第三款　在本条中，

"存托养老金计划"指的是根据《1999 年福利改革和养老金法》（第三十章）第二条规定注册或已经注册的个人养老金计划（存托养老金计划的注册）；

"基于工作的养老金计划"的含义是：

（a）职业养老金计划；

（b）个人养老金计划（与直接支付制度有关的计划一名或多名参保人为雇员时）；

（c）存托养老金计划。

第六条　【辅助性权力】

除借款以外，养老金监管局可以实施与下列行为有关的任何事情，

（a）为其履行职能提供便利；

（b）易于职能的履行或促进其职能的履行。

第七条　【职业养老金监管局向养老金监管局移交的职能】

第一款　按本法规定，职业养老金监管局由以下法律或根据以下法律向监管局移交职能：

（a）《1993 年养老金计划法》（第四十八章）；

（b）《1995 年养老金法》（第二十六章）；

（c）《1999 年福利改革和养老金法》。

第二款　相应的，

（a）在《1993 年养老金计划法》第一百八十一条第一款（该条把职业养老金监管局定义为"管理局"）中，"管理局"的定义替换为"'管理局'指的是养老金监管局"；

（b）在《1995 年养老金法》第一百二十四条第一款（该法第一部分把职业养老金监管局定义为"管理局"），"管理局"的定义替换为"'管理局'指的是养老金监管局"；

（c）在《1999 年福利改革和养老金法》（第三十章）第八条第一款（该法第一部分把职业养老金监管局定义为"管理局"）中，"管理局"的定义替换为"'管理局'指的是养老金监管局"；

（d）在本法第三十三条（履行抵免型养老金负债的时间）第五款中，"职业养老金监管局"替换为"养老金监管局"。

第三节　非执行职能

第八条【非执行职能】

第一款　本条第四款列示的职能（本部分称为"非执行职能"）为养老金监管局拥有的职能。

第二款　养老金监管局必须成立一个委员会，代表其履行非执行职能。

第三款　只有养老金监管局的非执行成员才能成为上述委员会的成员。

第四款　非执行职能是：

（a）有责任对养老金监管局内部财务控制进行评价，确保财务行为的合规性；

（b）根据附录一第八小节第四分小节第（a）项的规定，经内阁大臣批准，有责任确定与按附录一第八小节第四分小节第（a）项任命的局长的报酬有关的条款和条件。

第五款　按本条设立的委员会，准备一份非执行职能履行情况的报告，并将其纳入监管局根据第十一条向内阁大臣提交的年度报告之中。

第六款　委员会提供报告的期限必须与监管局提供报告的期限相

一致。

第七款　委员会可以设立下属委员会，下属委员会成员：

（a）可以包括非监管局委员会成员；

（b）但不应包括监管局执行成员或监管局的其他职员。

第八款　委员会可以授权其委员会成员或下属委员会代表其履行：

（a）非执行职能；

（b）按第五款要求提供报告的义务。

第九款　根据附录一第二十小节第一分小节授权委员会（或下属委员会），行使监管局其他职能。

第十款　本条以内阁大臣根据附录一第二十一小节（职权委托或限制职权委托的权力）制定的规章为准。

第四节　决策小组

第九条【决策小组】

第一款　养老金监管局必须建立一个常设机构（本部分称为"决策小组"），该机构由以下人员组成：

（a）一名主席；

（b）六名以上其他成员。

第二款　养老金监管局应根据附录一第十一小节提名（由监管局主席设立的任命委员会提名）的人选来任命小组主席。

第三款　决策小组主席必须：

（a）确定拟任命小组其他成员的人数；

（b）提名符合上述任命条件的人选。

第四款　养老金监管局应将决策小组主席提名的人选任命为小组的其他成员。

第五款　下列人员不能任命为决策小组成员：

（a）养老金监管局成员；

（b）养老金监管局职员；

（c）养老保障基金理事会成员；

（d）养老保障基金理事会职员。

第六款　决策小组可以组建由决策小组成员组成的下属委员会。

第七款　决策小组根据附录一进一步做出规定，其规定内容包括任命条件、成员任期和报酬以及决策小组的议事程序。

第十条【决策小组行使的职能】

第一款　决策小组代表养老金监管局：

（a）决定是否在第二款规定的情形下行使专项监管职能的权力；

（b）在决策小组决定行使专项监管职能时行使待议职能的权力。

第二款　第一款提及的情形为：

（a）监管局认为行使专项监管职能可能是合适的做法；

（b）监管局按第六款所列条款提出申请，履行专项监管职能。

第三款　在第一款适用时，该款提及的权力不能由监管局或他人代表监管局行使。

第四款　就本部分而言，如果监管局职能为附录二所列的职能，监管局职能就是一项"专项监管职能"。

第五款　规章可以通过以下方式修改附录二：

（a）添加由本法或其他成文法赋予监管局行使的职能；

（b）删除由本法或其他成文法赋予监管局行使的职能；

（c）改变附录二规定由本法或其他成文法赋予监管局行使职能的内容。

第六款　第二款第（b）项提及的相关条款是：

（a）第二十条第十款（申请准予使用根据限制性命令开立的账户资金进行支付）；

（b）第二十六条第二款（申请颁布有关确认违反冻结命令行为的命令）；

（c）第四十一条第七款（根据第四十一条第九款，申请发布缴费修改通知书）；

（d）第五十条第七款（根据第五十条第九款，申请发布缴费修改通知书）；

（e）《1995 年养老金法》（第二十六章）第三条第三款（申请取消禁止性命令）；

（f）《1995 年养老金法》（第二十六章）第四条第五款（申请取消中止性命令）；

（g）《1995 年养老金法》（第二十六章）第七条第五 A 款〔根据《1995 年养老金法》第七条第三款第（a）项或第七条第三款第（a）项

第（c）小节，申请任命受托人］；

（h）《1995 年养老金法》（第二十六章）第二十九条第五款（申请豁免取消资格）；

（i）《1995 年养老金法》（第二十六章）第六十九条第一款（申请颁布命令，准许修改或修改养老金计划）；

（j）《1995 年养老金法》（第二十六章）第七十一 A 条第二款（申请修改养老金计划，确保关闭养老金计划）；

（k）《1993 年养老金计划法》（第四十八章）第九十九条第四 A 款（根据《1993 年养老金计划法》第九十九条第四款，申请延长遵循规定的时间）；

（l）《1993 年养老金计划法》第一百〇一 J 条第六款第（a）项（根据《1993 年养老金计划法》第一百〇一 J 条第二款，申请延长遵循规定的时间）。

第七款　规章可以通过以下方式修改第六款：

（a）在第六款中添加本法或其他成文法的条款；

（b）从第六款中删除或修改本法或其他成文法的条款。

第八款　根据附录一第二十小节第四分小节或第二十小节第六分小节，可以授权决策小组代表监管局行使监管局的职能。

第九款　决策小组授权小组成员或下属委员会履行以下职能：

（a）小组代表监管局可以行使的监管局职能；

（b）根据第九十三条第三款、第九十九条第十一款和附录一第十八小节第二分小节（议事程序）规定的小组履行的职能。

第十款　本条以内阁大臣根据附录一第二十一条（职权委托或限制职权委托的权力）颁布的规章为准。

第五节　年度报告

第十一条【向内阁大臣提交的年度报告】

第一款　养老金监管局必须准备财政年度报告。

第二款　每份报告：

（a）必须对监管局在拟提交报告的财政年度的行为进行陈述，陈述内容包括第三款提及的事项；

（b）必须包括监管局根据第八条建立的委员会提交的报告，该报告根据第八条第五款进行编制。

第三款 第二款第（a）项提及的事项为：

（a）养老金监管局的战略方针和对战略方针的评价方式；

（b）采取措施，审查养老金监管局局长的工作业绩，以确保监管局职能得到切实有效的履行；

（c）养老金监管局目标（包括第五条列举的主要目标在内或在北爱尔兰有效实行的相应的法律列举目标）和采取相应措施以监督目标完成情况。

第四款 养老金监管局在拟提交的财政年度结束后，必须尽可能如实向内阁大臣递交报告。

第五款 内阁大臣必须向议会上下两院呈送按本条收到的报告副本。

第六款 本条"财政年度"指的是：

（a）监管局建立之日至下一年的 3 月 31 日之间的一段时间；

（b）随后的每 12 个月。

第六节　提供信息、培训和帮助

第十二条【提供信息、教育和救助】

第一款 养老金监管局可以向与下列有关的人员提供其认为合适的信息、培训和帮助：

（a）以工作为基础的养老金计划的管理；

（b）向计划受托人或经营管理者提供计划运作方面的咨询。

第二款 在养老金监管局不需授权实施第一款提及的行为情况下，可以向与下列有关的人员提供其认为合适的信息、培训和帮助：

（a）与以工作为基础的养老金计划有关的雇主；

（b）向计划雇主提供计划运作咨询的人员；

（c）履行根据第二百三十八条规定义务的人员（向雇员提供信息和建议）。

第三款 就第二款而言，在存托养老金计划情况下，"与以工作为基础的养老金计划有关的雇主"指的是，履行《1999 年福利改革和养老金法》第三条规定义务（雇主有义务向参保存托养老金计划提供便利）的雇主。

第四款 在本条中：

"帮助"不包括资金救助；

"存托养老金计划"和"以工作为基础的养老金计划"的含义与第五条（养老金监管局的目标）规定的含义相同。

第七节　与职业养老金计划和个人养老金计划有关的新权力

第十三条【整改通知】

第一款　如果监管局认为某人：

（a）违反养老金法律的一条或多条规定；

（b）在某种可能继续违反或重复违反规定的条件下，已经违反养老金法律的一条或多条规定时；

监管局可以向违法人员发布一份通知（"整改通知"），要求其采取或禁止采取通知规定的措施，以纠正或防止违法行为的再度发生。

第二款　整改通知：

（a）必须载明监管局在第一款中持有的意见和制定的养老金法律条款；

（b）必须对监管局认定违反规定的事项和形成其持有上述意见基础的事项进行说明；

（c）就通知规定的每一项措施而言，必须载明履行通知规定的期限（在通知之日后 21 天以上）。

第三款　在整改通知中，

（a）整改指令在某种程度上与监管局按第九十条发布的操作规范有关；

（b）整改指令的目的在于让通知接收人员在不同的纠正方式或防止违法行为再度发生的方式之间进行选择。

第四款　在整改通知里指示的表达方式，取决于第三方遵守第十四条提及的通知（第三方通知）所包含的特定指示的情况。

第五款　整改通知可以规定，接收通知人员在通知规定的期限内应向监管局报告其已经或正在遵守通知的情况。

第六款　当违反养老金法律条款的行为在限制时间内没有采取行动时，就本条而言，这种违法行为一直持续到采取行动为止。

第七款　本条中"养老金法律"指的是包含在下列法律之内或根据下列法律制定的成文法：

（a）《1993 年养老金计划法》（第四十八章）；

（b）《1995 年养老金法》（第二十六章）第一部分，从第六十二条到第六十六 A 条（平等性待遇）除外；

（c）《1999 年福利改革和养老金法》（第三十章）第一部分或第三十三条；

（d）本法。

第八款　如果职业养老金计划受托人或经营管理者未遵守其接收的整改通知，那么《1995 年养老金法》第十条（民事罚款）适用于那些未采取所有措施以确保遵守通知的受托人或经营管理者。

第九款　本条也适用于那些在无正当理由下未遵守整改通知的人员。

第十四条【第三方通知】

第一款　当监管局认为：

（a）某人：

（ⅰ）违反养老金法律的一条或多条规定；

（ⅱ）在某种可能继续违反或重复违反的条件下，已经违反养老金法律的一条或多条规定；

（b）上述违法行为部分或全部是由另一个人（第三方）的不作为造成的结果；

（c）上述不作为本身不违反养老金法律；

监管局可以向违法人员发布一份通知（"第三方通知"），要求他采取或禁止采取通知规定的措施，以纠正或防止其违法行为再度发生。

第二款　第三方通知：

（a）必须载明监管局在第一款中持有的意见和制定拟议的养老金法律条款；

（b）包括：

（ⅰ）对监管局认定的违法事项进行说明；

（ⅱ）对监管局认定第三方未作为的事项和形成其持有上述意见基础的事项进行说明；

（c）就通知规定的每一项措施而言，必须载明履行通知要求的期限（在通知之日后 21 天）。

第三款　在第三方通知里制定指示，以便让接收通知的人员在不同的纠正方式或防止违法行为再度发生的方式之间进行选择。

第四款　第三方通知规定，接收通知人员在通知规定的期限内，应向监管局报告其遵守通知的情况。

第五款　当违反养老金法律条款的行为在限制时间内没有采取行动时，就本条而言，这种违法行为一直持续到采取行动为止。

第六款　《1995 年养老金法》第十条（民事罚款）适用于那些在无正当理由情况下未遵守其接收的第三方通知的人员。

第七款　只有在按要求做事以遵守第三方通知条件下，个人承担的义务才不被看作是违法行为。

上述内容以第三百一十一条（受保障条款）为准。

第八款　本条"养老金法"的含义与第十三条的含义相同。

第十五条【强制令和禁令】

第一款　如监管局提出申请，法院确信：

（a）存在一种很大的可能性，即某特定人员即将实施的行为会滥用或贪污职业养老金计划或个人养老金计划的资产；

（b）该特定人已经完成上述行为，且他很有可能将继续或重复拟议行为或实施类似的行为；

法院颁布一项强制禁令，限制上述特定人员从事上述行为，或在苏格兰地区颁布禁令，禁止他从事上述行为。

第二款　本条授予的权限可由高等法院或苏格兰高等民事法院行使。

第十六条【恢复原状】

第一款　如果法院确信存在滥用或贪污职业养老金计划或个人养老金计划的资产的事实，在监管局提出申请时，法院可以要求相关人员采取其规定的各项措施，使各方恢复到资产受到滥用和贪污以前的状态。

第二款　就这点而言，如果法院认为某人明显与滥用和贪污资产有关，那么该人为"相关人员"。

第三款　本条授予的权限可由高等法院或苏格兰高等民事法院行使。

第十七条【养老金监管局追偿未支付缴费的权力】

第一款　当雇主在应付日期或以前未向职业养老金计划或个人养老金计划支付应付缴费时，养老金监管局应代表计划受托人或经营管理者，行使受托人或经营管理者追偿未付缴费的权力。

第二款　就第一款而言（除本款外），如果应付缴费不是雇主所欠受托人或经营管理者的债务，那么雇主在应付日期或以前未向个人养老金计划支付的应付缴费，被视为雇主所欠受托人或经营管理者的债务。

第三款　在本条中，

"应付日期"是指：

（a）第二百二十七条提及的缴费进度表与雇主应付职业养老金计划缴费有关，其含义与第二百二十八条的含义相同；

（b）根据《1995 年养老金法》（第二十六章）第八十七条支付进度表（货币购买型计划支付进度表）与雇主应付职业养老金计划缴费有关，其含义与《1995 年养老金法》（第二十六章）第八十七条第二款第（c）项的含义相同；

（c）与雇主应付个人养老金计划缴费有关，其含义与《1993 年养老金计划法》（第四十八章）第一百一十一 A 条（对雇主向个人养老金计划支付缴费进行监督）的含义相同。

"雇主缴费"是指：

（a）与职业养老金计划有关，指的是根据本法第二百二十七条缴费进度表或《1995 年养老金法》（第二十六章）第八十七条支付进度表（货币购买型计划支付进度表），雇主或代表雇主应欠计划的缴费，无论：

（ i ）雇主自己开立的账户（但与一名或多名雇员有关）；

（ ii ）代表雇员从雇员收入里扣除。

（b）与个人养老金计划有关，指的是在直接支付制度下应付计划缴费。

第十八条【养老金解冻的释义】

第一款　在本条和第十九条到第二十一条中，

（a）"养老金计划"指的是职业养老金计划或个人养老金计划；

（b）"存款接受者"的含义已经在《1995 年养老金法》第四十九条第八 A 款和第八 B 款给出，只是出于定义的目的，第四十九条第八 A 款第（c）项要删除该项"或"字开始到最后的内容；

（c）根据第二款理解养老金计划解冻资金；

（d）"解冻参保人"与养老金计划解冻资金有关，指的是第二款第（a）项提到的养老金计划参保人；

（e）"限制性命令"指的是第二十条规定的限制性命令。

第二款　如果出现以下情况，资金可以从养老金计划中解冻出来：

（a）按照：

（ⅰ）相关法定条款；

（ⅱ）适用规则条款（相关法定条款除外）；

与养老金计划参保人应计权益有关的资金，直接或间接地代表一笔可从计划转出的资金额；

（b）在第三方（"解冻者"）将确保以核准的方式使用转出资金的基础上，计划受托人或经营管理者从计划转出资金；

（c）资金没有按核准的方式使用；

（d）解冻者已不能确保和不可能确保以核准的方式使用转出资金。

第三款　就第二款而言，下面条款为"相关法定条款"：

（a）《1993 年养老金计划法》（第四十八章）第九十四条第一款第（a）项，第（aa）项或第（b）项（《1993 年养老金计划法》第四部分第四章规定的等值变现的权力）；

（b）《1993 年养老金计划法》第一百〇一 AB 条第一款第（a）项（《1993 年养老金计划法》第四部分第五章规定的现金转移款项的权力）；

（c）《1993 年养老金计划法》第一百〇一 F 条第一款（抵免型养老金待遇等值变现的权力）。

第四款　在第二款中，"核准的方式"：

（a）当根据第三款第（a）项提及的条款从计划转出相关资金时，其含义是第二款或《1993 年养老金计划法》第九十五条第三款（情况允许时）规定的方式；

（b）在根据第三款第（b）项提及的条款转出资金时，其含义为根据《1993 年养老金计划法》第一百〇一 AE 条第二款规定的方式；

（c）在根据第三款第（c）项提及的条款转出资金时，其含义为根据第二款或《1993 年养老金计划法》第一百〇一 F 条规定的方式；

（d）在根据第二款第（a）项第（ⅱ）小节提及的相关类似条款转出资金时，其含义是根据第二款第（a）项第（ⅱ）小节，按转出资金适用规则批准的方式。

第五款　就养老金计划而言，本条"适用规则"的含义与《1993 年养老金计划法》第九十四条表达的含义相同。

第十九条【养老金解冻：法院恢复原状的权力】

第一款　在资金从养老金计划中解冻时，本条适用。

第二款　在本条中，"可恢复财产"指的是（服从第三款的规定）：

（a）现金；

（b）直接或间接可以用货币表示的财产（不管处于何地的各种财产）。

第三款　如果一个人以诚信、有偿和无事先告知的方式取得可恢复性财产受益权，且可恢复性财产是或（情况允许时）从养老金计划解冻出来的现金或以货币表示的财产时，

（a）财产不再是可恢复性财产；

（b）随后代表可恢复性财产的财产也不是可恢复性财产。

第四款　在监管局提出申请时，法院颁布其认为是公平和便利的命令，以确保能够代表各自价值或销售净收入的可恢复性财产或货币向：

（a）养老金计划移交；

（b）年金或保单移交；

（c）解冻参保人移交。

第五款　根据第四款颁布的命令可以（尤其）要求拥有可恢复性财产，或拥有可恢复性财产的控制权的个人，采取措施达到第四款提及的目的。

第六款　当法院根据第四款第（a）项颁布命令时，它可以按命令要求第（a）项提及的计划受托人或经营管理者：

（a）采取措施已达到第四款提及的目的；

（b）以法院规定的方式使用移交的财产或资金，以便向解冻参保人提供待遇或提供与参保人有关的待遇。

第七款　当规章在按第六款颁布命令的情况下适用时，规章可以修改《1993 年养老金法》（第四十八章）的条款。

第八款　本条授予的权限可由高等法院或苏格兰高等民事法院行使。

第九款　第十六条授予的权限的一般性不应受到本条的限制。

第十款　本条授予的权限的一般性不应受到第二十条的限制。

第二十条【养老金解冻：限制性命令】

第一款　如果在下列条件下，监管局可以颁布与存款接受者存款账户有关的限制性命令：

（a）确信从养老金计划解冻出来的资金存入账户；

（b）确信账户由以下人员或各自代表持有：

（i）解冻者；

（ⅱ）某人必须或实际上能够确保账户资金根据解冻者的指令进行运作；

（c）根据第二十一条，在研究与账户有关的一个或多个转回国内命令期间颁布命令。

第二款 限制性命令在有效期间不允许有关账户发生借贷活动（"限制性账户"）。

第三款 限制性命令必须：

（a）载明与命令颁布有关的存款接受者的名称；

（b）确认与命令颁布有关的账户；

（c）包含法定的其他信息。

第四款 限制性命令：

（a）在监管局向存款接受者通报其颁布命令时生效；

（b）（服从第七款的规定）在颁布6个月后到期时不再有效。

第五款 监管局在限制性命令有效时，颁布一个延长限制命令适用期限的命令。

第六款 根据第五款颁布的命令（"延长命令"）在下列情况下生效：

（a）当相关存款接受者接到监管局颁布命令的通知时；

（b）但是，只有在限制性命令有效时向存款接受者发布第（a）项提及的通知。

第七款 当延长命令生效时，

（a）相关限制命令从有效期到期后6个月以前有效，如有效期到期后得不到延长，那么限制性命令不再有效；

（b）除非延长命令有效，在限制性命令到期后不再有效。

第八款 限制性命令不会禁止存款接受者向限制性账户贷记一笔应付利息。

第九款 当限制性命令有效时，存款接受者如不履行命令，必须向支付者返还资金并贷记限制性账户。

第十款 在限制性命令有效时，监管局在限制性账户持有人提出申请或同意下，依照命令允许使用账户资金支付命令规定的金额，前提条件是监管局确信：

（a）支付旨在：

（ⅰ）使个人能够满足合理的生活开支需求；

（ⅱ）让个人能够开展贸易、经营业务、专业性或职业性活动；

（b）支付资金来源的受益权属于：

（ⅰ）个人或相关人员；

（ⅱ）同意支付的个人；

（c）支付使用的资金不是来自养老金计划解冻的资金。

第十一款　《1995 年养老金法》（第二十六章）第十条（民事罚款）适用于那些在无正当理由情况下没有遵守限制性命令或本条规定义务的存款接收者。

第二十一条【养老金解冻：返回命令】

第一款　在下列情况下第二款和第三款适用：

（a）限制性命令有效；

（b）监管局确信限制性账户拥有一笔从养老金计划解冻出来的资金。

第二款　监管局依照命令，

（a）规定有关存款接受者从账户支付的金额不超过：

（ⅰ）向养老金计划缴费的金额；

（ⅱ）向年金或保单支付的金额；

（ⅲ）向解冻参保人支付的金额；

（b）在根据第（a）项第（ⅰ）小节颁布命令时，规定计划受托人或经营管理者以监管局确定的方式，向解冻参保人支付计划待遇。

第三款　如果监管局在用全面观点看待限制性命令颁布以前发生的交易情况下，认为有两个或两个以上人员均属于与部分资金有关的解冻参保人，养老金监管局根据第二款在其认为公平合理的基础上，决定使用限制性账户资金支付。

第四款　当《1993 年养老金计划法》（第四十八章）适用于根据第二款第（b）项颁布命令的情形时，监管局可以修改《1993 年养老金计划法》（第四十八章）的所有条款。

第五款　《1995 年养老金法》（第二十六章）第十条（民事罚款）适用于那些在无正当理由情况下未遵守按第二款第（a）项向他们发布的命令的存款接收者。

第六款　如果计划受托人或经营管理者没有遵守按第二款第（b）项向他们发布的命令，那么上述第十条适用于没有采取所有合理措施以确保遵守命令的受托人或经营管理者。

第七款　本条"限制性账户"含义与第二十条所指的含义相同。

第八节　关闭职业养老金计划的权力

第二十二条【关闭职业养老金计划的权力】

在《1995 年养老金法》第十一条（关闭职业养老金计划的权力）中，

（a）删除第三款；

（b）在第四款之前加入：

"**第三 A 款**　如果职业养老金监管局确信有必要关闭计划，那么它可在职业养老金计划评审期间［符合《2004 年养老金法》第一百三十二条的含义（根据《2004 年养老金法》第二部分规定的'评审期间'含义）］以命令的形式关闭计划，以：

（a）确保计划受保障债务金额不超过计划资产金额；

（b）使债务超过资产的金额最小（如果债务超过资产）。

第三 B 款　在第三 A 款中，

（a）'受保障债务'的含义由《2004 年养老金法》第一百三十一条加以确定；

（b）计划资产指的是扣除代表计划货币购买型待遇权益（符合本法规定的含义）价值之后的计划资产。"

（c）在第四款末尾加入：

"本款以《2004 年养老金法》第二十八条、第一百三十五条和第二百一十九条为准（当计划冻结命令有效时，按本法第二部分等提及的评审期间发布计划关闭命令）。"

（d）在第六款末尾加入：

"**第六 A 款**　第六款不能授权职业养老金监管局发布本款第（a）项或第（b）项提及的命令，因为根据《1998 年人权法》第六条第一款（公共机构违反人权的非法行为）它们授权发布命令属于非法。"

第二十三条【冻结命令】

第一款　本条适用于货币购买型计划的职业养老金计划。

第二款　如果有且只有：

（a）根据《1995 年养老金法》（第二十六章）第十一条第一款第（c）项的规定，在对颁布的命令进行研究期间，颁布与计划有关的命令

(在有必要保护大多数计划参保人利益时关闭计划的权力);

（b）养老金监管局确信：

（ⅰ）如果不发布冻结命令，计划参保人利益或计划资产会存在或可能存在直接风险；

（ⅱ）必须发布冻结命令，以保护大多数计划参保人的利益。

监管局可以颁布计划冻结命令。

但在评审期间（第一百三十二条确定的含义）不得发布计划冻结命令（参见第一百三十五条第十一款）。

第三款 冻结命令规定，在命令有效期间：

（a）按计划规则确定的计划参保人（或与参保人有关）的养老金待遇不得增加；

（b）不应开始关闭计划。

第四款 在冻结命令有效期间，冻结命令也可以包括一条或更多的有效指令：

（a）规定计划不接纳新参保人或特定阶层的新参保人。

（b）规定计划不再由雇主、参保人或特定参保人（或由雇主、参保人或特定参保人代表计划）：

（ⅰ）进行缴费或支付；

（ⅱ）进行额外缴费或支付。

（c）指令规定：

（ⅰ）一个等于参保人代表向计划应付缴费额的金额［第（b）项指令规定除外］；

（ⅱ）已从就业收入里扣除的金额；

由雇主向特定参保人偿还；

（d）指令要求，不应向参保人或特定参保人支付计划规则确定的待遇或法定待遇。

（e）指令规定，如果计划规则确定的所有待遇或法定待遇以规定的方法或法定的金额减少，那么所有参保人或特定参保人享有的所有待遇或法定待遇只能从计划里支付。

（f）指令为：

（ⅰ）在计划规则下，与参保人权益有关的移交（或特殊移交）或转移支付（或特定转移）不能在计划里进行；

（ⅱ）不准采取其他措施或其他特定措施，履行与计划参保人养老金或其他待遇有关的计划责任。

（g）指令规定，根据《1993年养老金计划法》（第四十八章）第九十三 A 条（工薪关联型计划：报告养老金权益的权利）不能向计划参保人提供权益说明书。

（h）指令为：

（ⅰ）不能向计划参保人支付应付缴费返还或特定缴费返还；

（ⅱ）只有在应付缴费返还或特定缴费返还以规定的方式确定并满足规定的其他条件时，才可以向计划参保人进行支付应付缴费返还或特定缴费返还。

第五款　在第四款第（b）项中，

（a）缴费不含冻结命令生效前的应付缴费；

（b）在获取抵免型养老金待遇的人为计划参保人时，向计划支付的金额不含抵免型养老金待遇支付额。

第六款　冻结命令可以不含第四款第（d）项或第（e）项提及的削减应付参保人待遇的指令；在命令有效期间，如果在冻结命令生效时开始关闭计划，计划受托人或经营管理者有权把待遇削减到应付参保人待遇水平以下。

第七款　第四款第（f）项提及的指令规定，在计划规则下，与参保人权益有关的移交（或特殊移交）或转移支付（或特定转移支付）不能在计划里进行，除非以特定的方式确定转移支付相关的计划支付额和转移支付满足规定的其他条件。

第八款　冻结命令也可以要求计划受托人或经营管理者在规定期限内，获取一份精算价值评估报告。

第九款　包含上述要求的冻结命令必须规定：

（a）资产和负债的价值评估日期；

（b）纳入报告范围的资产和负债；

（c）价值评估报告的准备方式；

（d）冻结命令必须提供的信息和说明；

（e）精算价值评估报告必须满足的其他要求。

第十款　就第八款而言，

"精算价值评估报告"是有关计划资产和负债的价值评估书面报告，

由精算师起草和签署。

"精算师"指的是：

（a）根据《1995 年养老金法》（第二十六章）第四十七条第一款第

（b）项任命计划精算师（专业咨询师）；

（b）在没有任命精算师条件下，

（ⅰ）具有法定资格或履历的人；

（ⅱ）经内阁大臣批准任命的人。

第十一款　本条中"明确规定"指的是在冻结命令里进行明确规定。

第二十四条【冻结命令的影响】

第一款　如果计划冻结令已颁布，那么任何违反命令的行为均是无效的，除非根据第二十六条证实行为有效。

第二款　计划冻结命令不会禁止待遇增长，因这种增长在命令有效期内按计划或成文法的规定也会实现，除非命令包含相反内容的指令。

第三款　计划冻结命令不会阻止计划按《1995 年养老金法》第十一条（关闭职业养老金计划的权力）的规定实施关闭行为。

第四款　如果冻结命令包含第二十三条第四款第（b）项提及的指令，规定在命令有效期间不再进一步支付缴费或进一步支付特定缴费，那么：

（a）缴费成为指令的主要对象并在命令有效期间为应付计划缴费，被视为未到期的缴费；

（b）视为指令未发生情况下支付上述缴费的义务（包括根据《1995 年养老金法》第四十九条第八款的规定，有义务支付相应缴费扣除额）。

第五款　如果冻结命令包含第二十三条第四款第（f）项（参保人权益不应移交或撤销）的指令，命令不会妨碍：

（a）养老金共享命令或条款有效；

（b）养老金专用命令或条款在下列情况下有效：

（ⅰ）如计划待遇应向某人支付，命令要求向该人进行支付；

（ⅱ）第二十三条第四款第（d）项或第（e）项不会妨碍到期支付行为的发生。

第六款　就第五款而言：

"养老金共享命令或条款"的含义与《1999 年福利改革和养老金法》（第三十章）第二十八条第一款（养老金共享条款的生效）的含义相一致

的命令或条款;

"养老金专用命令"指的是:

(a) 根据《1973 年婚姻诉讼法》(第十八章) 第二十三条 (与离婚等相关的资金储备命令) 颁布的命令, 包括根据《1973 年婚姻诉讼法》(第十八章) 第二十五 B 条或第二十五 C 条 (涵盖养老金条款的权力) 制定的条款;

(b) 根据《1985 年家庭法 (苏格兰)》(第三十七章) 第十二 A 条第二款或第十二 A 条第三款提及的命令 (在颁布资金总额命令时, 一次性支付养老金总额的权力);

(c) 根据《1978 年婚姻诉讼法 (北爱尔兰)》(第十八章) 第二十五条 [S. I. 1978/1045 (N. I. 15)] 提及的命令, 包括根据命令第二十七 B 条或第二十七 C 条制定的条款 [在北爱尔兰, 具有与第 (a) 小节提及的相应权力]。

第七款　规章可以修改运用于职业养老金计划的:

(a)《1993 年养老金计划法》(第四十八章) 第四部分第四章 (向提前退休者提供保护:移交价值) 条款;

(b)《1993 年养老金计划法》(第四十八章) 第四部分第五章 (向提前退休者提供保护:移交价值总额和缴费返还) 条款;

而上述可以修改的条款与颁布包含第二十三条第四款第 (f) 项、第 (g) 项或第 (h) 项 (不准进行计划参保人权益转移或缴费返还等) 相关指令在内的冻结命令有关。

第八款　在不考虑第一款时, 如果颁布计划冻结命令得不到遵守, 那么《1995 年养老金法》第十条 (民事罚款) 适用于那些没有采取所有措施, 以确保遵守命令的计划受托人或经营管理者。

第九款　第八款不适用于未遵守根据第二十三条第四款第 (c) 项颁布的指令 (指令规定雇主偿还某种应扣缴费)。

第十款　在这种情况下,《1995 年养老金法》第十条 (民事罚款) 适用于那些在无正当理由情况下未偿还指令规定款项的雇主。

第二十五条【冻结命令的有效期限等】

第一款　冻结命令必须规定命令的有效期限。

第二款　冻结命令有效期限不应超过 3 个月。

第三款　监管局可以按照命令, 一次或多次延长命令的有效期限。

第四款　命令有效期限总计不应超过 6 个月。

第五款　本条服从于第二十七条、第二十八条和第二十九条的规定（关闭计划和评审期对冻结命令的影响）。

第二十六条【对违反冻结命令行为的确认】

第一款　如果计划冻结命令已颁布，养老金监管局可以按命令对违反命令的行为进行确认。

第二款　下面人员可以根据本条向监管局申请确认具体行为：

（a）计划受托人或经营管理者；

（b）直接受到行为影响的任何人。

第二十七条【关闭计划的决定对冻结命令的影响】

第一款　本条适用于以下情况：

（a）养老金监管局决定根据《1995 年养老金法》（第二十六章）第十一条（关闭职业养老金计划的权力），颁布与计划有关的命令（"关闭命令"）；

（b）在计划冻结命令生效期间做出裁决；

（c）不是第九十八条规定的特殊程序适用的情形（当资产等存在直接风险时，立即行使职能的权力）；

（d）在第九十六条第五款（在提交裁判期间所不能行使的权力）规定的期限结束后，才能颁布关闭命令。

第二款　冻结命令继续有效的情况直到：

（a）颁布关闭命令时，根据第二十八条的规定，冻结命令从关闭命令颁布起不再有效，或者

（b）取消颁布关闭命令的决定。

第三款　第二款应服从于第一百○一条赋予监管局在任何时间内都有权力取消冻结命令的规定。

第二十八条【计划关闭命令对冻结命令的影响】

第一款　本条在下面情况下适用：

（a）根据《1995 年养老金法》第十一条，颁布与计划有关的命令（关闭职业养老金计划的权力）；

（b）在计划冻结命令有效期间，颁布关闭计划命令。

第二款　在第一款提及的情况下，

（a）根据《1995 年养老金法》第十条颁布的命令，认为计划关闭开

始于冻结命令生效时；

（b）从根据《1995 年养老金法》第十一条颁布命令开始，冻结命令不再有效。

第三款 监管局依照命令要求某一特定人员：

（a）采取监管局认为必要的特定措施，原因在于在第二款第（a）项中计划关闭被视为开始于冻结命令生效时。

（b）在规定期限内采取上述措施。

第四款 如果计划受托人或经营管理者未遵守根据本条命令向其发布的指令，《1995 年养老金法》第十条也适用于那些没有采取所有合理措施以确保遵守指令的受托人或经营管理者。

第五款 在无正当理由情况下，其他人员未遵守根据本条命令向其发布的指令的情形，《1995 年养老金法》第十条也适用于上述其他人员。

第六款 本条"规定"指的是根据本条颁布的命令所指的规定。

第二十九条【第二部分提及的评审期对冻结命令的影响】

在计划评审期（与第一百三十二条的含义一致）开始时，计划冻结命令从评审期开始时无效。

第三十条【当冻结命令无效时发布指令的权力】

第一款 本条在下列情形下适用：

（a）养老金监管局取消计划冻结命令或命令无效；

（b）在冻结命令无效时，监管局没有按照《1995 年养老金法》（第二十六章）（《1995 年法》）第十一条颁布与计划有关的命令。

第二款 养老金监管局根据本条颁布一项包含指令的命令，规定在特定条件得到满足时，特定工作期限的特定参保人在工作期间会享有计划规则确定的特定待遇，除非冻结命令规定参保人具有资格获取计划规则确定的待遇。

第三款 第二款提及的条件包括：

（a）要求参保人或特定参保人（或与他们有关）不享有待遇，除非由雇主或雇主代表在特定时期向计划支付特定缴费；

（b）要求由雇主或雇主代表在特定时期向计划支付特定缴费；

（c）要求在冻结命令有效期间或有效期间部分时间内接收第（a）项或第（b）项提及的特定缴费。

第四款 当冻结命令包含第二十三条第四款第（d）项或第（e）项

提及的命令和计划规则确定的待遇金额因指令而未支付时，该指令：

（a）不会对计划待遇权益产生任何影响；

（b）规定参保人或与参保人有关人员在冻结命令有效期末仍有权利享有待遇，该待遇在有效期末应向参保人或有关人员（情况允许）支付。

第五款　如果按本条颁布的命令没有得到遵守，《1995 年养老金法》第十条（民事罚款）适用于那些没有采取所有合理措施以确保遵守命令的受托人或经营管理者。

第六款　第七款在下列条件下适用：

（a）如果根据本条颁布与计划有关的命令；

（b）如第三款第（b）项所述，命令规定特定金额的缴费必须由雇主或雇主的代表在规定的期限内支付；

（c）没有在规定的期限内缴费。

第七款　在下面情况下：

（a）如果雇主在无正当理由的前提下没有确保遵守规定，《1995 年养老金法》第十条适用于他，

（b）在规定期限之后，暂时未支付金额被看作是雇主应欠计划受托人或经营管理者的债务，

（c）除规定的情形外，受托人或经营管理者在规定的期限内，向监管局和参保人通报其未支付情况。

第八款　如第七款第（c）项规定不能得到遵守，《1995 年养老金法》第十条适用于没有采取合理措施以确保遵守上述规定的受托人或经营管理者。

第九款　本条"规定"指的是根据本条颁布的命令所指的规定。

第三十一条【向受托人、经营管理者、雇主和参保人发布通知】

第一款　本条适用于下列情形：

（a）发布与计划有关的冻结命令；

（b）根据第二十六条发布的命令，确认违背计划冻结命令的行为；

（c）根据第二十八条发布的命令，规定在计划关闭之后采取的法定措施；

（d）在冻结命令无效后，根据第三十条发布与计划有关的命令。

第二款　监管局在颁布命令后尽可能如实向：

（a）所有计划参保人；

（b）命令规定的计划参保人，

通报命令已经颁布并已生效。

第三款　监管局依照命令，要求计划受托人或经营管理者向：

（a）所有计划参保人；

（b）命令规定的计划参保人，

通告第一款提及的命令已经颁布并已生效。

第四款　通知书将以命令规定的时间和方式发布。

第五款　如果计划受托人或经营管理者没有遵守按第三款颁布的命令涵盖的指令，《1995 年养老金法》（第二十六章）第十条适用于那些没有采取合理措施以确保遵守指令的受托人或经营管理者。

第三十二条【有关第二十三条到第三十一条的补充性规定】

第一款　可以根据第二十三条、第二十五条、第二十六条、第二十八条、第三十条和第三十一条中任一条之规定，颁布计划命令：

（a）尽管存在任何成文法或法规或计划规则可以阻止命令的颁布；

（b）不管成文法、法规或计划规则要求与颁布的命令有关的程序履行或获取同意的情况如何。

第二款　如果《1998 年人权法》（第四十二章）第六条第一款（公共机构违反人权的非法行为）表明监管局颁布的命令是非法的，那么第一款在授权监管局颁布第一款提及的命令上不再有效。

第九节　职业养老金计划受托人

第三十三条【禁止性命令】

用下列内容替换《1995 年养老金法》（第二十六章）第三条：

"第三条【禁止性命令】

第一款　如职业养老金监管局确信某人不适宜作为命令相关的计划受托人，那么他们根据命令禁止某人成为下列计划的受托人：

（a）指定信托型计划；

（b）指定内容信托型计划；

（c）一般信托型养老金计划。

第二款　当按第一款颁布的命令禁止某人成为一个或多个养老金计划的受托人时，该命令具有将他免去职务的作用。

第三款　职业养老金监管局在收到本条提及的受禁人员提出的申请

后，依规定取消全部命令或与指定信托型计划或指定内容信托型计划有关的命令。

第四款　在下列情况下，不能按第三款的规定提出申请：

（a）根据《2004 年养老金法》第九十六条第三款或第九十九条第七款的规定，决定将行使颁布禁止命令的权力转交法庭时；

（b）在转交之前（如果已决定提交法庭），针对法庭裁决的上诉已经得到最终解决。

第五款　根据本条在某个时间发出的取消指令，不能对发出取消指令之前的所有事情产生影响。

第六款　职业养老金监管局按本条的规定，必须准备和出版政策说明书，说明与其权力行使有关的政策。

第七款　职业养老金监管局可以修改根据第六款出版的说明书，并必须出版修正后的说明书。

第八款　本条'裁判所'指的是根据《2004 年养老金法》第一百〇二条建立的养老金监管局裁判所。"

第三十四条【暂停命令】

在《1995 年养老金法》（第二十六章）第四条（暂停命令）中：

（a）在第一款第（a）项后加入：

"第（aa）项在对不诚信或欺诈犯罪提起诉讼的机构发布暂停命令进行研究的期间"；

（b）在第二款中，

（ⅰ）在第（a）项中，在"第（a）项"之后加入"或第（aa）项"；

（ⅱ）在"具有效力"之后加入"与信托型计划有关"；

（ⅲ）在"第三条第一款"后加入"与该计划有关"；

（c）在第五款之后加入：

"**第五 A 款**　不可在下列情况下提出第五款提及的申请：

（a）根据《2004 年养老金法》第九十六条第三款或第九十九条第七款的规定，在将按第一款行使颁布命令权的决定转交法庭时；

（b）如果上述决议转交法庭时，在仲裁和针对裁判裁决的上诉最终处理以前。"

（d）在第六款之后加入：

"**第七款**　本条'裁判所'指的是根据《2004 年养老金法》第一百
〇二条建立的养老金监管局裁判所。"

第三十五条【监管局任命受托人】

第一款　在《1995 年养老金法》第七条（受托人任命）中，

（a）删去第四款；

（b）在第五款之后加入：

"**第五 A 款**　可以由：

（a）计划受托人；

（b）雇主；

（c）所有计划参保人，

根据第三款第（a）项或第三款第（c）项向监管局提出与信托型计
划有关的申请，

任命信托型计划受托人。"

第二款　在《1995 年养老金法》第八条（根据第七条任命受托人的
影响）中，用以下内容替代第一款和第二款：

"**第一款**　有关第七条任命受托人的命令可以规定，任命受托人发生
的费用和支出：

（a）由雇主支付；

（b）使用计划资金支付；

（c）部分由雇主和部分使用计划资金支付。

第二款　上述命令还可以规定，根据第一款第（b）项或第一款第
（c）项，可以把等于使用计划资金额的资金看作是雇主应欠计划受托人
的债务。"

第三十六条【独立受托人】

第一款　对《1995 年养老金法》（第二十六章）第一部分（职业养
老金计划）做如下修改：

第二款　在第二十二条（与独立受托人有关条款适用的情形）中，

（a）从第一款第（b）项第（ⅰ）小节中删去"或者"，并在该小节
之后加入：

"（ⅰa）某人财产的临时接收者是与计划有关的雇主，或者"，

（b）在第二款"计划"之后加入"根据第一款"，

（c）在第二款之后插入：

"**第二 A 款**　在某种程度上它因第一款已经不再适用，与信托型计划有关的本条：

（a）在与信托型计划有关的评审期（符合《2004 年养老金法》第一百三十二条的含义）任意时间内适用；

（b）如不符合上述第（a）项的规定，那么在按《2004 年养老金法》第一百五十三条（关闭计划）批准继续在一个封闭性计划的任意时间内适用。"

（d）在第二 A 款［加入上述（c）项］之后加入：

"**第二 B 款**　根据第二 C 款，有关责任人员必须尽可能切合实际地向下列人员送达事件通知：

（a）职业养老金监管局；

（b）养老保障基金理事会；

（c）计划受托人。

第二 C 款　上述事件为：

（a）破产清算机构开始行使第一款第（a）项提到的临时接收者职能，如在机构开始行使上述职能之前，本条不再适用；

（b）破产清算机构停止行使第一款第（a）项提到的临时接收者职能，如在机构开始行使上述职能之后，本条不再适用；

（c）官方接收者开始行使第一款第（a）项第（ⅰ）小节、第一款第（a）项第（ia）小节或第一款第（b）项第（ⅱ）小节提到的临时接收者职能，如在机构开始行使上述职能之前，本条不再适用；

（d）官方接收者停止行使职能，如在机构开始行使上述职能之后，本条不再适用。

第二 D 款　在第二 B 款中'责任人员'指的是：

（a）如符合第二 C 款第（a）项或第二 C 款第（b）项列举的情形时，为破产清算机构；

（b）如符合第二 C 款第（c）项或第二 C 款第（d）项列举的情形时，为官方接收者。

第二 E 款　规章要求有关法定人群在本条开始适用或不再适用第二 A 款提及的信托型计划情况下，向下列人员发布通知：

（a）职业养老金监管局；

（b）养老保障基金理事会；

（c）计划受托人。

第二 F 款　第二 B 款提及的通知或第二 E 款提及的规章，必须有书面的形式和包含法定的内容。"

第三款　用下面内容替换第二十三条和第二十四条：

"第二十三条【任命独立受托人的权力】

第一款　当第二十二条适用于信托型计划时，职业养老金监管局依法任命下面人员为计划受托人：

（a）与计划有关的独立人士；

（b）根据第四款提及的规章，登记在职业养老金监管局保管名单上的人员。

第二款　在指定信托型计划下，仅有一名人员在任何时候可以成为根据第一款任命的独立受托人。

第三款　就本条而言，只有符合以下条件的人员，才能成为独立信托型计划的人员：

（a）除作为计划受托人以外，他与雇主资产或计划资产不存在利益关系；

（b）他与下面人员既无关联，又不是下面人员的合伙人：

（i）雇主；

（ii）暂时作为破产清算机构的执业者；

（iii）在第二十二条第一款第（b）项提及的职责范围内履行职能的官方接收者；

（c）必须满足其他条件；

根据以上内容对本部分有关独立受托人进行解释。

第四款　规章要求职业养老金监管局整理和保存一份载有符合注册条件人员的名单。

第五款　第四款提及的监管规章可以规定：

（a）名单副本或摘要必须在法定的情形下向法定人员提供；

（b）必须由法定人员在法定情形下对名单进行监督。

第六款　第五款第（a）项或第五款第（b）项规定的情形包括由接收副本的人员或监督名单的人员支付职业养老金监管局确定的合理费用。

第七款　本条对第七条授予的权力并无影响。"

第四款　在第二十五条（有关独立受托人的任命和权力的进一步规

定）中，

（a）用下面内容替换第四款：

"（a）受托人必须尽可能如实地向职业养老金监管局送交书面报告，以及"

（b）在第五款之后加入：

"**第五 A 款**　第十条适用于那些在无正当理由的情况下未遵守第四款第（a）项的规定的人员。"

（c）用下面内容替换第六款：

"**第六款**　第二十三条第一款提及的命令规定受托人的费用和支出由：

（a）雇主支付；

（b）使用计划资金支付；

（c）部分由雇主支付，部分使用计划资金支付。"

第七款①　第二十三条第一款提及的命令也可以规定，根据第六款第（b）项或第六款第（c）项使用计划资金支付的金额，视为雇主应欠计划受托人的到期债务。

第八款　根据第六款第（b）项或第六款第（c）项的规定，当命令规定受托人任命发生的费用和支出使用计划资金支付时，受托人在优先于其他合规权益的条件下获取计划支付的资金。

第三十七条【资格取消】

在《1995 年养老金法》（第二十六章）第三十条（第二十九条提及的资格取消的影响）中，用下面内容替换第一款：

"**第一款**　当第二十九条规定某个信托计划受托人的资格无效时，其资格无效带来的影响为撤销其受托人职务。"

第十节　当雇主债务无效时的缴费通知

第三十八条【当雇主债务无效时的缴费通知】

第一款　本条适用于职业养老金计划，下列计划除外：

（a）货币购买型计划；

（b）指定型计划或指定特征型计划。

---

①　在英国官方公布的原文中无第六款和第七款。——译者注

第二款　养老金监管局向某人发布通知，规定接收通知人员有责任向下列机构或人员支付通知（"缴费通知"）规定的金额：

（a）计划受托人或经营管理者；

（b）理事会（根据第二部分第三章养老金保障基金理事会承担计划责任时）。

第三款　只有在下列情况下监管局可以发布缴费通知：

（a）养老金监管局认为某人为符合第五款规定的作为一方或为故意不作为的一方；

（b）在相关期限内任意时间里某人为：

（ⅰ）举办计划的雇主；

（ⅱ）与雇主有关的人员或雇主合伙人；

（c）养老金监管局认为作为行为一方或未作为一方的某人，没有行使破产清算执业者具有的第三方职能；

（d）养老金监管局认为，要求某人支付通知规定的缴费额是合理的。

第四款　养老金监管局在规定的情况下可以不向符合规定条件的某人发布缴费通知。

第五款　在下列条件下作为或不作为符合本条的规定：

（a）养老金监管局认为作为或不作为的主要目的或主要目的之一为：

（ⅰ）根据《1995 年养老金法》（第二十六章）第七十五条（计划资产不足）的规定，防止计划雇主所欠全部或部分债务到期未支付；

（ⅱ）仅以诚信的态度防止债务到期，和解或偿还债务，或减少到期债务金额，

（b）在以下时间内作为发生或不作为初次发生：

（ⅰ）在 2004 年 4 月 27 日或之后；

（ⅱ）在根据第二部分第三章养老金保障基金理事会承担计划责任之前；

（c）要么：

（ⅰ）在监管局决定行使发布待议缴费通知的权力之前的 6 年，上述作为发生；

（ⅱ）在上述期间不作为初次发生或在此期间的全部或部分时间内连续不作为。

第六款　就第三款而言，

（a）作为一方或故意不作为的一方，包括那些有意参与作为或不作为的人员；

（b）"相关期限"指的是：

（ⅰ）开始于符合第五款的作为发生的时间或符合第五款的不作为初次发生的时间；

（ⅱ）终止于监管局决定行使发布待议缴费通知的权力时。

第七款　养老金监管局根据第三款第（d）项在决定是否应该要求某一特定人员有义务支付通知规定的金额时，必须重视其认为重要的事项；如重要时，这些事项如下：

（a）个人参与第五款提及的作为或不作为的程度；

（b）个人与雇主之间已有关系〔当作为一家公司的雇主在符合《1986 年破产法》（第四十五章）第四百三十五条含义时，个人对符合上述第四百三十五条第十款含义的雇主是否具有控制力〕；

（c）个人与计划之间的联系和个人参与计划的程度；

（d）如果作为或不作为是第六十九条（监管局通知某种事件的义务）提及的通知事件；遵守第六十九条第一款规定义务的个人未向养老金监管局送交事件通知的义务；

（e）作为或不作为的全部目的（包括作为或不作为是否会防止或限制就业损失在内）；

（f）个人经济状况；

（g）其他事项。

第八款　就本条而言，《1995 年养老金法》（第二十六章）第七十五条提及的到期债务包括第七十五条提及的或有债务在内。

第九款　相应的，就或有债务来说，第五款第（a）项第（ⅱ）小节提及的防止债务到期应理解为，包括防止《1995 年养老金法》第七十五条第四 C 款第（a）项或第七十五条第四 C 款第（b）项规定的或有债务事件发生。

第十款　就本条而言，

（a）《1986 年破产法》第二百四十九条（关联人员）在适用于该法各个部分第一组时适用于本条，

（b）《1986 年破产法》第四百三十五条（关联人员）在适用于该法各个部分第一组时适用于本条，

（c）《1985 年破产法（苏格兰）》（第六十六章）第七十四条（关联人员）在适用于该法各个部分第一组时适用于本条。

第十一款 就本条与某人有关的"破产清算执业者"而言，指的是：

（a）根据《1986 年破产法》第三百八十八条的规定，担任破产清算执业者的个人，

（b）破产清算执业者的含义与第一百二十一条第九款第（b）项的含义一致（符合法定内容的人员）。

第三十九条【第三十八条缴费通知规定的缴费金额】

第一款 监管局在第三十八条提及的缴费通知中规定的缴费金额，可以是计划短缺总额的全部，也可以是短缺总额的某一特定部分。

第二款 根据第三款，计划短缺总额是：

（a）在相关时间里根据《1995 年养老金法》（第二十六章）第七十五条（计划资产不足）的规定，当债务为雇主应欠计划受托人或经营管理者的债务时，计划短缺总额是监管局当时对债务的估计值；

（b）在相关时间里上述债务没有到期时，监管局就把短缺估计总额视为按《1995 年养老金法》第七十五条估计的到期债务额，前提是：

（ⅰ）第七十五条第二款适用；

（ⅱ）计划受托人或经营管理者指定的时间为相关时间。

第三款 当监管局确信符合第三十八条第五款的作为或不作为：

（a）在符合第二款第（a）项的情况下，会导致《1995 年养老金法》第七十五条提及的到期债务额少于在其他情况下的债务金额，

（b）在符合第二款第（b）项的情况下，会导致按第二款第（b）项计算的债务额少于在其他情况下的债务金额，监管局可以按其认为适宜的金额增加根据第二款第（a）项或第二款第（b）项计算的债务金额。

第四款 就本条而言，"相关时间"指的是：

（a）当相关作为符合第三十八条第五款时，发生作为的时间；

（b）在不作为符合第三十八条第五款时：

（ⅰ）不作为发生的时间；

（ⅱ）当不作为持续一段时间后，为监管局确定的时间和在持续期内的时间。

第五款 就本条而言：

（a）《1995 年养老金法》第七十五条提及的所欠债务，包括第七十

五条提及的或有债务在内，

（b）债务金额包括或有债务金额。

第四十条【第三十八条缴费通知的内容和影响】

第一款　在缴费通知向第三十八条提及的个人发布时，本条适用。

第二款　缴费通知：

（a）必须包含一份说明书，对其认为构成符合第三十八条第五款规定的作为或不作为的事项进行陈述；

（b）必须规定个人有义务支付缴费总额；

（c）拟议的作为或不作为和每一份缴费通知规定的缴费额，必须对缴费通知发放的其他人员进行确认。

第三款　当缴费通知规定个人有义务向计划受托人或经营管理者支付通知规定的缴费总额时，该缴费总额被视为个人所欠计划受托人或经营管理者的债务。

第四款　在上述情况下，监管局可以代表计划受托人或经营管理者，行使计划受托人或经营管理者追偿债务的权力。

第五款　在计划评审期间（与第一百三十二条的含义一致），根据缴费通知，与应欠计划受托人或经营管理者债务有关的权利和权力，可由养老金保障基金理事会行使，并把计划受托人或经营管理者和监管局排除在权力和权利行使之外。

第六款　当根据第五款向理事会支付缴费通知规定的债务金额时，理事会必须向计划受托人或经营管理者支付相同的金额。

第七款　当缴费通知规定个人有义务向理事会支付缴费通知规定的缴费金额时，支付的缴费总额被视为个人应欠理事会的债务额。

第八款　当缴费通知如上规定时，把接收通知的个人（"P"）视为与通知规定的任何接收相应通知的人员一起对债务共同承担连带责任。

第九款　就第八款而言，相应的缴费通知指的是：

（a）因符合第三十八条第五款含义的作为或不作为与因发布某人缴费通知引起的作为或不作为相一致而发布的通知；

（b）规定的缴费金额与某人接受的缴费通知规定相同的通知；

（c）该通知规定接收缴费通知的个人与接收通知的人（"P"）或接收通知的人（"P"）和其他人员对债务总额共同承担连带责任。

第十款　在确定计划资产和负债价值或金额时，缴费通知提及的到期债务不应根据《1995 年养老金法》（第二十六章）第七十五条第二款和第七十五条第四款（计划资产不足）来看待。

第四十一条【第三十八条缴费通知：与雇主债务之间的关系】

第一款　在向第三十八条提及的个人（"P"）发布缴费通知且条件 A 或条件 B 满足时，本条适用。

第二款　在缴费通知发布时，如果《1995 年养老金法》第七十五条（计划资产不足）提及的债务为雇主应欠下列人员或机构的债务：

（a）计划受托人或经营管理者；

（b）养老保障基金理事会〔在养老保障基金理事会根据第二部分第三章承担计划责任（养老金保障）时〕，那么条件 A 满足。

第三款　在缴费通知发布后并在追偿全部到期债务之前，如果根据《1995 年养老金法》第七十五条的规定到期债务为雇主应欠计划受托人或经营管理者的债务时，条件 B 满足。

第四款　养老金监管局向计划受托人或经营管理者发布指令，要求他们在根据缴费通知追偿所有或特定部分债务的期间不再采取措施，追偿《1995 年养老金法》第七十五条提及的债务。

第五款　如果受托人或经营管理者未遵守根据第四款向他们发布的指令，《1995 年养老金法》第十条（民事罚款）适用于未采取所有合理措施以确保遵守指令的受托人或经营管理者。

第六款　向：

（a）计划受托人或经营管理者支付与缴费通知提及所欠债务有关的总金额；

（b）理事会支付与缴费通知提及所欠债务有关的总金额；

被视为根据《1995 年养老金法》第七十五条应欠受托人或经营管理者或理事会（情况允许的话）债务额的减少。

第七款　当向计划受托人或经营管理者或理事会（情况允许的话）支付的总金额与《1995 年养老金法》第七十五条应欠债务有关，接收通知的个人（"P"）应根据《1995 年养老金法》第七十五条向监管局提出申请，减少个人（"P"）接到的缴费通知载明的总金额。

第八款　在向计划受托人或经营管理者或理事会（情况允许的话）支付《1995 年养老金法》第七十五条应欠债务相关的总金额后，尽可能符合实际地根据第七款提出申请。

第九款　在向监管局提交申请时，如果监管局认为下面做法是合适的，那么它可以：

（a）以其认为合适的金额减少个人（"P"）接收的缴费通知中规定的总金额；

（b）发布一份修改的缴费通知，规定一个修改的总金额。

第十款　就第九款而言，监管局必须重视其认为重要的事项；如果重要，这些事项包括：

（a）在缴费通知发布以后，《1995 年养老金法》第七十五条提及的已付债务金额；

（b）缴费通知规定的已付债务金额；

（c）向其他人员发布缴费通知引起第三十八条第五款含义提及的作为或不作为，是否与发布某人（"P"）接收的缴费通知引起的作为或不作为一致；

（d）当缴费通知发布时，每个缴费通知规定的缴费额和上述缴费通知提及的债务支付金额；

（e）个人（"P"）缴费通知是否规定个人（"P"）与其他人员为债务共同承担连带责任；

（f）其他事项。

第十一款　当：

（a）个人（"P"）接收的缴费通知规定个人（"P"）与其他人员为债务共同承担连带责任时；

（b）当根据第六款向个人（"P"）发布修改缴费通知确定一个修改金额时；

监管局必须向其他人员发布一份修改缴费通知，规定修改金额，并要求接收通知的其他人员与个人（"P"）为债务共同承担连带责任。

第十二款　就本条而言：

（a）《1995 年养老金法》第七十五条提及的到期债务，包括第七十五条提及的或有债务；

（b）上述债务金额包括或有债务金额。

第四十二条【第三十八条缴费通知：清算说明书】

第一款　监管局根据本条提出申请，发布符合第二款第（a）项、第（b）项或第（c）项含义并与申请提及的情形有关的清算说明书。

第二款　清算说明书为监管局颁布的说明书，就申请中陈述的情形而言，监管局认为：

（a）根据第三十八条第三款第（a）项，申请者不应成为符合第三十八条第三款第（b）项含义的作为或故意不作为的一方；

（b）根据第三十八条提及的缴费通知，要求申请者承担责任是不合理的；

（c）申请者不会满足第三十八条规定的条件。

第三款　当根据本条向养老金监管局提出申请时，监管局：

（a）可以要求申请者进一步提供信息；

（b）可以商请申请者修改申请，更改陈述的情形。

第四款　当根据本条提出申请时，监管局尽可能符合实际地：

（a）决定是否发布清算说明书；

（b）发布清算说明书（如决定发布清算说明书）。

第五款　根据本条发布的清算说明书，要求监管局行使权力，并向申请者发布第三十八条提及的缴费通知，除非：

（a）第三十八条提及的权力行使有关的情形与申请者陈述的情形不同；

（b）上述情形差异对权力行使至关重要。

第十一节　资金援助指令

第四十三条【资金援助指令】

第一款　本条适用于职业养老金计划，下列计划除外：

（a）货币购买型计划；

（b）指定型计划或指定特征型计划。

第二款　如果养老金监管局认为与计划有关的雇主在符合第九款含义并在其确定的时间（"相关时间"）处于下面情形时，可以根据本条发布计划资金援助指令：

（a）为公用事业公司；

（b）资产不足。

第三款　与计划有关的资金援助指令，要求接收指令的个人确保：

（a）在指令规定的期间实施计划资金援助；

（b）在计划存在时，上述规定期限后的资金援助或其他资金援助依然是适当的；

（c）在法定事件发生之后，尽可能符合实际地向养老金监管局书面通报与资金援助有关的法定事件。

第四款　与计划有关的资金援助指令，可以向一名或多名人员发布。

第五款　只有在下列情况下监管局才向某人发布指令：

（a）在相关时间某人是符合第六款规定的人员；

（b）监管局要求该人适宜履行指令。

第六款　如某人是下列人员，那么该人符合本条规定的含义：

（a）与计划有关的雇主；

（b）个人：（i）为雇主合伙人，但（ii）仅仅由于受雇于雇主而不是受雇于个人的合伙人；

（c）除个人以外的雇主关联人员。

第七款　监管局根据第五款第（b）项在确定要求某人履行资金援助指令的规定是否合理时，它必须重视其认为重要的事项；如果重要，这些事项包括：

（a）某人与雇主之间的关系〔包括，在雇主为一家符合《1986 年破产法》（第四十五章）第四百三十五条第十一款含义的公司时，某人是否控制符合第四百三十五条第十款含义的雇主〕；

（b）在某人符合第六款第（b）项或第六款第（c）项的含义时，该人从雇主直接或间接领取的待遇价值额；

（c）某人与计划的联系或参与计划的程度；

（d）个人经济状况；

（e）其他事项。

第八款　资金援助指令必须对接受指令的所有人进行确认。

第九款　如果某个时间为结束于监管局决定行使权力发布拟议的资金援助指令的规定期限，那么这个时间符合本条的要求。

第十款　就第三款而言，计划一直存续至计划关闭为止。

第十一款　不能仅仅根据第三款第（c）项发布的通知所包含的信息或意见，否定个人承担的义务。

该规定以第三百一十一条（保障条款）为准。

第四十四条【"公用事业公司"和"资产不充分"的含义】

第一款　本条适用于第三十三条（资金援助指令）。

第二款 如果满足下列条件时，在相关时间雇主（"E"）是一家"公用事业公司"：

（a）雇主（"E"）是一家与《1985 年公司法》（第六章）第七百三十五条第一款含义相一致的公司；

（b）雇主（"E"）是集团公司的一个成员；

（c）根据《1985 年公司法》（第六章）第二百二十六条雇主最新提交的财务报告显示的营业额，全部或主要来自雇主向其他集团公司成员提供雇员服务收取的费用金额。

第三款 如果满足下列条件时，在相关时间与计划有关的雇主（"E"）是一家财产不足的雇主：

（a）在相关时间雇主资产价值低于与计划有关的第七十五条估计债务额的规定百分比的金额；

（b）有人在相关时间符合第四十六条第六款第（b）项或第四十六条第六款第（c）项的含义，并且此人的财产价值不少于下面两者之间差额：

（i）雇主资产价值；

（ii）第七十五条估计债务额百分比的金额。

第四款 就第三款而言：

（a）根据规章确定个人财产价值的构成；

（b）以法定方式确定、计算和核实个人财产价值。

第五款 在本条中，与计划有关的"第七十五条估计债务"指的是，监管局根据《1995 年养老金法》（第二十六章）第七十五条（计划资产不足），对雇主应欠计划受托人或经营管理者的债务进行估计的金额，前提条件是：

（a）第七十五条第二款适用；

（b）计划受托人或经营管理者根据第二款指定的时间为相关时间。

第六款 当根据第五款计算与计划有关的第七十五条估计债务时，可以不予考虑《1995 年养老金法》第七十五条规定雇主在相关时间的应欠债务金额。

第七款 在本条中，"相关时间"含义与第四十三条的含义一致。

第四十五条 【"资金援助"的含义】

第一款 就第四十三条（资金扶持指令）而言，计划"资金援助"

指的是一个或多个符合第二款含义的约定，其约定细节由监管局发布的通知加以批准。

第二款 符合本款的约定为：

（a）当雇主是集团公司的一个成员时，所有集团成员为雇主全部或部分养老金待遇支付义务共同承担连带责任；

（b）当雇主是集团公司的一个成员时，符合规定条件的公司［与《1985 年公司法》（第六章）第七百三十六条的含义一致］和集团控股公司的所属公司为雇主全部或部分养老金待遇支付义务共同承担连带责任；

（c）符合法定条件的约定和向计划提供额外资金来源；

（d）其他约定。

第三款 如果监管局确信在一定条件下约定是不合理的，它可以根据第一款不予发布一项批准符合第二款约定细节的通知。

第四款 在第二款中，与计划有关的"'雇主'养老金债务"指的是：

（a）根据第二百二十七条缴费进度表，雇主或代表雇主应付计划缴费的债务（无论是从雇主账户中还是从其他账户中支付）；

（b）根据《1995 年养老金法》第七十五条（计划资产不足）或其他条款的规定，雇主应欠计划受托人或经营管理者的债务。

第四十六条【资金援助指令：清算说明书】

第一款 养老金监管局根据本条提出与职业养老金计划有关的申请，发布符合第二款第（a）项、第（b）项或第（c）项含义并与申请陈述的情形有关的清算说明书。

第二款 清算说明书是监管局发布的说明书，就申请陈述的情形而言，养老金监管局认为：

（a）与计划有关的雇主，不是第四十三条定义的公用事业公司；

（b）与计划有关的雇主，不是处于第四十三条定义的资产不足状态；

（c）要求申请者满足资金援助指令的条件是不合理的。

第三款 在根据本条提出申请时，监管局：

（a）可以进一步要求申请者提供信息；

（b）可以商请申请者改进申请和修改陈述的情形。

第四款 在根据本条提出申请时，监管局必须如实：

（a）决定是否发布清算说明书；

（b）发布清算说明书（如决定发布）。

第五款 根据本条发布的清算说明书，规定监管局行使权力向申请者发布第四十三条提及的计划资金援助指令，除非：

（a）根据第四十三条权力行使引起的情况与申请陈述的情况不相同；

（b）上述两种情况的差异对权力行使产生很大影响。

第四十七条【在未遵守资金援助指令时的缴费通知】

第一款 在未遵守根据第四十三条发布的资金援助指令时，本条适用。

第二款 养老金监管局可以向接收指令的一个人或多人发布通知，规定通知接收人有责任向计划受托人或经营管理者支付通知（"缴费通知"）规定的缴费金额。

第三款 只有在养老金监管局认为要求某人有责任支付通知规定的缴费金额时，才能向该人发布缴费通知。

第四款 养老金监管局在根据第三款确定要求某人有责任支付通知规定的缴费金额是否合理时，它必须重视它认为重要的事项，这些事项包括：

（a）某人是否采取合理措施确保遵守资金援助指令；

（b）某人与雇主之间的关系［在雇主为一家符合《1986 年破产法》（第四十五章）第四百三十五条第十一款含义的公司时，包含该人是否控制符合《1986 年破产法》（第四十五章）第四百三十五条第十款含义的雇主］；

（c）在接受资金援助指令的某人符合第四十六条第六款第（b）项或第四十六条第六款第（c）项含义的情况下，某人从雇主直接或间接领取的待遇价值；

（d）该人根据指令与已实施约定的各方之间的关系［在各方为一家符合《1986 年破产法》（第四十五章）第四百三十五条第十一款含义的公司时，包含该人是否控制符合《1986 年破产法》（第四十五章）第四百三十五条第十款含义的雇主］；

（e）个人与计划之间的关系或参与计划的程度；

（f）个人经济条件；

（g）其他事项。

第五款 在养老保障基金理事会根据第二部分第三章（养老金保障）

已经实行为计划承担责任时，不应发布与本条提及的未遵守计划资金援助指令有关的缴费通知。

第四十八条【第四十七条缴费通知规定的缴费金额】

第一款　监管局根据第四十七条在缴费通知中规定的缴费金额，是计划短缺金额的全部或特定部分。

第二款　计划短缺金额为：

（a）在雇主未遵守指令时，如果债务为雇主根据《1995 年养老金法》第七十五条（计划资产不足）应欠计划受托人或经营管理者的债务情况下，计划短缺金额是被监管局估计为上述时间内的债务金额；

（b）在未遵守指令时没有应欠债务情况下，计划短缺金额为监管局根据《1995 年养老金法》第七十五条估计的应欠债务金额，前提条件是：

（ⅰ）第七十五条第二款适用；

（ⅱ）计划受托人或经营管理者根据第七十五条第二款指定的时间，为未遵守指令的时间。

第三款　就本条而言，"未遵守时间"指的是：

（a）在第四十三条（资金援助指令）第三款第（a）项提及的未遵守指令情况下，旨在实施资金援助的指令规定的期限到期后的时刻；

（b）在第三款第（b）项提及的未遵守指令情况下，当计划资金援助不再实施的时间；

（c）在第三款第（c）项提及的未遵守指令情况下，当未向监管局通知有关的法定事件发生时；

（d）在上述第（a）项到第（c）项中至少有两条以上适用时，监管局从适用小节规定的时间中确定。

第四十九条【第四十七条缴费通知的内容和影响】

第一款　在缴费通知向第四十七条规定的个人发布时，本条适用。

第二款　缴费通知必须：

（a）包括一项与通知发布有关的事项说明书，宣布事项构成未遵守资金援助指令的条件；

（b）规定个人应该支付的总金额。

第三款　应把通知规定的总金额看作个人应欠计划受托人或经营管理者的债务。

第四款　监管局代表计划受托人或经营管理者，行使受托人或经营管理者必须追偿债务的权力。

第五款 在计划评审期间（与第一百三十二条的含义一致），计划受托人或经营管理者与缴费通知提及的债务相关的权利和权力，可以由养老保障基金理事会行使，而不由计划受托人或经营管理者行使。

第六款 根据第五款，在向养老保障基金理事会支付与缴费通知提及的债务有关的金额时，养老保障基金理事会必须向计划受托人或经营管理者支付上述金额。

第七款 根据拟议的未遵守指令和通知规定的总金额，缴费通知必须对接收缴费通知的其他人员进行确认。

第八款 在缴费通知如上规定时，接受通知的个人（"P"）被视为与缴费通知规定的接收相应通知的其他人员一起为债务承担共同连带责任。

第九款 就第八款而言，相应缴费通知指的是：

（a）因符合第三十八条第五款含义的作为或不作为与因发布某人缴费通知引起的作为或不作为相一致而发布的通知；

（b）规定的金额与某人接受的缴费通知规定相同的通知；

（c）该通知规定，接收缴费通知的个人与接收通知的人（"P"）或接收通知的人（"P"）和其他人员对债务总额共同承担连带责任。

第十款 在确定计划资产价值和负债金额时，缴费通知提及的债务不应根据《1995年养老金法》（第二十六章）第七十五条第二款和第七十五条第四款（计划资产不足）进行看待。

第五十条【第四十七条缴费通知：与雇主债务之间的关系】

第一款 在缴费通知向某人（"P"）发布以及条件A和条件B满足时，本条适用。

第二款 如果在缴费通知发布时，存在《1995年养老金法》第七十五条提及的雇主应欠计划受托人或经营管理者的债务，那么条件A满足。

第三款 在缴费通知发布后但在全部到期债务追偿之前，如果根据《1995年养老金法》第七十五条的规定到期债务为雇主应欠计划受托人或经营管理者的债务时，条件B满足。

第四款 监管局向计划受托人或经营管理者发布指令，要求他们在根据缴费通知追偿所有或特定部分债务期间，不再采取措施追偿《1995年养老金法》第七十五条提及的债务。

第五款 如果受托人或经营管理者没有遵守根据第四款向他们发布的

指令，《1995 年养老金法》第十条（民事罚款）适用于未采取所有合理措施确保遵守指令的计划受托人或经营管理者。

第六款　向：

（a）计划受托人或经营管理者支付与缴费通知提及所欠债务有关的缴费金额；

（b）理事会支付与缴费通知提及所欠债务有关的缴费金额；

被视为根据《1995 年养老金法》第七十五条应欠受托人或经营管理者或理事会（情况允许的话）债务额的减少。

第七款　当向计划受托人或经营管理者或理事会（情况允许的话）支付缴费金额与《1995 年养老金法》第七十五条应欠债务有关，接收通知的个人（"P"）根据《1995 年养老金法》第七十五条向监管局提出申请，减少个人（"P"）接到的缴费通知规定的缴费金额。

第八款　在向计划受托人或经营管理者或理事会（情况允许的话）支付与《1995 年养老金法》第七十五条应欠债务有关的缴费金额后，尽可能如实地根据第七款提出申请。

第九款　在向监管局提交申请时，如果认为下面做法是合适的，那么可以：

（a）以其认为合适的金额，减少个人（"P"）接收的缴费通知规定的缴费金额；

（b）发布一份修改的缴费通知，规定一个修改的金额。

第十款　就第九款而言，监管局必须重视其认为重要的事项；如果重要，这些事项包括：

（a）在缴费通知发布以后，《1995 年养老金法》第七十五条提及的已付债务金额；

（b）缴费通知规定的已付债务金额；

（c）向其他人员发布缴费通知引起第三十八条第五款含义提及的作为或不作为与发布某人（"P"）接收的缴费通知引起的作为或不作为是否一致；

（d）当缴费通知发布时，每个缴费通知规定的缴费总额和上述缴费通知提及的债务支付金额；

（e）个人（"P"）缴费通知是否规定个人（"P"）与其他人员为债务共同承担连带责任；

（f）其他事项。

第十一款　当：

（a）个人（"P"）接收的缴费通知规定个人（"P"）与其他人员为债务共同承担连带责任时；

（b）根据第九款向发布个人（"P"）修改后的缴费通知规定一个修改后的金额时；

监管局也必须向其他人员发布一份修改后的缴费通知，规定一个修改后的金额，要求接受通知的其他人员与个人（"P"）为债务共同承担连带责任。

第五十一条【从第四十三条到第五十条：释义】

第一款　在从第四十三条到第五十条中，

"集团公司"指的是由符合《1985年公司法》第七百三十六条第一款含义的一家控股公司和多家子公司组成，应根据以上规定对"集团公司成员"进行解释。

"控股公司"的含义由《1985年公司法》第七百三十六条第一款给出。

第二款　就下面各条而言，

（a）《1995年养老金法》（第二十六章）第七十五条提及的债务，包括第七十五条提及的或有债务；

（b）上述债务金额包括或有债务金额。

第三款　就下面各条而言：

（a）《1986年破产法》（第四十五章）第二百四十九条（关联人员）在适用于该法各部分第一组规定的条款情况下适用；

（b）《1986年破产法》（第四十五章）第四百三十五条（关联人员）在适用于该法的情况下适用；

（c）《1985年破产法》（苏格兰）（第六十六章）第七十四条（关联人员）在适用于该法情况下适用。

第十二节　低价交易

第五十二条【低价交易时重置命令】

第一款　除下列计划外，本条适用职业养老金计划：

（a）货币购买型计划；

（b）指定型计划或指定特征型计划。

第二款　监管局根据计划资产交易制定重置命令，前提条件是：

（a）相关事件的发生与举办计划的雇主有关；

（b）在下面时间与某人签订的低价交易：

（ⅰ）2004 年 4 月 27 日及以前；

（ⅱ）但，与雇主有关的事件发生以前两年以内。

第三款　根据计划资产交易制定的重置命令，养老金监管局认为恢复到交易没有签订以前的状态是合适的。

第四款　就本条而言，如果在约定日或约定日之后：

（a）与雇主有关的破产事件发生；

（b）计划受托人或经营管理者根据第一百二十九条第一款提出申请，或根据第一百二十九条第一款第（a）项接收养老保障基金理事会发布的通知（在理事会承担计划责任之前，提出申请和发布通知）；

与举办计划的雇主有关的相关事件发生。

第五款　就第四款而言，

（a）"约定日"指的是根据第一百二十六第二款约定的日期（如果在内阁大臣约定日期以前计划开始关闭，根据第二部分第三章的规定，不应提供养老金保障）；

（b）在决定与雇主有关的破产事件是否发生和何时发生时，第一百二十一条（"破产事件"的含义）适用；

（c）与雇主有关的破产事件，不包括发生在雇主成为举办计划的雇主以前发生的破产事件。

第六款　就本条和第五十三条而言，有关计划资产的交易是一项与某人（"P"）签订的低价交易，前提条件是计划受托人或经营管理者或与计划有关的合适人员：

（a）向个人（"P"）进行馈赠或与个人（"P"）签订交易合同，交易条款规定不向计划提供报酬；

（b）与个人（"P"）签订一份提供对价的交易，其交易对价的货币金额或货币价值，明显低于计划受托人或经营管理者提供的对价的货币金额或货币价值。

第七款　在第六款中，在签订拟议的交易时，与计划有关的"合适人员"指的是这样的人员之一或所有人员：

（a）符合规定内容的人；

（b）有资格行使与计划有关的权力的人。

第八款　就本条和第五十三条而言：

"资产"包含未来资产。

"交易"包括馈赠、协议或约定，可以对签订交易合同进行相应解释。

第九款　当计划受托人或经营管理者或拟议的合适人员没有权力签订交易合同时，在对获取其他补偿没有影响的情况下，本条条款适用。

第五十三条【重置命令：补充规定】

第一款　本条适用于第五十二条提及的重置命令，而重置命令由涉及计划资产的交易（"交易"）引起。

第二款　重置命令可以具体：

（a）要求作为交易一部分转出的计划资产（不管是货币还是其他财产）：

（i）转回计划受托人或经营管理者；

（ii）转回理事会（在养老保障基金理事会承担计划责任时）；

（b）要求转回计划受托人或经营管理者的财产，或在养老保障基金理事会承担计划责任时转回理事会，前提条件是某人控制的财产为：

（i）转出计划的部分交易资产；

（ii）来源于转移资产的财产；

（c）根据计划受托人或经营管理者收到的交易对价，由以下人员或机构将监管局颁布命令规定的财产转交监管局颁布命令规定的人员：

（i）计划受托人或经营管理者；

（ii）理事会（当理事会为计划承担责任时）。

（d）某人根据交易获取的收益，要求向以下人员支付监管局颁布命令规定的金额（不超过获取的收益价值）：

（i）计划受托人或经营管理者；

（ii）理事会（当理事会为计划承担责任时）。

第三款　在重置命令影响以诚信和有偿的原则获取财产利息或利息滋生的利息时，重置命令无效。

第四款　如果某人仅以诚信和有偿的原则获取交易产生的收益，第三款中的规定不会禁止重置命令要求某人支付一笔款项。

第五款　当某人从另一人处获取财产利息或因交易领取收益时，且某人：

（a）为签订第五十二条第六款提及的交易合同的计划受托人或经营管理者之一；

（b）在获取利息或获取收益时：

（ⅰ）知道已签订的交易为低价交易；

（ⅱ）为一名计划受托人或经营管理者或雇主；

（ⅲ）为上述第（a）项或第（b）项第（ⅱ）小节提及人员的关联人员；

除非出现相反情况，否则可以根据第三款和第四款假设，仅以真诚善意的原则获取利息或领取收益。

第六款　就本条而言：

（a）《1986 年破产法》第二百四十九条（关联人员）在适用于该法各个部分第一组时，适用于本条；

（b）《1986 年破产法》第四百三十五条（关联人员）在适用于该法各个部分第一组时，适用于本条；

（c）《1985 年破产法（苏格兰）》（第六十六章）第七十四条（关联人员）在适用于该法各个部分第一组时，适用于本条。

第七款　就本条而言，"财产"包括：

（a）现金、商品、法定产权、土地和位于各地的各种类型财产；

（b）债务和各种类型的利息，无论财产是现在还是将来的、既定的还是或有的、原生的还是伴生的。

第八款　计划在本条中，理事会承担计划责任指的是，理事会根据第二部分第三章（养老金保障）承担计划责任。

第五十四条【重置命令的内容和影响】

第一款　在根据第五十二条颁布的重置命令与计划资产交易有关时，本条适用。

第二款　在重置命令规定某人有义务做某种事情时，命令必须规定履行义务的时间。

第三款　当重置命令规定某人 A（"A"）有义务向命令规定的某人 B（"B"）转入或支付一笔资金时，这笔资金被视为个人 A 应欠个人 B 的债务。

第四款 当计划受托人或经营管理者为债务的债权人时，监管局代表计划受托人或经营管理者，行使受托人或经营管理者必须追偿债务的权力。

第五款 在计划评审期间（与第一百三十二条的含义一致），计划受托人或经营管理者拥有与缴费通知提及的债务相关的权利和权力，可以由养老保障基金理事会行使，而不应由计划受托人或经营管理者和监管局行使。

第六款 根据第五款，在向理事会支付或转入与缴费通知债务有关的金额时，理事会必须向计划受托人或经营管理者支付其接受的款项。

第五十五条【在未遵守重置命令时发布的缴费通知】

第一款 本条在下列情况下适用：

（a）在根据第五十二条制定的重置命令与计划资产交易（"交易"）有关时，本条适用；

（b）个人未履行命令要求的义务不是转入资金或支付资金。

第二款 监管局向某人发布通知，规定该人有责任向下面人员支付通知（"缴费通知"）规定的缴费金额：

（a）计划受托人或经营管理者；

（b）理事会［在养老保障基金理事会根据第二部分第三章（养老金保障）承担计划责任时］。

第三款 养老金监管局在缴费通知中规定的缴费金额可以是计划短缺总额的全部或某一特定部分。

第四款 由于交易已经签订，养老金监管局把计划短缺金额估计为计划资产价值的减少金额。

第五十六条【第五十五条缴费通知的内容和影响】

第一款 在缴费通知根据第五十五条发布时，本条适用。

第二款 缴费通知必须：

（a）包括与通知发布有关的事项说明书，宣布事项为未遵守第五十二条提及的资金援助指令；

（b）规定个人应该支付的缴费金额。

第三款 当缴费通知规定个人有责任向计划受托人或经营管理者支付通知规定的缴费金额时，支付的缴费金额被视为个人应付计划受托人或经营管理者的债务。

　　第四款　监管局代表计划受托人或经营管理者，行使应由受托人或经营管理者追偿债务的权力。

　　第五款　但在计划评审期间（与第一百三十二条的含义一致），计划受托人或经营管理者拥有与缴费通知提及的债务相关的权利和权力，可以由养老保障基金理事会行使，而不由计划受托人或经营管理者和监管局行使。

　　第六款　根据第五款，在向理事会支付与缴费通知债务有关的款项时，理事会必须向计划受托人或经营管理者支付其接收的款项。

　　第七款　当缴费通知规定个人有责任向理事会支付通知规定的款项时，支付的款项被视为个人应付理事会的债务。

第十三节　第三十八条到第五十六条：合伙和有限责任合伙

第五十七条【第三十八条到第五十六条：合伙和有限责任合伙】

　　第一款　就第三十八条到第五十六条中任一条而言，规章可以修改第二款（在以下条款中使用）提及并与下面内容有关的定义：

　　（a）合伙或合伙制的合伙人；

　　（b）有限责任合伙或有限责任合伙人。

　　第二款　第一款提及的定义是：

　　（a）《1986 年破产法》第二百四十九条（第四十五章）（关联人员）；

　　（b）《1986 年破产法》第四百三十五条（合伙人）；

　　（c）《1985 年破产法（苏格兰）》（第六十六章）第七十四条（合伙人）；

　　（d）《1985 年公司法》（第六章）第七百三十六条（"子公司"和"控股公司"的含义）。

　　第三款　规章可以规定，第三十八条到第五十一条适用于下列各方面的法定修改：

　　（a）当合伙人是或过去是：

　　（ⅰ）与职业养老金计划有关的雇主；

　　（ⅱ）雇主的关联人员（就上述条款而言）；

　　（b）当有限责任合伙人是或过去是：

　　（ⅰ）与职业养老金计划有关的雇主；

　　（ⅱ）雇主的关联人员（就上述条款而言）。

第四款　规章可以规定，第五十二条到五十六条适用于合伙或有限责任合伙方面的法定修改。

第五款　就本条而言，

（a）"合伙"包括根据非英格兰国家或地区的法律组建性质类似的企业或机构在内；

（b）合伙人也可按照上述方式进行解释。

第六款　就本条而言，"有限责任合伙"指的是：

（a）根据《2000年有限责任合伙法》或根据《2002年有限责任合伙法（北爱尔兰）》［第十二章（N.I.）］组建的有限责任合伙；

（b）与有限责任合伙性质类似并根据非英格兰国家或地区的法律组建；

同样按照上述方式可对有限责任合伙的成员进行解释。

第七款　本条不妨碍下面各条的效力：

（a）第三百〇七条（修改本法有关计划类型的权力）；

（b）第三百一十八条第四款（延伸"雇主"含义的权力）。

第十四节　根据《1986年破产法》提出的申请

第五十八条【养老金监管局根据《1986年破产法》第四百二十三条使用的权力】

第一款　在本条中，"第四百二十三条"指的是《1986年破产法》第四百二十三条（欺骗债权人的交易）。

第二款　在下列情况下，监管局可以根据与债务人有关的《1986年破产法》第四百二十三条申请颁布命令：

（a）债务人是与职业养老金计划有关的雇主；

（b）与计划有关的条件A或条件B得到满足。

第三款　条件A是，养老保障基金根据第一百四十三条获取的计划精算价值评估报告如第一百四十三条定义的那样，表明计划资产在有关时间上的价值比按第一百三十一条定义的应保障负债金额低。

第四款　条件B是，计划受托人或经营管理者根据第二百二十四条第二款获取的计划精算价值报告如第二百二十四条第二款定义的那样，表明没有达到第一百二十二条确定的法定资金积累目标。

第五款　在债务人处于以下情况时：

（a）已经被宣布破产；

（b）为正在关闭或被政府接管的企业法人；

（c）为正在关闭或被政府接管的合伙人；

除经法院的许可外，不能根据第四百二十三条第二款提出申请颁布命令。

第六款　把按本条提出的申请看作是代表每个交易受害人提出的申请，该受害人是：

（a）计划受托人或参保人；

（b）理事会。

第七款　第三款或第四款提及的精算价值评估报告在本条生效日期之前提供的情况，本条不适用。

第八款　按第四百二十三条定义的词语含义与本条使用的词语的含义一致。

第十五节　计划注册

第五十九条【职业养老金计划和个人养老金计划的注册】

第一款　监管局必须整理和保存已经注册的职业养老金计划或个人养老金计划的登记簿（本法称为"登记簿"）。

第二款　在本条和第六十二条到第六十五条中，"注册型计划"指的是具有法定内容的职业养老金计划或个人养老金计划。

第三款　就每个注册型计划而言，监管局必须在登记簿中记录：

（a）最新的计划注册信息；

（b）如果监管局已经收到：

（ⅰ）第六十二条第五款提及的通知（遭关闭的计划或不再注册的计划）；

（ⅱ）第一百六十条提及的通知副本（移交通知）；

（ⅲ）通知或通知副本（根据以上两小节提到的相应在北爱尔兰有效实行的规章）。

第四款　就每个注册型计划而言，除下面情况以外：

（a）已经关闭或已经看作关闭的计划；

（b）已经不再是一个注册型计划；

监管局必须保存登记簿拥有的最新计划注册信息。

第五款　登记簿拥有的信息必须以监管局认为合适的方式记录。

第六款　登记簿有时由多个部分组成。

第七款　在本条中，与计划有关的"注册信息"是符合北爱尔兰相应规章规定内容的信息，并与在北爱尔兰有效实行的规章相对应的第六十条第二款（"相对应的北爱尔兰规章"）适用的计划有关。

第六十条【注册信息】

第一款　在第五十九条到第六十五条中，"注册信息"与职业养老金计划或个人养老金计划有关，其含义指的是第二款包含的信息。

第二款　注册信息是：

（a）计划名称；

（b）计划的通讯地址；

（c）每名计划受托人或经营管理者的全部名称和通讯地址；

（d）与下面情况有关的计划状况：

（ⅰ）计划是否可以接纳新参保人；

（ⅱ）与计划参保人或与参保人有关的待遇是否可以增加；

（ⅲ）是否可以向计划增加缴费；

（ⅳ）计划所有参保人是否全部是积极参保人；

（e）计划提供的待遇类型；

（f）如果计划是职业养老金计划：

（ⅰ）每个相关雇主的名称和通讯地址；

（ⅱ）在相关日期或相关日期之后的任意时间里雇主为人熟知的其他名称；

（g）如果计划是职业养老金计划：

（ⅰ）上一计划年份的最后一天；

（ⅱ）计划成为注册型计划的日期；

上述两个日期较晚的一个的计划参保人数；

（h）其他法定信息。

第三款　规章可以对第二款内容的解释做出规定。

第四款　就第二款第（f）项而言，

"相关雇主"指的是以下人员：

（a）与计划有关的雇主；

（b）在1975年4月6日或之后成为与计划有关的雇主。

与相关雇主有关的"相关日期"，指的是：

（a）1975 年 4 月 6 日；

（b）如果更晚的话，雇主首次成为与计划有关雇主的日期。

第六十一条【注册：检查与提供信息和报告等】

第一款　规章要求：

（a）以下内容必须在规定的情形下向规定的人群提供：

（ⅰ）登记簿记录的信息；

（ⅱ）登记簿摘要；

（ⅲ）登记簿副本或登记簿摘要副本。

（b）由规定人员在规定情形下检查以下内容：

（ⅰ）登记簿；

（ⅱ）登记簿摘要；

（ⅲ）登记簿副本或登记簿摘要副本。

第二款　根据第一款，规章可以：

（a）向：

（ⅰ）内阁大臣授权；

（ⅱ）向内阁大臣任命的人员授权；

（b）对根据规章获取的信息进行披露，制定相应的条款。

第三款　规章拥有根据第二款第（b）项颁布的条款，可以具体修改第八十二条（限制性信息）。

第四款　内阁大臣可以命令养老金监管局向其提交与以下情况有关的统计报告和其他报告：

（a）登记簿记录的信息；

（b）与登记簿有关的监管局职能运转。

第五款　根据第四款的规定，指令可以规定以下内容：

（a）指令要求提交报告的形式；

（b）指令要求提交报告的时间。

第六款　内阁大臣根据第四款的规定，以其认为适当的方式出版向其呈送的所有报告。

第六十二条【受托人或经营管理者的责任】

第一款　在下列情况下第二款适用：

（a）注册型计划建立；

（b）职业养老金计划或个人养老金计划可以成为注册型计划。

第二款 计划受托人或经营管理者必须在初始通知期限结束以前：

（a）通知监管局计划为注册型计划；

（b）向监管局提供所有与计划有关的注册信息。

第三款 在第二款中，"初始通知期限"指的是开始于以下日期以后的3个月：

（a）计划建立的日期；

（b）如果更迟的话，是计划成为注册型计划之日。

第四款 当与注册型计划有关的任何注册信息发生变化时，计划受托人或经营管理者必须如实向监管局通报：

（a）上述事实；

（b）新注册信息。

第五款 当注册型计划：

（a）不再是注册型计划时；

（b）关闭〔仅仅根据第一百六十一条第二款（理事会承担计划责任的影响）〕时；

计划受托人或经营管理者必须尽可能如实地向监管局通报上述情况。

第六款 如果第二款、第四款或第五款的规定没有得到遵守，那么《1995年养老金法》（第二十六章）第十条（民事罚款）适用于那些没有采取所有合理措施以确保遵守规章的计划受托人或经营管理者。

第六十三条【养老金监管局发布计划收益通知的义务】

第一款 养老金监管局根据本条必须发布计划收益通知，要求提供与注册型计划有关的计划收益。

第二款 至于每一个注册型计划而言，监管局：

（a）必须根据第三款的规定发布首次收益通知；

（b）根据第四款的规定继续发布下一份收益通知。

第三款 根据第二款第（b）项发布的计划收益通知确定的收益日期：

（a）必须在3年以内，开始于：

（i）监管局收到第六十二条第二款第（a）项提及的计划通知之日起；

（ii）如果更早的话，即为监管局开始知道计划是一个注册型计划的日期；

（b）如果受托人或经营管理者遵守第六十二条第二款的规定，那么收益日期为开始于按上述小节要求向监管局提供信息的日期 1 年之后。

第四款　根据第二款第（b）项发布的计划收益通知规定，与计划有关的收益日期必须：

（a）在 3 年以内；

（b）但在 1 年期限结束后；

开始于上一份发布的计划收益通知规定的收益日期。

第六十四条【受托人或经营管理者提供计划收益的义务】

第一款　与发布计划收益通知有关的注册计划受托人或经营管理者，必须在收益日期或收益日期前向监管局提供计划收益。

第二款　如果与计划有关的计划收益没有按照第一款的规定提供，《1995 年养老金法》（第二十六章）第十条（民事罚款）适用于那些没有采取所有合理措施以确保遵守规章的计划受托人或经营管理者。

第六十五条【计划收益的补充性规定】

第一款　本条适用于第六十三条和第六十四条。

第二款　在第六十三条和第六十四条以及本条中，与计划收益有关的：

"收益日期"指的是，在计划收益通知中，由第三款第（b）项规定的日期；

"计划收益"指的是，在计划收益通知中，规定具有一定形式和包含规定信息的文件。

第三款　计划收益通知可以规定：

（a）通知要求的信息内容；

（b）收益日；

以及规定信息提供的方式。

第四款　与注册养老金计划有关的计划收益通知：

（a）必须规定与计划有关的全部注册信息；

（b）出于监管局履行与计划相关的职能的需要，必须规定监管局理应提出的其他信息。

第五款　由计划收益通知确定的收益日期必须是在该通知发布日期后 28 天期限结束之后。

第六款　计划收益通知必须以书面形式，并在送达计划受托人或经营管理者时看作是与注册计划有关的通知发布。

第十六节　违禁受托人名单

第六十六条【违禁受托人名单】

第一款　养老金监管局必须以其认为合适的方式保存《1995 年养老金法》第三条禁止的全部人员名单（禁止名单）。

第二款　养老金监管局制定的禁止名单制度，必须确保名单的内容不被泄露或不被除第六十七条规定以外的大众获得。

第三款　第二款没有要求养老金监管局从按第八十九条出版的报告（监管局案例研究报告）中删除有关事项。

第六十七条【违禁受托人名单的可获性】

第一款　养老金监管局必须制定制度，确保在正常工作期间随时检查违禁名单，监管局不用事先通知：

（a）可以在主要办公场所使用违禁名单，履行其职能；

（b）认为其他办公场所可以作为保存用于检查的违禁名单的合适场所。

第二款　如果向监管局提出的请示，

（a）载明需确认的某人是否是出现在受禁于请示要求的职业信托型计划登记簿之中的某个人；

（b）表明需确认的某人是否是出现在受禁于特定内容的职业信托型计划或特定职业信托型计划的登记簿之中的某个人；

（c）表明需确认的某人是否是出现在受禁于所有职业信托型计划的登记簿之中的某个人；

养老金监管局必须以其认为合理的方式迅速回应请示。

第三款　如果（根据第六款到第八款）摘要满足下列条件，监管局以它认为合适的方式出版违禁人员登记簿摘要，摘要：

（a）包括第四款陈述的信息；

（b）以第五款规定的方式整理信息；

（c）不对（除确认某人受禁于所有职业信托型计划、指定型职业信托型计划或特殊的职业信托型计划以外）摘要记录的人员是否受禁于某种类型计划进行确认；

（d）不披露登记簿中任何其他信息。

第四款　上述信息是：

（a）就监管局拥有所有人员的记录来说，所有出现在登记簿中违禁人员的全部名称和头衔；

（b）上述违禁人员出生日期为监管局记录的事项；

（c）在每个人的名称出现在已出版的摘要上的情况下，某人出现在登记簿中是否：

（ⅰ）仅仅受禁于某一职业信托型计划；

（ⅱ）受禁于一个或多个特定内容的职业信托型计划；

（ⅲ）受禁于所有职业信托型计划。

第五款　就第四款第（c）项而言，已出版名单上的信息必须以三个独立清单的形式进行安排，每一个清单载明第（c）项各个小节规定的禁止性内容。

第六款　就已经出版的摘要而言，如果监管局认为与某人出现在名单上有关的决定是：

（a）仲裁、审查、上诉或法律诉讼的讨论对象，并可能导致个人从名单中被删除；

（b）一项依然为未定仲裁、审查、上诉或法律诉讼的讨论对象的决定；

监管局必须确保不在摘要里确定某人为违禁人员。

第七款　就已经出版的摘要而言，如果监管局认为与个人细节信息出现在具体清单上有关的决定是：

（a）仲裁、审查、上诉或法律诉讼的讨论对象，决定会导致个人禁令被取消或无效，以及要求违禁人员个人细节信息出现在另外一个清单上；

（b）一项成为仲裁、审查、上诉或法律诉讼的讨论对象的决定；

监管局必须确保个人细节信息不出现在第五款提及的清单上。

第八款　当第七款禁止个人细节信息载于已出版摘要的某一清单上时，如果与仲裁、审查、上诉或诉讼有关的禁令已经取消或无效，个人细节信息反而应载入它们应载入的某一清单上。

第九款　就决定而言，如果有且仅有：

（a）提出申请审查或仲裁，又或者提起上述或其他诉讼活动的时间没有到期时；

（b）提出申请或提起上诉或诉讼具有很大的可能性时；

在本条中，决定仍然可以成为仲裁、审查、上诉或诉讼的主要内容的一项决定。

第十款 在本条中，

"名称"与监管局记录某人名称有关，指的是名称的首字母；

"职业信托型计划"指的是在信托基础上建立的职业养老金计划。

第十七节　收集与养老保障基金理事会有关的信息

第六十八条【与理事会有关的信息】

养老金监管局可以收集其认为与养老保障基金理事会职能履行有关的重要信息。

第六十九条【向养老金监管局通报某些事件的义务】

第一款 除养老金监管局规定以外，适宜人员必须向养老金监管局报告可通报事件。

第二款 在第一款中，"可通报事件"指的是：

（a）与合格养老金计划有关的法定事件；

（b）与合格养老金计划雇主有关的法定事件。

第三款 就第一款而言：

（a）在第二款第（a）项提及的事件情况下，下列人员均是"合适人员"：

（i）养老金计划的受托人或经营管理者；

（ii）符合法定要求的人员；

（b）与第二款第（b）项所列事件有关，下列人员均是"合适人员"：

（i）与养老金计划有关的雇主；

（ii）符合法定要求的人员。

第四款 第一款提及的通知：

（a）必须以书面的形式；

（b）按第五款的规定，必须在发布通知的人员知道可通报事件后，以尽可能符合实际的方式发布通知。

第五款 规章规定，必须在拟议的可通报事件的法定期限以前发布第一款提及的通知。

第六款　不能仅仅根据本条提及的书面报告包含的信息或意见认为个人没有履行义务。

该规定以第三百一十一条（保障条款）为准。

第七款　在计划受托人或经营管理者没有履行第一款规定的义务时，《1995 年养老金法》（第二十六章）第十条（民事罚款）适用于那些没有采取合理措施以确保遵守第一款规定的义务的受托人或经营管理者。

第八款　在无正当理由的情况下，没有履行第一款规定的义务的其他人员也适用于本条。

第九款　本条中，

"合格养老金计划"的含义与第一百二十六条的含义相同；

"事件"包含不作为。

第十八节　违法报告

第七十条【报告违反法律的责任】

第一款　第二款规定下列人员具有报告的义务：

（a）职业养老金计划或个人养老金计划的受托人或经营管理者；

（b）涉足上述养老金计划管理的其他人员；

（c）与职业养老金计划有关的雇主；

（d）与养老金计划有关的专业咨询人员；

（e）其他向职业养老金计划或个人养老金计划受托人或经营管理者提供咨询的计划相关人员。

第二款　当某人有理由相信：

（a）与讨论中的计划管理有关和根据成文法或法规赋予的义务没有得到履行；

（b）未履行义务可能对监管局行使职能产生很大影响；

他必须尽可能符合实际地向监管局提交一份有关上述事项的书面报告。

第三款　不能仅仅根据本条提及的书面报告包含的信息或意见认为个人没有承担义务。

该规定以第三百一十一条（保障条款）为准。

第四款　《1995 年养老金法》（第二十六章）第十条（民事罚款）

适用于那些在无正当理由情况下未履行本条规定的义务的人员。

第十九节　由经验丰富的各类人员提交的报告

第七十一条【由经验丰富的各类人员提交的报告】

第一款　养老金监管局可以向下列人员发布通知（"报告通知"），要求他们或他（情况可能的话）向监管局提供一份与监管局职能履行有关的一件或多件事项的报告。

（a）以工作为基础的养老金计划的受托人或经营管理者；

（b）与养老金计划有关的雇主；

（c）涉足上述养老金计划管理的其他人员。

第二款　报告通知书必须规定，提交报告的人员：

（a）由监管局提名或批准任命；

（b）监管局认为上述人员具有必要的技能提供有关事项的报告。

第三款　报告通知书规定：

（a）以规定的形式；

（b）在规定的日期以前；

向监管局提交报告。

第四款　根据报告通知书，提交报告的成本必须由接收报告的人员承担（"接收通知的人员"）。

第五款　报告通知书可以要求法定相关人员（监管局除外）部分或全部补偿由接收通知人员承担的报告提交成本。

第六款　按第五款的规定，法定相关人员向接受通知的人员补偿一定金额，该补偿金额看作是法定相关人员所欠接受通知人员的一笔债务。

第七款　如果以工作为基础的养老金计划受托人或经营管理者未遵守他们收到报告通知书列举的相关规定，《1995 年养老金法》第十条（民事罚款）适用于没有采取合理措施以确保遵守通知书规定内容的受托人或经营管理者。

第八款　在无正当理由的情况下，接受通知书的其他人员没有遵守报告通知书相关规定的内容，本条也适用于该类人员。

第九款　在发布报告通知书时，向接受通知人员提供（或者已经提供）报告要求事项有关服务的人员，必须向受命准备报告的人员提供其认为合理的帮助。

第十款　当监管局按照禁制令或命令申请《1988 年民事法庭法（苏格兰）》（第三十六章）第四十五条提及的履行特定义务时，第九款赋予的义务具有强制性。

第十一款　本条中，

与报告通知有关的"专门规定"指的是在通知中专门规定；

"以工作为基础的养老金计划"与第五条（监管局的目标）的含义相同。

第二十节　搜集信息

第七十二条【提供信息】

第一款　监管局以书面通知的形式，要求适用于第二款的人员提供文件或其他信息，文件或信息：

（a）具有通知规定的内容；

（b）与监管局职能履行有关。

第二款　本款适用于：

（a）职业养老金计划或个人养老金计划的受托人或经营管理者；

（b）与职业养老金计划有关的专业咨询人士；

（c）与下列有关的雇主：

（i）职业养老金计划；

（ii）个人养老金计划（当直接支付制度与作为一名或多名计划参保人的雇员有关时）；

（d）监管局认为拥有或可能拥有与监管局履行职能有关信息的其他人员。

第三款　在按第一款发布通知的要求提供文件或信息时，文件或信息必须以通知规定的方式、地点在期限内提供。

第七十三条【现场检查】

第一款　在职业养老金计划情况下，检察官为了查明职业养老金计划的相关规定是否得到遵守，他可以进入适宜的现场进行检查。

第二款　在第一款中，"职业养老金计划条款"指的是包含在以下法规之中或根据以下法规制定的条款：

（a）属于本法的下列条款：

本部分；

第三部分（计划资金筹集）；

第二百四十一条到第二百四十三条（提名受托人和提名理事）；

第二百四十七条到第二百四十九条（知识和理解要求）；

第二百五十二条（委托于有效规则的英格兰养老金计划）；

第二百五十三条（委托于英格兰公民受托人的非欧洲养老金计划）；

第二百五十五条（职业养老金计划的行为）；

第二百五十六条（罚款或民事罚款的非补偿条款）；

第二百五十九条到第二百六十一条（雇主咨询）；

第七部分（欧盟内的跨国行为）；

第九部分（其他规定和补充性规定）；

（b）《1999 年福利改革和养老金法》（第三十章）下面条款之一：

第三十三条（抵免型养老金负债的履行时间）；

第四十五条（信息）；

（c）《1995 年养老金法》（第二十六章）第一部分的任一条款（职业养老金计划），下面除外：

（ⅰ）从第五十一条到第五十四条（指数化）；

（ⅱ）从第六十二条到第六十五条（平等待遇）；

（d）《1993 年养老金计划法》（第四十八章）下面的任一条款：

第四部分第四章（移交的价值金额）；

第四部分第五章（提前退休者：现金转移支付额和缴费返还）；

第四 A 部分第二章（抵免型养老金移交的价值金额）；

第一百三十二条（信息）；

第一百七十五条（征收）；

（e）与上述第（a）项到第（d）项相对应并在北爱尔兰有效实行的相关规定。

第三款　在存托养老金计划情况下，检察官为了查明以下条款是否得到遵守：

（a）《1999 年福利改革和养老金法》第一条和第二条第四款；

（b）北爱尔兰有效实行的相应规定；

可以在任意合理的时间进入适宜的现场进行检查。

第四款　在以信托为基础的个人存托养老金计划情况下，检察官为了查明以信托为基础的养老金计划的相关规定是否得到遵守，他可以进入适宜的现场进行检查。

第五款　在第四款中，

以信托为基础的个人存托养老金计划是：

（a）属于存托养老金计划的个人养老金计划；

（b）建立在信托基础上的个人养老金计划。

"以信托为基础的养老金计划条款"指的是包含在以下条款之中或根据以下条款制定的条款：

（a）在第一项条款适用的情况下，根据《1999 年福利改革和养老金法》（第三十章）附录一第一项适用于以信托为基础的个人存托计划的条款；

（b）北爱尔兰有效实行的相应规定。

第六款　如果检察官有充足的理由相信：

（a）现场是计划参保人的工作场所；

（b）现场是与计划管理有关的文件的保存地；

（c）现场是计划管理或与管理相关的工作的开展场所，

可以根据本条的规定进入适宜的现场进行检查。

第七款　在本条中，"存托养老金计划"指的是职业养老金计划或个人养老金计划，根据下面条款加以登记：

（a）《1999 年福利改革和养老金法》第二条（存托养老金计划的登记）；

（b）北爱尔兰有效实行的相应规定。

第七十四条【涉及雇主义务的现场检查】

第一款　检察官为了查明下面规定要求的条件是否得到遵守：

（a）《1999 年福利改革和养老金法》第三条（雇主为参保存托养老金计划提供便利的义务）；

（b）在北爱尔兰有效的相应规定；

可以进入适宜的现场进行检查。

第二款　如果检察官有充足的理由相信：

（a）现场是计划参保人的工作场所；

（b）现场是与计划管理有关的文件的保存地；

（c）现场是计划管理或与管理相关的工作的开展场所；

可以根据第一款的规定进入适宜的现场进行检查。

　　第三款　在第一款和第二款中，"雇主"含义与《1999 年福利改革和养老金法》第三条第九款［或在第一款第（b）项适用时，根据北爱尔兰有效实行的相应规定］的含义相同。

　　第四款　在与个人养老金计划有关的直接支付制度下，检察官为了查明下面相关规定是否得到遵守：

　　（a）根据第二百六十条和第二百六十一条制定的规章（雇主咨询）；

　　（b）《1993 年养老金计划法》（第四十八章）第一百一十一 A 条（雇主向个人养老金计划支付的监督）；

　　（c）北爱尔兰有效实行的相应规定；

　　可以在任意合理时间内进入适宜的现场进行检查。

　　第五款　如果检察官有充足的理由相信：

　　（a）现场是计划参保人的工作场所；

　　（b）现场是与下列管理相关的文件的保存地：

　　（ⅰ）雇主经营管理；

　　（ⅱ）直接支付制度；

　　（ⅲ）与上述制度有关的计划；

　　（c）现场是下列工作之一的开展场所：

　　（ⅰ）雇主业务、制度和计划的管理；

　　（ⅱ）与上述管理有关的工作；

　　可以根据第四款的规定进入适宜的现场进行检查。

　　第六款　在使用与第四款第（c）项（"北爱尔兰有效实行的相应规定"）提及的条款有关的第四款和第五款时，在上述条款中直接支付制度、个人养老金计划、雇主或雇主的雇员的含义，可以理解为与爱尔兰有效实行的相应条款具有相同的含义。

　　第七十五条【现场检查：检察官的权力】

　　第一款　在检察官根据第七十三条第一款、第三款或第四款，或第七十四条第一款、第四款的规定进入适宜的现场进行检查时，第二款适用。

　　第二款　在现场时，检察官可以：

　　（a）根据现场的需要进行检查和质询；

　　（b）要求现场人员提供和保管与遵守监管条款有关的文件；

　　（c）带走上述相关文件；

　　（d）占有遵守监管条款有关的文件，或采取与上述文件有关的其他必要措施，保存文件或防止人为干预有关文件；

（e）在由电子形式储存的信息构成文件，在现场或从现场获取文件情况下，要求以下列形式提供信息：

（ⅰ）可以带走的方式；

（ⅱ）以合法的方式或容易以合法的方式提供；

（f）在检察官自己或其他人在场的情况下，在其有充足理由相信现场人员能够提供与遵守监管条款事项有关的信息时，他可以检查或要求现场人员接受检查。

第七十六条【现场检查的补充性规定】

第一款 本条适用于第七十三条到第七十五条。

第二款 拥有者未用作贸易或经营的私人住宅，又或者未经拥有者的许可，不适宜进行现场检查。

第三款 问题在于：

（a）根据监管条款的规定，作为或未作为是否会引起《1995 年养老金法》（第二十六章）第十条或《1993 年养老金计划法》（第四十八章）第一百六十八条第四款（根据与两法之一相对应并施行于北爱尔兰的条款）提及的民事罚款责任；

（b）根据监管规章是否存在犯罪；

被视为是否遵守监管条款的问题看待。

第四款 当检察官根据第七十三条或第七十四条申请允许进入现场时，如果有必要的话，他必须出示任命证书。

第五款 当行使第七十三条、第七十四条或第七十五条提及的权力时，检察官可以由其认为合适的人员陪同。

第六款 处于以下情形时，根据本条可以保有占有的文件：

（a）文件与某人犯罪提起诉讼有关，而诉讼开始于保有期结束以前，一直到得出诉讼结论为止；

（b）也可以一直到保有期结束。

第七款 在第六款中，"保有期限"指的是这样的期限：

（a）开始于拥有文件之日以后的 12 个月；

（b）第八款提及的延长期限。

第八款 监管局根据保有期（包括本款延长的保有期在内）结束前颁布的指令延长保有期限，延长时间为监管局认为适当的 12 个月以内。

第九款　"监管条款"与第七十三条第一款、第三款或第四款，第七十四条第一款或第四款提及的检查有关，其含义为上述条款提及的条款。

第七十七条 【涉及第七十二条到第七十五条的罚款】

第一款　某人在无正当理由的情况下忽视或拒绝提供第七十二条规定的信息或文件，属于犯罪行为。

第二款　某人在无正当理由的情况下，

（a）故意拖延或搪塞检察官行使第七十三条、第七十四条或第七十五条的权力；

（b）忽视或拒绝提供或确保提供第七十五条规定的文件；

（c）或者，忽视或拒绝回答问题或提供信息；

以上情形属于犯罪行为。

第三款　第一款或第二款提及某人的犯罪行为在简明定罪中会遭受标准五级以下的罚款。

第四款　第一款、第二款第（b）项或第二款第（c）项提及的犯罪行为可能在任何一条或更长时间内完成；在前一次犯罪确定之后一段时间，某人再次犯罪或连续犯罪。

第五款　任何人在无正当理由的情况下，故意篡改、扣押、隐瞒或破坏第七十二条、第七十五条提及并应由其提交的文件的行为属于犯罪行为。

第六款　任何违反本条非法披露信息的人员属于犯罪：

（a）就简明定罪而言，会遭受法定上限的罚款；

（b）就公诉判决而言，会遭受罚款或为期两年以内的监禁，或两者同时适用。

第七十八条 【授权书】

第一款　如果地方法官确信监管局或代表监管局宣誓的信息，在有合理的理由相信以下情况时，它可以发布本条提及的授权书：

（a）现场存有文件或从现场获取的文件：

（ⅰ）根据第七十二条、第七十五条或北爱尔兰相应实施的条款提供；

（ⅱ）没有按规定提供；

（b）现场有需要提供的文件或能从现场获取需要提供的文件，如果

需要提供文件,

（ⅰ）没有提供文件；

（ⅱ）但是，销毁文件，或不能从现场获取需要提供的文件、隐匿文件、篡改文件或破坏文件；

（c）或者，即：

（ⅰ）犯罪行为已经发生；

（ⅱ）有人从事的行为构成滥用或挪用职业养老金计划或个人养老金计划资产的行为；

（ⅲ）个人支付《1995 年养老金法》（第二十六章）第十条（民事罚款）或《1993 年养老金计划法》（第四十八章）第一百六十八条第四款（违反监管规章遭受的民事罚款）或与前两者相对应并在北爱尔兰有效施行的条款提及的罚款；

（ⅳ）根据《1995 年养老金法》第三条（违禁条款）规定，某人不得成为职业养老金计划或个人养老金计划受托人［包括根据《1999 年福利改革和养老金法》（第三十章）附录一第一项（存托养老金计划)],北爱尔兰有效的相应条款也适用；

以及现场存有文件或从现场获取的文件与是否犯罪有关，与是否实施行为有关或与是否遭受罚款有关，并可以根据第七十二条、第七十五条或北爱尔兰相应实施的条款要求提供文件。

第二款 本条提及的授权书将授权检察官：

（a）进入信息规定的现场，如需要可以使用强制手段；

（b）检查现场：

（ⅰ）获取第一款提及的文件；

（ⅱ）采取与文件有关的必要措施，保存文件和防止文件受到干预；

（c）获取文件副本；

（d）要求授权书指定的人选解释文件内容，或者说明发现文件的地方，又或者说明如何获取文件；

（e）在文件由电子形式存储的信息组成并存在于现场或从现场获取的情况下，规定以下面形式提供信息：

（ⅰ）可以取走的形式；

（ⅱ）合法的形式或容易以合法的形式。

第三款 第一款第（a）项或第（b）项提及的文件不包括个人是否

遵守下列条款有关的文件：

（a）第二百三十八条第三款（向雇员提供信息和建议）或第二百三十八条第四款提及的规章；

（b）或者，北爱尔兰有效施行的条款（与第二百三十八条第四款相对应或根据第二百三十八条第四款相对应条款制定的条款）；

出于其他原因，文件与监管局职能行使无关。

第四款　就第一款第（c）项第（ⅲ）小节而言，根据：

（a）《1995 年养老金法》第十条（第二十六章）；

（b）北爱尔兰有效实行的相应法规；

因未遵守第三款第（a）项或第三款第（b）项提及的条款引起的罚款的支付责任不应受到关注。

第五款　在第二款里，第一款提及的文件可以根据第三款和第四款理解。

第六款　当实施本条提及的授权令时，检察官可以由他认为合适的人员陪同。

第七款　本条提及的授权令在授权令发布后的 1 个月内继续有效。

第八款　如果处于以下情形，根据本条可以保有拥有的文件：

（a）文件与某人犯罪提起诉讼有关，而诉讼开始于保有期结束以前，一直到得出诉讼结论为止；

（b）也可以一直到保有期结束。

第九款　在第八款中，"保有期"指的是这样的期限：

（a）拥有文件之日以后的 12 个月，

（b）**第十款**　提及的延长期限。

第十款　监管局根据保有期（包括本款延长的保有期在内）结束前颁布的指令延长保有期限，延长时间为监管局认为适当的 12 个月以内。

第十一款　当本条在苏格兰适用时，

（a）治安法官可理解为地方行政司法长官；

（b）第一款和第二款第（a）项提及的信息可理解为证据。

第七十九条【从第七十二条到第七十八条的释义】

第一款　本条适用于第七十二条到第七十八条。

第二款　"文件"包括任何形式记录的信息，文件提供与仅以合法形式记录信息有关。

"文件提供"指的是提供信息副本：

(a) 以合法的形式；

(b) 容易以合法的形式提供的形式。

第三款 "检察官"指的是由监管局任命为检察官的人员。

第二十一节　错误信息或误导性信息的提供

第八十条【提供错误信息或误导性信息的犯罪】

第一款 有意或故意在资料中向监管局提供错误信息或误导性信息的人涉嫌犯罪，前提条件是：

(a) 信息的提供旨在遵守下列条款规定的要求：

(ⅰ) 第六十二条（注册：受托人或经营管理者的义务）；

(ⅱ) 第六十四条（受托人或经营管理者提供计划收益的义务）；

(ⅲ) 第七十二条（提供信息）；

(ⅳ) 第七十五条（检察官现场检查权）；

(b) 信息的提供旨在申请注册《1999 年福利改革和养老金法》（第三十章）第二条（存托养老金计划）提及的养老金计划；

(c) 信息只能以第（a）项或第（b）项提及的情况提供，但提供信息人员想知道或应该知道养老金监管局因行使本法或《1995 年养老金法》提及的职能使用信息的情况除外。

第二款 任何违反第一款规定非法披露信息的人员属于犯罪：

(a) 就简明定罪而言，会遭受法定上限的罚款；

(b) 就公诉判决而言，会遭到罚款或为期两年以内的监禁，或两者同时适用。

第二十二节　信息的使用

第八十一条【信息的使用】

信息：

(a) 包含在登记簿中；

(b) 由监管局在行使其职能时拥有；

可以由养老金监管局用于行使权力或与权力行使有关或附属于权力行使的目的。

第二十三节　信息披露

第八十二条【限制性信息】

第一款　下列人员不得披露限制性信息：

（a）养老金监管局；

（b）直接或间接从养老金监管局收到信息的任何人。

第二款　第一款服从于：

（a）第三款的规定；

（b）第七十一条第九款、第八十三条到第八十八条以及第二百三十五条的规定。

第三款　根据第八十八条第四款，限制性信息在征得有关人员和从监管局获取信息的人员（如果不是相同人员）同意之后可以发布。

第四款　就本条和第八十三条到第八十七条而言，"限制性信息"指的是监管局在行使与某人业务或其他事务有关的职能时获取的信息，下列有关信息除外：

（a）在信息披露时，公众已经从其他渠道获取的信息；

（b）以信息摘要或汇编的形式表达的信息，不能确定与某人相关的信息是否来源于信息摘要或汇编。

第五款　任何违反本条非法披露信息的人员属于犯罪：

（a）就简明定罪而言，会遭受法定上限的罚款；

（b）就公诉判决而言，会遭受罚款或为期两年以内的监禁，或两者同时适用。

第八十三条【相应海外机构向养老金监管局提供的信息】

第一款　根据第一款的规定，就第八十二条而言，"限制性信息"包括当海外机构在英国以外的国家或地区行使与养老金监管局相应拥有的职能时，向养老金监管局提供的信息。

第二款　第八十四条和第八十七条不适用于第一款提及的信息，根据《2001年反恐怖刑事诉讼法》（第二十四章）第十七条第二款第（a）项到第十七条第二款第（d）项规定的目的，上述信息除下列情况外不予披露：

（a）根据第八十二条第三款的规定；

（b）出于帮助养老金监管局履行职能的需要；

（c）由下列机构、人员或代表下列机构、人员披露：

（ⅰ）监管局；

（ⅱ）直接或间接从养老金监管局获取信息的公共管理机构［符合《1998 年人权法》（第四十二章）第六条］。

第三款　当《2001 年反恐怖刑事诉讼法》第十八条（对海外目的信息披露的限制）适用于根据《2001 年反恐怖刑事诉讼法》第十七条适用的条款批准的信息披露时，它适用于根据第二款批准的信息披露。

第八十四条【有利于监管局职权行使的信息披露】

第一款　当限制性信息披露旨在有利于监管局行使职权或使其能够行使职权时，第八十二条不会阻止上述限制性信息披露。

第二款　为了帮助监管局行使权力或使其能够行使权力，在监管局认为有必要向专业人员寻求法律、会计、精算评估或其他需要专业技术事项方面的建议时，第三款适用。

第三款　当监管局认为有必要提供信息，以确保专业人士对监管局寻求建议的事项有适当了解时，第八十二条不阻止监管局向提供信息建议的专业人士披露信息。

第八十五条【有利于理事会职权行使的信息披露】

当限制性信息披露的目的在于帮助养老金保障基金理事会行使职权或使其能够行使职权时，第八十二条不会阻止上述限制性信息披露。

第八十六条【有利于其他监管机构履行职权的信息披露】

第一款　如果监管局认为信息披露可以帮助或使其能够行使附录三第二栏规定的职权时，第八十二条不会阻止监管局向附录三第一栏提及的人员披露限制性信息。

第二款　内阁大臣在商请监管局后，

（a）根据命令以下面方式修改附录三：

（ⅰ）添加行使职权的某人和某人有关职权；

（ⅱ）撤销附录现行规定的人员；

（ⅲ）更改附录现行规定某人行使的职能；

（b）根据命令，限制向附录现行规定的人员披露信息适用的情况或增加上述情况适用的条件。

第八十七条【其他许可性披露】

第一款　如果监管局认为信息披露对职业养老金计划或个人养老金计

划参保人利益或公共利益来说是必需或有利时，第八十二条不禁止监管局向以下人员或机构披露信息：

（a）内阁大臣；

（b）国内税收监督官或高级官员；

（c）北爱尔兰社会发展部。

第二款　根据《2001 年反恐怖刑事诉讼法》第十七条第二款第（a）项到第十七条第二款第（d）项的规定（刑事诉讼和调查）：

第八十二条不会禁止在下列情况下进行限制性信息披露：

（a）由以下机构或代表以下机构：

（i）养老金监管局；

（ii）直接或间接从监管局获取信息的公共管理机构［符合《1998 年人权法》（第四十二章）第六条的含义］；

（b）与由下列法规引起的诉讼有关：

（i）本法；

（ii）《1999 年福利改革和养老金法》（第三十章）；

（iii）《1995 年养老金法》（第二十六章）；

（iv）《1993 年养老金计划法》（第四十八章）；

或在北爱尔兰有效实行的相应成文法，或因违反职业养老金计划信托关系引起的诉讼。

（c）与下列法律条款提及的诉讼机构或诉讼有关：

（i）《1986 年公司董事资格丧失法》（第四十六章）第七条或第八条；

（ii）《1989 年公司法（北爱尔兰）》第十条或第十一条［S. I. 1989/2404（N. I. 18）］或《2002 年公司董事资格丧失法》　［S. I. 2002/3150（N. I. 4）］；

（d）与根据下列法规提起的诉讼有关：

（i）《1986 年破产法》（第四十五章）；

（ii）《1989 年破产法（北爱尔兰）》［S. I. 1989/2405（N. I. 19）］；

监管局提起诉讼或监管局有权为诉讼进行作证。

（e）出于惩戒性程序的制定或惩戒性程序的目的，与律师、精算师、会计师、破产清算执业者履行专业职责有关；

（f）出于惩戒性程序的制定或惩戒性程序的目的，与公务员履行职能有关；

（g）为了帮助英格兰以外的管理机构或使其能够履行与监管局根据本法、《1999 年福利改革和养老金法》（第三十章）、《1995 年养老金法》（第二十六章）及《1993 年养老金计划法》（第四十八章）享有的相应的职能；

（h）根据社区的义务。

第三款 在第二款第（f）项中，"公务员"指的是政府机构或法定管理机构的官员或公务员。

第四款 第八十二条不会禁止监管局向下列人员披露限制性信息：

（a）刑事检察官；

（b）北爱尔兰刑事检察官；

（c）苏格兰检察总长；

（d）苏格兰地方检察官；

（e）警察。

第五款 在根据或由成文法要求披露信息时，第八十二条不阻止限制性信息的披露。

第六款 在让监管局任命的职业养老金计划受托人能够行使或有利于行使其计划职权时，第八十二条不会禁止向受托人披露限制性信息。

第七款 在第六款中，"监管局任命的受托人"指的是监管局根据《1995 年养老金法》第七条、第二十三条第一款或在北爱尔兰有效施行的相应规定任命的受托人。

第八款 第八十二条不阻止第一款或第四款提及的人披露该款提及的相关人获取的限制性信息，前提条件是限制新信息披露须征得监管局的同意。

第九款 第八十二条不阻止附录三第一栏或规定的人员披露由第八十六条第一款提及的人获取的限制性信息，前提条件是限制新信息披露：

（a）必须征得监管局的同意；

（b）出于帮助某人履行或使其能够履行附录三第二栏规定的职能。

第十款 在决定是否同意第八款或第九款提及的信息披露之前，监管局必须对旨在信息披露的陈述进行考虑，研究信息披露的适宜性或必要性。

第十一款 当《2001 年反恐怖刑事诉讼法》第十八条（对海外目的

信息披露的限制）适用于根据《2001 年反恐怖刑事诉讼法》第十七条适用的条款批准的信息披露时，它适用于根据第二款批准的信息披露。

第八十八条【税收信息】

第一款　就可确认人员的税收职能而言，在其履行与税收或关税相关事项有关的税收职能时拥有的信息适用本条的规定（本条称为"税收信息"）。

第二款　《1989 年财政法》第一百八十二条（第二十六章）规定的保密义务，不会禁止向监管局披露信息，以便监管局更好地履行职能或帮助监管局履行其职能。

第三款　当根据上述第二款和《2001 年反恐怖刑事诉讼法》第十九条（披露收入部门持有的信息）向监管局披露税收信息时，根据第四款的规定，上述税收信息被视为第八十二条的限制性信息。

第四款　第八十二条第三款、第八十三条到第八十七条以及第二百三十五条不适用于第三款提及并向监管局披露的信息。下列情况除外，监管局和直接或间接从监管局接受信息的其他人员不可以披露上述信息：

（a）国内税收监督官、海关与国产税务司官员，或经上述官员的授权；

（b）与刑事诉讼机构有关或出于刑事诉讼目的。

第五款　在本条中，"税收信息"的含义与《1989 年财政法》第一百八十二条的含义相一致。

第二十四节　报告

第八十九条【出版报告等】

第一款　如果监管局认为在特殊情况下出版行使职权的研究报告和研究结果是合适的，它就可以出版报告。

第二款　第一款提及的报告以监管局认为合适的形式和方式出版。

第三款　就诽谤法而言，监管局享有出版特权，除非显示出版物具有恶意。

第二十五节　操作规范

第九十条【操作规范】

第一款　监管局可以发布操作规范：

（a）包括与养老金法律提及的职能行使有关的操作指引在内；

（b）与行使上述职能的人员的预期行为和操作规范有关。

第二款　监管局必须发布与下列事项有关的一项或多项操作规范：

（a）就要求在合理期限内采取行动的养老金法律条款（包含于第二部分或根据第二部分颁布的成文法除外）而言，"合理"期限的内容；

（b）第六十九条规定的义务的履行（向监管局通报某类事件的义务）；

（c）第七十条规定的义务的履行（报告违反法律行为的义务）；

（d）第三部分要求职业养老金计划受托人或经营管理者履行义务（计划资金筹集）；

（e）第二百四十一条和第二百四十二条规定的义务的履行（受托人提名人选和董事提名人选）；

（f）第二百四十七条和第二百四十八条规定的义务的履行（认识和理解的要求：个人受托人和机构受托人）；

（g）《1995 年养老金法》（第二十六章）第四十九条第九款第（b）项（职业养老金计划受托人或经营管理者报告雇主未及时从雇员收入中扣除缴费的义务）规定的义务的履行；

（h）《1995 年养老金法》（第二十六章）第六十七条到第六十七 I 条（生存权规定）规定的义务的履行；

（i）《1995 年养老金法》（第二十六章）第八十八条第一款（货币购买型养老金计划受托人或经营管理者报告雇主未及时支付缴费的义务）规定的义务的履行；

（j）《1993 年养老金计划法》（第二十六章）第一百一十一 A 条第七 A 款（个人养老金计划受托人或经营管理者报告雇主未及时支付缴费的义务）规定的义务的履行；

（k）本条规定的其他事项。

第三款　监管局可以暂时全部或部分修改根据本条颁布的操作规范。

第四款　对部分没有遵守操作规范的人员来说，这件事本身不会受到任何法定诉讼。

上述规定以第十三条第三款第（a）项和第十三条第八款（整改通知有权规定，个人应遵守操作规范而未遵守时要接受民事罚款）为准。

第五款　根据本条发布的操作规范可以在任何法律诉讼中作为证据出

现；如操作规范因诉讼问题提交法院或裁判所，在诉讼问题判决时要考虑操作规范。

第六款 在本条中，

"法定程序"包含养老金督察官、养老保障基金理事会督察官以及按第二百〇七条和第二百〇八条提及的养老保障基金理事会的法定程序；

"养老金法规"指的是包含于下列法律或根据下列法律制定的成文法：

（a）《1993 年养老金计划法》（第四十八章）；

（b）《1995 年养老金法》（第二十六章）第一部分，《1995 年养老金法》第六十二条到第六十六 A 条（平等待遇）除外；

（c）《1999 年福利改革和养老金法》（第三十章）第一部分或第三十三条；

（d）本法。

第七款 当实施规范发布或取消时，第九十一条和第九十二条应对遵循的法定程序制定相应条款。

第九十一条【操作规范的发行和出版程序】

第一款 如监管局建议发行操作规范，它必须准备和出版操作规范的草稿文本。

第二款 如监管局根据第一款规定出版操作规范的草稿文本，它就必须：

（a）向它认为适宜的人群进行咨询；

（b）向内阁大臣规定的其他人员进行咨询。

第三款 监管局在对操作规范草稿内容进行研究之后，必须做出它认为适当的修改。

第四款 第二款和第三款不适用于下列操作规范：

（a）仅根据协调第九十条发布的其他操作规范而颁布的操作规范；

（b）内阁大臣由于紧急情况，认为不便于咨询的操作规范。

第五款 如果监管局继续使用草稿文本，必须向内阁大臣呈送草稿文本：

（a）如果草稿文本得到内阁大臣批准，那么内阁大臣将草稿文本提交议会；

（b）如果内阁大臣未批准草稿文本，那么监管局必须发布不予批准的具体原因。

第六款　当根据第五款第（a）项将草稿文本提交议会时：

（a）如果上院或下院在第七款提及的期限内做出决议，不再对草稿文本采取进一步行动；

（b）如果没有做出决议，监管局必须以草稿文本的形式发布操作规范。

第七款　第六款第（a）项提及的期限是 40 天：

（a）开始于草稿文本提交议会之日（或如果提交上下议院的日期不同，以两个日期中靠后的一个为准）；

（b）去除议会上下两院 4 天以上的解散或休会期限。

第八款　根据第六款第（a）项，不再对草稿文本采取进一步行动的事实，不会妨碍提交新草稿文本。

第九款　根据第六款第（b）项发布的操作规范，从内阁大臣依照命令规定的日期起生效。

在不影响第三百一十五条效力的情况下，上述命令包括内阁大臣认为有必要和方便采用的暂时性或预防性条款（与已实施的操作规范有关）。

第十款　监管局可以规定，根据第九十条发布的操作规范以其认为合适的方式出版。

第十一款　监管局向某人提供本条提及的操作规范副本，收取适当费用。

第十二款　当本条适用于首次发布的操作规范时，它也适用于操作规范的修正文本。

第九十二条【操作规范的取消】

第一款　内阁大臣可以依照命令取消操作规范。

第二款　本条提及的命令只有在监管局的同意下才能发布。

第三款　在不影响第三百一十五条效力的情况下，根据本条颁布的命令包括内阁大臣认为有必要和方便采用的、与已实施的操作规范有关的预防性条款。

第二十六节　监管职能的行使

第九十三条【监管局监管职能的履行程序】

第一款　监管局必须确定其拟将遵循的监管职能的实施程序。

第二款　就本部分而言，监管局的"监管职能"为：

（a）有权发布第十三条提及的整改通知；

（b）有权发布第十四条提及的第三方通知；

（c）专项监管职能（参见附录二）；

（d）有权发布第四十二条提及的清算通知；

（e）有权发布第四十五条第一款提及的通知，批准制度的具体细节；

（f）有权发布第四十六条提及的清算通知；

（g）根据第一百〇一条规定的变更权或取消权［某种程度上与第（c）小节内容不符］；

（h）有权制定第一百五十四条第八款提及的命令；

（i）有权制定第二百一十九条第四款提及的命令；

（j）有权允许或取消第二百八十九条提及的授权；

（k）有权允许或取消第二百八十九条提及的审批；

（l）有权发布第二百九十三条第五款提及的通知；

（m）有权按《1999 年福利改革和养老金法》（第三十章）第七条提及的指令，驳回该法第二条提及的计划注册申请；

（n）有权制定《1995 年养老金法》（第二十六章）第七条提及的命令，任命受托人［某种程度上与第（c）小节内容不符］；

（o）有权制定《1995 年养老金法》（第二十六章）第二十三条提及的命令，任命独立受托人；

（p）有权根据《1995 年养老金法》（第二十六章）第七十二 B 条发布指令（促进计划关闭的指令）；

（q）其他监管局职能。

第三款　决策小组确定其遵循的职能履行程序，与由监管局或代表监管局行使下列权力有关：

（a）有权决定是否行使职能；

（b）如决策小组决定行使监管职能，则有权行使待议职能。

第四款　根据本条确定的程序：

（a）必须规定根据下列条款制定的程序：

（ⅰ）第九十六条（标准程序）；

（ⅱ）第九十八条（特殊程序）；

（b）包括监管局或决策小组（情况允许的话）认为合适的其他程序

条件在内。

第五款　本条服从于：

（a）第九十九条到第一百〇四条（与监管职能程序有关的其余条款）的规定；

（b）内阁大臣根据附录一第十九小节颁布的监管规章。

第九十四条【监管职能执行程序的出版】

第一款　监管局必须发布一份根据第九十三条确定的程序说明书。

第二款　监管局必须规定，说明书以其认为适宜的方式出版。

第三款　监管局可以向有关人员提供说明书副本，并向接受副本人员收取费用。

第四款　如果根据第九十三条确定的程序发生重大变化，监管局必须出版一份修改后的说明书。

第五款　监管局适时向内阁大臣报送一份根据本条发布的说明书副本。

第九十五条【标准程序和特殊程序的应用】

第一款　监管局在下列情况下必须遵守标准程序（参见第九十六条），或在第九十七条适用时遵守特殊程序（参见第九十八条）：

（a）监管局认为适宜行使一项或多项监管职能；

（b）按照或根据以下条款提出申请，要求监管局行使一项监管职能：

（ⅰ）第十条第六款列举的所有条款；

（ⅱ）本法或其他成文法规定的条款。

第二款　就第九十六条而言，在特殊情况下提请研究的监管行为指的是：

（a）在符合第一款第（a）项的情形下，监管局认为适于履行的一项或多项监管职能；

（b）在符合第一款第（b）项的情形下，履行监管职能成为申请的主要内容。

第三款　在决定是否根据第九十九条（监管行为的强制性审查）履行审查监管职能时，第九十六条（标准程序）和第九十八条（特殊程序）均不适用。

第九十六条【标准程序】

第一款　第九十三条确定的程序，必须为标准程序制定条款。

第二款　"标准程序"是一种对以下事项进行规范的程序：

（a）向监管局认为直接受到拟议监管行动影响的人员下发通知；

（b）有机会实施陈述的人员；

（c）研究陈述的内容和决定是否采取处于研究之中的监管行动；

（d）向监管局认为会直接受到决定通知影响的人员下发决定通知；

（e）包含第三款提及的裁判所仲裁权细节的决定通知；

（f）警示性通知和决定通知的形式、内容，以及发布上述通知的方式；

（g）适用于程序各个阶段的时间限制。

第三款　在标准程序适用时，由下列人员把作为决定通知主要内容的决定提交裁判所（参见第一百〇二条）：

（a）按第二款第（d）项的规定，接收决定通知的人；

（b）裁判所认为直接受到决定影响的人。

第四款　当作为决定通知主要内容的决定为根据第四十二条或第四十六条发布清算说明书的决议时，第三款不适用。

第五款　当决定通知的主要内容为行使监管职能的决议和第三款适用时，监管局在下列条件下不能行使职能：

（a）在将决定提交裁判所时间（参见第一百〇三条第一款）；

（b）在仲裁和对裁判所裁决提起上诉已经最终处理完毕之前（如果决定已提交裁判所）。

第六款　在决议为决定行使下列职能时，第五款不适用：

（a）有权根据第七十六条第八款颁布指令，按第七十五条延长接收文件的留置时间；

（b）有权根据第七十八条第十款颁布指令，按第七十八条延长接收文件的留置时间；

（c）有权根据第一百五十四条第八款颁布指令；

（d）有权根据第二百一十九条第四款颁布指令；

（e）有权根据第二百八十八条批准或撤销授权；

（f）有权根据第二百八十九条批准或撤销授权；

（g）有权根据第二百九十三条第五款发布通知；

（h）有权根据《1995 年养老金法》（第二十六章）第三条第一款颁布命令，禁止某人成为受托人；

（i）有权根据《1995 年养老金法》（第二十六章）第三条第三款颁布命令，取消根据第三条第一款颁布的命令；

（j）有权根据《1995 年养老金法》（第二十六章）第四条第一款颁布命令，暂停受托人的职务；

（k）有权根据《1995 年养老金法》（第二十六章）第四条第二款颁布命令，延长《1995 年养老金法》第四条第一款提及的已经生效命令的有效期；

（l）有权根据《1995 年养老金法》（第二十六章）第四条第五款颁布命令，取消按《1995 年养老金法》第四条第一款的规定暂停受托人职务的命令；

（m）有权根据《1995 年养老金法》（第二十六章）第七条颁布命令，任命受托人；

（n）有权根据《1995 年养老金法》（第二十六章）第九条颁布命令，依法行使与高等法院或苏格兰高等民事法院同样的权限和权力，向委任或解职的受托人赋予财产或移交财产；

（o）有权根据《1995 年养老金法》（第二十六章）第二十三条颁布命令，任命独立受托人；

（p）有权根据《1995 年养老金法》（第二十六章）第二十九条第五款发布通知，放弃按《1995 年养老金法》（第二十六章）第二十九条提及的取消资格；

（q）根据《1995 年养老金法》（第二十六章）第三十条第二款的规定，依法行使与高等法院或苏格兰高等民事法院同样的权限和权力，向已取消资格的受托人赋予财产或移交财产；

（r）有权根据《1995 年养老金法》（第二十六章）第七十二 B 条发布有利于计划关闭的命令；

（s）根据《1993 年养老金计划法》（第四十八章）第九十九条第四款提及的指令，批准延长计划受托人或经营管理者履行某种义务的时间；

（t）根据《1993 年养老金计划法》（第四十八章）第一百〇一 J 条第二款提及的指令，延长遵守移交通知的时间；

（u）其他法定监管职能；

（v）除在第（i）项或第（l）项提及的职能以外，有权按《1993 年养老金计划法》（第四十八章）第一百〇一条第一款第（b）项变更或取消行使从第（a）项到第（u）项提及的监管职能。

第九十七条【特殊程序适用的情形】

第一款 在第九十八条中特殊程序（和非标准程序）适用于：

（a）符合第二款规定的情形；

（b）符合第三款规定的情形；

（c）符合第四款规定的情形。

第二款 如果情形满足下列条件，该情形为符合本款规定的情形：

（a）如监管局认为有必要立即行使第五款列示的监管职能，原因在于如果发布警示性通知，会给或监管局认为有可能给：

（i）职业养老金计划或个人养老金计划的利益带来直接风险；

（ii）上述计划的资产带来直接风险；

（b）相应地，监管局不用发布警示性通知，不需要给第九十六条第二款第（a）项和第九十六条第二款第（b）项规定的内容进行陈述的机会；

（c）如监管局决定立即行使职能的基础为必须立即行使职能，原因在于如果不立即行使职能，监管局认为有可能给或会给：

（i）职业养老金计划或个人养老金计划的利益带来直接风险；

（ii）上述计划的资产带来直接风险。

第三款 如果情形满足下列条件，该情形为符合本款规定的情形：

（a）监管局发布第九十六条第二款第（a）项提及的警示性通知，通知与决定是否履行第五款列举的监管职能有关；

（b）在监管局研究接收通知人员的陈述以前必须履行职能的基础上，决定立即行使职能；因为如果不立即履行职能，会存在或监管局认为有可能给下列对象带来直接风险：

（i）职业养老金计划参保人的利益；

（ii）职业养老金计划资产。

第四款 下列情形为符合本款规定的情形，前提条件为监管局：

（a）发布第九十六条第二款第（a）项提及的警示性通知，通知与决定是否履行下列监管职能有关；

（i）第五款列举的职能；

（ii）不是第九十六条第六款列举的职能（根据标准程序，可以立即行使的职能）。

（b）监管局研究接收警示性通知人员的陈述；

（c）决定立即行使职能；因为如果不立即履行职能，监管局认为有可能给或会给下列对象带来直接风险：

（i）职业养老金计划参保人的利益；

（ii）职业养老金计划资产。

第五款　在第二款、第三款和第四款中提到的监管职能如下：

（a）有权颁布或延长第二十条提及的限制命令；

（b）有权颁布第二十三条提及的冻结命令；

（c）有权颁布第二十五条第三款提及的命令，延长冻结命令的有效时间；

（d）有权根据第二十六条颁布命令，对违反冻结命令的行为进行确认；

（e）有权颁布第二十八条提及的命令，规定应采取的特殊措施；

（f）在冻结命令无效时，有权根据第三十条颁布的命令发布指令；

（g）有权根据第三十一条第三款颁布命令，要求向参保人发布通知；

（h）有权根据第二百三十一条颁布命令，修改计划、发布指令或制定缴费进度表；

（i）有权根据《1995 年养老金法》（第二十六章）第三条第一款颁布命令，禁止某人成为受托人；

（j）有权根据《1995 年养老金法》（第二十六章）第三条第三款颁布命令，取消第三条第一款颁布的命令；

（k）有权根据《1995 年养老金法》（第二十六章）第四条第一款颁布命令，暂停受托人的职务；

（l）有权根据《1995 年养老金法》（第二十六章）第四条第五款颁布命令，取消第四条第一款颁布的命令；

（m）有权根据《1995 年养老金法》（第二十六章）第七条颁布命令，任命受托人；

（n）根据《1995 年养老金法》（第二十六章）第九条，有权依照命令行使与高等法院或苏格兰民事高等法院相同的权限和权力，向委任或解职的受托人赋予财产或移交财产；

（o）有权根据《1995 年养老金法》（第二十六章）第十一条颁布命令，要求或批准关闭职业养老金计划；

（p）有权根据《1995 年养老金法》（第二十六章）第二十三条颁布命令，任命独立受托人；

（q）有权根据《1995 年养老金法》（第二十六章）第二十九条第五款发布通知，放弃《1995 年养老金法》第二十九条提及的取消资格；

（r）根据《1995 年养老金法》（第二十六章）第三十条第二款的规定，有权依照命令行使与高等法院或苏格兰民事高等法院相同的权限和权力，向委任或解职的受托人赋予财产或移交财产；

（s）有权根据《1995 年养老金法》（第二十六章）第六十七 G 条第二款颁布命令，规定职业养老金计划的修改或权利的让渡无效；

（t）有权根据《1995 年养老金法》（第二十六章）第六十七 G 条第二款颁布命令，禁止或规定采取与履行职业养老金计划修改权有关的措施。

（u）其他监管职能；

（v）有权根据第一百○一条第一款第（b）项，更改或取消从第（a）项到第（u）项提及的监管职能的行使，其中不包括第（j）项或第（1）项。

第九十八条【特殊程序】

第一款　根据第九十三条确定的程序，必须为特殊程序制定条款。

第二款　"特殊程序"是一种针对下列情况制定的程序：

（a）向监管局认为会直接受到决定通知（"决定通知"）影响的人员发送行使监管职能的决定通知；

（b）包含第九十九条第一款提及的监管局审查决议的要求细节和按第九十九条第七款提交裁判所进行仲裁后续权益细节的决定通知；

（c）在根据第九十九条第一款审查决议以前，接收决议通知的人［按第（a）项的要求］有机会对决议进行陈述；

（d）在决议审查以前对陈述的内容进行研究；

（e）根据第九十九条第四款的决议审查结果，发布终审通知；

（f）根据第九十九条第七款，包含提交裁判所仲裁权益细节的终审通知；

（g）裁决通知和终审通知的形式和内容以及通知的提供方式；

（h）特殊程序的各个阶段适用的时间限制。

第九十九条 【强制性审查】

第一款 在特殊程序适用时，监管局必须对决议进行审查，行使监管职能。

第二款 必须如实做出审查的决定。

第三款 本条赋予监管局的审查权包括：

（a）确认、变更或取消决议；

（b）确认、变更或取消根据决议制定、发布或送达的命令、通知或指令；

（c）替换决议、通知或指令；

（d）处理审查引起的事项，并把这些事项视同因原始决议引起的事项；

（e）制定预备性条款和暂时性条款。

第四款 当监管局根据本条已经完成审查工作时，向监管局认为会直接受到审查决议影响的人员发布决议审查通知。

第五款 如果终审通知包含行使不同监管职能的决议，且行使的职能与作为决议通知主要内容的职能不同，那么不可以发布终审通知，除非：

（a）监管局认为那些直接受到监管职能行使影响的人员已经获取机会进行陈述；

（b）监管局在颁布审查决议以前已经研究过陈述的内容。

第六款 如果监管职能列入第九十七条第五款，且监管局在有必要行使的基础上决定立即行使上述职能，因为监管局认为如果不立即行使职能，有可能会给或给：

（a）职业养老金计划或个人养老金计划的利益带来直接风险；

（b）上述计划的资产带来直接风险；

那么第五款不适用。

第七款 作为终审通知主要内容的决议，可以由下列人员提交裁判所（参见第一百○二条）：

（a）按第四款规定接收最终通知的人；

（b）裁判所认为会直接受到决议影响的其他人员。

第八款 如决议是行使一项监管职能的决议，该职能不同于成为决议通知主要内容的职能，监管局在下列情况下不必行使监管职能：

（a）在决定提交裁判所期间（参见第一百○三条第一款）；

（b）在仲裁或针对裁判所决议提起的上诉最终处理以前（如将决议提交仲裁）。

第九款 第八款在下列情况下不适用：

（a）待议的监管职能为第九十六条第六款列示的职能（该职能可在标准程序下得到立即行使）；

（b）待议的监管职能为第九十七条第五款列示的职能（该职能可在特殊程序下得到立即行使），并且监管局决定在第六款陈述的基础上立即行使职能。

第十款 本条规定的监管局职能，可以由决策小组代表监管局履行（且不能由监管局或代表监管局履行）。

第十一款 决策小组必须确定其准备遵循与行使职能有关的程序。

第十二款 当第九十四条（监管局程序的出版）适用于根据第九十三条确定的程序（与监管职能有关的程序）时，第九十四条（监管局程序的出版）也适用于根据第十一款确定的程序。

第一百条【重视参保人等利益的义务】

第一款 监管局必须重视第二款提及的事项：

（a）在下列情况下决定是否行使监管职能：

（ⅰ）在标准程序或特殊程序要求适用的情况下；

（ⅱ）第九十九条规定的审查。

（b）在行使待议监管职能时。

第二款 第一款提及的事项为：

（a）与行使职能有关的大多数计划参保人利益；

（b）监管局认为会直接受到行使职能影响人员的利益。

第一百〇一条【变更或取消命令、通知或指令等的权力】

第一款 监管局可以变更或取消：

（a）其做出是否行使监管职能的决定；

（b）其在行使监管职能时制定、发布或发送的命令、通知或指令。

第二款 第一款第（b）项不适用于：

（a）根据《1995年养老金法》（第二十六章）第三条第三款颁布命令，取消该法第三条颁布的禁令；

（b）根据《1995年养老金法》（第二十六章）第四条第五款颁布命令，取消第四条颁布的暂停职务命令；

（c）根据《1999 年福利改革和养老金法》（第二十六章）第二条第三款颁布指令，按《1999 年福利改革和养老金法》第二条的规定，不准计划注册或从存托养老金计划登记名单中删除计划；

（d）在监管局行使规定的监管职能时，制定、发布或发送的其他命令、通知或指令。

第三款　命令、通知或指令的变更或取消，必须通过颁布命令、通知或指令（如有可能）实施。

第四款　本条规定的变更或取消从特定时间开始生效，而这个特定时间不应早于变更或取消的时间。

第五款　本条规定的变更权或取消权：

（a）不能根据第一款看作是一项监管职能；

（b）是根据本法或其他成文法向监管局授予的权力之外的权力。

第二十七节　养老金监管局裁判所

第一百〇二条【养老金监管局裁判所】

第一款　本裁判所称为养老金监管局裁判所（本法称为"裁判所"）。

第二款　裁判所拥有本法或在北爱尔兰有效实行的相应法规授予的职能。

第三款　大法官（Lord Chancellor）依据规则颁布其认为有利于裁判所诉讼规范或诉讼规范必需的条款。

第四款　附录四（制定裁判所及其议事程序的相关规定）有效。

第五款　附录四对本条赋予大法官的权力不加限制。

第一百〇三条【向裁判所提交的仲裁】

第一款　根据本法的规定，向裁判所提起仲裁必须遵守下列要求：

（a）在第九十六条第三款（根据标准程序提及的决议提交仲裁）提及仲裁的情况下，在拟议的决议通知发布后的 28 天内提交仲裁；

（b）在第九十九条第七款（根据特殊程序提及的决议提及仲裁的情况下，在拟议的终审通知发布后的 28 天内提交仲裁；

（c）在上述任意一种情况下，根据第一百〇二条规则规定的其他期限内提交仲裁。

第二款　根据第一百〇二条颁布的规则，裁判所允许在第一款或根据第一款规定的相关期限结束后提起仲裁。

第三款　裁判所在接到提交的仲裁后，不管监管局在关键时间（material time）内是否获得证据，裁判所可以研究与仲裁主要事项有关的证据。

第四款　裁判所在接到提交的仲裁后，针对监管局采取与提交仲裁的事项有关的措施，确定哪些措施为监管局适宜的措施。

第五款　裁判所在接到仲裁申请后，如果它认为指令适宜于裁决的生效，会把指令与提交仲裁的问题一起（如有可能）向监管局提交。

第六款　上述指令包括向监管局发布的指令，包括：

（a）确认监管局发布的决议和根据决议颁布的命令、发布的通知或指令；

（b）变更或取消监管局发布的决议和根据决议颁布的命令、发布的通知或指令；

（c）替换决议、命令、通知或指令；

（d）颁布裁判所认为适宜的预备性条款和临时性条款。

第七款　监管局必须按裁判做出的决议结果或发布的指令行动〔以及相应地从第九十六条到第九十九条（标准程序和特殊程序）不适用〕。

第八款　裁判所在决定仲裁结果时，对监管局或决策小组遵循的程序提出建议。

第九款　执行裁判所发布的命令：

（a）视同地方民事法院发布的命令执行；

（b）如在苏格兰地区，则视同为苏格兰高等民事法院发布的命令执行。

第一百〇四条【对法律要点进行上诉】

第一款　提交裁判所仲裁一方经允许可以向：

（a）上诉法院；

（b）苏格兰高等民事法院（在苏格兰）；

对裁判所做出仲裁决定引起的法律要点提起诉讼。

第二款　"允许"指的是：

（a）经裁判所的许可；

（b）如被法庭驳回，经上诉法院或苏格兰高等民事法院的许可。

第三款　如果法院在收到第一款提及的上诉申请时，认为裁判所颁布的决议在法律上存在错误，它可以：

（a）将问题转交裁判所，由裁判所根据第一百〇三条举行听证和裁决；

（b）由法院本身做出裁决。

第四款　根据第三款，除下列情形外，不能对上诉法院做出的判决提起上诉：

（a）上诉法院同意；

（b）议会上院同意。

第五款　经上诉法院或议会上院的许可，可以就苏格兰高等民事法院做出的判决提起上诉；在成本、支出或其他条件的基础上，苏格兰高等民事法院或议会上院做出许可的决定。

第六款　根据第一百〇二条制定的规则，可以对本条上诉行为引起或附带产生的所有事项制定管理法规。

第一百〇五条【裁判所二次裁决等】

第一款　当裁判所根据第一百〇四条第二款第（a）项申请对裁判所处理仲裁的决定提起申诉时，本条适用。

第二款　作为裁判所成员或主席的某人在处理上述申请时，如果他认为裁判所在处理仲裁问题时存在法律上的错误，他可以搁置决定并：

（a）根据第一百〇三条把问题提交裁判所进行听证和再次裁决；

（b）根据第一百〇三条把问题提交成员不同的裁判所进行听证和再次裁决。

第一百〇六条【法律援助计划】

第一款　大法官按规章的规定建立一个计划，提供与裁判所诉讼程序有关的法律援助计划。

第二款　法律援助计划对以下内容具体制定条款：

（a）提供法律援助的类型；

（b）提供法律援助计划的人员；

（c）提出法律援助申请的方式；

（d）判断获取法律援助资格的标准；

（e）对申请进行裁决的人员或机构；

（f）对申请驳回提起上诉；

（g）取消或变更决定；

（h）提供法律援助计划的管理和实施。

第三款 计划在一定条件或限制下提供法律援助。

第四款 上述条件可以包含与接受援助者缴费有关的条件。

第五款 大法官使用议会拨款，为包括提供法律援助成本的计划成本筹集资金。

第六款 在本部分中，"法律援助计划"指的是根据第一款的规定实施的计划。

第二部分　养老保障基金理事会

第一章　理事会

第一节　机构的建立

第一百〇七条【养老保障基金理事会】

养老保障基金理事会是一个机构团体法人（本法中称为"理事会"）。

第一百〇八条【理事会理事】

第一款 养老保障基金理事会将由下列成员组成：

（a）主席；

（b）理事长；

（c）五位以上其他成员（"一般理事"）。

第二款 主席人选既不能是理事会职员，也不能是养老金监管局主席。

第三款 一般理事的人数不应超过法定的最大人数。

第四款 至少有两名一般理事来自于理事会职员。

第五款 养老金监管局根据第九条建立的决策小组成员或监管局职员，不能成为理事会理事。

第六款 一般理事任命权的行使，必须确保大多数理事会理事为非执行理事。

第七款 在本部分中，

（a）理事会执行理事是：

（ⅰ）理事长；

（ⅱ）来自于理事会职员的一般理事；

（b）理事会非执行理事指的是那些不是执行理事的理事。

第一百〇九条【有关理事会的其他规定】

附录五对理事会做出规定，有关条款如下：

理事任命；

理事任命条件、任期和薪酬；

理事长和其他职员的任命；

理事会议事程序；

理事会财务管理；

理事会、理事和职员的地位和责任。

第二节　理事会职能的一般规定

第一百一十条【理事会的职能】

第一款　理事会根据本部分和北爱尔兰相应实行的法规，必须占有、管理和运用：

（a）称为养老保障基金的基金；

（b）称为欺诈补偿基金的基金。

第二款　第一百七十五条和第一百一十九条为理事会征收的基金收费制定条款。

第三款　理事会拥有本法或其他成文法授予或根据本法或成文法授予行使的其他职能。

第一百一十一条【辅助性权力】

理事会可以实施与以下有关的所有事情：

（a）为其履行职能提供便利；

（b）易于职能的履行或促进其职能的履行。

第三节　非执行职能

第一百一十二条【非执行职能】

第一款　第四款列举的职能（在本部分被称为"非执行职能"）是理事会具有的职能。

第二款　理事会必须建立一个委员会，代表其履行非执行职能。

第三款　只有理事会的非执行理事才能成为委员会成员。

第四款　非执行职能指的是：

（a）有责任对理事会内部财务控制进行评价，以确保财务行为满足合规性要求；

（b）根据附录五第十二小节第五分小节第（a）项的规定，经内阁大臣批准，有责任确定有按附录五第十二小节第四分小节任命的理事长报酬有关的条款和条件；

（c）根据附录五第十三小节第三分小节第（a）项的规定，经内阁大臣批准，有责任确定有理事会职员身份的理事会执行与理事的报酬相关的条款和条件。

（d）根据附录五第十三小节第三分小节第（b）项的规定，经内阁大臣批准，有责任确定与符合规定内容的职员理事报酬有关的条款和条件。

第五款　根据本条建立的委员会，必须准备关于非执行职能履行情况的报告，并根据第一百一十九条将报告纳入向内阁大臣提交的理事会年度报告之中。

第六款　委员会报告必须与理事会提供报告的期限一致。

第七款　委员会（根据附录五第十五小节第二分小节建立）下属委员会的委员：

（a）可以包括不是理事会理事的人选，但

（b）不应包括执行理事或理事会其他职员。

第八款　委员会可以授权下属委员会代表其履行：

（a）非执行职能；

（b）准备第五款提及的报告的义务。

第四节　财务事项

第一百一十三条【基金投资】

第一款　理事会按照审慎管理财务事项的原则进行投资。

第二款　当理事会行使第一款授予并与养老保障基金有关的权力时，理事会必须重视：

（a）有资格领取补偿人员的利益，其补偿额根据养老金补偿条款（参见第一百六十二条）或北爱尔兰有效实行的相应条款规定领取；

（b）权力的行使对第一百七十四条、一百七十五条或北爱尔兰实行相应法规规定的收费水平的影响，必须重视相关人员在收费金额方面拥有的利益。

第三款　当理事会行使由第一款授予并与养老保障基金有关的权力时，理事会必须重视：

（a）第一百八十九条第一款或相应适用于北爱尔兰的条款提及的职业养老金计划参保人的利益；

（b）权力行使对第一百一十九条或北爱尔兰实行相应法规提及的收费水平的影响，必须重视相关人员在收费金额方面拥有的利益。

第四款　就第一款而言，必须至少有两名基金经理。

第五款　"基金经理"指的是由理事会任命的个人或企业，负责管理根据第一百七十三条拥有的基金（养老保障基金）。

第六款　理事会不能任命某人或某企业为基金经理，除非他确信：

（a）就个人而言，个人在养老保障基金投资管理上具有一定的知识和经验；

（b）就企业而言，实施一定的制度确保个人在行使企业作为一名基金经理具有的职能时，在养老保障基金投资管理上具有一定的知识和经验。

第一百一十四条【投资原则】

第一款　理事会必须确保：

（a）准备和保存投资原则报告；

（b）定期审查报告和规定审查的次数（可以规定），并在必要时修改报告。

第二款　本条"投资原则报告"指的是一份指导理事会或代表理事会进行投资决策的投资原则的书面报告。

第三款　理事会在准备或修改投资原则报告前必须满足法定要求。

第四款　投资原则报告必须具有法定的形式和包含法定的事项。

第一百一十五条【借款】

第一款　理事会必须：

（a）根据履行职权的需要，从存款机构临时借入其所需的款项；

（b）向其借入的资金提供担保。

第二款　如果借款的结果：

（a）使未偿本金总额超过借款上限时；

（b）未偿款项增加额超过限额时；

理事会不可以进行借款。

第三款 本条中,

"借款限额"指的是内阁大臣依照命令规定的限额;

"存款机构"指的是:

(a)根据《2000年金融服务和市场法》(第八章)第四部分获得批准接受存款的某个人;

(b)《2000年金融服务和市场法》(第八章)附录三第五小节第(b)项提及的欧洲经济区的企业,得到附录三第十五小节(根据附录三第十二小节审批合格)的许可,允许接受存款。

第四款 第三款提及的"存款机构"的定义,必须根据以下条款进行理解:

(a)《2000年金融服务和市场法》第二十二条;

(b)第二十二条提及的相关条款;

(c)本法附录二。

第一百一十六条 【授权】

内阁大臣使用议会提供的拨款资金,以其确定的金额向理事会支付理事会发生的支出;使用下列基金提供的资金,支付第一百七十三条第三款或第一百八十八条第三款提及的支出除外:

(a)养老保障基金;

(b)欺诈补偿基金。

第一百一十七条 【管理收费】

第一款 规章可以规定强制性征收与资格计划(参见第一百二十六条)有关的费用(管理收费),以满足支付:

(a)内阁大臣建立理事会相关的支出;

(b)第一百一十六条提及的内阁大臣支出。

第二款 管理收费为以下人员应付内阁大臣的收费:

(a)合格计划的受托人或经营管理者;

(b)其他人员。

第三款 以规定的金额和在规定的时间内支付管理收费。

第四款 在第三款提及的金额确定以前,内阁大臣必须与理事会进行协商。

第五款 某人应付管理收费金额,为某人应付内阁大臣的债务。

第六款 内阁大臣可以追偿应收管理收费款项,或如果决定追偿的话，由养老金监管局代表其实施追偿。

第七款   在不影响第一款、第五款和第六款一般性情况下，本条提及的规章包括与以下情形有关的条款：

（a）本条提及的管理收费的征收和追偿；

（b）放弃上述管理收费的情形。

第一百一十八条【费用】

第一款   规章可以授权理事会：

（a）收取规定的费用；

（b）收取的费用足以支付规定成本。

第二款   第一款提及的规章，可以规定或授权理事会决定费用到期支付的时间。

第三款   根据本条提及的应欠理事会的监管费用，可以视为所欠理事会的债务进行追偿。

第五节   年度报告

第一百一十九条【向内阁大臣提交的年度报告】

第一款   理事会务必准备财政年度报告。

第二款   每份报告：

（a）理事会必须对拟提交报告的财政年度的行为进行陈述，陈述内容包括第三款提及的事项；

（b）必须包括根据第一百一十二条第五款建立的委员会准备的报告在内。

第三款   第二款第（a）项提及的事项为：

（a）理事会的战略方针和对战略方针的评价方式；

（b）采取审查理事长工作业绩的各种措施，确保理事会的职能能够得到切实有效的履行；

（c）理事会目标和采取相应措施以监督目标的完成情况。

第四款   理事会在拟提交的财政年度结束后，必须如实向内阁大臣送交各种报告。

第五款   内阁大臣必须向国会上下两院呈送根据本条收到的报告副本。

第六款   本条中"财政年度"指的是：

（a）理事会建立之日和截止于下一年的 3 月 31 日的一段时间；

（b）随后的每 12 个月。

第二章　与雇主破产等有关的信息

第一节　破产事件

第一百二十条【通报与雇主有关的破产事件的责任】

第一款　就职业养老金计划来说，与雇主有关的破产事件发生时，本条适用。

第二款　与雇主有关的破产清算执业者必须在通报期限内向下列人员或机构发布通知：

（a）理事会；

（b）养老金监管局；

（c）计划受托人或经营管理者。

第三款　就第二款来说，"通知期限"为规定的期限，开始于下列两个日期较晚的一个日期：

（a）破产日期；

（b）破产清算执业者知道计划存在的日期。

第一百二十一条【破产事件、破产日期和破产清算执业者】

第一款　本部分下列词汇的含义由本条给出：

"破产事件"；

"破产日期"；

"破产清算执业者"。

第二款　如出现下列情况，与个人有关的破产事件发生：

（a）宣布个人破产或其全部财产遭到临时判决扣押；

（b）与《1986 年破产法》（第四十五章）第八部分提及的自主性安排建议有关的提名人选，根据《1986 年破产法》第二百五十六条第一款或第三 A 款向法院递交报告，说明提名人认为应该召开个人债权人会议，研究债权人提出的建议；

（c）根据《1914 年财产转让协议法》（第四十七章），对按个人情况进行的财产转让协议进行登记；

（d）个人执行与债权人达成的信托协议或签订债务和解合同；

（e）该人已经死亡，且：

（ⅰ）根据《1986 年破产法》第四百一十二条提及的命令，颁布与个人全部财产有关的无力偿债管理命令；

（ⅱ）《1889 年司法财产保管人法》(第三十九章)第十一 A 条要求，按第十一 A 条任命的司法财产保管人在个人债权人之间分割个人全部财产；

第三款　在下列情况下与公司有关的破产事件发生：

（a）与《1986 年破产法》第一部分提及的自主性安排建议有关的提名人选，根据《1986 年破产法》第二条（当提名人选不是清算人或财产管理人时，存在的程序）向法院递交报告，说明其认为应该召开合伙人和合伙企业债权人会议，研究上述建议；

（b）公司董事根据《1986 年破产法》附录 A1 第七小节第一分小节（当董事提议自主性安排时，延期偿还债务）与法院一起保存文件（或在苏格兰）和说明书；

（c）任命符合《1986 年破产法》第二百五十一条含义的公司财产管理接收人；

（d）公司开始进入符合《1986 年破产法》附录 B1 第一小节第二分小节含义的救济程序；

（e）根据《1986 年破产法》第八十九条，在不宣布破产情况下通过自愿关闭公司的决议；

（f）根据《1986 年破产法》第九十五条，召开与公司有关的债权人会议（对股东的自愿清算转向债权人自愿清算影响债权人会议）；

（g）法院根据《1986 年破产法》第四部分或第五部分，颁布关闭公司的命令；

第四款　以下情况与合伙制有关的破产事件发生：

（a）法院根据《1986 年破产法》（第四十五章）〔由《1986 年破产法》第四百二十条提及的命令使用（破产合伙企业）〕，颁布合伙制企业关闭命令；

（b）根据《1985 年破产法（苏格兰）》（第六十六章）第十二条，临时扣押合伙企业全部财产或合伙企业同意向债权人赋予一份信托契约；

（c）与《1986 年破产法》第一部分（由《1986 年破产法》第四百

二十条提及的命令使用）提及的自主性安排建议有关的提名人选，根据
《1986 年破产法》第二条（在提名人选不是清算人或财产管理人时具有的
程序）向法院递交报告，说明提名人选认为应该召开合伙人和合伙企业
债权人会议，研究上述建议；

（d）合伙人和法院根据《1986 年破产法》附录 A1 第七小节第一分
小节（当董事提议自主性安排时，延期偿还债务）（由《1986 年破产法》
第四百二十条提及的命令使用）对文件和说明书进行存档；

（e）颁布《1986 年破产法》第二部分提及的合伙企业财产管理命令
（由《1986 年破产法》第四百二十条提及的命令使用）；

第五款　当与某人有关的法定事件发生时，与个人有关的破产事件也
会发生。

第六款　除第二款到第五款规定的情况外，就本部分而言，发生的事
件不应看作是与个人有关的破产事件。

第七款　内阁大臣可以依照命令修改第四款第（e）项，使用经
《2000 年企业法》（第四十章）修改《1986 年破产法》第二部分（财产
管理）条款，制定《1986 年破产法》第四百二十条（破产合伙制企业）
提及的命令的附属条款。

第八款　与破产时间有关的"破产日期"，指的是破产事件的发生
日期。

第九款　与个人有关的"破产清算执业者"，指的是：

（a）根据，《1986 年破产法》（第四十五章）第三百八十八条，作为
破产清算执业者的个人；

（b）在规定的情形下，符合规定内容的个人。

第十款　在本条中：

"公司"指的是符合《1985 年公司法》（第六章）第七百三十五条第
一款给出的公司含义，或根据《1986 年破产法》（第四十五章）第五部
分（非注册型公司）可能关闭的公司；

"作为破产清算执业者的人员"与个人有关，包括作为某人财产的接
收者或管理者的官方接收者。

第十一款　根据上述第九款使用《1986 年破产法》第三百八十八
条时：

（a）第三百八十八条第二款第（a）项提及的处于封存状态的永久或

临时受托人，必须理解为包括处于封存状态的受托人；

（b）不予考虑第三百八十八条第五款（包含规定本条提及的事情，均不适用于官方接收者或破产注册会计师所做的事情在内的条款）。

第二节　计划状态

第一百二十二条【破产清算执业者发布通知，确认计划地位的义务】

第一款　当与职业养老金计划雇主有关的破产事件已经发生时，本条适用。

第二款　与雇主有关的破产清算执业者必须：

（a）发布类似内容的通知（"计划经营失败通知"），前提是他能够确认计划救援已不可能；

（b）发布类似内容的通知（"撤销通知"），前提是他能够确认计划救援已经发生。

第三款　第四款适用于下列情形：

（a）在规定情况下，与雇主有关破产程序暂停或结束；

（b）规定事件发生。

第四款　作为与雇主有关的破产清算执业者的某人，如在本款适用之前不能确认：

（a）计划救援不可能；

（b）计划救援已经发生；

他必须发布一份类似内容的通知。

第五款　就本条而言：

（a）只有某人能够确认根据本小节规定的事项时，某人才能够确认职业养老金计划救援已经发生；

（b）只有某人能够确认根据本小节规定的事项时，某人才能够确认职业养老金计划救援已不可能。

第六款　当与雇主相关的破产清算执业者或前任破产清算执业者根据本条发布通知时，他必须向下列机构或人员发送通知副本：

（a）理事会；

（b）养老金监管局；

（c）计划受托人或经营管理者。

第七款　某人必须如实履行第二款、第四款或第六款规定的义务。

第八款　规章要求根据本条发布的通知必须：

（a）以规定的形式发布；

（b）包含规定的信息。

第一百二十三条【根据一百二十二条发布的批准通知】

第一款　在理事会接到第一百二十二条第六款提及的通知（"第一百二十二条通知"）时，本条适用。

第二款　理事会决定是否批准第一百二十二条通知。

第三款　只有理事会确信：

（a）发布通知的破产清算执业者或前任破产清算执业者必须根据第一百二十二条发布通知；

（b）通知应遵守本条第八款规定的要求；

理事会应批准第一百二十二条第六款通知。

第四款　当理事会根据第二款颁布决议时，它必须发布一项决议通知并把通知副本报送：

（a）养老金监管局；

（b）计划受托人或经营管理者；

（c）发布第一百二十二条通知的破产清算执业者或前任破产清算执业者；

（d）与雇主有关的破产清算执业者［该人与第（c）项提及的人员不一致］；

（e）雇主（如果没有与雇主有关的破产清算执业者）。

第五款　在第四款中，"决议通知"指的是具有规定的形式和包含决定信息的通知。

第三节　理事会承担的义务

第一百二十四条【当未遵守第一百二十二条时，理事会承担的义务】

第一款　本条在下列情形下适用于职业养老金计划：

（a）理事会根据第一百二十三条，决定不予批准与雇主有关的破产清算执业者或前任破产清算执业者根据第一百二十二条发布的通知；

（b）与雇主有关的破产清算执业者或前任破产清算执业者，没有根据第一百二十二条发布通知，理事会确信该通知应该根据本条给予发布。

第二款　根据第一百二十二条第二款和第四款向破产清算执业者或前

任破产清算执业者施加的义务，被视为向理事会施加的义务，理事会必须相应地根据本条的要求发布通知。

第三款　根据第四款和第五款，在理事会按本条发布第一百二十二条提及的通知时，通知与破产清算执业者或前任破产清算执业者根据第一百二十二条发布的通知具有相同的效力。

第四款　当根据本条发布第一百二十二条提及的通知时，第一百二十二条第六款不适用，理事会必须如实地向下列人员或机构报送通知副本：

（a）养老金监管局；

（b）计划受托人或经营管理者；

（c）发布第一款通知的破产清算执业者或前任破产清算执业者；

（d）与雇主有关的破产清算执业者［该人与第（c）项提及的人员不一致］；

（e）雇主（如果没有与雇主有关的破产清算执业者）。

第五款　当理事会：

（a）根据本条必须发布第一百二十二条提及的通知时；

（b）确信通知应该在更早的时间发布时；

必须在通知中规定上述时间，并视同在规定时间发布通知。

第一百二十五条【确认计划地位的约束性通知】

第一款　根据第二款，就本部分而言，直到：

（a）理事会发布第一百二十三条提及的决定通知，批准第一百二十二条通知；

（b）直到根据第六章审查通知发布的期限结束后；

（c）如果审查决议通知：

（ⅰ）审查和复议；

（ⅱ）把发布的通知提交养老保障基金特别督察官进行仲裁；

（ⅲ）对养老保障基金特别督察官做出的判决或指令提出上诉；

得到最终处理和决定通知没有被取消、变更或替代时，根据第一百二十二条发布的通知才具有约束力。

第二款　当理事会根据第一百二十四条发布第一百二十二条通知时，通知：

（a）直到根据第六章审查通知发布的期限结束后；

（b）如果通知发布得到上述审查的话：

（ⅰ）审查和复议；

（ⅱ）将发布的通知提交养老保障基金特别督察官进行仲裁；

（ⅲ）对养老保障基金特别督察官做出的判决或指令提出上诉；

得到最终处理和裁决通知没有被取消、变更或替代时，根据第一百二十二条发布的通知具有约束力。

第三款　当根据第一百二十二条发布的通知具有约束力时，理事会尽可能符合实际地发布通知并连同约束力通知一起报送：

（a）养老金监管局；

（b）计划受托人或经营管理者；

（c）根据第一百二十二条发布通知的破产清算执业者或前任破产清算执业者，或在理事会根据第一百二十四条发布第一百二十二条通知时，第一百二十四条第一款提及的破产清算执业者或前任破产清算执业者；

（d）与雇主有关的破产清算执业者［该人与第（c）项提及的人员不一致］；

（e）雇主（如果没有与雇主有关的破产清算执业者）。

第四款　第三款提及的通知：

（a）必须以规定的形式发布并包含规定的信息；

（b）在通知的送交与根据第一百二十二条第二款第（b）项发布具有约束力的撤销通知相关时，必须规定理事会停止参与计划的时间（参见第一百四十九条）。

第三章　养老金保障

第一节　合格计划

第一百二十六条【合格计划】

第一款　根据本条以下条款，本部分"合格计划"指的是一项职业养老金计划，该计划：

（a）不是货币购买型计划；

（b）不是指定型计划或指定特征型计划。

第二款　如果计划在内阁大臣根据本款命令约定的日期之前正在关闭，那么该计划不是一项合格计划。

第三款　规章规定：

（a）在合格计划评审开始时（参见第一百三十二条）；

（b）在评审开始以后，计划不再是合格计划时；

根据第四款提及的条款，计划在规定情况下仍被视为合格计划看待。

第四款　上述条款为：

（a）本部分的所有条款；

（b）本法其他条款，其"合格计划"含义与本条给出的含义相同。

第五款　规章也可以规定，在没有本款的情况下作为一项合格的计划，在规定的情况下则不是合格计划。

第二节　理事会为合格计划承担责任的情形

第一百二十七条【在下面破产事件发生时，理事会为计划承担的责任】

第一款　在与合格计划雇主有关的合格破产事件已经发生时，本条适用。

第二款　理事会根据本章必须为计划承担责任，前提是如果：

（a）计划资产在相关时间的价值小于相关时间受保障负债的价值（参见第一百三十一条和第一百四十三条）；

（b）在相关时间之后，根据第一百二十二条第二款第（a）项发布计划经营失败通知且发布的通知具有约束力时；

（c）在下列时间撤销通知已经发布时，与计划有关的撤销事件没有发生：

（ⅰ）开始于合格破产事件发生时；

（ⅱ）结束于根据第一百二十二条第二款第（a）项发布计划经营失败通知以前；

与上述时间发布的撤销通知有关的撤销事件不可能发生（参见第一百四十九条）。

第三款　就本条而言，与合格计划雇主有关的破产事件（"当前事件"）是合格的破产事件，前提条件是：

（a）合格破产事件在第一百二十六条第二款约定的日期或约定日期之后发生；

（b）合格破产事件：

（ⅰ）是在约定的日期或约定日期之后发生的雇主首次破产事件；

（ⅱ）在当前事件发生以前的计划评审期间（参见第一百三十二条）没有发生。

第四款　就本条而言：

（a）第二款第（a）项提及的计划资产指的是，在扣除按计划规则确定的货币购买型养老金待遇权益价值代表的资产之后的计划资产；

（b）"相关时间"指的是在合格破产事件发生以前的时间。

第五款　本条以第一百四十六条和第一百四十七条（理事会拒绝为计划承担责任的情况）为准。

第一百二十八条【理事会根据提出申请或发布通知，为计划承担的责任】

第一款　本条在下列情况下适用：

（a）合格计划受托人或经营管理者根据第一百二十九条第一款提出申请（"第一百二十九条申请"）；

（b）从理事会接到第一百二十九条第五款第（a）项提及的下发通知（"第一百二十九条提及的通知书"）。

第二款　理事会根据本章必须为计划承担责任，前提是如果：

（a）计划资产在相关时间的价值小于相关时间受保障负债的价值（参见第一百三十一条和第一百四十三条）；

（b）在相关时间之后，理事会根据第一百三十条第二款发布计划经营失败通知且通知具有约束力时；

（c）在下列时间撤销通知已经发布时，与计划有关的撤销事件没有发生：

（ⅰ）开始于根据第一百二十九条提出申请或接到第一百二十九条提及的通知（情况有可能的话）；

（ⅱ）结束于根据第一百三十条第二款发布计划经营失败通知之时；

与上述时间发布的撤销通知有关的撤销事件不可能发生（参见第一百四十九条）。

第三款　在第二款中，

（a）在第（a）项提及的计划资产指的是在扣除计划规则确定的货币购买型养老金待遇权益价值代表的资产之后的计划资产；

（b）"相关时间"指的是在提出第一百二十九条申请或接到第一百二

十九条提及的通知以前的时间。

第四款　如果在提出申请或发布通知以前的计划评审期间（参见第一百三十二条）提出第一百二十九条第一款提及的申请或发布第一百二十九条第五款第（a）项提及的通知，根据第一款对第一百二十九条第一款提及的申请或第一百二十九条第五款第（a）项提及的通知不予考虑。

第五款　本条以第一百四十六条和第一百四十七条（理事会必须拒绝为计划承担责任的情况）为准。

第一百二十九条【根据第一百二十八条提出申请和发布通知】

第一款　当计划受托人或经营管理者知道：

（a）与计划有关的雇主不可能继续作为业务经营良好的企业存在时；

（b）与雇主有关的法定要求得到满足时；

他们必须根据第一百二十八条向理事会提出申请，要求理事会为计划承担责任。

第二款　当理事会收到第一款提及的申请时，它必须将申请副本送交：

（a）养老金监管局；

（b）雇主。

第三款　第一款提及的申请必须：

（a）以规定的形式提出并包含法定的信息；

（b）在规定的期限内提出。

第四款　当监管局知道：

（a）与合格计划有关的雇主不可能继续作为业务经营良好的企业存在时；

（b）第一款第（b）项提及的法定要求得到满足时；

他们必须向理事会发送通知。

第五款　当理事会接到第四款提及的通知时，它必须：

（a）向计划受托人或经营管理者发布类似的通知；

（b）向雇主发送上述通知的副本。

第六款　如果合格计划受托人或经营管理者收到第五款提及的通知，并知道在第一款提及的责任，第一款提及的责任不适用。

第七款　当监管局通过合格计划受托人或经营管理者根据第二款向其提出的申请副本，知道在第四款提及的责任时，第四款提及的责任不适用。

第八款　规章要求本条提及的通知以法定的形式发布并包含法定的信息。

第一百三十条【理事会在根据第一百二十九条接到申请或通知时承担的责任】

第一款　在下列情况下本条适用：

（a）理事会收到第一百二十九条第一款提及的申请，确信与申请有关的第一百二十九条第一款第（a）项和第（b）项得到满足；

（b）根据第一百二十九条第四款，养老金监管局向理事会发出通知。

第二款　如果理事会能够确认不可能实施计划救援，它必须尽可能符合实际地发布相关内容的通知（"计划经营失败通知"）。

第三款　如果理事会能够确认计划救援已经发生，它必须尽可能符合实际地发布相关内容的通知（"撤销通知"）。

第四款　理事会必须如实地将根据第二款或第三款发布的通知送达：

（a）养老金监管局；

（b）计划受托人或经营管理者；

（c）雇主。

第五款　就本条而言，

（a）有且仅有在理事会根据本项能够确认法定事项的条件下，它才能够确认与职业养老金计划有关的计划救援已经发生；

（b）有且仅有在理事会能够根据本小节确认法定事项的条件下，它才能够确认与职业养老金计划有关的计划救援不可能实施。

第六款　就本部分而言，

（a）直到根据第六章通知发布的审查期限结束时；

（b）如果对通知发布进行审查的话：

（ⅰ）审查和复议；

（ⅱ）将通知发布提交养老保障基金特别督察官进行仲裁；

（ⅲ）对养老保障基金特别督察官做出的判决或指令提出上诉；

得到最终处理和决定通知没有被取消、变更或替代时，根据第二款或第三款发布的通知才具有约束力。

第七款　当根据第二款或第三款发布的通知具有约束力时，理事会必须如实地把相关内容的通知和具有约束力的通知一并向下列人员或机构发送：

（a）养老金监管局；

（b）计划受托人或经营管理者；

（c）雇主。

第八款　本条提及的通知必须以法定的形式发布和包含法定的内容。

第九款　根据第七款的规定，发布与第三款提及的撤销通知有关的通知具有约束力，必须规定理事会不再参与计划的时间（参见第一百四十九条）。

第一百三十一条【受保障负债】

第一款　就本章而言，在特定时间（"相关时间"），与合格计划有关的受保障负债为：

（a）如果理事会根据本章为计划承担责任，计划参保人待遇保障成本金额等于养老金补偿条款（参见第一百六十二条）确定的应付补偿金额；

（b）不属于参保人负债的计划负债；

（c）关闭计划的估计成本。

第二款　就确定第一款第（a）项提及的待遇保障成本而言，第一百四十条到第一百四十二条和附录七（养老金补偿条款）提及的评审日期，应理解为相关时间之后的日期。

第三节　计划在评审期间受到的限制

第一百三十二条【评审期间】

第一款　在本部分中，可以根据本条对"评审期间"进行解释。

第二款　当与合格计划有关的合格破产事件发生与雇主有关时，评审期间：

（a）开始于上述合格破产事件发生时；

（b）在：

（ⅰ）理事会停止参与计划时结束（参见第一百四十九条）；

（ⅱ）计划受托人或经营管理者收到第一百六十条提及的移交通知时结束；

（ⅲ）第一百五十四条第二款（没有进行计划救援，但资产足以支付受保障债务）提及的计划相关条件得到满足时结束；

以上述三类事件最先发生的事件为准。

第三款　在第二款中，"合格破产事件"的含义由第一百二十七条第三款给出。

第四款　就合格计划而言，当根据第一百二十九条第一款提出申请或根据第一百二十九条第五款第（a）项收到通知时，评审期间：

（a）在提出申请或收到通知时开始：

（b）在：

（ⅰ）理事会停止参与计划时结束（参见第一百四十九条）；

（ⅱ）计划受托人或经营管理者收到第一百六十条提及的移交通知时结束；

（ⅲ）与计划有关的第一百五十四条第二款（没有进行计划救援但资产足以支付受保障债务）提及的条件得到满足时结束；

以上述三类事件最先发生的事件为准。

第五款　就第四款而言，如果在提出申请或发布通知以前开始的计划评审期间提出申请或发布通知，不予考虑根据第一百二十九条第一款提出的申请或根据第一百二十九条第五款第（a）项发布的通知。

第六款　本条以第一百五十九条（当根据第一百五十四条必须关闭计划或继续关闭计划时，要求在某种情形下开始下一个评审期间）为准。

第一百三十三条【新参保人的加入许可和缴费支付等】

第一款　本条适用于合格计划的评审期间。

第二款　在评审计划不得接纳各类新参保人员。

第三款　除规定情况和规定的条件以外，不得在评审向计划进行缴费（在评审开始之前的应付缴费除外）。

第四款　评审向计划支付缴费的义务［包括《1995年养老金法》（第二十六章）第四十九条第八款要求支付等于缴费额的扣除额］，可以理解为以第三款和第一百五十条（评审结束后支付缴费的义务）为准。

第五款　评审期间不会产生计划规则确定的计划参保人应计待遇。

第六款　第五款不会禁止计划规则或其他成文法确定的待遇增长。

本款以第一百三十八条（该条限制评审期间的应付计划待遇）为准。

第七款　就货币购买型待遇来源于参保人或与参保人有关人员投资产生的收入或资本收益而言，第五款不会禁止货币购买型待遇的增长幅度。

第八款　当某人有资格获取来源于计划共享权益的抵免型养老金时，

本条规定不会阻止计划受托人或经营管理者以赋予该人享有计划适宜权益的方式，履行有关《1999 年福利改革和养老金法》（第三十章）第四部分第一章（在养老金制度下权益共享）提及的抵免型养老金的责任。

第九款　在第八款中，

"适宜权益"的含义与《1999 年福利改革和养老金法》（第三十章）附录五第五条（抵免型养老金：支付模式）提及的含义相同；

"共享权益"的含义与《1999 年福利改革和养老金法》（第三十章）第四部分第一章（养老金制度下权益共享）提及的含义相同。

第十款　违背本条的行为无效。

第十一款　在不考虑第十款的情况下，《1995 年养老金法》第十条（民事罚款）适用于那些未采取所有合理措施，以确保遵守本条规定的计划受托人或经营管理者。

第一百三十四条【指令】

第一款　本条适用于合格计划的评审期间。

第二款　就确保计划受保障负债不超过资产或超过资产额保持在最低限度内（如超过资产）而言，理事会可以向计划相关人员发布指令，要求相关人员在评审期间行使下面有关的权力：

（a）投资计划资产；

（b）承担支出；

（c）实施法定程序的调查或管理；

（d）其他规定的事项。

第三款　在第二款中，

（a）与计划相关的"相关人员"指的是：

（i）计划受托人或经营管理者；

（ii）与计划有关的雇主；

（iii）其他人员；

（b）"计划资产"指的是计划资产在扣除计划规则确定的货币购买型待遇权益价值之后的资产。

第四款　理事会可以取消或变更本条提及的所有命令。

第五款　当计划受托人或经营管理者收到本条提及的指令没有履行时，《1995 年养老金法》第十条（民事罚款）适用于那些没有采取所有合理措施，以确保履行指令的计划受托人或经营管理者。

第六款　上述第十条也适用于在无正当理由情况下未履行本条提及指令的其他人员。

第一百三十五条【对计划关闭和债务清偿等的限制】

第一款　本条适用于合格计划的评审期间。

第二款　根据第三款，不应在评审期间开始关闭计划。

第三款　根据《1995 年养老金法》第十一条第三 A 款（监管局有权关闭职业养老金计划，以保护养老保障基金不受损失）颁布关闭计划的命令（以及第一百二十九条为提前实施计划关闭制定条款），第二款不适用于计划的关闭情况。

第四款　除规定的情况和条件外，在评审期间：

（a）不能在计划里移交或转移支付计划规则确定的参保人权益；

（b）不能采取其他措施，履行计划参保人（或与参保人有关）相关的计划负债，计划负债为：

（i）养老金或其他待遇；

（ii）其他负债。

第五款　第四款：

（a）以第一百三十八条为准；

（b）无论计划在评审以前正在关闭，还是根据第三款提及的开始关闭计划，第四款均适用。

第六款　当评审开始时，第七款适用于下列情况：

（a）参保人应计养老金的工作年限结束；

（b）参保人成为《1993 年养老金计划法》第四部分第五章适用的人员（提前退休者：现金转移支付总额和缴费返还）；

就确定参保人是否符合第（a）项或第（b）项规定的情形而言，不予考虑第一百五十条第五款（在某种情况下待遇的回溯性增长）。

第七款　当本款适用时：

（a）不可以在评审期间行使第五章授予的任何权利或权力；

（b）不可以在评审期间履行第五章规定的义务。

第八款　当某人有资格获取来源于另一人的共享权益〔与《1999 年福利改革和养老金法》（第三十章）第四部分第一章给出的含义相同（养老金制度下共享权益）〕的抵免型养老金时，第四款不会禁止计划受托人或经营管理者根据第一章履行与抵免型养老金有关的负债。

第九款　实施违反本条的行为无效，理事会证实该行为有效的情况除外（参见第一百三十六条）。

第十款　在不考虑第九款情况下，当出现违反本条的行为时，《1995年养老金法》第十条（民事处罚）适用于那些没有采取所有合理措施以确保遵守本条规定的计划受托人或经营管理者。

第十一款　在评审期间监管局不可颁布计划冻结命令（参见第二十三条）。

第一百三十六条【确认违反第一百三十五条的权力】

第一款　只要理事会确信其对违反行为的确认与确保计划受保障负债不超过计划资产或（超过时）把超出额保持在最低水平的目标相一致时，它可以根据第一百三十五条第九款确认违反行为。

第二款　出于上述目的，当理事会决定确认或不予确认受托人或经营管理者行为时，必须发布类似内容的通知并将通知副本报送：

（a）监管局；

（b）计划受托人或经营管理者；

（c）与雇主有关的破产清算执业者或雇主（如没有破产清算执业者时）；

（d）理事会认为直接受到其决定影响的其他人员。

第三款　第二款提及的通知必须包含对理事会做出决定的原因进行说明。

第四款　行为的确认：

（a）直到：

（ⅰ）理事会根据第二款发布与决定有关的通知时；

（ⅱ）根据第六章检查上述通知发布的期限结束时；

（b）如果检查通知的发布，直到：

（ⅰ）检查和复议；

（ⅱ）向养老保障基金特别督察官提交与通知发布有关的仲裁；

（ⅲ）对督察官的判决或指令提起上诉；

得到最终处理时生效。

第五款　第一款提及的"计划资产"指的是，在扣除代表计划规则确定的货币购买型待遇权益价值后的计划资产。

第一百三十七条【作为雇主债权人的理事会】

第一款　第二款在资格计划评审期间适用。

第二款　在评审期间，与雇主应欠债务（包括或有债务在内）有关的计划受托人或经营管理者的权利和权力，无论根据《1995 年养老金法》（第二十六章）第七十五条（计划资产不足），还是其他法律，可由理事会而不是由受托人或经营管理者行使。

第三款　根据第二款在向理事会支付债务款项时，理事会必须向计划受托人或经营管理者支付其收到的金额。

第一百三十八条【计划待遇的支付】

第一款　第二款和第三款在合格计划评审期间适用。

第二款　在评审期间计划规则确定的应付参保人待遇必须削减到一定水平，以确保应付待遇不会超过根据本章确定的应付参保人补偿金额，前提条件是：

（a）理事会根据本章为计划承担责任；

（b）附录七提及的评审日期为评审期间开始的日期。

第三款　但当在评审开始时：

（a）参保人应计养老金工作年限结束；

（b）参保人成为《1993 年养老金计划法》（第四十八章）第四部分第五章（提前退休者：现金转移支付总额和缴费返还）适用的人员时；

在计划评审期间参保人没有应付待遇。

第四款　就确定参保人是否符合第三款第（a）项或第（b）项规定而言，不予考虑第一百五十条第五款（在某种情况下回溯性应付待遇）。

第五款　根据第二款的规定，第三款不会在评审期间禁止支付（直接或间接）来源于抵免型养老金的待遇。

第六款　当计划在评审期间即将关闭时，根据第二款和第三款要求的待遇削减，评审期间按计划规则确定的参保人应付待遇，为假设计划没有关闭时应付待遇金额。

第七款　第二款、第三款和第六款以第一百五十条第一款到第一百五十条第三款和第一百五十四条第十三款（当因理事会不为计划承担责任而评审期结束时，要求调整评审期间应付待遇）为准。

第八款　就第二款或第三款而言，计划受托人或经营管理者可以采取他们认为适当的措施（这些措施包括根据计划规则调整未来待遇支付额），追偿超额支付或支付短缺额。

第九款　《1995 年养老金法》（第二十六章）第十条（民事罚款）适用于那些没有采取所有合理措施以确保遵守第二款或第三款的计划受托人或经营管理者。

第十款　在资格计划评审期间，规章可以规定：

（a）在规定的情况下，不会启用第二款削减应付参保人待遇。

（b）在规定的情况、条款和条件下，由于参保人在正常养老金领取年龄后继续工作，在全部或部分评审期间延期开始领取参保人的养老金、一次性支付总额或其他待遇。

第十一款　就第十款而言：

（a）"正常养老金领取年龄"与合格计划、根据正常养老金领取年龄确定的养老金和其他待遇有关，指的是计划规则确定的年龄，养老金或其他待遇应付金额不做精算调整（因疾病原因提前领取待遇的计划规则未考虑在内）的最早年龄；

（b）当不同部分的养老金或其他待遇确定不同的年龄时；

（ⅰ）在把各个部分视为独立的养老金或其他待遇（情况允许）时，第十款生效；

（ⅱ）第十款提及的正常养老金领取年龄与养老金或其他待遇的一部分有关，可以理解为计划规则确定的领取上述部分养老金或其他待遇的最早年龄。

第十二款　规章规定在法定情形下：

（a）计划参保人在评审开始时去世；

（b）个人在评审期间根据计划规则有资格获取法定内容的参保人待遇时；

根据第二款，待遇或部分待遇在评审开始以前视为应付到期待遇。

第十三款　第二款或第三款不适用于货币购买型待遇。

第一百三十九条【用于支付计划待遇的贷款】

第一款　当第一百三十八条第二款适用于合格计划时，第二款适用。

第二款　当理事会确信计划受托人或经营管理者不能按照计划规则（根据第一百三十八条第二款削减待遇）支付应付待遇时，理事会可以根据计划受托人或经营管理者提出的申请，向他们贷出其认为适宜金额的贷款，以便他们能够支付参保人的待遇。

第三款　当计划受托人或经营管理者根据第二款借入的贷款在下列时间内没有偿还：

（a）在理事会停止参与计划时；

（b）如果更早的话，

（ⅰ）根据《1995 年养老金法》（第二十六章）第十一条第三 A 款颁布命令关闭计划关闭的评审期间；

（ⅱ）如评审期间没有颁布命令，在因第一百五十四条第二款或第一百五十四条第五款提及的条件得到满足而评审结束时；

计划受托人或经营管理者在上述时间内向理事会支付贷款本金和适当利息。

第四款　在第三款第（b）项第（ⅰ）小节提及的时间之后不能根据第二款进行贷款。

第五款　第二款提及的"待遇"不包括货币购买型待遇。

第六款　在第三款中，第二款提及的贷款"合适的利息"指的是在贷款偿还以前的规定利息水平。

第七款　根据本条，理事会可以以它认为适宜的条款借入第二款提及的贷款。

第四节　疾病养老金

第一百四十条【可审查的疾病养老金】

第一款　本条适用于合格计划的评审期间。

第二款　理事会可以评价可审查的参保人疾病养老金，前提条件是：

（a）在不考虑第一百四十一条的情况下，如理事会为计划承担责任，参保人有资格根据附录七第三小节获取与养老金有关的补偿；

（b）参保人在评审日期以前没有达到与养老金相关的正常养老金领取年龄；

（c）养老金多少取决于参保人应计养老金的工作年限。

第三款　根据在以下时间做出的裁决（"裁决"），如果参保人有资格获取养老金，根据第二款的规定，参保人疾病养老金是可以审查的：

（a）在评审日期以前的 3 年内；

（b）在开始于评审日期的规定期限结束前（以应对在评审日期以前提出的申请）。

第四款　当：

（a）在评审期以前提出申请，请求根据计划规则确定的提前领取疾病养老金的相关条款，对正常养老金领取年龄以前领取的养老金进行裁决；

（b）计划受托人或经营管理者在第三款第（b）项提及的期限结束以前没有对申请做出裁决时；

《1995 年养老金法》（第二十六章）第十条（民事罚款）适用于那些没有采取所有合理措施以确保遵守在评审期结束以前对申请做出裁决的计划受托人或经营管理者。

第五款　当：

（a）做出裁决以应对：

（ⅰ）在评审日期或评审日期之后提出的申请；

（ⅱ）在评审日期之前提出的申请，但在第三款第（b）项提及的期限结束以前，计划受托人或经营管理者没有做出裁决；

（b）在没有本款的情况下，裁决会在评审期以前生效；

在理事会为计划承担责任的情况下，就确定本章提及的应付补偿而言，把裁决视为在决定做出裁决的日期之后生效。

第六款　规章对本条提及的养老金审查和第一百四十一条提及的相应决策应遵循的程序加以规定。

第一百四十一条【审查的影响】

第一款　理事会在合格计划的评审期间对第一百四十条提及的疾病养老金进行评价时，本条适用。

第二款　当第三款规定的条件满足时，在理事会为计划承担责任的情况下，它可以决定以规定的方式和在相关日期或在修改日期之后，对应付养老金补偿额加以确定。

第三款　条件为：

（a）如果理事会为计划承担责任，本部分在评审日期确定的年度应付养老金补偿金额超过养老金名义补偿审查金额；

（b）理事会确信：

（ⅰ）在忽视与决策相关的重大事实情况下做出裁决的决策，或在误解与决策相关的重大事实的基础上做出裁决的决策；

（ⅱ）在做出决策时，参保人知道或应该知道与决策相关的上述事实；

（ⅲ）如果受托人或经营管理者知道或不会误解上述事实，他们不会决定做出裁决；

（c）理事会确信在评审日期之前但在做出上述决定之后的任意时间内，提前领取疾病养老金的许可性规则规定的适用标准没得到满足。

第四款　就第二款而言，"相关日期"指的是在评审期间计划价值评估报告开始具有约束力的日期。

第五款　根据第二款，有关养老金的决策权只有在下列时间可以行使：

（a）在理事会根据第一百四十四条初次批准计划价值评估报告之前的评审期间；

（b）在开始于评审日期或做出裁决决定的更晚日期的一个合理时间内。

第六款　根据第二款颁布的规章包括使用一定修改后的附录七的条款。

第一百四十二条【第一百四十条到第一百四十一条的释义】

第一款　就第一百四十条到第一百四十一条而言：

"许可性规则"可根据附录七进行解释；

"评审日期"指的是评审开始的日期；

与计划有关的"疾病养老金"指的是根据许可性规则制定因疾病提前领取养老金的特殊条款，参保人在养老金正常领取年龄以前有资格获取疾病养老金时，其在评审日期以前领取的养老金；

"养老金正常领取年龄"与养老金计划和根据正常养老金领取年龄确定的养老金有关，指的是许可性规则确定的年龄，养老金或其他待遇应付金额不做精算调整（不考虑许可性规则制定提前领取疾病待遇有关的特殊条款）的最早年龄；当附录七第三十四小节第二分小节和第三分小节适用于附录七时，附录七第三十四小节第二分小节和第三分小节适用于本条；

"可审查的名义补偿金额"与疾病养老金有关，指的是：

（a）与评审日期养老金有关的年度应付补偿金额，前提是理事会为计划承担责任和根据第一百四十条第二款提及的规章确定评审日期的应付补偿金额；

（b）如果在评审日期没有上述应付养老金补偿，可审查的名义补偿金额为零；

"应计养老金工作年限"可根据附录七进行解释；

"计划价值评估报告"与计划相关，指的是根据第一百四十三条在评审期限开始时计划资产和受保障负债的价值评估报告。

第二款　就第一百四十条第四款而言：

（a）第一百四十条第四款中"养老金正常领取年龄"的定义；

（b）当附录七第三十七小节第四分小节第二项和第三项适用于第一款提及的定义时；

在上述条款里如将许可性规则视为计划规则时，"养老金正常领取年龄"的定义和附录七第三十七小节第四分小节第二项和第三项有效。

第三款　如将附录七视为包含第一百四十条、第一百四十一条和本条时，附录七第三十七条第四款（根据规章解释"疾病"）适用于第一百四十条、第一百四十一条和本条。

第四款　本条理事会承担计划责任，指的是理事会根据本章在拟议的评审结束时承担计划责任。

第五节　资产和负债的评估价值

第一百四十三条【理事会有责任获取资产和受保障负债的评估价值】

第一款　本条适用于第一百二十七条第一款或第一百二十八条提及的情形。

第二款　就确定第一百二十七条第二款第（a）项提及的条件是否得到满足而言，理事会必须尽可能符合实际地在相关时间获取计划的精算价值评估报告。

第三款　就上述目的而言，规章可以规定在法定条件满足时，下面事项可视为计划资产或受保障负债：

（a）在预先核准期限内，当根据第三十八条、第四十七条或第五十五条发布缴费通知时，计划受托人或经营管理者所欠债务；

（b）根据第四十三条发布的资金援助指令，在预先核准期间实施计划资金援助（与第四十五条的含义一致）引起的义务；

（c）由于在预先核准期间发生计划资产交易行为，根据第五十二条颁布的重置命令规定的义务。

第四款　就本条而言，规章可以引起如何确定、计算和核实：

（a）合格计划资产和受保障负债；

（b）上述资产和负债的金额或价值。

第五款　当在相关时间计算合格计划资产或受保障负债的金额或价值由以下事项组成时：

（a）《1995年养老金法》（第二十六章）第七十五条（计划资产不足）提及的雇主应付受托人或经营管理者的债务（包括或有债务在内）；

（b）根据第三十八条、第四十七条或第五十五条颁布的缴费通知载明受托人或经营管理者的应付债务；

（c）根据第四十三条发布的资金援助指令，实施计划资金援助（与第四十五条的含义一致）的引起的义务；

（d）由于发生计划资产交易行为，根据第五十二条颁布的重置命令规定的义务；

第六款　提及的规章可以具体规定，必须对在预先核准期间发生的规定事件的规定方式加以考虑。

第七款　根据第四款的规定，根据理事会发布的指引对第四款第（a）项和第（b）项提及的事项进行确定、计算和核实。

第八款　就本条而言，在计算负债金额时，可以不用考虑把计划负债金额限制在计划资产金额之内的计划规则条款。

第九款　只有在理事会停止参与计划时，第二款规定的义务不再适用。

第十款　当理事会认为可能发生的事件可能会对价值评估报告提供的计划资产价值和受保障负债金额产生影响时，理事会根据第二款不要求获取精算价值评估报告。

第十一款　在提供可审查疾病养老金（符合第一百四十条的含义）的情况下，根据第二款的规定，在与上述养老金有关的第一百四十一条第五款第（b）项（当理事会在审查后可以有权决定的期间）提及的期限内，不再要求获取精算价值评估报告。

第十二款　就本条而言：

（a）与计划有关的"精算价值评估报告"指的是一份关于计划资产和受保障负债的书面价值评估报告，该报告：

（ⅰ）以法定的形式发布并包含法定的信息；

（ⅱ）由下列人员准备和签署：

①具有法定资格或丰富专业经验的人；

②内阁大臣批准的人员。

（b）与计划有关的"预先核准期限"指的是这样的期限：

（ⅰ）于相关时间之后开始；

（ⅱ）理事会在相关时间之后根据第一百四十四条初次批准计划价值评估报告时间之前结束；

（c）"相关时间"：

（ⅰ）在第一百二十七条第一款提及的情况下，其含义由第一百二十七条第四款第（b）项给出；

（ⅱ）在第一百二十八条第一款提及的情况下，其含义由第一百二十八条第三款第（b）项给出；

（d）"资产"不包括代表计划规则确定的货币购买型待遇权益价值在内的计划资产。

第一百四十四条【价值评估报告的批准】

第一款　当理事会根据第一百四十三条获取计划价值评估报告，本条适用。

第二款　当理事会确信已经根据第一百四十三条准备价值评估报告时，它必须：

（a）批准价值评估报告；

（b）将上述报告副本送交：

（ⅰ）监管局；

（ⅱ）计划受托人或经营管理者；

（ⅲ）与雇主有关的破产清算执业者或雇主（如果没有破产清算执业者时）。

第三款　当理事会对上述情况不能确信时，它必须获取第一百四十三条提及的另外一份价值评估报告。

第一百四十五条【具有约束力的价值评估报告】

第一款　就本章而言，根据第一百四十三条获取的价值评估报告直到：

（a）根据第一百四十四条得到批准时具有约束力；

（b）直到根据第六章检查上述核准发布的期限结束时具有约束力；

（c）如果对核准进行审查，直到：

（ⅰ）审查和复议；

（ⅱ）向养老保障基金特别督察官提交与核准发布有关的仲裁；

（ⅲ）对其做出的判决或指令提出上诉；

得到最终处理时才具有约束力。

第二款 就决定计划是否满足第一百二十七条第二款第（a）项或第一百二十八条第二款第（a）项提及的条件（计划资产少于受保障负债的条件）而言，具有约束力的价值评估报告是结论性报告。

本款以第一百七十二条第三款和第四款（欺诈补偿支付的处理）为准。

第三款 当根据本条发布的价值评估报告具有约束力时，理事会必须如实把类似内容的通知连同具有约束力价值评估报告副本一起送交：

（a）养老金监管局；

（b）计划受托人或经营管理者；

（c）与雇主有关的破产清算执业者或雇主（如果没有破产清算执业者时）。

第四款 第三款提及的通知，必须以规定的形式发布并包含规定的信息。

第六节 拒绝承担责任

第一四十六条【成为合格计划的计划】

第一款 规章规定，如理事会确信在整个规定的期间合格计划不是合格计划，它根据本章拒绝为计划承担责任。

第二款 第一款要求理事会拒绝为计划承担责任，它：

（a）必须发布类似内容的通知（"撤销通知"）；

（b）向下列人员或机构送发通知副本：

（ⅰ）养老金监管局；

（ⅱ）计划受托人或经营管理者；

（ⅲ）与雇主有关的破产清算执业者或雇主（如果没有破产清算执业者时）。

第三款 就本部分而言，根据本条发布的撤销通知：

（a）直到根据第六章检查上述通知发布的期限结束时，具有约束力；

（b）如果对通知的发布进行检查，直到：

（ⅰ）检查和复议；

（ⅱ）向养老保障基金特别督察官提交与通知发布有关的仲裁；

（ⅲ）对其做出的判决或指令提出上诉；

得到最终处理和决定通知没有被取消、变更或替代时，具有约束力。

第四款　当根据本条发布的撤销通知具有约束力时，理事会必须如实地把类似内容的通知连同具有约束力通知的副本一起送交：

（a）养老金监管局；

（b）计划受托人或经营管理者；

（c）与雇主有关的破产清算执业者或雇主（如果没有破产清算执业者时）。

第五款　本条提及的通知，必须以规定的形式发布和包含规定的信息。

第六款　根据第四款发布的通知，确定理事会停止参与计划的时间（参见第一百四十九条）。

第一百四十七条【建立新计划，替代现有计划】

第一款　当理事会确信以下情况时，它必须拒绝为计划（"新计划"）承担责任：

（a）在规定的期限内建立新计划；

（b）在新计划建立之时，与新计划有关的雇主同时也是与新计划建立以前的计划（"原计划"）有关的雇主；

（c）原有计划参保人权益已向新计划进行移交或转移支付；

（d）建立新计划和移交或转移支付的主要目的或主要目的之一，是让参保人能够根据新计划权益得到养老金补偿条款规定的补偿；在新计划没有移交或转移支付情况下，第一百四十六条提及的规章已经启用，禁止支付原有计划的权益。

第二款　第一款要求理事会拒绝为计划承担责任，它：

（a）必须发布一个类似内容的通知（"撤销通知"）；

（b）向下列人员或机构送发通知副本：

（ⅰ）养老金监管局；

（ⅱ）计划受托人或经营管理者；

（ⅲ）与雇主有关的破产清算执业者或雇主（如果没有破产清算执业

者时)。

第三款　就本部分而言,根据本条发布的撤销通知:

(a) 直到根据第六章审查上述通知发布的期限结束时具有约束力;

(b) 如果对通知的发布进行审查,直到:

(ⅰ) 审查和复议;

(ⅱ) 向养老保障基金特别督察官提交与通知发布有关的仲裁;

(ⅲ) 对其做出的判决或指令提出上诉;

得到最终处理和决定通知没有被取消、变更或替代时具有约束力。

第四款　当根据本条发布的撤销通知具有约束力时,理事会必须尽可能符合实际地把类似内容的通知连同具有约束力通知的副本一起送交:

(a) 养老金监管局;

(b) 计划受托人或经营管理者;

(c) 与雇主有关的破产清算执业者或雇主(如果没有破产清算执业者时)。

第五款　本条提及的通知必须以规定的形式发布和包含规定的信息。

第六款　根据第四款发布的通知,规定理事会停止参与计划的时间(参见第一百四十九条)。

第一百四十八条【在第一百二十二条第四款通知发布之后的撤销行为】

第一款　本条适用于下列情形:

(a) 发布第一百二十二条第四款(不能确定计划的状况)提及的合格计划通知且发布的通知具有约束力;

(b) 与在下列期间发布的撤销通知有关的计划撤销事件没有发生:

(ⅰ) 开始于与雇主有关的最近破产事件发生时;

(ⅱ) 结束于第一百二十二条第四款提及的通知具有约束力以前;

与上述期间发布撤销通知有关的撤销事件不可能发生(参见第一百四十九条)。

第二款　理事会决定:

(a) 在第一百二十二条第四款通知发布后,与雇主有关的破产事件是否已经发生;

(b) 破产事件是否有可能在本条适用日期后 6 个月期限结束后发生。

第三款　如果理事会根据第二款确定该款提及的破产事件没有发生或

不可能发生，它必须发布一项相关内容的通知（"撤销通知"）。

第四款　当：

（a）第三款提及的撤销通知没有在第二款第（b）项提及的期限结束后发布时；

（b）在上述期间与雇主有关的另外破产事件没有发生时；

理事会必须发布一项相关内容的通知（"撤销通知"）。

第五款　当理事会必须根据本条发布撤销通知时，它必须向下列机构或人员送发通知副本：

（a）监管局；

（b）计划受托人或经营管理者；

（c）雇主。

第六款　就本部分而言，根据发布的通知直到：

（a）根据第六章审查通知发布的期限到期后才具有约束力；

（b）如果对通知发布进行审查：

（ⅰ）审查和复议；

（ⅱ）向养老保障基金特别督察官提交与通知发布有关的仲裁；

（ⅲ）对其做出的判决或指令提出上诉；

得到最终处理和决定通知没有被取消、变更或替代时具有约束力。

第七款　当根据本条发布的撤销通知具有约束力时，理事会必须如实发布相关内容的通知，并把它与具有约束力的通知副本一起送交：

（a）养老金监管局；

（b）计划受托人或经营管理者；

（c）雇主。

第八款　本条提及的通知，必须以规定的形式发布和包含规定的信息。

第九款　根据第七款发布的通知，必须规定理事会停止参与计划的时间（参见第一百四十九条）。

第七节　停止参与计划

第一百四十九条【理事会停止参与合格计划的情形】

第一款　当合格计划的评审开始时，根据本部分的规定，当首次撤销事件在评审开始后发生时，理事会停止参与计划。

第二款 下面情形为与计划有关的撤销事件：

（a）根据第一百二十二条第二款第（b）项（计划救援已经发生）发布的撤销通知具有约束力；

（b）根据第一百三十条第三款（计划救援已经发生）发布的撤销通知具有约束力；

（c）根据第一百四十六条或第一百四十七条（拒绝承担责任）发布的撤销通知具有约束力；

（d）根据第一百四十八条（破产事件没有发生或不可能发生）发布的撤销通知具有约束力；

并对本章有关"撤销事件"进行相应解释。

第三款 在发布第二款提及的计划撤销通知具有约束力并且：

（a）在过渡期间发生与雇主有关的破产事件时，第四款适用；如果第四款不适用，仅仅是因为第四款第（b）项第（ⅱ）小节提及的条件没有得到满足，事件不是与第一百二十七条第三款给出含义相一致的合格破产事件；

（b）在过渡期间提出第一百二十九条提及的申请或发布第一百二十九条第五款第（a）项提及的通知时，第四款适用；如果第四款不适用，根据以下条款，对申请或通知不予考虑：

（ⅰ）与第一百二十八条第四款有关的第一百二十八条第一款；

（ⅱ）与第一百三十二条第五款有关的第一百三十二条第四款。

第四款 在这种情况下，根据第一款和第二款把撤销通知具有约束力的时间看作是：

（a）在符合第三款第（a）项规定的情况下，破产事件发生以前的时间；

（b）在符合第三款第（b）项规定的情况下，提出第一百二十九条第一款提及的申请或发布第一百二十九条第五款第（a）项提及的通知（情况允许的话）以前的时间。

第五款 就第三款而言，与计划有关的"过渡期间"指的是，开始于发布计划撤销通知并结束于通知具有约束力的这一段时间。

第六款 就本章而言：

（a）在对下列情形审查结束后，与在特定期间（"特定期间"）发布撤销通知有关的撤销事件才有可能发生：

（ⅰ）在特定期间发布与计划有关的撤销通知；

（ⅱ）没有在特定期间发布与计划有关的撤销通知；

（ⅲ）理事会根据第二章或本章已经发布的通知与特定期间发布与计划有关的撤销通知有关，或与特定期间撤销通知具有约束力有关；

（ⅳ）没有发布第（ⅲ）小节提及的通知。

（b）在下列情形下，把发布通知或没有发布通知看作是可审查的：

（ⅰ）根据第六章审查通知发布的期间，

（ⅱ）如果审查通知的发布，直到：

①审查和复议；

②向养老保障基金特别督察官提交与事项有关的仲裁；

③对其做出的判决或指令提出上诉；

得到最终处理时具有约束力。

第一百五十条【理事会停止参与计划的影响】

第一款　当：

（a）评审期因理事会停止参与合格计划而结束时；

（b）根据第一百三十八条（根据养老金补偿条款待遇的规定），在评审期间没有支付计划规则确定的应付参保人（或与参保人有关的人员）待遇；

上述应付参保人或某人（情况允许时）待遇金额在评审结束时到期。

第二款　当关闭计划在评审结束前开始〔无论是根据第二百一十九条（追溯关闭合格计划），还是其他条款〕时，根据计划规则，第一款第（b）项提及的参保人或与参保人有关的人员的应计待遇，指的是考虑到《1995 年养老金法》第七十三条到第七十三 B 条（与某些计划关闭有关的条款）要求削减待遇之后的应计金额。

第三款　当：

（a）评审期间因理事会停止参与合格计划而结束时；

（b）在评审期间应付参保人或与参保人有关的人员的待遇，在没有第一百三十八条第六款（在评审期间支付待遇时不用考虑关闭计划的要求）的情况下，根据计划规则超过应付金额时；

计划受托人或经营管理者在评审期末采取他们认为适当的措施（包括根据计划规则调整未来待遇），追偿向某人超额支付的金额。

第四款　从第一款到第三款对《1995 年养老金法》（第二十六章）

第七十三 A 条第二款第（b）项（调整应付待遇，反映负债符合计划关闭的要求）的效力没有影响。

第五款　规章可以规定在规定的情形下，在符合第一款第（a）项的情况下（除第一百三十三条第五款规定外），参保人在就业期间有资格获取计划规则确定的应计待遇。

第六款　第五款提及的规章可以为以下方面具体制定条款：

（a）参保人不能获得待遇，除非参保人或参保人代表在规定期限内向计划缴费；

（b）在评审期间如不是第一百三十三条的规定，雇主或雇主代表（仅仅代表雇员）应付计划缴费到期；

（c）要求在评审期间或部分评审期间接受第（a）项或第（b）项提及的缴费；

（d）当《1999 年福利改革和养老金法》（第三十章）第三十一条（某人的共享权益取决于养老金负债时，削减待遇）适用于第五款提及的规章要求的计划应计待遇情形时，修改第三十一条。

第八节　复议

第一百五十一条【复议申请】

第一款　在本条第二款或第三款适用于合格养老金计划时，计划受托人或经营管理者可以根据本条向理事会提出申请，按本章规定请求理事会为计划承担责任。

第二款　本款在以下情形适用：

（a）根据第一百二十二条第二款第（a）项已经发布与计划有关的一份计划经营失败通知，且该通知已具约束力和受托人或经营管理者已经接到第一百二十五条第三款提及并具有约束力的通知副本；

（b）理事会根据第一百四十三条获取的计划价值评估报告已经具有约束力；

（c）理事会根据第一百二十七条必须为计划承担责任，除非该条第二款第（a）项规定的条件得不到满足。

第三款　本条在以下情形适用：

（a）理事会发布第一百三十条第二款提及的计划经营失败通知且该通知已具约束力，受托人或经营管理者已经接到第一百三十条第七款提及并具有约束力的通知副本；

（b）理事会根据第一百四十三条获取的计划价值评估报告已经具有约束力；

（c）理事会根据第一百二十八条必须为计划承担责任，除非该条第二款第（a）项规定的条件得不到满足。

第四款　按本条提出的申请必须以规定的形式、涵盖规定的信息并且附带以下文件：

（a）按规定形式呈报的一份享受保障待遇的估值清单；

（b）计划从以下时间出具审计报告：

（ⅰ）根据规章确定日期开始；

（ⅱ）到提出申请日以前规定期限内的某一天结束；

第五款　根据本条的规定，必须在审批期限内提出申请。

第六款　本条中"批准期限"含义为规定的期限，

（a）在第二款适用时，"批准期限"指的是开始于下面两个日期的较晚的一个日期：

（ⅰ）受托人或经营管理者收到第二款第（a）项提及并具有约束力的通知副本之日；

（ⅱ）受托人或经营管理者收到第二款第（b）项提及并具有约束力的价值评估报告副本之日。

（b）在第三款适用时，"批准期限"指的是开始于下面两个日期较晚的一个日期：

（ⅰ）受托人或经营管理者收到第二款第（a）项提及并具有约束力的通知副本之日；

（ⅱ）在受托人或经营管理者收到第二款第（b）项提及并具有约束力的价值评估报告副本之日。

第七款　在理事会按照本条第一款收到申请时，它必须向监管局递交一份申请副本。

第八款　根据本条之规定：

"计划财务审计报告"与计划有关，指的是：

（a）根据本条第九款到第十一款，受托人或经营管理者获取的计划财务报告（"计划财务报告"）由审计机构准备和出具；

（b）由审计机构出具的报告具有规定的形式，其内容涉及与计划财务有关的要求是否得到满足；

与计划有关的"审计机构"与《1995 年养老金法》第四十七条给出的含义相同。

"受保障待遇的估值清单"与计划有关，指的是一个或多个保险人提供一只或多只年金的价值清单；作为公司的保险人，愿意接受计划受托人或经营管理者与参保人有关的支付款项，并从复议期开始，向计划参保人提供下列权益或待遇：

（a）如果理事会根据本条为计划承担责任，等于养老金补偿条款规定的补偿金额的参保人待遇；

（b）确保根据计划规则（货币购买型待遇资格或权益除外）确定的参保人权益或应计权益［包括符合《1995 年养老金法》（第二十六章）第一百二十四条第一款含义的抵免型养老金权益］，以较低的成本获取；

"复议时间"与本条提及的申请有关，指的是本条第四款第（b）项提及并与计划财务审计报告有关的期限结束日之前的一段时间。

第九款　如果计划财务报告根据本条第十款和第十一款：

（a）包括复议期间提供的计划资产报告（根据计划规则，代表货币购买型待遇有关的权益价值的资产排除在外）；

（b）按其他法定要求准备；

那么应根据本条准备计划财务报告。

第十款　按第十一款之规定，当第一百四十三条第四款提及的规章（而不是根据本条第五款制定的规章）和第一百四十三条第六款提及的指引，适用于第一百四十三条提及的价值评估报告时，它们适用于计划财务报告。

第十一款　就计划财务报告而言，在评审期间获取符合规定内容的资产时，规章可以要求以规定的方式确定复议期间资产的价值。

第十二款　就本条而言：

（a）规章可以对如何确定、计算和确认与第八款"受保障待遇价格清单"定义中第（a）项提及的待遇的保险成本做出规定；

（b）按本款第（a）项制定的相关条款，将根据理事会发布的指引确定、计算和确认待遇获取的成本。

第十三款　当计划正在关闭时，就确定第八款"受保障待遇价格清单"定义中第（b）项提及的待遇而言，不予考虑计划关闭的情形。

第一百五十二条【承担复议引起责任的义务】

第一款 本条在根据第一百五十一条提出计划复议申请时适用。

第二款 如果理事会确信在复议期间计划资产价值低于以下三种价值的总和时，根据本章它必须为计划承担责任：

（a）附在复议申请之后的受保障养老金待遇估值清单的报价金额；

（b）在复议期间并不是或不属于计划参保人的负债金额；

（c）复议期间关闭计划的估计成本额。

第三款 当理事会根据第二款颁布决定时，它必须发布决定通知并将通知副本送往：

（a）计划受托人或经营管理者；

（b）养老金监管局。

第四款 在第三款中，"决定通知"指的是以规定形式发布和包括与决定有关的信息的通知。

第五款 但当理事会确信第二款提及的事项时，直到根据第三款发布的决定通知具有约束力时，理事会根据第二款才必须为计划承担责任。

第六款 就第五款而言，决定通知直到：

（a）根据第六章审查上述通知发布的期限结束时，具有约束力；

（b）如果对通知的发布进行审查，直到：

（ⅰ）审查和复议；

（ⅱ）向养老保障基金特别督察官提交与通知发布有关的仲裁；

（ⅲ）对其做出的判决或指令提出上诉；

得到最终处理和决定通知没有被取消、变更或替代时具有约束力。

第七款 当根据第三款发布的决定通知具有约束力时，理事会必须如实地将类似内容的通知和上述具有约束力的通知一起送交：

（a）计划受托人或经营管理者；

（b）养老金监管局。

第八款 第七款提及的通知，必须以规定的形式发布且包括规定的信息。

第九款 理事会可以：

（a）根据第二款在复议期间（符合第一百五十一条的含义）获取计划资产自我价值评估报告；

（b）根据第二款第（b）项在复议期间（符合第一百五十一条的含

义）获取计划资产自我价值评估报告：

如果理事会实施上述行为，第一百五十一条第九款第（b）项、第十款和第十一款与它们适用于计划财务报告（符合第一百五十一条的含义）时一样，适用于价值评估报告。

第十款　当第一百四十三条第四款提及的规章和第一百四十三条第六款提及的指引根据第一百四十三条适用于第一百三十一条第一款第（c）项提及的受保障负债时，它们根据第一百四十三条适用于第二款第（c）项提及的估计成本。

第十一款　本条提及的计划资产不包括代表计划规则确定的货币购买型待遇权益价值在内的计划资产。

第十二款　本条以第一百四十六条和第一百四十七条（拒绝为计划承担责任）为准。

第九节　关闭型计划

第一百五十三条【关闭型计划】

第一款　当第一百五十一条第二款或第一百五十一条第三款（不可能进行计划救援，但计划拥有足够的资产支付受保障负债）适用于合格计划时，本条适用。

第二款　如果计划受托人或经营管理者不能获取全盘收购报价，他们必须在授权的期限内向理事会申请继续作为一个关闭计划存在。

第三款　就确定计划受托人或经营管理者是否根据第二款提出申请而言，必须采取所有合理措施，获取与计划有关的全盘收购报价。

第四款　第二款提及的申请必须：

（a）以规定的形式提出和包含规定的信息；

（b）附有规定形式的证据，以显示计划受托人或经营管理者已经履行第三款提及的义务的同时却没能获取全盘收购报价。

第五款　当理事会收到第二款提及的申请时，如理事会确信受托人或经营管理者履行第二款提及的义务的同时却没能获取全盘收购报价，必须批准计划继续作为一个关闭计划存在。

第六款　当理事会根据本条对与计划有关的申请进行裁决时，它必须发布裁决通知，并把该通知副本送交：

（a）计划受托人或经营管理者；

（b）养老金监管局。

第七款 在本条中，

"授权期限"的含义与第一百五十一条的含义一致；

"决定通知"指的是以规定的形式发布并包含与决定有关的规定信息的通知；

"全盘收购报价"与计划有关，指的是一个或多个保险人提供的一个或多个报价（保险公司愿意从计划受托人或经营管理者那里获取与参保人有关的款项支付）；从相关日期起，保险人根据计划规则确定的参保人应得金额或应计权益（包括抵免型养老金权益，不包括货币购买型待遇应得金额或权益），向计划参保人提供待遇。

"抵免型养老金权益"的含义与《1995 年养老金法》（第二十六章）第一百二十四条第一款给出的含义一致；

"相关日期"指的是在批准期限内某一日期。

第八款 如果计划受托人或经营管理者没有遵守第二款或第三款，《1995 年养老金法》（第二十六章）第十条（民事罚款）适用于那些没有采取所有合理措施，以确保遵守上述条款的受托人或经营管理者。

第十节 计划关闭

第一百五十四条【关闭计划资产足以支付受保障负债的规定】

第一款 由于本条第二款规定的条件得到满足，当第一百三十二条第二款或第一百三十二条第四款提及的合格计划结束时，计划受托人或经营管理者必须：

（a）关闭计划；

（b）在评审（不管是根据第二百一十九条，还是其他条款）开始前关闭计划时，继续关闭计划。

第二款 条件为：

（a）第一百五十一条第二款或第三款（计划救援已不可能，但计划资产足以支付受保障负债）适用于计划时；

（b）当：

（i）计划受托人或经营管理者没有在批准期限（与第一百五十一条第六款提及的含义一致）（或申请已被撤销）内，提出第一百五十一条或第一百五十一条第二款提及的申请；

（ⅱ）如果提出申请，申请得到最终处理；

（c）如果根据第一百五十一条提出申请，理事会根据第一百五十二条第二款不必为计划承担责任。

第三款　就第二款第（b）项第（ⅱ）小节而言，

（a）到理事会根据第一百五十二条或第一百五十三条（情况允许的话）发布与申请有关的决定通知时；

（b）直到根据第六章审查通知发布的期限结束时；

（c）如果对通知发布进行审查的话，

（ⅰ）直到审查和复议；

（ⅱ）向养老保障基金特别督察官提交与通知发布有关的仲裁；

（ⅲ）对督察官的决定或指令进行上诉；

申请才能得到最终处理。

第四款　由于本条第五款规定的条件得到满足，当第一百五十九条第三款提及的合格计划评审期结束时，计划受托人或经营管理者必须在上述评审期结束以前，开始（不管是根据本条还是其他条款）关闭计划。

第五款　条件是：

（a）计划受托人或经营管理者根据第一百五十七条提出申请或接受通知（当关闭计划资产不足时提出的申请和通知）；

（b）理事会根据第一百五十八条第三款获取的计划价值评估报告已经具有约束力；

（c）理事会根据第一百五十八条第一款不必为计划承担责任（为关闭计划承担责任的义务）。

第六款　当根据第一款第（a）项关闭计划时，把关闭计划的行为看作是在评审开始以前关闭的行为。

第七款　在不影响第一百三十四条提及的发布指令权力却以按第八款颁布命令为准的情况下，理事会向计划受托人或经营管理者发布指令，要求他们根据本条以指令规定的方式关闭计划（以及变更或取消其发布的指令）。

第八款　监管局按照命令要求命令规定的人员：

（a）采取它认为必需的规定措施，原因在于：

（ⅰ）根据第六款的规定，在评审开始前立即开始计划关闭；

（ⅱ）根据第一款第（b）项继续关闭计划；

（b）在命令规定的期限内采取上述措施。

第九款　如果计划受托人或经营管理者没有遵守第七款提及的指令或包含于第八款命令的指令，《1995 年养老金法》（第二十六章）第十条（民事处罚）适用于那些没有采取所有合理措施以确保遵守指令的受托人或经营管理者。

第十款　《1995 年养老金法》（第二十六章）第十条（民事罚款）也适用于其他人员在无正当理由的情况下，没有遵守其收到并包含于第八款命令的指令。

第十一款　根据本条实施计划的关闭行为，在法律上的效力视同根据计划授权关闭计划。

第十二款　尽管成文法、法规或计划规则：

（a）可以用于禁止关闭计划；

（b）可以要求或也可用于要求履行程序或同意关闭计划；

与计划有关的本条必须得到遵守。

第十三款　当因第二款或第五款提及的条件得到满足而合格计划评审期结束时，第一百五十条第一款到第四款与它们适用于因理事会停止参与计划而评审期结束一样适用，除第一百五十条第二款以外，第二百一十九条可以理解为本条第六款。

第十四款　当根据本条必须关闭公用事业养老金计划时，相关管理机构可以依照命令制定条款，修改包含计划和计划建立依据的成文法。

第十五款　在第十四款中，与计划有关的"相关管理机构"指的是由财政部委任的内阁成员或政府部门，对某种特定计划承担责任。

第十一节　适用于关闭型计划的条款

第一百五十五条【关闭型计划的处理】

第一款　本条"关闭计划"指的是，根据第一百五十三条批准继续作为一个关闭计划存在的合格计划。

第二款　把计划受托人或经营管理者必须根据第一百五十四条关闭计划或继续关闭计划的时间看作是在计划评审期范围内的时间，第三款提及的条款在上述时间内适用于关闭型计划。

第三款　条款是：

（a）第四十条第五款和第六款（根据第三十八条提及的缴费通知，

理事会作为应付债务的债权人）；

（b）第四十九条第五款和第六款（根据第四十七条提及的缴费通知，理事会作为应付债务的债权人）；

（c）第五十四条第五款和第六款（根据第五十二条提及的缴费通知，理事会作为应付债务的债权人）；

（d）第五十六条第五款和第六款（根据第五十五条提及的缴费通知，理事会作为应付债务的债权人）；

（e）第一百三十三条（新参保人的加入许可和缴费支付等）；

（f）第一百三十四条（指令）；

（g）第一百三十七条（理事会作为雇主的债权人）。

第四款　规章规定，当关闭型计划受托人或经营管理者在支付应付参保人养老金或其他待遇负债时，第三款提及的条款适用的受托人或经营管理者应遵守规定的要求。

第一百五十六条【关闭型计划的价值评估报告】

第一款　规章可以制定条款，要求关闭型计划受托人或经营管理者定期获取计划精算价值评估报告，以便让他们能够确定：

（a）计划规则应付待遇；

（b）是否根据第一百五十七条提出申请。

第二款　本条提及的规章可以规定如何对：

（a）与关闭型计划有关的资产、计划全部负债和受保障负债；

（b）上述资产和负债金额或价值；

进行确定、计算和核实。

第三款　根据第二款制定的条款，按理事会发布的指引确定、计算和核实上述事项。

第四款　根据本条在计算负债金额以提供价值评估报告时，不予考虑计划负债金额限制在资产价值以内的计划规则条款。

第五款　本条提及的规章规定，直到：

（a）按第六章审查第一百五十三条第六款提及的裁决通知（为理事会决定批准计划继续作为关闭计划的裁决通知）期限结束时；

（b）如果如上述对通知进行审查：

（ⅰ）审查和复议；

（ⅱ）向养老保障基金特别督察官提交与通知发布有关的仲裁；

（ⅲ）对督察官的决定或指令进行上诉；

得到最终处理和没有取消、变更或替代通知时；

关闭型计划受托人或经营管理者可以获取一份精算价值评估报告。

第六款　本条中，与计划相关的"精算价值评估报告"指的是一份关于以下内容并由精算师准备和签署的书面价值评估报告：

（a）计划资产；

（b）计划全部负债；

（c）与计划相关的受保障负债。

"精算师"指的是：

（a）根据《1995 年养老金法》（第二十六章）第四十七条第一款第（b）项（专业咨询人士）任命的计划精算师；

（b）如果没有任命上述精算师：

（ⅰ）为符合规定内容或经验丰富的人士；

（ⅱ）为内阁大臣批准的人士。

"资产"不包括计划规则确定的代表货币购买型待遇权益资产在内的计划资产。

"关闭型计划"的含义与第一百五十五条规定的含义一致。

"计划全部负债"指的是：

（a）计划规则确定的计划参保人或与参保人有关的负债；

（b）计划其他负债；

（c）关闭计划的估计成本。

"负债"不包括与计划规则确定的货币购买型待遇有关的负债的计划负债。

第十二节　对关闭型计划的复议

第一百五十七条【当关闭型计划资产不足时，提出申请和发布通知】

第一款　如果关闭型计划的受托人或经营管理者在任何时间知道计划资产价值少于计划受保障负债价值时，必须在上述任意时间之后的规定期限结束后，向理事会提出申请，请求理事会为计划承担责任。

第二款　当理事会收到第一款提及的申请时，必须向监管局送交一份申请副本。

第三款　无论监管局在何时知道计划资产价值少于计划受保障负债金

额，都必须向理事会送发相关内容的通知。

第四款　当理事会收到第三款提及的通知，必须向受托人或经营管理者送发一份相关内容的通知。

第五款　当关闭型计划的受托人或经营管理者通过第四款向他们发送的通知知道第一款提及的义务时，第一款规定的义务不适用。

第六款　养老金监管局通过第二款提及的关闭型计划受托人或经营管理者向其送交的申请副本知道第三款提及的义务，第三款规定的义务不适用。

第七款　规章要求本条提及的申请和通知，以规定的形式提出或发布并包含规定的信息。

第八款　如果计划受托人或经营管理者没有遵守第一款的规定，《1995 年养老金法》（第二十六章）第十条（民事罚款）适用于没有采取所有合理措施，以确保遵守上述条款的计划受托人或经营管理者。

第九款　本条中：

与计划有关的"资产"指的是扣除计划规则规定的货币购买型待遇权益价值之后的计划资产；

"关闭型计划"的含义与第一百五十五条提及的含义相同。

第一百五十八条【为关闭型计划承担责任的义务】

第一款　当关闭型计划受托人或经营管理者：

（a）根据第一百五十七条第一款提出申请时；

（b）根据第一百五十七条第四款收到监管局发布的通知时；

如果相关时间计划资产价值小于相关时间计划负债的价值，理事会必须根据本章的规定为计划承担责任。

第二款　第一款提及的计划资产指的是，扣除代表货币购买型待遇权益价值资产以后的计划资产。

第三款　就确定第一款提及的条件是否得到满足而言，理事会必须尽可能符合实际地，在相关时间里获取一份精算价值评估报告（符合第一百四十三条的含义）。

第四款　当第一百四十三条第三款适用于第一百四十三条第二款［包含于第一百四十三条第十一款第（b）项和第（d）项的定义也相应适用］提及的目的时，它适用于第六款提及的目的。

第五款　根据第六款，当下列条款适用于根据第一百四十三条获取的资产价值评估报告时，它们适用于根据第三款获取的资产价值评估报告：

（a）第一百四十三条第四款到第七款、第十一款第（b）项和第十一款第（d）项；

（b）第一百四十四条（价值评估报告的审批）第二款第（b）项第（ⅲ）小节（向雇主的破产清算执业者送交一份核准的资产价值评估报告的义务）除外；

（c）第一百四十五条（具有约束力的价值评估报告）第三款第（c）项（向雇主的破产清算执业者送交一份核准的价值评估报告的义务）除外。

第六款　根据第四款或第五款使用第一百四十三条和第一百四十五条时：

（a）第一百四十三条第三款、第五款、第十一款第（b）项和第十一款第（d）项，在"相关时间"视为下述第八款定义的术语下适用；

（b）如果第一百二十八条第二款第（a）项的含义包括本条第一款的含义，那么第一百四十五条第二款适用。

第七款　第一百五十七条第一款提及的申请或第一百五十七条第四款提及的通知书，如果在始于提出申请或发布通知书的计划评审期间（参见第一百三十二条和第一百五十九条）提出或发布，根据第一款可以不予考虑上述申请或通知书。

第八款　在本条中：

"关闭计划"的含义与第一百五十五条给出的含义相同；

"相关时间"指的是，在计划受托人或经营管理者提出第一款第（a）项提及的申请或收到第一款第（b）项提及的通知（情况可能的话）以前的时间。

第一百五十九条【关闭计划：下一个评审期间】

第一款　在下列情况下第三款适用：

（a）根据第一百五十七条第一款，提出与关闭计划有关的申请；

（b）计划受托人或经营管理者收到第一百五十七条第四款提及的通知书。

第二款　就第一款而言，第一百五十七条第一款提及的申请或第一百五十七条第四款提及的通知书，如果在提出申请或发布通知书以前开始的计划评审期间（参见第一百三十二条和本条）提出或发布，可以不予考虑上述申请或通知书。

第三款　评审期间：

（a）开始于计划受托人或经营管理者提出申请或收到通知；

（b）结束于：

（ⅰ）计划受托人或经营管理者收到第一百六十条提及的移交通知；

（ⅱ）与计划有关的第一百五十四条第五款（关闭计划拥有的资产足以支付受保障负债等）规定的条件得到满足；

不管哪一个事件先发生。

第四款　"关闭计划"的含义与第一百五十五条给出的含义相同。

第十三节　承担计划责任的假设

第一百六十条【移交通知】

第一款　当理事会根据第一百二十七条、第一百二十八条、第一百五十二条或第一百五十八条必须为计划承担责任时，本条适用。

第二款　理事会必须向受托人或经营管理者发布通知（"移交通知"）。

第三款　如是第一百二十七条或第一百二十八条适用的情况，直到根据第一百四十三条获取的价值评估报告具有约束力时，才发布转移通知。

第四款　如是第一百五十八条适用的情况，直到根据第一百四十三条第三款获取的价值评估报告具有约束力时，才可以发布转移通知。

第五款　在根据第一百四十六条或第一百四十七条（拒绝承担责任）对发布或没有发布撤销通知进行审查〔参见第一百四十九条第六款第（b）项〕时，不应发布计划转移通知。

第六款　理事会根据第二款必须向下列机构或人员送交通知副本：

（a）监管局；

（b）与雇主有关的破产清算执业者，或者如果没有破产清算执业者，为雇主。

第七款　本条以第一百七十二条第一款和第一百七十二条第二款（在评审期间的第一个 12 个月内或提出欺诈补偿申请时，不可发布转移通知）为准。

第一百六十一条【理事会为计划承担责任的影响】

第一款　当向合格计划受托人或经营管理者发布转移通知时，理事会根据本章为计划承担责任。

第二款　理事会为计划承担责任的影响为：

（a）如没有进一步明确的条件下，当受托人或经营管理者收到移交通知时，向理事会移交计划财产、权益和负债有效；

（b）当受托人或经营管理者收到移交通知时，计划受托人或经营管理者免于承担支付养老金的义务；

（c）当受托人或经营管理者收到移交通知时，理事会有责任确保根据养老金补偿条款支付补偿；

以及计划在受托人或经营管理者收到移交通知时相应被视为已经得到关闭。

第三款　在第二款第（a）项中，计划负债不包括计划参保人承担的负债或与参保人有关的负债，除下列债务外：

（a）与货币购买型待遇有关的负债；

（b）其他负债。

第四款　在第二款第（b）项中，"养老金义务"与计划受托人或经营管理者有关，指的是：

（a）计划受托人或经营管理者向某人提供养老金、其他待遇或提供与某人有关的养老金、其他待遇［包括提供符合《1993 年养老金计划法》（第四十八章）含义的最低保证性养老金］；

（b）根据计划规则或其他成文法，他们承担管理计划的义务。

第五款　附录六根据第二款第（a）项制定规范移交计划财产、权益和负债相关的条款。

第六款　规章可以就上述转移行为进一步制定条款。

第七款　在不影响第六款一般性的条件下，规章可以授权理事会修改相关保险合同条款，前提条件是：

（a）根据第二款第（a）项向理事会移交合同提及的权益或负债；

（b）作为移交的结果，理事会必须根据合同条款在第二款第（a）项提及的时间以前，向计划参保人或有资格获取待遇的特定人员支付特定的款项。

第八款　在第七款中：

"相关保险合同"指的是具有下列情况的保险合同：

（a）合同的签订：

（ⅰ）在某人养老金或其他待遇权益已经产生时，对养老金或其他待遇的全部负债或部分负债进行保险；

（ⅱ）在某人去世时，对其养老金或其他待遇的全部负债或部分负债提供保险；

（b）该合同：

（ⅰ）不可以出让；

（ⅱ）出让的应付款项不应超过承保的负债；

"特定"指的是根据保险合同进行规定或确定。

第一百六十二条【养老金补偿条款】

第一款 在理事会根据本章为计划承担责任时，附录七制定与计划有关的应付补偿条款，条款具体如下：

（a）向参保人或与参保人有关的人员定期支付补偿；

（b）向参保人一次性支付补偿；

（c）规定定期应付补偿上限和一次性应付补偿上限；

（d）定期补偿的年度增长水平。

第二款 在本部分中，补偿条款指的是根据本条、第一百四十条到第一百四十二条、第一百六十一条第二款第（c）项、第一百六十四条、第一百六十八条和附录七制定的条款。

第一百六十三条【当理事会为计划承担责任时所做的调整】

第一款 当理事会根据本章为合格计划承担责任时，本条适用。

第二款 养老金待遇（除货币购买型待遇以外）：

（a）在始于评审期和止于受托人或经营管理者收到转移通知的期间内，为计划规则确定的应付参保人或与参保人有关的人员的待遇；

（b）为受托人或经营管理者接到转移通知以前支付的养老金待遇；

被视为理事会按养老金补偿条款，逐步履行向参保人或相关人员（情况允许时）支付补偿的义务。

第三款 规章可以规定在特定情况下，当：

（a）计划参保人在评审期生效日期前去世；

（b）某人在第二款第（a）项提及的期间，有资格按计划规则获取与参保人有关的特定内容的待遇；

根据第二款，待遇或部分待遇被视为应在评审开始以前支付。

第四款 理事会必须：

（a）计划受托人或经营管理者在第二款第（a）项提及的期间向参保人支付的待遇金额，如果超过参保人或有关人员按养老金补偿条款确定的金额，那么他们采取其认为合适的措施（包括根据上述条款调整未来补偿支付款项）追偿，追偿金额等于：

（ⅰ）超额支付额；

（ⅱ）在开始于受托人或经营管理者超额支付之时到理事会追偿超额支付为止的期间，以规定利息计算超额支付额应收的利息。

（b）如果支付的待遇金额低于应付待遇权益金额（或应付待遇权益没有支付），向参保人或有关人员支付的款项金额等于：

（ⅰ）短缺总额；

（ⅱ）在开始于受托人或经营管理者应该支付的短缺金额之时到理事会支付短缺金额为止的期间，以规定利息计算短缺金额应付的利息总额。

第五款　在第四款中，已付款项包括：

（a）与货币购买型待遇有关的已付待遇金额；

（b）其他待遇款项。

第六款　第四款的条款没有要求理事会：

（a）向处于特定情形下的某人追偿待遇；

（b）向某人追偿理事会认为不重要的款项。

第七款　在本条中，根据附录七对"评审期间"加以解释。

第一百六十四条 【评审期间延迟领取补偿待遇】

第一款　当理事会为合格计划承担责任时，由于参保人在达到养老金正常领取年龄以后继续工作，规章可以规定，计划参保人按本章获取的补偿权益在特定情况下，在全部或部分评审期间进行顺延。

第二款　第一款提及的规章可以规定实施补偿待遇顺延的条款和条件（包括增加待遇的条款）。

第三款　在第一款中，"正常养老金领取年龄"指的是符合附录七第三十四条规定的正常养老金领取年龄，并与补偿权益引起的养老金或一次性支付有关。

第一百六十五条 【最低保证性养老金】

第一款　当计划受托人或经营管理者向计划参保人（或与参保人有关的人员）提供最低保证性养老金［与《1993 年养老金计划法》（第四十八章）的含义一致］的责任得到豁免时，根据本章因理事会为合格计划承担责任，理事会必须通知国内税务局局长。

第二款　第一款提及的通知书，必须如实予以发布。

第三款　在《1993 年养老金计划法》第四十七条（根据第四十六条的规定，进一步对最低保证性养老金制定条款）第七款之后插入：

"**第八款**　就第四十六条而言，如不是养老金保障基金理事会承担支付计划最低保证性养老金的责任且受托人或经营管理者免于承担提供上述养老金的义务，某人被视为有资格获取其应获取的最低保证性养老金。"

第一百六十六条【在评审日期前支付未付计划待遇的义务】

第一款　当理事会根据本章为计划承担责任时，本条适用。

第二款　当计划受托人或经营管理者收到转移通知时，某人有资格获取计划规则确定的养老金或其他待遇支付款项还没有得到支付，理事会根据第四款必须在评审日期前支付上述款项。

第三款　如果某人在评审日期以前有资格获取待遇但又延迟领取，第二款不适用于这种情况。

第四款　第二款不适用于下列款项：

（a）转移支付款项；

（b）缴费返还支付的款项。

第五款　规章可以规定，在特定情况下：

（a）当计划参保人在评审期生效前去世；

（b）在开始于评审期并结束于受托人或经营管理者收到转移通知的期间，某人有资格获取计划规则确定并与参保人有关的特定内容型待遇；

根据第二款，某人有资格获取待遇或部分待遇被视为在评审日期以前已经产生的待遇。

第六款　规章制定条款，要求理事会在规定的情况下，在评审期生效以前采取与参保人应有的特定内容型权益有关的特定措施（包括支付在内）。

第七款　就根据第六款制定的规章而言：

（a）本章（本款除外）；

（b）计划规则（包括符合第三百一十八条第三款含义的相关法定条款在内）；

在加以规定的修改后有效。

第八款　在本条中，"评审日期"应根据附录七加以解释。

第一百六十七条【在评审期间清偿债务时对本章的修改】

第一款 当规章适用于下列情形时，规章可以修改本章的条款：

（a）根据下列条款，在计划评审期间清偿向计划参保人提供养老金或其他待遇引起的债务时：

（ⅰ）第一百三十五条第四款提及的规章；

（ⅱ）理事会确认第一百三十五条第九款提及的行为；

（b）在规定的条件下，当特定内容的负债在评审期生效以前的评审日期清偿时；

第二款 在本条中，"评审日期"应根据附录七加以解释。

第一百六十八条【补偿管理】

第一款 规章对有关本章的运营和管理进一步制定条款。

第二款 第一款提及的规章制定具体的条款：

（a）规定补偿支付的方式和时间（包括使用分期付款的方式进行定期补偿的条款）；

（b）根据特定比例计算补偿金额或调整补偿金额，以避免支付补偿金额不足或便于计算；

（c）规定某人（"受益人"）有资格获取的补偿由另一代表受益人的某人（包括全部或部分履行受益人或其他人员的义务）领取的条件和方式；

（d）当有人去世时，规定在有资格获取补偿的人员中间进行补偿支付或分配，无须严格的权利证据；

（e）要求追偿理事会支付补偿超过权益的金额（包括从支付补偿到追偿期间的超额款项的利息在内）；

（f）规定延期支付补偿的条件。

第三款 本部分"补偿"指的是，附录七或第一百四十一条第二款提及的应付补偿。

第十四节 理事会清偿负债

第一百六十九条【清偿与补偿有关的负债】

第一款 在理事会为合格计划承担责任时，本条适用。

第二款 理事会可以规定以下列方式履行本章赋予提供补偿的责任：

（a）承办保单或一系列保单；

(b) 签署年金合同或一系列年金合同；

(c) 移交上述保单或年金合同的待遇；

(d) 在规定情况下，支付以规定方式计算的现金总额。

第一百七十条【与货币购买型待遇有关债务的清偿】

第一款　本条在下列情况下适用：

(a) 理事会根据本章为合格计划承担责任；

(b) 一名或多名参保人根据计划规则，有资格获取货币购买型待遇或拥有应计货币购买型待遇权益。

第二款　规章必须对第一款适用的情况制定条款，要求理事会保证以规定的方式清偿负债，受到清偿的负债与根据第一百六十一条向理事会移交的待遇有关。

第三款　根据第二款制定的条款，必须包括实施受保障权益的方式的条款。

第四款　本条中：

根据计划规则，"应计权益"包括符合《1995 年养老金法》（第二十六章）第一百二十四条第一款含义的抵免型养老金权益；

"受保障权益"的含义由《1993 年养老金计划法》（第四十八章）第十条（受保障权益和货币购买型待遇）给出。

第十五节　平等待遇

第一百七十一条【平等待遇】

第一款　本条在下列情况下适用：

(a) 女性从事的工作与男性从事的工作类似；

(b) 女性从事的工作被认为与男性从事的工作档次相同；

(c) 根据针对女性提出的条件（比如，工作努力程度、技术和决策能力），女性从事的工作［不是第 (a) 项或第 (b) 项适用的工作情形］在价值上等于男性从事的工作；

从事的工作年限为职业养老金计划提及的应计养老金待遇的工作年限。

第二款　如果与上述应计养老金待遇工作年限（直接或间接）有关的支付职能（除本款以外）：

(a) 不利于或逐渐不利于女性而更有利于男性；

（b）不利于或逐渐不利于男性而更有利于女性；

对上述支付职能进行必要修改后有效，以确保条款不会更有利于男性或女性。

第三款　如果理事会证实性别差异确实为下列重要因素所致，在运用支付职能时，第二款不与男女性别差异有关：

（a）不是性别差异的因素；

（b）但是，男女之间存在重大差异。

第四款　第二款不适用于规定的情形。

第五款　就本条（直接或间接）在 1990 年 5 月 17 日起与应计养老金工作年限有关而言，本条适用于支付职能的行使。

第六款　在本条中：

"支付职能"指的是理事会根据本章授予的职能，与根据下列条款确定的某人权益或支付款项有关：

（a）养老金欺诈补偿条款；

（b）第一百六十六条（有义务在评审期间支付计划未付待遇）；

（c）第一百六十九条（有关补偿的清偿责任）；

（d）第一百七十条（清偿与货币购买型待遇有关的负债）；

"应计养老金工作年限"的含义由《1993 年养老金计划法》（第二十六章）第一百二十四条第一款给出。

第十六节　与欺诈补偿制度之间的关系

第一百七十二条【与欺诈补偿制度之间的关系】

第一款　在计划评审期间的头 12 个月内，不得发布与计划有关的转移通知。

第二款　当根据第一百八十二条（提出欺诈补偿申请）提出申请时，在下列时间以前不得发布转移通知：

（a）理事会对申请进行裁决时；

（b）根据第六章对理事会做出的裁决进行审查的期限结束时；

（c）如果审查理事会做出的裁决：

（i）审查和复议；

（ii）就裁决事项提交养老保障基金督察官进行仲裁时；

（iii）就养老保障基金督察官颁布的裁决或指令提出的上诉；

得到最终处理时。

第三款　在计划评审期间，当理事会根据本部分第四章决定向计划受托人或经营管理者进行一次或多次欺诈补偿支付（"欺诈补偿"）时，第四款适用。

第四款　就确定第一百二十七条第二款第（a）项、第一百二十八条第二款第（a）项、第一百五十二条第二款第（a）项和第一百五十八条第一款提及的条件是否得到满足而言，在相关时间之后，应付欺诈补偿到期款项（在某种程度上款项与相关事件之前计划遭受的损失有关）被视为计划在相关时间拥有的资产。

第五款　就第四款而言，"相关事件"：

（a）在第一百二十七条第二款第（a）项的情况下，与该条规定的条款给出的含义相同；

（b）在第一百二十八条第二款第（a）项的情况下，与该条规定的条款给出的含义相同；

（c）在第一百五十二条第二款第（a）项的情况下，指的是复议时间（与第一百五十一条给出的含义相同）；

（d）在第一百五十八条第一款的情况下，与该条规定的条款给出的含义相同。

第六款　第四款不适用于计划规则确定的货币购买型待遇价值扣除有关的应付欺诈补偿。

就这点而言，"货币购买型资产"指的是代表计划规则确定的货币购买型待遇相关权益价值的资产。

第十七节　基金

第一百七十三条【养老保障基金】

第一款　养老保障基金将由以下内容组成：

（a）根据第一百六十一条第二款第（a）项向理事会移交的财产和权益；

（b）根据第一百七十四条或第一百七十五条征收的缴费（初次收费和养老金保障收费）；

（c）就本章而言，理事会根据第一百一十五条借入的资金；

（d）根据第二款记账的所得收益或资本收益；

（e）根据第一百三十九条（受托人或经营管理者贷款偿还和利息支付）向理事会支付的资金；

（f）根据第一百六十三条第四款第（a）项或第一百六十八条第二款第（e）项（超额支付）追偿的款项；

（g）根据第三十八条提及的缴费通知，向理事会支付第四十条第七款提及的债务；

（h）根据第五十二条提及的重置命令要求，向理事会移交的财产或向理事会支付的资金；

（i）根据第五十五条提及的缴费通知，向理事会支付第五十六条第七款提及的应付理事会的债务；

（j）根据第一百八十七条（欺诈补偿转移支付）从欺诈补偿基金移交出来的资金；

（k）符合规定内容的资金（直接或间接由政府向理事会支付的资金除外）。

第二款　理事会必须把来源于基金资产的所得或资本收益计入养老保障基金。

第三款　下面情形可以从养老保障基金中支付或转移资金：

（a）根据第一百六十一条第二款第（a）项的规定，向理事会转移用于支付负债的资金；

（b）根据养老金补偿条款的规定必须支付的补偿；

（c）偿还第一款第（c）项提及的借款本金和支付利息；

（d）根据第一百三十九条的规定贷出的款项（向受托人或经营管理者贷款）；

（e）根据第一百六十三条第四款第（b）项的规定进行支付的款项（在评审期间未支付的款项）；

（f）根据第一百六十六条必须进行支付的款项（支付应付计划待遇等）；

（g）根据第一百六十九条或第一百七十条必须清偿的债务（清偿与补偿或货币购买型待遇有关的债务）；

（h）支付理事会根据第五十二条提及的重置命令规定的义务引起的负债；

（i）支付债务的财产（除总额外）：

（ⅰ）第（a）项提及并向理事会移交的财产和根据第五十二条提及的重置命令规定的义务引起的负债；

（ⅱ）由理事会依照重置命令规定的义务引起的负债；

（j）支付第一百六十一条第五款和附录六第七条（与向理事会移交财产、权益和负债有关的开支）引起的支出款项；

（k）用于其他目的的款项。

第四款　不准从养老保障基金中支付或转移资金。

第五款　在第一款［除第（d）项外］和第三款［除第（c）项外］中，本法条款可以理解为包括北爱尔兰实行的相应条款。

第十八节　收费

第一百七十四条【初次收费】

第一款　规章制定条款，规定在下列期限（"初次期限"）内向合格计划征收费用（"初次收费"）：

（a）始于规章约定的日期；

（b）截止于一个年度的3月31日，或当规章如上约定开始日期时，结束于第（a）小节提及的约定日期后的12个月。

第二款　规章可以规定：

（a）评价初次收费依据的要素；

（b）收费金额；

（c）在初次期限内支付收费或分期支付收费的时间。

第三款　本条提及的规章，必须征得财政部的许可。

第一百七十五条【养老金保障收费】

第一款　就初期后每一个财政年度而言，理事会必须征收如下与合格计划有关的两种费用：

（a）基于风险的养老金保障收费；

（b）基于计划的养老金保障收费；

在本章中，"养老金保障收费"指的是根据本条征收的费用。

第二款　就本条而言：

（a）基于风险征收的养老金保障收费是根据以下因素进行评价征收的费用：

（ⅰ）计划资产价值（对代表计划规则确定的货币购买型待遇权益价

值的资产不考虑在内）与计划受保障负债金额之间的差异；

（ⅱ）除指定型计划或指定特征型计划以外，与计划雇主有关的破产事件发生的可能性；

（ⅲ）第三款提及的一种或多种风险要素（如果理事会认为合适）；

（b）基于计划的养老金保障收费是根据以下因素进行评价征收的费用：

（ⅰ）计划应付参保人或与参保人有关的人员的负债（货币购买型待遇除外）；

（ⅱ）第四款提及的一种或多种风险要素（如果理事会认为合适）。

第三款　第二款第（a）项第（ⅲ）小节提及的其他风险要素，为理事会认为显示以下风险的要素：

（a）当与计划负债性质相比时，与计划投资特性有关的风险；

（b）其他规定的事项。

第四款　第二款第（b）项第（ⅱ）小节提及的其他风险要素为理事会认为显示以下风险的要素：

（a）计划参保人人数或符合规定内容的计划参保人人数；

（b）计划积极参保人年度应计养老金收入总额；

（c）其他事项。

第五款　理事会必须在内阁财政年度以前确定该年度：

（a）对养老金保障收费进行评价的要素；

（b）评价上述要素的时间；

（c）收费金额；

（d）收费或分期支付收费的时间。

第六款　必须按不同内容的计划确定不同风险要素、计划要素或收费金额。

第七款　因计划内容确定的收费金额可以为零。

第八款　在本条中，

"初期"可根据第一百七十四条加以解释；

"养老金应计收入"与计划积极参保人有关，指的是如果参保人不再为一名积极参保人时，该收入为根据计划规则计算的参保人的应得待遇权益有关的收入，该收入为评价第四款第（b）项提及的要素。

第九款　在本条和第一百七十六条到第一百八十一条中，"财政年度"指的是结束于每年 3 月 31 日的 12 个月。

第十款　理事会每个财政年度征收养老金保障收费的义务以下列条款为准：

（a）第一百七十七条（提高养老金保障收费金额）；

（b）第一百八十条（临时性条款）。

第一百七十六条【养老金保障收费的补充条款】

第一款　理事会在有关财政年度根据第一百七十五条第五款做出裁决之前，以规定的方式向它认为合适的人员进行咨询，前提条件是：

（a）该财政年度为理事会必须根据第一百七十五条实施收费的第一个财政年度；

（b）拟议的收费要素或收费金额与前一年度规定的养老金保障收费有关的收费要素和收费金额不同，或适用于不同的养老金计划；

（c）根据本款要求的咨询与前两个财政年度征收的养老金保障收费有关。

第二款　理事会必须根据第一百七十五条第五款以规定的方式出版裁决的具体内容。

第一百七十七条【提高养老金保障收费额】

第一款　在确定某一财政年度征收的养老金保障收费金额之前，理事会必须估计其准备征收的收费增加额。

第二款　理事会必须以一定方式估计在某一财政年度的收费增加额，不超过该财年的收费上限。

第三款　理事会必须以一定的方式估计某一财政年度征收的养老金保障收费，基于风险的养老金保障收费增加额不低于该年收费增加额的 80%。

第四款　就过渡时期后的第一个财政年度而言，规章可以修改第二款，以便将规定本财年收费上限理解为规定的一个较低金额。

第五款　在过渡时期后的第二个财政年度和随后的财政年度里，理事会必须征收的养老金保障收费增长金额，不超过根据第一款对上一财政年度征收的养老金保障收费估计金额的 25%。

第六款　内阁大臣依照命令，以不同的百分比替换第五款规定的现行百分比。

第七款　在颁布第六款提及的命令以前，内阁大臣必须向他认为合适的人员进行咨询。

第八款　第四款提及的规章或第六款提及的命令，只有在征得财政部的许可后方可制定。

第九款　在本条中，

（a）"基于风险的养老金保障收费"和"基于计划的养老金保障收费"，可以根据第一百七十五条进行解释；

（b）"过渡时期"的含义由第一百八十条第三款给出。

第一百七十八条【收费上限】

第一款　内阁大臣必须在第一百七十五条规定征收的每一个财政年度开始前，根据第一百七十七条规定的财政年度收费上限，按照命令规定一个收费上限金额。

第二款　第一款提及的命令与按第一百七十五条开始征收的第一个财政年度有关，其颁布必须经财政部的批准。

第三款　根据第八款，在根据第一百七十五条确定的收费水平的第一年后，第一款规定财政年度（"当年"）收费额必须为：

（a）当内阁大臣认为审查期间一般收入水平增长时，根据第一款确定上一财政年度收费金额，在审查期间以第六款规定的收入百分率增长；

（b）在其他情况下，根据第一款确定上一财政年度的收费金额。

第四款　在第三款中，

"收入水平"指的是在英国获取的一般收入水平；

"审查期间"与当年有关，指的是上一财政年度规定日期后的 12 个月。

第五款　就第三款而言，内阁大臣必须在每个审查期间审查在英国获取的一般收入水平和一般收入变化；就上述审查而言，内阁大臣可以他认为合适的方法估计一般收入水平。

第六款　当内阁大臣认为一般收入水平在审查期间增长，他必须依照命令规定一般收入水平的增长百分率（"收入百分率"）。

第七款　内阁大臣必须在规定期限（该期限结束于审查期限开始后的第一个财政年度）开始以前，履行第五款和第六款规定的义务。

第八款　经理事会推荐和财政部批准后，内阁大臣颁布第一款提及的命令，规定一个超过第三款规定金额的收费金额。

第九款　理事会在根据第八款推荐以前，必须以规定的方式向它认为适宜的人士进行咨询。

第一百七十九条【确定计划资金积累不足的价值评估报告】

第一款　就能够计算以风险为基础的合格计划养老金保障收费（符合第一百七十五条的含义）来说，规章可以要求每个计划的受托人或经营管理者，向理事会或代表理事会向监管局：

（a）定期提供计划精算价值评估报告；

（b）提供理事会要求与规定时间的计划资产和受保障负债相关的其他相关信息。

第二款　就本条而言：

与计划相关的"精算价值评估报告"指的是，一份由精算师准备和签署的有关计划资产和受保障负债的书面价值报告；

与计划相关的"精算师"指的是：

（a）根据《1995年养老金法》（第二十六章）第四十七条第一款第（b）项（专业咨询人士）任命的计划精算师；

（b）如果没有任命精算师：

（ⅰ）一名具有规定资格或丰富从业经验的人；

（ⅱ）内阁大臣任命的人员。

第三款　监管规章根据本条可以规定：

（a）计划资产和受保障负债；

（b）上述资产和负债的金额或价值；

如何得到确定、计算和确认。

第四款　根据第三款颁布的条款，按理事会颁布的指引确定、计算和确认上述事务。

第五款　就本条要求的价值评估报告而言，在计算负债金额时，不予考虑把计划负债金额限制在资产价值以下的计划规则。

第六款　本条提及的"资产"，不包括那些代表货币购买型待遇权益价值的计划资产。

第一百八十条【过渡时期的养老金保障收费】

第一款　规章规定在过渡时期的财政年度里：

（a）在对第一百七十五条和第一百七十七条第三款修改后适用；

（b）如把财政年度的收费上限视为规章规定的较低金额时，第一百七十七条第二款适用。

第二款 经财政部批准，才能颁布包含根据第一款第（b）项制定的条款的规章。

第三款 就本条而言，"过渡时期"指的是开始于初次期限（与第一百七十四条的含义一致）之后的法定期限。

第四款 如果过渡时期开始于除 4 月 1 日以外的某个日期，规章可以规定对本条或第一百七十五条到第一百七十九条进行规定修改后，适用于下列期限：

（a）始于过渡时期的开始日期并止于下一个财政年度的 3 月 31 日；

（b）在上述期限结束后开始的财政年度。

第一百八十一条【收费的计算、征收和追偿】

第一款 本条适用于：

（a）与计划有关的第一百七十四条规定的初次收费；

（b）与计划有关的第一百七十五条规定的养老金保障收费。

第二款 由下列人员或其代表向理事会支付收费：

（a）计划受托人或经营管理者；

（b）其他法定人员。

第三款 理事会必须根据收费：

（a）确定支付收费的计划；

（b）计算每个计划的收费金额；

（c）通知与计划有关的支付收费人员其应支付的收费金额和支付的日期。

第四款 理事会可以请求监管局代表理事会，履行与收费有关并在第三款提及的职能。

第五款 当计划仅仅在收费的部分征收期间是合格计划时，除规定情况外，与计划有关的部分期间应付收费额，为计划在部分期间承担全部金额的一定比例。

第六款 某人应付收费金额是该人应欠理事会的债务。

第七款 应付收费金额可以由：

（a）理事会偿还；

（b）养老金监管局代表理事会偿还（如果理事会决定监管局偿还）。

第八款 规章对以下事项制定条款：

（a）以与本条适用相关的收费形式征收和追偿应付金额；

(b) 放弃收费金额的情形。

第四章　欺诈补偿

第一节　欺诈补偿权益

第一百八十二条【进行欺诈补偿支付的情形】

第一款　如果:

(a) 养老金计划不是指定型养老金计划或不是指定特征型养老金计划;

(b) 从相关日期开始时计划资产价值已经减少,理事会有充分理由相信,这种资产价值减少因构成违法行为或过错所致;

(c) 第二款、第三款或第四款适用;

(d) 提出符合第五款要求的申请;

(e) 在授权的期限内提出申请;

理事会根据本条,可以进行与职业养老金计划有关的一次或多次支付(在本部分中指的是"欺诈补偿支付")。

第二款　本款适用于下列情形:

(a) 当与举办计划雇主有关的合格破产事件已经发生;

(b) 在上述合格破产事件发生之后,根据第一百二十二条第二款第(a)项发布养老金计划经营失败通知且通知具有约束力时;

(c) 在下述期间计划已经发布中止通知时,计划中止事件没有发生:

(ⅰ) 始于破产事件发生之时;

(ⅱ) 止于第一百二十二条第二款第(a)项提及的计划经营失败通知发布之前;

并且在上述期间与中止通知发布有关的中止事件不可能发生。

第三款　在下列情形下,本款适用:

(a) 按照第一款提出与计划有关的申请,或根据第一百二十九条第五款第(a)项的规定发布通知;

(b) 理事会根据第一百三十二条第二款发布具有约束力的计划经营失败通知,以应对养老金监管局根据第一百二十九条第四款提出的申请或发布通知。

第四款　在下列情形下，本款适用：

（a）计划不是合格计划时；

（b）与计划有关的雇主不可能继续为业务经营良好的企业；

（c）与雇主有关的法定要求得到满足；

（d）本条提及的申请载明的情形，为上述第（b）项和第（c）项适用的情形之一；

（e）理事会根据第一百八十三条第二款发布应对提出申请的通知，证实计划救援不具可能性且通知已具约束力。

第五款　如果：

（a）由法定的某人提出申请；

（b）按法定的方式提出申请并包含法定的内容；

申请才符合本款的要求。

第六款　开始于：

（a）相关事件发生之时；

（b）计划审计师或精算师、受托人或经营管理者，知道或应该知道第一款第（b）项提及的资产价值已经减少的时间；

如果在上述两者较晚时间之后的 12 个月内或理事会确定的更长时间内提出申请，根据第七款的规定必须在授权期间进行申请。

第七款　如果根据第一百六十条发布计划移交通知，则不能按照本条提出欺诈补偿申请。

第八款　就本条而言，如果下列情形出现时，与雇主有关的破产事件（"当前事件"）是合格破产事件：

（a）破产事件发生在根据第一百六十二条第二款约定的日期当天或之后发生；

（b）要么：

（ⅰ）与雇主有关的初次破产事件在约定日期当天或之后发生；

（ⅱ）计划中止事件的发生与下列期间发布的中止通知有关：

①始于当前事件之前的最晚破产事件发生之日；

②止于当前事件发生。

第九款　就本条而言，

（a）当计划中止通知具有约束力时，计划中止事件发生；

（b）一份"中止通知"指的是：

（ⅰ）根据第一百二十二条第二款第（b）项（计划援救已经发生）发布的计划撤销通知；

（ⅱ）根据第一百三十条第三款（计划援救已经发生）发布的计划撤销通知；

（ⅲ）根据第一百四十八条（破产事件没有或没有可能发生）发布的计划撤销通知；

（ⅳ）根据第一百八十三条第二款第（b）项（计划援救已经发生）发布的计划通知；

（ⅴ）在通知具有约束力且第一百四十八条不适用的情况下，根据第一百二十二条第四款（不能确定计划的状况）发布的通知；

（c）与特定期间（"特定期间"）发布的中止通知有关的计划中止事件的发生是可能的，除非出现下列情况之一：

（ⅰ）在特定期间发布计划中止通知；

（ⅱ）在特定期间没有发布中止通知；

（ⅲ）理事会根据第二章或第三章发布的通知，与规定期间发布的计划中止通知或已经发布的中止通知具有约束力有关；

（ⅳ）没有发布第（ⅲ）小节提及的通知；

（d）发布或没有发布可审查通知：

（ⅰ）在根据第六章进行审查的期限内；

（ⅱ）如果对事项进行审查，直到：

①审查和复议；

②向养老保障基金特别督察官提交与事项有关的仲裁；

③对督察官做出的判决或指令提出上诉；

已经得到最终处理时。

第十款　在本条中：

与职业养老金计划相关的"审计师"和"精算师"，其含义由《1995年养老金法》（第二十六章）第四十七条给出。

"相关事件"指的是：

（a）在第二款适用于合格养老金计划下，该事件为第二款第（a）项提及的事件；

（b）在第二款适用的其他情况下，根据第一百二十二条第二款第（a）项的规定，发布第一百二十二条第二款第（b）项提及的计划经营失败通知；

（c）在第三款适用的情况下，该事件为第三款第（a）项提及的事件；

（d）在第四款适用的情况下，受托人或经营管理者知道第四款第（b）项和第（c）项适用于计划的这一事件。

"相关日期"指的是：

（a）在以信托为基础建立职业养老金计划时，该日期为 1997 年 3 月 6 日；

（b）在其他情况下，该日期为内阁大臣按本条规定约定的日期。

第十一款 本条以第一百八十四条第二款（在确定的结算日后才可进行补偿支付）为准。

第一百八十三条【当提出第一百八十二条提及的某种申请时，理事会承担的义务】

第一款 在第一百八十二条第四款第（a）项到第（c）项（雇主不可能继续作为一家经营良好的企业存在）适用的情况下，当理事会接到第一百八十二条第四款第（d）项提及的申请时，本条适用。

第二款 如果理事会能够证实：

（a）计划救援不具可能性；

（b）计划救援已经发生；

那么它必须如实发布相关内容的通知。

第三款 如理事会根据本条第二款的规定发布通知，它必须如实向下列人群送交通知副本：

（a）养老金监管局；

（b）计划受托人或经营管理者；

（c）提出申请者（如果计划受托人或经营管理者没有按照第一款提出申请）；

（d）与雇主有关的破产清算执业者或雇主（如果没有破产清算执业者）。

第四款 就本章而言，直到：

（a）根据第六章审查通知发布的期限结束时；

（b）如果如上所述对事项进行审查，直到：

（i）审查和复议；

（ⅱ）向养老保障基金特别督察官提交与通知发布有关的仲裁；

（ⅲ）对督察官做出的判决或指令提出上诉；

已经得到最终处理和通知没有被取消、变更或替换时，根据第二款发布的通知才具有约束力。

第五款　如根据第二款发布的通知具有约束力时，理事会必须如实发布相关内容的通知，并把通知连同具有约束力的通知副本一起，发送给那些必须根据第三款接收通知副本的人员。

第六款　根据第五款的规定，通知必须以既定的形式发布且包含法定的信息。

第七款　就本条而言，第一百三十条第五款（计划救援可能或不可能得到证实的情形）适用。

第一百八十四条【价值的恢复】

第一款　当提出欺诈补偿支付申请时，受托人或经营管理者必须取得恢复价值，在某种程度上可以在合理时间内，以不计代价的方式获取恢复价值。

第二款　在理事会与计划受托人或经营管理者协商确定的日期（结算日）后进行欺诈补偿支付，原因在于在上述日期之后，不可能在合理期限内或不计代价地进一步恢复价值。

第三款　在本条中，"价值恢复"指的是计划资产价值的增长，资产价值的增长来源于计划受托人或经营管理者收到的支付款项（仅仅来源于理事会），价值恢复与下列行为或错误有关：

（a）根据第一百八十二条第一款第（b）项，有合理的理由相信构成犯罪的行为或错误；

（b）导致符合第一百八十二条第一款第（b）项含义的价值减少的行为或错误。

第四款　应该由理事会决定是否把计划受托人或经营管理者收到的资金看作因其行为或错误收到的支付款项。

就这点而言，"支付款项"包括所有资金或资金价值。

第一百八十五条【欺诈补偿支付】

第一款　当理事会进行一次或多次欺诈补偿支付时，它必须根据本条向计划受托人或经营管理者进行支付。

第二款　必须按理事会认为合适的条款（包括要求全额支付或部分

支付的条款在内) 和条件进行欺诈补偿支付。

第三款 支付金额 (或者如不止一次支付时, 为支付总额) 不应超过下列两者之间的差额:

(a) 第一百八十二条第一款第 (b) 项提及的减少金额 (或者如不止一次支付, 指的是减少的总金额);

(b) 在结算日期 (与第一百八十四条第二款规定的含义一致) 以前获得的恢复价值金额。

第四款 根据第三款的规定, 理事会:

(a) 必须按本条制定的规章确定欺诈补偿支付金额;

(b) 必须考虑到根据第一百八十六条已经进行的临时性支付。

第五款 理事会必须向下列机构或人员送发书面裁决通知:

(a) 养老金监管局;

(b) 计划受托人或经营管理者;

(c) 提出申请者 (如计划受托人或经营管理者没有按照第一百八十二条提出申请);

(d) 与雇主有关的破产清算执业者或雇主 (如果没有破产清算执业者)。

第一百八十六条 【临时性支付】

第一款 如果:

(a) 理事会认为:

(ⅰ) 情形为第一百八十二条第一款适用的情形;

(ⅱ) 计划受托人或经营管理者也不能支付指定特征型债务;

(b) 但是, 理事会没有确定第一百八十四条提及的结算日期;

一旦收到第一百八十二条提及的申请, 理事会向职业养老金计划受托人或经营管理者进行支付。

第二款 本条提及的应付金额, 不应超过根据规章确定的金额。

第三款 除规定情形外, 理事会根据第一款可以追偿它认为合适的支付金额, 前提是在支付以后, 理事会确定:

(a) 情形不是第一百八十二条第一款适用的情形;

(b) 支付金额过多。

第四款 根据上述条款, 按理事会认为适宜的条款 (包括要求全额支付或部分支付的条款) 和条件进行第一款提及的支付。

第一百八十七条 【理事会进行欺诈补偿转移支付的权力】

第一款 本条适用于：

（a）理事会根据第三章为计划承担责任；

（b）在相关日期后但在计划受托人或经营管理者收到移交通知（与第一百六十条规定的含义一致）以前，计划资产的价值得到减少；且理事会有合理的理由相信构成第一百八十二条第一款第（b）项规定的犯罪的行为或错误导致这种价值减少；

（c）根据第一百八十二条，没有提出与上述资产价值减少有关的申请（或在申请裁决前撤销申请）。

第二款 理事会根据本条条款和计划资产价值减少的情况，使用欺诈补偿基金向养老保障基金转入一笔资金（"欺诈补偿转移支付"）。

第三款 理事会必须取得恢复价值，在某种程度上可以在合理期限内和不计代价地取得恢复价值。

第四款 在理事会确定的日期（结算日）以后才可进行欺诈补偿支付，如在上述日期之后不可能在合理期限内和不计代价地进一步恢复价值。

第五款 在本条中，"价值恢复"指的是养老保障基金价值的增长，资产价值的增长来源于理事会收到的支付（仅仅根据本条的规定），资产价值增长与下列行为或错误有关：

（a）根据第一百八十二条第一款第（b）项，有合理理由相信构成犯罪的行为或错误；

（b）导致符合第一百八十二条第一款第（b）项含义的价值减少的行为或错误。

第六款 应该由理事会决定是否把计划受托人或经营管理者收到的资金看作因其行为或错误收到的支付款项。

就上述目的而言，"支付款项"包括任何资金或资金价值。

第七款 欺诈补偿转移支付金额（或者如不止一次支付时，为支付总额）不应超过下列两者之间的差额：

（a）第一百八十二条第一款第（b）项提及的减少金额（或者如不止一次支付，指的是减少的总金额）；

（b）在理事会根据第四款确定的结算日期以前，理事会获得的恢复价值金额。

第八款　根据第七款，理事会必须根据依本款制定的规章，确定欺诈补偿转移支付金额。

第九款　在本条中，"相关日期"的含义由第一百八十二条第十款给出。

<h2 style="text-align:center">第二节　基金</h2>

第一百八十八条【欺诈补偿基金】

第一款　欺诈补偿基金将由下列因素组成：

（a）根据第三百○二条（养老金补偿基金的解散）的规定，由理事会指定为基金资产的移交财产和权益；

（b）根据第一百八十九条征收的缴费（欺诈补偿费）；

（c）理事会根据本章第一百一十五条借入的款项；

（d）根据第一百八十六条追偿的资金（临时性支付款项的追偿）；

（e）根据第二款贷记的收入或资本收益。

第二款　理事会必须把来源于基金资产的收入或资本收益贷记欺诈补偿基金之中。

第三款　下列资金可以从欺诈补偿基金中支付：

（a）根据第三百○二条（养老金补偿理事会的解散）的规定，偿还理事会接收的负债所需的资金（理事会指定为基金债务人）；

（b）根据第一百八十五条（欺诈补偿支付）进行支付所需资金；

（c）根据第一百八十六条第一款（临时性支付）进行支付所需资金；

（d）根据第一百八十七条（欺诈补偿转移支付）的规定，必须向养老保障基金划转的资金；

（e）偿还第一款第（c）项提及的资金本金和支付木金利息。

第四款　不准使用欺诈补偿基金支付其他资金。

第五款　在第一款［第（a）项和第（e）项除外］和第三款［第（a）项和第（e）项除外］中，本法的相关条款可理解为包括在北爱尔兰有效实施并与本法的条款相应的条款。

<h2 style="text-align:center">第三节　收费</h2>

第一百八十九条【欺诈补偿收费】

第一款　就使用欺诈补偿基金支付应付支出而言，规章制定与职业养老金计划有关的征收费用（"欺诈补偿费"）条款。

　　第二款　第一款不适用于根据第一百八十二条第一款第（a）项提及的指定型计划或指定特征型计划（这些计划没有资格获取欺诈补偿）。

　　第三款　应由下列人员或代表下列人员向理事会支付与计划有关的欺诈补偿费：

　　（a）计划受托人或经营管理者；

　　（b）其他人员。

　　第四款　欺诈补偿费以规定的时间和以不超过理事会确定的金额支付。

　　第五款　在确定因征收欺诈补偿费引起的支出金额时，理事会可以跨年加以考虑（在决定支出金额时，理事会必须重视现在或未来期限内产生的估计支出和前期实际支出金额）。

　　第六款　理事会必须把根据第四款确定的收费金额的通知，以规定的方式向规定的人员发送。

　　第七款　就本条规定的欺诈补偿收费而言，理事会必须：

　　（a）确定应缴纳欺诈补偿收费的计划；

　　（b）计算每一个计划的应缴收费金额；

　　（c）向应缴收费的个人通知应缴收费金额和缴纳时间。

　　第八款　理事会可以要求监管局代表其履行第七款提及的与收费有关的职能。

　　第九款　某人应付欺诈补偿费金额为其应欠理事会的债务。

　　第十款　应付收费金额可以由：

　　（a）理事会追偿；

　　（b）如果理事会做出决定，可由监管局代表其追偿。

　　第十一款　在不影响第一款、第九款或第十款的一般性情况下，本条涉及的规章可以包括与下列因素有关的条款：

　　（a）本条提及的应付收费的征收和清偿；

　　（b）放弃收费的条件。

第五章　收集信息

第一百九十条【向理事会等提供的信息】

第一款　监管局可以要求规定的相关人员向：

（a）理事会；

（b）某人为：

（ⅰ）与理事会一起根据附录五第十八小节制定制度的人员；

（ⅱ）根据规章得到理事会授权的人员；

在规定次数或在规定的条件下提供规定内容的信息。

第二款　第一款提及的规章可以具体制定条款，要求规定的人员提供确定本部分第三章提及的补偿权益所需的信息或证据。

第三款　根据第一款第（b）项制定的规章，必须颁布相应条款，将被授权人身份告知被要求提供信息的人士，正如第（b）项第（ⅱ）小节所提及的。

第一百九十一条【要求提供信息的通知】

第一款　书面通知要求适用于第三款的某人提供文件或其他信息，该文件或信息是：

（a）通知规定的内容；

（b）与理事会行使与职业养老金计划有关的职能相关。

第二款　第一款提及的通知可以由：

（a）监管局发布；

（b）根据本条与计划有关的规定，由获取理事会授权的某人发布。

第三款　本款适用于：

（a）计划受托人或经营管理者；

（b）与计划有关的专业咨询人士；

（c）与计划有关的雇主；

（d）与雇主有关的破产清算执业者；

（e）理事会认为其他人员或发布通知的人员（他们拥有或可能拥有理事会履行计划相关职能的信息）。

第四款　当根据第一款提及的通知提供文件或信息时，必须以规定的方式、地点，在通知规定的期限内提供文件或信息。

第一百九十二条【进入现场】

第一款 出于让理事会有能力履行或有利于理事会履行与职业养老金计划有关的职能考虑，委任某人在合理时间进入现场：

（a）可以根据需要进行检查和询问；

（b）可以要求现场人员提供或确保提供与上述委任人员检查目的有关的文件；

（c）可以拥有文件副本；

（d）可以带走疑似文件或采取与文件有关的其他措施，以满足保存文件或防止文件受到破坏的需要；

（e）就由电子形式保存的信息组成的文件来说，可以要求提供信息的形式为：

（ⅰ）文件可以带走的形式；

（ⅱ）合法的形式或容易以合法的形式提供；

（f）就与理事会行使计划职能有关的事项而言，某人有充足理由相信现场人员能够提供与上述事项有关的信息，可以单独或在其他人在场的条件下，检查现场人员或要求现场人员接受检查。

第二款 如果受命人员拥有充足的理由相信：

（a）上述现场是用作雇主营业的场所；

（b）与雇主有关的破产清算执业者在其能力范围内履行职责；

（c）文件：

（ⅰ）与计划管理有关；

（ⅱ）为现场保存的与雇主有关的文件；

（d）现场正在进行计划管理或与计划管理有关的工作；

除非现场为未被雇主用作贸易或业务经营或未经雇主许可进入的私人住宅，现场就是第一款提及的计划现场。

第三款 根据本条申请进入现场的受命人员，必须提供任命证书（如果有规定的话）。

第四款 当受命人员根据本条行使权力时，他可以由他认为合适的人员陪同进行现场检查。

第五款 根据本条可以保留拥有的文件，直到下列期限结束：

（a）占有文件12个月；

（b）第六款提及的延长期限。

第六款　理事会可以在第五款提及的期限结束以前（包括第五款提及的延长期限在内）延长期限，期限为理事会认为合适的 12 个月以内。

第七款　在本条中，"委任人员"指的是理事会根据与计划相关的本条任命的人员。

第一百九十三条【与第一百九十一条和第一百九十二条有关的罚款】

第一款　某人在无正当理由的情况下未按第一百九十一条的要求提供文件或信息，其忽视或拒绝提供信息或文件的行为属于犯罪行为。

第二款　某人在没有正当理由的情况下：

（a）故意拖延或阻碍委任人员行使第一百九十二条提及的权力；

（b）没有按第一百九十二条的要求提供信息或文件，忽视或拒绝提供文件、信息；

（c）未按要求回答问题或提供文件，忽视或拒绝回答问题、提供信息；

其行为属于犯罪行为。

第三款　第一款或第二款提及某人的犯罪行为，在简明定罪中会遭受标准等级五以下的罚款。

第四款　第一款或第二款第（b）项或第（c）项提及的犯罪行为，可能在某一天或更长时间里完成；在前一次犯罪确定之后一段时间内，某人会再次犯罪或接连犯罪。

第五款　任何人在没有正当理由的情况下，故意篡改、扣押、隐瞒或破坏根据第一百九十一条或第一百九十二条应由其提交的文件的行为，属于犯罪行为。

第六款　任何违反本条非法披露信息的人员的行为属于犯罪：

（a）就简明定罪而言，会遭受法定上限的罚款；

（b）就公诉判决而言，会遭到罚款或为期两年以内监禁，或两者同时适用。

第一百九十四条【授权令】

第一款　如果地方法官确信理事会或代表理事会宣誓的信息，有合理的理由相信会出现以下情况，它可以发布本条提及的授权令：

（a）现场存有文件或可以从现场获取的文件：

（i）根据第一百九十一条、第一百九十二条或北爱尔兰相应实施的条款提供；

（ⅱ）没有按规定的要求提供；

（b）现场有需要提供的文件或能从现场获取需要提供的文件，如果需要提供文件；

（ⅰ）没有提供文件；

（ⅱ）销毁文件，或不能从现场获取需要提供的文件、隐匿文件、篡改文件或破坏文件；

（c）有人从事的行为构成滥用或挪用职业养老金计划资产的行为，并且现场存有文件或从现场获取的文件：

（ⅰ）与行为是否实施有关；

（ⅱ）根据第一百九十一条、第一百九十二条或北爱尔兰相应实施的条款提供。

第二款　本条提及的授权令将授权督察官：

（a）进入文件信息规定的现场，如需要可以使用强制手段；

（b）检查现场：

（ⅰ）获取第一款提及的疑似文件；

（ⅱ）采取与文件有关的必要措施，保存文件和防止文件受到破坏；

（c）获取文件副本；

（d）要求授权令指定人选解释文件内容，或对何处发现文件或如何获取文件进行解释；

（e）在文件由电子形式存储的信息组成并存在于现场或在现场可以获取的情况下，规定以下列形式提供信息：

（ⅰ）可以取走的形式；

（ⅱ）合法的形式或容易以合法的形式提供。

第三款　当实施本条提及的授权令时，督察官可以由其认为合适的人员陪同。

第四款　本条提及的授权令，在授权令发布的1个月期限结束以前继续有效。

第五款　根据本条拥有的文件可以保留至以下期限结束时，该期限为：

（a）开始于拥有文件之日以后的12个月；

（b）第六款提及的延长期限。

第六款　理事会根据第五款提及的期限（包括本款延长的保有期）

结束前延长保有期限，延长时间为理事会认为适当的 12 个月以内。

第七款　在本条中，"督察官"指的是由理事会任命为督察官的人。

第八款　本条在苏格兰适用时：

（a）治安法官可理解为地方行政司法长官；

（b）第一款和第二款第（a）项提及的信息可理解为证据。

第一节　错误信息或误导性信息的提供

第一百九十五条【提供错误信息或误导性信息的犯罪】

第一款　有意或故意在重要细节上提供错误信息或误导性信息的人涉嫌犯罪，前提条件是信息：

（a）提供旨在遵守下列条款规定的要求：

（ⅰ）第一百九十条（向理事会等提供的信息）；

（ⅱ）第一百九十一条（要求提供信息的通知）；

（ⅲ）第一百九十二条（进入现场）；

（b）只能在第（a）项提及的情况下提供，但提供信息的某人想知道或应该知道理事会行使本法提及的职能使用信息的情况除外。

第二款　第一款提及的涉嫌犯罪的人员：

（a）就简明定罪而言，会遭受法定上限的罚款；

（b）就公诉判决而言，会遭到罚款或为期两年以内监禁，或两者同时适用。

第二节　信息的使用

第一百九十六条【信息的使用】

理事会在行使其职能时持有的信息，可以被理事会用于行使权力或与权力行使有关或附属于权力行使的目的。

第三节　信息披露

第一百九十七条【限制性信息】

第一款　下列人员或机构不得披露限制性信息：

（a）理事会；

（b）直接或间接从理事会接收信息的人员。

第二款　第一款服从于：

（a）第三款的规定；

（b）第一百九十八条到第二百○三条以及第二百三十五条。

第三款 根据第二百○二条第四款，在征得有关人员和从理事会获取信息的人员（如果不是同一人员）同意之后，可以发布限制性信息。

第四款 就本条和第一百九十八条到第二百○三条而言，"限制性信息"指的是理事会在行使与某人业务或其他事务有关的职能时获取的信息，下列有关信息除外：

（a）在信息披露时，公众（已经）从其他渠道获取的信息；

（b）为了不能确定与某人有关的信息来源于信息摘要或汇编，以信息摘要或汇编的形式表达的信息。

第五款 任何违反本条非法披露信息的人员均属于犯罪：

（a）就简明定罪而言，会遭受法定上限的罚款；

（b）就公诉判决而言，会遭到罚款或为期两年以内监禁，或两者同时适用。

第六款 信息：

（a）由第一百九十一条第二款第（b）项授权的人员根据第一百九十一条获得；

（b）但是，如由理事会获取，则是限制性信息；根据第一款、第三款和第一百九十八条到第二百○三条，该限制性信息被视为某人从理事会获取的限制性信息。

第一百九十八条【有利于理事会行使职能的信息披露】

第一款 当限制性信息披露的目的在于帮助理事会行使权力或使其能够行使权力时，第一百九十七条不会阻止披露上述限制性信息。

第二款 为了帮助理事会行使权力或使其能够行使权力，在理事会认为有必要向专业人员寻求法律、会计、精算评估或其他专业技术事项方面的建议时，第三款适用。

第三款 当理事会认为有必要提供信息，以确保专业人士对养老金监管局寻求建议的事项有适当了解时，第一百九十七条不阻止理事会向提供信息建议的专业人士披露信息。

第一百九十九条【有利于养老金监管局行使职权的信息披露】

当限制性信息披露的目的在于帮助监管局行使职权或使其能够行使职权时，第一百九十七条不会阻止上述限制性信息披露。

第二百条【有利于其他监管机构行使其职能的信息披露】

第一款   如果理事会认为信息披露可以帮助或使其能够行使附录三第二栏规定的权力时，第一百九十七条不会阻止理事会向附录八第一栏提及的人员披露限制性信息。

第二款   内阁大臣在商请理事会后：

（a）根据命令使用以下方式修改附录八：

（ⅰ）添加行使权力的某人和规定与该人有关职能；

（ⅱ）取消附录暂时规定的人员；

（ⅲ）更改附录暂时规定某人行使的职能；

（b）在向附录暂时规定的人员披露信息时，根据命令，限制适用情况或增加上述情况适用的条件。

第二百〇一条【其他许可性信息披露】

第一款   如果理事会认为信息披露对职业养老金计划参保人利益或公共利益是必需或有利时，第一百九十七条不禁止理事会向以下人员或机构披露信息：

（a）内阁大臣；

（b）国内税收监督官或高级官员；

（c）北爱尔兰社会发展部。

第二款   第一百九十七条在下列情况下不会禁止披露限制性信息：

（a）根据《2001 年反恐怖刑事诉讼法》（第二十四章）第十七条第二款第（a）项到第（d）项（刑事诉讼和调查）的规定，由下列人员或机构披露：

（ⅰ）理事会；

（ⅱ）直接或间接从理事会获取信息的公共管理机构［符合《1998 年人权法》（第四十二章）第六条的含义］；

（b）与由下列法规引起的诉讼有关：

（ⅰ）本法；

（ⅱ）《1999 年福利改革和养老金法》（第三十章）；

（ⅲ）《1995 年养老金法》（第二十六章）；

（ⅳ）《1993 年养老金计划法》（第四十八章）；

或在北爱尔兰有效实行的相应成文法或违反职业养老金计划信托关系引起的诉讼。

（c）下列法律条款提及的诉讼机构或诉讼：

（ⅰ）《1986 年公司董事资格丧失法》（第四十六章）第七条或第八条；

（ⅱ）《1989 年公司法（北爱尔兰）》第十篇或第十一篇［S. I. 1989/2404（N. I. 18）］或《2002 年公司董事资格丧失法》［S. I. 2002/3150（N. I. 4）］；

（d）与根据下列法规提起的诉讼有关：

（ⅰ）《1986 年破产法》（第四十五章）；

（ⅱ）《1989 年破产法（北爱尔兰）》［S. I. 1989/2405（N. I. 19）］；

限制性信息由养老金监管局制定或监管局有权进行作证。

（e）出于惩戒性程序的制定或惩戒性程序的目的，与律师、精算师、会计师、破产清算执业者履行专业职责有关；

（f）出于惩戒性程序的制定或惩戒性程序的目的，与公务员履行职能有关；

（g）社区义务。

第三款　在第二款第（f）项中，"公务员"指的是政府机构或法定管理机构的官员或公务员。

第四款　第一百九十七条不会禁止理事会向下列人员披露限制性信息：

（a）刑事检察官；

（b）北爱尔兰刑事检察官；

（c）苏格兰检察总长；

（d）苏格兰地方检察官；

（e）警察。

第五款　在根据成文法要求披露信息时，第一百九十七条不阻止限制性信息的披露。

第六款　在养老金监管局任命的职业养老金计划受托人能够行使或有利于行使计划职能时，第一百九十七条不会禁止向受托人披露限制性信息。

第七款　在第六款中，"监管局任命的受托人"指的是监管局根据《1995 年养老金法》第七条或第二十三条第一款或在北爱尔兰有效实行的相应规定任命的受托人。

第八款　第一百九十七条不阻止第一款或第四款提及的人员，披露该款提及的相关人员获取的限制性信息，前提条件是限制性信息披露须征得理事会的同意。

第九款　第一百九十七条不会禁止附录八第一栏或规定的人员披露第二百条第一款提及的人员获取的限制性信息，前提条件是限制性信息披露：

（a）须征得理事会的同意；

（b）出于帮助某人履行或使其能够履行附录三第二栏规定的职能。

第十款　在决定是否同意披露第八款或第九款提及的信息之前，理事会必须对旨在信息披露的陈述进行研究，研究信息披露的适宜性或必要性。

第十一款　当《2001 年反恐怖刑事诉讼法》（第二十四章）第十八条（限制海外目的的信息披露）适用于该法第十七条适用条款授权的信息披露时，《2001 年反恐怖刑事诉讼法》（第二十四章）第十八条（限制海外目的的信息披露）适用于第二款授权的信息披露。

第二百〇二条【税收信息】

第一款　就可确认人员的税收职能而言，在其履行与税收或关税事项有关的税收职能时，拥有的信息适用于本条的规定（本条称为"税收信息"）。

第二款　《1989 年财政法》第一百八十二条规定的保密义务，不会禁止向理事会披露税收信息，使理事会具有能力履行职能或帮助其履行职能。

第三款　当根据上述第二款和《2001 年反恐怖刑事诉讼法》第十九条（披露收入部门拥有的信息）向理事会披露税收信息时，根据第四款的规定，上述信息被视为符合第一百九十七条规定的限制性信息。

第四款　第一百九十七条第三款、第一百九十八条到第二百〇一条，以及第二百〇三条到第二百三十五条，不适用于第三款提及并向理事会披露的信息。下列情况除外，理事会和直接或间接从理事会接受信息的其他人员不可以披露上述信息：

（a）经国内税收监督官或海关与国产税务司官员或经上述官员的授权；

（b）与刑事诉讼机构有关或出于刑事诉讼目的。

第五款　在本条中，"税收信息"的含义与《1989 年财政法》第一百八十二条的含义相一致。

第四节　向计划参保人等提供信息

第二百〇三条【向计划参保人等提供信息】

第一款　规章可以：

（a）要求理事会在规定时间内，向规定的人员提供具有规定内容的信息；

（b）要求职业养老金计划受托人或经营管理者提供下列相关信息：

（ⅰ）理事会行使的权力与他们作为计划受托人或经营管理者的计划有关；

（ⅱ）与发布计划通知或根据第二章、第三章或第四章制定并与计划有关的申请或裁决相关；

（ⅲ）与理事会参与计划相关；

在规定时间或规定的条件下，向规定的人员提供具有规定内容的信息。

第二款　第一百九十七条不禁止理事会披露第三章提及的与某人补偿权益相关的限制性信息，前提是向某人或向某人授权的个人披露限制性信息。

第三款　第一百九十七条不禁止理事会披露限制性信息，前提是：

（a）信息与理事会行使与职业养老金计划有关的职能相关；

（b）信息向下列人员披露：

（ⅰ）所有受到影响的人员；

（ⅱ）符合指定特征的所有受影响的人员；

（c）理事会确信在所有条件下进行披露限制性信息均是合理的。

第四款　在第三款中，"受影响的人员"与职业养老金计划有关，指的是：

（a）计划参保人；

（b）根据第三款，由计划参保人暂时指定的人选。

第五款　第四款第（b）项提及的计划参保人指定人选：

（a）由参保人发布的书面通知指定；

（b）当理事会接到通知时指定生效；

（c）当理事会接到参保人的下一个撤销通知时指定无效。

第六款　在职业养老金计划下，第一百九十七条不禁止理事会披露限制性信息，前提是：

（a）向下列与计划有关的人员披露信息：

（ⅰ）受托人或经营管理者；

（ⅱ）职业咨询人士；

（ⅲ）雇主；

（ⅳ）与雇主有关的破产清算执业者；

（b）信息与个人行使计划职能相关；

（c）理事会认为在所有情况下，进行有利于履行上述职能的信息披露均是合理的。

第五节　释义

第二百〇四条【第一百九十条到第二百〇三条的释义】

第一款　本条适用范围为第一百九十条到第二百〇三条。

第二款　"文件"包括任何形式记录的信息，文件提供与仅仅以合法形式记录的信息有关，为在满足下列条件下提供信息文本：

（a）以合法的形式；

（b）容易以合法的形式提供的形式。

第三款　当理事会为计划承担责任时，

（a）理事会履行与计划有关的职能指的是，它为计划承担责任而拥有的职能；

（b）可以把与计划有关的受托人、经营管理者、专业咨询人士或雇主理解为，在理事会为计划承担责任以前某人拥有上述相应的职位的人员。

第六节　报告

第二百〇五条【出版报告等】

第一款　如果理事会认为在特殊情况下出版权力行使的研究报告和研究结果是合适的，理事会就可以出版报告。

第二款　第一款提及的报告，以理事会认为合适的形式和方式出版。

第三款　就诽谤法律而言，理事会享有出版特权，除非显示出版物具有恶意。

第六章　审查、上诉和管理失当

第一节　理事会审查等

第二百〇六条【"可审查事项"的含义】

第一款　根据本章，"可审查事项"指的是附录九提及的事项。

第二款　就附录九提及的理事会未作为或没有做出决定而言，规章可以规定：

（a）上述附录九提及的事项，可以解释为理事会在规定的期限内未作为或没有做出决定；

（b）上述附录九提及的事项，可以解释为不包括在规定的时间后初次未作为或没有做出决定。

第三款　规章可以制定条款，要求理事会做出的裁决、指令或其他行为或其发布的通知暂缓生效，直到：

（a）根据本章进行审查事项的期限结束；

（b）如果审查事项，

（ⅰ）审查和复议；

（ⅱ）提交养老保障基金特别督察官对上述事项进行仲裁；

（ⅲ）对督察官颁布的判决或指令提出上诉；

得到最终处理时。

第四款　规章以下列方式修改附录九：

（a）向附录九加入其他裁决内容、理事会作为或不作为，以及理事会裁决的事项或用于理事会裁决的事项；

（b）删除附录九提及的裁决、作为、不作为或事项。

第五款　第四款提及的规章，也可以根据第四款第（a）项或第（b）项制定的条款，修改本部分任一条款。

第二百〇七条【理事会对可审查事项的审查和复议】

第一款　规章必须：

（a）在利益关联人员提出书面申请时，要求理事会就可审查事项发布一项决议（"可审查决议"）；

（b）在利益关联人员根据审查决议提出书面申请时，要求本条设立的理事会委员会对可审查事项进行复议并发布一项决议（"复议决议"）。

第二款　在第一款中，与可审查事项有关的"利益相关人员"指的是，与指定特征的可审查事项有关并符合指定特征的人员。

第三款　第一款提及的规章：

（a）仅仅在提出申请条件下，可以颁布一项与具有指定特征的可审查事项有关的审查决议；

（b）仅仅在提出申请条件下，可以颁布一项与某一事项有关的复议决议。

第四款　第一款提及的规章，必须规定理事会拥有颁布审查决议或复议决议的权力，并有权：

（a）变更或取消理事会按可审查事项颁布的裁决、指令或其他决议；

（b）有权替换裁决、指令或其他决议；

（c）要求在进行上述变更、取消、替换，或者根据审查决议、复议决议做出任何裁决、指令或其他决议时，把上述行为看作是在理事会认为合适的时间（该时间在颁布审查决议或复议决议之前）实施的行为；

（d）要求在理事会根据审查决议或复议决议进行变更、替换、发布或发送通知时，把上述行为看作是在理事会认为合适的时间（该时间在颁布审查决议或复议决议之前）发布或发送的行为；

（e）在处理审查决议或复议决议引起的问题时，大体上把上述事项视同为初步裁决、指令或决议产生的问题看待；

（f）向理事会确定的某人支付理事会认为合适的款项；

（g）制定保留条款和临时条款。

第五款　第一款提及的规章必须包括含下列内容的条款：

（a）根据与可审查事项有关的审查裁决或复议相关条款，提出申请和提出申请的时间；

（b）要求：

（ⅰ）申请通知；

（ⅱ）理事会或复议委员会根据第三款的裁决通知，发布审查裁决或仅对申请提及的可审查事项进行复议，并向与事项有关的利益相关人员发布。

（c）确保颁布复议裁决的相关个人与可审查事项无关；

（d）规章提及的裁决颁布和发布程序，包括：

（ⅰ）利益相关人员有权根据第一款第（b）项颁布的规章，向复议委员会阐述复议的内容；

（ⅱ）发布裁决的时间；

（e）要求向与事项有关的利益相关人员，发布针对可审查事项的审查裁决或复议裁决的通知。

第六款 根据第五款第（c）项制定的条款，可以修改附录五第十五条和第十六条（理事会委员会成员和议事程序）。

第二百〇八条【理事会针对管理失当控诉的调查】

第一款 规章必须制定处理相关控诉的条款。

第二款 就本章而言，"相关控诉"指的是：

（a）由根据养老金补偿条款有资格获取补偿的人员提起的控诉；

（b）由根据第一百八十二条提出申请的人员提起的控诉；

上述人员宣称，在理事会或其他代表理事会行使权力的人员作为或不作为引起管理失当的情况下，其受到不公平待遇。

第三款 第一款提及的规章必须：

（a）要求理事会对相关控诉提及的事项进行调查和做出裁决；

（b）要求理事会委员会按照裁决申请调查控诉事项并对申请做出裁决。

第四款 规章制定与下列内容相关的条款：

（a）根据规章提起相关控诉和提起申请；

（b）确保进行复议裁决有关个人在做出裁决时与可审查事项无关；

（c）规章提及的裁决的颁布和发布程序，包括：

（ⅰ）利益相关人员有权根据第三款第（b）项提及的规章，向复议委员会阐述复议内容；

（ⅱ）发布裁决的时间；

（d）要求将：

（ⅰ）规章提及的相关控诉通知；

（ⅱ）规章提及的控诉裁决通知；

向与事项有关的规定人员发布。

第五款 第一款提及的规章可以向理事会授权，向其认为适宜且在控诉事项中遭受不公平待遇的人员支付合适的补偿金额。

第六款　第四款第（b）项授予的权力，包括修改附录五第十五条和第十六条（理事会委员会成员和议事程序）的权力。

第二节　养老保障基金督察官

第二百〇九条【养老保障基金理事会督察官】

第一款　有一种称为养老保障基金督察官（本法中称为"养老保障基金督察官"）的特派专员。

第二款　养老保障基金督察官，由内阁大臣根据其确定的条款和条件任命。

第三款　养老保障基金督察官：

（a）根据其任命的条款和条件任职和提出辞职；

（b）根据其任命的条款和条件辞职和被撤职。

第四款　内阁大臣依据命令制定与下列内容相关的条款：

（a）向养老保障基金督察官或与其有关的人员支付报酬、离职补偿、养老金、津贴或退休奖金的支付条款；

（b）支付养老保障基金督察官履行其职能产生支出的条款；

（c）养老保障基金督察官幕僚和其工作条件（包括附属职员）的条款；

（d）养老保障基金督察官委托其幕僚或其他幕僚行使职能；

（e）授权养老保障基金督察官：

（ⅰ）收取命令规定的费用；

（ⅱ）收取费用，以满足命令规定的支出需要；

（f）根据养老保障基金督察官履行职能的需要，向督察官赋予权力，使其能够获取所需信息和文件；

（g）有关披露督察官拥有信息的限制性条款。

第五款　第四款第（e）小节提及的命令：

（a）可以要求或授权养老保障基金督察官确定收费到期的时间；

（b）规定应欠养老保障基金督察官的收费，可以作为应欠督察官的债务进行追偿。

第六款　内阁大臣必须使用议会拨款资金，向养老保障基金督察官支付其应予支付的金额或与养老保障基金督察官根据第四款提及的命令有关的金额。

第七款　为满足第六款提及的内阁大臣支出的需要，规章制定征收合格计划收费的条款。

第八款　当根据规章制定条款时，第一百一十七条（管理收费）的第二款、第三款、第五款、第六款和第七款正如它们适用于管理收费（与本条含义一致）一样适用于收费。除第七款以外，第一百一十七条第一款应理解为本条第七款。

第二百一十条【养老保障基金副督察官】

第一款　内阁大臣可以任命一名或多名人员为养老保障基金副督察官（本章称为"养老保障基金副督察官"）。

第二款　根据内阁大臣确定的条款和条件实施上述任命。

第三款　养老保障基金副督察官：

（a）根据其任命的条款和条件任职和提出辞职；

（b）根据其任命的条款和条件辞职和被撤职。

第四款　养老保障基金副督察官在下列情况下履行督察官职能：

（a）在督察官出缺期间；

（b）在督察官出于种种原因不能履行职能时；

（c）在内阁大臣同意的其他时间内。

第五款　就履行其职能的养老保障基金督察官来说，可相应地解释为包括履行其职能的养老保障基金副督察官。

第六款　内阁大臣根据第二百○九条第四款颁布的命令规定：

（a）向养老保障基金副督察官或与其有关的人员支付报酬、离职补偿、养老金、津贴或退休奖金的支付条款；

（b）关于支付养老保障基金副督察官履行其职能产生的支出；

第二百一十一条【养老保障基金督察官和副督察官的地位等】

第一款　在《1975 年下议院取消任职资格法》（第二十四章）附录一第三部分（其他丧失资格的职位）合适的地方加入：

"根据《2004 年养老金法》第二百一十条，任命养老保障基金理事会的督察官和副督察官。"

第二款　在《1975 年下议院取消任职资格法（北爱尔兰）》（第二十五章）附录一第三部分（其他丧失资格的职位）合适的地方加入：

"根据《2004 年养老金法》第二百一十条，任命养老保障基金理事会的督察官和副督察官。"

第三款 《1972 年超级年金法》（第十一章）第一条适用的人员（人员的待遇由第一条提及的计划提供）包括：

养老保障基金理事会督察官；

养老保障基金理事会副督察官；

养老保障基金理事会督察官雇佣的职员。

第四款 养老保障基金督察官必须在其规定的时间向公务员部支付其确定的金额，第三款引起应付款项的增长则根据《1972 年超级年金法》（第十一章）由议会提供资金支付。

第五款 在《1967 年议会管理专员法》（第十三章）附录四（该法第五条第七款涉及的裁判所）适当的地方加入：

"根据《2004 年养老金法》第二百〇九条，任命养老保障基金理事会督察官。"

第二百一十二条【向内阁大臣提交的年度报告】

第一款 养老保障基金督察官务必准备财政年度报告。

第二款 养老保障基金督察官在拟提交报告的财政年度结束后，必须尽可能符合实际地向内阁大臣送交每份报告。

第三款 内阁大臣必须出版向其送交的第二款提及的报告。

第四款 本条中"财政年度"指的是：

（a）理事会建立之日到下一年的 3 月 31 日止的一段时间；

（b）随后的每 12 个月。

第三节 提交养老保障基金督察官的仲裁

第二百一十三条【提交养老保障基金督察官仲裁的可审查事项】

第一款 规章制定条款：

（a）根据第二百〇七条第三款第（b）项或第一款第（b）项制定的条款提及的复议裁决，将可审查问题提交养老保障基金督察官进行仲裁；

（b）要求养老保障基金督察官：

（ⅰ）调查和决定何种行为是理事会应该采取的合适行为；

（ⅱ）把问题和指令转交理事会，以便督察官的裁决生效。

第二款 第一款提及的规章，必须对提交养老保障基金督察官进行仲裁制定条款，这些条款包括：

（a）提起仲裁的人员符合的条件；

（b）提起仲裁的方式，包括提起仲裁的次数在内；

（c）通知指定人员：

（ⅰ）要根据规章提起仲裁；

（ⅱ）要根据规章发布裁决和指令。

第三款　第一款提及的规章必须：

（a）要求养老保障基金督察官在按规章提交其审查的事项或在书面陈述的基础上，处置事项或举行口头听证会；

（b）让养老保障基金督察官能够研究与问题有关的证据，该证据又不被理事会或复议委员会所掌握；

（c）根据规章实施调查的程序、做出裁决和发布裁决以及发布裁决的次数，制定其他条款。

第四款　根据第三款第（c）项制定的条款，包括以下内容：

（a）向规定的人员授权：

（ⅰ）根据本条对其提交仲裁的可审查事项，向养老保障基金督察官进行陈述；

（ⅱ）出席督察官举办的听证会，或在听证会上对可审查事项作证；

（b）养老保障基金督察官对证据的研究，具体包括：

（ⅰ）文件的制作；

（ⅱ）听证会；

（ⅲ）专家证据；

（ⅳ）证人出席作证；

（c）在原提起仲裁的人员去世或不具备行为能力时，授权规定人员继续提起仲裁；

（d）规定人员的成本或支出；

（e）授权规定人员申请中止提交仲裁以后的法律程序；如在符合规定的条件下，可授权相关法院颁布命令，中止法律程序；

（f）确保督察官根据规章发布的裁决、指令对规定人员具有约束力。

第五款　第一款提及的规章可以包括以下条款：

（a）授权督察官要求理事会向其规定的人员支付其认为合理的金额；

（b）授权理事会进行支付；

（c）授权督察官颁布指令，要求：

（ⅰ）理事会应根据督察官发布的裁决、指令，颁布裁决、指令或其他决定；

（ⅱ）理事会应根据督察官发布的裁决或指令，变更、取消或替换裁决、指令或其他决定；

被视为在督察官认为合适的时间内（可能是在颁布裁决或指令之前）实施的。

（d）授权督察官颁布指令，要求理事会根据其接收的裁决或指令变更、替换、颁布或发布任何通知：

（ⅰ）视同在督察官认为适宜的时间（在做出裁决或发布指令之前的时间）颁布或发布；

（ⅱ）视同在其发布裁决、指令时或督察官认为一个更晚的合适时间开始时，通知已具有约束力；

（e）理事会依据督察官颁布的裁决或指令做出的裁决或其他行为，按本章不被看作是可审查事项；

（f）当问题提交理事会时，可以向理事会授予规定的其他权力（根据第二百〇七条第一款，理事会按规章有权做出审查裁决或复议裁决）。

第二百一十四条【养老保障基金督察官进行失当投诉的调查】

第一款　规章规定，养老保障基金督察官应根据第二百〇八条第三款第（b）项规章提及的理事会或理事会委员会提起的相关投诉决策，调查和裁决规定的事项。

第二款　本条提及的规章必须制定条款：

（a）规定把问题提交督察官进行仲裁的人应符合的条件；

（b）规定提交仲裁的方式（包括仲裁提交的次数）；

（c）规定实施调查的方式，达成和发布仲裁裁决结果（包括发布裁决的次数）；

（d）督察官做出裁决的权力，包括：

（ⅰ）有权要求理事会向其认为因投诉的问题遭受不公平待遇的人，支付其认为合适的补偿款项；

（ⅱ）有权要求理事会采取或禁止采取其指定的其他措施；

（e）向理事会授予其应遵守上述要求所必需的权力；

（f）就下列事项通知规定的人员：

（ⅰ）根据规章向督察官提交的仲裁内容；

（ⅱ）督察官根据规章做出的裁决和指令；

（g）授权规定的人员：

（ⅰ）按本条对其向督察官提起仲裁的可审查事项进行陈述；

（ⅱ）出席督察官举办的听证会或在听证会上就可审查事项作证；

（h）养老保障基金督察官对证据的研究，具体包括：

（ⅰ）文件的制作；

（ⅱ）听证会；

（ⅲ）专家证据；

（ⅳ）证人出席作证；

（ⅰ）授权规定的人员在提起仲裁的人员去世或不能行使权力时，继续提交仲裁；

（j）确定指定人员的成本或支出；

（k）授权指定人员在提交仲裁后申请暂停启动的仲裁法定程序；如满足规定的条件，可向相关法院授权颁布暂停程序的命令；

（l）确保督察官根据规章做出的裁决或指令对规定人员具有约束力。

第二百一十五条 【把法律问题提交仲裁】

养老保障基金督察官可以把裁决引起的法律问题提交英格兰和威尔士的高等法院或苏格兰最高民事法院，法律问题与下列事项有关：

（a）根据第二百一十三条提及的规章，向督察官提交仲裁的可审查事项；

（b）根据第二百一十四条提及的规章，向督察官提交仲裁的事项。

第二百一十六条 【出版报告等】

第一款　如果养老保障基金督察官认为在某种情况下适合做上述事情，他可以按其认为合适的形式和方式，出版按第二百一十三条或第二百一十四条提及的规章完成的调查报告和调查结果。

第二款　就诽谤法律而言，督察官根据本章条款对任何事项的出版应拥有绝对优先权。

第二百一十七条 【养老保障基金督察官的裁决】

第一款　受养老保障基金督察官颁布的裁决或指令约束的人员，根据第二百一十三条或第二百一十四条颁布的规章，对裁决或指令引起的法律问题向下列机构提起上诉：

（a）英格兰和威尔士的高等法院；

（b）苏格兰高等民事法院。

第二款　养老保障基金督察官颁布的裁决或指令在下列情况下具有强制性：

（a）在英格兰和威尔士的县级法院具有约束力，视同县级法院颁布的判决或命令；

（b）如在苏格兰郡级法院发布的执行委托书一样。

第二百一十八条【养老保障基金遇到的阻碍等】

第一款　如果某人：

（a）在无合法理由的情况下妨碍养老保障基金督察官履行职能；

（b）在督察官根据第二百一十三条或第二百一十四条颁布的规章实施调查时作为或过失有罪（如果调查为法庭程序，上述作为或过失属于藐视法庭的行为）；

本条适用。

第二款　养老保障基金督察官向法庭提交犯罪证据。

第三款　当根据第二款对犯罪进行证实时：

（a）法庭可以调查相关事项；

（b）法庭可以审理证人针对受控犯罪人员（或代表受控犯罪人员）的指控和听取辩护陈述；

（c）如果督察官实施类似的犯罪，法庭以其能够处理的方式处理他。

第四款　当本条适用于苏格兰时，本条藐视法庭在苏格兰法律中应解释为犯罪。

第五款　在本条中，"the court"一词指的是：

（a）英格兰和威尔士的县级法院；

（b）苏格兰法官。

第七章　其他规定

第一节　合格计划关闭的回溯

第二百一十九条【合格计划关闭的回溯】

第一款　第三款适用于下列情形：

（a）与合格计划相关的雇主有关的合格破产事件发生；

（b）计划关闭在合格破产事件发生之时或之后开始，但不晚于与计划有关的下列事件首次发生之时：

（ⅰ）根据第一百二十二条第二款，与计划具有约束力有关的计划经营失败通知或撤销通知发布；

（ⅱ）根据第一百二十二条第二款，与计划具有约束力有关的撤销通知发布时；

（ⅲ）当第一百四十八条不适用时，发布第一百二十二条第四款提及的通知具有约束力时。

第二款　第三款适用于下列情形：

（a）合格计划受托人或经营管理者：

（ⅰ）根据第一百二十九条第一款，向理事会提出申请；

（ⅱ）根据第一百二十九条第五款第（a）项，收到理事会下发的通知；

（b）计划关闭开始于：

（ⅰ）提出申请或收到通知之时或之后；

（ⅱ）根据第一百三十条第二款或第一百三十条第三款，在发布与计划约束力有关的计划经营失败通知或撤销通知之时或之前。

第三款　如果：

（a）根据监管局按《1995 年养老金法》第十一条颁布关闭计划的命令，实施关闭计划；

（b）在其他情况下，计划受托人或经营管理者决定关闭计划；

关闭计划被视为在第一款第（a）项或第一款第（b）项（情况有可能的话）提及的事件发生以前开始进行。

第四款　在第三款适用时，监管局可以依照命令，要求命令规定的人员：

（a）因根据第三款开始关闭计划而采取它认为合适的措施；

（b）在命令规定的期限内采取上述措施。

第五款　如果计划受托人或经营管理者未遵守根据第四款命令发布的指令，《1995 年养老金法》第十条（民事罚款）适用于那些没有采取所有合理措施以遵守指令的受托人或经营管理者。

第六款　《1995 年养老金法》第十条也适用于在无正当理由情况下未遵守按第四款命令发布的指令的其他人员。

第七款　就本条而言，"合格破产事件"的含义与第一百二十七条的含义一致。

第八款　当第一百二十八条第四款适用于第二百一十九条第一款时，它适用于第二百一十九条第二款。

第九款　本条应根据第一百三十五条（该条限制评审期间关闭合格计划）进行理解。

第二节　养老金共享

第二百二十条【养老金共享】

第一款　当本部分任一条款适用于下列情形时，规章可以修改本部分任一条款：

（a）当合格计划的个人共享权益（无论何时）以养老金负债为准；

（b）适用于下列相关情形：

（ⅰ）与权益有关的养老金共享命令或条款，在合格计划受托人或经营管理者接到第一百六十条提及的移交通知以前颁布；

（ⅱ）命令或条款在他们接到通知之时或之后生效。

第二款　规章也可以修改《1999 年福利改革和养老金法》第四部分第一章（第三十章）（养老金共享）的任一条款，如任一条款：

（a）当合格计划受托人或经营管理者的养老金权益负债在他们接到第一百六十条提及的移交通知以前未加支付时，适用于第一款第（a）项相关的情况；

（b）适用于第一款第（b）项相关的情况。

第三款　在本条中：

"养老金负债"和"养老金权益"的含义与《1999 年福利改革和养老金法》第四部分第一章（第三十章）（养老金共享）的含义相同；

"养老金共享命令或条款"指的是与《1999 年福利改革和养老金法》第二十八条第一款（养老金共享的生效）含义一致的命令或条款。

第三部分 计划资金筹集

第一节 前言

第二百二十一条【本部分适用的养老金计划】

第一款 本部分的条款适用于除下列计划以外的所有职业养老金计划：

（a）货币购买型计划；

（b）指定型计划或指定特征型计划。

第二款 第一款第（b）项提及的条款，可以免除本部分全部或部分条款规定的义务。

第二节 计划资金筹集

第二百二十二条【法定的资金筹集目标】

第一款 每个计划遵守一个条件（"法定资金筹集目标"），即计划必须拥有充足和适当的资产，以满足计划储备金支付的需要。

第二款 计划的"储备金"指的是根据精算的结果，为计划负债提供准备的资金款项。

第三款 就本部分而言：

（a）应以规定的方式，对纳入考虑范围的资产和价值进行确定、计算和核实；

（b）应以规定的方式，对纳入考虑范围的负债进行确定，并根据规定的方法和假设计算计划储备金。

第四款 规章可以：

（a）规定可供选择的规定方法和假设；

（b）规定应由受托人或经营管理者确定计算计划储备金适用的方法和假设；

（c）要求受托人或经营管理者进行裁决时，考虑规定的事项和遵循规定的原则。

第五款 对将计划负债金额限制在资产价值以下的计划规则制定的所

有条款，可以不予考虑。

第二百二十三条【资金筹集原则说明书】

第一款　受托人或经营管理者必须准备、不时修改和加以修改（必要时）与下列内容有关的书面说明：

（a）受托人或经营管理者实施旨在确保资金筹集法定目标得到满足的政策；

（b）其他事项。

这在本部分被称为"资金筹集原则说明书"。

第二款　说明书必须记录受托人或经营管理者做出与下列事项有关的决议：

（a）计算计划储备金使用的方法和假设；

（b）未完成资金筹集法定目标的整改期限和整改方式。

第三款　规章可以对以下事项制定有关条款：

（a）准备资金筹集原则说明书的期限；

（b）要求定期和按规定的次数审查和修改（必要时）资金筹集原则说明书。

第四款　当本条的要求没有得到满足时，《1995 年养老金法》第十条（第二十六章）（民事罚款）适用于那些未采取所有合理措施以确保遵守本条要求的受托人或经营管理者。

第二百二十四条【精算价值评估报告和精算报告】

第一款　受托人或经营管理者必须：

（a）1 年定期或 3 年定期（如隔年获取精算价值报告时）；

（b）在规定的情况和其他次数下；

获取精算价值评估报告。

第二款　在本部分中：

（a）一份"精算价值评估报告"指的是由精算师准备和签署，对计划资产价值进行评估和计算计划储备金的书面报告；

（b）精算价值评估报告的有效日期指的是，计划资产的评估日期和计划储备金计算日期；

（c）一份"精算报告"指的是由精算师准备和签署的一份书面报告，在最近出具的精算价值评估报告以后对影响计划储备金的变化进行评价的报告；

（d）精算报告的有效日期指的是报告信息规定的日期。

第三款 第一款第（a）项提及的定期是在精算价值评估有效日期和下列两个有效日期之间：

（a）初次精算价值评估报告的有效日期为计划设立后的 1 年内；

（b）精算报告的有效日期，为最新精算价值评估报告的有效日期或时间更近的最新精算报告有效日期之后的 1 年内。

第四款 受托人或经营管理者必须确保，他们在报告有效日期后的规定期限内，获取精算价值评估报告或精算报告。

第五款 本条不会对受托人或经营管理者有权力或有义务在更频繁的间隔期或其他条件、次数下获取精算价值评估报告或精算报告产生影响。

第六款 精算价值评估报告或精算报告（不管是根据本条获取，还是根据其他权力或义务获取），必须以规定的方式发布，具有规定的信息，包含说明书以及满足其他规定的条件。

第七款 受托人或经营管理者必须确保，他们在收到的精算价值评估报告或精算报告（无论是根据本条还是根据其他权力或责任）后七天内向雇主送交。

第八款 当第一款、第四款或第七款没有得到满足时，《1995 年养老金法》第十条（第二十六章）（民事罚款）适用于那些未采取所有合理措施以确保遵守上述条款的受托人或经营管理者。

第二百二十五条 【储备金的确认】

第一款 当精算价值评估报告完成时，精算师必须确认储备金的计算结果。

第二款 确认书必须载明，精算师认为应根据第二百二十二条提及的规章进行储备金的计算。

第三款 如果精算师不能根据第二款发布确认书，他必须在受托人或经营管理者收到精算价值评估报告后的合理期限内，以书面的形式向监管局报告上述事项。

如果精算师在无正当理由情况下未遵守本款的规定，《1995 年养老金法》（第二十六章）第十条（民事罚款）适用于精算师。

第二百二十六条 【追偿计划】

第一款 在计划受托人或经营管理者已获得精算价值评估报告时，如果他们认为资金筹集法定目标到评估日期还无法完成，他们必须在规定的时间内：

（a）准备一份追偿计划（如目前没有一份追偿计划）；

（b）审查和在必要时修改追偿计划（如目前有一份追偿计划）。

第二款 追偿计划必须制定：

（a）完成资金筹集法定目标应采取的措施；

（b）完成追偿计划的期限。

第三款 追偿计划必须履行规定的条件，并与养老金计划的性质和条件相适应。

第四款 受托人或经营管理者在准备或修改追偿计划时，必须考虑规定的事项。

第五款 根据规章制定的条款规定，追偿计划可以或必须接受审查和在必要时进行修改。

第六款 受托人或经营管理者在准备或可能修改追偿计划结束后的合理期限内，向监管局送交一份追偿计划，如另有规定的情形除外。

向监管局送交的追偿计划副本，必须附带提供规定的信息。

第七款 当本条的要求没有得到满足时，《1995 年养老金法》第十条（第二十六章）（民事罚款）适用于那些未采取所有合理措施确保遵守本条要求的受托人或经营管理者。

第二百二十七条【缴费进度表】

第一款 受托人或经营管理者必须准备、时常审查和必要时修改缴费进度表。

第二款 "缴费进度表"指的是与下列内容有关的说明书：

（a）由雇主或他人代表雇主和计划积极参保人应向计划支付的缴费金额；

（b）在某日期或某日期之前支付上述缴费。

第三款 根据规章针对下列事项制定相关条款：

（a）在计划建立后准备缴费进度表的期限；

（b）要求定期和以规定的次数审查缴费进度表，在必要时修改缴费进度表；

（c）缴费进度表履行期限。

第四款 缴费进度表必须满足规定的条件。

第五款 缴费进度表必须由精算师出具，并且在缴费进度表出具以前：

（a）不可履行准备或修改缴费进度表的义务；

（b）缴费进度表不能生效。

第六款 证明书必须载明：

（a）精算师认为缴费进度表与资金筹集原则说明书一致；

（b）缴费进度表显示的情形如下：

（ⅰ）当在最新精算价值评估报告有效日期内没有完成资金筹集法定目标时，有望在追偿计划规定的期限结束后完成资金筹集法定目标；

（ⅱ）当在最新精算价值评估报告有效日期完成资金筹集法定目标时，有望在缴费进度表实施期限内继续完成资金筹集法定目标。

第七款 当未在最近的精算价值评估报告有效期内完成资金筹集法定目标，受托人或经营管理者必须在准备和修改（如有可能的话）缴费进度表后的合理期限内，向养老金监管局送交一份缴费进度表副本。

第八款 当本条前款规定的条件没有得到满足时，《1995 年养老金法》第十条（民事罚款）适用于那些未采取所有合理措施，以确保本条前款规定的条件得到满足的受托人或经营管理者。

第九款 如果精算师不能出具第六款要求的证明书，他必须在缴费进度表必须准备和修改（如有可能）的期限结束后的合理期限内，以书面的形式向监管局报告问题。

如果精算师没有正当理由履行本款的规定，那么《1995 年养老金法》第十条（民事罚款）适用于精算师。

第十款 上述第一款、第三款、第五款和第九款，不适用于监管局根据第二百三十一条要求的缴费进度表或缴费进度表有效实施的情况（情况允许）。

第二百二十八条【未支付情形】

第一款 当雇主或他人代表雇主或计划积极参保人未能在规定的日期按照缴费进度表支付缴费时，本条适用。

第二款 如果受托人或经营管理者有合理理由相信上述未支付情形可能对监管局行使职能产生重大影响，他们必须在合理期限内向监管局和参保人报告上述情况，另有规定的除外。

第三款 除本款外，如雇主没有拖欠受托人或经营管理者的应付债务，未付缴费金额（不管是否应由雇主支付）应被看作是一种债务。

第四款 《1995 年养老金法》第十条（民事罚款）：

（a）在上述第二款没有得到遵守时，适用于那些未采取所有合理措施以确保遵守第二款的受托人或经营管理者；

（b）在下列情况下适用于雇主：

（i）如果雇主在无正当理由情况下未按缴费进度表履行其必须支付缴费的义务；

（ii）如果雇主在无正当理由情况下未按上述第三款履行其必须支付缴费的义务。

第五款 正如本条适用于受托人或经营管理者与雇主达成协议的缴费进度表，本条适用于监管局规定的缴费进度表。

第二百二十九条【需雇主同意的事项】

第一款 受托人或经营管理者必须获得雇主对下列事项的同意：

（a）决定计算计划技术性储备金使用的方法和假设（参见第二百二十二条第四款）；

（b）资金筹集原则说明书包含的所有事项（参见第二百二十三条）；

（c）追偿计划条款（参见第二百二十六条）；

（d）缴费进度表包含的全部事项（参见第二百二十七条）。

第二款 受托人或经营管理者认为，如果在规定的时间内不能获得雇主对某一事项的同意意见，他们（如果雇主同意）可以依照决议，修改计划未来应计养老金待遇水平。

第三款 根据第二款进行的修改，在生效后不应对下列人员的存续权益带来不利影响：

（a）计划参保人；

（b）计划参保人遗属。

就本款而言，"存续权益"和"遗属"具有的含义由《1995 年养老金法》（第二十六章）第六十七 A 条给出。

第四款 所有修改必须：

（a）由受托人或经营管理者以书面的形式记录；

（b）在修改生效一个月内通知积极参保人。

第五款 如果受托人或经营管理者在规定时间内不能获得雇主对第一款提及事项的同意意见，他们必须在合理期限内以书面形式报告其未获同意的情况。

第六款 当第一款、第四款或第五款没有得到遵守时，《1995年养老金法》第十条（民事罚款）适用于那些未采取所有合理措施以确保上述条款得到遵守的受托人或经营管理者。

第二百三十条【必须获取精算师建议的有关事项】

第一款 受托人或经营管理者在实施下列事项以前必须获取精算师提出的建议：

（a）决定选择计算计划技术性储备金使用的方法和假设（参见第二百二十二条第四款）；

（b）准备或修改资金筹集原则说明书（参见第二百二十三条）；

（c）准备或修改追偿计划（参见第二百二十六条）；

（d）准备或修改缴费进度表（参见第二百二十七条）；

（e）修改计划未来应计待遇水平（参见第二百二十九条第二款）。

第二款 规章要求精算师向计划受托人或经营管理者为某一事项提供建议时，必须遵守规定的条件。

第三款 规章要求精算师重视法定指引。

"法定指引"指的是由法定的机构准备和定期修改的指引，如根据规章规定指引时，还必须得到内阁大臣的批准。

第四款 当第一款没有得到遵守时，《1995年养老金法》第十条（民事罚款）适用于未采取全部合理措施以确保遵守第一款的受托人或经营管理者。

第二百三十一条【养老金监管局的权力】

第一款 当养老金监管局认为与计划有关的以下情形发生时（由于向监管局或其他机构递交的报告），可以行使本条授予的权力：

（a）计划受托人或经营管理者没有遵守第二百二十三条有关准备和修改资金筹集原则说明书的要求；

（b）计划受托人或经营管理者没有获得第二百二十四条第一款规定的精算价值评估报告；

（c）精算师不能按照第二百二十四条第一款规定的精算价值评估报告核实计划技术储备金的计算结果；

（d）计划受托人或经营管理者没有遵守第二百二十三条有关制备追偿计划的要求；

（e）计划受托人或经营管理者没有遵守第二百二十三条有关制备和

修改缴费进度表的要求；

（f）精算师不能核实缴费进度表（参见第二百二十七条第六款）；

（g）雇主没有按照缴费进度表进行缴费支付，或没有根据第二百二十八条第三款进行支付，且上述未支付的情况具有重大的影响；

（h）计划受托人或经营管理者与雇主在规定的时间内，没能就必须达成一致的事项取得共识；

第二款 在上述情况下，养老金监管局可以依照命令行使下列全部或部分权力：

（a）可以修改计划未来应计待遇水平；

（b）可以发布指令，规定：

（ⅰ）计划技术储备金条款的计算方式，包括计算计划技术储备金使用的方法和假设；

（ⅱ）没有完成资金筹集法定目标的整改时间和整改方式；

（c）可以要求缴费进度表载明：

（ⅰ）由雇主或代表雇主的人员和计划积极参保人应向计划缴费的金额；

（ⅱ）应该支付上述缴费的日期。

第三款 根据第二款第（a）项进行的修改在生效后，不应对下列人员的存续权益带来不利影响：

（a）计划参保人；

（b）计划参保人遗属。

就本款而言，"存续权益"和"遗属"具有的含义由《1995 年养老金法》第六十七 A 条给出。

第四款 监管局在行使本条授予的权力时，必须遵守规定的条件。

第五款 本条授予的权力还包括监管局根据本法或《1995 年养老金法》（第二十六章）行使的其他权力。

第三节 补充性条款

第二百三十二条【修改本部分条款的权力】

当规章适用于规定情形时，可以修改本部分条款。

第二百三十三条【与《1995 年养老金法》的解释一致】

对本部分的解释与对《1995 年养老金法》（第二十六章）第一部分

的解释一致。

第四部分　退休财务方案

第一节　退休计划

第二百三十四条【推动和促进制定退休财务方案】

第一款　内阁大臣和北爱尔兰部根据推动或促进制定退休财务方案采取行动。

第二款　行动具体包括制定促进条款在内，制定条款的目的在于帮助个人或被赋予权力的某人能够：

（a）估算个人退休后有可能需要的资金额；

（b）估算个人退休后有可能获取的养老金金额和其他资金来源金额；

（c）确保采取的行动与个人退休后可获取资金来源的增加有关。

第三款　《2000 年金融服务和市场法》（第八章）第二十一条（对金融促进的限制措施）禁止内阁大臣或北爱尔兰部采取的措施，不会得到本条的核准而实施。

第四款　在本条中，"北爱尔兰部"指的是北爱尔兰社会发展部。

第二百三十五条【根据第二百三十四条提供信息】

第一款　本条适用于：

（a）决定个人应计养老金和其他待遇有关的信息；

（b）与个人拥有或可获得的资金来源有关的信息；

（c）与采取行动有关的信息，采取的行动与下列事项有关：

（i）为个人储蓄（退休储蓄或其他）提供便利措施；

（ii）促进或推动个人储蓄（退休储蓄或其他）。

第二款　持有本条适用信息的某人可以根据第二百三十四条第一款将信息：

（a）提供给内阁大臣或北爱尔兰部使用；

（b）提供给服务于内阁大臣或北爱尔兰部的人使用。

第三款　按第二款提供的信息不应由信息接收者提供：

（a）当信息与个人有关时：

（ⅰ）个人或个人授权的某人除外；

（ⅱ）个人同意的另一个人除外；

（b）在：

（ⅰ）第二款提及的接收信息的人除外；

（ⅱ）与相关刑事程序制定有关或相关刑事程序提及的某人除外。

第四款　在第三款中，"相关刑事程序"指的是：

（a）根据《1993 年养老金计划法》（第四十八章）制定的刑事程序；

（b）根据《1995 年养老金法》（第二十六章）制定的刑事程序；

（c）根据本法制定的刑事程序；

（d）与上述第（a）项到第（c）项提及的法律并在北爱尔兰相应实行的成文法。

第五款　在本条中，"北爱尔兰部"指的是北爱尔兰社会发展部。

第六款　本条以第八十八条和第二百〇二条（向监管局或理事会披露税收信息）为准。

第二百三十六条【使用和提供信息：私人养老金政策和退休计划】

附录十（出于私人养老金政策和退休计划的考虑，该附录为使用和提供信息制定条款）适用。

第二百三十七条【综合养老金预测】

第一款　规章要求职业养老金计划或个人养老金计划的受托人或经营管理者向计划参保人提供：

（a）第二款指明的信息；

（b）第三款指明的信息。

第二款　第一款第（a）项提及的信息与参保人有关，指的是：

（a）为《2000 年儿童扶助、养老金和社会保障法》（第十九章）第四十二条提及的国家养老金信息；

（b）根据《2000 年儿童扶助、养老金和社会保障法》第四十二条，向受托人或经营管理者披露的信息；

（c）指定特征型信息。

第三款　第一款第（b）项提及的信息指的是：

（a）与参保人可能获得或取得的计划养老金和其他待遇有关的信息；

（b）指定特征型信息。

第四款　第一款提及的规章，可以要求按规定的时间提供该款提及的信息。

第二节　向雇员提供的信息和建议

第二百三十八条【向雇员提供的信息和建议】

第一款　规章要求雇主采取措施，以便雇员获取养老金和退休储蓄有关的信息和建议。

第二款　根据第一款，规章具体可以：

（a）规定规章适用具有规定内容的雇主和具有规定内容的雇员；

（b）对不同雇主和雇员制定不同条款；

（c）对雇主采取的措施制定条款（包括采取行动的频率、时间和地点）；

（d）对要求适用的信息和建议内容制定条款；

（e）对授权提供信息和建议的人员制定条款。

第三款　第一款提及的规章适用的雇主，必须向监管局提供他们采取措施以遵守规章的信息。

第四款　规章对下列事项制定相关条款：

（a）根据第三款提供信息；

（b）信息提供的形式和方式；

（c）信息提供的期限。

第五款　《1995 年养老金法》（第二十六章）第十条（民事罚款）适用于在无正当理由情况下未遵守第三款的任何人。

第六款　在本条中，"雇主"指的是英格兰居民和非居民的雇主。

第五部分　职业养老金计划和个人养老金计划的其他条款

第一节　养老金计划类型

第二百三十九条【养老金计划的类型】

第一款　对《1995 年养老金法》（第四十八章）第一条（养老金计划类型）的修改可见以下条款。

第二款　本条条款成为本条的第一款。

第三款　在第一款中，用以下内容替换"职业养老金计划"和"个人养老金计划"的定义：

""职业养老金计划'指的是一种养老金计划：

（a）其：

（ⅰ）目的在于向通过就业提供服务的人群提供待遇；

（ⅱ）目的为上述内容和向其他人群提供待遇；

由包括第二款适用的人员在内的人员建立的养老金计划，或当计划建立时，假若第二款有效，由第二款适用的人员（情况允许）建立的养老金计划；

（b）计划主要经营管理发生在英国或成员国；

或规定的养老金计划或具有规定内容的养老金计划；

'个人养老金计划'指的是一种养老金计划，其：

（a）不是职业养老金计划；

（b）由符合《2004 年财政法》第一百五十四条第一款各小节含义的个人建立的计划；"

第四款　在第一款后加入：

"**第二款**　本款：

（a）在处于就业的人群受雇于某人时，适用于雇佣上述就业人群的人员；

（b）适用于符合上述就业内容的人；

（c）适用于代表的利益是具有规定内容利益的某人，以便包含：

（ⅰ）雇佣第（a）项提及的就业人群的人员的利益；

（ⅱ）就业人群的利益。

第三款　就第二款而言，如果某人是因任职而符合相关就业内容的人（包括选举型职位）和有资格根据任职取得报酬的人，那么有责任支付报酬的人则被看作是雇佣任职人员的人。

第四款　在第一款'职业养老金计划'定义中，其内容包括两类或两类以上就业组成的内容。

第五款　在第一款中，'养老金计划'（除了短语'职业养老金计划''个人养老金计划'和'公共机构养老金计划'以外）指的是由一个或多个文件、协议组成的具有效力的计划或其他制度安排，以便在人们：

（a）退休时；

（b）到某一特定年龄时；

（c）就业终止时；

为其提供待遇。

第六款　根据《2004 年财政法》第一百五十四条第四款（修改第一百五十四条和第一百五十五条的权力）规定，财政部的权力应包括有权修改：

（a）第一款第（a）项的'个人养老金计划'定义；

（b）爱尔兰实施与上述第（a）项相应的条款。"

第二百四十条【在《1995 年养老金法》第一部分中"雇主"的含义】

第一款　在《1995 年养老金法》（第二十六章）第一百二十五条（释义的补充条款）第三款（"雇主"的引申含义）中：

（a）在"包括"后加入"：（a）"；

（b）在计划后加入"；（b）规定的其他人员"。

第二款　在《1995 年养老金法》第一百七十五条（议会对命令和规章的控制）第二款（以确定性决议程序为准的文件）中，在第（c）项末尾删除"或"，并在第（c）项之后加入：

"第（ca）项　第一百二十五条第三款第（b）项，或"。

第二节　受托人和理事的提名条件

第二百四十一条【受托人的提名条件】

第一款　"职业信托型计划"的受托人必须确保：

（a）在生效日期后的合理时间内准备实施制度，规定至少有 1/3 的受托人是从参保人中任命的；

（b）上述制度得到执行。

第二款　"参保人型受托人"是职业信托型计划受托人，其得到：

（a）提名，因为下列人员有资格参与提名程序：

（ⅰ）所有计划积极参保人或能够充分代表积极参保人的组织；

（ⅱ）所有领取养老金的计划参保人或充分代表他们的组织；

（b）遴选，因为提名程序会涉及全部或部分计划参保人。

第三款　与计划有关的"生效日期"为：

（a）本条开始适用于计划的日期；

（b）在本条已不适用于计划和再度适用于计划的情况下，本条再度适用于计划的日期。

第四款　制度规定受托人的提名人数，如第一款第（a）项提及的参保人型受托人人数超过必须达到最低的 1/3 时，必须得到雇主的批准。

第五款　制度必须规定：

（a）提名和遴选程序应在委任提名受托人制度产生的合理期限条件内实施；

（b）如因提名人数不够而出现职位空缺，在职位空缺后的一个合理期限内再次实施提名和遴选程序；

（c）不是计划参保人的某人必须按照雇主的要求并得到雇主的批准，才能有资格作为参保人型受托人；

（d）根据第（c）项可以规定，在参保人型参保人等于或少于规定的提名人数时，提名人选一定被遴选为受托人。

第六款　制度必须规定，取消提名受托人资格必须得到所有其余受托人的同意。

第七款　计划条款或制度不能仅仅因为他们是参保人型受托人，而不让他们行使其他受托人可以行使的职权。

第八款　只有在下列条件下，本条不适用于职业信托型计划：

（a）计划所有参保人均是计划受托人，没有其他人员是职业信托型计划的受托人；

（b）每一个计划受托人均是公司；

（c）计划属于指定特征型计划。

第九款　在职业信托型计划情况下，第一款要求的制度：

（a）没有按照第一款第（a）项的规定准备实施；

（b）没有得到实施；

《1995 年养老金法》第十条（民事罚款）适用于那些未采取所有合理措施以确保遵守上述规定的受托人。

第二百四十二条【公司受托人提名为参保人型董事的条件】

第一款　当公司为职业养老金计划的受托人和每一位计划受托人均是公司时，公司必须确保：

（a）在生效日期后一段时间内准备实施制度，规定至少有三分之一的公司董事为参保人型董事；

（b）上述制度得到执行。

第二款 "参保人型董事"是拟议的公司董事，其：

（a）得到提名，因为下列人员至少有资格参与提名程序：

（ⅰ）所有职业信托型计划积极参保人或能够充分代表积极参保人的组织；

（ⅱ）所有领取养老金的职业信托型计划参保人或充分代表他们的组织；

（b）得到遴选，因为提名程序会涉及全部或部分计划参保人。

第三款 与公司有关的"生效日期"为：

（a）本条开始适用于公司的日期；

（b）在本条已不适用于公司和再度适用于公司的情况下，本条再度适用于公司的日期。

第四款 制度规定受托人的参保人型董事人数，如第一款第（a）项提及的参保人型董事人数超过必须达到最低的三分之一时，必须得到雇主的批准。

第五款 制度必须：

（a）提名和遴选程序应在委任参保人型董事的制度产生的合理期限条件内实施；

（b）如因提名人数不够出现职位空缺，在职位空缺后的一个合理期限内再次实施提名和遴选程序；

（c）不是计划参保人的某人必须按照雇主的要求并得到雇主的批准，才能有资格作为参保人型董事；

（d）根据第（c）项可以规定，在提名参保人等于或少于规定的提名人数时，提名人一定被遴选为董事。

第六款 制度必须规定，取消参保人型董事资格必须得到其他所有董事的同意。

第七款 计划制度或条款不能仅仅因为他们是参保人型董事，而不让他们行使其他董事可以行使的职权。

第八款 当一家公司同时为两个或两个以上职业养老金计划的受托人，根据第九款的规定：

（a）上述这些计划视同为单一计划；

（b）每一个计划的参保人视为单一计划的参保人；

（c）"雇主"被视为与计划有关的全部雇主；

本条前述条款有效。

第九款　除本款外，当第八款适用于公司时，公司可以确定第八款：

（a）不适用于第八款提及的情况；

（b）仅仅适用于公司适用的某些计划。

第十款　本条不适用于具有规定内容的职业养老金计划。

第十一款　在公司为职业信托型计划受托人的情况下，根据第一款制定的制度：

（a）没有按照第一款第（a）项的规定实施；

（b）没有正在执行；

《1995 年养老金法》第十条（民事罚款）适用于那些没有采取所有合理措施以确保遵守上述规定的公司。

第二百四十三条【参保人型受托人和参保人型董事的补充性规定】

第一款　内阁大臣依照命令可以修改第二百四十一条第一款第（a）项、第二百四十一条第四款、第二百四十二条第一款第（a）项和第四款，对上述各条款中的"三分之一"用"二分之一"替代。

第二款　规章可以修改第二百四十一条和第二百四十二条（包括第一款提及的条款在内），以适用于规定的情形。

第三款　在第二百四十一条和第二百四十二条中：

"公司"指的是符合《1985 年公司法》（第六章）第七百三十五条第一款含义的公司或为《1986 年破产法》（第四十五章）第五部分关闭的公司（未注册公司）；

"职业信托计划"指的是以信托为基础建立的职业养老金计划。

第三节　职业养老金计划受托人的义务

第二百四十四条【投资原则】

用下面内容替换《1995 年养老金法》第三十五条（投资原则）：

"第三十五条【投资原则】

第一款　信托型计划受托人必须确保：

（a）准备计划投资原则说明书；

（b）定期和按规定的次数对说明书加以审查，如需要，可以修改说明书。

第二款　本条与计划有关的'投资原则说明书'，指的是决定计划投资决策的书面说明。

第三款　在准备或修正投资原则说明书以前，信托型计划受托人须遵守规定的条件。

第四款　投资原则说明书必须具有规定的形式和涵盖规定的事项（在其他事情之中）。

第五款　无论是信托型计划，还是投资原则说明书，都不对雇主投资许可权加以限制（无论如何表示）。

第六款　如果在信托型计划情况下：

（a）没有准备投资原则说明书，按本条的规定不会保存或修改说明书；

（b）受托人没有履行第三款赋予的义务；

第十条适用于那些未采取所有措施以确保履行义务的受托人。

第七款　规章规定，本条不适用于具有规定内容的计划。"

第二百四十五条【受托人制定投资指导规章的权力】

第一款　对《1995 年养老金法》第三十六条（选择投资）做如下修改。

第二款　用以下内容替换第三十六条第一款：

"**第一款**　信托型计划受托人必须根据规章、第三款和第四款行使投资权力，根据第三十四条受托行使自由裁量权的基金经理，必须按规章行使自由裁量权。

第一 A 款　第一款提及的规章：

（a）规定投资选择适用的标准；

（b）要求投资多样化。"

第三款　删除第二款。

第四款　用"第一款提及的监管条件，比如与投资适合性有关和"替换第三款"第二款提及的事项和"。

第五款　用以下内容替换第八款：

"**第八款**　如果信托型计划受托人：

（a）没有遵守第一款提及的规章；

（b）没有根据本条获取建议并对意见加以研究；

第十条适用于那些没有采取所有措施以确保履行义务的受托人。"

第六款　在第八款之后加入：

"**第九款**　规章可以规定本条以前条款不适用于指定特征型计划。"

第二百四十六条【受托人借款】

在《1995 年养老金法》第三十六条之后加入：

"**第三十六 A 条【受托人借款的限制】**

规章禁止信托型计划受托人或根据第三十四条受托行使自由裁量权的基金经理借款或提供担保，特殊规定的情形除外。"

第二百四十七条【个人受托人在知识和理解能力上具备的条件】

第一款　本条适用于作为职业养老金计划受托人的个人。

第二款　在本条中，"相关计划"与个人有关，指的是受托人为个人的职业养老金计划。

第三款　本条适用的个人与各自相关计划有关，必须熟悉：

（a）信托合同和计划规则；

（b）根据《1995 年养老金法》（第二十六章）第三十五条暂时保有的投资原则说明书；

（c）根据第二百二十三条最近准备和修改的资金筹集原则说明书［在第三部分（计划资金筹集）适用的相关计划情况下］；

（d）记录受托人临时采用的计划管理政策的其他文件；

第四款　本条适用的个人必须拥有：

（a）与养老金和信托有关的知识和理解能力；

（b）相关原则：

（ⅰ）与职业养老金计划资金筹集原则有关的知识和理解能力；

（ⅱ）与计划资产投资原则有关的认识和理解能力；

（c）其他事项。

第五款　第四款要求个人具备一定的知识水平和理解能力，使其能够恰当地履行与相关计划受托人有关的职权。

第二百四十八条【公司受托人在知识和理解能力上具备的条件】

第一款　本条适用于作为职业养老金计划受托人的公司。

第二款　在本条中，"相关计划"与公司有关，指的是受托人为公司的职业养老金计划。

第三款　本条适用的公司与每个相关计划有关，公司必须确保个人在行使公司拥有的计划受托人职能时，熟悉第四款提及的每一个与职能行使有关的文件。

第四款 这些文件为：

（a）信托合同和计划规则；

（b）根据《1995年养老金法》（第二十六章）第三十五条暂时保有的投资原则说明书；

（c）根据第二百二十三条最近准备和修改的资金筹集原则说明书（在第三部分适用的相关计划情况下）；

（d）记录受托人临时采用的计划管理政策的其他文件。

第五款 本条适用的个人必须拥有：

（a）与养老金和信托有关的知识和理解能力；

（b）相关原则：

（ⅰ）与职业养老金计划资金筹集原则有关的知识和理解能力；

（ⅱ）与计划资产投资原则有关的知识和理解能力；

（c）其他事项。

第六款 第五款要求个人具备一定的知识水平和理解能力，使其能够恰当地履行与相关计划受托人有关的职权。

第七款 在本条中，个人行使公司职能指的是个人代表公司行使公司职能所做的任何事情。

第八款 在本条中，"公司"的含义与《1985年公司法》（第六章）第七百三十五条第一款给出的含义一致，或为根据《1986年破产法》第五部分关闭的公司（未注册的公司）。

第二百四十九条【知识和理解能力条件的补充性规定】

第一款 根据第二百四十七条和第二百四十八条，个人作为相关计划受托人具有的职能是一名受托人拥有的职能，具体包括：

（a）根据《1995年养老金法》（第二十六章）第三十四条第五款第（a）项（投资自由裁量权的委托）授权其作为受托人之一具有的职能；

（b）他还可以作为计划受托人委员会委员拥有的职能。

第二款 规章规定第二百四十七条和第二百四十八条相关条款：

（a）不适用于；

（b）修改后适用于；

符合规定条件的受托人。

第三款　上两条不会对要求受托人了解或熟悉某一事项的法规产生影响。

第四节　对雇主进行的盈余支付

第二百五十条【对雇主进行的盈余支付】

用下面的内容替换《1995 年养老金法》第三十七条（对雇主进行过多的支付）：

"第三十七条【对雇主进行的盈余支付】

第一款　本条适用于信托型计划，前提是如果：

（a）除本条以外，授权雇主或其他人使用计划资金向雇主支付；

（b）计划没有被关闭。

第二款　当计划向非受托人的某人授予第一款第（a）项提及的权力时：

（a）获取授权的某人不能行使上述授予的权力，只能由受托人行使权力；

（b）计划对行使权力施加的限制（如能加以限制的话），适用于受托人行使权力。

第三款　第一款第（a）项提及的权力，只有在下列条件满足的情况下行使：

（a）受托人已经获取由规定人员准备和签署的计划资产和负债价值评估书面报告；

（b）存在一份有效证明：

（ⅰ）载明规定人员认为在资产评估和负债计算日期时规定的条件得到满足；

（ⅱ）说明规定人员认为向雇主支付的最大限额；

（c）支付金额不会超过证明书确定的最大金额；

（d）受托人确信，以拟议的方式行使权力正是出于对参保人利益的考虑；

（e）当计划向雇主授权时，雇主请求以拟议的方式行使权力或准许行使权力；

（f）《2004 年养老金法》第二十三条提及的计划冻结命令不再有效；

（g）根据规定的要求，向计划参保人发布行使权力建议的通知。

第四款　根据规章制定与下列内容有关的条款：

（a）必须满足的条件（可能是选择性条件），这些条件与拟按计划的资产价值和负债金额使用计划专用资金向雇主支付有关；

（b）用于支付判断依据的资产和负债以及资产和负债价值或金额的确定、计算和核实的方式；

（c）在考虑计划资产价值和负债金额的情况下，向雇主支付的最大金额；

（d）发布与第（a）项和第（c）项提及的事项有关的证明书；

（e）证明书有效的期限。

第五款　受托人也必须遵守与按本条进行支付有关的其他规定条件。

第六款　如果受托人：

（a）想在未遵守本条有关条件下行使权力；

（b）没有遵守第五款提及的规定条件；

第十条适用于那些未采取所有合理措施以确保遵守规定条件的受托人。

第七款　如果当非受托人的某人希望行使第一款第（a）项提及的权力时，第十条适用于非受托人的某人。

第八款　规章规定在规定情况下，本条不适用于指定特征型计划或修改后适用。"

第二百五十一条　【向雇主进行盈余支付：临时修改计划的权力】

第一款　在第二百五十条生效以前，当计划为《1995 年养老金法》（第二十六章）第三十七条适用（当该条有效时，参见该条第一款）的计划时，本条适用。

第二款　除本条提及的受托人另有决定以外，不允许使用计划专用资金向雇主支付。

第三款　当此表述计划（除第三十七条外，当计划适用时）的目的在于仅仅根据《1988 年所得和企业税收法》附录二十二小节第六分小节第一款批准的建议，授权使用计划专用资金向雇主支付，受托人决定权力：

（a）根据决议的条件成为可行使的权力；

（b）仅在决议规定的情况和条件下，可以成为可行使的权力。

第四款　当此表述计划的目的在于仅仅根据《1988 年所得和企业税

收法》附录二十二第六小节第一分小节批准的建议，授权使用计划专用资金向雇主支付，受托人决定权力可在决议规定的情况和条件下行使。

第五款　无论上述哪一种情况，受托人必须确信，以拟议的方式行使权力正是出于对参保人利益的考虑。

第六款　第三款或第四款授予的权力：

（a）不能行使，除非在规定的条件下，向雇主和计划参保人发布建议行使权力的通知；

（b）仅仅行使一次；

（c）在本条生效 5 年后停止行使。

第七款　根据本条提及的决议向雇主支付权力的行使，以被第二百五十条替换的《1995 年养老金法》（第二十六章）第三十七条为准。

第五节　向职业养老金计划付款的限制

第二百五十二条【委托于有效规则的英国计划】

第一款　第二款和第三款适用于在英国境内实施主要经营管理业务的计划。

第二款　如果计划不是根据不可撤销信托设立，计划受托人或经营管理者必须确保不进行资金支付。

第三款　如果规则约定：

（a）计划待遇；

（b）计划应计待遇遵守的条件；

没有生效或没有以书面形式正式颁布时，计划受托人或经营管理者必须确保未收到计划筹集支付款项。

第四款　第二款或第三款不适用于指定型职业养老金计划或指定特征型职业养老金计划。

第五款　如果：

（a）第二款或第三款要求计划受托人或经营管理者确保没有进行计划筹集支付款项；

（b）收到计划筹集支付款项；

（c）计划受托人或经营管理者没有采取合理措施，以确保没有收到计划筹集支付款项；

《1995 年养老金法》（第二十六章）第十条（民事罚款）适用于那些

向主要经营场所在英格兰本地的职业养老金计划的受托人或经营管理者。

第六款 在本条中，与计划有关的"计划筹集型支付款项"指的是向计划支付款项，筹集所有计划参保人待遇所需资金。

第二百五十三条【委托于英国居民受托人的非欧洲计划】

第一款 第二款和第三款适用于那些主要经营场所在成员国内的职业养老金计划。

第二款 只有在第四款提及的条件得到满足时，基于英格兰的雇主向计划支付雇员缴费（无论雇员是否在英格兰）。

第三款 只有在第四款提及的条件得到满足时，基于英格兰以外的雇主，向计划为受雇于英格兰的雇员支付缴费。

第四款 上述条件为：

（a）计划建立在不可撤销信托基础之上；

（b）计划受托人为英格兰本地居民。

第五款 第二款或第三款不适用于指定型职业养老金计划或指定特征型职业养老金计划。

第六款 如果：

（a）第二款或第三款适用于缴费支付时；

（b）第四款提及的条件在支付时得不到满足；

（c）雇主在上述条件没有得到满足时，没有正当理由进行缴费支付；

《1995 年养老金法》（第二十六章）第十条（民事罚款）适用于向主要经营场所在成员国以外的职业养老金计划缴费的雇主。

第七款 在本条中"基于"：

（a）与法人团体的雇主有关时，指的是公司；

（b）与其他雇主有关时，指的是居民。

第二百五十四条【把非欧洲计划的代表视为受托人】

第一款 如职业养老金计划的主要经营场所不在成员国范围内，养老金法引用的计划受托人包括由计划受托人根据本条临时委任为计划代表的人员。

第二款 第一款不适用于特定的引用内容。

第三款 在第一款中，"养老金法律"指的是包含于下列法律之中或根据下列法律制定的成文法：

（a）《1993 年养老金计划法》（第四十八章）；

（b）《1995 年养老金法》；

（c）《1999 年福利改革和养老金法》（第三十章）第一部分到第四部分；

（d）本法。

第六节　职业养老金计划的行为

第二百五十五条【职业养老金计划的行为】

第一款　如某一职业养老金计划的主要经营场所在英国，计划受托人或经营管理者必须确保计划活动仅限于退休待遇行为。

第二款　第一款不适用于指定型养老金计划或指定特征型养老金计划。

第三款　如果：

（a）计划从事的行为不属于退休待遇行为时；

（b）计划受托人或经营管理者没有采取合理措施，以确保计划活动限于退休待遇行为时；

《1995 年养老金法》（第二十六章）第十条（民事罚款）适用于符合第一款规定的计划受托人或经营管理者。

第四款　在本条中，"退休待遇行为"指的是：

（a）与退休待遇相关的运营行为；

（b）与退休待遇相关的运营行为引起的活动。

第五款　在第四款中，"退休待遇"指的是：

（a）到退休时或预计到退休时支付的待遇；

（b）对第（a）项提及的待遇进行补充的待遇，并在辅助性基础上以下列形式支付：

（ⅰ）在去世、残障或就业中止时支付；

（ⅱ）在出现疾病、贫困或去世时，以扶持性款项或服务的形式支付。

第七节　不允许补偿罚款或民事罚款

第二百五十六条【不允许补偿罚款或民事罚款】

第一款　计划受托人或经营管理者不能使用职业养老金计划或个人养老金计划资产，补偿下列情况引起的罚款：

（a）因其犯罪而遭受的罚款；

（b）根据《1995 年养老金法》（第二十六章）第十条或《1993 年养老金计划法》（第四十八章）第一百六十八条第四款（民事罚款）应支付的罚款。

第二款　就第一款而言，受托人或经营管理者得到补偿的罚款，包括在遭受支付罚款风险时支付保单保险费。

第三款　当违反本条使用职业养老金计划资产支付款项时，《1995 年养老金法》（第二十六章）第十条（民事罚款）适用于那些未采取所有合理措施，以确保遵守本条的受托人或经营管理者。

第四款　当职业养老金计划或个人养老金计划的某一受托人或经营管理者：

（a）因第一款第（a）项或第一款第（b）项提及的事项受到使用计划资产支付的补偿；

（b）知道或应该相信某一受托人或经营管理者已经得到第（a）项提及的补偿时；

其上述行为属于犯罪行为，除非他已经采取措施以确保没有得到补偿。

第五款　第四款提及的犯罪人员：

（a）在简易审判时，会遭受不超过法定最高限额的罚款；

（b）在公诉判决时，会遭受两年以内的监禁、罚款，或监禁和罚款同时适用。

第八节　向就业转移提供养老金保障

第二百五十七条【养老金保障的条件】

第一款　对与下列情形有关的个人（"雇员"），本条适用：

（a）当存在工作转移（就业保障，TUPE）条例适用的工作或部分工作转移时；

（b）由于就业转移，雇员不再受雇于就业转出方并受雇于就业转入方时；

（c）在雇员受雇于就业转入方以前：

（ⅰ）存在与转出方为雇主有关的职业养老金计划（"计划"）；

（ⅱ）本条第二款、第三款和第四款任一条款适用时。

第二款　本款在下列情形下适用：

（a）雇员是计划的积极参保人；

（b）如果计划提供的所有待遇均是货币购买型待遇；

（ⅰ）就业转出方必须向雇员参保的计划缴费；

（ⅱ）就业转出方除一次或多次缴费以外，不再有其他义务。

第三款　本款在下列情形下适用：

（a）雇员不是计划的积极参保人，但雇员却是该计划的合格参保人；

（b）如果计划提供的所有待遇均是货币购买型待遇，假如在雇员为计划积极参保人条件下，就业转出方必须向雇员参保的计划缴费。

第四款　本款在下列情形下适用：

（a）雇员不是计划的积极参保人，也不是计划的合格参保人，但如果在雇员受雇于就业转出方有一段时间之后，那么雇员也就会是计划的积极参保人或是该计划的合格参保人；

（b）如果计划提供的所有待遇均是货币购买型待遇，假如雇员为计划积极参保人，就业转出方必须向雇员参保的计划缴费。

第五款　就本条而言，要不是就业转出方因转移采取措施，第一款第（c）项提及的条件会得到满足；在上述情况下，第一款第（c）项提及的条件被视为得到满足。

第六款　在第一款第（a）项中，有关工作或部分工作的含义与《工作转移（就业保障）（TUPE）条例》的含义相同。

第七款　在根据《1993 年养老金计划法》（第四十八章）第九条计划协议退出（contracted-out）的情况下，第二款第（b）项、第三款第（b）项和第四款第（b）项提及的缴费，指的是除最低支付金额以外的缴费（符合《1993 年养老金计划法》的含义）。

第八款　在本条中：

"《工作转移（就业保障）（TUPE）条例》"指的是《1981 年工作转移（就业保障）条例》（S. I. 1981/1794）；

转出方包括转出方的合伙人在内，以及当《1986 年破产法》（第四十五章）第四百三十五条根据《1986 年破产法》适用时，它根据本条也适用。

第二百五十八条【保障的形式】

第一款　当第二百五十七条适用时，雇员和就业转入方签订就业合同的条件为第二款或第三款规定的要求得到满足。

第二款 本款提出的要求如下：

（a）从规定的时间起，在职业养老金计划与雇主转入方相关时，转入方确保雇员为（或有资格成为）职业养老金计划的积极参保人；

（b）在计划为货币购买型计划时，从规定时间开始：

（ⅰ）转入方为雇员向计划缴费；

（ⅱ）如果雇员不是计划的积极参保人，却是计划的合格参保人，转入方必须将雇员视为计划的积极参保人一样向计划缴费，为上述雇员向计划缴费；

（c）当计划不是货币购买型计划时，从规定时间开始：

（ⅰ）计划满足《1993 年养老金计划法》（第四十八章）第十二 A 条提及的法定标准；

（ⅱ）如果条例另有规定，计划遵循其他规定的条件。

第三款 本款提及的要求为从相关时间开始，转入方向雇员参保的存托养老金计划缴费。

第四款 根据本条的规定，第三款规定的条件被视为转入方在第五款条件满足的有关期间遵守的条件。

第五款 本款规定的条件是，就业转入方已经向雇员作为计划合格参保人的存托养老金计划进行相关缴费（就业转入方没有取消邀约）。

第六款 如果（或者）在雇员受雇于就业转入方之后，雇员和就业转入方达成一致，第一款不适用于就业合同。

第七款 在本条中：

"相关时间"指的是：

（a）在因第二百五十七条第二款或第三款适用而第二百五十七条适用时，雇员受雇于就业转入方的时间；

（b）在因第二百五十七条第四款适用而第二百五十七条适用时，那么在该条第一款第（c）项第（ⅰ）小节提到的雇员，成为计划参保人或有资格成为参保人的时间（如果时间更早）；

"相关缴费"指的是在规定的期限内缴费；

"存托养老金计划"指的是根据《1999 年福利改革和养老金法》（第三十章）第二条注册的养老金计划。

第九节　雇主咨询

第二百五十九条【雇主咨询：职业养老金计划】

第一款　规章可以要求作为职业养老金计划雇主的某一规定人员：

（a）准备做出一个与计划有关的决策；

（b）收到计划受托人或经营管理者通知，知道他们准备做出一个与计划有关的决策；

在做出决定之前，以规定的方式向规定人员进行咨询。

第二款　除非出现下列情形，规章要求职业养老金计划受托人或经营管理者不应做出与计划有关的规定决策：

（a）他们已经向雇主告知其待议的决策；

（b）他们确信雇主已经完成第一款要求的咨询活动。

第三款　与职业养老金计划有关的决策有效性，不会受到未遵守本条相关规定的影响。

第四款　第二百六十一条应根据本条制定进一步的监管规定。

第二百六十条【雇主咨询：个人养老金计划】

第一款　规章可以要求某一规定人员：

（a）作为个人养老金计划雇主，准备做出一个与计划有关的决策；

（b）收到计划受托人或经营管理者通知，知道他们准备做出一个与计划有关的决策；

在做出决定之前，以规定的方式应向规定的人员进行咨询。

第二款　第一款第（b）项确定的决策，其有效性不会受到未遵守本条相关规定的影响。

第三款　第二百六十一条应根据本条制定进一步的监管规定。

第二百六十一条【有关咨询条例的进一步规定】

第一款　在本条中"咨询条例"指的是第二百五十九条或第二百六十条提及的条例。

第二款　咨询条例可以：

（a）制定条款，规定可以进行咨询的时间；

（b）要求向法定接受咨询人员提供信息；

（c）在规定情况下，授权雇主自由选择法定接受咨询人员；

（d）根据条例规定雇员代表和代表遴选办法；

（e）规定或批准持有选票；

（f）修正（在修改和未修改下）、使用或制定与《1996 年就业权利法》（第十八章）（具体包括第五章、第十章和第十三章）、《1996 年就业裁判所法》（第十七章）或《1992 年贸易和劳动关系（综合）法》（第五十二章）类似的条款；

（g）使养老金监管局能够以命令的方式，放弃或放松条例规定的咨询要求；

（h）要求雇主向计划受托人或经营管理者表示其接受代理，以应对条例规定的咨询。

第三款　咨询条例规定承担义务的人员（要么是雇主，要么是职业养老金计划受托人或经营管理者）必须向监管局提供信息（如监管局要求提供的话），说明他们因遵守条款而采取的措施。

第四款　咨询条例可以就以下事项制定条款：

（a）第三款要求提供的信息；

（b）信息提供的形式和方式；

（c）信息提供的期限。

第五款　咨询条例不应被视为仅由条例引起的咨询义务产生的影响。

第十节　养老金权益的修改

第二百六十二条【存续权益的修改】

用下面内容替代《1995 年养老金法》（第二十六章）第六十七条：

"**第六十七条【存续权益条款】**

第一款　存续权益条款适用于职业养老金计划向某人授予修改计划的权力，由以下计划授予的权力除外：

（a）公共机构养老金计划；

（b）指定型计划或指定特征型计划。

第二款　如果以下修改的条件没有得到满足时，根据第六十七 G 条的规定，运用权力进行调整性修改是无效的：

（a）就每一个受到影响的参保人来说：

（ⅰ）如果修改是一种保护性修改，同意条件（参见第六十七 B 条）；

（ⅱ）如果不是保护性修改，同意条件或精算等价条件（参见第六十七 C 条）；

（b）受托人批准条件（参见第六十七 E 条）；

（c）报告条件（参见第六十七 F 条）。

第三款 存续权益条款在下列情况下不适用：

（a）权力行使的目的与《1999 年福利改革和养老金法》第二十九条第一款提及的借款有关；

（b）以规定的方式行使权力。

第四款 本条和第六十七 A 条到第六十七 I 条提及的'存续权益条款'，指的是本条和第六十七 A 条到第六十七 I 条。

第五款 如果参保人：

（a）在去世以前，根据第六十七 B 条第四款第（b）项已经同意修改；

（b）在去世以前或计划受托人已经知道参保人去世以前，受托人已经遵守与修改有关的第六十七 C 条第四款第（a）项、第（b）项和第（d）项；

当计划参保人在第二款提及的条件得到满足前去世时（上述条件在参保人情况下适用），在使用存续权益条款适用的权力进行调整性修改的情况下，第六款适用。

第六款 正如第二款提及的条件适用于修改一样，这些条件：

（a）在参保人情况下得到满足时；

（b）如果条件满足以前参保人没有去世，已经得到满足；

被视为在与修改有关的参保人遗属情况下得到满足的条件。

第六十七 A 条【存续权益条款的释义】

第一款 在存续权益条款里，下列词语拥有的含义由本条以下条款给出：

'调整性修改'；

'保护性修改'；

'有害性修改'；

'受影响参保人'；

'存续权益'；

'计划规则'。

第二款 '调整性修改'指的是：

（a）保护性修改；

（b）有害性修改，或既是一种保护性修改，又是一种有害性修改。

第三款　'保护性修改'指的是对职业养老金计划的一种修改：

（a）一旦生效，会产生或可能产生：

（ⅰ）计划参保人的存续权益；

（ⅱ）计划参保人遗属的存续权益；

存续权益不是货币购买型待遇应得金额或权益，正在被计划规则规定的货币购买型待遇应得金额或权益替代。

（b）会引起或可能引起计划规则规定的现行养老金支付金额减少；

（c）是指定特征型修改。

就第（a）项而言，在《1993年养老金计划法》第一百八十一条第一款提及的'货币购买型待遇'的定义中，把有关职业养老金计划参保人的寡鳏配偶理解为包括参保人的其他遗属。

第四款　'有害性修改'指的是一种职业养老金计划的修改；一旦修改生效，会对下列人员的存续权益带来不利影响：

（a）计划参保人；

（b）计划参保人的遗属。

第五款　某人是一名：

（a）与第三款第（a）项或第（b）项提及的保护性修改有关的'受影响参保人'；如果他是：

（ⅰ）计划参保人；

（ⅱ）计划参保人的遗属；

一旦修改生效，在上述小节提及的存续养老金权益方面，会对或可能对其产生影响。

（b）与第三款第（c）项提及的保护性修改有关的'受影响参保人'，如果他是一名符合指定特征的人员；

（c）与有害性修改相关而不是与保护性修改相关的'受影响参保人'，如果他是：

（ⅰ）计划参保人；

（ⅱ）计划参保人的遗属，

一旦修改生效，会对或可能对任何存续养老金权益产生不利的影响。

第六款　'存续权益'指的是：

（a）与职业养老金计划参保人有关：

（ⅰ）在任意时间内参保人（与参保人有关的人员）获取计划规定的未来待遇权益；

（ⅱ）参保人在上述时间根据计划规则获取的现行养老金待遇或其他待遇支付权益；

（b）与职业养老金计划参保人遗属有关，他在任何时间根据与参保人有关的计划规则获取的待遇应得额或未来待遇权益。

就这点而言，'权益'包括抵免型养老金权益。

第七款　无论职业养老金计划参保人何时接续应计养老金工作年限，其在接续工作以前的存续养老金权益，视同参保人已选择终止工作条件下加以确定。

第八款　'计划规则'与计划相关，指的是：

（a）计划的规则，被相关法定条款否定的除外；

（b）在某种程度上对计划带来影响的相关法定条款，且又没有反映在计划规则里；

（c）计划规则未包含却又必须被计划包含的条款，条件是这些条款符合《1993 年养老金计划法》第四部分第一章的要求（职业养老金计划待遇的保有）。

第九款　就第八款而言：

（a）'相关法定条款'指的是包含在下列条款之中的条款：

（ⅰ）《1989 年社会保障法》附录五（男性和女性的平等处理）；

（ⅱ）《1993 年养老金计划法》第四部分第二章到第五章（对提前退休者提供某种保护）和根据上述各章制定的条款；

（ⅲ）《1993 年养老金计划法》第四 A 部分（与抵免型养老金待遇有关的条件）；

（ⅳ）《1993 年养老金计划法》第一百一十条第一款（与满足最低保证性养老金年度增长所需资金有关的条件）；

（ⅴ）本法本部分（职业养老金）或视同根据本法制定的从属法或有效的从属法；

（ⅵ）《1999 年福利改革和养老金法》第三十一条（养老金借款：削减待遇）；

（ⅶ）《2004 年养老金法》第三百〇六条第二款提及的条款；

（b）如果且只有相关法律条款根据下列条款否定计划任一条款时：

（ⅰ）《1989 年社会保障法》附录五第三小节；

（ⅱ）《1993 年养老金计划法》第一百二十九条第一款；

（ⅲ）《1993 年养老金计划法》第一百一十七条第一款；

（ⅳ）《1999 年福利改革和养老金法》第三十一条第四款；

（ⅴ）《2004 年养老金法》第三百〇六条第一款。

使用相关法律条款否定计划任一条款。

第十款　就本条而言：

（a）'遗属'与职业养老金计划参保人有关，指的是：

（ⅰ）参保人的遗孀或鳏夫；

（ⅱ）比参保人活得更长和有资格领取参保人根据计划规则确定的待遇或未来待遇权益的人员；

（b）如果修改改变了权益或应得待遇金额性质或水平，导致与权益或应得金额有关的待遇、未来待遇可能会变得更不慷慨，那么修改会对或可能对存续权益带来负面影响。

第十一款　在存续权益条款里：

（a）与行使权力修改存续权益条款适用的职业养老金计划有关；

（b）与行使权力进行修改或将要进行修改有关；

'计划'应理解为第（a）项提及的计划。

第六十七 B 条【同意条件】

第一款　存续性权益条款提及的同意条件与调整型修改有关，应根据本条对同意条件进行理解。

第二款　同意条件适用于受影响参保人，前提是：

（a）修改是一种保护性修改；

（b）修改不是一种保护性修改，除非精算等价条件适用于参保人。

第三款　同意条件由下列条件组成：

（a）明智同意条件（参见第四款）；

（b）时间条件（参见第六款）。

第四款　如果在修改以前适用于受影响参保人的明智同意条件得到满足：

（a）受托人已经采取所有合理措施：

（ⅰ）向上述参保人发布充分的书面信息，解释修改的性质以及对其产生的影响；

（ⅱ）书面通知上述参保人，允许参保人向受托人陈述修改的内容；

（ⅲ）让参保人有一个合适的机会陈述其修改的内容；

（ⅳ）书面通知上述参保人，告知明智同意条件适用于参保人修改的情形。

（b）在受托人已经履行第（a）项第（ⅰ）小节、第（ⅱ）小节和第（ⅳ）小节提及的义务之后，受影响参保人以书面的形式同意修改。

第五款 如果：

（a）修改不是一种保护性修改；

（b）在修改以前，受托人书面通知受影响参保人：

（ⅰ）如果参保人根据同意条件同意修改，与修改有关的这些条件适用于参保人；

（ⅱ）但是，与修改有关的精算等价条件也适用于参保人，与参保人有关的受托人被视为已经履行第四款第（a）项第（ⅳ）小节提及的义务。

第六款 如果修改在参保人根据第四款第（b）项同意修改之后的一个合理期限内生效，在受影响参保人情况下，时间条件得到满足。

第六十七 C 条【精算等价条件】

第一款 存续权益条款提及的精算等价条件与不是保护性修改的有害性修改有关，根据本条和第六十七 D 条的规定理解精算等价条件。

第二款 只有：

（a）修改不是一种保护性修改；

（b）计划受托人确定精算等价条件适用于受影响参保人；

精算等价条件适用于受影响参保人。

第三款 精算等价条件由下列条件组成：

（a）信息条件（参见第四款）；

（b）精算价值评估报告条件（参见第五款）；

（c）精算等值报告条件（参见第六款）；

第四款 如果在修改以前适用于受影响参保人的信息条件得到满足，受托人已经采取所有合理措施，

（a）向上述参保人发布充分的书面信息，解释修改的性质以及对其产生的影响；

（b）书面通知上述参保人，允许参保人向受托人陈述修改的内容；

（c）让参保人有一个合适的机会陈述其修改的内容；

（d）书面通知上述参保人，告知精算等价条件适用于参保人修改的情形。

第五款 如果在修改以前适用于受影响参保人的信息条件得到满足，受托人已经制定完善的制度或采取充分措施，足以确保获取精算价值评估报告。

第六款 如果受托人在修改生效后开始的一个合理期限内，获取一份与受影响参保人修改有关的精算等值报告，那么精算等值报告条件在受影响参保人情况下得到满足。

第七款 就第六款而言，'精算等值条件'指的是一份书面报告：

（a）由：

（i）根据第四十七条第一款第（b）项任命的计划精算师发布；

（ii）符合规定内容或具有丰富经验的人，或内阁大臣任命的人发布；

（b）确认已经获取精算价值评估报告。

第八款 就第五款和第七款而言，当它们适用于受影响参保人时，在修改生效后受影响参保人存续权益的精算价值，如等于或大于在修改生效以前存续权益的精算价值，那么精算价值得以维持。

第六十七 D 条【精算等值条件的进一步规定】

第一款 本条适用于第六十七 C 条。

第二款 如：

（a）在与拟议修改（'初次修改'）有关的受影响参保人情况下，信息条件已经得到满足；

（b）在受托人根据与初次修改有关的第六十七 E 条第一款已经做出决定或表示同意以前，初次修改已经得到修正；

（c）如上所述对初次修改进行修正［'更新修改'（revised modification)]，在重要内容上与初次修改没有差异，与更新修改有关的信息条件被视为已经得到满足。

第三款 如果受托人已经采取所有合理措施书面通知参保人：

（a）如参保人根据同意条件表示同意修改时，这些同意条件适用于参保人修改的情况；

(b) 但是，精算等值条件适用于参保人修改的情况；

受托人被视为已经采取所有合理措施，通知第六十七 C 条第四款第 (d) 项提及并与修改有关的受影响参保人。

第四款 根据第六十七 C 条对受影响参保人存续权益的精算评估价值的计算，必须遵守规定的条件。

第五款 第四款提及的规章规定的条件，可以包括根据指引计算的条件，这种计算：

(a) 由规定的机构准备和时常加以修正；

(b) 如果规章如上规定，计算须得到内阁大臣的批准。

第六款 由于在单一文件里发布修改，第六十七 C 条第六款和第七款不禁止与下列人员有关的精算等值报告有效：

(a) 两个或两个以上受影响的参保人；

(b) 符合法定特征的受影响参保人。

第六十七 E 条【受托人批准条件】

第一款 就第六十七 B 条第二款第 (b) 项而言，如果：

(a) 计划受托人决定行使权力进行修改；

(b) 或者，如果权力由另外一个人行使，受托人同意行使权力进行修改，并且做出决定和表示同意符合第二款和第三款的规定；

与行使权力进行调整性修改有关的受托人批准条件得到满足。

第二款 在受影响参保人情况下：

(a) 如果修改是一种保护性修改，除非明智同意条件得到满足（符合第六十七 B 条的含义）；

(b) 如果修改不是一种保护性修改：

(ⅰ) 除非明智同意条件得到满足；

(ⅱ) 除非信息和精算价值评估条件得到满足（符合第六十七 C 条的含义）。

第三款 受托人在受影响参保人根据第六十七 B 条第四款第 (b) 项发布初次同意修改意见的一个合理期限内，必须根据第一款做出决定或表示同意。

第六十七 F 条【报告条件】

第一款 就第六十七条第二款第 (c) 项而言，在运用适用于存续权益条款的权力进行调整性修改的情况下，如果受托人根据第二款：

（a）通知受影响参保人，在受影响参保人情况下同意条件适用于修改；

（b）采取所有合理措施通知每一个受影响的参保人，在受影响参保人情况下精算等价条件适用于修改；

报告条件得到满足。

第二款　受托人必须（或当精算等价条件适用时，采取所有合理措施予以发布）：

（a）在第一款提及的许可意见或决定颁布日期开始的一个合理期限内发布通知；

（b）在修改生效日期以前发布通知。

第六十七 G 条【职业养老金监管局的权力：无效修改】

第一款　根据下列条款：

（a）第六十七条第二款；

（b）第六十七 H 条第三款；

在行使可撤销存续权益条款使用的权力上，第二款适用。

第二款　职业养老金监管局可以颁布命令，宣布第六款适用于调整性修改。

第三款　第二款提及的命令与调整性修改有关，命令也可以宣布第六款适用于：

（a）行使第一款提及的权力，对计划进行的其他修改；

（b）与调整性修改有关的计划权益转让书（不管是根据应计养老金工作的名义期限还是其他方面）。

第四款　第二款提及的命令与调整性修改有关，命令必须规定适用于第六款的受影响参保人或受影响参保人的规定内容（'特定人员'）。

第五款　第二款提及的命令与调整性修改有关，它：

（a）要求受托人在命令规定的时间内采取规定的措施，以便使命令生效；

（b）宣布在修改生效后第七款适用于受托人所做的一切事情（在不考虑命令的情况下）：

（ⅰ）如果此时修改生效，修改不会违反计划规则条款；

（ⅱ）但是，由于根据命令修改无效，修改（除第七款外）违反计划规则条款。

这对第一百七十四条第三款的效力没有影响。

第六款 当职业养老金监管局颁布的命令宣称本款适用于计划修改或计划权益转让书时，就命令的特定内容或特定人员而言，在修改或转让书生效（在不考虑命令的情况下）开始时是无效的。

第七款 当职业养老金监管局根据第五款第（b）项颁布第二款提及的命令，宣布第二款适用于受托人所做的全部事情时，就命令规定的目的而言，受托人所做的全部事情不应被视为违反信托契约或计划规则。

第八款 第二款提及的命令与计划调整性修改（或其他修改）或计划权益转让书有关，并在修改或转让书（若不考虑命令的情况下）已经生效之前或生效之后颁布。

第六十七 H 条 【职业养老金监管局干预权】

第一款 在根据第六十七条第二款进行修改无效的条件下，当职业养老金监管局有正当的理由相信存续权益条款适用的权力：

（a）将要行使；

（b）已经行使；

进行调整性修改时，第二款适用。

第二款 职业养老金监管局可以：

（a）在第一款第（a）项提及的情况下，按照命令要求取得授权的某人不能行使权力进行调整性修改；

（b）按照命令要求受托人在命令规定的时间内采取规定的措施，确保第六十七条第二款提及的条件得到满足。

第三款 如果：

（a）在违反第二款第（a）项提及的命令的情况下行使权力；

（b）受托人没有遵守第二款第（b）项提及的命令提出的条件，且第二款第（b）项提及的条件与行使权力进行修改有关；

根据第六十七 G 条的规定，行使权力进行存续性权益条款要求的调整性修改是无效的。

第六十七 I 条 【存续权益条款：民事罚款】

第一款 当根据第六十七条第二款进行调整性修改无效时，第二款和第三款适用。

第二款 由下列人员行使权力进行修改时：

（a）计划受托人；

（b）不符合第三款规定的其他人员；

第十条适用于那些没有采取所有合理措施以确保修改不是无效修改的受托人。

第三款 如果：

（a）受托人根据第六十七 E 条第一款没有同意行使权力进行修改时；

（b）在受影响参保人情况下，与修改有关的时间条件没有得到满足（符合第六十七 B 条的含义）；

第十条适用于那些在无正当理由情况下行使权力进行修改的其他人员（除计划受托人以外）。

第四款 根据第六十七 G 条第五款第（a）项的规定，当受托人没有按照第六十七 G 条第二款提及的命令遵守规定的条件时，第十条适用于那些没有采取所有合理措施以确保遵守上述条款的受托人。

第五款 在违反第六十七 H 条第二款第（a）项提及的命令的情况下行使权力进行调整性修改时：

（a）如果由受托人行使权力，第十条适用于那些没有采取所有合理措施以确保命令得到遵守的受托人；

（b）第十条适用于在无正当理由情况下违反命令行使权力的其他人员。

第六款 当受托人没有遵守第六十七 H 条第二款第（b）项提及的命令规定的条件时，第十条适用于那些没有采取所有合理措施以确保遵守上述条款的受托人。"

第十一节 短期工作待遇

第二百六十三条【提高短期工作待遇的领取年龄】

第一款 用下面内容替代《1993 年养老金计划法》（第四十八章）第七十一条第三款：

"**第三款** 根据第四款，短期工作待遇必须从超过下列年龄时开始支付：

（a）65 岁；

（b）正常养老金领取年龄（如果在参保人情况下，正常养老金领取年龄超过 65 岁时）。"

第二款 在《1993 年养老金计划法》(第四十八章)第七十二条(平等对待短期工作受益人和长期工作)末尾添加:

"**第四款** 本条以第七十一条(领取短期工作年限待遇的年龄)第三款和第六款为准。"

第十二节 提前退休者

第二百六十四条【提前退休者:现金转移款项和缴费返还】

在《1993 年养老金计划法》第一百〇一条之后加入:

"**第五章** 提前退休者:现金转移款项和缴费返还

第一百〇一 AA 条【第五章的范围】

第一款 本章适用于第一章适用的职业养老金计划的所有参保人(参见第六十九条第三款),前提是:

(a)参保人的应计养老金工作期限在他到正常养老金领取年龄以前结束;

(b)在参保人的应计养老金工作期限结束时:

(ⅰ)3 个月的条件得到满足;

(ⅱ)但是,参保人没有计划应计待遇权益。

第二款 就第一款而言,3 个月条件是计划参保人应计养老金工作年限:

(a)计划参保人以前应计养老金工作年限;

(b)参保人在另一个养老金计划的养老金资格工作期限;

累计不少于 3 个月。

第三款 只有期限计算接近于第一章提及的长期工作待遇资格时,根据第二款第(a)项或第(b)项对期限加以计算。

第四款 就第一款而言,与计划参保人有关的'计划相关应计权益'指的是:

(a)参保人的计划应计权益;

(b)使参保人有资格获取相关待遇的权利,而相关待遇指的是在第七十一条第一款第(a)项或第(b)项(在两个小节以前的'和'一词)不具效力的情况下,参保人(与参保人有关的人员)根据适用规则应有的应计待遇。

第五款 本章下列条款提及并与职业养老金计划有关的参保人,指的是本章适用的计划的参保人。

第一百〇一 AB 条【现金转移总额和缴费返还的权利】

第一款 一旦参保人应计养老金工作期限结束，职业养老金计划参保人获取一种可以从以下选项中进行选择的权力：

（a）现金移交总额；

（b）缴费返还。

第二款 第一款以本章条款为准。

第三款 在本章中，与职业养老金计划参保人有关的'现金移交总额'指的是在应计养老金工作期限结束时，第一百〇一 AA 条第四款第（b）项提及的待遇现金等值额。

第四款 在本章中，与职业养老金计划参保人有关的'缴费返还'指的是：

（a）参保人的计划雇员缴费总额；

（b）当另一个职业养老金计划受托人、经营管理者向计划支付转移（'转移支付'）款项时，参保人向养老金计划支付的雇员缴费，该雇员缴费：

（i）与转移支付有关；

（ii）总额上不会超过转移支付金额。

第五款 在第四款中，'雇员缴费'与职业养老金计划参保人有关，指的是参保人或他人代表参保人向计划支付其应支付的款项，但不包括：

（a）因向计划参保人提供转移款项而产生的转移支付款项；

（b）抵免型养老金或（直接或间接）来源于抵免型养老金并向计划支付的款项。

第一百〇一 AC 条【获取现金转移款项或缴费返还权利的通知书】

第一款 当职业养老金计划参保人应计养老金工作年限结束时，本条适用。

第二款 计划受托人或经营管理者必须：

（a）在应计养老金工作年限结束后的合理期限内，向参保人发布一份书面说明，说明书包含的信息足以解释：

（i）参保人根据第一百〇一 AB 条获取的权利性质；

（ii）参保人如何行使权利和使用其他规定的信息；

（b）赋予参保人在发布说明书后有一个合理的期限行使权利。

第三款   根据第二款第（a）项发布的说明书必须具体载明：

（a）参保人可以使用的款项金额和方式（与参保人获取第一百〇一AB 条提及的现金转移款项权利有关）；

（b）参保人有权获取的缴费返还金额；

（c）如不考虑第一百〇一 AI 条第二款，参保人可以在最后日期（'答复日期'）行使权利。

第四款   根据第二款第（a）项规定的信息具体包括：

（a）与现金转移款项或缴费返还有关的税收负债信息或法定（或允许）扣除信息；

（b）行使权利对参保人（不管是根据适用规则还是其他）其他权益影响的信息。

第五款   如果参保人没有在答复日或答复日之前行使第二款第（a）项第（ⅰ）小节提及的权利，受托人或经营管理者可以通知参保人，说明他们将有权向参保人支付缴费返还款项。

第六款   当计划受托人或经营管理者没有遵守第二款时，《1995 年养老金法》第十条（民事罚款）适用于那些没有采取全部措施，以确保遵守第二款的受托人或经营管理者。

第一百〇一 AD 条【行使第一百〇一 AB 条提及的权利】

第一款   当职业养老金计划参保人获取第一百〇一 AB 条提及的权利时，本条适用。

第二款   参保人通过向受托人或经营管理者发布书面通知的方式行使权利，通知载明：

（a）参保人可以选择第一百〇一 AB 条第一款提及的选项；

（b）如果参保人选择的是现金转移款项时，载明的是参保人获取现金转移款项时其可以使用的方式。

第三款   第二款提及的通知必须在：

（a）答复日；

（b）在第一百〇一 AI 条第二款提及的参保人情况下，受托人或经营管理者许可的更晚日期；

或上述两个日期以前发布。

第一百〇一 AE 条【允许使用现金转移款项的方式】

第一款   当职业养老金计划参保人获取第一百〇一 AB 条提及并与现

金转移款项有关的权益时，本条适用于现金转移款项。

第二款　现金转移款项可以使用的方式为：

（a）根据另一项职业养老金计划规则，获取允许的转移款项，计划：

（ⅰ）受托人或经营管理者能够且愿意接受现金转移款项；

（ⅱ）满足法定条件；

（b）根据另一项个人养老金计划规则，获取允许的转移款项，计划：

（ⅰ）受托人或经营管理者能够且愿意接受现金转移款项；

（ⅱ）满足法定条件；

（c）满足购买一只或多只适宜年金的需要；

（d）在规定的条件下，符合法定要求的其他养老金制度。

第三款　根据第二款，'适宜年金'指的是满足规定的条件并从保险公司购买的年金产品，其：

（a）符合第十九条第四款第（a）项的含义；

（b）由参保人选择；

（c）愿意接受计划受托人、经营管理者支付与参保人有关的款项。

第一百〇一 AF 条【现金转移款项和缴费返还的计算】

第一款　使用规定的方法对现金转移款项进行计算和核实。

第二款　缴费返还的计算必须符合规定的要求。

第三款　规章可以规定：

（a）在计算现金转移款项中，与管理成本有关的扣减金额；

（b）在法定条件下，增加或减少的现金转移款项或缴费返还额。

第四款　根据第三款第（b）项可以规定的情形具体包括：

（a）计划受托人或经营管理者没有遵守与现金转移款项或缴费返还有关的第一百〇一 AG 条第二款或第一百〇一 AG 条第四款的规定；

（b）计划资金筹集状况。

第五款　第三款第（b）项提及的规章可以规定：

（a）现金转移削减额，以便参保人无权拥有现金转移支付金额；

（b）缴费返还削减额，以便参保人无权根据本章接收缴费返还金额。

第一百〇一 AG 条【受托人或经营管理者遵循权利行使的责任】

第一款　当职业养老金计划根据第一百〇一 AD 条行使第一百〇一 AB 条提及的权利时，本条适用。

第二款　当参保人选择现金转移总额时，计划受托人或经营管理者在行使权利之日起的合理期限内，确保第一百〇一 AD 条第二款第（b）项提及的参保人通知规定的条件所需的一切事项得以完成。

第三款 当计划受托人或经营管理者完成满足上述条件所需的一切事项时，他们可以免于履行：

（a）与适用规则提及的参保人相关待遇有关权益（包括条件权益在内）的义务；

（b）以返还方式向参保人支付下列款项的义务：

（ⅰ）第一百〇一 AB 条第四款提及的缴费或支付款项；

（ⅱ）与参保人有关的计划或其他计划的其他缴费［抵免型养老金或（直接或间接）来源于抵免型养老金除外］。

第四款 当参保人选择缴费返还时，计划受托人或经营管理者在行使权利之日起的合理期限内，确保向参保人缴费返还金额得到支付或参保人要求的一切事项得以完成。

第五款 当受托人或经营管理者已经完成他们所必须做的一切事项，确保第四款提及的缴费返还得到支付时：

（a）他们免于履行按适用规则向参保人支付有关待遇的义务；

（b）如果适用规则要求他们或根据适用规则他们决定以返还方式向参保人支付：

（ⅰ）第一百〇一 AB 条第四款提及的缴费或款项；

（ⅱ）与参保人有关的计划或其他计划的其他缴费［抵免型养老金或（直接或间接）来源于抵免型养老金除外］；

缴费返还金额可能正好与返还支付相等。

第六款 当计划受托人或经营管理者没有遵守第二款或第四款时，《1995 年养老金法》第十条（民事罚款）适用于那些没有采取所有合理措施，以确保遵守上述条款的计划受托人或经营管理者。

第一百〇一 AH 条【当没有行使权利时，受托人或经营管理者拥有的权力】

第一款 本条在以下情况下适用：

（a）在答复日或计划受托人、经营管理者根据第一百〇一 AI 条第二款许可的较晚日期或上述日期之前，职业养老金计划参保人没有行使其根据第一百〇一 AB 条获取的权利；

（b）计划受托人或经营管理者通知第一百〇一 AC 条第五款提及的参

保人。

第二款　受托人或经营管理者可以：

（a）在开始于答复日期的一个合理期限内；

（b）在开始于更晚日期的一个合理期限内（如果根据第一款提及的更晚日期得到许可）；

向参保人支付缴费返还。

第三款　当受托人或经营管理者向参保人支付缴费返还时：

（a）免于履行适用规则提及的参保人相关待遇有关权益（包括有条件的权益在内）的义务；

（b）如果适用性规则要求他们或他们根据适用规则决定以下列有关的返还方式，向参保人或与参保人有关的人员进行支付（'返还支付'）：

（ⅰ）第一百〇一 AB 条第四款提及的缴费或支付；

（ⅱ）向计划或其他计划支付的其他缴费［抵免型养老金或（直接或间接）来源于抵免型养老金］；

缴费返还金额可能正好等于返还支付金额。

第一百〇一 AI 条【第一百〇一 AB 条提及的权利的进一步规定】

第一款　如果：

（a）计划关闭；

（b）根据第二款，参保人没有在答复日或答复日之前行使权利；

根据第一百〇一 AB 条的规定，职业养老金计划参保人会失去其应有的权利。

第二款　如果参保人没有在答复日或答复日之前行使权利，那么计划受托人或经营管理者可以允许参保人，在根据参保人申请而确定的较晚日期或较晚日期之前行使权利。

第三款　如计划受托人或经营管理者根据本条第二款确定一个较晚日期，

（a）他们必须向参保人下发书面通知；

（b）把答复日视同较晚日期看待时，第一款第（b）项适用于参保人。

第四款　根据第三款和第一百〇一 AC 条第二款和第一百〇一 AD 条第二款的规定，向某人送达文件或通知，可以采用以下方式：

（a）直接交付给某人；

（b）留存某人认为合适的地址；

（c）按合适的地址邮寄给某人。

第五款　根据第四款和适用于第四款的《1978 年释义法》第七条（文件邮寄服务），某人适当的地址：

（a）在法人团体情况下，为法人注册地或主要办公场所所在地；

（b）在其他情况下，为人熟知的最新地址。

第六款　本章以根据第六十一条制定的条款或第六十一条提及的条款（从计划缴费返还中扣除缴费等额保费）为准：

（a）允许从缴费返还款项中扣除一定金额的款项；

（b）要求延迟支付缴费返还款项。

第七款　在本章，除文中另有规定的除外，下列词句具有下列含义：

'适用规则'指的是：

（a）计划规则，由相关法律条款否定的除外；

（b）相关法律条款，与计划相关时有效却未包含在计划规则里；

（c）计划规则没有包含却包含在计划里的条款，但必须符合本部分第一章规定的条件；

'参保人'含义由第一百〇一 AA 条第五款给出；

'允许的方式'与现金支付总额有关，指的是第一百〇一 AE 条第二款规定的现金转移总额使用的方式；

'相关待遇'指的是不属于（直接或间接）抵免型养老金的待遇；

'答复日'与养老金工作年限结束的参保人有关，其含义由第一百〇一 AC 条第三款第（c）小节给出。

第八款　就第七款而言：

（a）'相关法定条款'指的是包含在下列条款之中的条款：

（ⅰ）《1989 年社会保障法》附录五（男性和女性的平等待遇）；

（ⅱ）本法本部分本章、第二章、第三章或第四章和根据上述各章制定的规章；

（ⅲ）本法第四 A 部分或根据本法第四 A 部分制定的规章；

（ⅳ）本法第一百〇一条第一款；

（ⅴ）《1995 年养老金法》第一部分（职业养老金）或视同根据第一部分制定的从属法或有效的从属法；

（ⅵ）《1999 年福利改革和养老金法》第三十一条（养老金借款：削

减待遇）；

（vii）《2004 年养老金法》第三百〇六条第二款提及的条款；

（b）如果且只有根据下列条款否定计划条款，相关法律条款才被视为否定计划条款：

（i）《1989 年社会保障法》附录五第三小节；

（ii）《1989 年社会保障法》第一百二十九条第一款；

（iii）《1995 年养老金法》第一百一十七条第一款；

（iv）《1999 年福利改革和养老金法》第三十一条第四款；

（v）《2004 年养老金法》第三百〇六条第一款。"

第十三节　保护性养老金权益

第二百六十五条【陪产假和收养休假】

第一款　《1989 年社会保障法》（第二十四章）附录五（提供养老金或其他待遇的就业关联型计划：平等待遇），在第五条后插入：

"第五 A 条【不平等性产假条款】

第一款　如就业待遇关联型计划，包括不公平陪产假条款（根据这些条款赋予参保人享有的待遇时，不考虑性别差异），那么：

（a）在某种程度上计划被视为未遵循平等待遇原则；

（b）根据第三款，本附录五相应地适用。

第二款　在本款中，'不公平产假条款'与就业待遇关联型计划有关，其：

（a）当参保人为受雇于雇主的领薪人员（陪产休假期生效之前为陪护人员领薪）时，仅仅根据正常就业条件赋予参保人享有的待遇与带薪陪产假期持续参保或计划应计权益挂钩；

（b）要求参保人应计待遇仅根据正常就业条件确定，在某种程度上根据包括带薪产假期的收入确定应计待遇。

第三款　在不公平陪产假条款情况下：

（a）第三条第一款规定的优惠待遇，不超过参保人根据正常就业条件享有的待遇；

（b）第三条第二款不会授予此处提及的选择权；

但在参保人处于带薪陪产假期间，参保人必须根据带薪陪产假时间的合同报酬金额或实际领取的法定陪产假报酬进行缴费。

第四款　在本款中：

'带薪陪产假期'在参保人情况下指的是：

（a）当第五条、第六条或第七条适用时，为整个参保人离职期间；

（b）雇主（如果参保人不再受雇于雇主时，为前雇主）为参保人支付合同报酬或法定陪产假薪酬；

'正常就业条件'为带薪陪产假期被视为参保人的正常工作时间，并领取正常工作时可能领取的报酬。

第五款　如果：

（a）参保人离职的原因在于英国法律提及的儿童收养安置或预计安置；

（b）参保人满足《1992 年社会保障缴费和福利法》第一百七十一 ZB 条第二款第（a）项第（ⅰ）小节和第（ⅱ）小节要求与接受收养儿童有关的条件；

本分小节适用。

第六款　如果：

（a）参保人离职的原因在于英国法律提及的儿童出生或预计出生；

（b）参保人满足《1992 年社会保障缴费和福利法》第一百七十一 ZB 条第二款第（a）项第（ⅰ）小节和第（ⅱ）小节要求与儿童出生或预计出生有关的条件；

本分小节适用。

第七款　如果：

（a）根据收养不涉及英国法律提及的儿童收养安置（或与此相关），参保人离职的原因在于收养或预计收养已在英国境内的儿童；

（b）参保人满足《1992 年社会保障缴费和福利法》第一百七十一 ZB 条第二款第（a）项第（ⅰ）小节和第（ⅱ）小节［根据《1992 年社会保障缴费和福利法》第一百七十一 ZK 条（收养不涉及英国法律提及的安置）］要求与接受收养儿童有关的条件；

本分小节适用。

第五 B 条【不公平收养休假】

第一款　如就业待遇关联型计划包括不公平收养休假条款（根据这些条款赋予参保人享有的待遇时，不考虑性别差异），那么：

（a）在某种程度上，计划被视为未遵循平等待遇原则；

（b）根据第三款，本附录相应适用。

第二款　在本小节中，'不公平收养休假条款'与就业待遇关联型计划有关，其：

（a）当参保人为受雇于雇主的领薪人员（在带薪收养期生效之前，为陪护人员领薪）时，与带薪收养期持续参保和计划应计权益相关；

（b）要求参保人应计待遇仅根据正常就业条件确定，在某种程度上根据包括带薪收养期在内的期间的收入确定应计待遇。

第三款　在不公平收养休假条款情况下：

（a）第三条第一款规定的优惠待遇，不超过参保人根据正常就业条件享有的待遇；

（b）第三条第二款不会授予此处提及的选择权；

但在参保人处于带薪收养休假期时，必须根据带薪收养休假期的合同报酬金额或实际领取的法定收养报酬进行缴费。

第四款　在本小节中：

'带薪收养休假期'在参保人情况下指的是：

（a）当第五款或第六款适用时，为整个参保人离职期间；

（b）雇主（如果参保人不再受雇于雇主时，为前雇主）向参保人支付合同报酬或法定收养薪酬；

'正常就业条件'为带薪收养休假期被视为参保人的正常工作时间，领取正常工作时可能领取的报酬。

第五款　如果：

（a）参保人离职的原因在于英国法律提及的儿童收养安置或预计安置；

（b）参保人是安置收养儿童或预计安置儿童的人；

本分小节适用。

第六款　如果：

（a）根据收养不涉及英国任一部分法律提及的儿童收养安置在内（或与此相关），参保人离职的原因在于收养或预计收养已入英国境内的儿童；

（b）参保人为收养儿童或预计收养儿童的人；

本分小节适用。"

第二款　根据《2002 年收养和儿童法》（第三十八章）第一百四十二条第一款（有权制定继起性条款，赋予本法条款完全的效力）制定的条款包括修改《1989 年社会保障法》（第二十四章）附录五第五 A 条或第五 B 条的条款（如上述第一款插入的条款）。

第二百六十六条【职业养老金的不可转让性】

第一款　对《1995 年养老金法》（第二十六章）第九十一条（职业养老金的不可转让性）可以做如下修改。

第二款　在第五款（不可转让规则的例外情况）末尾插入：

"（f）根据第六款，根据养老金错误支付引起个人应欠计划的某种货币义务的履行，对某人权利或权益的管理、留置或冲销。"

第三款　在第六款中〔根据第五款第（d）项或第五款第（e）项对管理、留置或冲销的限制〕，用"，第（e）项或第（f）项"替换"或第（e）项"。

第十四节　自愿缴费

第二百六十七条【自愿缴费】

第一款　删除《1993 年养老金计划法》（第四十八章）第一百一十一条（要求计划为参保人自愿缴费和自愿缴费相关的事情提供便利条件）。

第二款　在《1993 年养老金计划法》第一百三十二条（有责任使计划符合间接运用的条件）中，删除从"或自愿性"到三个"条件"之间的内容。

第三款　在《1993 年养老金计划法》第一百八十一条第一款（一般释义）中，删除"自愿缴费条件"的定义。

第十五节　雇主支付

第二百六十八条【雇主向个人养老金计划进行的支付】

第一款　对《1993 年养老金计划法》（第四十八章）第一百一十一 A 条（对雇主向个人养老金计划支付的监督）做如下修改。

第二款　从第三款到第七款用下列内容加以替换：

"**第三款**　计划受托人或经营管理者必须对雇主或他人代表雇主根据直接支付制度支付缴费加以监督。

第四款　受托人或经营管理者必须要求雇主，向他们提供（或要求他们具备）书面要求规定的支付信息。

第五款　根据第四款，'支付信息'指的是受托人或经营管理者获取的信息，以便他们能够履行第三款规定的责任。

第六款　雇主必须在合理期限内满足第四款提及的要求。

第七款　由于雇主没有满足第三款提及的要求，受托人或经营管理者不能履行第三款提及的责任，必须在合理期限内向养老金监管局提交相关内容的通知。

第七 A 款　当：

（a）按直接支付制度规定的应付缴费没有在到期日或到期日前支付；

（b）受托人或经营管理者有正当理由相信，没有缴费有可能对监管局履行职能造成很大的影响；

他们必须在到期日后的合理期限内，向监管局和雇员发布相关内容的通知。"

第三款　在第八款（雇主承担民事罚款的责任）中，用"第六款和计划受托人或经营管理者相应地不能履行第三款规定的责任"替换"第三款或第五款"。

第四款　在第九款（受托人或经营管理者承担民事罚款的责任）中，用"第七款或第七 A 款"替换"第六款或第七款"。

第二百六十九条【雇主和参保人向职业养老金计划进行的支付】

第一款　在《1995 年养老金法》（第二十六章）第四十九条（受托人、经营管理者等人的其他责任）中，用下列内容替换其第九款（受托人等有责任报告雇主未能及时从收入中扣除缴费）第（b）项：

"（b）如果受托人或经营管理者有正当理由相信，没有缴费有可能对监管局履行职能造成很大的影响，他们必须在第八款提及的规定期限结束后的合理期限内，向监管局和雇员发布与未缴费相关的通知，专门规定的情形除外。"

第二款　在《1995 年养老金法》（第二十六章）第八十八条（货币购买型计划支付日程表）中，用下列内容替换第一款（受托人或经营管理者有责任报告未能及时缴费的情况）：

"**第一款**　在第八十七条适用的职业养老金计划下：

（a）当没有按支付日程表在到期日或到期日以前支付应付款项；

（b）受托人或经营管理者有正当理由相信，没有缴费有可能对监管局履行职能造成很大的影响；

他们必须在第八款提及的规定期限结束后的合理期限内，向监管局和雇员发布与没有缴费内容相关的通知，专门规定的情形除外。"

第十六节　关闭计划

第二百七十条【关闭计划】

第一款　《1995 年养老金法》（第二十六章）第七十三条（计划关闭时优先受偿债务）用下面内容加以替换：

"第七十三条【计划关闭时优先受偿债务】

第一款　当本条适用的职业养老金计划正在关闭，以确定运用计划资产支付计划养老金和其他待遇负债的顺序时，本条适用。

第二款　本条适用于职业养老金计划，不包括下列类型的职业养老金计划：

（a）货币购买型计划；

（b）特定类型的计划或具有特定内容的计划。

第三款　计划资产首先必须用于支付第四款提及的负债款项，且如果计划资产足以全额支付上述负债，那么：

（a）计划资产按第四款各小节的先后顺序用于支付各小节提及的负债；

（b）如第四款任一小节提及的负债不能得到全额支付，必须以相同的比例用资产支付负债。

第四款　第三款提及的负债为：

（a）当：

（ⅰ）计划受托人或经营管理者按照 1997 年以前签订的有关计划保险合同领取的待遇；

（ⅱ）保险合同没有解约或应付退保金额没有超过合同承保的负债；

第三款提及的负债为合同承保的负债；

（b）养老金或其他待遇负债金额不应超过相应的养老保障基金负债，第（a）项提及的负债除外；

（c）受托人或经营管理者认为，养老或其他待遇负债来源于自愿缴费参保人的支付款项、第（a）项或第（b）项提及的负债除外；

（d）因养老金或其他待遇引起的其他负债。

第五款 就第四款而言，'相应的养老保障基金负债'与养老金或其他待遇负债有关，指的是：

（a）在负债为应付计划参保人的负债的情况下，如果养老保障基金理事会根据《2004年养老金法》第二部分第三章（养老金保障）为计划承担责任，相应的养老保障基金负债为确保参保人待遇等于按养老金补偿条款确定的应付参保人应付补偿的成本；

（b）在负债为应付其他人员的负债的情况下，如果养老保障基金理事会根据《2004年养老金法》第二部分第三章（养老金保障）为计划承担责任，相应的养老保障基金负债为确保其他人员的待遇等于按养老金补偿条款确定的其他人员应付补偿的成本；

'1997年前相关保险合同'指的是在1997年4月6日以前签订的保险合同，与确保：

（a）某一特定人员或与该人相关的人员的到期计划养老金或其他待遇支付权益得到全部或部分支付有关；

（b）在上述某一特定人员去世时能够支付全部或部分计划待遇负债有关。

第六款 就本条而言，在确定与计划参保人养老金或其他待遇有关的相应养老保障基金负债时，养老金补偿条款在规定修改后适用。

第七款 规章可以修改第四款。

第八款 就第四款而言，

（a）规章可以规定，如何确定养老金或其他待遇负债（计划受托人或经营管理者认为负债来源于参保人支付的自愿缴费）是否符合第四款第（a）项或第（b）项的规定；

（b）根据第四款第（a）项或第（b）项，（直接或间接）归属于抵免型养老金的养老金或其他待遇不应被视为来源于支付的自愿缴费。

第九款 当关闭期限开始时，参保人成为符合《1993年养老金计划法》第四部分第五章（早期离职者：现金转移总额和缴费返还）适用的人员，第五章按规定在进行修改后适用于参保人。

第十款 就本条而言：

本条适用的计划'资产'不含代表计划规则确定的货币购买型待遇

权益价值的资产；

本条适用的计划‘负债’不含代表计划规则确定的货币购买型待遇相关的负债；

‘养老金补偿条款’与《2004 年养老金法》第二部分（参见第一百六十二条）给出的含义一致；

‘计划规则’与《2004 年养老金法》（参见 2004 年法第三百一十八条）给出的含义一致；

‘计划关闭期’与本条适用的职业养老金计划有关，指的是该期限：

（a）开始于计划开始关闭的当天；

（b）结束于计划关闭完成时。

第七十三 A 条【计划在关闭期间的运营】

第一款　当第七十三条适用的职业养老金计划正在关闭时，本条适用。

第二款　在计划关闭期间，计划受托人或经营管理者：

（a）必须确保削减应付参保人或与参保人有关人员的养老金或其他待遇（货币购买型待遇除外），（如有必要的话）以反映参保人根据第七十三条得到偿付的计划负债金额；

（b）就第（a）项而言，可以采取他们认为适宜的（包括调整未来支付金额）措施，纠正超额支付或支付不足的情况。

第三款　在计划关闭期间：

（a）根据计划规则的规定，计划参保人或与计划参保人有关的人员没有新的应计待遇产生；

（b）计划不接纳任何类型的新参保人参保。

第四款　第四款不会禁止待遇根据计划或成文法实现增长。

第五款　第三款不会禁止由计划参保人投资产生的收入或资本收益提供的货币购买型待遇实现增长。

第六款　当某人有资格获取来自于另一个人计划共享权益的抵免型养老金时，第三款不会禁止计划受托人或经营管理者根据《1999 年福利改革和养老金法》第四部分第一章（养老金制度规定的共享权益）向上述某人授予适当权利，清偿与抵免型养老金有关的负债。

第七款　规章可以要求计划受托人或经营管理者在规定的条件下：

（a）调整某人按计划规则确定的养老金或其他待遇权益（在计划关

闭期间，自由处置权判决生效产生上述权益）；

（b）在下列情况下，调整计划规则确定的某人（'遗属'）养老金或其他待遇权益金额：

（ⅰ）计划参保人或有资格已（或可能）获取参保人养老金或其他待遇的人员在计划关闭期间去世；

（ⅱ）参保人遗属有资格获取参保人应有的养老金或其他待遇（不管是参保人去世之时或之后产生）；

第八款　第七款提及的规章可以：

（a）具体规定如何确定应得权益调整额和调整的方式；

（b）在计划关闭追溯生效时〔不管是根据《2004年养老金法》第一百五十四条（关闭计划资产足以支付受保障债务的条件）还是根据其他规定〕，具体要求从判决生效开始调整某人的应得权益金额；

（c）在不影响第十条第三款到第十条第九款、第七十三B条第二款和第一百一十六条效力的情况下，对违反规章规定的条件引起的后果具体制定条款。

第九款　如果计划授权某人而不是计划受托人或经营管理者使用与养老金或其他待遇（包括增加养老金或其他待遇在内）有关的计划资产，根据本条、第七十三条和第七十三B条或与它们相关制定的条款，计划授予的权力不能由某人行使，反而由受托人或经营管理者行使。

第十款　就本条而言：

'适当权利'的含义与《1999年福利改革和养老金法》附录五第五小节（抵免型养老金：履行的模式）给出的含义一致；

'自由处置判决'指的是具有规定内容的判决；

'共享权益'的含义与《1999年福利改革和养老金法》第四部分第一章（养老金制度规定的共享权益）；

以及当第七十三条第十款适用于本条时，第七十三条第十款适用于本条。

第七十三 B 条【第七十三条和第七十三 A 条的补充性规定】

第一款　凡是违反第七十三A条第三款的行为，均是无效的行为。

第二款　如果根据计划关闭条款制定的条款不适用于符合第七十三条规定的计划，第十条适用于那些没有采取所有合理措施以确保适用的计划受托人或经营管理者。

第三款　就第二款而言，何时确定第七十三 A 条第三款是否符合本条第一款的规定可以不予考虑。

第四款　规章可以：

（a）根据计划关闭条款，规定如何确定、计算和核实：

（ⅰ）符合第七十三条规定的计划的资产和负债；

（ⅱ）以及资产和负债的价值或金额；

（b）在其适用于：

（ⅰ）特定计划或具有特定内容的计划时；

（ⅱ）只有部分关闭的计划时；

（ⅲ）按《2004 年养老金法》第一百三十五条第四款（有权制定规章，允许在评审期间清偿计划负债）提及的规章清偿与参保人有关的计划负债时；

规章可以修改计划关闭条款。

第五款　在不影响第四款一般性的情况下，当第一百三十五条第四款第（b）项第（ⅰ）小节提及的规章适用于多个雇主举办的计划时，上述规章可以具体修改计划关闭条款。

第六款　计划关闭条款在下列情况下不适用：

（a）如在计划关闭生效以前，按计划规则某人有资格获取的养老金或其他待遇款项引起的负债；

（b）在规定条件下，参保人在计划关闭生效以前按计划规则的规定，根据可计入养老金的工作年限获取特定内容型权益引起的负债；

（c）计划参保人在计划关闭生效以前按计划规则的规定，获取特定内容型权益引起的负债；

（d）根据《2004 年养老金法》第一百三十六条（确认在评审期间实施清偿计划负债的行为有效的权力）有效清偿的负债；

第七款　但第六款不会禁止计划关闭条款适用于《1993 年养老金计划法》第四部分第四章（移交价值）提及的负债，该负债：

（a）在计划关闭生效以前产生；

（b）在计划关闭生效以前产生得到偿付。

第八款　规章可以规定，在规定的条件下：

（a）如第七十三条适用的职业养老金计划正在关闭；

（b）计划参保人在计划关闭开始时去世；

（c）在计划关闭期间，某人有资格根据计划规则获取与参保人有关的规定内容型待遇；

根据第六款的规定，某人有资格获取全部或部分权益应被视为在计划关闭生效以前产生。

第九款　如果在与第七十三条适用的职业养老金计划有关的关闭期以前，某人延期领取有资格获取的款项，根据第六款，该人不应被视为在关闭期以前已经具有获取支付款项的资格。

第十款　就本条而言：

（a）'计划关闭条款'指的是本条、第七十三条、第七十三A条和第七十四条；

（b）当第七十三条第十款适用于第七十三B条时，第七十三条第十款适用。"

第二款　在《1995年养老金法》第七十四条（在计划关闭时，通过保险清偿负债）中：

（a）用下面内容替换第一款：

"**第一款**　当第七十三条适用的职业养老金计划正在关闭时，本条适用。"

（b）从第二款中删除"（包括养老金增加在内）"；

（c）在第三款第（d）项之后插入：

"（e）当规定条件得到满足时，以支付现金总额的方式。"；

（d）在第四款中：

（ⅰ）用"计划规则"替换"计划的规则"；

（ⅱ）删除"（包括养老金增加在内）"；

（e）删除第五款第（b）项和紧邻第五款第（b）项之前的"或"；

（f）在第五款之后插入：

"**第六款**　就本条而言，

（a）计划资产不包括计划规则确定的代表货币购买型待遇权益价值的资产在内的资产；

（b）计划负债不包括计划规则确定的代表货币购买型待遇有关负债在内的负债；

以及'计划规则'的含义与《2004年养老金法》（参见第三百一十八条）规定的含义一致。"

第十七节　职业养老金计划资产不足

第二百七十一条【当资产不足时雇主所欠债务】

第一款　对《1995 年养老金法》（第二十六章）第七十五条（资产不足）做如下修改。

第二款　用以下内容替换第一款到第四款：

"**第一款**　本条适用于职业养老金计划，但不包括下列职业养老金计划在内：

（a）货币购买型计划；

（b）特定计划或具有特定内容的计划。

第二款　如果：

（a）在：

（ⅰ）计划正在关闭时；

（ⅱ）但，在计划正在关闭的同时，与雇主有关的相关事件发生以前，计划资产价值低于此时的计划负债价值；

（b）计划受托人或经营管理者根据本款指定时间［在第（a）项第（ⅱ）小节提及的事件发生以前］；

资产负债差额被视为雇主所欠计划受托人或经营管理者的债务。

上述规定以第三款为准。

第三款　只有：

（a）要么：

（ⅰ）从约定日开始到计划关闭结束的期间内，由第六 A 款第（a）项或第六 A 款第（b）项提及并与雇主相关的事件没有发生；

（ⅱ）在：

①开始于在第（ⅰ）小节提及的时间内最近相关事件发生时；

②结束于计划关闭生效时；

与计划有关的中止通知发布并具有约束力；

（b）在第（a）项第（ⅰ）小节提及的时间内，由第六 A 款第（c）项提及并与雇主相关的事件没有发生。

第四款　当：

（a）与雇主有关的相关事件发生以前（'当前事件'），计划资产价值低于上述时刻计划负债的价值；

（b）当前事件：

（ⅰ）在约定日期或约定日期之后发生；

（ⅱ）在规定的条件下没有发生；

（c）如果计划在当前事件发生之前正在关闭，与计划相关的第二款不适用，不能把资产负债差额看作是雇主所欠计划受托人或经营管理者的债务；

（d）如果当前事件符合第六 A 款第（a）项或第六 A 款第（b）项的规定，要么：

（ⅰ）第六 A 款第（a）项或第六 A 款第（b）项提及并与雇主有关的相关事件，在开始于约定日期到当前事件结束的时间内没有发生；

（ⅱ）与计划有关的中止通知在：

①开始于第（ⅰ）小节提及的时间内最近相关事件发生时；

②结束于计划关闭生效时；

（e）在第（d）项第（ⅰ）小节提及的时间内，第六 A 款第（c）项提及并与雇主相关的相关事件没有发生；

资产负债差额被视为雇主所欠计划受托人或经营管理者的债务。

第四 A 款　如当前事件符合第六 A 款第（a）项或第六 A 款第（b）项的规定，根据破产相关法律适用于雇主而言，第四款提及的债务应视为在当前事件发生之前产生。

第四 B 款　在第四款提及的情况下，如果：

（a）当前事件符合第六 A 款第（a）项或第六 A 款第（b）项的规定；

（b）计划没有在当前事件之前关闭；

第四 C 款　适用。

第四 C 款　当本款适用时，第四款提及的雇主所欠债务为或有债务，具体要视下列情况而定：

（a）在当前事件之后发布计划经营管理者通知，且下列条件得到满足：

（ⅰ）经营管理者通知具有约束力；

（ⅱ）第六 A 款第（c）项提及相关事件与雇主有关，并在经营管理者通知具有约束力以前没有发生；

（ⅲ）因在：

①开始于当前事件发生；

②结束于计划经营失败通知发布；

其间中止通知已发布，与计划有关的中止事件没有发生，与上述期间发布的中止通知有关的中止事件不可能发生；

（b）在：

（i）与计划有关的计划经营失败通知或中止通知已具有约束力；

（ii）第六 A 款第（c）项提及并与雇主有关的相关事件发生之前，计划关闭开始生效。"

第三款　在第四款里，用"第二款和第四款"替换"第一款"。

第四款　在第六款里：

（a）在"计划"之后插入"规则"；

（b）在末尾插入：

"在本条中，'计划规则'的含义与《2004 年养老金法》（本条简称为《2004 年法》）的含义一致（参见《2000 年养老金法》第三百一十八条）。"

第五款　在第六款之后插入：

"**第六 A 款**　就本条而言，如果当：

（a）破产事件发生于与雇主有关时；

（b）计划受托人或经营管理者根据《2004 年法》第一百二十九条第一款提出申请，或根据第一百二十九条第五款第（a）项从养老保障基金理事会接到通知；

（c）根据《1986 年破产法》第八十九条（参保人自愿关闭计划）宣告破产时，通过雇主自愿关闭计划的决议；

与职业养老金计划雇主有关的相关事件发生。

第六 B 款　就本条而言：

（a）在第六 A 款第（a）项提及的相关事件情况下，'中止通知'指的是：

（i）根据《2004 年法》第一百二十二条第二款第（b）项（计划救援已经发生）发布的撤销通知；

（ii）根据《2004 年法》第一百四十八条（破产事件没有发生或不可能发生）发布的撤销通知；

（iii）在通知具有约束力且《2004 年法》第一百四十八条不适用的

情况下，根据《2004 年法》第一百二十二条第四款（不能确定计划的状态）发布的通知；

（b）在第六 A 款第（b）项提及的相关事件情况下，'中止通知'指的是根据《2004 年法》第一百三十条第三款（计划救援已经发生）发布的撤销通知；

（c）当与计划有关的中止通知具有约束力时，与计划有关的中止事件发生；

（d）直到下列每一种事项不再是可审查的事项时，与特定期间发布的中止通知有关的计划中止事件才能发生：

（ⅰ）已经在特定期间发布与计划有关的中止通知；

（ⅱ）没有在特定期间发布与计划有关的中止通知；

（ⅲ）理事会根据《2004 年法》第二部分第二章或第三章已发布的通知，与特定期间发布计划中止通知有关，或与特定期间发布的中止通知具有约束力有关；

（ⅳ）第（ⅲ）小节提及的通知没有发布；

（e）在下列情况下，将发布或没有发布通知视为可审查事项：

（ⅰ）根据《2004 年法》第二部分第六章，对上述可审查事项进行审查的期间；

（ⅱ）如果对可审查事项进行如上审查，直到：

①审查和复议；

②将可审查事项提交养老保障基金督察官进行仲裁；

③对督察官裁决或指令进行上诉；

得到最终处理之前；

（f）'计划经营失败通知'指的是根据《2004 年法》第一百二十二条第二款第（a）项或第一百三十条第二款（不可能实施计划救援）发布的计划经营失败通知。

第六 C 款　就本条而言：

（a）在确定与雇主有关的破产事件是否已经发生和何时发生时，《2004 年法》第一百二十一条适用；

（b）'约定日期'指的是根据《2004 年法》第一百二十六条第二款（如果计划在内阁大臣约定日期前关闭，根据《2004 年法》第二部分第三章没有提供养老金保障）约定的日期；

（c）与雇主有关的相关事件，不包括雇主成为计划雇主以前发生的相关事件；

（d）具有约束力的中止通知指的是第六 B 款第（a）项或第六 B 款第（b）项提及并根据《2004 年法》第二部分发布的具有约束力的通知，符合《2004 年法》第二部分规定的含义。

（e）具有约束力的计划经营失败通知指的是第六 B 款提及并根据 2004 年法第二部分发布的具有约束力的通知，符合《2004 年法》第二部分规定的含义。

第六 D 款　当：

（a）根据《1986 年破产法》第八十九条（参保人自愿关闭计划）宣告破产时，通过雇主自愿关闭计划的决议；

（b）要么：

（ⅰ）只有在规定的条件下，雇主自愿关闭计划有效；

（ⅱ）根据《1986 年破产法》第九十五条，召开与雇主有关的债权人会议（能够把参保人自愿关闭计划变成债权人自愿关闭计划的债权人会议）；

本条在没有通过决议的情况下有效，且根据本条的规定，通过上述决议产生的债务被视为没有产生的债务。"

第六款　删除第九款。

第二百七十二条【在多雇主养老金计划下雇主所欠债务】

在《1995 年养老金法》（第二十六章）第七十五条之后加入（资产不足）：

"第七十五 A 条【资产不足：多雇主养老金计划】

第一款　当第七十五条（资产不足）适用于多雇主养老金计划时，规章可以修改第七十五条。

第二款　规章具体规定，符合债务被视为第七十五条提及的多雇主养老金计划雇主所欠债务（'多雇主债务'）的情形。

第三款　上述规定的情形包括除关闭计划或相关事件发生（符合第七十五条的含义）以外的情形在内。

第四款　就本条提及的规章而言，第七十五条第五款提及的规章可以规定：

（a）确定、计算和核实纳入考虑范围的计划资产和负债；

（b）计划资产和负债金额或价值的其他方法。

第五款 本条提及的规章可以具体：

（a）规定根据第七十五条第五款以其他规定方式提出的申请，取决于法定条件是否得到满足；

（b）规定，如是根据第七十五条第五款提及的其他规定方式适用的情况，职业养老金监管局可以在规定的情形下发布指令：

（ⅰ）规定引起的多雇主债务在职业养老金监管局规定的期限内是不可执行的债务；

（ⅱ）如果在规定的期限内条件得到满足，使用第七十五条第五款提及的不同方法重新计算债务金额；

第六款 第五款提及的法定条件包括正在执行的法定安排和职业养老金监管局批准通知核准的法定安排细节在内的条件。

第七款 规章可以规定，如法定条件没有得到满足，职业养老金监管局可以不予批准上述法定安排的具体内容。

第八款 法定条件可以包括：

（a）法定安排对接收职业养老金监管局根据规章发布的缴费通知的一名或多名人员进行确认；

（b）职业养老金监管局消除对与上述每位人员相关的法定事项的疑虑。

第九款 就第八款而言，'缴费通知'为载明接收通知的人员有责任向下列人员支付通知规定的款项的通知：

（a）多雇主计划的受托人；

（b）理事会［当养老保障基金理事会根据《2004 年养老金法》第二部分第三章（养老金保障）已经为计划承担责任时］。

第十款 规章可以规定，职业养老金监管局有权向第八款提及的安排确认的某人发布缴费通知，条件是：

（a）安排停止执行或职业养老金监管局认为安排不再合适；

（b）职业养老金监管局认为要求某人有责任支付通知规定的款项是合理的。

第十一款 当根据规章向第八款提及的某人发布缴费通知时，通知规定的款项金额被视为接受通知的某人所欠通知规定的收款人员的债务。

第十二款 当规章要求职业养老金监管局发布第八款提及的缴费通

知时，

（a）规章必须：

（ⅰ）规定如何确定职业养老金监管局发布的缴费通知规定的缴费额；

（ⅱ）规定接收缴费通知的人员为债务承担连带责任的条件；

（ⅲ）规定通知包含的事项；

（ⅳ）规定哪些人有权根据缴费通知追偿债务；

（b）规章可以在修改或没有修改的条件下，《2004 年养老金法》第四十七条到第五十一条的部分或全部条款适用于根据规章发布的缴费通知（当未遵守资金扶持指令时，发布的缴费通知）。

第十三款　在本条中，'多雇主计划'指的是受雇于多个雇主的领薪人员参保的信托型计划。

第十四款　本条对下列条款授予的权力不会产生影响：

第七十五条第五款（规定资产和负债等的确定、计算和核实方法的权力）；

第七十五条第十款（当第七十五条适用于规定情形时，有权修改第七十五条）；

第一百一十八条第一款第（a）项（修改适用于多雇主信托计划的本部分条款的权力）；

第一百二十五条第三款（根据本部分的规定，延伸'雇主'含义的权力）。"

第十八节　养老金争议

第二百七十三条【争议解决】

用下面内容替代《1995 年养老金法》（第二十六章）第五十条（争端的解决）：

"**第五十条【争议解决制度的条件】**

第一款　职业养老金计划受托人或经营管理者必须确保制定和执行争议解决制度。

第二款　争端解决制度为根据本条制定的解决养老金争议的制度。

第三款　就此而言，养老金争议为：

（a）在下面两者之间产生的争议：

（ⅰ）计划受托人或经营管理者；

（ⅱ）一名或多名与计划利益相关的人员（参见第五十A条）；

（b）涉及与计划相关的事项；

（c）不是一个豁免争议（参见第九款）。

第四款　争议解决制度必须制定一项程序：

（a）要求第三款第（a）项第（ⅱ）小节提及的任一争议方提出申请，对争议事项做出决议（'养老金争议解决的申请'）；

（b）要求受托人或经营管理者对上述争议做出决议。

第五款　当根据争议解决制度提出养老金争议解决申请时，受托人或经营管理者必须：

（a）在他们收到的一个合理期限内对争议事项做出决议；

（b）在做出决议的一个合理期限内通知决议申请人。

第六款　争议解决制度制定的程序必须包括第五十B条规定的条款。

第七款　在现有计划下，第一款提及的争议解决制度在本条生效之时或之后有效，并与本条生效之时或之后提出申请有关。

第八款　如果：

（a）计划所有参保人为计划受托人；

（b）计划仅仅有一名参保人；

（c）计划具有特定的内容；

本条不适用于职业养老金计划。

第九款　就本条而言，如果：

（a）有关争议的诉讼程序已经在某一法庭或裁判所实施；

（b）由于有人已向养老金督察官提起投诉或提交争议，督察官已经就争议展开调查；

（c）争议具有特定的内容时；

争议为一项豁免争议。

第十款　在职业养老金计划情况下，如果本条要求颁布的争议解决制度：

（a）没有颁布；

（b）没有得到实施；

第十条适用于那些没有采取所有合理措施以确保上述争议解决制度得以颁布或实施的受托人或经营管理者。

第五十 A 条【'计划利益相关人员'的含义】

第一款　就第五十条而言，某人为在职业养老金计划中拥有利益的人员，前提是：

（a）他是计划的参保人；

（b）去世计划参保人的遗属；

（c）去世计划参保人的在世非抚养受益人；

（d）他是计划的未来参保人；

（e）他不属于第（a）项到第（d）项提及的人员；

（f）他声称他属于第（a）项到第（e）项提及的人员，且争议与他是否属于他声称的人员有关。

第二款　在第一款第（c）项中，'非抚养受益人'与职业养老金计划去世参保人有关，指的是在参保人去世后，有资格领取计划支付的待遇的人员。

第三款　在第一款第（d）项中，'未来参保人'指的是根据就业合同条款或计划规则的规定，该人：

（a）能够按照其选择成为计划的一名参保人；

（b）如果从事同一种职业的时间足够长，他有可能成为计划的未来参保人；

（c）会自动被计划接纳为参保人，除非他选择不成为参保人；

（d）在雇主许可下可以接纳为计划的参保人。

第五十 B 条【争议解决程序】

第一款　根据第五十条提及的争议解决制度制定的程序必须包括以下条款。

第二款　程序必须规定：

（a）当争议一方人员去世，由其个人代理人；

（b）当争议涉及一方年幼或不具行为能力，由其家庭成员或适于代理的人员；

（c）在其他情况下，由争议一方指定代理人；

代表第五十条第三款第（a）项第（ii）小节提及的争议方，根据第五十条第四款的规定提出或继续提出解决养老金争议的申请。

第三款　程序必须规定提出养老金争议解决申请的时间限制，但必须要求：

（a）若是第五十A条第一款第（e）项提及的计划利益相关人员，提出申请的时间限制为其不是第五十A条第一款第（a）项、第五十A条第一款第（b）项、第五十A条第一款第（c）项和第五十A条第一款第（d）项提及的利益相关人员之日开始的6个月内；

（b）若声称其是第五十A条第一款第（e）项提及的人员而实际上是第五十A条第一款第（f）项提及的计划利益相关人员，其提出申请的时间限制为该人声称自己不是第五十A条第一款第（a）项、第五十A条第一款第（b）项、第五十A条第一款第（c）项和第五十A条第一款第（d）项提及的利益相关人员之日开始的6个月内。

第四款　程序必须包括下列相关条款：

（a）提出养老金争议解决申请的方式；

（b）申请包含的具体内容；

（c）做出决议和发布决议的方式。

第五款　程序必须规定，如果在提出养老金争议解决申请之后，争议成为符合第五十条第九款第（a）项或第五十条第九款第（b）项规定的豁免争议，那么程序提及的争议解决中止。"

第十九节　养老金督察官

第二百七十四条【养老金督察官和养老金副督察官】

第一款　在《1993年养老金计划法》（第四十八章）第一百四十五条第二款（养老金督察官）"就任"之后插入"和辞职"。

第二款　用下列内容替换第一百四十五条第三款：

"**第三款**　养老金督察官可以根据其辞职或被撤职的条款或条件，辞去职务或被撤职。"

第三款　在第一百四十五条之后插入：

"**第一百四十五A条【养老金副督察官】**

第一款　内阁大臣可以任命一名或多名人员担任养老金副督察官（'养老金副督察官'）。

第二款　上述任命均根据内阁大臣认为适宜的条款和条件实施。

第三款　养老金副督察官：

（a）根据其任命的条款和条件就任和辞去副督察官；

（b）根据其任命的条款和条件辞职和被撤职。

第四款　养老金副督察官在下列情况下履行督察官职能：

（a）在督察官空缺期间；

（b）在督察官出于种种原因不能履行职能；

（c）在内阁大臣同意的其他时间内。

第五款　就履行其职能的养老金督察官来说，可以相应地解释为包括履行其职能的养老金副督察官在内。

第六款　内阁大臣可以：

（a）向养老金副督察官支付：

（ⅰ）薪酬、离职补偿、养老金、津贴和退休奖金；

（ⅱ）内阁大臣确定的上述待遇；

（b）向督察官支付副督察官履行其职能时产生的支出。"

第四款　在《1975 年下议院取消任职资格法》（第二十四章）附录一第三部分（其他丧失资格的职位）"养老金督察官"之后插入"和根据《1993 年养老金计划法》第一百四十五 A 条任命的养老金副督察官"。

第五款　在《1975 年下议院取消任职资格法（北爱尔兰）》（第二十五章）附录一第三部分（其他丧失资格的职位）适宜之处插入：

"和根据《1993 年养老金计划法》第一百四十五 A 条任命的养老金督察官和养老金副督察官。"

第六款　《1972 年超级年金法》（第十一章）第一条适用的人员（计划根据第一条向本条适用人员提供养老金待遇）包括养老金副督察官在内。

第七款　养老金督察官也必须在其规定的时间内，使用议会按照《1993 年养老金计划法》提供的资金，向公务员部支付其确定的款项金额。

第八款　养老金督察官也必须在其规定的时间内，使用议会按照《1993 年养老金计划法》提供的资金，向公务员部支付其确定的款项金额，支付款项的资金来源于作为《1993 年养老金计划法》第一条适用的人员，这些人员为：

（a）养老金督察官；

（b）养老金督察官雇员。

第二百七十五条【管辖权】

第一款　在《1993 年养老金计划法》（第四十八章）第一百四十六

条第四款（有权把《1993 年养老金计划法》第十部分运用于计划管理相关事项之中）后插入：

"**第四 A 款**　就第四款而言，当个人或一群人有责任实施计划管理行为时，个人或一群人与职业养老金计划或个人养老金计划的管理有关。"

第二款　当根据《1993 年养老金计划法》第一百四十六条第四款制定条款，把《1993 年养老金计划法》第十条运用于与本条生效之时或之后产生的事项有关的投诉或争议时，本条实施的修改生效。

第三款　就第二款而言，符合《1993 年养老金计划法》第一百四十六条第一款第（g）项规定的问题被视为争议。

第二百七十六条【调查】

第一款　删除《2000 年儿童扶助、养老金和社会保障法》（第十九章）（本条简称为《2000 年法》）第五十四条（该条修改《1993 年养老金计划法》第一百四十八条、第一百四十九条和第一百五十一条，除用于制定规章和规则以外，该条并没有生效）。

第二款　把下列条款从《1993 年养老金计划法》中删除：

（a）由《2000 年法》第五十四条第二款插入的第一百四十八条第五款第（ba）项和第一百四十八条第五款第（bb）项；

（b）由《2000 年法》第五十四条第三款替换的第一百四十九条第一款、第一百四十九条第一 A 款和第一百四十九条第一 B 款；

（c）由《2000 年法》第五十四条第四款替换的第一百四十九条第三款第（ba）项；

（d）由《2000 年法》第五十四条第五款插入的第一百四十九条第三款第（d）项和第一百四十九条第三款第（d）项之前的"和"；

（e）由《2000 年法》第五十四条第六款插入的第一百四十九条第八款；

（f）由《2000 年法》第五十四条第七款插入的第一百五十一条第一款第（c）项和第一百五十一条第一款第（c）项之前的"和"；

（g）由《2000 年法》第五十四条第八款替换的第一百五十一条第三款第（ba）项和第一百五十一条第三款第（bb）项；

（h）由《2000 年法》第五十四条第八款插入的第一百五十一条第三款第（c）项词语"第（a）小节到第（bb）项"；

在某种程度上《2000 年法》第五十四条只有在制定规章和规则时

生效。

第二十节　养老金补偿

第二百七十七条【与养老金补偿理事会有关的修改】

第一款　对《1995 年养老金法》(第二十六章) 做如下修改。

第二款　《1995 年养老金法》第八十一条 (养老金补偿理事会裁决的审查):

(a) 在该条第二款之后插入:

"**第二 A 款**　补偿理事会也可以在不许提出申请条件下审查裁决。"

(b) 用下列内容替换第四款和第五款:

"**第四款**　规章可以对以下内容制定条款:

(a) 本条提及的审查 (或爱尔兰相应实行的条款);

(b) 第二款 (或爱尔兰相应实行的条款) 提及的申请和根据申请采用的程序。"

第三款　在第八十一条 (补偿条款适用的情形) 中, 删除第八十一条第一款第 (d) 项、第二 A 款和第七款。

第四款　用下列内容替换第八十三条 (补偿金额) 第三款和第四款:

"**第三款**　支付款项金额或总额 (如果超过一次支付) 不应超过:

(a) 申请日期短缺金额超过申请日期和结算日期之间追偿价值的金额 (如有的话);

(b) 对超过款项金额在规定期限以规定的利率计算的利息。"

第二十一节　养老金年度增长额

第二百七十八条【某种职业养老金的年度增长额】

第一款　根据第二款到第六款对《1995 年养老金法》第五十一条 (某种职业养老金的年度增长额) 进行修改。

第二款　在第一款中:

(a) 在第 (a) 项第 (ⅰ) 小节末尾删除 "和";

(b) 在第 (a) 项第 (ⅱ) 小节末尾插入:

"(ⅲ) 当养老金在生效之时或之后成为已支付养老金时, 不是货币购买型计划, 和";

（c）用下列内容替换第（b）项：

"（b）全部或部分养老金归因于：

（ⅰ）约定之时或之后应计养老金工作年限；

（ⅱ）当养老金在生效之前已成为已支付养老金时，在货币购买型待遇情况下，养老金归因于在约定之时或之后的就业报酬；

（c）除本条外：

（ⅰ）养老金年度金额；

（ⅱ）如果只有部分养老金与第（b）项一样归因于约定之时或之后的养老金工作年限，养老金年度增长额来自于部分养老金；

以不超过上述适宜增长率的水平增长。"

第三款　在第二款"货币购买型待遇"之后插入"当养老金在生效之前已支付"。

第四款　第四款第（b）项"年5%"替换为：

"（ⅰ）若是X类养老金，为年5%；

（ⅱ）若是Y类养老金，为年2.5%。"

第五款　在第四款之后插入：

"**第四A款**　就本条而言，如果养老金符合以下条件时，该养老金为X类养老金：

（a）在生效之前养老金已经成为已支付养老金；

（b）养老金：

（ⅰ）在生效之时或之后已经成为已支付养老金；

（ⅱ）全部养老金归因于生效之前的养老金工作年限。

第四B款　就本条而言，如果养老金为下列情况时，养老金为Y类养老金：

（a）在生效之时或之后已经成为已支付养老金；

（b）全部养老金归因于生效之时或之后的养老金工作年限。

第四C款　就本条适用于下列养老金而言：

（a）在生效之时或之后已经成为已支付养老金；

（b）部分养老金归因于生效之时或之后的养老金工作年限；

（c）部分养老金归因于生效之前的养老金工作年限；

上述每部分养老金视为不同的养老金看待。"

第六款　在第五款中：

（a）用"本条任意条款"替换"第二款和第三款规定的条款"；

（b）在第（a）项"约定日期"之后插入"或生效日期"。

第七款　在第五十一条之后插入：

"第五十一 ZA 条【'适宜百分率'的含义】

第一款　就第五十一条第一款第（c）项和第五十一条第二款而言，'适宜百分率'与全部或部分养老金年度增长额有关：

（a）在 X 类养老金情况下，指的是根据《1993 年养老金计划法》附录三第二小节（应计养老金待遇的增加）提及并在养老金增加时有效的命令，规定最新增值期限的增值百分率；

（b）如果是 Y 类养老金，指的是下面两种百分率较低的一种：

（ⅰ）根据《1993 年养老金计划法》附录三第二小节（应计养老金待遇的增加）提及并在养老金增加时有效的命令，规定最新增值期限的增值百分率；

（ⅱ）2.5%；

第二款　在本条中，'增值百分率'和'增值期限'的含义与《1993 年养老金计划法》附录三第二条的含义相同。"

第八款　在《1993 年养老金计划法》第五十四条第三款（第五十一条到第五十三条：补充性规定）适当的地方插入：

"'生效日期'指的是《2004 年养老金法》第二百七十八条（第五十一条的修改）生效约定的日期，"

第二百七十九条【某种个人养老金的年度增长额】

第一款　根据第二款对《1995 年养老金法》（第二十六章）第一百六十二条（某种个人养老金年度增长额）进行修改。

第二款　在第一款第（a）小节末尾删除"和"，并用下列内容替换第（b）小节：

"（b）养老金在生效日期之前成为已支付养老金；

（c）在约定之时或之后全部或部分养老金归因于就业缴费；

（d）除本部分之外：

（ⅰ）养老金年度增长额；

（ⅱ）如果仅有部分养老金按第（c）项归因于就业缴费，那么养老金年度增长额部分归因于就业缴费；

不低于上述养老金年度增长百分率。"

第三款　《1995 年养老金法》（第二十六章）第一百六十三条第三款（第一百六十二条的补充规定）中：

（a）在"适宜百分率"定义中，从"增值期间"到结束，替换为"《1993 年养老金计划法》附录三第二小节（应计养老金待遇的增加）提及并在养老金增加时有效（本定义使用词语的含义与附录三第二小节的含义相同）的命令，规定最新增值期限的增值百分率"；

（b）在适宜的地方插入：

"'生效日期'指的是《2004 年养老金法》第二百七十九条生效约定的日期，"。

第二百八十条【提供养老金使抵免型养老金生效的权力】

第一款　对《1999 年福利改革和养老金法》（第三十章）第四十条（内阁大臣提高养老金让特定权益生效的权力）做如下修改。

第二款　在第一款中，用"最大百分率"替换"5%"。

第三款　在第二款中，用"根据第二 A 款，这"替换"这"。

在第二款之后插入：

"**第二 A 款**　第二款不适用于下列养老金：

（a）货币购买型计划养老金；

（b）在生效日期或之后已支付的养老金。

第二 B 款　就第一款而言，'最高百分率'指的是：

（a）符合下列条件时，为 5%：

（ⅰ）在生效日期之前进行养老金支付；

（ⅱ）在生效日期之前没有进行养老金支付，但在生效日期之前相关抵免型养老金已经产生；

（b）当相关抵免型养老金权益在生效日期当天或之后产生时，最高百分率为 2.5%。"

第四款　在第三款中，在合适地方插入：

"'生效日期'指的是《2004 年养老金法》第二百八十条（对第四十条的修改）生效约定的日期。"

"'货币购买型待遇'的含义由《1993 年养老金计划法》第一百八十一条第一款给出。"

"'相关抵免型养老金'指的是作为合格抵免型养老金权益和保障性权益（直接或间接）来源的抵免型养老金。"

第二十二节　价值再评估

第二百八十一条【法定价值再评估要求的豁免】

第一款　对《1993 年养老金法》（第四十八章）第八十四条（价值再评估的基础）的修改如下。

第二款　在第五款中，在第（a）项之后插入：

"（b）在保持养老金或其他待遇价值不变的制度下，应根据零售物价指数提高养老金或其他待遇，"

第三款　在第五款后加入：

"**第六款**　在第五款第（b）项中，'零售物价指数'指的是：

（a）国家统计办公室出版的一般零售物价指数（所有商品）；

（b）当一般零售物价指数在一个月内没有出版时，为国家统计办公室出版的替代性指数或数字。"

第二十三节　协议退出

第二百八十二条【在《1993 年养老金计划法》中"工作年限"的含义】

在《1993 年养老金计划法》（第四十八章）第一百八十一条（一般释义）中，第一款提及的"工作年限"的定义由下列内容加以替换：

"'工作年限'与个人有关，指的是开始于某人 16 岁的纳税年份，终止于：

（a）当男性达到 65 岁和女性达到 60 岁的前一纳税年度；

（b）或者，如果更早，某人去世前一个纳税年度。"

第二百八十三条【有权制定提交国内税务局批准的条件】

在《1993 养老金计划法》第九条（计划确认条件的一般性规定）第五款之后插入：

"**第五 A 款**　根据本章制定的养老金计划规章包括以下条款，不管计划：

（a）是否得到《1988 年收入和企业所得税法》第十四部分第一章（退休养老金计划）的批准，或是否为符合第一章规定的相关法定计划；

（b）是否根据第十四部分第四章得到批准。"

第二百八十四条【对折算和养老金领取年龄的限制】

第一款　《1993 年养老金计划法》第二十一条第一款（最低保证性

养老金的折算）替换为：

"**第一款** 计划可以在规定的情形和服从规定的限制和条件下，根据第十三条或第十七条规定用一次支付款项替代养老金支付。"

第二款 在《1993 年养老金计划法》第十七条（鳏寡人员最低养老金）末尾插入：

"**第八款** 当：

（a）根据第二十一条第一款，向计划条款提及的工薪人员进行一次性支付；

（b）上述计划款项具有规定的内容；

如不是工薪人员受到一次性支付，根据本条工薪人员被视为拥有最低保证性养老金。"

第三款 在《1993 年养老金计划法》第二十八条（保障性权益生效的方式）第四款（一次性支付条款）：

（a）"一次性支付条款"之后插入"，根据规定的限制，"；

（b）删除第（a）项和第（b）项；

（c）在第四款末尾插入"；和（e）满足规定的其他条件。"

第四款 删除第二十八条第四 A 款和第四 B 款。

第五款 用"或第四款"替换第二十八条第三款和第五款"，第四款或第四 A 款"。

第六款 在第二十八条第八款"开始日期"定义中，删除"，应不早于参保人第 60 个生日，"。

第七款 在《1993 年养老金计划法》第二十九条第一款（养老金如何根据第二十八条遵守"养老金条件"）中：

（a）第（a）项从"日期"到"或在 65 岁生日"之间文字用"不晚于参保人 65 岁生日或在 65 岁生日"替换；

（b）删除第（aa）项第（ii）小节从"以及不是"到"75 岁生日"之间文字。

第二十四节　存托养老金

第二百八十五条【"存托养老金计划"的含义】

第一款 根据第二款到第四款对《1999 年福利改革和养老金法》（第三十章）第一条（"存托养老金计划"的含义）进行修改。

第二款 用"到第十款"替换第一款（存托养老金计划应满足的条件）第（a）项"到第九款"。

第三款 用"由或代表，或与其有关，"替换第五款（与计划管理支出有关的规定条件）第（a）项"由或代表"。

第四款 在第九款之后插入：

"**第十款** 第九个条件为：

（a）如果计划为职业养老金计划，应在与所有类型就业有关的计划相关的协议退出证书中加以载明；

（b）如果计划为个人养老金计划，它是一项符合《1993 年养老金计划法》第七条第四款给出的含义的计划。"

第五款 《1993 年养老金计划法》第二条（存托养老金的注册）第二款第（b）项第（ⅰ）小节"到第九款"用"到第十款"加以替代。

第六部分 针对某些养老金计划参保人的财务援助计划

第二百八十六条【针对某些养老金计划参保人的财务援助计划】

第一款 内阁大臣根据规章制定条款，要求计划向限制性养老金计划（"资金援助计划"）的合格参保人或与参保人有关人员的支付款项。

第二款 就本条而言：

与合格养老金计划有关的"限制性参保人"指的是这样的一个人：

（a）在规定的时间内是一个养老金计划参保人，其参保的养老金计划资产不足，计划养老金负债不可能得到全额支付；

（b）在规定的时间里不再是计划参保人，并与该人相关的是在其不再是计划参保人时，由于计划资产不足，计划养老金负债不能得到全额支付；

以及与其相关的是在规定的时间里满足规定的条件；

"限制性养老金计划"指的是职业养老金计划（包括已经完全关闭的计划在内），其：

（a）在规定的时间里不是：

（ⅰ）货币购买型计划；

（ⅱ）指定特征型计划；

（b）关闭开始于规定期间并在第一百二十六条第二款约定日期之前结束；

（c）与计划有关的雇主在规定的时间里满足规定条件；

（d）规定由符合规定条件的人员向某人发布通知的细节，如：

（ⅰ）按规定的形式和方式；

（ⅱ）并在规定日期之前；

"计划的养老金负债"与限制性养老金计划参保人有关，指的是计划应付参保人或与参保人有关的人员的养老金或其他待遇；

和当计划资产不足以全额支付以既定方式计算的计划负债时，限制性养老金计划没有充足的资产。

第三款 第一款提及的规章具体可以制定条款：

（a）规定由内阁大臣、根据规章设立的机构或规定的其他人员经营管理资金援助计划；

（b）规定经营管理资金援助计划的人员（"计划经营管理者"），根据规章或信托合同（如是信托持有基金）持有（无论是信托持有还是其他形式持有）、管理和运用基金；

（c）对于在规定情况下转让给计划管理人的合规养老金计划的财产、权利和义务，以及对于这一转让所涉及已发生规定债务剥离的合规养老金计划受托人才管理人；

（d）规定计划管理者向限制性养老金计划限制性参保人或与参保人有关的人员支付款项的条件，规定支付款项的方式；在基金经理受托持有基金时，可根据信托合同规定支付的条件和方式；

（e）授权内阁大臣：

（ⅰ）在其不是计划管理者时，向计划管理者支付补助金；

（ⅱ）在其是计划管理者时，根据规章向其持有的基金支付款项；

（ⅲ）向其他与资金援助计划有关的规定人员支付补助金；

（f）规定使用计划管理者持有的资金支付款项的条件；

（g）与下列相关：

（ⅰ）与资金援助计划有关的裁决审查或上诉或未做出裁决；

（ⅱ）与资金援助计划有关的投诉调查，要求组建机构和委任人员听审上诉或实施调查；

（h）向养老金监管局或养老保障基金理事会授予资金援助计划的相关职权；

（i）在处理与资金援助计划有关事项时，向某人提供自由处置权；

（j）使用按规定修改后的第一部分或第二部分；

以及根据不同情况或不同内容的情况，可以制定不同的条款，包括内阁大臣认为是附属、补充、间接或临时的权宜条款在内。

第四款　根据第三款第（e）项，内阁大臣根据第一款提及的规章，可以使用议会提供的资金支付款项。

第五款　第一款提及的规章不应制定条款，向个人征收费用用于直接或间接筹集资金援助计划所需资金。

第六款　当确定参保人是否有资格获取资金援助计划支付的款项（或参保人是否有资格获取的款项）时，第一款提及的规章不要求把限制性养老金计划的限制性参保人的收入或资金考虑在内。

第七款　就第六款而言，规章可以规定，限制性养老金计划的限制性参保人被视为拥有直接或间接来自计划的收入或资金的条件。

第八款　第二款提及的时间或期限，可以约定在本法通过之前（或就期限而言，全部或部分期限）。

第九款　本条不会对第三百一十五条的实施产生影响［附属法规（一般条款）］。

第七部分　欧盟内部的国际活动

第一节　收到欧洲雇主缴费的英国职业养老金计划

第二百八十七条【收到欧洲雇主缴费的职业养老金计划】

第一款　只有下面条件都得到满足的情况下，职业养老金计划受托人或经营管理者才可以接收欧洲雇主向计划支付的缴费。

第二款　条件 A 为根据第二百八十八条由监管局授权的计划受托人或经营管理者。

第三款　条件 B 为根据第二百八十九条由监管局批准并与欧洲雇主有关的计划受托人或经营管理者。

第四款　条件 C 为：

（a）监管局通知第二百八十九条第二款第（a）项第（ⅱ）小节提及的计划受托人或经营管理者之日起两个月期限结束；

（b）在上述期限结束以前，受托人或经营管理者接到监管局根据第二百九十二条第一款提供的信息。

第五款　如果计划受托人或经营管理者没有遵守第一款的规定，《1995 年养老金法》（第二十六章）第十条（民事罚款）适用于那些没有采取所有合理措施以确保遵守第一款的受托人或经营管理者。

第六款　在本部分中：

"欧洲雇主"具有特定的含义；

"东道成员国"与欧洲雇主有关，指的是根据规章确定的成员国。

第二百八十八条【接收欧洲雇主缴费的一般授权】

第一款　职业养老金计划受托人或经营管理者以规定的形式和方式，向监管局申请获取本条提及的授权。

第二款　监管局一旦接到申请，它必须：

（a）在确信申请符合法定条件的情况下批准授权；

（b）在其他情况下拒绝授权。

第三款　规章对以下事项制定条款：

（a）监管局根据本条取消授权；

（b）监管局做出恢复授权决议的适用标准。

第二百八十九条【与具体欧洲雇主有关的批准】

第一款　职业养老金计划的受托人或经营管理者向监管局申请获得本条提及的批准，允许他们以规定的形式和方式，向监管局发布通知（意向通知），该通知为：

（a）规定欧洲雇主（"法定雇主"）；

（b）载明他们接收欧洲雇主缴费的目的（以本条批准为准）；

（c）规定计划东道成员国；

（d）包含其他规定的信息。

第二款　监管局一旦接到意向通知，

（a）如监管局确信发布意向通知的个人符合法定条件，它必须在 3

个月内：

（ⅰ）告知东道成员国的主管机构，监管局已接到意向通知和通知的内容；

（ⅱ）根据与法定雇主有关的本条规定，告知发布意向通知的人员获得批准的情况；

（b）在其他情况下，告知发布通知书的人员未获批准。

第三款　如果监管局自接到意向通知起 3 个月内未能按照第二款第（a）项或第二款第（b）项的要求行事，根据与雇主有关的本条的规定，发布意向通知的人员在 3 个月期末被视为已经获得批准。

第四款　养老金监管局对以下事项制定条款：

（a）根据本条取消批准；

（b）做出取消批准决议的适用标准。

第二百九十条【发布英国以外东道成员国法律条件的通知书】

第一款　当：

（a）监管局根据第二百八十九条第二款第（a）项第（ⅰ）小节，通知东道成员国主管机构；

（b）根据指令第二十（附五）章，监管局收到主管机构发布东道成员国社会和劳动法律要求和第二十（附五）章提及的其他事项有关的信息；

监管局必须尽可能符合实际地向根据第二百八十九条发布意向通知的个人提供信息。

第二款　当：

（a）根据第二百八十九条批准与欧洲雇主有关的职业养老金计划受托人或经营管理者；

（b）根据指令第二十（附八）章，监管局接到东道成员国主管机构的信息（"新信息"），新信息改变以前第一款提及的信息；

监管局应如实地向受托人或经营管理者提供新信息。

第二百九十一条【受托人或经营管理者有责任按照东道成员国法律行事】

第一款　当职业养老金计划受托人或经营管理者收到欧洲雇主向计划支付的缴费时，受托人或经营管理者必须确保计划（与受雇于雇主的参保人有关）运营的方式符合东道成员国社会和劳动法律的要求。

第二款 规章可以修改适用于职业养老金计划（计划与雇主为欧洲雇主有关）参保人的养老金法律条款。

第三款 如果计划受托人或经营管理者没有遵守第一款的规定，《1995 年养老金法》（第二十六章）第十条（民事罚款）适用于那些没有采取所有合理措施以确保遵守第一款规定的受托人或经营管理者。

第四款 在本条中，"养老金法律"指的是：

（a）《1993 年养老金计划法》（第四十八章）；

（b）《1995 年养老金法》第一部分［第六十二条到第六十六 A 条（平等待遇）除外］；

（c）《1999 年福利改革和养老金法》（第三十章）第一部分或第三十三条；

（d）本法。

第二百九十二条【养老金监管局获取专项资产的权力】

第一款 当职业养老金计划受托人或经营管理者收到欧洲雇主支付的缴费时，监管局可以在规定的情形下向计划受托人或经营管理者发布通知（"隔离通知"），要求或不许他们采取通知规定内容的措施，以隔离计划资产或负债（或两者）。

第二款 在第一款中，"专项"的含义与指令规定的含义相同。

第三款 如果职业养老金计划的受托人或经营管理者没有遵守隔离通知，《1995 年养老金法》第十条（民事罚款）适用于那些没有采取所有措施，以确保遵守通知的受托人或经营管理者。

第二节　欧洲职业养老金计划接受来自英国雇主的缴费

第二百九十三条【与在其他成员国进行经营管理的养老金机构有关的监管局职权】

第一款 当英国雇主向欧洲养老金机构缴费（或准备缴费）时，指令第二十章要求或授予东道成员国主管机关行使的职权由监管局行使。

第二款 如果监管局根据指令第二十（附四）章收到另一成员国主管机关通知书时，它必须在两个月内向主管机关通知法定相关要求。

第三款 如果法定相关要求发生重大变化，养老金监管局必须如实地通知主管机关，说明第二款提供的信息发生重大变化。

第四款 当英国雇主向欧洲养老金机构缴费时，监管局必须：

（a）监督养老金机构遵守相关法定要求的情况；

（b）在监管局知道养老金机构违反相关法定要求的情况下，向养老金机构主要经营地所在成员国主管机关通报养老金机构未遵守相关法定要求的情况。

第五款 如果监管局确信接收英国雇主缴费的欧洲养老金机构违反相关法定要求，监管局可以向英国雇主发布通知，要求雇主：

（a）采取或禁止采取通知规定的措施，以便纠正机构的失职行为；

（b）停止向养老金机构进一步缴费。

第六款 规章对第五款第（b）项提及的通知的效用进一步制定条款（还包括监管局授权条款在内）。

第七款 《1995 年养老金法》第十条适用于在无正当理由情况下没有遵守第五款提及的通知的英国雇主。

第八款 在本条中：

"欧洲养老金机构"指的是根据指令第六（附 a）章提供退休职业养老金的机构，且其主要经营管理发生在英国以外的其他成员国家；

"相关法律条件"指的是与职业养老金计划有关并按规定在英国适用的法律条件；

"英国雇主"指的是：

（a）雇主为团体法人时，根据英国或王国的一部分的法律组建；

（b）在其他情况下，英国雇主为英国居民。

第三节 向其他欧洲监管局提供的帮助

第二百九十四条【停止处置经营管理场所在其他成员国的养老金机构资产】

第一款 如果监管局收到成员国主管机关的帮助请求，禁止随意处置主要经营业务在其成员国欧洲养老金机构（主要经营业务在上述成员国）的英国境内资产，本条适用。

第二款 法院在收到监管局提出有关养老金机构的英国境内资产的申请时，它发布：

（a）一项强制令，禁止被告；

（b）一项禁令，禁止被告（或在申请诉讼程序中为调查对象）；处置或处理与申请有关的资产。

第三款　如果法院颁布第二款提及的强制令或禁令，它可以根据命令对其认为必要的、附属的、次要的和辅助性事项制定条款，以便主管机关递交请求，履行与强制令或禁令规定的资产有关的职能。

第四款　如果养老金机构不是第二款或第三款提及的诉讼一方，它：

（a）拥有与被告一样的诉讼知晓权（或在苏格兰为被告或情况允许的话，为调查对象）；

（b）可以作为一方参与诉讼。

第五款　在确定支出或成本问题时，在诉讼发生时：

（a）由于养老金机构根据第四款第（b）项参与诉讼，对其认为参与诉讼的任何一方已经承担的额外支出加以考虑；

（b）法院可以将作为成本（情况允许）或支出的全部或部分额外支出判定为一方承担（无论监管局申请结果如何）。

第六款　就本条而言：

"欧洲养老金机构"的含义由第二百二十九条给出；

欧洲养老金机构的"英国境内资产"为英国境内受托人或保管人持有的机构资产，此处"资产""受托人""保管人"以及"位于"的含义与指令第十九（附三）章规定的含义相同。

第七款　第二款或第三款授予的审判权，由最高法院或最高民事法院（苏格兰）行使。

第四节　释义

第二百九十五条【本部分释义】

在本部分中：

"主管机关"与除英国以外的成员国有关，指的是根据成员国法律委任的国家管理机关，履行指令规定的责任；

"指令"指的是欧洲议会和理事会颁布的指令（2003/41/EC 号），规范职业养老金机构的行为和监管；

"欧洲雇主"的含义由第二百八十七条第六款给出；

"东道国"与欧洲雇主有关，其含义由第二百八十七条第六款给出；

"社会和劳动法律"与英国以外的成员国有关，指的是与职业养老金计划（符合第二十条的含义）有关的成员国的社会和劳动法律（符合指令第二十条的含义）。

第八部分　国家养老金

第一节　一种以上的养老金权益

第二百九十六条【获取一种以上 B 类退休养老金的人员】

在《1992 年社会保障缴费和福利法》（第四章）第四十三条第三款（获取一种以上退休养老金的人员）中：

（a）用下面内容替换第（a）项：

"（a）本部分同期提及的一种 A 类退休养老金和一种或多种 B 类退休养老金；

（aa）木部分同期提及的一种以上 B 类退休养老金（但不是 A 类退休养老金）；或"；

（b）从"第（a）项"到"以上"之间词语用"第（a）项、第（aa）项或第（b）项（情况可能的话）"替换。

第二节　延迟领取国家养老金

第二百九十七条【延迟领取退休养老金和共享附加养老金】

第一款　用下面内容替换《1992 年社会保障缴费和福利法》第五十五条（当延迟领取养老金权益时，增加退休养老金）：

"**第五十五条【当延迟领取退休养老金权益时，养老金增加或一次性支付】**

第一款　当个人延迟领取其 A 类或 B 类退休养老金时，本法的附录五有效。

第二款　在附录五中：

在退休者延迟领取养老金权益时，第一 A 小节制定让退休者能够做出选择的条款；

在退休者延迟领取养老金权益时，第一小节到第三小节制定增加养老金的条款；

在退休者延迟领取养老金权益时，第三 A 小节和第三 B 小节制定一次性支付的条款；

在退休者的去世配偶延迟领取养老金权益时，第三 C 小节让退休者能够做出选择的条款；

在退休者的去世配偶延迟领取养老金权益时，第四小节到第七小节制定增加养老金的条款；

在退休者的去世配偶延迟领取养老金权益时，第七 A 小节和第七 B 小节制定一次性支付的条款；

第七 C 小节到第九小节制定的补充性条款。

第三款　就本法而言，如果且只有某人处于下列情况时，某人延迟领取 A 类或 B 类退休养老金权益：

（a）没有资格获取上述养老金的原因仅仅是：

（ⅰ）没有满足《行政法》第一条（待遇权益取决于要求权）的条件；

（ⅱ）就与配偶缴费有关的应付 B 类退休养老金而言，配偶没有满足其领取 A 类退休养老金的条件；

（b）或者，由于第五十四条第一款提及的选择，某人未被视为有资格获取上述养老金；

以及与上述养老金有关的'延迟期限'应得到相应解释。"

第二款　用以下内容替代《1992 年社会保障缴费和福利法》第五十五 C 条（当延迟养老金权益时，共享附加养老金增长）：

"**第五十五 C 条【当延迟领取共享附加养老金时，养老金增长或一次性支付】**

第一款　当某人延迟领取共享附加养老金时，本法附录五 A 有效。

第二款　在附录五 A 中：

在退休者延迟领取养老金权益时，第一小节制定让退休者能够做出选择的条款；

在退休者延迟领取养老金权益时，第二小节和第三小节制定增加养老金的条款；

在退休者延迟领取养老金权益时，第四小节和第五小节制定一次性支付的条款。

第三款　就本法而言，当出现下列情况时，某人延迟领取共享附加养老金：

（a）如果且只有某人延迟领取养老金权益时（若不是某人推迟领取养老金权益，他会有资格获取 A 类或 B 类退休养老金）；

（b）或由于没有满足《行政法》第一条规定的条件（养老金待遇权益取决于申请）；如果且只有他没有资格领取共享附加养老金时；

以及与上述共享附加养老金有关的'延迟期限'应得到相应解释。"

第三款　在《1995 年养老金法》（第二十六章）附录四第六小节（从 2010 年 4 月 6 日生效，修正延迟领取养老金有关的现有法律）中，用下列内容替换第五分小节（生效日期）：

"**第五款**　前述各款逐步生效：

（a）第一分小节和第四分小节从 2005 年 4 月 6 日开始生效；

（b）第二分小节和第三分小节与延长期限［符合《1992 年社会保障缴费和福利法》（第四章）附录五的含义］有关，从 2005 年 4 月 6 日或 4 月 6 日以后开始生效。"

第四款　附录十一（包含进一步修改延迟领取退休养老金和共享附加养老金）生效。

第三节　其他规定

第二百九十八条【国家养老金的信息披露】

第一款　《2004 年儿童保护、养老金和社会保障法》（第十九章）第四十二条（国家养老金信息披露）做如下修改。

第二款　在第二款中，从开始到"信息"用"内阁大臣以规定的方式披露或授权披露信息"替代。

第三款　在第三款之后插入：

"**第三 A 款**　就本条和根据本条制定的其他规章来说：

（a）向符合第三款规定的某人（'合格人员'）提供或准备提供相关服务的某人；

（b）得到合格人员书面授权其按本条的规定行动的某人；

其所做的事情或与其有关的事情被视为合格人员所做的事情或与合格人员有关的事情。

在第（a）项中，'相关服务'指的是涉及发布本条适用信息的建议或预测的服务。"

第四款　在第七款中：

（a）在第（c）项末尾删去"和"；

（b）在第（d）项之后加入"，和（e）对上述个人有可能获取或特定情况下可以获取的一次性支付权益总额的预测。"

第五款　在第十一款中：

（a）用下面内容替换"基础退休养老金"和"附加退休养老金"的定义：

"'附加退休养老金'指的是，根据《1992 年社会保障缴费和福利法》规定的附加养老金或共享附加养老金，或《1965 年国民保险法》第三十六条和第三十七条提及的等级退休待遇；

'基础退休养老金'指的是《1992 年社会保障缴费和福利法》规定的基础养老金；"

（b）在"雇主"定义之后插入：

"'一次性支付'指的是《1992 年社会保障缴费和福利法》附录五或附录五 A 规定的一次性支付总额；"

（c）用下面内容替换"受托人"和"经营管理者"的定义：

"'受托人或经营管理者'与职业养老金计划有关，指的是：

（a）在以信托为基础建立的计划的情况下，为计划受托人或经营管理者；

（b）在其他情况下，为对计划管理负责的一个人或一群人。"

第二百九十九条【根据英国与澳大利亚互惠协议的到期，申请领取某种养老金】

第一款　本条适用于从 2001 年 3 月 1 日或 3 月 1 日（英澳互惠协议到期从 2001 年 3 月 1 日开始生效）以后申请：

（a）退休养老金；

（b）遗属待遇；

（c）遗孀待遇。

第二款　如果提出领取退休养老金或寡妇待遇的申请者在 2001 年 3 月 1 日或以后只能获得养老金或待遇，本条也适用于在 2001 年 3 月 1 日前提出领取退休养老金或寡妇待遇的申请。

第三款　就上述申请而言：

（a）英澳互惠协议的相关条款，被视为与本条规定的条款一样继续

有效;

（b）相关的英国法律有效，视同受到某种必要修改以使相关条款（根据本条这些条款继续有效）生效。

第四款　上述协议中被视为继续有效的条款如下:

（a）某人居住在澳大利亚的期限指的仅仅是，2001 年 4 月 6 日以前在澳大利亚度过的期限和 2001 年 3 月 1 日以前开始居住在澳大利亚的期限;

（b）第三条第三款和第五条第二款（澳大利亚上一年度领取的养老金权益）仅仅适用于符合第（a）项的期限规定最近在澳大利亚居住的人员;

（c）英格兰地区不包括泽西岛、格恩西岛、奥德尔尼岛、赫尔墨岛或杰图岛在内;

（d）寡妇待遇、寡妇支付款项、寡妇养老金和丧偶母亲津贴分别包括丧亲待遇、丧亲支付款项、丧亲津贴和丧偶父亲津贴;

（e）就鳏夫提出的申请而言:

（ⅰ）根据其妻子保险申请退休养老金;

（ⅱ）申请丧亲支付款项;

寡妇和丈夫分别包括妻子和鳏夫。

第五款　根据:

（a）《1992 年社会保障管理法》（第五章）第一百七十九条;

（b）《1992 年社会保障管理法（北爱尔兰）》（第八章）第一百五十五条;

颁布的命令在大不列颠或北爱尔兰（情况允许）法律发生变更的情况下，当根据本条适用的申请把英澳互惠协议的相关条款视为继续有效时，修改上述相关条款。

第六款　就本条而言:

（a）"英澳互惠协议"指的是散列在《1992 年社会保障（澳大利亚）令》（S. I. 1992/1312）附录一和《1992 年社会保障（澳大利亚）令（北爱尔兰）》附录一（S. R. 1992 No. 269）中的协议（通过散列在上述命令附录三的货币兑换进行修改）;

（b）上述协议的"相关条款"指的是与英格兰有关的第一条、第三条、第五条、第八条、第十八条、第二十条和第二十四条;

（c）"相关英国法律"为：

（ⅰ）《1992 年社会保障缴费和福利法》（第四章）；

（ⅱ）《1992 年社会保障管理法》；

（ⅲ）《1992 年社会保障缴费和福利法（北爱尔兰）》（第七章）；

（ⅳ）《1992 年社会保障管理法（北爱尔兰）》；

并根据第五款，大不列颠或北爱尔兰法律变更包括在英澳互惠协议日期之后发生的法律变更。

第七款　在本条中：

"退休养老金"由与澳大利亚签订的互惠协议给出。

"丧亲待遇"指的是《1992 年社会保障缴费和福利法》或《1992 年社会保障缴费和福利法（北爱尔兰）》提及的应付丧亲款项、丧偶父母津贴和丧亲津贴。

"遗孀待遇"指的是上述两法之一提及的应付遗孀款项或丧偶母亲津贴或遗孀养老金。

第八款　本条已定于 2001 年 3 月 1 日起生效。

第九款　本条不会对《2000 年社会保障（澳大利亚）令》第二（附二）章（S. I. 2000/3255）或《2000 年社会保障（澳大利亚）令（北爱尔兰）》第二（附二）章（S. R. 2000 No. 407）（规定人们从 2001 年 2 月 28 日领取待遇的适用情形或从 2001 年 2 月 28 日起申请领取其应有待遇的情形）产生影响。

第九部分　其他规定和补充性规定

第一节　现有机构的解散

第三百条【职业养老金监管局的解散】

第一款　职业养老金监管局（OPRA）至此解散。

第二款　第三百二十二条提及的命令约定第一款生效的日期，可以规定：

（a）职业养老金监管局在第三百二十二条提及的命令约定日期以前拥有的所有资产、权益和承担的负债，成为监管局或内阁大臣拥有的资

产、权益和承担的负债;

(b) 职业养老金监管局在上述约定日期或之后行使的职权或在约定日期之前尚未行使的职权,由监管局、内阁大臣或北爱尔兰社会发展部行使。

第三款　根据第四款的规定,监管局按第二款获取的信息,视为监管局根据第八十二条到第八十七条(信息披露)获取的信息,视为监管局在行使职权时从向职业养老金监管局提供信息的人员中获取的信息。

第四款　监管局按第二款获取的信息,为英国之外的某一国家或地区行使职业养老金监管局相应职权的机构("海外机构")行使职权时向职业养老金监管局提供的信息,该信息被视为监管局出于第三款提及的目的,根据其职能获取海外管理机构提供的信息。

第五款　当根据第二款向职业养老金监管局披露的税收信息由监管局获取时,如同根据第八十八条第二款向监管局披露信息,第三款不适用和第八十八条第三款和第四款适用。

就这点来说,"税收信息"的含义与第八十八条的含义一致。

第三百〇一条【雇员由职业养老金监管局移交监管局】

第一款　根据《1981 年工作转移(就业保护)条例》(S. I. 1981/1794)(TUPE),职业养老金监管局向监管局移交职权被视为一种工作移交。

第二款　《1981 年工作转移(就业保护)条例》第七款(不包括职业养老金计划)不适用于移交。

第三百〇二条【养老金补偿理事会的解散】

第一款　养老金补偿理事会至此解散。

第二款　第三百二十二条提及的命令约定第一款的生效日期,规定:

(a) 养老金补偿理事会在第三百二十二条提及的命令约定日期以前拥有的所有资产、权益和承担的负债,成为监管局或内阁大臣拥有的资产、权益和承担的负债;

(b) 养老金补偿理事会在上述约定日期或之后行使的职权或在约定日期之前尚未行使的职权,由监管局、内阁大臣或北爱尔兰社会发展部行使。

第三款　根据第四款的规定,理事会按第二款获取的信息,视为监管局根据第一百九十七条到第二百〇一条和第二百〇三条(信息披露)获取的信息，视为在理事会行使职权时从向养老金补偿理事会提供信息的人员中获取的信息。

第四款　当理事会根据第二款获取向养老金补偿理事会披露的税收信息时，如同根据第八十八条第二款向理事会披露信息，第三款不适用和第八十八条第三款和第四款适用。

就这点来说，"税收信息"的含义与第二百〇二条的含义一致。

第五款　当第三款适用于养老金补偿理事会根据《1995 年养老金法》（第二十六章）第一百一十四条第三款进行的信息披露时，理事会根据第一百九十八条到第二百〇一条和第二百〇三条进行信息披露的权力，受到相同的限制。

第二节　通知书等服务和电子处理

第三百〇三条【通知书等服务和电子处理】

第一款　当根据本法或由本法制定的条款（无论什么条件）授权或要求：

（a）向某人发布通知书；

（b）向某人发送其他内容的文件（包括文件副本）时；

本条适用。

第二款　向上述某人发送通知书或文件：

（a）直接交付本人；

（b）送到该人合适接收的地址；

（c）邮往该人合适接收的地址。

第三款　使用向团体法人秘书或职员送交通知书或文件的方式，向团体法人送交通知书或文件。

第四款　使用向：

（a）非公司合伙人；

（b）拥有合伙企业控制权或经营管理权的个人；

送交通知书或文件的方式向非公司企业送交通知书或文件。

第五款　使用向非法人团体或协会的管理机构成员送交通知书或文件的方式，向非法人团体或协会送交通知书或文件。

第六款　就本条和《1978 年释义法》（第三十章）第七条（邮寄文件服务）适用于本条而言：

（a）如是法人团体，某人适宜地址为法人团体的注册地或主要办公所在地；

（b）如是非公司企业、非法人团体或协会，某人适宜地址为企业、非法人团体或协会的主要办公所在地；

（c）如通知或其他文件送交的人员取决于第三款到第五款的规定，某人适宜地址为法人团体、企业或（情况允许）其他非法人团体或协会的适宜地址；

（d）在其他情况下，某人的适宜地址为上述某人的最新地址。

第七款　如是：

（a）在英国以外注册的公司；

（b）在英国以外经营的非公司企业；

（c）在英国以外办公的非法人团体或协会；

第六款提及的主要办公场所指的是英国境内的主要办公场所（如有的话）。

第八款　在本条中，"通知书"包括通知在内；在本条中向某人送交文件包括向其提出的申请在内。

第九款　本条的有效性受三百〇四条制约。

第三百〇四条【电子版通知书和电子版文件】

第一款　当：

（a）第三百〇三条批准以直接送交特定某人（"接收人"）的方式送发通知书或其他文件；

（b）通知书或其他文件以下列方式向接收者传送：

（i）电子互联网；

（ii）其他手段，但依然要求接收者使用便于了解通知书或文件的设备时；

本条适用。

第二款　根据本法传送通知书或其他文件，与向接收者交付通知书或其他文件一样具有效力，但必须遵守本条规定的条件。

第三款　当接收者为相关机构时：

（a）它必须表示其愿意以第一款第（b）项提及的方式接收通知书或其他文件；

（b）必须以上述的方式传送通知书或其他文件，并满足相关机构规定的条件；

（c）通知书或其他文件必须采取相关机构规定的形式。

第四款　如实施传送的人员为相关机构，它可以（以第五款为准）确定：

（a）实施传送的方式；

（b）通知书或其他文件传送的形式。

第五款　如接收者为某人而不是相关机构时：

（a）接收者；

（b）代表接受者接收通知书或其他文件的上述人员；

必须向传送人员显示接收者愿意接收以上述形式和方式传送的通知书或文件。

第六款　根据第五款向某人发布的指示：

（a）必须以某人指定的方式向该人发布；

（b）可以是一般指示或局限于特定内容的通知书或文件的指示；

（c）必须载明使用的地址，并附有接收指示人员要求用于传送的其他信息；

（d）通过给该人所需求的方式发出通知，随时进行修改或撤回。

第七款　相关机构根据本条发布指示、制定条件或颁布裁决，并以相关机构认为合适的方式出版发布的指示、制定的条件和颁布的裁决，以引起它认为可能受到影响的有关人员对指示、条件或裁决的关注。

第八款　当接收者和传送通知或文件的人员为相关机构时：

（a）第三款和第四款不适用；

（b）接收者必须向传送通知或文件的人员显示其愿意接收以上述形式和方式传送的通知书或文件。

第九款　如第三百〇三条第八款与第三百〇三条的规定适用一样，第三百〇三条第八款适用于本条。

第十款　在本条中，"相关机构"指的是监管局、理事会或内阁大臣，根据第三百〇三条第二款第（g）项第（ii）小节在本条适用于北爱尔兰时，也包括北爱尔兰社会发展部。

第十一款　在本条和第三百〇五条中，"电子互联网"与《2003年通讯法》（第二十一章）规定的含义一致。

第三百〇五条【电子处理的时间和场所】

第一款 就本法制定或包含于本法的成文法而言，内阁大臣按照命令制定条款，规定确定下列事项的方式：

（a）根据上述成文法通过互联网传送文件的时间；

（b）通过互联网传送和接收文件的地点。

第二款 根据第一款制定的条款，包括有关电子地址所在国家或地区被视为本地的条款在内。

第三款 内阁大臣颁布的命令也可以制定条款，规定法定程序以证明下列事项的方式：

（a）互联网完成的事项满足根据本法或包含于本法的成文法规定的条件；

（b）第一款第（a）项和第（b）项提及的事项。

第四款 本条提及的命令可以制定内阁大臣认为合适的假设，以供使用（无论是否具有排他性）。

第三节　一般性规定

第三百〇六条【撤销条件】

第一款 当第二款提及的任一条款与职业养老金计划或个人养老金计划条款存在冲突时：

（a）第二款提及的条款（存在冲突）否定计划条款；

（b）计划条款在因第（a）项进行修改后有效。

第二款 第一款提及的条款为：

（a）监管局根据第一部分颁布的命令；

（b）根据第十九条第七款颁布的规章；

（c）根据第二十一条第四款颁布的规章；

（d）根据第二十四条第七款颁布的规章；

（e）监管局根据第四十一条第四款发布的指令；

（f）监管局根据第五十条第四款发布的指令；

（g）第二部分（第一章除外）和根据第二部分制定的附属法规和根据第一百三十四条或第一百五十四条发布的指令；

（h）第三部分和根据第三部分制定的附属法规；

（i）根据第二百三十七条颁布的规章；

（j）第二百四十一条和第二百四十二条、根据第二百四十一条到第二百四十三条制定的规章以及根据第二百四十一条和第二百四十二条制定的制度；

（k）第二百四十七条和第二百四十八条以及第二百四十七条到第二百四十九条提及的规章；

（l）第二百五十六条和第二百五十八条；

（m）监管局根据第二百九十二条发布的隔离通知；

（n）第二百八十六条、第三百〇七条、第三百〇八条、第三百一十五条第六款、第三百一十八条第四款或第三百一十八条第五款提及的规章以及第三百二十二条第五款提及的命令。

第三款　第一款对第三十二条第一款（取消监管局颁布的冻结命令有效性）和第一百五十四条第十二款（取消第二部分提及的关闭养老金计划条件的有效性）的效力不产生影响。

第四款　就第二百四十二条适用的公司（公司受托人提名董事的条件）而言，当第五款提及的条款与公司章程或协会章程规定的条款相冲突时：

（a）第五款提及的条款（部分冲突）否定章程规定的条款；

（b）章程规定的条款在因第（a）项进行修改后有效。

第五款　第四款提及的条款为：

（a）第二百四十二条；

（b）根据第二百四十二条或第二百四十三条制定的规章；

（c）第二百四十二条提及的制度。

第三百〇七条【对与某种类型养老金计划有关的本法进行修改】

第一款　当规章适用于下列情形时，规章可以修改第二款提及的条款：

（a）混合性计划；

（b）多雇主型计划；

（c）合伙人为雇主或雇主之一（与职业养老金计划有关）的情形。

第二款　第一款提及的条款为：

（a）第一部分（养老金监管局）；

（b）第二部分（养老保障基金理事会），第一章除外；

（c）第二百五十七条和第二百五十八条（养老金保障）；

（d）第二百五十九条和第二百六十一条（雇主咨询）；

（e）第二百八十六条（向某种养老金计划参保人提供资金援助计划）；

（f）第七部分（欧盟范围内的跨国活动）。

第三款　由于相关公共管理机构已经：

（a）为计划所有内容、计划规则提及的应付待遇或计划参保人提供担保；

（b）颁布制度，确保计划资产足以支付所有负债；

当规章适用于合格计划时，规章也可以修改第二部分的条款。

第四款　在本条中：

"合格计划"的含义由第一百二十六条给出。

"混合性计划"指的是一项职业养老金计划，其：

（a）不是一项货币购买型计划；

（b）或者，其提供的部分待遇为：

（ⅰ）来源于参保人自愿缴费的货币购买型待遇；

（ⅱ）其他货币购买型待遇；

"多雇主计划"指的是与一名以上雇主有关的职业养老金计划；

"相关公共管理机构"指的是：

（a）政府部长［与《1975 年政府部长法》（第二十六章）的含义一致］；

（b）政府部门（包括代表政府履行法定职权的机构或管理机构）；

（c）苏格兰部长。

第三百〇八条【修改有关雇主的养老金法规】

第一款　规章可以修改养老金法律条款，以确保养老金法规或其他养老金法律不会涉及自我雇佣的雇主。

第二款　当养老金法律条款涉及与职业养老金计划有关的雇主时，规章可以修改养老金法律条款或另一条款，以便把下列情形的雇主排除在外：

（a）没有参与雇员相关的计划；

（b）有限参与雇员相关的计划。

第三款　就本条而言：

（a）"养老金法律"包含于下列法律之中的成文法：

（ⅰ）《1993 年养老金计划法》（第四十八章）；

（ⅱ）《1995 年养老金法》（第二十六章）第一部分，其中第六十二条到第六十六 A 条（平等待遇）除外；

（ⅲ）《1999 年福利改革和养老金法》（第三十章）第一部分；

（ⅳ）本法；

（b）如果处于就业之中的某人又不受雇于其他人，该人为"自我雇佣人员"；

（c）担任某种职务（包括选举性职位）并获取任职报酬的人员，应被视为受雇于应支付报酬的某人。

第四款   在第三款第（b）项中，"就业"包含从事各种贸易、商业、行业、服务或职业。

第三百〇九条【团体法人和合伙人实施的犯罪】

第一款   如本法提及的犯罪证实为机构董事长、经理、大臣或其他类似官员同意或纵容某人在其职责内的故意行为，团体法人和上述相关人员涉嫌犯罪，并受到指控和相应的惩罚。

第二款   当团体法人的事务由其团体成员管理时，第一款适用于团体成员在履行团体法人董事的管理职权时实施的行为和过错。

第三款   如本法提及的苏格兰合伙组织犯罪，证实为合伙人的同意或纵容或疏忽所致，合伙组织和合伙人涉嫌犯罪，并受到指控和得到相应的惩罚。

第四款   在本条中，"苏格兰合伙制"指的是根据苏格兰法律构建的合伙关系。

第三百一十条【报告的证据可采性】

第一款   某人提供符合信息条件的报告可以在任何诉讼中作为证据提供，前提是报告必须符合可采法庭证据的要求。

第二款   但在本款适用的诉讼中，检控方、监管局（情况允许）或他人代表检控方、监管局：

（a）不得引用与报告有关的证据；

（b）不可询问与报告有关的问题；

除非由提供报告的某人或他人代表某人在诉讼中提出与报告有关的证据或质询与报告有关的问题。

第三款   第二款适用于：

（a）指控某人涉嫌相关犯罪的刑事诉讼程序；

（b）根据以下条款，要求上述某人支付罚款：

（ⅰ）《1993 年养老金计划法》（第四十八章）第一百六十八条（违反规章）或《1995 年养老金法》（第二十六章）第十条（民事罚款）；

（ⅱ）第（ⅰ）小节提及并在北爱尔兰实施的相应条款。

第四款　在本条中：

"信息条件"指的是与下列条款规定的义务一致的说明：

（a）第六十四条（受托人或经营管理者提供计划收益的义务）；

（b）第七十条（有责任报告违反法律的情形）；

（c）第七十二条（向监管局提供信息的要求）；

（d）第七十五条（现场检查：督察官的检查权等权力）；

（e）第七十八条第二款第（d）项（督察官依照授权书要求某人解释文件的权力）；

（f）第一百九十条（向理事会提供的信息）；

（g）第一百九十一条（要求向理事会等提供信息的通知）；

（h）第一百九十二条（进入现场：委任人员检查权等权力）；

（i）第一百九十四条第二款第（d）项（督察官依照授权书要求某人解释文件的权力）；

（j）第二百〇九条（颁布命令，赋予养老保障基金督察官获取信息、文件等权力）；

（k）第二百一十三条到第二百一十四条（向养老保障基金督察官披露有关仲裁的信息）；

（l）第二百二十八条（没有按缴费日程表支付缴费）；

（m）附录一第十九小节（有权制定规章，赋予监管局传讯某人作证的权力）；

（n）附录四第十一小节（养老金监管局裁判所：证据）。

"相关犯罪"指的是除下列条款提及的犯罪以外的犯罪：

（a）第七十七条（忽视或拒绝向监管局提供信息）；

（b）第八十条（向监管局提供错误或误导性信息）；

（c）第一百九十三条（忽视或拒绝向理事会提供信息等）；

（d）第一百九十五条（向理事会提供错误或误导性信息）；

（e）由第（a）项到第（d）项提及的，并在爱尔兰实行的相应条款；

（f）《1911 年伪证法》（第六章）第五条（仅以宣誓形式实施的错误陈述）；

（g）《1995 年刑法（苏格兰）》（协调）（第三十九章）第四十四条第二款（仅以宣誓形式实施的错误陈述）；

（h）《1979 年伪证法（北爱尔兰）》（第十章）［S. I. 1979/1714（N. I. 19）］。

第三百一十一条【保护性条款】

第一款 某人不应根据本法提出、披露或许可对保护性条款的检查。

第二款 从这点而言，"保护性条款"指的是：

（a）专业法定咨询人士和当事人或符合第三款规定的当事人代表之间的沟通；

（b）专业法定咨询人士和当事人或符合第三款规定的当事人代表之间的沟通［第三款第（b）项的结果］；

（c）保护性条款：

（ⅰ）局限于或指的是上述沟通行为；

（ⅱ）符合第三款的规定；

（ⅲ）处于有资格拥有保护性条款的某人的控制之下。

第三款 沟通或条款符合本款，条件是：

（a）沟通与向当事人发布法定建议有关；

（b）沟通与法定程序有关，或出于法定程序的目的或根据法定程序实施沟通。

第四款 如果沟通或条款因利于刑事目的而实施时，项目就不是保护性条款。

第三一十二条【留置】

如果某人要求留置某个文件，根据本法制定的条款提及的文件内容不会对留置产生影响。

第三百一十三条【政府申请】

第一款 在本条中，"相关条款"指的是：

（a）第一章到第五章；

（b）第三百〇六条、第三百〇七条、第三百一十条、第三百一十一条、第三百一十二条、第三百一十四条、第三百一十五条、第三百一十八条第四款、第三百一十八条第五款和第三百二十二条第五款。

第二款　正如相关条款适用于其他养老金计划，它们适用于由政府或他人代表政府管理的养老金计划；相应地，在上述条款中，作为养老金计划受托人或经营管理者的人员或与养老金计划有关的人员包括政府或代表政府的人员在内。

第三款　相关条款与适用于受雇于私人机构一样，适用于受雇于政府的人员；在上述相关条款中，雇主包括政府或代表政府的人员在内。

第四款　本条不适用于指控某人涉嫌犯罪依据的相关条款；但正如这些条款适用于其他人员一样，这些条款适用于政府公共管理机构的公务人员。

第五款　相关条款不适用于女王陛下［《1974 年政府诉讼法》(第四十四章) 含义一致］。

第四节　规章和命令

第三百一十四条【违反规章】

《1995 年养老金法》(第二十六章) 下列条款适用于本法提及的规章，把它们视为根据《1995 年养老金法》第一部分制定的规章：

(a) 第十条第三款到第九款 (在违反《1995 年养老金法》第一部分提及的规章时，规定民事罚款的权力)；

(b) 第一百一十六条 (对违反《1995 年养老金法》第一部分提及的规章的行为，有权规定为犯罪行为)。

第三百一十五条【附属法规 (一般条款)】

第一款　根据法定文件行使本法授予制定附属法规的权力，但监管局授予的颁布命令权除外。

第二款　行使本法授予制定附属法规的权力：

(a) 要么与权力延伸的所有情形有关，要么与适用于特定例外的情形或特定情形或特定内容的情形有关；

(b) 其目的在于制定与权力行使有关的条款：

(i) 权力延伸至全部条款或部分条款 (无论是以例外方式还是以其他方式)；

(ii) 与行使权力有关的所有情形适用的相同条款，与不同情形或不同内容的情形适用的不同条款，或与本法不同目的适用的相同情形或相同内容的情形有关的不同条款；

（ⅲ）无条件条款或以特定条件为准的条款。

第三款 本法授予制定附属法规的权力：

（a）如果出于不同目的行使权力，权力的行使与所有目的适用的相同情形有关；

（b）如果根据本法任一条款授予上述权力，不会对根据其他条款授予的制定附属法规的权力带来不利影响。

第四款 本条授予制定附属法规的权力包括有关人员拥有自由处置问题的权力。

第五款 本条授予制定附属法规的权力还包括相关机构认为有利于附属法规出台的附属的、辅助性、次要或临时性条款的制定权。

第六款 就本法条款生效或与本法条款有关而言，根据让上述条款生效的命令，规章制定针对第三百二十二条第五款的条款。

第三百一十六条【议会对附属法规的控制】

第一款 按照第二款和第三款的规定，根据议会两院的决议，可以取消包含本法提及的规章、命令或规则的法定文件。

第二款 法定文件包含：

（a）第一百一十七条第一款或第一百一十七条第三款提及的规章（支付养老保障基金理事会相关支出的管理收费）；

（b）第一百六十七条提及的规章（在评审期清偿负债时，修改第二部分第三章）；

（c）第一百七十四条提及的规章（初次收费）；

（d）第一百七十五条提及的规章（养老金保障收费）；

（e）第一百七十七条第六款提及的命令（提高养老金保障收费额的命令）；

（f）第一百七十八条第一款提及的命令（收费上限）；

（g）第二百〇九条提及的命令或规章（养老保障基金督察官）；

（h）第二百一十三条提及的规章（把可审查事项提交养老保障基金督察官进行仲裁）；

（i）第二百一十四条提及的规章（养老保障基金督察官对管理失当投诉实施的调查）；

（j）第二百一十七条提及的规章（综合养老金预测）；

（k）第二百一十八条提及的规章（向雇员提供的信息和建议）；

（l）第二百四十三条第一款提及的命令（有权把提名受托人或提名董事的最低比例提高到二分之一）；

（m）根据第二百六十一条第二款第（f）项制定的规章（修改某部法律的权力）；

（n）第二百八十六条提及的规章（向某种养老计划提供资金援助计划）；

（o）因第三百一十四条第（b）款制定条款的规章（有权规定违反规章的行为属于涉嫌犯罪）；

（p）第三百一十八条第四款第（b）项提及的规章（延伸雇主含义的权力）；

（q）第三百一十九条第二款第（a）项提及的命令（对法律进行次要修改的权力）；

（r）附录七第二十四小节第八分小节提及的命令（有权改变可折算定期补偿的百分比）；

（s）附录七第二十六小节第七分小节提及的命令（规定养老保障基金支付的补偿上限）；

（t）附录七第三十小节第一分小节提及的命令（规定改变养老保障基金支付的百分比）；

只有在文件副本提交议会两院并得到两院审议通过时予以颁布。

第三款 第一款不适用于：

（a）第九十一条第九款提及的命令（操作规范的生效日期）；

（b）第一百二十六条第二款提及的命令（根据第二部分，在命令规定的日期以前关闭不合格计划）；

（c）第一百八十二条第十款提及的命令（在命令约定日期之后，非信托计划的损失对欺诈补偿目的至关重要）；

（d）第三百二十二条提及的命令（生效日期）。

第三百一十七条【规章咨询】

第一款 在内阁大臣根据本法（第八章除外）制定规章时，他必须向他认为适宜的人员进行咨询。

第二款 第一款不适用于：

（a）法定文件之中的规章，且法定文件仅仅出于协调由法定文件取消的其他文件的需要而制定；

（b）内阁大臣认为因事情紧急而不便咨询的情形；

（c）包含于法定文件之中的规章（根据本法制定），且在制定规章依据的本法条款生效后 6 个月期限结束前制定；

（d）包含于法定文件之中的规章，法定文件：

（ⅰ）载明其仅仅包括根据某部专门成文法制定的附属规章；

（ⅱ）在上述成文法生效后 6 个月期限结束前制定。

第五节　释义

第三百一十八条【一般释义】

第一款　在本法中，除非另有规定外：

"积极参保人"的含义与《1995 年养老金法》（第二十六章）第一百二十四条第一款的含义一致；

"理事会"的含义由第一百〇七条给出。

"违反"包括没有遵守的含义。

"直接支付制度"与个人养老金计划有关，其含义与《1993 年养老金计划法》（第四十八章）第一百一十一 A 条的含义相同。

"收入"的含义由《1993 年养老金计划法》（第四十八章）第一百八十一条第一款给出。

"雇主"的含义由《1993 年养老金计划法》（第四十八章）第一百八十一条第一款给出。

"雇主"：

（a）与职业养老金计划有关，指的是雇佣与计划有关人员的雇主（但要参见第四款）；

（b）与个人养老金计划有关，当直接支付制度存在与计划一名或一名以上的参保人为雇员相关时，指的是与直接支付制度共同存在的雇主。

"成文法"包含由附属法规［与《1978 年释义法》（第三十章）含义一致］组成的成文法在内。

"经营管理者"与职业养老金计划或个人养老金计划（基于信托的养老金计划除外）有关，指的是负责计划经营管理的人员。

"参保人"与职业养老金计划有关，指的是延迟领取养老金的积极参保人或抵免型养老金参保人，与《1995 年养老金法》（第二十六章）第一百二十四条第一款（但参见第五款）给出的参保人含义一致。

"修改"包括添加、删除和修正以及对相关词句进行相应解释。

"货币购买型养老金待遇"的含义由《1993 年养老金计划法》(第四十八章)第一百八十一条第一款给出。

"货币购买型养老金计划"的含义由《1993 年养老金计划法》第一百八十一条第一款给出。

"职业养老金计划"的含义由《1993 年养老金计划法》第一条给出。

"抵免型养老金"的含义由《1995 年养老金法》第一百二十四条第一款给出。

"个人养老金计划"的含义由《1993 年养老金计划法》第一条给出。

"养老保障基金督察官"的含义由第二百〇九条第一款给出。

"规定"指的是根据规章做出的规定。

"专业咨询人士"与职业养老金计划有关,其含义由《1995 年养老金法》第四十七条给出。

"登记簿"的含义由第五十九条第一款给出。

"规章"指的是内阁大臣制定的规章。

"养老金监管局"的含义由第一条给出。

"裁判所"的含义由第一百〇二条第一款给出。

第二款　在本法中,除另有规定外,与职业养老金计划有关的计划规则指的是:

(a)计划规则,被相关法定条款否定无效的除外;

(b)与计划有关的相关法定条款并且没有包含在计划规则之中;

(c)如计划规则没有包含却被计划包含的条款,还必须符合《1993 年养老金计划法》第四部分第一章(职业养老金计划待遇的保留)的要求。

第三款　就第二款而言:

(a)"相关法定条款"指的是包含于下列条款之中的条款:

(ⅰ)《1989 年社会保障法》(第二十四章)附录五(男女平等待遇);

(ⅱ)《1993 年养老金计划法》(第四十八章)第四部分第二章到第五章(提前退休者的适当保护)或根据上述各章颁布的规章;

(ⅲ)《1993 年养老金计划法》第四 A 部分(与抵免型养老金有关的条件)或根据本部分颁布的规章;

(ⅳ)《1993 年养老金计划法》第一百一十条第一款(有关最低保证

性养老金年度增长资金来源的要求）；

（ⅴ）《1995 年养老金法》（第二十六章）第一部分（职业养老金）或视作根据本法颁布的生效附属法规；

（ⅵ）《1999 年福利改革和养老金法》（第三十章）第三十一条（养老金借款：待遇扣除）；

（ⅶ）本法第三百〇六条第二款提及的条款；

（b）如果且只有根据下列条款否定计划条款，相关法定条款才能得以否定计划条款：

（ⅰ）《1989 年社会保障法》附录五第三小节（第二十四章）；

（ⅱ）《1993 年养老金计划法》第一百二十九条第一款；

（ⅲ）《1995 年养老金法》第一百一十七条第一款；

（ⅳ）《1999 年福利改革和养老金法》第三十一条第四款；

（ⅴ）本法第三百〇六条第一款。

第四款　与职业养老金计划有关的规章，可以根据第一部分、第二部分、第四部分到第七部分和本部分的规定，延伸"雇主"的含义，"雇主"包含下列人员：

（a）已经是与计划有关的雇主；

（b）规定的其他人员。

第五款　规章根据本法条款：

（a）规定视为职业养老金计划或个人养老金计划参保人或未来参保人的人员；

（b）制定有关条款，规定上述人员被视为或不再视为参保人或未来参保人的时间和条件。

第六节　其他规定和补充性规定

第三百一十九条【次要修改和间接修改】

第一款　附录十二（进行次要和间接性修改）有效。

第二款　内阁大臣依照命令制定本法的附属条款，修改、废止或取消（有或没有保留条款）：

（a）与本法相同会期或以前会期通过的法律条款；

（b）在本法通过以前根据法律制定的文件。

第三百二十条 【废止和撤销】

附录十三提及的成文法在规定的范围内予以废止或撤销。

第三百二十一条 【协调前修改】

第一款　当内阁大臣认为上述修改有利于成文法或协调上述成文法，或认为协调上述成文法或成文法必须进行修改时，内阁大臣依照命令对下列法律进行修改：

（a）本法；

（b）《1993 年养老金计划法》（第四十八章）；

（c）《1995 年养老金法》（第二十六章）；

（d）《1999 年福利改革和养老金法》（第三十章）第一部分到第四部分；

（e）《2000 年儿童扶助、养老金和社会保障法》（第十九章）第二部分第二章。

第二款　除非取消或重新制定：

（a）由命令修改后的成文法草案；

（b）与事项相关的成文法草案（与根据命令修改的成文法相关事项有关）；

已经提交议会上院或下院，否则不可根据本条颁布命令。

第三款　直到起源于草案的法律生效时，本条提及的命令开始具有效力。

第三百二十二条 【生效日期】

第一款　根据第二款到第四款，本法条款根据内阁大臣按照命令制定的条款开始生效。

第二款　下列条款从本法通过之日起生效：

（a）第四部分、第二百三十四条、第二百三十五条、第二百三十六条和附录十（有关退休计划的条款）；

（b）第五部分和第二百八十一条（法定再评估要求的豁免）；

（c）第八部分：

（i）第二百九十六条（一种以上国家养老金权益）；

（ii）第二百九十七条第三款（根据《1995 年养老金法》规定，延迟领取国家养老金修正条款的生效日期）；

（iii）第二百九十八条（国家养老金信息披露），第四款和第五款第（b）项除外；

（iv）第二百九十九条（根据英澳互惠协议的终止，申请某种待遇）；

（d）在本部分中（其他规定和一般规定）：

（ⅰ）第三百〇三条到第三百〇五条（通知书等服务和电子处理）；

（ⅱ）本条、第三百一十三条、第三百一十五条（第六款除外）、第三百一十六条、第三百一十七条、第三百一十八条（第四款和第五款除外）和第三百二十三条到第三百二十五条；

（e）根据本法废止《1999 年福利改革和养老金法》第五十条第二款。

第三款　第二百九十七条（和附录十一）（延迟领取退休养老金和共享附加养老金）根据第二款生效的条款除外：

（a）从本法通过（为条款制定规章所必需）的当天开始生效；

（b）否则会从 2005 年 4 月 6 日起开始生效。

第四款　根据本法撤销《1995 年养老金法》（第二十六章）第三百一十四条第三款和附录四第二十一条第十四款的命令从 2005 年 4 月 6 日开始生效。

第五款　在不影响第三百一十五条第五款效力的情况下，根据本条颁布命令包含的权力如下：

（a）对下列条款进行临时性调整或修改的权力：

（ⅰ）按照命令生效的条款；

（ⅱ）（与上述条款有关）《1993 年养老金计划法》（第四十八章），本法第一部分到第七部分，《1995 年养老金法》，《1999 年福利改革和养老金法》（第三十章）第一部分、第二部分和第四部分或《2000 年儿童扶助、养老金和社会保障法》（第十九章）第二部分第二章的条款；

（b）保留上述法律废止条款的效力，或根据命令对上述条款加以调整或修改；

正如内阁大臣认为包含不同时期进行不同调整或修改在内的权力是有利的。

第三百二十三条【适用范围】

第一款　根据下列条款，本法延伸适用于英格兰、威尔士和苏格兰。

第二款　本法下列条款也可延伸适用于北爱尔兰：

（a）第一部分（养老金监管局）：

（ⅰ）第一条、第二条、第四条［第二款第（b）小节除外］、第八条、第九条、第十一条、第五十九条、第一百〇二条和第一百〇六条；

（ⅱ）附录一第一小节到第十九小节、第二十小节第一分小节到第二十小节第三分小节以及第二十小节第七分小节、第二十一小节［第（b）分小节除外］、第二十二小节到第二十五小节、第二十七小节到第三十五小节以及与上述条款规定有关的第三条；

（ⅲ）附录四；

（b）第二部分（理事会）：

（ⅰ）第一百〇七条、第一百〇八条、第一百〇九条、第一百一十条第一款和第三款、第一百一十二条、第一百一十三条、第一百一十四条、第一百一十五条、第一百六十一条第二款第（a）小节、第一百六十一条第三款、第一百六十一条第五款到第一百六十一条第八款、第一百七十三条、第一百八十八条、第二百〇九条［第四款第（b）项到第（d）项、第（f）项到第（g）项，与上述各项有关的第六款、第七款和第八款除外］、第二百一十条、第二百一十一条第三款和第四款、第二百一十二条以及第二百二十条；

（ⅱ）就条款适用于授予理事会的职权而言（根据本法延伸适用于北爱尔兰制定的条款或本法延伸适用的条款，授予理事会行使的职权），为第一百一十一条；

（ⅲ）附录五（第十八小节除外）；

（ⅳ）附录六（第七小节除外）；

（c）第四部分（退休规划）、第二百三十四条和第二百三十五条、附录十第二小节（以及与附录十第二条有关的第二百三十六条）；

（d）第五部分（个人和职业养老金计划：其他规定）、第二百七十四条和第二百七十七条第二款第（b）项；

（e）第六部分（向某类养老金计划参保人提供的财务援助计划）；

（f）第八部分（国家养老金）第二百九十九条；

（g）在本部分中：

（ⅰ）第三百条第一款和第二款、第三百〇一条、第三百〇二条第一款和第二款、第三百〇七条、第三百〇八条以及第三百一十条；

（ⅱ）第三百〇三条到第三百〇六条、第三百〇九条、第三百一十三条、第三百一十五条、第三百一十六条和第三百一十八条（当上述条款延伸至北爱尔兰时，这些条款有效）；

（ⅲ）本条、第三百一十九条第二款、第三百二十一条、第三百二十二条、第三百二十四条和第三百二十五条。

第三款 第一百〇六条（法律援助计划）不延伸适用于苏格兰。

第四款 本法涉及的修改或撤销，具有与本法相关的成文法相同的适用范围，并且第二百三十六条（除与附录十第二小节相关外）、第三百一十九条第一款和第三百二十条相应有效。

第三百二十四条【北爱尔兰】

第一款 《2000 年北爱尔兰法》（第一章）附录第一小节第一分小节提及的地方议会命令（为北爱尔兰地方最高政府暂停运转期间制定的法律），包括一份仅仅根据与本法相对应的法律制定的说明书在内，命令：

（a）不以上述附录第二小节（议会两院的肯定性决议）的规定为准；

（b）但是，应以议会两院之一做出的无效决议为准。

第二款 当第一款适用的地方议会命令制定与"英国转移条款"相对应的条款（"北爱尔兰条款"）时，规章制定相应条款，以确保根据英格兰、威尔士和苏格兰法律对北爱尔兰条款引起财产、权益和负债转移或保险合同条款的修改表示认可。

第三款 在第二款中，"英国转移条款"指的是，第一百六十一条第一款、第一百六十一条第二款第（a）项、第一百六十一条第三款、第一百六十一条第五款到第一百六十一条第八款和附录六（第七小节除外）。

第三百二十五条【简称】

本法可以称为《2004 年养老金法》。

附录一 养老金监管局（第三条）

第一章 监管局成员

第一节 监管局成员的任命条款和任期

第一小节

第一分小节 当内阁大臣根据第二条第一款第（a）项或第（c）项任命监管局成员时，应根据其确定的条款和条件加以任命。

第二分小节 根据第三分小节，监管局成员：

（a）根据其任命的条款和条件任职和提出辞职；

(b) 根据其任命的条款和条件辞职和被撤职。

第三分小节　当:

(a) 作为监管局主席的某人,不再就任主席职务或成为监管局职员时;

(b) 作为其他非执行成员的某人,成为监管局职员时;

(c) 某人为根据第二条第一款第 (c) 项任命的执行成员,不再是监管局职员时;

该人不应是监管局成员。

第二小节　当某人不再担任监管局局长时,也不再是监管局成员。

第三小节　不能仅仅因为某人过去是监管局成员,就禁止其再度成为监管局成员 (不管是主席还是其他成员)。

<h3 align="center">第二节　成员报酬等</h3>

第四小节　理事会按照内阁大臣确定的金额,向非执行成员支付报酬或制定报酬支付条款。

第五小节　监管局可以:

(a) 按内阁大臣确定的养老金、补贴或退休津贴向非执行成员支付;

(b) 按内阁大臣确定的支付条款向上述人员支付养老金、补贴或退休津贴。

第六小节　当:

(a) 非执行成员仅仅因任职期限结束而不再是监管局成员时;

(b) 内阁大臣认为上述某人具备接受补偿的条件时;

监管局按内阁大臣确定的金额向某人进行支付。

<h2 align="center">第二章　养老金监管局职员</h2>

<h3 align="center">第一节　职员</h3>

第七小节

第一分小节　养老金监管局职员由以下人员组成:

(a) 根据第八条任命的监管局局长;

(b) 根据第九条任命的监管局其他雇员;

(c) 内阁大臣根据第十条向监管局配备的附属职员。

第二分小节 监管局职员身份的成员不能被任命为养老保障基金理事会成员。

第二节 养老金监管局局长

第八小节

第一分小节 监管局可以雇佣某人担任局长职务。

第二分小节 监管局局长的主要职责是有责任确保监管局的职能得到高效和切实的履行。

第三分小节 局长的初次任命：

（a）由内阁大臣实施；

（b）根据内阁大臣确定的报酬和其他事项有关的条款和条件加以实施。

第四分小节 局长的后续任命：

（a）在征得内阁大臣批准的前提下，由监管局实施；

（b）在征得内阁大臣批准的前提下，根据内阁大臣确定的报酬和其他事项有关的条款和条件加以实施。

第五分小节 根据第八条第二款（非执行职能），根据第四分小节第（b）项授予监管局履行的职能与报酬条款和条件有关，由根据第八条建立的委员会代表监管局履行。

第三节 其他雇员

第九小节

第一分小节 监管局的其他雇员经内阁大臣批准后，可由监管局任命。

第二分小节 经内阁大臣对雇员人数的批准，必须按监管局确定的报酬和其他事项有关条款和条件，实施对上述其他雇员的任命。

第四节 附属职员等

第十小节

第一分小节 内阁大臣允许监管局配备其认为合适的其他职员和设施。

第二分小节 监管局可以按内阁大臣确定的支付条款，配备上述附属职员和设施。

第三章　决策小组成员

第一节　小组主席的提名

第十一小节

第一分小节　当监管局应任命某人为决策小组主席时，监管局主席必须建立一个委员会（在本附录中指的是"任命委员会"）。

第二分小节　任命委员会应由下列人员组成：

（a）由监管局主席从监管局非执行成员中遴选一人，任命该人为主席；

（b）由监管局主席任命的一名或多名其他人员。

第三分小节　在根据第二分小节第（b）项任命的人员中，至少有一名人员不是监管局成员。

第四分小节　根据第二分小节第（b）项任命的人员，不应为监管局职员。

第五分小节　委员会必须提名一人作为小组主席的适宜人选。

第二节　小组成员的任命条款和任期

第十二小节

第一分小节　经内阁大臣批准，按监管局确定的条款和条件任命决策小组的成员。

第二分小节　根据第三分小节，上述小组成员：

（a）按其任命条款和条件任职和提出辞职；

（b）按其任命条款和条件辞职或被撤职。

第三分小节　当：

（a）作为小组主席的某人不再就任主席职务时；

（b）某人为监管局成员或监管局员工身份的成员时；

上述某人不应成为小组成员。

第十三小节　不能仅仅因为某人过去是小组成员，就禁止其成为小组成员（不管是小组主席还是其他成员）。

第三节　小组成员报酬等

第十四小节　监管局可以按照内阁大臣确定的金额，向决策小组成员支付报酬或制定报酬支付条款。

第十五小节　监管局可以：

（a）按内阁大臣确定的金额，向小组成员支付养老金、补贴或退休津贴；

（b）按内阁大臣确定的支付条款，向上述小组人员支付养老金、补贴或退休津贴。

第十六小节　当：

（a）小组成员仅仅在其任职期限期满后不再是小组成员时；

（b）内阁大臣认为存在上述某人适于获取补偿的条件时；

监管局可以按内阁大臣确定的金额向上述某人支付。

第四章　议事程序和授权

第一节　委员会

第十七小节

第一分小节　监管局出于各种需要建立委员会。

第二分小节　上述委员会可以建立下属委员会。

第三分小节　上述委员会或下属委员会成员包括非监管局成员的人员。

第四分小节　上述下属委员会成员包括非委员会成员的人员。

第五分小节　但大多数委员会成员或下属委员会成员由监管局成员或具有监管局职员身份的成员组成。

第六分小节　第二分小节到第五分小节不适用于：

（a）根据第八条建立的委员会或委员会下属委员会；

（b）决策小组或小组委员会（参见第九条）。

第七分小节　本附录提及的监管局委员会指的是：

（a）根据第八条建立的委员会或委员会下属委员会；

（b）决策小组或小组委员会；

（c）任命委员会；

（d）根据本小节建立的委员会或下属委员会。

第二节　程序

第十八小节

第一分小节　监管局可以确定：

（a）自己的议事程序（包括法定人数）；

（b）监管局下属委员会（决策小组或小组委员会除外）的议事程序（包括法定人数）。

第二分小节　决策小组可以确定：

（a）小组议事程序（包括法定人数）；

（b）小组下属委员会的议事程序（包括法定人数）。

第三分小节　本小节以下列条款为准：

（a）第九十三条到第一百〇四条（与监管职权有关的议事程序）和北爱尔兰有效实施的相应条款；

（b）内阁大臣根据第十九小节制定的规章。

第十九小节

第一分小节　内阁大臣就以下事项制定规章：

（a）监管局或其委员会遵循的程序（包括法定人数）；

（b）履行监管局职权的方式。

第二分小节　上述规章可以具体：

（a）就提交监管局的诉讼而言，对各方当事人听证、举证以及把特定文件视为某种特定事项的证据或确凿证据的条件制定条款；

（b）根据诉讼的要求，制定条款，规范各方当事人向监管局提交诉讼的代理方式；

（c）要求监管局能够传唤相关人员：

（ⅰ）当诉讼与是否行使监管职权或与监管职权（或北爱尔兰有效实施并与本法相对应的条款提及的相应职权）的行使相关时，参与向监管局提交诉讼并为诉讼提供证据（包括宣誓证言在内）；

（ⅱ）根据监管局的要求提供文件。

第三分小节　在本小节中，提交监管局的诉讼指的是提交小组或小组下属委员会的诉讼。

第三节　委托

第二十小节

第一分小节　监管局可以授权：

（a）监管局执行成员；

（b）具有监管局职员身份的其他成员；

（c）监管局委员会（任命委员会、决策小组和决策小组下属委员会除外）；

代表其在监管局规定的条件下行使监管局具有的职权。

第二分小节　但第一分小节不适用于下列情况：

（a）第八条第四款列示监管局具有的非执行职权（根据第八条第二款，必须由按第八条建立的委员会履行的职权）；

（b）监管局根据第九条有责任任命决策小组主席和小组其他人员；

（c）监管局根据第九条有责任根据第十二小节第一分小节，确定任命上述人员所依据的条款和条件；

（d）仅仅由小组根据以下条款行使监管局具有的职权：

（ⅰ）第十条第一款（在某种情况下，有权决定是否行使附录二列示的职权并实施上述职权）或北爱尔兰有效实施的相应条款；

（ⅱ）第九十九条第十款（强制性审查某类决议有关的职权）或北爱尔兰有效实施的相应条款。

第三分小节　监管局可以授权批准任命委员会行使第十八小节提及的权力，以决定委员会自己的议事程序（包括法定人数在内）。

第四分小节　监管局可以授权决策小组在其确定的条件下，代表监管局履行以下权力：

（a）有权决定是否行使第五分小节列示的一项或多项监管职权；

（b）当小组决定行使上述论及的监管职权时，有权行使的监管职权。

第五分小节　第四分小节提及的监管职权为：

（a）有权发布第十三条提及的整改通知；

（b）有权发布第十四条提及的第三方通知；

（c）有权发布第四十二条提及的清算报告书；

（d）有权发布第四十五条第一款提及的第三方通知，确认制度安排的具体细节；

(e) 有权发布第四十六条提及的清算报告书;

(f) 有权颁布第一百五十四条第八款提及的命令;

(g) 有权颁布第二百一十九条第四款提及的命令;

(h) 有权颁布或取消第二百八十八条提及的授权;

(i) 有权颁布或取消第二百八十九条提及的批复;

(j) 有权发布第二百九十三条第五款提及的通知;

(k) 有权依照《1999 年福利改革和养老金法》(第三十章) 第二条第三款第 (a) 项提及的命令,否决第二条提及的计划注册申请;

(l) 有权根据《1995 年养老金法》(第五章) 第七条下列条款任命受托人:

(ⅰ) 第一款 (当受托人因资格取消而受到撤职时);

(ⅱ) 第三款第 (b) 项;

(m) 有权根据《1995 年养老金法》第二十三条任命一名独立受托人;

(n) 有权根据《1995 年养老金法》第七十二 B 条颁布指令,为计划关闭提供便利。

第六分小节 监管局也可以授权决策小组在监管局确定的条件下,代表监管局履行其认为必须有效履行的职权〔除第二分小节第 (a) 项到第二分小节第 (c) 项提及的职权外〕如下:

(a) 根据第四分小节授权监管局行使的职权;

(b) 监管局拥有第二分小节第 (d) 项提及的职权 (仅仅由小组行使的职权);

(c) 或者,决策小组拥有并在第九十三条第三款、第九十九第十一款和本附录第十八小节第二分小节 (程序) 提及的职权。

第七分小节 本小节以内阁大臣根据第二十一小节制定的规章为准。

第二十一小节 内阁大臣可以制定规章:

(a) 对根据第八条建立的委员会向第八款提及的下属委员会或成员授予行使第八条第八款提及的职权的范围加以限制;

(b) 对小组向第十条第九款提及的下属委员会或成员授权行使第十条第九款提及的职权的范围加以限制;

(c) 对根据第二十小节委托行使的监管局职权的范围加以限制;

(d) 对第二十小节委托权力的授权进行限制;

(e) 允许监管局在规定的情况下向特定人员授权行使监管局的特定

职权。

第四节　文件签署和证明的使用

第二十二小节

第一分小节　监管局公章的确立必须由监管局（不管是一般地还是专门地）根据上述目的授权某人签署给予确认。

第二分小节　第一分小节不适用于根据苏格兰法律签署的文件。

第二十三小节　宣称根据监管局批准得到充分实施的文件或代表监管局签署的文件：

（a）在公开的情况下得以接收；

（b）视为得到实施或签署，相反的规定除外。

第五章　资金筹集和财务

第一节　资金筹集

第二十四小节　内阁大臣使用议会提供的资金，按其确定的金额向监管局支付其支出所需资金。

第二十五小节

第一分小节　内阁大臣可以制定规章，授权监管局收取费用，以支付监管局提出申请实施以下事项引起的成本：

（a）根据《1995 年养老金法》（第二十六章）第六十九条或北爱尔兰有效实施的相应条款对职业养老金计划的修改；

（b）根据第四十二条或第四十六条或北爱尔兰有效实施的相应条款发布清算说明书。

第二分小节　第一分小节提及的规章可以规定或授权监管局确定支付费用的时间。

第三分小节　根据本小节提及的规章，应欠监管局的费用可以作为应欠监管局的债务加以追偿。

第二十六小节

第一分小节　对《1993 年养老金计划法》（第四十八章）第一百七十五条做如下修改。

第二分小节　在第一款中，删除第（b）项末尾"或"并用以下内容替换第（c）项：

"（c）养老金监管机构（包括根据《2004 年养老金法》建立的管理机构在内）；

（d）大法官在支付根据《2004 年养老金法》第一百○六条（与提交养老金监管局裁判所诉讼相关的法定援助）建立法定援助计划所需成本时，"。

第三分小节　用以下内容替换从第三款第（a）项"已付款项"到第（a）项结尾：

"（ⅰ）内阁大臣根据本法第一百六十八条第四款或《1995 年养老金法》第十条（民事罚款）支付的款项；

（ⅱ）根据《2004 年养老金法》附录一第二十五小节（在某种适用的情况下支付的费用）向监管局支付的费用，以及"

第二节　财务

第二十七小节

第一分小节　监管局必须：

（a）实施财务核算和保存与财务有关的资料；

（b）准备每一财政年度的财务报告。

第二分小节　每份财务报告必须遵守经财政部核准并由内阁大臣颁布的指令，该指令与以下事项有关：

（a）报告提供的信息和报告提供的方式；

（b）准备财务报告所依据的方法和原则；

（c）向议会提供的其他信息（如有可能的话）。

第三分小节　监管局必须在财务报告有关的下一个财政年度 8 月份结束前，向下列人员送发每份财务报告：

（a）内阁大臣；

（b）总审计长。

第四分小节　总审计长必须：

（a）检查、确认和报送其根据第三分小节收到的每份财务报告；

（b）将每份财务报告文本和报告文本提交上下议院。

第五分小节　在本小节中，"财政年度"指的是：

（a）监管局建立之日起到下一个年度的 3 月 31 日为止的期限；

（b）紧接其后的 12 个月。

第三节　其他支出

第二十八小节
第一分小节　监管局可以：

（a）按内阁大臣确定的差旅费和其他补助（包括带薪时间的减少获取的补偿在内），向按其要求出席监管局会议的人员支付或制定支付条款；

（b）按内阁大臣确定的费用金额向监管局提供建议的人员（尤其是那些监管局认为专门就某些具体事项提供建议的人员）支付或制定支付费用的条款。

第二分小节　在本小节中，向监管局提交的诉讼，包括向监管局委员会提交的诉讼。

第六章　地位和负债等

第一节　地位

第二十九小节
第一分小节　监管局不应被视为：

（a）政府机构或政府雇员；

（b）享有政府机构的地位、特权或豁免权。

第二分小节　相应地，监管局拥有的财产不应视为政府的财产或代表政府拥有的财产。

第二节　有效性

第三十小节　向监管局提交的诉讼的有效性（包括监管局委员会的诉讼在内）不受以下情况影响：

（a）监管局委员会成员提出的辞职；

（b）任命监管局委员会成员中出现的失误；

（c）任命监管局局长中出现的失误。

第三节　取消任职资格

第三十一小节　对《1975 年下议院取消任职资格法》(第二十四章)附录一做如下修改:

(a) 在第二部分(取消成员任职资格的机构)适当的地方插入:

"养老金监管局。";

(b) 在第三部分(其他取消资格的职位)适当的地方插入:

"养老金监管局根据《2004 年养老金法》第九条建立的决策小组的成员。"

第三十二小节　对《1975 年下议院取消任职资格法(北爱尔兰)》(第二十五章)附录一做如下修改:

(a) 在第二部分(取消其成员任职资格的机构)适当的地方插入:

"养老金监管局。";

(b) 在第三部分(其他取消资格的职位)适当的地方插入:

"养老金监管局根据《2004 年养老金法》第九条建立的决策小组的成员。"

第四节　议会管理专员

第三十三小节　在《1967 年议会管理专员法》(第十三章)附录二(实施调查的部门和机构)的适当地方插入:

"养老金监管局。"

第五节　《1972 年超级年金法》

第三十四小节

第一分小节　《1972 年超级年金法》(第十一章)第一条(获取计划根据第一条提供的待遇的人员)适用的人员包括下列人员在内:

(a) 监管局主席;

(b) 监管局雇员。

第二分小节　监管局必须在公务员部部长规定的时间内,按公务员部部长确定并与第一项提及的增长额有关的金额,用议会拨付的资金向公务员部部长支付。

第六节　损失免责

第三十五小节

第一分小节　在履行或声称履行本法或其他成文法授予监管局的职权过程中，当作为或不作为会引起损失时，养老金监管局或监管局成员、监管局委员会成员或其下属委员会成员不对损失负责。

第二分小节　某人为：

（a）监管局主席；

（b）监管局局长；

（c）决策小组主席；

在根据本法或北爱尔兰有效实施的相应条款向上述人员授予职权的条件下，上述人员则不对履行上述职权或声称履行职权的所有作为或不作为引起的损失负责。

第三分小节　作为根据第八条建立的委员会的一名成员或下属委员会的一名成员，在履行或声称履行第八条第五款提及的非执行职权履行报告的义务时，该人不对所有作为或不作为引起的损失负责。

第四分小节　作为决策小组成员的人员对行使或声称行使小组职权的作为或不作为引起的损失不承担责任：

（a）第九十三条第三款（与监管性职权有关的程序）或北爱尔兰有效实施的相应条款；

（b）第九十九条第十一款（与行使强制性审查职权有关的程序）或北爱尔兰有效实施的相应条款；

（c）或者，本附录第十八小节第二分小节（一般程序）。

第五分小节　当第一分小节到第四分小节不适用：

（a）如果表明其作为或不作为是出于恶意产生的行为；

（b）以便禁止出现作为或不作为引起的损害赔偿金，原因在于根据《1998年人权法》（第四十二章）第六条第一款，作为或不作为都是非法的。

附录二　专项监管职权(第十条)

第一章　《1993 年养老金计划法》(第四十八章) 提及的职权

第一小节　有权根据第九十九条第四款提及的指令,准予延长计划受托人或经营管理者履行某类义务的期限。

第二小节　有权根据第一百〇一 J 条第二款提及的指令,延长履行移交通知的有效期限。

第三小节　根据第一百六十八条第四款制定的规章,有权要求某人支付罚款。

第二章　《1995 年养老金法》(第二十六章)提及的职权

第四小节　有权根据第三条第一款颁布命令,禁止某人成为受托人。

第五小节　有权根据第三条第三款颁布命令,取消命令。

第六小节　有权根据第四条第一款颁布命令,暂停受托人职务。

第七小节　有权根据第四条第二款颁布命令,延长《1995 年养老金法》第四条第一款提及的命令的有效期限。

第八小节　有权根据第四条第五款颁布命令,取消《1995 年养老金法》第四条第一款提及的命令暂停受托人职务。

第九小节　有权颁布命令,根据第七条以下条款任命受托人:

(a) 当根据第三条提及的命令撤销受托人职务时,为第一款;

(b) 第三款第 (a) 项或第三款第 (c) 项。

第十小节　有权根据第九条以命令的方式行使与高等法院或最高民事法院相同的司法管辖权或权力,向因受到任免的受托人赋予财产或移交财产的权力。

第十一小节　有权根据第十条(包括根据第十条第三款制定的规章)要求某人支付罚款。

第十二小节　有权根据第十一条颁布命令,规定或批准关闭一项职业养老金计划。

第十三小节　有权根据第十五条向受托人发布指令。

第十四小节　有权根据第二十九条第五款发布通知，宣布《1995 年养老金法》第二十九条有关取消资格的条款无效。

第十五小节　有权根据第三十条第二款以命令的方式行使与高等法院或最高民事法院相同的司法管辖权或权力，向根据《1995 年养老金法》第二十九条取消任职资格的受托人，赋予财产或移交财产的权力。

第十六小节　根据第六十七 G 条第二款，有权颁布与职业养老金计划的修改或赋予权益有关的命令。

第十七小节　有权根据第六十七 H 条第二款颁布命令，禁止或规定应采取与行使职业养老金计划修改权有关的措施。

第十八小节　有权根据第六十九条颁布命令，准予修改职业养老金计划或修改计划。

第十九小节　有权根据第七十一 A 条颁布命令，修改职业养老金计划，以确保计划得到关闭。

第三章　《1999 年福利改革和养老金法》（第三十章）提及的职权

第二十小节　有权根据第二条第三款第（b）项提及的指令，把一个计划从存托养老金计划登记名单中删除。

第四章　本法提及的职权

第二十一小节　有权根据第二十条发布或延长限制性命令。

第二十二小节　有权根据第二十条第十款颁布，允许使用限制性命令规定的账户资金进行支付。

第二十三小节　有权根据第二十一条颁布返回命令。

第二十四小节　有权根据第二十三条制定冻结命令。

第二十五小节　有权根据第二十五条第三款制定命令，延长冻结命令的有效期限。

第二十六小节　有权根据第二十六条颁布命令，对违反冻结命令的行为进行确认。

第二十七小节　有权根据第二十八条颁布命令，规定应采取的具体措施。

第二十八小节　有权根据第三十条颁布命令，发布有关冻结命令无效的指令。

第二十九小节　有权根据第三十一条第三款颁布命令，要求通知参保人。

第三十小节　有权根据第三十八条发布缴费通知。

第三十一小节　有权根据第四十一条第四款，向职业养老金计划受托人或经营管理者发布指令。

第三十二小节　有权根据第四十一条第九款，发布修正后的缴费通知。

第三十三小节　有权根据第四十三条发布资金援助指令。

第三十四小节　有权根据第四十七条发布缴费通知。

第三十五小节　有权根据第五十条第四款，向职业养老金计划受托人或经营管理者发布指令。

第三十六小节　有权根据第五十条第九款发布修正后的缴费通知。

第三十七小节　有权根据第五十二条发布重置命令。

第三十八小节　有权根据第五十五条发布缴费通知。

第三十九小节　有权根据第七十一条发布通知，要求监管局提供一份报告。

第四十小节　有权根据第七十六条第八款颁布指令，延长根据第七十五条占有文件的扣押期限。

第四十一小节　有权根据第七十八条第十款颁布指令，延长根据第七十五条占有文件的扣押期限。

第四十二小节　有权根据第二百三十一条颁布命令，修改计划、发布指令或制定缴费进度日程表。

第四十三小节　有权根据第二百九十二条发布隔离通知。

第四十四小节　有权根据第一百〇一条变更或取消：

（a）决策小组对是否行使本附录列示的其他职权做出的决议；

（b）由以下机构在行使上述职权时颁布的命令、发布的通知或指令：

（i）小组；

（ii）当监管局遵守裁判所根据第一百〇一条颁布的指令时，为监管局。

附录三 监管局拥有的限制性信息：便于行使职权的某种许可性披露（第八十六条）

机构	职权
内阁大臣	由下列条款赋予的职权： （a）《1985 年公司法》第十四部分（第六章）； （b）《1986 年破产法》（第四十五章）； （c）《1989 年公司法》（第四十章）第三部分； （d）《1991 年出口和投资担保法》（第六十七章）第一部分（第五条和第六条除外）； （e）《1993 年养老金法》（第四十八章）第三部分； （f）《1997 年警察法》（第五十章）第三部分； （g）《2000 年金融服务和市场法》（第八章）； （h）本法； 与海外政府主管部门和机构就刑事事项展开合作有关的职权
英格兰银行	所有职权
金融服务管理局	由以下条款赋予的职权： （a）与互助社有关的法规； （b）《1986 年房屋互助社法》（第五十三章）； （c）或者《2000 年金融服务和市场法》（第八章）
慈善专员	《1993 年慈善法》（第十章）提及的职权
养老金监管局裁判所	＊所有职权
养老金督察官	由以下条款赋予的职权： （a）《1993 年养老金法》（第四十八章）； （b）《1993 年养老金计划法（北爱尔兰）》（第四十九章）
养老保障基金理事会督察官	所有职权
总审计长	所有职权
威尔士审计长	所有职权
苏格兰审计长	所有职权
北爱尔兰审计长	所有职权

续表

国内税务局或国内税务局官员	由以下条款赋予职权： (a)《1988 年所得和企业税收法》(第一章)； (b)《1992 年应税收益税征管法》(第十二章)； (c)《1993 年养老金计划法》第三部分； (d)《1993 年养老金计划法(北爱尔兰)》第三部分； (e)《2003 年所得税(收益和养老金)法》(第一章)
海关关长	成文法提及的职权
官方接管者或北爱尔兰的官方接受者	与破产有关的成文法提及的职权
内阁大臣任命的检察官	《1985 年公司法》(第六章)第十四部分提及的职权
由以下条款授予执行权力的人员： (a)《1985 年公司法》第四百四十七条， (b)《1986 年公司条例(北爱尔兰)》第四百四十条〔S. I. 1986/1032 (N. I. 6)〕，或 (c)《1989 年公司法》(第四十章)第八十四条	上述条款提及的职权
根据以下条款任命的人员实施调查： (a)《2000 年金融服务和市场法》(第八章)第一百六十七条， (b)《2000 年金融服务和市场法》第一百六十八条第三款或第五款，或 (c)《2000 年金融服务和市场法》第二百八十四条	与调查有关的职权
《2000 年金融服务和市场法》第三百二十六条第一款规定的受托机构	第三百二十六条第一款规定的受托机构拥有的职权
一家公认的投资交易机构或公认的清算机构(如《2000 年金融服务和市场法》第二百八十五条给予的定义)	根据《2000 年金融服务和市场法》认可的一家交易或清算机构拥有的职权
根据《2000 年金融服务和市场法》第二百一十二条第一款建立的团体法人	根据《2000 年金融服务和市场法》第二百一十三条建立的金融服务补偿计划提及的职权

并购小组（委员会）	并购小组现行发布的《并购城市法》和《大额股份购买条例》提及的职权
通用保险标准理事会	与保险销售、保险咨询和服务标准有关的职权
一家公认的专业机构［符合《1986年破产法》（第四十五章）第三百九十一条含义］	根据《1986年破产法》，专业机构按其职责具有的职权
根据《2002年犯罪收益追缴法》第二部分、第三部分和第四部分被授予职权的人员	授予的职权
根据《2002年反欺诈和安全管理局条例》（建立和章程）（S. I. 2002/3039）建立的反欺诈和安全管理局	所有职权
北爱尔兰企业、贸易和投资部	由以下条款赋予的职权： （a）《1986年公司法（北爱尔兰）》［S. I. 1986/1032（N. I. 6）］第十五部分； （b）《1989年破产法（北爱尔兰）》［S. I. 1989/2405（N. I. 19）］； （c）《1990年公司法（北爱尔兰）》［S. I. 1990/1504（N. I. 10）］第二部分
北爱尔兰社会发展部	《1993年养老金计划法（北爱尔兰）》（第四十九章）第三部分提及的职权
北爱尔兰企业、贸易和投资部任命的检察官	《1986年公司法（北爱尔兰）》第十五部分提及的职权
符合《1989年破产法（北爱尔兰）》第三百五十条含义的某家公认的专业机构	专业机构根据条例赋予其具有的职权
大不列颠博彩委员会	由以下条款赋予的职权： （a）《1968年博彩法》（第六十五章）； （b）《1976年彩票和娱乐法》（第三十二章）

附录四   养老金监管局裁判所(第一百〇二条)

第一章   裁判所

第一节   小节

第一小节

第一分小节   大法官必须任命许多人员组成的小组,担任裁判所主席("主席小组")。

第二分小节   在下列条件下,某人有资格成为主席小组成员:

(a)该人应具备符合《1990 年法院和法律服务机构法》(第四十一章)第七十一条规定的 7 年普通任职经历;

(b)该人至少有 7 年的苏格兰初级事务律师执业经历;

(c)该人至少有 7 年的北爱尔兰出庭律师执业经历;

(d)该人至少有 7 年的北爱尔兰高等法院事务律师执业经历。

第三分小节   主席小组(团)至少包括一名属于第二分小节第(b)项提及的人员。

第四分小节   大法官必须任命那些他认为经验丰富的上述小组人员,或他认为这些人员善于处理提交裁判所进行仲裁的事项("非专业小组")。

第二节   主席

第二小节

第一分小节   大法官从主席小组成员中任命一人,主管裁判所职权的履行。

第二分小节   如上任命的成员称为养老金监管局裁判所主席(在本附录中被称为"主席")。

第三分小节   大法官任命一名主席小组成员为裁判所副主席。

第四分小节   裁判所副主席可以拥有裁判所主席委托其行使与裁判所有关的职权。

第五分小节   大法官不应任命某人为裁判所主席或副主席,除非:

（a）该人具备符合《1990 年法院和法律服务机构法》（第四十一章）第七十一条规定的 10 年普通任职经历；

（b）该人至少有 10 年的苏格兰初级事务律师执业经历；

（c）该人至少有 10 年的北爱尔兰出庭律师执业经历；

（d）该人至少有 10 年的北爱尔兰高等法院事务律师执业经历。

第六分小节　如果裁判所主席不再是主席小组成员时，他也应停止担任裁判所主席职务。

第七分小节　如果裁判所副主席不再是主席小组成员时，他也应停止担任裁判所副主席职务。

第八分小节　如果主席未就职或不能实施相应的行为，其职权可以由以下人员履行：

（a）副主席；

（b）如果没有副主席或副主席未就职或者不能实施相应的行为，由大法官从主席团中遴选一人，履行主席职权。

第三节　任职等依据的条款

第三小节

第一分小节　根据本附录条款，每位主席团和非专业小组成员：

（a）根据其任命的条款和条件任职和提出辞职；

（b）根据其任命的条款和条件辞职和被撤职。

第二分小节　如果每个小组的成员未就职，他们均有资格再度被任命为成员。

第四节　报酬和补助

第四小节　大法官可以使用议会拨付的资金，按大法官确定的薪酬和补助金额，向提供服务的以下人员支付或制定支付条款：

（a）裁判所成员（包括主席或副主席提供的服务）；

（b）根据第七条第四款任命的人员（专家任命）。

第五节　职员

第五小节

第一分小节　大法官任命其确定的人员为裁判所职员。

第二分小节　裁判所职员的薪酬由大法官使用议会拨付的资金进行支付。

第六节　支出

第六小节　大法官适用议会拨付的资金，按其确定的金额向裁判所支付支出所需资金。

第二章　裁判所的组成

第七小节

第一分小节　根据主席按本小节制定的制度（"固定制度"），作为裁判所成员的人员从主席小组和非专业小组中选任。

第二分小节　固定制度必须规定至少有一名成员从主席小组中选任。

第三分小节　如果作为裁判所成员的某人在处理仲裁时没有行为能力，可以由下列人员处理仲裁：

（a）与仲裁有关的其他遴选成员；

（b）如果由一名成员处理仲裁时，可以根据固定制度，从主席小组人员中遴选其他某一成员处理仲裁。

第四分小节　如果裁判所认为向其提交的事项涉及特殊问题，它可以任命一名或多名专家提供帮助。

第五分小节　就本附录而言，"裁判所"指的是本法或北爱尔兰有效实施的相应条款提及的裁判所。

第三章　裁判所议事程序

第一节　一般程序

第八小节　就处理仲裁或与仲裁有关的初步事项或附属事项而言，裁判所必须在大法官规定的时间和地点召开听证会。

第九小节　大法官根据第一百〇二条颁布的规则，具体包括：

（a）实施仲裁的方式；

（b）在规则确定的情形下举行秘密听证；

（c）有关代表各方当事人出席仲裁的人员的条款；

（d）主席小组成员对仲裁引起的中间事项进行听证和裁决的条款；

（e）裁判所快速应对紧急案例的条款；

（f）仲裁撤销条款；

（g）有关裁决和命令的登记、出版和举证条款。

第二节　操作指引

第十小节　主席可以发布裁判所遵循的操作指引和程序指令，且操作指引和程序指令与提交裁判所的仲裁有关。

第三节　证据

第十一小节

第一分小节　裁判所可以向有关人员发出传票，要求有关人员按传票规定的时间和地点提供其掌握的证据或文件，以满足裁判所检查的需要。

第二分小节　裁判所可以：

（a）采纳证言和主持宣誓；

（b）在不对证言进行监督时，要求接受检查的相关人员公开和认可检查事项的真相。

第三分小节　如某人无正当理由拒绝或没有：

（a）按裁判所发出的传票出席；

（b）举证；

该人的行为属于犯罪行为。

第四分小节　按简易程序的判决结果，第三分小节提及的犯罪人员会遭受标准 5 级以下的罚款。

第五分小节　某人在无正当理由的情况下：

（a）更改、扣押、取消或破坏文件，而文件为该人有义务根据提交裁判所进行仲裁的需要提供的文件；

（b）拒绝提供其理应提供的文件时；

该人的行为属于犯罪行为。

第六分小节　第五分小节提及的犯罪人员：

（a）在简易审判程序下，会遭受法定最高限额以下的罚款；

（b）在公诉审判程序下，会遭受为期两年的监禁或罚款，或者两者兼有的处罚。

第七分小节 本小节"文件"包括以各种形式记录的信息，且与仅仅以合法形式记录的信息有关，文件的发布包括以下列形式提供信息文本：

（a）合法形式；

（b）易于以合法形式提供的形式。

第四节 裁判所做出的裁决

第十二小节

第一分小节 裁判所按多数原则做出裁决。

第二分小节 裁决必须阐明裁决是根据一致原则还是根据多数原则做出的。

第三分小节 裁决必须以文件的形式记录，该文件：

（a）包括一份做出裁决依据的报告；

（b）由处理仲裁的主席团成员签署和约定。

第四分小节 裁判所必须向提交仲裁的各方当事人通知其裁决的内容。

第五分小节 裁判所必须如实向下列人员送发第三分小节提及的文件文本：

（a）提交仲裁的各方当事人；

（b）裁判所认为会直接受到裁决影响的其他人员。

第六分小节 裁判所必须向内阁大臣和北爱尔兰社会发展部呈送裁决文本。

第七分小节 本小节"文件"包括以各种形式记录的信息。

第五节 成本

第十三小节

第一分小节 如果裁判所认为提起仲裁诉讼的一方行为不当，它可以命令该方当事人向参与诉讼的另一方，支付由另一诉讼当事人承担的全部或部分成本或支出。

第二分小节 在仲裁引起的诉讼中，如果裁判所认为作为仲裁的监管局裁决不合理时，它可以要求监管局向参与诉讼的另一方，支付由另一诉讼当事人承担的全部或部分成本或支出。

第四章 地位等

第一节 取消任职资格

第十四小节 在《1975 年下议院取消任职资格法》（第二十四章）附录一第三部分（其他取消资格的职位）的适当地方之后插入：

"裁决小组成员在领取报酬的情况下，被选任为养老金监管局裁判所成员。"

第十五小节 在《1975 年下议院取消任职资格法（北爱尔兰）》（第二十五章）附录一第三部分（其他取消资格的职位）的适当地方之后插入：

"裁决小组成员在领取报酬的情况下被选任为养老金监管局裁判所成员。"

第二节 议会管理专员

第十六小节 在《1967 年议会管理专员法》（第十三章）附录四（根据本法第五条第七款建立的相关裁判所）的适当地方插入：

"根据《2004 年养老金法》第一百〇二条组建的养老金监管局裁判所。"

第三节 《1993 年司法人员养老金和退休法》

第十七小节

第一分小节 对《1993 年司法人员养老金和退休法》（第八章）做如下修改。

第二分小节 在附录一（具备任职资格要求的职位）第二部分的适当地方插入：

"养老金监管局裁判所主席或副主席。"

第三分小节 在附录五（与退休有关的职位）的适当地方插入：

"养老金监管局裁判所的成员。"

第四节 信息披露

第十八小节 在《1985 年公司法》（第六章）第四百四十九条第一款第（m）项之后插入：

"第（n）项 就提交养老金监管局裁判所的诉讼而言。"

第十九小节　在《1985 年公司法》附录十五 D（许可性信息披露）[插入《2004 年公司法》（审计、调查和社区企业）附录二] 第四十四小节之后插入：

"第四十四 A 小节　根据提交养老金监管局裁判所的诉讼需要，进行信息披露。"

第二十小节　在《1989 年公司法》（第四十章）第八十七条第二款（披露受到限制的情况除外）第（c）项之后插入：

"第（d）项　提交养老金监管局裁判所的诉讼。"

第二十一小节　在《1990 年法院和法律服务机构法》（第四十一章）第五十条第二款（披露受到限制的情况除外）第（s）项之后插入：

"第（t）项　养老金监管局裁判所履行其职权。"

附录五　养老保障基金理事会(第一百〇九条)

第一章　理事会成员

第一节　主席的任命

第一小节　理事会主席由内阁大臣任命。

第二节　普通理事会成员的任命

第二小节

第一分小节　由内阁大臣对最开始的五位普通成员加以任命。

第二分小节　根据第四分小节，后续普通成员可由理事会任命。

第三分小节　理事会根据第二分小节进行上述任命时，必须按照规定的任命程序实施。

第四分小节　如果普通成员少于五人时，内阁大臣还要按照要求任命普通成员，使普通成员人数达到五名。

第三节　任命依据的条款

第三小节

第一分小节　由内阁大臣任命的主席和普通成员，按内阁大臣确定的条款和条件予以任命。

第二分小节 理事会任命的普通成员根据以下人员确定的条款和条件加以任命:

(a) 理事会主席 (在普通成员为非执行成员时,经内阁大臣批准);

(b) 理事会理事长 (在普通成员为执行成员时)。

第三分小节 本小节以第七小节 (成员的报酬) 为准。

第四节 成员的任职期限

第四小节

第一分小节 根据以下条款,主席和普通成员:

(a) 按其任命条款和条件任职和提出辞职;

(b) 按其任命条款和条件辞职或被撤职。

第二分小节 当:

(a) 某人为理事会主席时,不再担任主席职务或成为理事会职员身份的成员时;

(b) 某人为其他非执行成员时,成为理事会职员身份的成员时;

(c) 某人为普通执行成员时,不再是理事会职员身份的成员时;

该人不应为理事会成员。

第五小节 当某人不再是首席执行官时,不再是理事会成员。

第六小节 不能仅仅因为某人过去是理事会成员,而禁止其成为理事会成员 (不管是理事会主席还是其他成员)。

第五节 成员报酬等

第七小节 理事会可以向非执行成员支付由内阁大臣确定的报酬或制定上述支付条款。

第八小节 理事会可以:

(a) 向非执行成员支付由内阁大臣确定的养老金、补助或退休津贴;

(b) 按内阁大臣确定的支付条款,向上述非执行成员支付养老金、补贴或退休津贴。

第九小节 当:

(a) 非执行成员仅仅在其任期届满后不再成为非执行成员时;

(b) 内阁大臣认为存在上述某人适于获取补偿的条件时;

理事会可以按内阁大臣确定的金额向上述人员支付。

第六节　对第一部分的释义

第十小节　在本部分中，"普通成员"具有的含义与第一百〇八条的含义相同。

第二章　理事会职员

第一节　职员

第十一小节

第一分小节　理事会职员由以下人员组成：

（a）根据第十二小节任命的理事会理事长；

（b）根据第十三小节任命的理事会其他雇员；

（c）内阁大臣根据第十四小节配备的其他附属职员。

第二分小节　养老金监管局成员或监管局根据第九小节建立的决策小组的成员，没有资格被任命为具有理事会职员身份的成员。

第二节　理事长

第十二小节

第一分小节　理事会应任命一人为理事会理事长。

第二分小节　理事长的主要职责为确保理事会的职权得到切实、有效的履行。

第三分小节　理事长的初次任命：

（a）由内阁大臣实施；

（b）根据内阁大臣确定并与报酬和其他事项相关的条款和条件加以实施。

第四分小节　理事长的后续任命经内阁大臣批准，由理事会实施。

第五分小节　第四分小节提及的任命：

（a）在得到内阁大臣批准的前提下，根据理事会确定的报酬条款和条件加以实施；

（b）根据理事会确定的其他报酬条款和条件加以实施。

第六分小节　就第一百一十二条（非执行职权）第二款而言，根据

第五分小节第（a）项授予理事会履行的职权，可由根据第一百一十二条建立的委员会代理理事会履行。

第三节　其他雇员

第十三小节

第一分小节　在批准雇员人数况下，其他理事会雇员经内阁大臣批准由理事会任命。

第二分小节　根据第三分小节，按理事会理事长确定的条款和条件实施第一分小节提及的任命。

第三分小节

（a）在委任雇员为理事会执行成员的情况下，经内阁大臣批准，有关报酬的条款和条件由理事会加以确定；

（b）在委任雇员为指定型雇员的情况下，有关报酬的条款和条件由理事会确定。

第四分小节　就第一百一十二条（非执行职权）第二款而言，根据第三分小节第（a）项和第（b）项授予理事会履行的职权，可由根据第一百一十二条建立的委员会代理理事会履行。

第四节　附属人员等

第十四小节

第一分小节　内阁大臣向理事会配备内阁大臣认为适宜的附属人员和其他设施。

第二分小节　上述附属人员和设施，可以由理事会根据内阁大臣确定的支付条款获得。

第三章　诉讼和委托等

第一节　委员会

第十五小节

第一分小节　理事会可以根据各种目的，建立委员会。

第二分小节　理事会建立的各种委员会可以建立下属委员会。

第三分小节　委员会成员和下属委员会成员可以包括非理事会成员。

第四分小节　下属委员会成员可以包括非委员会成员。

第五分小节　第三分小节和第四分小节不适用于按第一百一十二条建立的委员会或委员会下属委员会。

第二节　议事程序

第十六小节　理事会可以确定:

(a)理事会遵循的议事程序(包括法定人数);

(b)理事会建立的委员会或下属委员会遵循的议事程序(包括法定人数)。

第三节　委托

第十七小节

第一分小节　理事会可以授权:

(a)理事会执行成员;

(b)具有理事会职员身份的其他成员;

(c)理事会委员会或下属委员会(根据第一百一十二条建立的委员会或下属委员会除外);

代表理事会在其规定的条件下行使理事会具有的职权。

第二分小节　第一分小节不适用于理事会具有的非执行职权(必须由按第一百一十二条建立的委员会根据第一百一十二条第二款履行)。

第十八小节

第一分小节　理事会在第二分小节提及的职权制定制度,要求某人根据制度的规定,代表理事会行使上述职权。

第二分小节　上述职权为下列条款授予的职权:

(a)养老金补偿条款(参见第一百六十二条);

(b)第一百六十三条(当理事会为计划承担责任时实施调整);

(c)第一百六十五条(有责任向国内税务局通报最低保障性养老金收入情况);

(d)第一百六十六条(在评审日期之时,有责任支付应付未付计划待遇);

(e)第一百六十九条和第一百七十条(清偿与补偿款项或货币购买

型待遇有关的负债）；

（f）第一百九十一条（发布提供信息的通知）；

（g）第二百〇三条第一款第（a）项（向计划参保人等提供信息）；

（h）第一百一十一条（辅助性权力）［第一百一十一条与上述第（a）项到第（g）项提及的条款授予的职权有关］；

第三分小节 当根据本小节制定的制度要求由另外一人代理理事会履行理事会具有的职权时：

（a）正如第一百九十五条第一款第（b）项（提供错误信息或误导性信息的犯罪）和第一百九十六条（信息使用）适用于理事会及其职权一样，适用于上述人员及其代理理事会行使的职权；

（b）根据第（c）项，正如第一百九十七条到第二百〇二条和第二百〇三条第二款到第二百〇三条第六款（信息披露）适用于理事会和其履行职权时获取的信息一样，适用于上述人员及其履行理事会职权时获取的信息；

（c）根据第（b）项不会向上述人员授权，允许上述人员根据第二百〇一条第一款代理理事会，确定披露限制性信息是否为职业养老金计划参保人利益或公共利益所必须或有利于上述利益。

第十九小节

第一分小节 当理事会根据第十八小节第一分小节制定的制度要求由另一人代理理事会行使其拥有的职权时，上述制度也要求该人代理理事会，行使可委托审查职权。

第二分小节 当监管局必须（或可以）根据以下条款代理理事会行使职权时：

（a）第一百八十一条第四款或第一百八十九条第八款（有关收费的行政性职权）；

（b）第一百八十一条第七款第（b）项或第一百八十九条第十款第（b）项（收费的追偿）；

（c）根据第一百八十一条第八款或第一百八十九条第十一款（收费的征收、追偿和弃权）制定的规章；

理事会也可以要求监管局代理理事会行使可委托的审查职权。

第三分小节 在本小节中，"可委托的审查职权"与委托职权有关，指的是：

（a）根据第二百〇七条第一款或第二百〇七条第三款第（a）项，有权发布与履行委托职权引起的审查事项有关的审查裁决；

（b）与根据上述第（a）项可履行的职权有关的职权，是与审查裁决发布相关联并由第二百〇七条第一款提及的规章规定的职权；

（c）第一百一十一条（辅助性权力）［第一百一十一条与上述第（a）项到第（g）项提及的条款授予的职权有关］。

第四分小节　在第三分小节中：

"委托职权"指的是代表理事会履行并于第一分小节或第二分小节提及的职权；

"审查裁决"的含义由第二百〇七条第一款给出。

第四节　文件签署和证明的使用

第二十小节

第一分小节　监管局印鉴的效力，必须由监管局根据上述目的授权某人签署予以确认。

第二分小节　第一分小节不适用于根据苏格兰法律签署的文件。

第二十一小节　宣称由理事会批准得到充分实施的文件或代表监管局签署的文件：

（a）在公开的情况下得以接收；

（b）视为得到实施或签署（相反的规定除外）。

第四章　财务会计

第一节　财务会计

第二十二小节

第一分小节　理事会必须：

（a）实施必要的财务核算和保存财务资料；

（b）准备每一财政年度的财务报告。

第二分小节　每份财务报告必须：

（a）包括一份养老保障基金的精算价值评估报告组成；

（b）遵守经财政部并由内阁大臣发布的财务会计规章。

第三分小节　就第二分小节而言：

"精算价值评估报告"与养老保障基金有关，由委任精算师准备和签署的基金资产和负债的精算价值评估报告组成；

"财务规则"指的是规范以下内容的规则：

（a）会计报表包含的信息和会计报表呈送的方式；

（b）准备会计报表所依据的方法和原则；

（c）用于议会所需信息而提供的附加信息（如有可能）。

第四分小节 在第三分小节中：

（a）"委任精算师"指的是拥有特定资格或拥有丰富经验的人员，或经内阁大臣核准，由理事会根据本小节予以委任的人员；

（b）由委任精算师按照特定的方式，对准备精算价值评估报告覆盖的负债和资产以及资产价值和负债金额加以确定、计算和核准。

第五分小节 理事会必须在财务报告有关的下一个财政年度8月份结束前，向下列人员送发每份财务报告：

（a）内阁大臣；

（b）总审计长。

第六分小节 总审计长必须：

（a）检查、确认和报送根据第五分小节收到的财务报告；

（b）将每份财务报告文本和报告文本提交上下议院。

第七分小节 在本小节中，"财政年度"指的是：

（a）始于理事会建立之日和截止于下一个年度的3月31日之间的期限；

（b）紧接其后的12个月。

第二节 其他支出

第二十三小节 理事会可以：

（a）按其确定的车旅费和其他补助（包括带薪时间的减少获取的补偿），向按其要求参与诉讼的人员支付或制定支付条款；

（b）按其确定的费用金额向为理事会提供建议的人员（尤其是那些监管局认为专门就某些具体事项提供建议的人员）支付或制定支付费用的条款。

第五章　地位和负债等

第一节　地位

第二十四小节

第一分小节　理事会不应被视为:

(a) 政府机构或政府雇员;

(b) 享有政府机构的地位、特权或豁免权。

第二分小节　相应地,理事会拥有的财产,不应视为政府的财产或代表政府拥有的财产。

第二节　有效性

第二十五小节　提交理事会诉讼的有效性(包括理事会委员会或下属委员会的诉讼)不受以下情况影响:

(a) 理事会委员会成员或下属委员会成员提出的辞职;

(b) 任命理事会委员会成员或下属委员会成员中出现的失误;

(c) 任命理事会理事长中出现的失误。

第三节　取消资格

第二十六小节　在《1975 年下议院取消任职资格法》(第二十四章)附录一第二部分适当的地方插入:

"养老保障基金理事会。"

第二十七小节　在《1975 年下议院取消任职资格法(北爱尔兰)》(第二十四章)附录一第二部分适当的地方插入:

"养老保障基金理事会。"

第四节　《1972 年超级年金法》

第二十八小节

第一分小节　《1972 年超级年金法》(第十一章)第一条(根据第一条领取计划待遇的人员)适用的人员包括:

(a) 理事会主席;

(b) 理事会雇员。

第二分小节　理事会必须在公务员部部长规定的时间内，按其根据第一分小节计算的增长确定的金额，使用议会依照《1972年超级年金法》提供的资金向公务员部部长支付。

第五节　损失责任的豁免

第二十九小节

第一分小节　由于本法或其他成文法授予理事会职权的履行，理事会实施的行为或忽略的事项引起的损失，均不能由理事会、理事会成员、理事会委员会委员、下属委员会委员以及理事会雇员承担。

第二分小节　由于本法或北爱尔兰有效实施的相应条款授予首席执行官职权的履行，首席执行官实施的行为或忽略的事项引起的损失，均不能由理事会理事长承担。

第三分小节　按第一百一十二条建立的委员会或其下属委员会的成员在根据第一百一十二条第五款准备非执行职权履行情况的报告时，其履行提供报告的责任或宣称提供报告的责任的作为或不作为引起的损失，不应由上述成员承担。

第四分小节　第一分小节到第三分小节不适用：

（a）如果表明其作为或不作为是出于恶意产生的行为；

（b）以便禁止出现作为或不作为引起的损害赔偿金，原因在于根据《1998年人权法》（第十二章）第六条第一款，作为或不作为是非法的。

第五分小节　当养老保障基金督察官根据第二百一十三条第一款或第二百一十四条或北爱尔兰有效实施的相应条款（或者与上述条款相对应的条款）提及的规章颁布指令时，本小节不会禁止理事会按上述指令支付补偿。

附录六　向理事会移交财产、权益和负债（第一百六十一条）

第一小节　当根据第一百六十一条向理事会移交职业养老金计划财产、权益和负债时，本附录适用。

第二小节

第一分小节　根据第二分小节，移交的财产、权益和负债包括：

(a) 不能转让或不能归属的财产、权益和负债;

(b) 位于英格兰境内或其他地方的财产;

(c) 英格兰法律或英格兰以外的国家或地区法律规定的权益或负债。

第二分小节　除本分小节以外,根据第一百六十一条,当计划受托人或经营管理者与个人签订的雇佣合同涉及的权益或负债向理事会移交时,从计划受托人或经营管理者收到移交通知之日的前一天起,本分小节终止雇佣合同。

第三小节

第一分小节　在不损害第一百六十一条一般性和以第二分小节为准的情况下,在计划受托人或经营管理者按其应有的职责进行移交以前,任何法定程序或向主管机构提交的申请由理事会继续实施。

第二分小节　在不予考虑上述移交的情况下,当受托人或经营管理者有责任满足申诉和不免责于计划资产时,由于现有或未来原因引起违背计划受托人或经营管理者意愿的作为的发生,根据第一百六十一条移交的负债,不包括与上述原因有关的负债。

第四小节　除本小节外,即使转移须征得任何人员的同意或许可,转移仍对所有人员具有约束力。

第五小节　任何人均没有权力终止或修改计划受托人或经营管理者因移交产生的既有利益或权益。

第六小节　就向理事会实施的移交命令生效而言,所有协议、文件或法律文书提及的计划受托人或经营管理者的内容必须具有效力。

第七小节

第一分小节　理事会必须采取所有必需措施,以确保理事会根据相关外国法律有效拥有第一百六十一条赋予的外国财产、权益或负债。

第二分小节　在理事会根据外国法律有效拥有赋予的外国财产、权益或负债以前,作为计划受托人或经营管理者的某人在根据第一百六十一条生效的移交之前,必须拥有理事会的财产或养老金权益或代表理事会履行责任。

第三分小节　根据第一百六十一条,本小节不会对根据英格兰、威尔士或苏格兰法律赋予理事会拥有外国财产、权益或负债的效力产生不利影响。

第四分小节　本小节提及的任何外国财产、权益或负债指的是,根据英国以外的国家或地区法律确定（根据国家私法规则）所有程序问题相关的财产、权益或负债。

附录七　养老金补偿条款(第一百六十二条)

第一节　引言

第一小节　当理事会根据本章为合格计划（"计划"）承担责任时，本附录适用于应付补偿金额的确定。

第二小节　在本附录中，"评审日期"指的是，开始于计划评审期或（当存在一个以上评审期时）最后一个评审期的日期。

第二节　评审日的养老金支付金额

第三小节

第一分小节　当某人在评审日之前有权利根据计划许可性规则领取养老金时，根据本小节的规定予以支付养老金补偿。

第二分小节　上述某人（"养老金领取者"）有权利从评审日开始领取养老金（"养老金"）有关的定期补偿和终身可以领取定期补偿，或者在第八分小节适用的情形下，根据许可性规则，在养老金权益终止前领取定期补偿。

第三分小节　定期补偿年度金额为以下指标的适宜百分率：

（a）保障性养老金总额；

（b）第二十八小节提及的增长总额（定期补偿年度增长额）。

第四分小节　在第三分小节中，"适宜百分率"指的是：

（a）在第七分小节适用的情况下，为90%；

（b）在其他情况下，为100%。

第五分小节　在第三分小节中，"保障性养老金金额"指的是根据许可性规则，在评审日之前确定的养老金年度金额。

第六分小节　就第五分小节而言，当评审日之前的养老金年度金额确定时，如果第三十五条第三款适用，则不予考虑最近的自主性增长金额。

第七分小节　当养老金领取者在评审日前没有达到正常养老金领取年龄且养老金权益：

（a）根据其应计养老金工作年限进行计算；

（b）根据计划许可性规则，不是根据制定提前领取疾病养老金的特殊条款产生时；

本分小节适用。

第八分小节　当养老金不是：

（a）根据养老金领取者的应计养老金工作年限计算；

（b）（直接或间接）来源于养老金领取者根据《1999 年福利改革和养老金法》（第三十章）第二十九条第一款第（b）项获取的抵免型养老金时；

本分小节适用。

第九分小节　如果养老金补偿为根据第五小节（评审日延期领取的养老金待遇）应予支付与养老金有关的补偿时，本小节不适用。

第十分小节　本小节以下列小节为准：

（a）第二十六小节（补偿限额）；

（b）第三十小节（内阁大臣通过颁布命令改变百分率的权力）。

第四小节

第一分小节　在下列情况下本小节适用：

（a）养老金领取者在评审日或以后去世；

（b）养老金：

（ⅰ）根据养老金领取者应计养老金工作年限计算；

（ⅱ）（直接或间接）来源于养老金领取者根据《1999 年福利改革和养老金法》（第三十章）第二十九条第一款第（b）项获取的抵免型养老金。

第二分小节　根据第四分小节，养老金领取者的鳏寡配偶从养老金领取者去世之日起，开始并终身有权利获取定期补偿。

第三分小节　定期补偿年度金额为养老金领取者在其在世的情况下，根据第三小节可以领取的定期补偿金额（包括第二十八小节提及的增长金额在内）的一半。

第四分小节　养老金领取者的鳏寡配偶在规定的情况下，根据本小节没有权利获取定期补偿。

第五分小节　在本小节中，根据第三小节对"养老金"和"养老金领取者"进行解释。

第三节　评审日延迟领取的养老金待遇

第五小节

第一分小节　当在评审日前满足下列条件时，根据本小节应予支付补偿：

（a）某人有权利根据计划许可性规则要求支付养老金；

（b）延迟支付上述养老金；

（c）上述某人已经达到正常养老金领取年龄。

第二分小节　上述某人（"延迟领取养老金者"）有权利从评审日开始领取与养老金（"养老金"）有关的定期补偿和可以终身领取定期补偿，或者在第七分小节适用的情形下，在养老金权益终止前根据许可性规则可以领取定期补偿。

第三分小节　定期补偿的年度金额为下列指标的100%：

（a）保障性养老金总额；

（b）第二十八小节提及的增长总额（定期补偿年度增长）。

第四分小节　在第三分小节中，"保障性养老金金额"指的是：当在评审日前停止延期支付养老金支付时，根据许可性规则确定的养老金年度金额。

第五分小节　就第四分小节而言，在评审日前确定养老金年度金额时，如果第三十五小节第三分小节适用，则不予考虑最近的自主性增长金额。

第六分小节　当养老金（直接或间接）来源于抵免型养老金时，第一分小节第（c）项提及的"正常养老金领取年龄"可以理解为"正常养老金待遇领取年龄"。

第七分小节　当养老金不是：

（a）根据养老金延迟领取者的应计养老金工作年限计算；

（b）（直接或间接）来源于养老金领取者根据《1999年福利改革和养老金法》（第三十章）第二十九条第一款第（b）项获取的抵免型养老金时；

本分小节适用。

第八分小节　本小节以下列小节为准：

（a）第二十四小节（换算）；

(b) 第三十小节（内阁大臣通过颁布命令更改百分率的权力）。

第六小节

第一分小节 在下列情况下本小节适用：

（a）养老金领取者在评审日当天或之后去世；

（b）养老金：

（ⅰ）根据养老金领取者应计养老金工作年限计算；

（ⅱ）（直接或间接）来源于养老金领取者根据《1999 年福利改革和养老金法》（第三十章）第二十九条第一款第（b）项获取的抵免型养老金。

第二分小节 根据第四分小节，养老金延迟领取者的鳏寡配偶从养老金延迟领取者去世之日起，开始并终身有权利获取定期补偿。

第三分小节 定期补偿年度金额为养老金延迟领取者根据第五小节在其在世的情况下，可以领取的定期补偿金额（包括第二十八小节提及的增长金额在内）的一半。

第四分小节 养老金延迟领取者的鳏寡配偶在规定的情况下，根据本小节没有权利获取定期补偿。

第五分小节 在本小节中，根据第五小节对"养老金延迟领取者"和"养老金"进行解释。

第七小节

第一分小节 在评审日以前满足以下条件时，根据本小节应予支付补偿：

（a）某人根据计划许可性规则有权利请求领取养老金一次性支付总额（计划一次性支付总额）；

（b）延迟领取 次性支付总额；

（c）某人已经达到与一次性总额支付有关的正常养老金领取年龄。

第二分小节 在评审日之前延迟领取养老金已经结束的情况下，某人有权利以一次性支付总额的形式领取金额等于计划一次性支付总额 100% 的补偿。

第三分小节 应在评审日支付补偿。

第四分小节 当一次性支付总额（直接或间接）来源于抵免性养老金时，就第一分小节第（c）项提及的"正常养老金领取年龄"可以理解为"正常待遇领取年龄"。

第五分小节　当某人根据换算部分计划养老金有权利获取一次性支付总额时，本小节不适用于上述一次性支付总额。

第六分小节　本小节以第三十小节（内阁大臣通过颁布命令改变百分率的权力）为准。

第四节　评审日超过正常养老金领取年龄的积极参保人

第八小节

第一分小节　当某人（根据许可性规则某人已是积极参保人）在评审日前已经达到领取养老金权益的正常养老金领取年龄，根据本小节予以支付补偿。

第二分小节　积极参保人有权利从评审日起，开始并终身持续领取与上述养老金（"养老金"）有关的定期补偿。

第三分小节　定期补偿的年度金额为下列指标的100%：

（a）名义保障性养老金总额；

（b）第二十八小节提及的增长总额（定期补偿年度增长额）。

第四分小节　在第三分小节中，"受保障的名义养老金"指的是下列两个指标之和：

（a）养老金积累额；

（b）当积极参保人在评审日前不再是计划参保人时，其根据许可性规则（在正常养老金领取年龄，与未予支付养老金的事实有关）可以获取的养老金增长额。

第五分小节　根据第六分小节和第七分小节，养老金积累金额为：

$$AR \times PE \times PS$$

当：

AR为积极参保人根据许可性规则，获取与养老金有关的年度积累率；

PE为积极参保人根据许可性规则，拥有与养老金有关的应计养老金年度收入；

PS为积极参保人根据许可性规则，拥有与养老金有关的应计养老金工作年限（包括不足12个月的时间在内）。

第六分小节　如果养老金积累率或应计养老金收入因积极参保人应计养老金工作年限的不同而不同，那么根据第五分小节的公式对每个不同部分各自的养老金额进行计算，并对各自养老金额加总后，得出积累金额。

就上述目的而言，第五分小节提及的积极参保人应计养老金工作年限、积累率和应计养老金收入，可以理解为与上述不同部分有关的各个部分的应计养老金工作年限、积累率和应计养老金收入。

第七分小节 在理事会确信不能对第五分小节提及的计算公式的一个或多个要素进行确认的情况下，理事会根据许可性规则，可以确定如何计算养老金积累额。

第八分小节 本小节以下列小节为准：

（a）第二十小节（计划转移支付或缴费返还引起的补偿）；

（b）第二十四小节（换算）；

（c）第三十小节（内阁大臣依照命令更改百分率的权力）。

第九小节

第一分小节 当积极参保人在评审日或评审日之后去世时，本小节适用。

第二分小节 根据第四分小节，积极参保人的鳏寡配偶从养老金延迟领取者去世之日起，开始并终身有权利获取定期补偿。

第三分小节 定期补偿年度金额为积极参保人根据第八小节在其在世的情况下，有权利领取的定期补偿金额（包括第二十八小节提及的增长金额在内）的一半。

第四分小节 积极参保人的鳏寡配偶在规定的条件下没有权利获取定期补偿。

第五分小节 在本小节中，可根据第八小节对"养老金"和"积极参保人"进行解释。

第十小节

第一分小节 根据许可性规则在评审日之前，当积极参保人已经达到领取计划一次性支付总额（"一次性支付总额"）权益有关的正常养老金领取年龄，根据本小节予以支付补偿。

第二分小节 积极参保人有权利领取等于下列两个指标之和 100% 的补偿：

（a）积累额；

（b）当积极参保人在评审日前不再是计划参保人时，其根据许可性规则（在正常养老金领取年龄，与未予支付一次性支付总额的事实有关）

可以获取的增长额。

第三分小节　应在评审日予以支付补偿。

第四分小节　根据第五分小节和第六分小节，积累金额为：

$$AR \times PE \times PS$$

当：

AR 为积极参保人根据许可性规则，获取与计划一次性支付总额有关的年度积累率；

PE 为积极参保人根据许可性规则，拥有与计划一次性支付总额有关的应计养老金年度收入；

PS 为积极参保人根据许可性规则，拥有与计划一次性支付总额有关的应计养老金工作年限（包括不足 12 个月的时间在内）。

第五分小节　如果养老金积累率或应计养老金收入因与计划一次性支付总额有关的积极参保人应计养老金工作年限的不同而不同，那么根据第四分小节的公式对每个不同部分各自的养老金额进行计算，并对各自金额加总后，得出积累金额。

就上述目的而言，第四分小节提及的积极参保人，应计养老金工作年限、积累率和应计养老金收入，可以理解为与上述不同部分有关的各个部分的应计养老金工作年限、积累率和应计养老金收入。

第六分小节　在理事会确信不能对第四分小节提及的计算公式的一个或多个要素进行确认的情况下，理事会根据许可性规则，可以确定如何计算养老金积累额。

第七分小节　当某人根据换算部分计划养老金获取一次性支付总额时，本小节不适用于上述一次性支付总额。

第八分小节　本小节以下列小节为准：

（a）第二十小节（计划转移支付或缴费返还引起的补偿）；

（b）第三十小节（内阁大臣颁布命令改变百分率的权力）。

第五节　评审日没有达到正常养老金领取年龄的积极参保人

第十一小节

第一分小节　当某人（根据许可性规则，某人已是积极参保人）在评审日前没有达到领取养老金权益有关的正常养老金领取年龄时，根据本小节予以支付补偿。

第二分小节   如果积极参保人在达到正常养老金领取年龄以后依然在世，那么他有权利从正常养老金领取年龄开始并终身领取定期补偿。

第三分小节   定期补偿的年度金额为下列指标的 100%：

（a）名义保障性养老金总额；

（b）第二十八小节提及的增长总额（定期补偿年度增长额）。

第四分小节   在第三分小节中，"受保障的名义养老金"指的是下列两个指标之和：

（a）养老金积累额；

（b）在价值重置期限内价值重置金额（参见第十二小节）。

第五分小节   根据第六分小节和第七分小节，养老金积累金额为：

$$AR \times PE \times PS$$

当：

AR 为积极参保人根据许可性规则，获取与养老金有关的年度积累率；

PE 为积极参保人根据许可性规则，拥有与养老金有关的应计养老金年度收入；

PS 为积极参保人根据许可性规则，拥有与养老金有关的应计养老金工作年限（包括不足 12 个月的时间）。

第六分小节   如果养老金积累率或应计养老金收入因积极参保人应计养老金工作年限的不同而不同，那么根据第五分小节的公式对每个不同部分各自的养老金额进行计算，并对各自养老金额加总后，得出积累金额。

就上述目的而言，第五分小节提及的积极参保人应计养老金工作年限、积累率和应计养老金收入，可以理解为与上述不同部分有关的各个部分的应计养老金工作年限、积累率和应计养老金收入。

第七分小节   在理事会确信不能对第五分小节提及的计算公式的一个或多个要素进行确认的情况下，理事会根据许可性规则可以确定如何计算养老金积累额。

第八分小节   本小节以下列小节为准：

（a）第二十小节（计划转移支付或缴费返还引起的补偿）；

（b）第二十四小节（换算）；

（c）第二十六小节（补偿限额）；

（d）第三十小节（内阁大臣依照命令更改百分率的权力）。

第十二小节

第一分小节　本小节适用于第十一小节第四分小节第（b）项。

第二分小节　价值重置期限指的是：

（a）开始于评审日；

（b）结束于积极参保人达到正常养老金领取年龄的某天前的某一日期。

第三分小节　在价值重置期限内重置价值金额：

（a）在价值重置期限小于一个月时，为零；

（b）在其他情况下，为积累金额与价值重置百分率之积。

第四分小节　在第三分小节中，"价值重置百分率"指的是下列两个指标中较小的一个：

（a）在价值重置期间按规定方式确定的大不列颠一般物价水平上涨率；

（b）最大价值重置率。

第五分小节　就第四分小节第（b）项而言，"最大价值重置率"与价值重置期限有关，指的是：

（a）在价值重置期限为 12 个月的条件下，为 5%；

（b）在其他情况下，如果价值重置期限内大不列颠一般物价年度上涨水平为 5% 时，价值重置百分率为就第四分小节第（a）项提及的百分率。

第六分小节　在本小节中，"积极参保人""积累金额"和"养老金"可根据第十一小节进行解释。

第十三小节

第一分小节　当积极参保人在评审日期当天或之后去世时，本小节适用。

第二分小节　根据第四分小节，积极参保人的鳏寡配偶有权从积极参保人去世之日开始领取定期补偿并延续至终身。

第三分小节　在某一时间上定期补偿的年度金额为：

（a）当积极参保人在达到正常养老金领取年龄之后去世时，参保人在世时可以领取的定期补偿年度金额（包括第二十八小节提及的增长金额在内）的一半；

（b）当积极参保人在达到正常养老金领取年龄之前去世时，参保人在正常养老金领取年龄可以领取的定期补偿年度金额（包括第十一小节提及的增长金额在内）的一半，其前提条件为：

（ⅰ）参保人在去世日前的实际年龄为正常养老金领取年龄；

（ⅱ）参保人在世。

第四分小节　积极参保人的鳏寡配偶根据本小节在规定的条件下，没有权利获取定期补偿。

第五分小节　在本小节中，"养老金"和"积极参保人"可根据第十一小节加以解释。

第十四小节

第一分小节　在评审日前根据许可性规则，当积极参保人已经达到领取计划一次性支付总额（"一次性支付总额"）权益有关的正常养老金领取年龄时，根据本小节予以支付补偿。

第二分小节　如果积极参保人活到与计划一次性支付总额有关的正常养老金领取年龄，他有权在达到正常养老金领取年龄时，获取与计划一次性支付总额有关的定期补偿。

第三分小节　补偿额为一次性支付总额，其金额为受保障金额的 90%。

第四分小节　在第三分小节中，"受保障金额"指的是下列两个指标之和：

（a）积累金额；

（b）价值重置期限内价值重置金额。

第五分小节　根据第六分小节和第七分小节，积累金额为：

$$AR \times PE \times PS$$

当：

AR 为积极参保人根据许可性规则，获取与计划一次性支付总额有关的年度积累率；

PE 为积极参保人根据许可性规则，拥有与计划一次性支付总额有关的应计养老金年度收入；

PS 为积极参保人根据许可性规则，拥有与计划一次性支付总额有关的应计养老金工作年限（包括不足 12 个月的时间）。

第六分小节　如果养老金积累率或应计养老金收入因与计划一次性支付总额有关的积极参保人应计养老金工作年限的不同而不同，那么根据第五分小节的公式对每个不同部分各自的养老金额进行计算，并对各自金额加总后，得出积累金额。

就上述目的而言，第五分小节提及的积极参保人应计养老金工作年限、积累率和应计养老金收入，可以理解为与上述不同部分有关的各个部分的应计养老金工作年限、积累率和应计养老金收入。

第七分小节　在理事会确信不能对第五分小节提及的计算公式的一个或多个要素进行确认的情况下，理事会根据许可性规则，确定如何计算养老金积累额。

第八分小节　除下列情况外，第十二小节适用于价值重置金额的确定：

（a）在第十二小节中，养老金可被理解为计划一次性支付总额；

（b）在第十二小节第六分小节中，第十一小节可理解为本小节。

第九分小节　本小节以下列小节为准：

（a）第二十小节（计划转移支付或缴费返还引起的补偿）；

（b）第二十六小节（补偿限额）；

（c）第三十小节（内阁大臣依照命令更改百分率的权力）。

第六节　评审日未达到正常养老金领取年龄的延迟领取养老金者

第十五小节

第一分小节　当某人（根据许可性规则，某人已是延迟领取养老金者）在评审日前没有达到领取养老金权益有关的正常养老金领取年龄时，根据本小节予以支付补偿。

第二分小节　如果某人（"延迟领取养老金的参保人"）活到与计划一次性支付总额有关的正常养老金领取年龄，他有权在达到正常养老金领取年龄时，获取与计划一次性支付总额有关的定期补偿并延续至其终身。

第三分小节　定期补偿的年度金额为下列指标之和的90%：

（a）受保障养老金额；

（b）第二十八小节提及的增长（定期补偿的年度增长额）。

第四分小节　在第三分小节中，"受保障养老金额"指的是下列指标之和：

（a）积累金额；

（b）第一个价值重置期限内价值重置金额（参见第十六小节）；

（c）第二个价值重置期限内价值重置金额（参见第十七小节）。

第五分小节　在第四分小节中，"积累金额"指的是，当与一次性支付总额有关的应计养老金工作年限终止时，如果延迟领取养老金者的实际年龄为正常养老金领取年龄，其根据许可性规则，有权获取的计划一次性支付总额。

第六分小节　本小节以下列小节为准：

（a）第二十小节（计划转移支付或缴费返还引起的补偿）；

（b）第二十六小节（补偿限额）；

（c）第三十小节（内阁大臣依照命令更改百分率的权力）。

第十六小节

第一分小节　本小节适用于第十五小节第四分小节第（b）项。

第二分小节　第一个价值重置期限为这样的期限：

（a）开始于延迟领取养老金者应计养老金工作年限结束前的当日；

（b）结束于评审日之前的当日。

第三分小节　第一个价值重置期限的价值重置金额：

（a）在上述期限少于 12 个月时为零；

（b）在其他情况下为，按规定方式确定的金额。

第四分小节　在本小节中，"延迟领取养老金者"和"养老金"可根据第十一小节进行解释。

第十七小节

第一分小节　本小节适用于第十五小节第四分小节第（c）项。

第二分小节　第二个价值重置期限为这样的期限：

（a）开始于评审期间；

（b）结束于延迟领取养老金者达到正常养老金领取者的某一天的前一天。

第三分小节　第二个价值重置期限的价值重置金额：

（a）在上述期限少于 12 个月时为零；

（b）在其他情况下，为下列指标总计金额与价值重置率之积：

（ⅰ）积累金额；

（ⅱ）第一个价值重置期限内价值重置金额（参见第十六小节）。

第四分小节　在第三分小节中，"价值重置百分率"指的是下列两个指标中较小的一个：

（a）在价值重置期间，按规定方式确定的大不列颠一般物价水平上涨率；

（b）最大价值重置率。

第五分小节　就第四分小节第（b）项而言，"最大价值重置率"与第二个价值重置期限有关，指的是：

（a）在价值重置期限为 12 个的月条件下，为 5%；

（b）在其他情况下，如果价值重置期限内大不列颠一般物价年度上涨水平为 5% 时，价值重置百分率为第四分小节第（a）项提及的百分率。

第六分小节　在本小节中，"延迟领取养老金者""积累金额"和"养老金"可根据第十五小节进行解释。

第十八小节

第一分小节　本小节在下列情况下适用：

（a）延迟领取养老金者在评审日当天或之后去世；

（b）养老金的多少，根据延迟领取养老金者应计养老金工作年限进行计算。

第二分小节　根据第四分小节，积极参保人的鳏寡配偶有权从积极参保人去世之日开始，领取定期补偿并延续至终身。

第三分小节　在某一时间定期补偿的年度金额为：

（a）当积极参保人在达到正常养老金领取年龄之后去世时，参保人在世时可以领取的定期补偿年度金额（包括第二十八小节提及的增长金额在内）的一半；

（b）当积极参保人在达到正常养老金领取年龄之前去世时，参保人在正常养老金领取年龄可以领取的定期补偿年度金额（包括第十一小节提及的增长金额在内）的一半，其前提条件为：

（ⅰ）参保人在去世前的实际年龄为正常养老金领取年龄；

（ⅱ）参保人在世。

第四分小节　延迟领取养老金者的鳏寡配偶在规定的情况下，没有权利获取本小节提及的补偿。

第五分小节　在本小节中，"延迟领取养老金者"和"养老金"可根据第十五小节加以解释。

第十九小节

第一分小节　当某人（根据许可性规则，某人已是延迟领取养老金者）在评审日前没有达到领取计划一次性支付总额（“计划一次性支付总额”）权益有关的正常养老金领取年龄时，根据本小节予以支付补偿。

第二分小节　如果积极参保人活到与计划一次性支付总额有关的正常养老金领取年龄，他有权在达到正常养老金领取年龄时获取本小节提及的补偿。

第三分小节　补偿额为一次性支付总额，其金额为受保障金额的 90%。

第四分小节　在第三分小节中，“受保障养老金额”指的是下列指标之和：

（a）积累金额；

（b）第一个价值重置期限内价值重置金额（参见第十六小节）；

（c）第二个价值重置期限内价值重置金额（参见第十七小节）。

第五分小节　在第四分小节中，“积累金额”指的是，当与一次性支付总额有关的应计养老金工作年限终止时，如果延迟领取养老金者的实际年龄为正常养老金领取年龄，其根据许可性规则，有权获取的计划一次性支付总额。

第六分小节　在第十六小节和第十七节中：

（a）把养老金视为计划一次性支付总额看待；

（b）“延迟领取养老金者”和“积累金额”被视为具有与本小节相同的含义时；

第十六小节和第十七小节适用于本小节。

第七分小节　当某人根据计划部分养老金的换算获取一次性支付总额时，本小节不适用于一次性支付总额。

第八分小节　本小节以下列小节为准：

（a）第二十六小节（补偿限额）。

（b）第三十小节（内阁大臣依照命令更改百分率的权力）。

第七节　与转移支付或缴费返还有关的补偿

第二十小节

第一分小节　在下列情况下，根据本小节予以支付补偿：

（a）某人应计养老金工作年限从评审期开始时终止；

（b）某人根据许可性规则拥有与下列有关的权益：

（ⅰ）根据其获取的待遇积累金额计算的转移支付；

（ⅱ）根据其或其代表所做的缴费金额计算的现金支付；

（c）《1993 年养老金计划法》（第四十八章）第四部分第五章（提前退休者：现金转移总额和缴费返还）不适用于他；

（d）某人不拥有相关待遇积累权益（符合《1993 年养老金计划法》第一百〇一 AA 条第四款的含义）。

第二分小节　上述某人有权以一次性支付总额的形式，获取与受保障转移支付或受保障缴费返还有关的补偿。

第三分小节　补偿金额为受保障转移支付金额或受保障缴费返还金额（取两个指标较大者）的 90%。

第四分小节　就第三分小节而言，根据在规定的情况下适用的许可性规则，对受保障转移支付金额或受保障缴费返还金额进行计算。

第五分小节　在根据第一百六十条发布的转移通知由计划受托人或经营管理者收到时，可以支付补偿。

第六分小节　本小节服从第三十小节（内阁大臣通过颁布命令变更百分率的权力）的规定。

第七分小节　当规章适用于某人根据本小节有权利获取补偿的情况时，规章可以修改第八小节、第十小节、第十一小节或第十四小节（向在评审日前已经是积极参保人的人员支付补偿）。

第八分小节　当规章适用于某人根据第八小节、第十小节、第十一小节或第十四小节有权利获取补偿的情况时，规章可以修改上述第一分小节到第六分小节的条款。

第八节　评审日没有达到正常养老金领取
年龄的抵免型养老金参保人

第二十一小节

第一分小节　当第十五小节、第十八小节和第十九小节在根据第二分小节进行修改后，适用于那些在评审日未达到正常养老金领取年龄的延迟领取养老金者时，上述小节适用于那些没有在评审日达到正常养老金领取年龄的计划抵免型养老金参保人。

第二分小节　修改如下：

（a）第十五小节第一分小节和第十五小节第二分小节提及的正常养

老金领取年龄，应理解为正常待遇领取年龄；

（b）用"积累金额"替换从第十五小节第四分小节"加总金额"到结尾的一段内容；

（c）用以下内容替换第十五小节第五分小节：

"**第五分小节**　第四分小节提及的'积累金额'指的是，延迟养老金领取者根据许可性规则，有权利在达到正常养老金领取年龄之时，领取与其抵免型养老金权益有关的养老金初始年度金额。"

（d）用以下内容替换第十八小节第一分小节第（b）项：

"（b）养老金（直接或间接）来源于延迟养老金领取者有权利根据《1999 年福利改革和养老金法》（第三十章）第二十九条第一款第（b）项获取的抵免型养老金。"

（e）第十九小节第一分小节和第二分小节提及的正常养老金领取年龄，应理解为正常待遇领取年龄；

（f）用"积累金额"替换从第十九小节第四分小节"加总金额"到该小节结束的内容；

（g）用以下内容替换第十九小节第五分小节：

"**第五分小节**　第四分小节'积累金额'指的是，延迟领取养老金参保人根据许可性规则，有权利在达到正常待遇领取年龄之时，领取与抵免型养老金权益有关的计划一次性支付总额"；

（h）第十九小节第六分小节不适用。

第九节　评审日没有满足领取计划待遇条件的遗属人员

第二十二小节

第一分小节　当：

（a）计划参保人在评审日之前已经去世；

（b）由于参保人去世和在计划规定的条件得到满足的情况下，向参保人的鳏寡配偶或其他人员（"遗属人员"）支付根据参保人应计养老金工作年限计算的养老金；

（c）遗属人员在评审日当天或之后初次满足上述条件时；

根据本小节的规定，予以支付补偿。

第二分小节　如果：

（a）且在按许可性规则予以支付养老金之时开始；

（b）并一直持续到许可性规则要求停止支付养老金权益之时；

遗属人员有权利获取与上述养老金（"养老金"）有关的定期补偿。

第三分小节　定期补偿的年度金额为下面指标之和总额的 100%：

（a）在第一分小节第（c）项提及的条件在评审日之前得到满足时，根据许可性规则予以支付的养老金初始金额；

（b）第二十八小节提及的增长（定期补偿年度增长额）。

第四分小节　本小节服从第三十小节的规定（内阁大臣颁布命令变更百分率的权力）。

第十节　以受抚养人员待遇形式支付的补偿

第二十三小节

第一分小节　规章在规定的情况下要求支付与下列人员有关的补偿：

（a）在评审日之前成为计划参保人并为特定人员的特定合伙人；

（b）特定人员的特定受抚养人员：

（ⅰ）为计划参保人或在评审日期前，按计划规则拥有应付参保人待遇权益；

（ⅱ）在评审日当天或之后（计划受托人或经营管理者收到第一百六十条提及的转移通知之前除外），有权根据计划规则获取待遇；

（ⅲ）已经有权利获取第二十二小节提及并与计划有关的补偿（遗属人员在评审日没有达到领取计划待遇的条件）。

第二分小节　规章可以具体：

（a）对定期补偿形式或一次性支付补偿形式加以规定；

（b）要求应在规定的期限内支付定期补偿；

（c）在定期支付补偿形式（修改或没有修改）下，运用第二十八小节和第二十九小节第二分小节（与定期补偿有关的年度增长）。

第十一节　定期补偿的换算

第二十四小节

第一分小节　根据第五小节、第八小节、第十一小节或第十五小节，有权利获取定期补偿的某人在规定的情形下，可以选择从定期补偿应付之时开始，把一部分定期补偿换算为一次性支付总额。

第二分小节　除规定的情形外，根据第一分小节换算的比例不超过 25%。

第三分小节　根据第二十六小节实施的削减（补偿限额），必须在按本小节确定某人的定期补偿换算金额之前完成。

第四分小节　当某人根据本小节选择换算其定期补偿的一部分时，第一分小节提及的一次性应付总额需要满足精算平衡。

第五分小节　理事会必须以其认为适宜的方式，出版其根据第四分小节设计的表格。

第六分小节　规章可以对本小节提及的定期补偿换算方法的实施方式做出规定。

第七分小节　在下列情况下本小节不适用：

（a）相关人员在评审日前，根据计划规则（仅仅为折算部分养老金的结果）以一次性支付总额的形式获取待遇，且待遇根据其应计养老金工作年限加以计算；

（b）当相关人员在评审日前根据许可性规则（仅仅通过折算部分养老金的方式）拥有一次性支付总额权益，且上述权益根据其应计养老金工作年限加以计算。

第八分小节　内阁大臣按照命令修改第二分小节，用不同的百分率替换第二分小节规定的现行百分率。

第十二节　补偿的提前支付

第二十五小节

第一分小节　规章可以规定某人获取以下类型补偿的情形和条件：

（a）第十一小节或第十五小节提及的定期补偿；

（b）或者，在其达到正常养老金领取年龄（或在第二十一小节适用的情况下为正常待遇领取年龄）以前，获取第十一小节或第十五小节提及的定期补偿。

第二分小节　当某人有权利按规章获取本小节提及的补偿时，理事会可以确定适用于补偿的精算削减额。

第三分小节　根据本小节，当向达到正常养老金领取年龄以前的上述某人支付定期补偿时：

（a）在积极参保人达到正常养老金领取年龄之日被视为根据本小节予以支付补偿的日期时，第十二小节第二分小节适用；

（b）在养老金延迟领取者达到正常养老金领取年龄之日被视为根据本小节予以支付补偿的日期时，第十七小节第二分小节第（b）项适用。

第十三节　补偿上限

第二十六小节

第一分小节　当：

（a）某人有权利获取与计划提供的待遇（"A 类待遇"）有关的补偿时；

（b）第二分小节第（a）项或第二分小节第（b）项适用时；

必须根据第三分小节对补偿金额加以限制。

第二分小节　就第一分小节而言：

（a）如果：

（ⅰ）A 类待遇的年金化价值超过补偿限额；

（ⅱ）第（b）小节第（ⅰ）分小节不适用时；

本小节适用；

（b）如果：

（ⅰ）在某人有权利获取与 A 类待遇有关的相关补偿的同时，他也有权利获取与计划或相联系的职业养老金计划提供的一种或多种待遇（"B 类待遇"）有关的相关补偿；

（ⅱ）A 类待遇和 B 类待遇年金化价值之和超过补偿限额时；

本小节适用。

第三分小节　当根据本分小节必须对与 A 类待遇有关的相关补偿加以限制时：

（a）如果相关补偿符合第四分小节第（a）项的含义，根据第三小节第三分小节第（a）项确定的受保障养老金额为根据第三小节第五分小节确定金额的限额比例；

（b）如果相关补偿符合第四分小节第（b）项的含义，根据第十一小节第三分小节第（a）项确定的受保障养老金额为根据第十一小节第四分小节确定金额的限额比例；

（c）如果相关补偿符合第四分小节第（c）项的含义，根据第十四小节第三分小节确定的受保障养老金额为根据第十一小节第四分小节确定的限额比例；

（d）如果相关补偿符合第四分小节第（d）项的含义，根据第十五小节第三分小节第（a）项确定的受保障养老金额，为根据第十五小节第四分小节确定的限额比例；

（e）如果相关补偿符合第四分小节第（e）项的含义，根据第十九小节第三分小节确定的受保障养老金额，为根据第十九小节第四分小节确定的限额比例。

第四分小节　就本小节而言，"相关补偿"指的是：

（a）第三小节提及的定期补偿（在第三小节第七分小节适用的情况下）；

（b）第十一小节提及的定期补偿；

（c）第十四小节提及的补偿；

（d）第十五小节提及的定期补偿；

（e）第十九小节提及的补偿。

第五分小节　就本小节而言，"限额分数"指的是：

$$C/V$$

当：

C 为补偿限额；

V 为 A 类待遇的年金价值，或在第二分小节第（b）项适用的情况下，A 类待遇和 B 类待遇年金化价值之和。

第六分小节　就本小节而言，待遇的"年金化价值"与某人有权利获取相关补偿有关，指的是：

（a）如果相关补偿符合第四分小节第（a）项的含义且下面第（b）项或第（c）项均不适用，年金化价值为根据第三小节第三分小节第（a）项确定的受保障养老金额；

（b）如果相关补偿符合第四分小节第（a）项的含义且与换算为一次性支付总额的部分养老金有关，年金化价值为在没有对上述部分养老金加以换算的条件下，获取的受保障养老金额；

（c）如果相关补偿符合第四分小节第（a）项的含义且某人有权利在其获取与相关补偿有关的养老金的同时获取相关一次性支付总额时，年金化价值为下列指标之和：

（ⅰ）根据第三小节第三分小节第（a）项确定的受保障养老金额；

（ⅱ）相关一次性支付总额的年金化价值；

（d）如果相关补偿符合第四分小节第（b）项的含义，年金化价值为根据第十一小节第三分小节第（a）项确定的受保障养老金额；

（e）如果相关补偿符合第四分小节第（c）项的含义，年金化价值为根据第十四小节第三分小节第（a）项确定的受保障养老金的年金化价值；

（f）如果相关补偿符合第三分小节第（d）项的含义，年金化价值为根据第十五小节第三分小节第（a）项确定的受保障养老金的年金化价值；

（g）如果相关补偿符合第四分小节第（e）项的含义，年金化价值为根据第十九小节第三分小节第（a）项确定的受保障养老金的年金化价值；

且就确定待遇年金化价值而言，对根据本小节要求的削减不予考虑。

第七分小节　在本小节中：

一次性支付总额或养老金额的"年金化价值"指的是，根据理事会发布的精算因子确定的一次性支付总额或款项的精算年金价值；

"补偿限额"与有权利获取 A 型待遇的相关补偿的人员有关，指的是：

（a）内阁大臣按命令确定的金额；

（b）当某人：

（ⅰ）没有达到 65 岁时；

（ⅱ）已经达到 65 岁时，

此时他初次有权利获取的补偿金额（获取的补偿金额可由理事会根据其发布的精算调整因子加以调整）；

就本小节而言，除规定的情况外，如果同一人员是或过去是与两个计划有关的雇主，那么该计划与另一个职业养老金计划有关。

第八分小节　就第六分小节第（c）项而言，计划一次性支付总额在下列条件下为相关的一次性支付总额：

（a）某人拥有的一次性支付总额权益，按其应计养老金工作年限计算；

（b）某人拥有的一次性支付总额权益，不是根据制定提前支付疾病养老金有关特殊条款的计划许可性规则产生。

第九分小节　当某人有权利获取与待遇有关的相关补偿和他以前：

（a）有权利拥有计划或相关职业养老金计划提供的待遇有关的相关

补偿；

（b）有权利拥有计划或相关职业养老金计划提供的一次性支付总额或多次一次性支付总额有关的相关补偿；

规章可以要求本小节在按规定的修改后适用。

第十分小节　规章可以根据本小节规定不予考虑的总额。

第十四节　根据收入提高补偿限额

第二十七小节

第一分小节　在税收年度实施《1992 年社会保障管理法》（第五章）第一百四十八条第二款（对在大不列颠获取的一般收入水平进行评价）提及的评价下，当内阁大臣认定大不列颠一般收入水平（"新收入水平"）超过第（a）项提及的期限结束之时或第（b）项确定的日期（情况允许）取得的一般收入水平时，本小节适用。

第二分小节　内阁大臣必须根据第二十六小节第七分小节颁布命令，根据第七分小节规定的款项金额，按新收入水平高于原收入水平的百分率进行增加有效。

第三分小节　命令必须规定，补偿增加从与评价相关的税收年度末期的下一个 3 月 1 日起开始生效。

第十五节　定期补偿的年度增加额

第二十八小节

第一分小节　本小节对第三小节第三分小节第（b）项、第五小节、第八小节、第十一小节、第十五小节和第二十二小节提及的增加额做出规定。

第二分小节　当某人根据上述小节有权利获取定期补偿时，他在指数化日有权利根据本小节提高：

（a）指数化日之前的基础金额；

（b）某人有权利每月获取上述基础金额的十二分之一（当某人初次有权利在指数化日前 12 个月内获取定期补偿时）。

第三分小节　在第二分小节中：

"适宜百分率"指的是下列两个数字较小的一个：

（a）12 个月零售物价指数上涨百分率；

在指数化日期前：

（b）2.5%；

"指数化日期"指的是：

（a）在某人开始有资格获取定期补偿后的下一个 1 月 1 日；

（b）某人终身的每一个 1 月 1 日；

"基本金额"在第一分小节提及的各小节规定的定期补偿情况下，指的是下列指标之和：

（a）由上述各小节第三分小节第（a）项提及并根据 1997 年之后应计养老金工作年限计算的金额；

（b）由上述各小节第三分小节第（b）项提及的指数化日以前的金额。

第四分小节　当第二十六小节第三分小节（补偿限额）对第一分小节提及各小节提及的定期补偿金加以限制时，第三分小节第（a）项提及的金额在第二十六小节第三分小节不适用的情况下，其来源于 1997 年前后工作年限的比例不变。

第五分小节　根据第二十四小节已经对按第一分小节提及的各小节确定的一部分定期补偿进行折算时；

（a）就第二分小节而言，当第二十四小节第三分小节第（a）项提及的金额定义在第（a）小节中的含义被视为以折算的百分率减少的金额时，第三分小节"基本金额"的定义适用；

（b）上述金额（削减后金额）来源于 1997 年以后的应计工作年限和 1997 年以前的应计工作年限的比例，在定期补偿折算不变的情况下保持不变。

第六分小节　在本小节中：

"1997 年以后的应计工作年限"指的是：

（a）符合第三十六小节第四分小节第（a）项含义的应计养老金工作年限并发生在 1997 年 4 月 6 日以后；

（b）符合第三十六小节第四分小节第（b）项含义的应计养老金工作年限并符合规定的要求。

"1997 年以前的应计工作年限"指的是：

（a）符合第三十六小节第四分小节第（a）项含义的应计养老金工作年限并发生在 1997 年 4 月 6 日以前；

（b）符合第三十六小节第四分小节第（b）项含义的应计养老金工作年限并符合规定的要求；

"折算百分率"与定期补偿有关，指的是根据第二十四小节进行折算补偿的百分率。

第七分小节　但在本小节中，"1997 年以后的应计工作年限"和"1997 年以前的应计工作年限"与相关抵免型养老金有关，具有既定的含义。

第八分小节　在第七分小节中，"相关抵免型养老金额"指的是，下面各小节第三分小节第（a）项提及并（直接或间接）来源于抵免型养老金的金额：

（a）第三小节；

（b）第五小节；

（c）第十五小节（当第十五小节根据第二十一小节适用时）。

第九分小节　本小节以第二十九小节（理事会修改价值重置率和指数化的权力）为准。

第十六节　理事会修改价值重置率和指数化的权力

第二十九小节

第一分小节　理事会根据第十二小节第四分小节和第十七小节第四分小节，确定一个成为最大价值重置率的百分率，且当理事会如上述的要求行动时，第十二小节第五分小节和第十七小节第五分小节不适用。

第二分小节　理事会根据第二十八小节，确定一个适宜的百分率（且当理事会如上述的要求行动时，第二十八小节第三分小节"适宜百分率"的定义不适用）。

第三分小节　就第一分小节而言，理事会在提出建议以前必须：

（a）向其认为适宜的人员进行咨询；

（b）以其认为适宜的方式出版其建议的具体内容，并对与建议有关的阐述内容加以研究。

第四分小节　根据本小节确定的比率可以为零。

第五分小节　本小节提及的裁决可以予以发布，以在有限期限内有效。

第六分小节　第二分小节提及的决定：

（a）仅在第二十八小节提及的未来增长情况下有效；

（b）发布旨在以下情况下有效：

（ⅰ）在所有情况下（不管是在做出裁决的日期之前还是之后开始产生定期补偿权益）；

（ⅱ）仅在理事会做出裁决日当天或之后产生定期补偿权益的情况下。

第七分小节　本小节提及的裁决通知书必须以理事会认为适宜的方式出版。

第十七节　内阁大臣变更补偿支付百分率的权力

第三十小节

第一分小节　内阁大臣在理事会的建议下按照命令规定，第二分小节提及的所有条款在本法条款规定的百分率（"原有百分率"）视为由不同的百分率加以替换的条件下有效。

第二分小节　上述条款为本附录第三小节第四分小节第（a）项、第三小节第四分小节第（b）项、第五小节第三分小节、第七小节第二分小节、第八小节第三分小节、第十小节第二分小节、第十一小节第三分小节、第十四小节第三分小节、第十五小节第三分小节、第十九小节第三分小节、第二十小节第三分小节和第二十二小节第三分小节（用于计算定期补偿权益或一次性支付总额权益的百分率）。

第三分小节　根据第四分小节，第一分小节提及的命令，仅仅在理事会实施以下行为的期间内有效：

（a）根据第十二小节第四分小节、第十七小节第四分小节把适宜百分率削减至零；

（b）根据第二十八小节在所有情况下把适宜百分率削减至零。

第四分小节　第三分小节不会阻止第一分小节提及的命令有效，命令规定第三小节第四分小节第（a）项、第十一小节第三分小节、第十四小节第三分小节、第十五小节第三分小节、第十九小节第三分小节和第二十小节第三分小节在原有百分率被视为由一个更高的百分率替换的情况下有效。

第五分小节　就第一分小节而言，理事会在提出建议以前必须：

（a）向它认为适宜的人员进行咨询；

（b）以它认为适宜的方式出版其建议的具体内容，并对与建议有关的阐述内容加以研究。

第六分小节 根据第三分小节，本小节提及的命令在下列条件下有效：

（a）在命令规定的期限内；

（b）与下列情况有关时：

（ⅰ）在命令规定的日期之后进行所有补偿支付（无论是在规定日期之前还是之后）；

（ⅱ）仅仅与某人在上述日期之后开始拥有的补偿支付有关。

第七分小节 根据第六分小节第（b）项第（ⅰ）小节或第六分小节第（b）项第（ⅰ）小节规定的日期，不应早于命令规定的日期。

第十八节 与评审日前支付某种养老金有关的特殊条款

第三十一小节

第一分小节 本小节授予的权力的履行与下列事件有关：

（a）某人（"养老金领取者"）在评审日之前根据许可性规则，有权利立即领取养老金（"评审日前养老金"），但

（b）不予考虑第三十五小节第二分小节第（a）项和第（b）项规则的影响，为养老金领取者没有权利拥有第三小节第二分小节提及并与养老金或部分养老金有关的补偿。

第二分小节 规章可以规定：

（a）根据养老金补偿条款，养老金领取者根据许可性规则，在评审日期前有权利立即领取养老金；

（b）按第三小节应予支付与养老金有关的补偿，以规定的方式加以确定，并对本附录进行规定修改后加以使用。

第三分小节 在下列情况下：

（a）养老金领取者不应视为有权利根据第二分小节提及的规章立即领取养老金；

（b）但是，养老金领取者有权利拥有与仅在第三小节提及的评审日前养老金有关的补偿时；

规章也可以制定条款，规定对本附录进行规定的修改后加以使用本附录。

第十九节　结束于评审期开始之时的短期工作年限

第三十二小节

第一分小节　在下列条件下，本小节适用于许多养老金计划：

（a）某人应计养老金工作年限在评审期间开始之时结束；

（b）相应地，某人拥有根据《1993 年养老金计划法》（第四十八章）第四部分第五章（提前退休者：现金转移支付总额和缴费返还）确定的计划养老金权益。

第二分小节　当本小节适用时，就本附录而言，参保人在评审期前可视为其：

（a）拥有计划提供的相关养老金积累权益（符合《1993 年养老金计划法》第一百○一 AA 条第四款的含义）；

（b）不拥有计划提供的其他养老金权益（直接或间接来源于抵免型养老金除外）。

第二十节　修改附录以适用于某种计划的权力

第三十三小节　当计划为指定型计划或指定特征型计划时，本附录在进行规定修改后适用。

第二十一节　正常养老金领取年龄

第三十四小节

第一分小节　在本附录中，"正常养老金领取年龄"与计划和拥有计划养老金或一次性支付总额有关，指的是根据许可性规则，对支付的养老金或一次性支付总额不做精算调整的最早年龄（根据许可性规则对疾病或其他原因提前支付待遇制定的特定条款，则不予考虑在内）。

第二分小节　当根据不同部分养老金或一次性支付总额规定不同领取年龄时：

（a）在各个不同部分被视为不同养老金或一次性支付总额（情况允许时）的条件下，本附录有效；

（b）在正常养老金年龄获取的一部分养老金或一次性支付总额，可以理解为许可性规则规定的年龄，对支付的养老金或一次性支付总额不做精算调整的最早年龄（根据许可性规则对疾病或其他原因提前支付待遇而制定的特定条款，则不予考虑在内）。

第三分小节　在理事会确信不可能对计划许可性规则确定的正常养老金领取年龄加以确认的情况下，理事会在研究上述规则后，决定如何确定正常养老金领取年龄。

第二十二节　计划规则和许可性规则等

第三十五小节

第一分小节　在本附录中，以下词汇与计划有关，它们具有的含义由本小节给出：

"许可性规则"；

"近期规则变化"；

"近期自主性增长"。

第二分小节　"许可性规则"指的是忽略下列情况的计划规则：

（a）在第三分小节适用的情形下，近期规则发生的变化；

（b）已付诸实施且与计划关闭或相关事件相关的计划规则。

第三分小节　如果在计算计划相关时间的受保障负债时已经考虑计划规则最近的变化和自主性增长，上述规则变化和自主性增长的综合影响为上述受保障负债比所有变化和增长不被考虑情况下的受保障负债更高，此时本分小节适用。

第四分小节　在第三分小节中，"相关时间"指的是开始于评审日的评审期以前的时间。

第五分小节　根据第六分小节，"最新规则变化"指的是：

（a）在结束于评审日的 3 年内生效或上述期间实施的计划规则变化和在更早时间已经生效的计划规则变化；

（b）已实施并与下列事件有关的计划规则变化：

（i）与雇主或相关事件有关的破产事件；

（ii）与一家正常持续经营企业的雇主的未来有关的指定型事件。

第六分小节　"最新规则变化"不包括：

（a）由于《1989 年社会保障法》（第二十四章）附录五第三小节、《1993 年养老金计划法》（第四十八章）第一百二十九条、《1995 年养老金法》（第二十六章）第一百一十七条、《1999 年福利改革和养老金法》（第三十章）第三十一条第四款或本法第三百〇六条（否决性条件）产生的计划规则或计划规则变化；

（b）成文法或必须符合成文法的计划规则或计划规则变化；

（c）已经实施且与计划关闭或相关事件有关的计划规则或计划规则变化；

（d）具有特定内容的计划规则或计划规则变化。

第七分小节　"最新自主性增长"指的是根据第五分小节第（a）项提及的期限内已经生效的计划规则，养老金支付额或延迟领取的养老金金额的增长。

第八分小节　就第七分小节而言，养老金支付增长金额或养老金延迟支付增长金额（"相关增长"）不予以考虑，以至于上述增长金额不会超过：

（a）养老金根据以下规则或条款必须增加的金额：

（i）许可性规则；

（ii）《1993年养老金计划法》第十三条第一款和第一百〇九条（指数化和支付最低保障性养老金的条件）；

（b）适宜百分率与上述养老金之积（如果更大的话）。

第九分小节　就第八分小节第（a）项而言，在由计划受托人或经营管理者自主决定的养老金没有增长的情况下，按照许可性规则的要求，雇主或其他人员自主决定的养老金被视为得到增长。

第十分小节　就第八分小节第（b）项而言，"适宜百分率"是在下列时间内的大不列颠一般物价水平增长率：

（a）开始于养老金最近增长之时，或如果没有上次增长的情况下开始支付养老金的时间（或除延迟领取外应予支付养老金）；

（b）结束于实现相关增长的时间。

第二十三节　养老金权益增长率、应计养老金
工作年限和应计养老金工作收入

第三十六小节

第一分小节　在本附录中，下列词语与参保人获取的计划待遇权益有关，其含义由本小节给出：

"积累率"；

"应计养老金工作收入"；

"应计养老金工作年限"。

第二分小节　"积累率"指的是在规则许可下，待遇随计算养老金的工作期限的增加而实现的增长率。

第三分小节　"应计养老金收入"指的是根据许可规则计算养老金待遇使用的收入。

第四分小节　根据第五分小节，"获取养老金的工作年限"指的是：

（a）实际工作年限，该工作年限符合计划适用的就业含义，并让参保人有权利领取计划提供的待遇；

（b）许可性规则许可并与参保人有关的名义工作年限，该工作年限让参保人有权利领取计划提供的待遇。

第五分小节　第四分小节第（b）项提到的工作年限不包括：

（a）（直接或间接）用于计算抵免型养老金的工作年限；

（b）具有法定内容的工作年限。

第二十四节　其他定义

第三十七小节

第一分小节　在本附录中：

"延迟领取养老金者"与计划有关，指的是在许可性规则下，拥有应计养老金权益的人员，而以下两类人除外：

（a）积极参保人；

（b）与应计养老金工作年限有关，并有权利立即获取养老金或其他待遇支付的人；

"正常待遇领取年龄"，与计划和拥有（直接或间接）来源于抵免型养老金的计划养老金或一次性支付总额权益的人员有关，指的是根据许可规则，对支付的养老金或一次性支付总额不做精算调整的最早年龄（制定与疾病或其他原因提前支付待遇有关的特殊条款所依据的计划规则，则不予考虑在内）；

"抵免型养老金计划参保人"与计划有关，指的是拥有（直接或间接）来源于抵免型养老金的计划权益的人员；

"抵免型养老金权益"与计划有关，指的是（直接或间接）来源于抵免型养老金的未来待遇权益；

"零售物价指数"指的是：

（a）由国家统计局发布的一般零售物价指数（包含所有商品在内）；

（b）当上述一般零售物价指数在一个月内没有发布时，由国家统计局发布的替代性指数或数字；

"养老金计划"可以根据第一小节进行解释。

第二分小节 就本附录而言，计划参保人在任意时间积累权益指的是根据计划许可规则，在上述时间参保人或与参保人有关的未来养老金权益[（直接或间接）来源于抵免型养老金的权益除外]。

第三分小节 在本附录中，在计划许可性规则下养老金或一次性支付总额或上述两者权益，不包括属于货币购买型待遇的养老金或一次性支付总额或上述两者权益。

第四分小节 在本附录中，"疾病"可以根据本小节制定的相关规章进行解释。

附录八 理事会拥有的限制性信息：便于履行职能的某种许可性信息披露（第二百条）

披露主体	职能
内阁大臣	由以下条款提及的职能： （a）《1985 年公司法》（第六章）第十四部分； （b）《1986 年破产法》（第四十五章）； （c）《1989 年公司法》（第四十章）第三部分； （d）《1991 年出口和投资担保法》（第六十七章）第一部分（第五条和第六条除外）； （e）《1993 年养老金计划法》（第四十八章）第三部分； （f）《1997 年警察法》（第五十章）第五部分； （g）《2000 年金融服务和市场法》（第八章）； （h）本法； 以及与海外政府部门和机构展开刑事问题合作的职能

续表

英格兰银行	所有职能
金融服务管理局	由以下条款提及的职能： （a）与互助会有关的法规； （b）《1986 年住宅互助合作社法》（第五十三章）； （c）《2000 年金融服务和市场法》
慈善事务专员	《1993 年慈善法》（第十章）提及的职能
养老金监管局裁判所	所有职能
养老金督察官	由以下条款提及的职能： （a）《1993 年养老金法》； （b）《1993 年养老金计划法（北爱尔兰）》（第四十九章）
养老保障基金理事会督察官	所有职能
总审计长	所有职能
威尔士总审计长	所有职能
苏格兰总审计长	所有职能
北爱尔兰总审计长	所有职能
税务局局长或下属官员	由下列条款提及的职能： （a）《1988 年收入和企业所得税法》（第一章）； （b）《1992 年资本收益税法》（第十二章）； （c）《1993 年养老金计划法》（第四十八章）第三部分； （d）《1993 年养老金计划法（北爱尔兰）》（第四十九章）第三部分； （e）《2003 年所得税（收益和养老金）法》（第一章）
海关关长	所有成文法提及的职能
官方接收机构或北爱尔兰官方接收机构	与破产有关的成文法提及的职能
内阁大臣任命的检察官	《1985 年公司法》（第六章）第十四部分提及的职能
由下列条款授予履行职权的人员： （a）《1985 年公司法》第四百四十七条； （b）《1986 年公司法（北爱尔兰）》第四百四十条 [S. I. 1986/1032（N. I. 6）]； （c）《1989 年公司法》（第四十章）第八十四条	上述有关条款提及的职能

续表

由下列条款任命的人员实施调查： （a）《2000 年金融服务和市场法》（第八章）第一百六十七条； （b）《2000 年金融服务和市场法》（第八章）第一百六十八条第三款或第五款； （c）《2000 年金融服务和市场法》（第八章）第二百八十四条；	
由《2000 年金融服务和市场法》（第八章）第三百二十六条第一款委托的机构	第三百二十六条第一款委托的机构具有的职能
一家公认的投资交易或清算机构〔《2000 年金融服务和市场法》（第八章）第二百八十五条确定的机构〕	《2000 年金融服务和市场法》认可的交易或清算机构具有的职能
根据《2000 年金融服务和市场法》第二百二十一条第一款建立的机构法人	根据《2000 年金融服务和市场法》第二百一十三条建立的金融服务补偿计划提及的职能
并购委员会	并购委员会发布的重大股份并购规则和《城市并购法》提及的职能
通用保险标准委员会	有关保险销售、咨询和服务标准的规制职能
一家公认的专业机构〔符合《1986 年破产法》第三百九十一条含义的机构（第四十五章）〕	《1986 年破产法》规定的机构应具有的职能
根据《2002 年犯罪收益追缴法》（第二十九章）第二部分、第三部分或第四部分授予履行职能的人员	《2002 年犯罪收益追缴法》授予的职能
根据《2002 年反欺诈和安全管理机构条例》（建立和构成）（S. I. 2002/3039）建立的反欺诈和安全管理机构	所有职能
北爱尔兰企业、贸易和投资部	由以下条款提及的职能： （a）《1986 年公司法（北爱尔兰）》第十五部分〔S. I. 1986/1032（N. I. 6）〕； （b）《1989 年破产法（北爱尔兰）》〔S. I. 1989/2405（N. I. 19）〕； （c）《1990 年公司法（北爱尔兰）》第二部分〔S. I. 1990/1504（N. I. 10）〕；
北爱尔兰社会发展部	《1993 年养老金计划法（北爱尔兰）》第三部分提及的职能

续表

北爱尔兰企业、贸易和投资部任命的检察官	《1986 年公司法（北爱尔兰）》第十五部分提及的职能
符合《1989 年破产法（北爱尔兰）》第三百五十条含义的一家公认的专业机构	专业机构根据《1989 年破产法（北爱尔兰）》履行其应有的职能
英国博彩委员会	由以下条款提及的职能： （a）《1968 年博彩法》（第六十五章）； （b）《1976 年彩票和娱乐法》（第三十二章）

附录九　可审查事项（第二百〇六条）

第一小节　根据第一百二十三条发布一项裁决通知，批准按第一百二十二条发布的通知。

第二小节　未按第一百二十三条发布一项裁决通知。

第三小节　理事会根据第一百二十四条发布或没有发布第一百二十二条提及的通知。

第四小节　没有发布或发布下列通知：

（a）第一百三十条第二款（已不可能进行计划救援）提及的计划经营失败通知；

（b）第一百三十条第三款（已经进行计划救援）提及的计划撤销通知。

第五小节　第一百三十四条第二款提及的指令（在评审期间发布的指令）或根据第一百三十四条第四款变更或取消指令。

第六小节　发布第一百三十六条第二款（确认第一百三十五条违法行为的权力）提及的通知。

第七小节　根据第一百三十九条第二款进行的贷款（支付计划待遇而进行的贷款）、贷款金额或没有实施贷款。

第八小节　理事会没有第一百四十四条第二款提及的获取一份精算价值评估报告。

第九小节　根据第一百四十四条第二款，批准或没有批准与合格计划有关的价值评估报告。

第十小节 根据以下条款发布或没有发布撤销通知：

（a）第一百四十六条（养老金计划变为合格计划）；

（b）第一百四十七条（建立新计划，替代现有计划）。

第十一小节 发布或未发布第一百四十八条（破产事件没有发生或不可能发生）提及的撤销通知。

第十二小节 发布或未发布第一百五十二条第三款（当计划资产价值低于计划负债总额时）提及的裁决通知。

第十三小节 发布或未发布第一百五十三条第六款（批准继续作为关闭计划存在）提及的裁决通知。

第十四小节 根据第一百五十四条第七款（关闭资产足于支付受保障负债的计划的指令）发布的指令和变更或取消上述指令。

第十五小节 理事会没有发布第一百六十条提及的转移通知。

第十六小节 理事会根据养老金补偿条款，发布一项裁定某人有权获取补偿的裁决通知或没有做出裁决。

第十七小节 理事会没有实施第一百六十三条第四款第（b）项（当理事会为计划承担责任时，调整支付金额）要求的支付。

第十八小节 理事会根据第一百八十一条第三款第（a）项（与征收初次收费或养老金保障收费有关的合格计划），发布裁决通知或没有做出裁决。

第十九小节 理事会根据第一百八十一条第三款第（b）项确定与合格计划有关的初次收费或养老金保障收费金额。

第二十小节 根据第一百八十二条第一款，进行欺诈补偿支付、欺诈补偿支付金额或没有进行欺诈补偿支付。

第二十一小节 没有发布或发布第一百八十三条第二款（当计划不是合格计划时，没有进行或不可不进行计划救援）提及的通知。

第二十二小节 理事会根据第一百八十四条第二款（价值重置）确定评审日期或没有根据第一百八十四条第二款确定清算日期。

第二十三小节 理事会根据第一百八十四条第四款（价值重置：无论是作为还是不作为得到的价值金额），进行裁决或没有做出裁决。

第二十四小节 根据第一百八十六条第一款（临时支付），进行支付、支付金额或没有进行支付。

第二十五小节 理事会根据：

（a）第一百八十五条第二款，制定欺诈支付补偿支付的条款或条件；

（b）第一百八十六条第四款（临时支付），制定本条第一款提及的支付条款或支付条件。

第二十六小节　理事会根据第一百八十六条第三款第（b）项（临时性支付）做出有关超额支付的裁决。

第二十七小节　理事会根据第一百八十七条第四款（进行欺诈补偿转移支付的最早日期）确定日期。

第二十八小节　理事会根据第一百八十七条第六款（欺诈补偿转移支付：无论因作为还是因不作为得到支付）做出裁决。

第二十九小节　理事会根据第一百八十九条第七款第（a）项（与征收欺诈补偿收费有关的职业养老金计划），做出裁决或没有做出裁决。

第三十小节　理事会根据第一百八十九条第七款第（b）项，确定与职业养老金计划有关的应付欺诈补偿收费金额。

附录十　提供和使用信息：私人养老金政策和退休计划（第二百三十六条）

第一节　内阁大臣等持有信息的使用

第一小节

第一分小节　对《1998 年社会保障法》（第十四章）第三条（信息的使用）做如下修改。

第二分小节　从第三条第一款"社会保障"到"培训"一段内容用"下述第一 A 款确定的事项"加以替代。

第三分小节　在第一款之后插入：

"**第一 A 款**　上述事项为：

（a）社会保障、儿童扶助或战争抚养金；

（b）就业或培训；

（c）私人养老金政策；

（d）退休计划。"

第四分小节　在第二款第（a）项中，从"社会保障"到"培训"一段内容用"上述第一 A 款确定的事项"加以替代。

第五分小节 在第四款之后插入：

"**第五分小节** 在本条中：

'私人养老金政策'指的是与职业养老金计划或个人养老金计划（符合《1993 年养老金计划法》第一条的含义）有关的政策；

'退休计划'指的是实施的退休财务计划。"

第二节　税务管理机构持有信息的提供

第二小节

第一分小节 本小节适用于：

（a）税务局长拥有的信息；

（b）向税务局长提供服务的个人拥有并与上述服务提供有关的信息；

（c）海关关长拥有的信息；

（d）向海关关长提供服务的个人拥有并与上述服务提供有关的信息。

第二分小节 本小节适用于向下列机构提供的信息，以便履行与私人养老金政策或退休计划有关的职能：

（a）内阁大臣或北爱尔兰部；

（b）向内阁大臣或北爱尔兰部提供服务的个人。

第三分小节 在本小节中：

"私人养老金政策"指的是与职业养老金计划或个人养老金计划有关的政策；

"退休计划"指的是实施的退休财务计划；

"北爱尔兰部"指的是北爱尔兰社会发展部。

第三节　有关住房福利待遇和地方税收福利待遇信息的提供

第三小节

第一分小节 对《1992 年社会保障管理法》（第五章）第一百二十二 D 条（主管住房福利待遇或地方税收福利待遇的有关机构对信息的提供）做如下修改。

第二分小节 第一款"或就业或培训"用"就业或培训、私人养老金政策或退休计划"加以替代。

第三分小节 在第二款后插入：

"**第二 A 款** 把根据第二款提供的信息运用于私人养老金政策或退休

计划。"

第四分小节　在第五款之后插入：

"**第六分小节**　在本条中：

'私人养老金政策'指的是与职业养老金计划或个人养老金计划（符合《1993 年养老金计划法》第一条给出的含义）有关的政策；

'退休计划'指的是退休财务计划。"

附录十一　退休养老金和共享附加型养老金(第二百九十七条)

第一章　对《1992 年社会保障缴费和福利法》(第四章)的主要修改

第一小节　本附录本部分"主法"指的是《1992 年社会保障缴费和福利法》。

第二小节　对主法附录五（当延迟领取养老金权益时增加养老金）做如下修改。

第三小节　用"当延迟领取退休养老金时，获取的养老金增加额或一次性支付总额"加以替换标题。

第四小节　在第一小节之前插入：

"当延迟领取养老金时，在增加养老金和一次性支付总额之间进行选择：

第 A1 小节

第一分小节　个人在延迟领取 A 类或 B 类退休养老金且延迟期限在 12 个月以内，申请领取养老金或在提出申请养老金之后的一个法定期限内，可以在下述法定方式之间进行选择：

（a）第一小节（养老金增加权益）适用于延迟期限；

（b）第三 A 小节（一次性支付总额权益）适用于延迟期限。

第二分小节　如果个人没有在第一分小节提及的规定期限内做出第一分小节提及的选择，那么该人被视为已经做出第一分小节第（b）项提及的选择。

第三分小节　规章：

（a）能使做出第一分小节提及的选择的某人（包括根据第二分小节视为做出选择的某人）在规定条件得到满足的情况下，在规定的期限内以规定的方式改变选择；

（b）如果规定的条件能使某人在延迟领取期限内，根据第二小节获取养老金增加额后做出第一分小节第（b）项提及的选择，就避免重复支付而言，规章可以：

（ⅰ）在规定的期限内和以规定的方式，能够追回根据规章确定并由某人领取的款项；

（ⅱ）把根据规章确定的款项，视为按某人根据第四小节获取的款项的金额进行支付。

第四分小节　当A类或B类退休养老金包括第五小节到第六小节提及的增长金额时，第一分小节提及的选择不适用于构成上述增长金额的大部分养老金（与第一小节、第二小节或第二A小节赋予某人在延迟期限后增长有关的养老金增长金额）。"

第五小节　用以下内容替换第一小节（养老金领取者延迟领取养老金时，其养老金权益增加）：

"**第一小节**

第一分小节　当某人延迟领取A类或B类养老金和下面条件得到满足时，本小节适用：

（a）延迟领取期限少于12个月；

（b）或者，某人已经根据与延迟期限有关的第一A小节第一分小节第（a）项做出选择时。

第二分小节　某人获取的A类或B类养老金增加额，等于其根据第二小节获取的养老金增加总额，但只有在上述增加金额足以使养老金至少提高1%时，上述情况才会出现。"

第六小节

第一分小节　在第二小节（增加额的计算）第五分小节第（b）项中，用"第八十三条或"替换"第八十三A条或"。

第二分小节　与2010年4月6日以前结束的积累期（符合本小节修正的主法附录五的含义）有关，主法第八十三A条在附录五第三B小节第一分小节第（b）项中的含义，可以理解为主法第八十三条或第八十四条。

第七小节　在第二小节之后插入：

"**第二 A 小节**

第一分小节　本小节适用于下列情形：

（a）某人延迟领取 A 类或 B 类退休养老金；

（b）养老金包括第五小节到第六小节提及的养老金增长；

（c）某人已经做出（被视为做出）第一 A 小节第一分小节第（b）项提及并与延迟领取养老金有关的选择。

第二分小节　某人 A 类或 B 类退休养老金金额的增加额，将等于其根据第三分小节有资格获取的增加总额。

第三分小节　就某人延迟期内的整个增长期而言，如果某人没有延迟领取 A 类或 B 类退休养老金，养老金增加金额为其根据第五小节到第六小节领取每周养老金增长金额的 0.2% 。"

第八小节

第一分小节　在第三小节之后插入：

"当延迟领取养老金时一次性支付总额

第三 A 小节

第一分小节　本小节适用于下列情形：

（a）某人延迟领取 A 类或 B 类退休养老金；

（b）某人根据第一 A 小节第一分小节第（b）项已经做出（被视为做出）与延迟领取期有关的选择。

第二分小节　某人可以领取根据第三 B 小节计算的养老金（'一次性支付总额'）。

一次性支付总额

第三 B 小节

第一分小节　一次性支付总额为在延迟领取期限内，开始的最后积累期获取的养老金增加额。

第二分小节　在本小节中：

'积累金额'指的是根据第三分小节计算的金额；

'积累期间'指的是开始于一周之内的某一天（该天处于延迟领取期限内）的七天期限。

第三分小节　某人在积累期间实现的养老金积累金额为：

$$(A + P) \times 52(1 + R/100)$$

当：

A 是在上一个积累期限实现的积累金额（或当开始于延迟领取期间的第一个积累期间时，为零）；

P 是如果某人没有延迟领取，某人可以在积累期限领取的 A 类或 B 类退休养老金金额；

R 是：

（a）高于英格兰银行基础利率两个百分点的百分率；

（b）或者，一个更高水平的规定利率（如果规章加以规定的话）。

第四分小节　就第三分小节而言，英格兰银行基础利率的变更被视为：

（a）在紧随变更生效的积累期间的下一个积累期间开始生效；

（b）从规定的其他时间（如果规章另有规定的话）开始生效。

第五分小节　就一次性支付总额的计算结果而言，个人在积累期间可以获取的 A 类或 B 类退休养老金：

（a）包括第四十七条第一款提及的增长和本附录第四小节提及的增长；

（b）但是，不包括：

（ⅰ）第八十三 A 条或第八十五条提及的增长和本附录第五小节到第六小节提及的增长；

（ⅱ）分级退休养老金；

（ⅲ）在规定的条件下规定的 A 类或 B 类退休养老金的其他金额。

第六分小节　在第五分小节第（a）项中，第四十七条第一款提及的增长在不予考虑《养老金法》第四十六条第五款和第四十七条第二款情况下，指的是第四十七条第一款提及的增长。"

第二分小节　与 2010 年 4 月 6 日以前结束的积累期间（符合本小节修正的主法附录五的含义）有关，主法第八十三 A 条在附录五第三 B 小节第五分小节第（b）项中的含义，可以理解为主法第八十三条或第八十四条。

第九小节　在第三 B 小节（插入本附录第八小节）之后插入：

"当去世配偶延迟领取养老金时，在增加养老金或一次性支付总额之间选择

第三 C 小节

第一分小节　根据第八小节，本小节适用于下列情形：

(a) 鳏寡人员（'W'）有权利获取 A 类或 B 类退休养老金；

(b) 当 S 去世时，鳏寡人员 W（'W'）与另一已婚当事人结婚；

(c) 当 S 去世时，延迟领取 S 拥有的 A 类或 B 类退休养老金；

(d) 在 S 去世前的整整 12 个月，延迟领取 S 拥有的 A 类或 B 类退休养老金。

第二分小节　W 将在规定的期限内在下列两种规定的方式之间进行选择：

(a) 第四小节（养老金增长权益）适用于 S 延迟领取养老金的期限；

(b) 第七 A 小节（一次性支付总额权益）适用于 S 延迟领取养老金的期限。

第三分小节　如果在第二分小节提及的规定期限内没有做出第二分小节提及的选择，W 被视为已经做出第二分小节第（b）项提及的选择。

第四分小节　规章：

(a) 能使已做出第二分小节提及的选择的某人（包括根据第三分小节被视为做出选择的某人）在规定条件得到满足的情况下，在规定的期限内以规定的方式改变选择；

(b) 如果规定的条件能使某人在延迟领取期限内，根据第四小节获取养老金增加额后做出第二分小节第（b）项提及的选择，就避免重复支付而言，规章可以：

（i）在规定的期限内以规定的方式，能够追回根据规章确定并由某人领取的款项；

（ii）根据规章确定的款项，视为按某人根据第七 A 小节获取的款项的金额进行支付。

第五分小节　第二分小节第（b）项提及的选择，不会影响第五小节到第六小节（在养老金领取者去世配偶延迟领取最低保障性养老金时，与养老金增长有关）的适用性。"

第十小节

第一分小节　对第四小节（当养老金领取者去世配偶已经延迟领取养老金权益时，增加养老金）做如下修改。

第二分小节　用以下内容替换第一分小节：

"**第一分小节**　根据第八小节，当鳏寡人员（'W'）有权利获取 A 类或 B 类退休养老金、在 S 去世时与已婚的另一方当事人（'S'）结婚以及以下条件得到满足时，本小节适用：

（a）S 有权利获取 A 类或 B 类退休养老金；

（b）W 为第三 C 小节适用的鳏寡人员，并已做出第三 C 小节第二分小节第（a）项提及的选择；

（c）或者，第三 C 小节适用于 W，但第三 C 小节第一分小节第（d）项提及的条件没有得到满足除外。

第一 A 分小节　根据第三分小节，W 获取的养老金金额：

（a）在符合第一分小节第（a）项的情况下，以 S 根据本附录（第五小节到第六小节除外）获取的增长额增长；

（b）在符合第一分小节第（b）项的情况下，以 S 根据本附录（第五小节到第六小节除外）获取的增长额增长，前提是延迟领取期限在 S 去世前结束时，S 已经根据第 A1 小节第一分小节第（a）项做出选择；

（c）在符合第一分小节第（c）项的情况下，以 S 根据本附录（第五小节到第六小节除外）获取的增长额增长，前提是延迟领取期限在 S 去世前结束。"

第十一小节

第一分小节　在第七小节之后插入：

"在养老金领取者去世配偶延迟领取养老金条件下拥有的一次性支付总额

第七 A 小节

第一分小节　当第三 C 小节适用的人员（'W'）已经根据第三 C 小节第二分小节第（b）项做出（或被视为已经做出）选择时，本小节适用。

第二分小节　W 有权利获取根据第七 B 小节计算的一次性支付总额（'鳏寡人员获取的一次性支付总额'）。

鳏寡人员一次性支付总额的计算。

第七 B 小节

第一分小节　鳏寡人员拥有的一次性支付总额，是鳏寡人员在开始于以下时间的最后积累期间的积累金额：

（a）开始于 S 延迟领取期间的开始阶段；

（b）结束于 S 去世前的当天。

第二分小节　在本小节中：

'S'指的是已婚的另一方当事人。

'积累金额'指的是根据第三分小节计算的金额。

'积累期间'指的是开始于一周内规定某一天的七天期限，而积累期间开始的当天处于 S 延迟领取期内。

第三分小节　某人在积累间内实现的养老金积累金额为：

$$(A + P) \times 52(1 + R/100)$$

当：

A 是在上一个积累期内实现的积累金额（或当开始于延迟领取期的第一个积累期时，为零）；

P 是：

（a）基本养老金；

（b）当某人在第一分小节提及的期限内没有延迟领取时，为其在积累期间领取附加养老金的一半；

R 是：

（a）高于英格兰银行基础利率两个百分点的百分率；

（b）一个更高水平的规定利率（如果规章加以规定的话）。

第四分小节　就第三分小节而言，英格兰银行基础利率变更被视为：

（a）在紧随变更生效的积累期间的下一个积累期间开始生效；

（b）从规定的其他时间（如果规章另有规定的话）开始生效。

第五分小节　就计算鳏寡人员拥有的一次性支付总额权益而言，S 在积累期间获取的 A 类或 B 类退休养老金金额：

（a）包括第四十七条第一款提及的增长和本附录第四小节提及的增长；

（b）不包括：

（i）第八十三 A 条或第八十五条或本附录第五小节到第六小节提及的增长；

（ii）分级退休待遇；

（iii）在规定的情况下规定的 A 类或 B 类退休养老金的其他金额。

第六分小节　在不予考虑《养老金法》第四十七条第二款和第四十六条第五款的条件下，在第五分小节第（a）项里第四十七条第一款提及的增长，可以理解为根据第二款产生的增长。

第七分小节　当：

（a）在 S 去世和 W 开始有资格获取 A 类或 B 类退休养老金的日期之间的时间；

（b）一条或多条命令根据《管理法》第一百五十条在上述期间已经生效时；

一次性支付总额根据命令将得到增加。"

第二分小节　主法第八十三 A 条在附录五第七 B 小节第五分小节第（b）项里的含义与 2010 年 4 月 6 日前结束的积累期间（符合主法附录五的含义）有关，其含义可理解为主法第八十三条或第八十四条。

第十二小节　在第七 B 小节（插入本附录第十一小节）之后插入：

"补充性条款

第七 C 小节

第一分小节　根据第三 B 小节或第七 B 小节计算的一次性支付总额必须以四舍五入的方式进行取整。

第二分小节　在根据第三 B 小节或第七 B 小节对百分率进行描述时，内阁大臣必须考虑：

（a）国家经济形势；

（b）其认为重要的其他事项。"

第十三小节　在第八小节之前的标题用"已婚配偶"替换。

第十四小节　在第八小节（已婚配偶）中：

（a）用"在第二小节第三分小节、第三 B 小节第三分小节和第五小节中所指的内容"替换第三分小节"上述第二小节第三分小节所指的内容"；

（b）用以下内容替换第四分小节：

"**第四分小节**　第三 C 小节第一分小节第（c）项和第四小节第一分小节第（a）项提及的条件，没有通过 S 按 W 缴费额获取 B 类退休养老金的方式得到满足。

第五分小节　当 S 获取 A 类退休养老金包括第五十一 A 条第二款提及并根据 W 缴费额计算的增长金额时，在视同没有上述增长金额的情况下，对 W 根据第四小节第一 A 分小节或第七小节第二 A 分小节获取的增长额或一次性支付总额加以计算。

第六分小节　在第四分小节和第五分小节中，'W'和'S'正如要求的那样，具有的含义与第三 C 小节、第四小节或第七 A 小节的含义相同。"

第十五小节　在主法附录五之后插入：

"附录五(附一)　当延迟领取共享附加型养老金时,可以领取的养老金增加额或一次性支付总额

第一节　当延迟领取共享附加型养老金时，在养老金增加额或一次性支付总额之间进行选择

第一小节

第一分小节　当某人延迟领取共享附加型养老金和延迟领取期限至少在 12 个月以上时，某人在申请领取养老金或申请后一个规定期限内，在下列规定的方式之间进行选择：

（a）第二小节（养老金增加权益）适用于延迟领取期限；

（b）第四小节（一次性支付总额）适用于延迟领取期限。

第二分小节　如果根据第一分小节在规定的期限内某人没有做出第一分小节提及的选择，他就被视为做出第一分小节第（b）项提及的选择。

第三分小节　规章：

（a）能使已做出第一分小节提及的选择的某人（包括根据第二分小节视为做出选择的某人）在规定条件得到满足的情况下，在规定的期限内以规定的方式改变选择；

（b）如果规定的条件能使某人在延迟领取期限内根据第二小节获取养老金增加额后做出第一分小节第（b）项提及的选择，就避免重复支付而言，规章可以：

（i）在规定的期限内以规定的方式能够追回根据规章确定并由某人领取的款项；

（ii）把根据规章确定的款项视为按某人根据第四小节获取的款项金额进行支付。

第二节　当延迟领取养老金权益时某人领取的养老金增加

第二小节

第一分小节　当某人延迟领取共享附加型养老金和：

（a）延迟领取期限少于 12 个月；

（b）某人已经根据与延迟期限有关的第一小节第一分小节第（a）项

做出选择时；

本小节适用。

第二分小节　某人获取的共享附加型养老金增加额等于其根据第三小节获取的养老金增加总额，但只有在上述增加金额足以让养老金至少提高1%以上时，上述情况才会出现。

第三节　增加额的计算

第三小节

第一分小节　某人在延迟期限内，可以获取根据本小节计算每一个增长期限的增加额。

第二分小节　某人在增长期限内获取的增加金额，为其在没有延迟领取条件下可以获取的共享附加型养老金每周金额的0.2%。

第三分小节　第二分小节提及的款项金额，以四舍五入的方式进行取整。

第四分小节　当第二分小节提及的款项金额（本分小节除外）为一个低于0.5便士的金额时，该金额在本法其他条款、《养老金法》或《管理法》里均被当作零看待。

第五分小节　在本小节里，'增长期限'指的是，根据某人和其领取的养老金有关的本小节，按照规章视为六天增长期限。

第六分小节　当一条或多条命令根据《管理法》第一百五十条在延迟期内已经生效时，当命令在延迟期开始以前已经被视为生效的情况下，对任意增长期限内的金额加以确定。

第七分小节　内阁大臣按照《管理法》第一百五十条颁布命令，对本小节提及的共享附加型养老金增长金额的总金额进行修改。

第四节　当延迟领取共享附加型养老金权益时，获取的一次性支付总额

第四小节

第一分小节　本小节在下列条件下适用：

（a）某人延迟领取共享附加型养老金时；

（b）某人根据与延迟领取期间有关的第一小节第一分小节第（b）项已经做出选择（视为其已做出选择）。

第二分小节　某人有资格获取根据第五小节计算的金额（'一次性支付总额'）。

第五节　一次性支付总额的计算

第五小节

第一分小节　一次性支付总额为在开始于延迟领取期的最后积累期内，获取的养老金积累额。

第二分小节　在本小节中：

'积累金额'指的是根据第三分小节计算的金额；

'积累期间'指的是开始于一周内规定的某一天（处于延迟领取期限内的某一天）的七天期限。

第三分小节　某人在积累期间内实现的养老金积累金额为：

$$(A + P) \times 52(1 + R/100)$$

当：

A 是在上一个积累期限实现的积累金额（或当开始于延迟领取期的第一个积累期间时，为零）；

P 是如果某人没有延迟领取时，某人可以在积累期内领取的共享附加型养老金金额；

R 是：

（a）高于英格兰银行基础利率两个百分点的百分率；

（b）如果根据附录五第三 B 小节和第七 B 小节规定一个更高水平的利率，为该更高水平的利率。

第四分小节　就第三分小节而言，英格兰银行基础利率变更被视为：

（a）在紧随变更生效的积累期间的下一个积累期间开始生效；

（b）从规定的其他时间（如果规章另有规定的话）开始生效。

第五分小节　就一次性支付总额的计算而言，某人在积累期间可以获取的共享附加养老金金额，不包括在规定条件下规定的金额。

第六分小节　一次性支付总额必须以四舍五入的方式，取整为整额数字。"

第二章　适应性修改

第一节　《1992 年社会保障缴费和福利法》（第四章）

第十六小节　对《1992 年社会保障缴费和福利法》做如下修改。

第十七小节　在第六十二条第一款（保障性最低养老金）中：

（a）用"第 A1 项到第三 B 项和第七 C 项"替换第（a）项"第一小节到第三小节"；

（b）在第（b）项之后插入：

"第（c）项　修改上条，以便于制定与本法附录五第三 C 小节、第四小节第一分小节、第一 A 小节、第七 A 小节到第七 C 小节相对应的条款，能使鳏寡人员选择领取一次性支付总额，而放弃选择与其去世配偶退休待遇有关的退休养老金每周金额的增长。"

第十八小节　在第一百二十二条第一款（对第一部分到第六部分的释义）中：

（a）在"受益人"之前插入：

"'英格兰银行基础利率'指的是：

（a）由英格兰银行货币政策委员会宣布的官方交易利率，英格兰银行愿意以该利率进行交易，向货币市场提供短期流动性；

（b）当《1998 年银行法（英格兰）》第十九条提及的命令有效时，为财政部根据第十九条确定的类似利率"；

（b）用以下内容替换"延迟领取"和"延迟领取期"的定义：

"'延迟领取'和'延迟领取期'：

（a）与 A 类或 B 类退休养老金有关，其含义由第五十五条第三款给出；

（b）与共享附加养老金有关，其含义由第五十五条第三款给出；"

第十九小节　在第一百七十六条（议会对附属法规的控制）第一款（确定性程序）第（b）项之后插入：

"第（bb）项　规章根据以下条款规定一个百分率：

（ⅰ）附录五第三 B 小节第三分小节或第七 B 小节第三分小节；

（ⅱ）附录五 A 第五小节第三分小节；"

第二节　《1992 年社会保障管理法》（第五章）

第二十小节　对《1992 年社会保障管理法》做如下修改。

第二十一小节　在第一百五十条（待遇年度增加额）中：

（a）在第一款第（d）项之后插入：

"第（dza）款　当配偶有资格获取 A 类或 B 类退休养老金时，为他们根据上述附录第 7A 小节获取的一次性支付总额；"；

（b）用"附录五 A 第二小节"替换第一款第（da）项"第五十五 C 条"；

（c）在第三款第（b）项"第（d）项，"之后插入"第（dza）款，"。

第二十二小节 在第一百五十一条（增加—补充性条款）第二款中：

（a）用"第一款第（d）项、第（dza）款或第一款第（e）项"替换"第一款（d）项或第一款第（e）项"；

（b）在"除命令以外"之后插入"，在第一百五十一条第一款第（d）项或第一款第（e）项提及的总额情况下"。

第三节　《1999 年福利改革和养老金法》（第三十章）

第二十三小节 对《1999 年福利改革和养老金法》做如下修改。

第二十四小节 删除第五十条第二款（该款修改延迟领取共享附加养老金有关条款和以本附录第一部分为准）。

第二十五小节 在第五十二条第二款（制定附加养老金型保留权益条款的权力）第（b）项中：

（a）在"养老金增加"之后插入"或一次性支付总额"；

（b）在"增加额的构成要素"之后插入"或一次性支付总额"。

第三章　临时条款

第一节　寡妇获取的养老金增加额或鳏寡人员
一次性支付总额

第二十六小节 在某寡妇于 2010 年 4 月 6 日以前已达到正常养老金领取年龄的情况下，《1992 年社会保障缴费和福利法》（第四章）附录五第三 C 小节、第四小节和第七 A 小节（养老金增加权益或鳏寡人员一次性支付总额权益）不适用，除非鳏夫在其妻去世时已经超过正常养老金领取年龄。

第二节　临时性条款

第二十七小节

第一分小节 内阁大臣可以根据规章，制定其认为适宜的并与本附录生效有关的临时性条款。

第二分小节　在某人延迟领取退休养老金、共享型附加养老金和延迟期开始于 2005 年 4 月 6 日且在此日或以后继续延期领取的情况下，本小节提及的规章可以修改本附录上述任一条款。

第三分小节　在本小节中，"延迟"和"延迟期"可按上述情况要求，根据《1992 年社会保障缴费和福利法》第五十五条或第五十五 C 条加以理解。

附录十二　小幅修改和重要修改（第三百一十九条）

第一节　《1958 年公共记录法》（第五十一章）

第一小节　在《1958 年公共记录法》附录一（公共记录的定义）中，在第三小节表格第二部分适当的地方插入：

"养老金监管局"；

"养老保障基金理事会"；

"养老保障基金理事会督察官"。

第二节　《1972 年超级年金法》（第十一章）

第二小节

第一分小节　对《1972 年超级年金法》附录一（与提供养老金计划有关的各种就业）做如下修改。

第二分小节　在"其他机构"一栏的合适地方插入：

"养老保障基金理事会"；

"受雇于养老保障基金理事会督察官的就业"；

"养老金监管局"；

第三分小节　在"职位"一栏的适当地方插入：

"养老保障基金理事会主席"；

"养老金监管局主席"；

"养老保障基金理事会副督察官"；

"养老金副督察官"；

"养老保障基金理事会督察官"。

第三节　《1973 年婚姻诉讼法》(第十八章)

第三小节　在《1973 年婚姻诉讼法》第二十五 D 条（养老金：补充规定）之后插入：

"第二十五 E 条【养老保障基金】

第一分小节　法院根据第二十五条第二款关注的事项包括：

（a）在第（a）项情况下，结婚的一方获取或有可能获取的养老保障基金补偿；

（b）在第（h）项情况下，由于婚姻解除或无效，婚姻将丧失获取补偿的机会。

相应地，与养老金补偿有关的第二十五条第二款第（a）项视为在'可预见的未来'删除的情况下有效。

第二分小节　第三款适用于第二十三条提及的命令，该命令包括根据第二十五 B 条第四款制定的条款在内，上述条款：

（a）对职业养老金计划受托人或经营管理者提出要求，要求理事会根据《2004 年养老金法》第二部分第三章（养老金保障）或根据爱尔兰有效实施并与第三章相对应的条款为职业养老金计划承担责任；

（b）在计划受托人或经营管理者接到计划转移通知以前制定。

第三分小节　命令从计划受托人或经营管理者收到移交通知之时开始生效：

（a）除规定的情形外；

（i）当命令提及的计划受托人或经营管理者被视为理事会时；

（ii）拥有养老金权益的一方获取的计划养老金或一次性支付总额在命令里的含义指的是，上述一方当事人获取与养老金或一次性支付总额有关的养老保障基金补偿；

（b）在进行其他规定的修改时。

第四分小节　在下列条件下第五款适用于第二十三条提及的命令：

（a）第五款包括根据第二十五 B 条第七款颁布的条款，并要求拥有养老金权益的一方当事人折算职业养老金计划权益；

（b）在要求得到满足以前，理事会已经为计划承担第二款第（a）项提及的责任。

第五分小节　从计划受托人或经营管理者收到移交通知之时起，命令可以在经过规定的修改后有效。

第六分小节　当规章在计划评审期内任意时刻均适用于职业养老金计划时，它可以修改第二十五 C 条。

第七分小节　当法院颁布与相关人员拥有职业养老金计划共享权益有关的共享养老金命令时，或当该命令包含根据第二十五 B 条第四款或第二十五 B 条第七款制定的条款时，理事会在相应为计划承担第二款第（a）项提及的责任的同时并不影响：

（a）法院有权根据第三十一条变更、执行命令或者暂停、恢复命令条款效力；

（b）或者，上诉和上诉法院确认、重申、取消或变更命令的权力。

第八分小节　在大法官认为本部分有利于本条生效或本条生效所必需的情况下，规章可以对本部分条款或根据本部分制定的条款进行重要修改。

第九分小节　在本条中：

'评审期间'指的是符合《2004 年养老金法》第二部分含义（养老金保障）（参见《2004 年养老金法》第一百三十二条和第一百五十九条）或符合北爱尔兰有效实施并与第二部分相对应的条款的含义的一个评审期间；

'理事会'指的是养老保障基金理事会。

'职业养老金计划'的含义与《1993 年养老金计划法》规定的含义相同。

'规定'指的是根据规章所做的规定行为。

'养老保障基金补偿'指的是根据《2004 年养老金法》第二部分第三章（养老金保障）或与第三章相对应并在北爱尔兰有效实施的条款予以支付的补偿。

'规章'指的是大法官制定的规章。

'共享权益'指的是，与根据《1999 年福利改革和养老金法》第四部分第一章或北爱尔兰有效实施并与第一章相对应的条款获取的共享养老金有关的权益。

'移交通知'的含义与《2004 年养老金法》第一百六十条或北爱尔兰有效实施的相应条款的含义相同。

第十分小节　通过法定文件行使根据本条制定的规章的权力，可由议会上院或下院做出的决议加以取消。"

第四节　《1984 年婚姻和家庭诉讼法》(第四十二章)

第四小节

第一分小节　对《1984 年婚姻和家庭诉讼法》做如下修改。

第二分小节　在第十八条(法院根据第十七条行使权力时必须重视的事项)中:

(a) 在第三 A 款中:

(ⅰ) 在第 (a) 项"有"之后插入"和婚姻的一方能够或可能获取的养老保障基金补偿,";

(ⅱ) 在第 (b) 项"包括"之后插入":(ⅰ)";

(ⅲ) 在第 (b) 项末尾插入",和

(ⅱ) 由于婚姻的解除或取消,婚姻的一方当事人将会失去获取养老保障基金补偿";

(b) 在第七款第 (b) 项之后插入",和

(c) '养老保障基金补偿'指的是根据《2004 年养老金法》第二部分第三章(养老金保障)或与第三章相对应并在北爱尔兰有效实施的条款予以支付的补偿。"

第三分小节　在第二十一条(《1973 年婚姻诉讼法》第二章第十四条和第十七条提及的命令的适用)第一款第 (be) 项之后插入:

"第 (bf) 项　第二十五 E 条第二款到第二十五 E 条第十款(养老保障基金);"

第五节　《1985 年公司法》(第六章)

第五小节

第一分小节　对《1985 年公司法》做如下修改。

第二分小节　用以下内容替代第四百四十九条(内阁大臣根据第四百四十七条获取信息的安全性条款)第一款第 (dg) 项:

"第 (dg) 项　就能使或帮助养老金监管局行使《1993 年养老金计划法》《1995 年养老金法》《1999 年福利改革和养老金法》或《2004 年养老金法》或北爱尔兰有效实施的相应成文法授予的职权而言;

第 (dh) 项　就能使或帮助养老保障基金理事会行使《1993 年养老

金计划法》《1995 年养老金法》《1999 年福利改革和养老金法》 或《2004 年养老金法》或北爱尔兰有效实施的相应成文法授予的职权而言；"。

第三分小节 在附录十五 D（许可性信息披露）［插入《2004 年公司法》附录二（审计、调查和社区企业）］中：

（a）用以下内容替换第十三小节：

"**第十三小节** 出于能使或帮助养老金监管局行使以下法律授予的权力的信息披露：

（a）《1993 年养老金计划法》；

（b）《1995 年养老金法》；

（c）《1999 年福利改革和养老金法》；

（d）《2004 年养老金法》；

（e）北爱尔兰有效实施的相应成文法。"

（b）用以下内容替换第十三小节：

"**第十三 A 小节** 出于能使或帮助养老保障基金理事会行使《2004 年养老金法》第二部分或北爱尔兰有效实施的相应成文法授予的权力进行的信息披露。"

第六节 《1989 年公司法》（第四十章）

第六小节 在《1989 年公司法》第八十七条（限制披露海外监管机构等获取的信息除外）中，在第四款的表中，与职业养老金监管局有关的用以下内容替换：

"养老金监管局由以下法律授予的职权：

（a）《1993 年养老金计划法》；

（b）《1995 年养老金法》；

（c）《1999 年福利改革和养老金法》；

（d）《2004 年养老金法》或与上述第（a）小节到第（d）小节提及的法律相对应并由北爱尔兰有效实施的相应成文法。

养老保障基金理事会由以下法律授予的职权：

《2004 年养老金法》第二部分或与上述第二部分提及的法律相对应并由北爱尔兰有效实施的相应成文法授予的职权。"

第七节　《1992 年社会保障管理法》（第五章）

第七小节　在《1992 年社会保障管理法》第一百二十二 AA 条（由国内税务局进行的缴费等信息的披露）第二款第（d）项中，用"养老金监管局"替换"职业养老金监督管理局"。

第八节　《1992 年裁判所和质询法》（第五十三章）

第八小节

第一分小节　对《1992 年裁判所和质询法》做如下修改。

第二分小节　用"第（i）项、第（j）项、第（k）项或第（l）项"替换第七条第二款"第（g）项或第（h）项"。

第三分小节　用以下内容替换第十四条（限制使用与某种裁判所有关的法律）第一 A 款：

"第一 A 款　在本法中，

（a）在附录一第三十五小节第（i）分小节中，养老金监管局的运转指的是与其监管职权（符合《2004 年养老金法》第九十三条第二款的含义）或北爱尔兰有效实施的条款授予的相应职权有关的运转；

（b）养老金监管局的议事程序规则指的是，根据上述法律附录一第十九小节（内阁大臣制定监管局议事程序相关规章的权力）制定的规章，与监管局行使职权时遵循的程序有关。"

第四分小节　在附录一第一部分第三十五小节中，在第（h）分小节之后插入：

"第（i）分小节　根据《2004 年养老金法》第一条建立的养老金监管局；

第（j）分小节　根据《2004 年养老金法》第一百〇二条建立的养老金监管局裁判所；

第（k）分小节　由于履行《2004 年养老金法》第二百〇七条或与第二百〇七条相对应并在北爱尔兰有效实施的成文法提及的职能，根据第一百〇二条建立的养老保障基金理事会；

第（l）分小节　根据《2004 年养老金法》第二百一十三条或与第二百一十三条相对应并在北爱尔兰有效实施的成文法提及的职权，要求建立的养老保障基金理事会督察官。"

第九节　《1993 年养老金计划法》（第四十八章）

第九小节　对《1993 年养老金计划法》做如下修改。

第十小节　在第五十三条（监督：原有的协议退出型计划）第一 B款之后插入：

"第一 C 款　但当第一款提及的指令与养老金监管局根据《2004 年养老金法》第二十三条颁布的计划冻结命令存在冲突时，在冻结命令有效期间内与冻结命令存在冲突的指令：

（a）如第一款所阐述的那样，不具有约束力；

（b）如第一 B 款所阐述的那样，不具有强制力。"

第十一小节

第一分小节　对第五十六条（国家养老金计划保费支付条款的补充性条款）做如下修改。

第二分小节　从第四款开始到"另一个计划"用以下内容替换：

"第四款　当根据计划规则可以支付以下权益或人员引起的转移款项：

（a）与另一个计划的领薪者权益有关；

（b）由与另一个职业养老金计划受托人或经营管理者向计划受托人或经营管理者支付现金转移总额（符合第四部分第五章的含义）有关的领薪者引起，"。

第三分小节　在第六款之后插入：

"第七款　当养老保障基金理事会根据《2004 年养老金法》第一百六十一条（理事会为职业养老金计划承担责任的影响）提及的移交应予支付第五十五条提及的保费时，第五十五条到第六十八条在根据第八款进行规定的修改之后，适用于上述保费。

第八款　在下列条件下，不予支付第五十五条提及并与领薪者有关的保费：

（a）根据《2004 年养老金法》第一百六十一条的规定，支付保费的责任转由养老保障基金理事会承担；

（b）满足规定的要求。"

第十二小节　在第六十一条（从计划缴费返还中扣除一个等于保费金额的缴费）第九款之后插入：

"第九 A 款　当职业养老金计划受托人或经营管理者根据第一百〇一

AH 条向计划参保人支付缴费返还时，参保人根据本条可被视为有资格获取缴费返还。"

第十三小节

第一分小节　对第九十四条（现金等额的权益）做如下修改。

第二分小节　在第二款中，用以下内容替换"适用性规则"的定义：

"'适用性规则'指的是：

（a）计划规则，被相关法定条款取消的内容除外；

（b）在某种程度上有效适用于计划并没有包含在计划规则里的相关法定条款；

（c）计划规则没有包含但计划又必须包含的条款（如该条款符合本法第四部分第一章的含义）；"。

第三分小节　在第二款之后插入：

"**第二 A 款**　就第二款而言：

（a）'相关法定条款'指的是包含在以下条款之中的条款：

（ⅰ）《1989 年社会保障法》附录五（男性和女性的平等待遇）；

（ⅱ）本法本部分第二章、第三章或第五章或根据本章、上述各章制定的规章；

（ⅲ）本法第四 A 部分或根据第四 A 部分制定的规章；

（ⅳ）本法第一百〇一条第一款；

（Ⅴ）《1995 年养老金法》第一部分（职业养老金）或视同根据第一部分制定的有效附属法规；

（Ⅵ）《1999 年福利改革和养老金法》第三十一条（养老金负债：待遇扣除）；

（Ⅶ）《2004 年养老金法》第三百〇六条第二款提及的条款；

（b）且只有在下列条款下，相关法定条款才能被视为可以否定计划任意条款：

（ⅰ）《1989 年社会保障法》附录五第三小节；

（ⅱ）本法第一百二十九条第一款；

（ⅲ）《1995 年养老金法》第一百一十七条第一款；

（ⅳ）《1999 年福利改革和养老金法》第三十一条第四款；

（Ⅴ）《2004 年养老金法》第三百〇六条第一款。"

第十四小节　在第九十九条（受托人在实施选择后的义务）中：

（a）在第四款"情形"之后插入"按照指令"；

（b）第四A款中，用"必须提出第四款提及的延伸申请，以满足规定的要求"替换"与第四款提及的申请有关"。

第十五小节　在第一百〇一J条（遵守移交通知的时间）中：

（a）在第二款"情形"之后插入"按照指令"；

（b）第六款第（a）项中，用"必须提出第二款提及的延伸申请，以满足规定的要求"替换"与第二款提及的申请有关"。

第十六小节　在第一百一十一A条（对雇主向个人养老金计划支付的监督）中删去第十款。

第十七小节　在第一百一十三条（向参保人等披露计划信息）第二款第（d）项之后插入：

"（e）符合规定内容的人员。"

第十八小节　在第一百一十三条之后插入：

"第一百一十三A条【关于移交等信息的披露】

规章可以规定，当：

（a）使用职业养老金计划资金向另一个职业养老金计划受托人或经营管理者支付款项时；

（b）允许向其他计划的参保人转移与支付有关的款项时；

第一个计划的受托人或经营管理者在规定的情形和方式下向另一个计划的受托人或经营管理者提供与支付有关的信息。"

第十九小节　在第一百二十三条（第七部分第二章的释义）中，删除：

（a）第三款对"职业养老金计划"的定义；

（b）第四款。

第二十小节　在第一百二十四条（内阁大臣支付应付未付缴费的责任）中，在第五款之后插入：

"第六款　在第一百二十四条中，与雇主有关的'以其自己的账户'指的是除筹集一名或多名雇员待遇支付所需资金以外的本人拥有的账户。"

第二十一小节　在第一百二十九条第一款（否决条件）中：

（a）用"，iv和v"替换"和iv"；

（b）在"根据"之后插入"上述各章或"。

第二十二小节　在第一百三十条第（b）款（附加法定待遇）中，用

"ⅳ或ⅴ"替换"或ⅳ"。

第二十三小节　在第一百四十五条（养老金督察官）第一款之后插入：

"**第一 A 款**　与授予养老金督察官实施第一款提及的调查权力有关的条款可以理解为，无论权力与英格兰以外的地方相关程度如何，在下列情况下授予权力均可以得到实施：

（a）具有规定内容的情况；

（b）与规定型计划或具有规定内容的计划有关的情况。

第一 B 款　在第一 A 款中，'计划'指的是职业养老金计划或个人养老金计划。

第一 C 款　除第一款以外，第一 A 款不应被视为对养老金督察官在与英格兰以外的地方有关的情况下实施调查的权力产生的不利影响。"

第二十四小节　在第一百四十六条（养老金督察官职能）中：

（a）用下列内容替换第一款第（f）项：

"第（f）项　当《1995 年养老金法》第二十二条（职业养老金监管局可以任命独立受托人的情形）适用于职业养老金计划时，与此时相关的争议发生在根据《1995 年养老金法》第二十三条第一款任命的计划独立受托人和下列人员之间：

（ⅰ）计划其他受托人；

（ⅱ）或者，不是按《1995 年养老金法》第二十三条第一款任命的计划独立受托人的前任计划受托人；";

（b）在第六款之后插入：

"**第六 A 款**　就第六款第（c）项而言：

（a）构成投诉的内容（尤其）与进行投诉的人员或相关计划（或与两者）有关；

（b）构成争议的内容（尤其）与引起争议的人员或相关计划（或与两者）有关。"以及

（c）在第八款第（a）项对"独立受托人"的定义中，从"第二十三条第一款第（b）项"到结束可以用"《1995 年养老金法》第二十三条第一款（养老金管理局对独立受托人的任命）"加以替换。

第二十五小节　在第一百四十九条（养老金督察官调查程序）第六款中：

（a）用下列内容替换第（b）项：

"第（b）项　养老保障基金理事会，

第（ba）项　养老保障基金理事会督察官，"；

（b）在末尾插入：

"第（n）项　作为一名非英格兰的成员国的公民，具有与养老金督察官相对等的职能。"

第二十六小节

第一分小节　对第一百五十八 A 条（内阁大臣披露其他信息）做如下修改。

第二分小节　在第一百五十八 A 条第一款中，从"信息"到"《1995年养老金法》"用"调整性信息"加以替换。

第三分小节　在第一款的表中：

（a）在表第二栏有关管理局条款中，从"或"到结尾一段内容用"，《1995 年养老金法》《1999 年福利改革和养老金法》或《2004 年养老金法》或爱尔兰有效实施的相应成文法。"加以替换；

（b）用下列内容替换养老金补偿理事会有关条款：

"养老金督察官　　　　　　　本法或爱尔兰有效实施的相应成文法授予的职能。

养老保障基金理事会　　　　《2004 年养老金法》第二部分或爱尔兰有效实施的相应成文法授予的职能。

养老保障基金理事会督察官　《2004 年养老金法》第二部分或爱尔兰有效实施的相应成文法授予的职能。"

第四分小节　在第一款之后插入：

"**第一 AA 款**　在第一款中，'调整性信息'指的是内阁大臣根据下列法律接收与其职能有关的信息：

（a）本法；

（b）《1995 年养老金法》；

（c）《2004 年养老金法》；

根据《2004 年养老金法》第二百三十五条第二款或附录十第二小节（出于退休计划的目的而提供信息）提供的信息除外。"

第二十七小节　在第一百六十八条第四款（违反规章的处罚）"条

款"之后插入"以书面通知的形式要求"。

第二十八小节　在第一百七十五条（收费）中：

（a）用下列内容替换第八款：

"**第八款**　根据本条向某人征收的应付收费额，为该人应欠内阁大臣的债务，相应地由内阁大臣予以追偿，或者在内阁大臣做出上述决策时，由监管局代其实施追偿。"；

（b）用"第一款"替换第九款中"第一款到第四款"。

第二十九小节　用"向第二十六条"替换第一百七十八条（有权根据某些目的制定的规章，与把某些人员看作是计划受托人或经营管理者有关）第（b）款"向第二十六 C 条"。

第三十小节

第一分小节　对第一百七十九条（相关联的有效工作年限）做如下修改。

第二分小节　在第一款第（a）项中：

（a）用"第四部分第四章或第五章或根据计划规则"替换"计划规则"；

（b）用下列内容替换第（ⅰ）小节：

"**第（ⅰ）小节**　向计划（工作年限后期适用于他的另一计划）受托人或经营管理者进行另一个计划权益的转移（包括允许实施的转移款项在内）或转移支付；"

（c）用"或"替换第（ⅱ）小节末尾的"和"；

（d）在第（ⅱ）小节之后插入：

"**第（ⅲ）小节**　向另一计划（工作年限后期适用于他的计划）受托人或经营管理者支付现金等额（符合第四部分第四章的含义）或现金转移总额（符合第四部分第五章的含义）；和"

第三分小节　在第一款第（b）项"第二个计划"之后插入"或向计划受托人或经营管理者支付，"。

第三十一小节　在第一百八十一条第一款（一般释义）对"转移款项"的定义中，在"与有关"之后的词语用下列内容加以替换：

"：（a）向与另一个职业养老金计划或个人养老金计划权益（直接或间接来源于抵免型养老金的权益除外）有关的计划或计划受托人或经营管理者进行移交或转移支付；

（b）根据第四部分第五章的规定，向计划受托人或经营管理者支付与该人有关的现金转移总额;"。

第三十二小节　在第一百八十三条第三款（再授权）"第九十七条第一款"之后插入"，第一百○一 AF 条第一款"。

第三十三小节　在第一百九十二条第二款（延伸适用于北爱尔兰的条款）:

（a）用"第一百四十五条（第四 A 款到第四 C 款除外）"替换"第一百四十五条（第四款除外）";

（b）在适当的地方插入:

"第一百四十五 A 条［第六款第（b）项除外］,"。

第十节　《1995 年养老金法》（第二十六章）

第三十四小节　对《1995 年养老金法》做如下修改。

第三十五小节　对第四条（暂停命令）第三款和第五款"类型"用"内容"加以替换。

第三十六小节　在第七条（受托人的任命）中:

（a）从第一款中删除"这种计划的受托人不再担任受托人";

（b）在第二款中，有两处"第二十三条第一款第（b）项"用"第二十三条第一款"加以替换。

第三十七小节　在第九条（受托人的撤职和任命:特点）"行使"之后插入"按命令"。

第三十八小节　从第十条（民事罚款）第五款第（a）项中删除"作为信托计划的受托人"。

第三十九小节　在第十五条第四款（没有遵守养老金监管局颁布的指令）中，用"第十条适用"替换"第三条和第十条适用"。

第四十小节　在第二十二条（独立受托人条款适用的情形）第一款和第三款中，用"到第二十六条"替换"到第二十六 A 条"。

第四十一小节　在第二十五条（有关独立受托人的权力和任命:进一步规定）中:

（a）用"第二十三条第一款"替换第一款"第二十三条第一款第（b）项";

（b）在第二款中:

（i）在"一个计划"之后插入"和根据第二十三条第一款任命计划

独立受托人";

（ⅱ）删除从"但如果"到结尾的全部内容；

（c）用"根据第二十三条第一款任命的独立受托人"替换第三款 "，独立受托人不可以"；

（d）在第四款中：

（ⅰ）用"第二十三条第一款"替换"第二十三条第一款第（b）项"；

（ⅱ）在"人员"之后插入"（符合第二十三条第三款的含义）"。

第四十二小节　在第二十六条（破产清算执业者或官方接收者向受托人发布信息）第一款"一个计划"之后插入"根据第二十六条第一款"。

第四十三小节　取消第二十六 A 条到第二十六 C 条。

第四十四小节　从第二十八条（受托人不能成为计划审计人员的影响）中删除第四款。

第四十五小节　在第二十九条（取消受托人任职资格的人员）中，用"内容"替换"类型"。

第四十六小节　在第三十条（资格被取消的人员：影响）中：

（a）在第二款"行使"之后插入"按照命令"；

（b）删除第七款和第八款。

第四十七小节　删除第三十 A 条（取消资格受托人名单的可获性）。

第四十八小节　在第三十二条（受托人根据多数原则做出的决策）中：

（a）用"本法第二十五条第二款和《2004 年养老金法》第二百四十一条第六款"替换第四款"，第十六条第三款第（b）项和第二十五条第二款"；

（b）用"第十条适用"替换第五款"第三条和第十条适用"。

第四十九小节　在第三十四条（投资权和委托权）第一款"服从"之后插入"第三十六条第一款和服从"。

第五十小节

第一分小节　对第三十八条（延迟关闭计划的权力）做如下修改。

第二分小节　在第二款中：

（a）在第（a）项"计划"之后插入"（在裁决颁布以前应予支付的款项除外）"；

（b）从第（b）项中删除"新"。

第三分小节　在第三款之后插入：

"**第四款**　当受托人根据《2004年养老金法》第一百五十四条第一款（关闭资产足以支付受保障性负债的计划具备的条件）必须关闭或继续关闭计划时，本条不适用于信托型计划。"

第五十一小节　在第四十条（对雇主有关投资的限制）中，用"第十条适用"替换第四款"第三条和第十条适用"。

第五十二小节　在第四十一条（向参保人提供文件）中：

（a）用以下内容替换第三款：

"**第三款**　在第一款第（b）项中文件指的是：

（a）根据《2004年养老金法》第二百二十三条准备或修改的资金筹集原则报告书；

（b）根据《2004年养老金法》第二百二十四条准备的价值评估报告或报告；

（c）保险精算师根据《2004年养老金法》第二百二十五条或第二百二十七条出具的证明文件。"

（b）用"第十条适用于受托人，以及"替换第五B款"第三条和第十条适用于受托人和第十条适用"。

第五十三小节　在第四十七条（专业咨询人士）第三款、第八款和第十一款中，用"第十条适用于所有受托人，以及"替换"第三条和第十条适用于受托人和第十条适用"。

第五十四小节　在第四十九条（受托人、雇主等人的其他责任）中：

（a）用"第十条适用"替换第六款"第三条和第十条适用"；

（b）在第十款中：

（i）删除第（a）项和紧随第（a）项之后的"和"；

（ii）用"确保遵守的合理措施"替换第（b）项"此类措施"。

第五十五小节　从第四十九A条（关闭计划决策的记录）中删除第四款。

第五十六小节　在第六十八条（受托人根据决议修改计划的权力）第二款中：

（a）在第（b）项中，用"《2004年养老金法》第二百二四十一条"替换"第十六条第一款或第十七条第二款"；

（b）用以下内容替换第（c）项：

"第（c）项　使计划能够遵守养老保障基金理事会制定的条款和条

件，该条款和条件与其根据《2004 年养老金法》第一百八十五条或第一百八十六条进行支付有关"。

第五十七小节　在第六十九条（申请修改的原因）中：

（a）在第二款中，用"要求根据本条提出的申请满足规定的条件"替换"根据本条处理申请的方式"；

（b）从第三款删除第（a）项；

（c）从第四款第（a）项删除"第（a）项或"；

（d）从第五款第（a）项删除"两者之一"并用"第三款第（b）项"替换"第三款第（a）项或第三款第（b）项"。

第五十八小节　在第七十一 A 条第四款第（d）项（根据上条制定申请条款的权力）中：

（a）用"在根据本条提出申请之前"替换"在规定的时间以前"；

（b）用"申请"替换"根据本条提出的申请"。

第五十九小节　从第七十二 A 条（向养老金监管局报告计划关闭的情况）中删除第九款第（a）项和第九款第（a）项之后的"和"。

第六十小节　从第七十二 C 条（有义务遵守便于关闭计划的指令）中删除第二款。

第六十一小节　从第七十三条（关闭计划时优先受偿债务）第六款中删除第（a）项和第（a）项之后的"和"一词。

第六十二小节　在第七十六条（关闭计划时存在多余资产）中：

（a）从第三款中删除第（c）项［但不包括在第（c）项之后的"和"］；

（b）删除第五款；

（c）用"第十条适用"替换第六款"第三条和第十条适用"。

第六十三小节　在第七十七条（在计划关闭后仍有多余资产：分配权）中：

（a）删除第二款和第三款；

（b）在第四款中：

（ⅰ）用"当本条适用时："替换开始的一段内容；

（ⅱ）用"未分配资产"替换第（a）项"上述资产"；

（c）用"第十条适用"替换第五款"第三条和第十条适用"。

第六十四小节　从第八十七条（货币购买型计划的支付进度表）中

删除第五款第（a）项和第五款第（a）项之后的"和"。

第六十五小节 从第八十八条（第八十七条的补充条款）中删除第四款第（a）项和第四款第（a）项之后"和"一词。

第六十六小节 在第八十九条（有关进一步使用货币购买型计划的条款）中：

（a）在第一款第（a）项中：

（ⅰ）用"《2004 年养老金法》第三部分"替换"从第五十六条到第六十条"；

（ⅱ）用"上述第三部分"替换"上述条款"；

（b）从第二款中删除"破产"。

第六十七小节 在第一百一十八条（修改《1995 年养老金法》第一部分的权力）中：

（a）用"第二十六条"替换第二款"第二十六 C 条"；

（b）删除第三款。

第六十八小节 用"第七十三 B 条第四款第（a）项"替换第一百一十九条（根据规章进行计算等：再委托）"第七十三条第三款"。

第六十九小节

第一分小节 对第一百二十四条（第一部分释义）做如下修改。

第二分小节 在第一款"转移款项"定义中，从"有关"开始的内容用以下内容加以替换："：

（a）向计划受托人或经营管理者支付与他拥有另一个职业养老金计划或个人养老金计划权益（抵免型养老金权益除外）有关的计划转移或转移支付；

（b）根据《1993 年养老金计划法》第四部分第五章（提前退休者）向计划受托人或经营管理者支付与他相关的现金转移总额"。

第三分小节 在第三 A 款"第三 E 款"之后插入"和《2004 年养老金法》第二十八条、第一百五十四条和第二百一十九条，"。

第四分小节 在第三 B 款"第三 E 款"之后插入"和《2004 年养老金法》第一百五十四条和第二百一十九条"。

第十一节 《1998 年银行法（英格兰）》（第十一章）

第七十小节 在《1998 年银行法（英格兰）》附录七（披露信息的

限制）第三小节第一分小节表中，用以下内容替换与职业养老金监督管理局有关的规定：

"养老金监管局由以下法律授予的职权：

（a）《1993 年养老金计划法》；

（b）《1995 年养老金法》；

（c）《1999 年福利改革和养老金法》；

（d）《2004 年养老金法》；

（e）与第（a）项到第（d）项提及的成文法相对应并在北爱尔兰有效实施的成文法。"

第十二节 《1999 年福利改革和养老金法》（第三十章）

第七十一小节 对《1999 年福利改革和养老金法》做如下修改。

第七十二小节 在第一条（存托养老金计划）第六款"成员等"之后插入"和《2004 年养老金法》第二百三十七条（综合养老金预测）提及的规章"。

第七十三小节 在第二条（存托养老金计划的登记）中：

（a）用"管理局"替换第一款"职业养老金监督管理局（'管理局'）"；

（b）在第三款"可以"之后插入"依照命令"；

（c）用"《1995 年养老金法》第十条（民事罚款）适用于按第十条登记的养老金计划的受托人"替换第四款从"第三条"到"某法使用"的一段内容。

第七十四小节 在第八条第二款第（a）项（要求存托养老金计划视为个人养老金计划）"是"之后插入"规定或是"。

第七十五小节 在第三十八条（计划关闭措施）中：

（a）用"本条"替换第二款"《1995 年养老金法》第五十六条"；

（b）在第二款之后插入：

"**第二 A 款** 本条适用于职业养老金计划，下列计划除外：

（a）货币购买型计划；

（b）指定型计划或指定特征型计划。"

第七十六小节

第一分小节 对附录一第一小节（与职业养老金计划有关的成文法

适用于某类存托养老金计划）做如下修改。

第二分小节 在第（b）项第（ⅱ）小节中：

（a）在第（ⅰ）小节中，用"第七条第五A款第（b）项、第八条第一款第（a）项、第八条第一款第（c）项、第八条第二款、第十一条第三A款、第十一条第三B款和第十五条第一款除外，"替换从"除"一词开始到结束的一段内容；

（b）在第（ⅱ）小节中，用"30"替换"31"；

（c）第（ⅲ）小节中，删除从"除"到结尾的一段内容；

（d）用以下内容替换第（ⅴ）小节：

"（ⅴ）第四十七条（专业咨询人士）;"；

（e）在第（ⅶ）小节中，用"第五十条到第五十B条"替换"第五十条"。

第三分小节 在第一小节之后插入"；以及

（c）《2004年养老金法》：

（ⅰ）第六十七条（违禁受托人名单的获取）；

（ⅱ）第二部分第四章和第五章（欺诈补偿和信息收集）；

（ⅲ）第二百四十七条到第二百四十九条（知识和理解能力的要求）；

（ⅳ）第三百一十八条（释义）。"

第四分小节 在第五分小节"《1995年养老金法》"之后插入"，和《2004年养老金法》第三百一十八条第一款，"。

第五分小节 在第五分小节之后插入：

"**第六分小节** 《2004年养老金法》第二部分第四章和第五章（被第一分小节使用）在内阁大臣根据规章进行修改后生效。"

第七十七小节

第一分小节 对附录五（抵免型养老金：支付模式）做如下修改。

第二分小节 在第八小节第一分小节第（b）小节，从"第五十六条"到"相关计划"用"《2004年养老金法》第三部分（计划资金筹集）"替换。

第三分小节 在第十三小节之后插入：

"**第十三A小节** 本附录条款以下列条款为准：

（a）《1995年养老金法》第七十三A条第三款和第六款（在计划关闭期间禁止接纳新人员参保：来源于计划的抵免型养老金支付例外情形），

（b）《2004 年养老金法》第一百三十三条第二款和第八款（计划评审期间禁止接纳新人员参保：计划支付抵免养老金的例外情形）。"

第十三节　《2000 年恐怖主义法》（第十一章）

第七十八小节　《2000 年恐怖主义法》附录三 A（管制部门和监管机构）用以下内容替换第四小节第一分小节第（f）款：

"（f）养老金监管局；"。

第十四节　《2000 年信息自由法》（第三十六章）

第七十九小节　在《2000 年信息自由法》附录一（政府机构）第六部分的适当地方插入：

"养老金监管局"；

"养老保障基金理事会"；

"养老保障基金理事会督察官"。

第十五节　《2002 年犯罪收益追缴法》（第二十九章）

第八十小节　《2002 年犯罪收益追缴法》附录九（管制部门和监管机构）用以下内容替换第四小节第一分小节第（f）款：

"（f）养老金监管局；"。

附录十三　撤销和废止

第一章　取消

简称和章节	取消的内容
《1967 年议会管理专员法》（第十三章）	在附录二中，与下列有关的事项： （a）职业养老金监管局； （b）养老金补偿理事会
《1975 年议会下院取消任职资格法》（第二十四章）	在附录一第二部分中，与以下有关的事项： （a）职业养老金监管局； （b）养老金补偿理事会

续表

《1975 年议会取消任职资格法（北爱尔兰）》（第二十五章）	在附录一第二部分中，与以下有关的事项： （a）职业养老金监管局； （b）养老金补偿理事会
《1992 年裁判所和质询法》（第五十三章）	第十条第五款第（ba）项和第十条第五款第（ba）项之前的"或"。 附录一第一部分第三十五小节第（g）分小节和第三十五小节第（h）分小节
《1993 年养老金计划法》（第四十八章）	第六条
《1993 年养老金计划法》（第四十八章）	在第二十八条中： （a）第四款第（a）项、第（b）项以及第（c）项"和"； （b）第四 A 款和第四 B 款； （c）在第八款"开始日期"定义中，"，不应早于参保人 60 岁，"。 在第二十九条第一款第（aa）项第（ii）小节中，从"和不是"到"75 岁，"一段词语。 第三十四条第一款第（a）项第（ii）小节"或类型"。 第九十九条第六款。 第一百○一 J 条第三款。 第一百一十一条。 第一百一十一 A 条第十款。 第一百一十 B 条。 在第一百二十三条中，第三款"职业养老金计划"定义和第四款。 在第一百二十九条中： （a）在第二款中，从"和第 iv 章"到结尾一段词汇； （b）第三款第（b）项。 在第一百三十一条第（b）款中，"在更早的时间应予支付或"词汇。 在第一百三十二条中，从"或自主性"到第三个"条件"一段词汇。 第一百四十八条第五款第（ba）项和第一百四十八条第五款第（bb）项。 第一百四十九条第一款、第一百四十九条第一 A 款和第一百四十九条第一 B 款。 在第一百四十九条第三款中：

续表

	(a) 第（ba）项； (b) 第（d）项及第（d）项之前的"和"一词。 在第一百四十九条第六款中： (a) 第（c）项； (b) 在第（k）项结尾"和"一词。 第一百四十九条第八款。 在第一百五十一条第一款中，第（c）项和第（c）项之前"和"一词。 在第一百五十一条第三款中： (a) 第（ba）项和第（bb）项； (b) 在第（c）项中，"第（a）项到第（bb）项的任一小节"。 在第一百五十八条中： (a) 在第六款中，"根据第七款"词汇； (b) 第七款。 第一百六十八 A 条。 在第一百七十五条中： (a) 在第一款中，第（a）项及第（b）项结尾"或"一词； (b) 第四款到第七款。 在第一百七十七第五款中： (a) 第（a）项结尾"和"一词； (b) 第（b）项。 在第一百八十一条中： (a) 在第一款中，"名单"和"自主性缴费条件"定义； (b) 在第三款中，"第六条，"一词； (c) 在第四款中，"6，"一词。 在第一百九十二条第二款中，"第六条第一款、第六条第二款［第（a）项第（ⅱ）小节除外］、第六条第三款、第六条第四款和第六条第八款，"。 在附录九中，第五小节和第七小节第二分小节
《1995 年养老金法》(第二十六章)	第一条和第二条。 第五条。 在第七条第一款中，"上述计划受托人不再成为受托人"。 第七条第四款。

	在第十条第五款第（a）项中，"作为信托型计划受托人"词汇。 第十一条第三款。 第十三条。 第十六条到第二十一条。 在第二十二条第一款第（b）项中，第（i）小节末尾"或"。 在第二十五条第二款中，从"但如果"到结束一段内容。 第二十六A条到第二十六C条。 第二十八条第四款。 在第二十九条中： （a）第三款、第四款和第五款第（b）项； （b）在第六款中，"或取消"。 在第三十条中： （a）在第二款中，第（b）小节及第（b）小节之前"或"一词； （b）第七款和第八款。 第三十A条。 第三十一条。 第三十六条第二款。 在第三十八条第二款第（b）项中，"新的"一词。 第四十一条第二款第（c）项。 第四十八条。 在第四十九条中，第十款第（a）项及第十款第（a）项之后"和"一词。 第四十九A条第四款。 在第五十一条第一款中，第（a）项第（i）小节结尾"和"一词。 在第五十四条第三款中，"适宜百分率"的定义。 第五十六条到第六十一条。 在第六十三条第四款第（c）项中，"或类型"词汇。 在第六十九条中： （a）第三款第（a）项； （b）在第四款第（a）项中，"第（a）项或"；

(c) 在第五款第 (a) 项中，"两者之一"。 在第七十一 A 条第四款中，第 (f) 项和第 (g) 项。 第七十二 A 条第九款第 (a) 项和第七十二 A 条第九款第 (a) 项之后"和"一词。 第七十二 B 条第七款和第八款第 (b) 项。 第七十二 C 条第二款。 第七十三条第六款第 (a) 项和第七十三条第六款第 (a) 项之后"和"一词。 在第七十四条中： (a) 在第二款中，"（包括养老金增长在内）"词汇； (b) 在第四款中，"（包括养老金增长在内）"词汇； (c) 第五款第 (b) 项及第五款第 (b) 项之前的"或"。 第七十五条第九款。 在第七十六条中： (a) 第三款第 (c) 项（不包括本款之后的"和"）； (b) 第五款。 第七十七条第二款和第三款。 第七十八条到第八十六条。 第八十七条第五款第 (a) 项和第八十七条第五款第 (a) 项之后"和"一词。 第八十八条第四款第 (a) 项和第八十八条第四款第 (a) 项之后"和"一词。 在第八十九条第二款中，"破产"一词。 第九十六条到第一百一十四条。 在第一百一十七条第二款中： (a) 在第 (b) 项结尾中，"或"一词； (b) 第 (c) 项。 第一百一十八条第三款。 在第一百一十九条中，"56（3）,"一词。 在第一百二十四条第一款中： (a) 在"雇主"定义中，"或类型"词汇；

	（b）"提名董事""提名受托人"以及"最低资金筹集条件"，
	（c）在"应计养老金工作年限"定义中，"或类型"词汇。
	第一百三十四条第三款。
	第一百四十二条第五款。
	附录一和附录二。
	在附录三中，第十二小节、第二十一小节、第二十三小节和第四十四小节第（a）分小节第（ⅱ）款。
	在附录四中，第二十一小节第十三分小节和第二十一小节第十四分小节。
	在附录五中：
	（a）第二十小节；
	（b）第七十七小节第（b）分小节（不包括本小节之后的"和"）。
	在附录六中，第六小节第（d）分小节
《1995年刑事诉讼法（附属条款）（苏格兰）》（第四十章）	在附录四中，第九十八小节
《1996年就业权利法》（第十八章）	在第五十八条第三款第（b）款中，"或类型"
《1999年社会保障缴费法（职权移交等）》（第二章）	在附录一中，第六十七小节和第六十八小节
《1999年福利改革和养老金法》（第三十章）	第二条第五款和第六款。 第四条和第五条。 第十七条。 第三十八条第一款。 在第四十六条第一款"应计养老金工作年限"的定义中"或类型"。 在附录一中： （a）第一小节第二分小节第（a）款； （b）在第一小节第二分小节第（b）款第（ⅰ）项中"，十三"； （c）在第一小节第二分小节第（b）款第（ⅲ）项中，从"除外"到结尾； （d）第一小节第二分小节第（b）款第（ⅸ）项和第（ⅺ）项到第（ⅹⅲ）项；

	(e) 第二小节和第三小节。 在附录二中，第三小节第一分小节第（a）款、第九小节和第十三小节到第十六小节。 在附录十二中，第三十九小节第三分小节、第四十四小节、第四十五小节到第四十九小节、第五十三小节、第五十五小节和第六十小节
《2000 年儿童扶助、养老金和社会保障法》（第十九章）	第四十二条第七款第（c）项末尾"和"。 第四十三条到第四十六条。 第四十七条第一款、第二款和第四款。 第五十四条。 在附录五中： （a）第三小节第三分小节和第四分小节； （b）第十小节； （c）第十一小节； （d）第十二小节第二分小节、第三分小节和第四分小节。 附录九第三小节第十分小节
《2000 年信息自由法》（第三十六章）	在附录一第六部分中，与以下机构有关的条款： （a）职业养老金监管局； （b）养老金补偿理事会； （c）职业养老金计划和个人养老金计划名单
《2001 年反恐、犯罪和安全法》（第二十四章）	附录四第一部分第三十七小节
《2002 年就业法》（第二十二章）	附录六第一小节第（a）分小节和第一小节第（b）分小节

　　《1993 年养老金计划法》（第四十八章）第一百四十八条、第一百四十九条和第一百五十一条的取消与根据《2000 年儿童扶助、养老金和社会保障法》（第十九章）修改的条款相关；在这个意义上说，就制定规章和规则而言，上述修改已经付诸实施。

第二章　取消

标题和序号	取消的内容
《1995 年养老金法（北爱尔兰）》［S. I. 1995/3213（N. I. 22）］	第七十八章（附四）

《ATP(劳动力市场补充养老保险)综合法》（丹麦）

2008 年 6 月 8 日第 676 号综合法案

为了颁布关于 ATP（劳动力市场补充养老保险）的法案，参照 2006 年 7 月 21 日第 848 号综合法案，在依据 2006 年 12 月 20 日第 1537 号综合法案、2006 年 12 月 20 日第 1587 号法案第 1 条、2007 年 2 月 7 日第 108 号法案第 8 条、2007 年 4 月 30 日第 397 号法案第 3 条、2007 年 6 月 6 日第 523 号法案第 20 条、2007 年 6 月 6 日第 576 号法案第 6 条、2007 年 6 月 6 日第 577 号法案第 5 条、2007 年 10 月 24 日第 1235 号法案第 2 条、2008 年 2 月 26 日第 109 号法案、2008 年 3 月 12 日第 183 号法案并加以相应修订的基础上，制定本法。

第 1 部分　引　言

1. 为了向工薪阶层等群体支付补充养老金，依据本法，应当建立 ATP（劳动力市场补充养老保险）。

第 2 部分　适用范围

2. （1）下列人员可以成为 ATP（劳动力市场补充养老保险）的成员，但第 3 条规定的人员除外：

（a）年龄为 16—66 岁，受雇于丹麦本国或者丹麦驻外国的企业、机构及船舶者；

（b）按照《中央国家公务员、初等学校教师、国家教会教职人员法》或者地方公务员条例或细则，领取基本津贴和遣散费者；

（c）已被解雇以及在解雇通知期限仍领取工资者。

（2）在第（1）款所述人员当中，凡已经参加补充养老保险计划累计不少于 3 年，以及按照第 4a 条或第 15 条第（1）款规定缴纳会费相当于 3 个年度会费额度者，纵使其已成为个体经营者，应其本人要求，仍可继续保留其补充养老保险资格。ATP（劳动力市场补充养老保险）董事会应当为此种情况制定更加详细的规定。

（3）就业大臣应当在利益相关的雇主组织和雇员组织谈判之后，制定规定确保散工群体被纳入补充养老保险计划之中。

2a. （1）享受失业保险基金者，如果按照《失业保险法》有资格领取失业补助金，则其在失业期间应当被涵盖在补充养老保险计划内。此外，参加失业保险，按照《参加成人中专和继续培训补偿法》获得补偿金的失业人员，也应被纳入补充养老保险计划之中。

（2）按照《疾病津贴法》或者《与产假有关的休假和日常津贴权法》有资格领取失业补助金的打工者，在缺勤期间享有补充养老保险。此规定同样适用于具备享有失业补助金的条件，按照第（1）款的规定本应已享有补充养老保险的失业人员。

（3）从雇主处领取报酬，从失业保险基金或者公共就业服务机构领取补偿金，或者从公共就业服务机构领取岗位轮换津贴的打工者，当参加教育和培训按照《参加成人中专和继续培训补偿法》有权领取补偿金时，应被纳入补充性养老保险计划。

（4）按照《积极的社会政策法》第 25 条、第 52 条和第 74d 条以及《社会福利法》第 29 条和第 29a 条的规定，领取津贴者应被纳入补充性养老保险计划。

（5）参加失业保险、按照《失业保险法》第 55 条第（4）款的规定领取就业能力拓展津贴者，应当纳入补充性养老保险计划。

（6）年满 25 岁参加失业保险并领取培训津贴者，或按照《积极的劳动力市场政策法》领取就业能力拓展津贴者，应当纳入补充性养老保险计划。

（7）按照《在丹外国人一体化法》第27条或第29条第（2）款的规定领取津贴的外国人，应当纳入补充性养老保险计划。

（8）按照《社会养老法》第16条的规定领取津贴者，应当纳入补充性养老保险计划。

2b. 下列人员当领取以下相应类型的津贴时，经自愿，可以定期向ATP（劳动力市场补充养老保险）缴纳会费。

（1）参加失业保险基金并按照《失业保险法》等法案案领取过渡性津贴或者提前退休津贴者；

（2）按照《弹性工作津贴法》领取弹性工作津贴者；

（3）按照《失业保险法》等法第74m条、第75f条第（3）款和第75m条第（3）款的规定领取提前退休津贴或过渡性津贴但未参加丹麦失业保险基金者；

（4）《部分养老金法》涵盖的人员。

2c. 关于按照第2a条和第2b条的规定缴纳会费的责任之更详细的规定，应由就业大臣在与社会事务大臣协商之后，按照ATP（劳动力市场补充养老保险）董事会的建议来制定。

3.（1）就业大臣应当按照与ATP（劳动力市场补充养老保险）董事会协商的结果，制定规定决定下列人群是否应当适用于本法：

（a）在丹麦短期就业的外国打工者；

（b）长期在丹麦为外国公司工作并在其母国享有养老保险的外国打工者；

（c）受雇于丹麦驻外国使领馆及船舶的外国打工者；

（d）受雇于海外丹资公司并在当地享有适当养老保险的丹麦打工者。

（2）如果丹麦已与相关国家就在丹的其他国家或地区国民以及定居于其他国家或地区的丹麦国民获得补充养老金问题达成相互协议，则就业大臣可以减损本法关于此类人员的ATP（劳动力市场补充养老保险）的成员资格和缴费的规定。

4.（已废除）

第2a部分 成员资格的界定

4a. （1）在由部长或者市政当局缔结或者批准的正在终止过程中或者因过期可以被终止的不迟于1987年底的集体协议或者其他协议中，按照第15条第（1）款的规定，在此日期之前约定于1982年1月1日生效的费率不提高。

（2）在由政府当局于1987年1月1日至12月31日期间制定或批准的关于报酬和工作条件的一般规定中，按照第15条第（1）款规定，于1982年1月1日生效的费率不提高。

（3）雇主应当按照第（1）款和第（2）款的规定为上述的集体合同、其他合同或一般规定所涉及的雇员缴费。

（4）按照第（1）款和第（2）款的规定，单个全职就业成员一年的缴费金额为1166.40丹麦克朗。

（5）在关于报酬和工作条件的集体协议、其他协议或一般规定中，如果包含符合第（1）款的约定或者依照第（2）款所做出的决定，可按照第15条第（1）款的规定，约定或决定将年度缴费额度增加至与1996年1月1日及其以后的标准齐平。

（6）在关于报酬和工作条件的集体协议、其他协议或者一般规定中，如果包含符合第（1）款的约定或者依照第（2）款所做出的决定，可于2005年底之前约定或决定将第（4）款中规定的缴费额度提高到与第15条第（1）款的规定的年度缴费额的相同数额，保持在2006年1月1日及其以后的水平。

第3部分 个人养老金

5.（已废除）

6.（1）对在1965年3月31日之前已经参加该计划的成员，每年应当根据下列规模发放年度补充养老保险，但于1982年1月1日前获得资格的参照第7条的规定以最高不超过17.75年发放。

出生年月	年度养老金
1898 年 4 月	DKK　600.00
1899 年 4 月	DKK　312.00
1900 年 4 月	DKK　216.00
1901 年 4 月	DKK　168.00
1902 年 4 月	DKK　139.20
1903 年 4 月	DKK　120.00
1904 年 4 月	DKK　111.43
1905 年 4 月	DKK　105.00
1905 年 10 月—1917 年 4 月	DKK　108.00
1918 年 4 月	DKK　109.71
1919 年 4 月	DKK　111.82
1920 年 4 月	DKK　113.74
1921 年 4 月	DKK　115.50
1922 年 4 月	DKK　117.12
1923 年 4 月	DKK　118.62
1924 年 4 月	DKK　120.00
1925 年 4 月	DKK　119.14
1926 年 4 月	DKK　118.34
1927 年 4 月	DKK　117.60
1928 年 4 月	DKK　116.90
1929 年 4 月	DKK　116.25
1930 年 4 月	DKK　115.64
1931 年 4 月	DKK　115.06
1932 年 4 月	DKK　114.51

续表

出生日期	年度养老金
1933 年 4 月	DKK　111.33
1934 年 4 月	DKK　108.32
1935 年 4 月	DKK　105.47
1936 年 4 月	DKK　102.77
1937 年及其以后	DKK　100.20

（2）对于 1965 年 4 月 1 日以后参加该计划的成员，按照第 7 条的规定，于 1972 年 10 月 1 日前参加该计划的，按每年年度养老金 60.00 丹麦克朗的标准发放补充养老金；1972 年 10 月 1 日至 1981 年 12 月 31 日之间参加该计划的，按每年年度养老金 100.00 丹麦克朗的标准发放补充养老金。可计算的最高年限应相当于从参加该计划到 1982 年 1 月 1 日的时间。

7.（1）对于 1982 年 1 月 1 日前参加该计划者，按照第 15 条的规定，年度养老金相当于从缴费人年满 60 岁之前的 11 个月到年满 60 岁之后的 9 个月期间一年的缴费数额。

（2）除第（1）款中所规定的缴费之外，在个人年缴款也应当被计入其他缴费年以达到第（1）款中规定的必要年限或者达到第 8 条第（2）款中规定的数额。任何额外的缴费应被视为在 1992 年 7 月 1 日至 2002 年 1 月 1 日之间已然支付。

（3）按照第 15 条的规定，数周或数月缴纳的 2/3 或 1/3 的额度应同比例地加以计算。

8.（1）关于 1982 年 1 月 1 日至 1992 年 7 月 1 日期间的缴款，在缴费人年满 60 岁之前，每缴纳 396.00 丹麦克朗则支付 100.00 丹麦克朗的年度养老金，在年满 60 岁之后每缴纳 324.00 丹麦克朗则支付 100.00 丹麦克朗的年度养老金。

（2）在第（1）款中所指的时间段内，养老金可以达到缴费人年满 60 岁之前每年 11 个月的缴费和年满 60 岁之后每年 9 个月的缴费的最大值。任何额外的缴费都将按规定计入缴费人账户并参照第 7 条第（2）款中所规定的情形处理。

8a. 关于 1992 年 7 月 1 日至 2002 年 1 月 1 日期间的缴费,每缴纳 396.00 丹麦克朗则支付 100.00 丹麦克朗的年度养老金。

8b. 关于 2002 年 1 月 1 日至 2008 年 1 月 1 日期间按照第 16 条的规定缴费减少的情况,养老金应按照附录 A 的规定来支付。养老金的确定应以每年 2% 的利率为基础。

8c. (1)从 2008 年 1 月 1 日开始,按照第 16 条的规定减少的情况,缴费应当被分为保证性缴费和奖励性缴费。参保人的养老保险金应按照每年一次的为下一年所确定的利率从保证性缴费中支付。

(2)就业大臣应根据 ATP(劳动力市场补充养老保险)董事会的建议,参照第(1)款的规定,为年利率的确定原则制定更为详尽的规定。就业大臣应根据 ATP(劳动力市场补充养老保险)董事会的建议确定年利率。建议的年利率的最终决定应以基于市场价值的适当利率为基础,该利率由 ATP(劳动力市场补充养老保险)董事会根据养老金基础并参照第 16 条的规定确定。

(3)就业大臣应根据 ATP(劳动力市场补充养老保险)董事会的建议并通过与丹麦金融管理局协商,规定每年缴费中保证性缴费的最大份额,并制定有关规定以确定每年实际适用的保证性缴费的原则。就业大臣应根据 ATP(劳动力市场补充养老保险)董事会的建议规定实际保证性缴费的规模。

9. (1)①采用个人养老金形式的补充养老金,应根据要求,在参保人达到退休年龄后一个月的第一天按月提前支付。若支付申请未提交,则支付日期延迟,且养老金应根据第 9a 条中的规定做出调整。但是,ATP(劳动力市场补充养老保险)董事会可以决定小额养老金外加奖励性养老金是在较长时期内逐次发放还是一次付清。ATP(劳动力市场补充养老保险)董事会应参照第 18 条的规定制定关于资本价值的规定。在上述资金中,男性和女性的剩余预期寿命视为相同。

(2)有计划的年度养老金及奖励性养老金应当四舍五入到能被 12 整除的最接近的数额。

(3)在时间上做出如此要求之前,最多可支付 6 个月的补充养老金。

---

① 请参阅 2008 年 2 月 26 日第 109 号法案第 3 条,其中包含 2008 年 1 月 1 日至 2009 年 6 月 30 日期间关于补充养老金等计算的特别过渡性规定。

9a.（1）①自退休年龄算起,补充养老金可以延迟支付。但是延迟支付的时间不超过 75 岁。每推迟一个月补充养老金应有所增加。增加的补充养老金应按由就业大臣根据 ATP(劳动力市场补充养老保险)董事会的建议每年一次为下一年所确定的利率支付。按照第 8c 条第(2)款的规定,建议的年利率应以基于市场价值的适当利率为基础。

（2）1943 年 1 月 1 日前出生的选择推迟领取补充养老金的参保人,对于 2002 年 1 月 1 日前的养老金收入,依据第 9 条第(1)款规定,达到退休年龄后每月被推迟的养老金以每月 0.8 个百分点的比率增加,直到 70 岁为止;对于 2002 年 1 月 1 日至 2008 年 1 月 1 日之间的养老金收入,依据第 9 条第(1)款规定,达到退休年龄后每月被推迟的养老金以每月 0.6 个百分点的比率增加,直到 75 岁为止。从 70 岁开始延迟领取养老金,但于 75 岁之前终止的,其养老金的增长办法按照第(1)款的规定执行。

10. 就业大臣可以按照 ATP(劳动力市场补充养老保险)董事会的建议为补充养老金的计算与支付制定更为详细的规定。

第 4 部分　死亡津贴(有关 2002 年 1 月 1 日前向 ATP 的缴费)

配偶福利

11.（1）出生于 1925 年 7 月 1 日或之后、去世于 1992 年 7 月 1 日或之后的补充养老保险计划成员,死亡时若其配偶仍健在,则一次性向其配偶给付整笔养老金。配偶享有的对一次性给付的养老金的权利不受分居的影响。

（2）一次性清付的数额应相当于基于计算的养老金的资本价值,该养老金将会被视为给予了一位与已故成员年龄相同的人。此外,养老金应被视为自参保人死亡时终身支付,但不早于其健在配偶 67 岁。如果死者按照第 9 条第(1)款的规定在其 67 岁之前已经开始领取养老金,则养老金被视

---

①　请参阅 2008 年 2 月 26 日第 109 号法案第 3 条,其中包含 2008 年 1 月 1 日至 2008 年 12 月 31 日期间关于支付日期的特别过渡性规定。

为从死亡时发放。在上述的资金中,男性和女性剩余预期寿命视作相同。

(3)按照第(2)款中的规定,补充养老金应占相关成员死亡时获得的私人养老金和奖励性养老金的35%。

(4)参保人死亡后5年内未要求支付的整笔养老金将返还给 ATP(劳动力市场补充养老保险)。

子女津贴

11a. (1)出生于1925年7月1日或之后、去世于1992年7月1日或之后的补充养老保险计划成员,死亡时若其子女仍健在,则一次性向其子女给付整笔养老金。

(2)若已故的参保人按照第9a条的规定,在67岁之前已开始领取养老金或者推迟领取养老金直到67岁之后的某个时间,则一次性向其每个未满18岁的子女给付的整笔养老金是参保人从67岁到其死亡时以个人养老金和奖励性养老金形式已得的养老金领取权的一倍,在适当情况下按照第9条第(1)款的规定加以调整。

(3)在第(2)款中所提及的款项应当支付给儿童的法定监护人。

(4)本条规定的一次性给付数额,同样适用于第11条第(4)款的规定。

过渡性津贴

12. (1)除了第11条规定的一次性给付的数额外,对于生于1925年7月1日至1941年6月30日之间、死于1992年7月1日及以后的补充养老金计划的成员,还应一次性向其仍健在的配偶支付另外一笔养老金。

(2)这笔一次性支付的养老金应相当于支付给健在配偶的养老金收益的资本价值。在计算上,养老金应被认定为自参保人死亡时开始支付,但不早于其健在配偶的62岁。在上述资金中,按照第(4)款的规定,男性和女性剩余预期寿命视作相同。

(3)按照第(2)款的规定,对于1931年6月30日之前出生的参保人,支付给其健在的配偶的养老金应占1992年7月1日之前获得的个人养老金和奖励性养老金的15%。1931年7月1日至1941年6月30日之间出生的参保人，支付的比率应逐步下降，1941 年 7 月 1 日之后出生的参保人则不再支付养老金。

（4）在该资金中，按照第（3）款的规定，只应包括从健在配偶 67 岁时或从其按第 9 条第（1）款的规定享有权利时开始，依据本法第三部分的规定超过其任何个人养老金（包括奖励性养老金）的部分，即是指按照第 11 条第（3）款的规定养老金增加的部分。若参保人死亡时其健在配偶尚未达到 67 岁，则 2002 年 1 月 1 日前的缴费应被包含在个人养老金的计算之中。

（5）本条规定的一次性给付数额，同样适用于第 11 条第（4）款的规定。

资本化的配偶退休金等

13.（1）出生于 1925 年 6 月 30 日或之前、去世于 1992 年 7 月 1 日或之后的补充养老保险计划的成员，按照第（3）款的规定，在其死亡时应一次性向其健在的配偶给付整笔养老金。

（2）出生于 1930 年 7 月 1 日或之后、1992 年 7 月 1 日之前死亡的参保人，按照第（3）款的规定，在其死亡时应一次性向其健在的配偶给付整笔养老金。

（3）第（1）款和第（2）款规定的一次性支付给健在配偶数额应按相当于死者个人养老金和奖励性养老金的半数或者死者从 67 岁开始应得的以其实际缴纳的款额和任何奖金积累为基础而发放的个人养老金和奖金性养老金半数的资本化价值来计算。

（4）在该资金中，养老金被视为从死亡时开始支付，但按第（5）款的规定不得早于其健在配偶的 62 岁。在上述资金中，男性和女性剩余预期寿命视作相同。

（5）但是在该资金中，按照第（3）款的规定，只应包括从健在配偶 67 岁时或其按照第 9 条第（1）款的规定在 67 岁之前已经开始领取养老金时开始，超出其个人养老金（包括奖励性养老金，参照本法第三部分）的部分。若参保人死亡时其健在配偶尚未达到 67 岁，则 2002 年 1 月 1 日前缴纳的费用应被包含在个人养老金的计算之中。

（6）第（1）款和第（2）款中规定的一次性给付数额只有在其婚姻

已持续了不少于 10 年并且死者已获得享有全额养老金权利满 10 年的情况下才应被支付。

（7）第（1）款中规定的于 2002 年 1 月 1 日后死亡应一次性给付的数额，同样适用于第 11 条第（4）款的规定。

（8）就第（2）款中规定的一次性给付金额提出申请，应在健在配偶满 67 岁之前，但不得早于 2007 年 1 月 1 日。

14.（1）若在 1992 年 1 月 1 日之前已获得领取配偶养老金和奖励性养老金的权利，则配偶养老金和奖励性养老金的领取应按现行规定执行。该权利应于健在配偶开始新的婚姻时失效，但如果上述新的婚姻终止，则该权利可依申请重新恢复。

（2）但是，若健在配偶符合本法第 3 部分规定的以个人养老金形式发放补充养老金的条件，则其只享有上述养老金中数额最大者。

（3）否则，配偶养老金应按照第 9 条第（1）款和第（2）款的规定支付。

14a.（1）第 11 条、第 11a 条、第 12 条、第 13 条规定的一次性给付的养老金，应依权利所有人的申请执行。

（2）就业大臣应按照 ATP（劳动力市场补充养老保险）董事会的建议，就第 11 条、第 11a 条、第 12 条、第 13 条规定的一次性给付的养老金的计算和支付以及第 12 条第（4）款和第 13 条第（5）款规定的个人养老金的计算制定规定。董事会应按照第 18 条的规定就资本化价值的决定出台规定。

第 4a 部分　死亡津贴（有关 2002 年 1 月 1 日后向 ATP 的缴费）

配偶和同居者津贴

14b.（1）当补充养老金计划的成员死亡时，应一次性向其仍健在的配偶或同居者给付 4 万丹麦克朗的补助金。配偶对该笔补助金的权利不受分居的影响。

（2）同居者意指居住在一起并满足结婚的条件的人。为了获得第

（1）款规定的补助金的权利，同居者应该已经向 ATP（劳动力市场补充养老保险）书面登记并指定对方作为该项补助金的受益人。在向 ATP（劳动力市场补充养老保险）书面登记时，第一句所指的同居关系应已存在。更进一步，同居关系在相关参保人死亡前应已存在不少于两年。若同居关系已被法律所认可，则在法律认可之前，必须首先满足第四句中规定的居住在一起的要求。

（3）若参保人已参加补充养老保险计划的时间总计不少于两年并且按照第 4a 条或第 15 条第（1）款的规定已缴纳相当于两个年度的应缴额度的保险费，则第（1）款中规定的补助金可以支付给其健在的配偶或同居者。

（4）ATP（劳动力市场补充养老保险）董事会可以调整第（1）款中规定的补助金的额度。

（5）本条规定的补助金若在参保人死后 5 年内无人申领则应返还给 ATP（劳动力市场补充养老保险）。

14c. 第 14b 条第（1）款规定的补助金应从参保人年满 66 岁及其以上至参保人年满 69 岁及其以上时逐年等量减少，参保人年满 70 岁时对该项补助金的权利完全失效。

14d. 若补充养老保险计划的参加人其健在配偶同时有权获得第 11 条和第 12 条规定的一次性补助金和第 14b 条规定的一次性补助金，则只能获得其中的金额最大者。

子女津贴

14e. （1）补充养老保险计划的参加者死亡时，应对其在世子女支付一次性补助金。每个 21 岁以下的子女的支付额度为 4 万丹麦克朗。

（2）对于未满 18 岁的子女，上述补助金应支付给其法定监护人。

（3）若参保人已参加补充养老保险计划的时间总计不少于两年并且按照第 4a 条或第 15 条第（1）款的规定已缴纳相当于两个年度的应缴额度的保险费，则应向其在世子女支付第（1）款规定的补助金。

（4）ATP（劳动力市场补充养老保险）董事会可以调整第（1）款规定的补助金的额度。

（5）本条规定的补助金若在参保人死后 5 年内无人申领则应返还给

ATP（劳动力市场补充养老保险）。

14f. 若补充养老保险计划的参加人其在世子女同时有权获得第 11a 条规定的一次性补助金和第 14e 条规定的一次性补助金，则只能获得其中的金额最大者。

14g.（1）第 14b 条和第 14e 条规定的补助金的支付应依据权利人的申请执行。

（2）按照 ATP（劳动力市场补充养老保险）董事会的建议，就业大臣应为第 14b 条和第 14e 条规定的一次性补助金的计算和支付制定更为详尽的规定。

第 5 部分　缴费

15.（1）ATP（劳动力市场补充养老保险）董事会应当规定年度缴费规模，该缴费规模应等同于受雇于同一雇主的全职雇员的年度缴费金额。该决议应当得到代表会议的简单多数的批准，虽然大多数的雇主代表和大部分雇员代表都应投赞成票。

（2）对于非全职雇佣但仍受雇于同一雇主的雇员，应该根据其就业程度决定为其缴纳 2/3 或者 1/3 的费用或者不为其缴费。

（3）除第 4a 条规定的情形外，为了确保就业程度相同的劳动者获得同等的缴费而不论其就业类型和支付期限，经过与财政大臣和 ATP 董事会协商，就业大臣应当就受雇于同一雇主期间的缴费的计算制定规定，并应就以下事项制定更为详尽的规定：

①年度缴费金额在支付期限和工作时间上的分配，以便决定在什么情况下分别为其缴纳全部、2/3、1/3 的费用或者不为其缴费；

②工作时间未知的雇员缴费基础的工作时间的计算；

③通常在一周内受雇于多个雇主的就业者群体的缴费规模。

（4）雇主应当缴纳 2/3 的款额，雇员应当缴纳 1/3 的款额。

（5）保持第 2 条第（2）款规定的成员关系的雇员应当自行缴纳第（1）款规定的全部款额。

（6）若雇员在达到正式退休年龄时已年满 67 岁，则停止为其缴纳补充养老保险费。此外，按照第 9 条第（1）款和第 9a 条的规定，应从参保人 67 岁时或从提前退休时停止缴纳补充养老保险费。

16. 应当为所有缴费雇员计算年度应缴费额，该应缴费额应于计算第 8c 条规定的养老金之前预先从单个雇员的缴费额中予以扣除。计算的年度应缴费额应由以下两部分组成：

（1）单个缴费年度包括第 14b 条和第 14e 条规定的死亡津贴的数额；

（2）当缴费不足以抵偿上述扣除时用以保证包括第 14b 条和第 14e 条规定的死亡津贴的数额。

17. （1）雇主应当从雇员的工资中扣除雇员应缴的那部分补充养老保险费并于每季度末为雇员向 ATP（劳动力市场补充养老保险）缴纳全部补充养老保险费。

（2）就业大臣应当按照 ATP（劳动力市场补充养老保险）董事会的建议就补充养老保险费的缴纳包括缴纳期限制定更为详尽的规定。该规定可以规定 ATP（劳动力市场补充养老保险）允许推迟缴纳补充养老保险费以及取消缴纳补充养老保险费及利息。

（3）在推迟缴费的情况下，雇主应当按照第（1）款的规定从季末开始为推迟的缴费支付每月 1.5% 的利息。

（4）ATP（劳动力市场补充养老保险）对缴费和利息具有行政管理权。

（5）第（2）款到第（4）款的规定应当相应地适用于按照第 15 条第（5）款的规定自行缴纳全额费用的雇员的缴费。

（6）若雇主无力支付拖欠的缴费，或者所欠费用被取消，则雇员对逾期未付的缴费仍享有享受养老金的权利。

第 5a 部分

（已废除）[①]

17a. （已废除）

---

① 该部分应从 2003 年 1 月 1 日起被废止，参照 2002 年 12 月 17 日第 1032 号法案。支付金额的调整等应依据迄今为止仍具效力的规定；参照 2002 年 8 月 20 日第 689 号综合法案。

第5b部分

(已废除)①

17b—17e. (已废除)

第5c部分　特别养老金储蓄计划(SP)人群和缴费

17f. (1) ATP(劳动力市场补充养老保险)应该按照《劳动力市场缴费法》有关打工者和有义务缴纳该法第7条第(1)款和第(2)款规定的费用的个体经营者等的第8条第(1)款第(a)项、第(b)项、第(d)项、第(e)项和第(g)项以及第10条规定的缴费依据的1.0%收取特别养老金储蓄,但第(2)款和第(6)款规定的情形除外。但2004—2008年,收费比率应为0。《劳动力市场缴费法》等法中关于收取、说明、支付、利率、告知、罚则及调整等方面的规定,以及《税收管理法》第11f条关于收入登记信息的电子访问和对该信息以协调和目的控制性比较为目的的使用的规定,都应当相应地适用于第一句所述的特别养老金储蓄,但第(2)款和第(6)款规定的情形除外。

(2)参照《劳动力市场缴费法》第8条第(1)款第(a)项、第(b)项、第(e)项和第11条第(1)款的规定,对于有义务缴纳该法第7条第(1)款第(a)项、第(b)项和第(c)项规定的费用的雇员,第一次就工资、薪金等收取的第(1)款所述的养老金储蓄应在雇员17岁的月历年中征收《源头减税法》规定的所得税时,最后一次就工资、薪金等收取养老金储蓄应在雇员64岁的月历年中征收《源头减税法》规定的所得税时。

参照《劳动力市场缴费法》第8条第(1)款第(a)项、第(b)项、第(e)项和第11条第(4)款、第(8)款的规定,对于有义务缴纳该法第7条第(1)款第(a)项、第(c)项、第(e)项和第7条第(2)款规定的费用的雇员,第一次

---

① 有关临时养老金储蓄计划账户的规定应当与迄今为止仍具效力的规章相一致,比照2002年6月6日第357号法案第6条第(2)款。

收取养老金储蓄应当在雇员年满 17 岁的收入年,最后一次收取养老金储蓄应当在雇员年满 64 岁的收入年。

(3)对于第 2a 条第(1)款到第(7)款所述的雇员,占规定的失业救济金、补助等 1.0% 的特别养老金储蓄也应当收取到雇员年满 64 岁的当年年末为止。但是,按照第 2a 条第(4)款的规定,本规定不适用于《社会服务法》第 9 条规定的津贴的获得者。对于按照《雇员保障基金法》第 2 条第(1)款的规定获得工资索赔等津贴的雇员,丹麦雇员保障基金应当向特别养老金储蓄计划支付和报告上述津贴的 1%。该款项应当每月直接支付给 ATP(劳动力市场补充养老保险)。第一句和第三句提到的缴费率在 2004—2005 年应为 0。对于第 2a 条第(2)款规定的其雇主在其生病期间向其支付了每日津贴的雇员,缴费应当继续被计算在内直到雇主已停止收取这些费用,但是不超过 2005 年 5 月 30 日,其后 2004—2005 年的剩余时间的缴费率仍应为 0。

(4)按照第(1)款的规定收取的款项应当经由国家税务机关转给 ATP(劳动力市场补充养老保险)。

(5)按照第(3)款的规定收取的款项应当直接支付给 ATP(劳动力市场补充养老保险)。

(6)若账户持有人已年满 64.5 岁并且由于纳税申报单上随之而来的改变导致出现已对账户持有人收取了过多或过少的养老金储蓄的情况,则国家税务机关不应再收取余下的款项并且应退还多缴的金额。相应地,在规定的时间内未能支付的养老金储蓄退还和额外权益应当在账户持有人年满 65 岁之前的一个月内终止。但是,在账户持有人年满 64 岁的收入年的规定期限内未能支付的养老金储蓄等的退还应当于上述收入年的翌年的 11 月 1 日之前终止。当账户持有人死亡时,若确知账户持有人于死前曾拖欠在收入年的规定期限内未缴的养老金储蓄达两年以上,或确知账户持有人死亡前对其纳税申报单的更改距账户持有人死亡已超过两年,则 ATP(劳动力市场补充养老保险)可以应国家税务机关的要求宣布支付暂停至死亡登记后的 3 个月。如果死亡登记日期晚于死亡当年的 9 月 1 日,则第四句的规定相应地适用于死亡前收入年的养老金储蓄的收取。也应当按照第 17i 条的规定对死亡进行支付。

(7)若第 2a 条第(1)款到第(7)款规定的账户持有人已年满 64.5 岁并且随之查明其缴纳了过多或过少的养老金储蓄,则按照第 17h 条的规定,不需对账户持有人的个人账户做出任何调整。此规定同样适用于第(3)款第三句规定的支付。

（8）经与税务大臣协商,就业大臣可以就第(1)款、第(2)款、第(4)款和第(6)款规定的执行制定更为详尽的规定。

（9）按照《劳工处养老金法》,雇员在劳工处养老金账户中的存款可以转移到账户持有人的个人账户。转移后,转移的资金应当按照和第17g条规定的缴费信用相同的规定对待。就业大臣可以就本款规定的账户接收制定更为详尽的规定。

存　款

17g.（1）在一个给定的收入年的年度报表的基础上，在该收入年翌年的12月1日之后，依据第17h条，应当按照年度报表的日期，向第17f条第（1）款规定的从各个缴费人手中收取的养老金储蓄的个人账户打入一笔存款，并依据年度报告将该笔存款计入除去在给定的收入年的规定期限内未缴纳的养老金储蓄等的任何拖欠之后的有效的养老金储蓄。若在规定的期限内未缴纳的养老金储蓄的欠款已偿还，则偿还的欠款也应被记入养老金储蓄账户。扣缴的养老金储蓄应当由ATP（劳动力市场补充养老保险）解决并在年度报表中列入已缴纳的养老金储蓄，无论扣缴的养老金储蓄是否已按《劳动力市场基金法》第17f条第（1）款第2句、第15条第（3）款第2句的规定缴纳。在第一句提到的同一日期，第17f条第（3）款规定的各个缴费者的养老金储蓄个人账户应当记入缴纳给ATP（劳动力市场补充养老保险）的款额。

（2）在第（1）款规定的账户被记入之前，按第17f条第（4）款和第（5）款的规定转移的资金应当单独管理。扣除养老金收益税和费用后，从这些资金获得的收益应当根据第（1）款规定的记入的缴费多少同比例地记入个人账户。

（3）就业大臣应当就第（1）款和第（2）款规定的向个人账户存款制定更为详尽的规定。

账户管理

17h. （1）ATP（劳动力市场补充养老保险）应当将按第17f条和第17p条的规定收取的资金以及由此而产生的收益同基金的其他资产分开经营。

（2）应当为个人账户的经营和管理设立独立账户。行政开支应当在适用于由ATP（劳动力市场补充养老保险）管理的其他计划的相应法规中有所规定。

（3）单个特别养老金储蓄计划账户应该部分地由在任何时候都应代表个人选择的投资计划比例的现值的投资账户组成，参照第17k条第（1）款和第17m条第（1）款的规定；部分地由用作ATP（劳动力市场补充养老保险）保管的特别养老金储蓄计划账户的持续管理的经常账户的和用作涉及转移到其他养老金机构的账户的调整和管理等内容的一般账户的现金账户组成，参照第17n条的规定。ATP（劳动力市场补充养老保险）应当就现金账户中的正负金额制定利率。

（4）对于已将个人特别养老金储蓄账户转移至其他养老金机构的账户持有人，当其64岁时的特别养老金储蓄的支付已被转移至其他养老金机构时，应当停止拥有ATP（劳动力市场补充养老保险）的个人特别养老金储蓄账户。

（5）存入该账户的款项应当总是包含该账户持有人的投资计划比例的价值和现金账户中扣除了养老金收益税和费用的剩余款项。

（6）根据ATP（劳动力市场补充养老保险）董事会的建议，就业大臣可以就个人账户的管理，包括账户在分居或者离异的配偶间的分配办法，制定更为详尽的规定。

支 付

17i. （1）当账户持有人死亡时，ATP（劳动力市场补充养老保险）应当将其个人特别养老金储蓄账户里的存款转入死者的遗产。若特别养老金储蓄账户已按第17n条的规定转入其他养老金机构，则现金账户里的存款不仅不应支付给死者，反而应当被平衡考虑并转入其他养老金机构的特别养老金储蓄账户。

（2）按照第 17f 条第（1）款的规定在死亡年份收取的养老金储蓄，应当在国家税务机关的敦促下，以关于收取的款额大小的资产记录为基础，转入死者的遗产。若在死亡当年的 9 月 1 日之前进行了死亡登记，则按照第 17f 条第（1）款的规定先于死亡年份收取的养老金储蓄，应当在国家税务机关的敦促下转入死者的遗产。若死者死亡之前的年份的年度报表在死亡登记时尚未提交，则养老金储蓄应当在国家税务机关的敦促下转入死者的遗产而不论死亡登记日期为何。

（3）ATP（劳动力市场补充养老保险）可以以关于收取的款额大小的资产记录为基础，按照第 17f 条第（3）款的规定将在死亡年份收取的养老金储蓄转入死者的遗产。若死亡发生在 11 月 1 日之前，ATP（劳动力市场补充养老保险）可以以资产记录为基础，或者以从政府当局或事业保险基金获得的收益为基础，按照第 17f 条第（3）款的规定将先于死亡年份收取的养老金储蓄转入死者的遗产。

（4）经与税务大臣协商并根据 ATP（劳动力市场补充养老保险）的建议，就业大臣可以按第（1）款到第（3）款的规定就向死者付款制定更为详尽的规定。有关存款资产的债权在账户持有人死亡 5 年后失效。上述逾期未偿付的债款应当计入第 17p 条第（1）款规定的金额理算储备基金。

17j. （1）ATP（劳动力市场补充养老保险）应当在账户持有人年满 65 岁后的第一个月，在按照第 17g 条的规定存入账户的金额的范围内，提前将养老金储蓄支付给账户持有人。但是，若特别养老金储蓄账户已按照第 17n 条的规定转移至其他养老金机构，则该规定不适用于现金账户中的存款。养老金储蓄既可以按照 10 年以上的分期每年一次性支付，也可按照 10 年以上的分期逐月支付。就业大臣应当根据 ATP（劳动力市场补充养老保险）董事会的建议，就养老金储蓄何时应一次性支付、何时应分期支付以及第（2）款和第（3）款规定的应付金额的计算制定更为详尽的规定。

（2）账户中的存款应当从福利支付的开始和第 17h 条第（5）款规定的付款期限里的每年年初算起。10 年中每年支付的金额应当包含相当于在支付开始时和尚未支付的年份依次划分的付款期限的每年年初存在账户里的金额的款额。

（3）对于按月分期支付的款额，ATP（劳动力市场补充养老保险）董事会应当提前为每个月历年设定一个利率。一年的总支付额应当在每年年初以该年年初账户中的存款数额和董事会设定的利率为基础计算出一个固定的数额，以使在整个支付期限内每年的支付额相等，假设利率不变。每月的分期支付额应当从账户持有人的账户中扣除。

（4）若账户中的存款少于当月应分期支付的数额，则当月的支付额应当降至与账户中的余额持平，然后应当停止支付。若支付完最后一次分期付款之后账户中仍有余额，则最后一次支付额应当按照账户中的余额予以增加。

（5）按照第（1）款的规定有权获得支付的养老金储蓄的人员，可以延迟支付或者支付开始于一个稍晚的日期，但最晚不超过该人员70岁时。

（6）在账户持有人85岁之前未支付的金额应当失效并转入第17p条第（1）款规定的金额理算储备基金。

特别养老金储蓄股权计划

17k.（1）ATP（劳动力市场补充养老保险）应当建立并管理特别养老金储蓄股权计划。该计划为特别养老金储蓄计划的账户持有人提供了选择将账户中的存款全部地或者部分地投入一个或更多的投资计划的可能性。

（2）个人投资计划中的资金应当投入第（3）款规定的投资公司的股份或者证券。从投资公司获得的分红也应当立即投入该公司的股份或者证券。

（3）经与经济和商业事务大臣协商，就业大臣应当就股份和证券被纳入特别养老金储蓄股权计划的投资公司制定更加具体的要求。

（4）按照ATP（劳动力市场补充养老保险）的建议并经与经济和商业事务大臣协商，就业大臣应当就特别养老金储蓄股权计划包括的投资公司制定更为具体的要求，包括技术要求和收益报告、费用等方面的要求。同样地，就业大臣应当就投资公司建立和运作个人投资计划的费用范围和投资单位的行政费用和交易成本的条件制定规定。

17l.（1）个人账户持有人可以选择将其投资账户中的存款投入到第17k条第（1）款和第17m条第（1）款规定的投资计划。个人账户持人可以在收到有关特别养老金储蓄计划的首项声明后的第一时间做出上述选择。

（2）该账户持有人的选择应当作为账户中的存款在预期投资计划之间的分配。ATP（劳动力市场补充养老保险）可以决定组建特别养老金储蓄股权计划，以使账户持有人能够在不改变现有的存款分配格局的情况下选择如何分配未来的缴费。若账户持有人对未来缴费的分配未做出个人选择，则当随后的金额被记入个人特别养老金储蓄账户时，应当依据第一句规定的最近一次的选择。

（3）根据 ATP（劳动力市场补充养老保险）的建议，就业大臣可以就特别养老金储蓄股权计划中的投资计划的选择制定更为详尽的规定，包括有关存入投资账户的作为选择的先决条件的最低金额以及一位账户持有人可以选择的最大的投资计划数的要求。

（4）当 ATP（劳动力市场补充养老保险）从账户持有人的账户中支取资金用以支付养老金收益税、管理和交易成本以及养老金津贴时，个人投资计划中的金额应当同比例地减少，除非现金账户中有充足的资金来支付这些费用。

特别养老金储蓄基本计划

17m.（1）ATP（劳动力市场补充养老保险）应当经营和管理按第17g 条的规定记入账户持有人的个人账户的资金，以及账户持有人尚未选择投入第17k 条第（1）款规定的投资计划的或尚未转入第17n 条规定的特别养老金储蓄基本计划的资金。

（2）ATP（劳动力市场补充养老保险）可以参考账户持有人的年龄来选择第（1）款所述的资金的投资组合。个人账户持有人可以选择其他年龄段的投资组合而不选择与账户持有人在投资时的实际年龄相对应的投资组。ATP（劳动力市场补充养老保险）可以就此制定进一步的规定。

（3）第（1）款规定的资金应当按照本法第八部分的规定加以处置，但第（5）款和第（6）款规定的情形除外。

（4）ATP（劳动力市场补充养老保险）应当经营和管理按照第17g 条第（2）款的规定未记入的资金。该资金应当按照本法第八部分的规定加以处置，但第（5）款到第（7）款规定的情形除外。

（5）第 26d 条第（1）款第 4 项和第 26e 条第（1）款第 3 项的规定不适用于投入第 26b 条第（1）款第 7 项规定的投资协会、特殊用途协会、被批准的受限协会及专业协会的资金。

（6）若投资协会、特殊用途协会、被批准的受限协会及专业协会持有的资产包括在第（1）款所述的资金处置计算之中，并且上述计算遵从了本法第八部分的规定及本条第（5）款所述的例外情形，则第 26d 条第（1）款第 1 项的规定不适用于直接或间接投入上述协会的资金。

（7）第 26e 条第（1）款第 2 项规定的关于第 17g 条第（2）款所述的资金处置的限制比例应为 25%。

转移到另一个养老金机构

17n. （1）按照第 17h 条第（5）款的规定，个人账户持有人可以选择将全部存款转移至另一个养老金机构的个人特别养老金储蓄账户。若转移的存款不够支付转移的费用，则 ATP（劳动力市场补充养老保险）可以拒绝转移存款。

（2）在账户持有人经领取养老金机构提出的请求下，ATP（劳动力市场补充养老保险）应当将全部存款转移至个人特别养老金储蓄账户，之后每年于向领取养老金机构的个人特别养老金储蓄账户转移的日期，将账户持有人的特别养老金储蓄账户的余额转移。

（3）已选择将其在 ATP（劳动力市场补充养老保险）的个人特别养老金储蓄账户的存款如数转移至另一个养老金机构的个人特别养老金储蓄账户持有人，也可以将其在该养老金机构的个人特别养老金储蓄账户中的存款如数转移至第三方的养老金机构。为了确保未来缴费的年度转移的正确性，领取养老金机构应当立即将该存款的转移告知 ATP（劳动力市场补充养老保险）。若领取养老金机构未向 ATP（劳动力市场补充养老保险）做出通告，则 ATP（劳动力市场补充养老保险）可以要求领取养老金机构免除此类交易的管理费用。

（4）已选择将其全部存款转移至另一个养老金机构的账户持有人，可以要求 ATP（劳动力市场补充养老保险）把已转移出去的所有存款再全部转回 ATP（劳动力市场补充养老保险）的个人特别养老金储蓄账户。

（5）就业大臣应当就养老金机构建立和经营个人特别养老金储蓄账

户的条件制定更为详尽的规定，包括信息、支付、技术条件和转移咨询等方面的规定。这些账户中的金额应当在第17i条第（4）款和第17j条第（6）款规定的情况下失效。

其他规定

17o. （1）特别养老金储蓄计划的个人账户的经营和管理费用应当被分担，以使与第17k条所述的特别养老金储蓄股权计划中的选择和第17n条所述的向另一个养老金机构的转移相关的费用由利用这些选择的账户持有人支付。

（2）ATP（劳动力市场补充养老保险）应当依据第17r条和第17s条，规定与特别养老金储蓄计划和面向获得预期养老金的人员的劳动力市场补充养老金的运作有关的成本率和费用，并且应当定期对费用和成本率进行调整以使其与实际的成本相一致。

17p. （1）应当在ATP（劳动力市场补充养老保险）名下设立金额理算储备基金。金额理算储备基金应当用以解决通过第17h条第（5）款规定的账户持有人的个人账户存款无法解决的第17o条规定的特别养老金储蓄计划的例如费用等形式的收入和第17i条第（4）款、第17j条第（6）款以及第17n条第（5）款规定的以及为了获得失去时效的资金而产生的支出之间的资金矛盾。金额理算储备基金中的资金应当属于特别养老金储蓄计划的账户持有人，包括第17n条所述的已转移存款者。

（2）ATP（劳动力市场补充养老保险）董事会应当根据第（3）款的内容规定金额理算储备基金的规模。

（3）就业大臣应当就金额理算储备基金的设立、使用和管理制定更为详尽的规定，包括通过金额理算储备基金进行的可与未来缴费相抵消的金额理算。

17q. （1）对于第17g条至第17p条的规定，本法第7部分、第7a部分、第9部分和第10部分的规定，以及第29条、第32条、第34条、第35条、第36条第（1）款、第38条的规定也应当相应地适用。

（2）丹麦金融服务管理局可以就第17h条第（2）款规定的关于特别养老金储蓄计划的年度财务报表的准备制定规定，包括资产的计算和测量方面的规定。

第5d部分　预期养老金获得者的劳动力市场补充养老金

17r.　（1）按照《社会养老金法》第33b条的规定，支付给预期养老金获得者的劳动力市场补充养老保险的费用，应当以从市政当局获得的收益为基础记入个人账户。

（2）记入第（1）款所属的个人账户的资金连同按照第17m条第（1）款管理的资金应当由ATP（劳动力市场补充养老保险）管理。但是，支付给预期养老金获得者的劳动力市场补充养老保险的费用应当直接计入个人账户持有者的单独账户。

（3）关于劳动力市场补充养老保险中个人账户的经营和管理的财务报表应包含在本法第5部分规定的关于特别养老金储蓄计划的整体报表之中。

（4）董事会可以就向预期养老金获得者的劳动力市场补充养老保险支付费用设定一项特别管理费。

（5）若账户持有人在年满65岁之前死亡，则账户中的存款应当按照第17h条第（5）款计算并转移至死者的遗产。按照ATP（劳动力市场补充养老保险）董事会的建议，社会事务大臣应当就存款向遗产的转移制定更为详尽的规定。

17s.　（1）当已向劳动力市场养老保险缴费的账户持有人年满65岁时，参照第8c条的规定，按照第17h条第（5）款计算的账户中的存款应当用以获得ATP（劳动力市场补充养老保险）的养老金权益。

（2）按照第（1）款的规定获得的养老金权益非满足第14b条第（3）款和第14e条第（3）款规定成员资格和缴费条件的必要条件。

第6部分　养老金及其法规的依据

18.　（1）ATP（劳动力市场补充养老保险）应当在使用养老金的依据的同时或者之前，将这些依据告知丹麦金融服务管理局。该规定同样适用于随后的基于上述依据的每一次修正。养老金依据包括如下具体的依据：

①养老金计算的依据，包括本法第三部分规定的利率假设、利率论证、利率、保证性养老金和奖励性养老金的划分等；

②本法第 4 条和第 4a 条规定的死亡津贴计算的依据；

③关于参保人和其他受益者的实质结果分配的规定。

（2）报告的养老金依据应基于充分的假设，并应对参保人和其他受益者保持公平。

（3）应通过长期的奖励性政策努力确保养老金的实际价值。

（4）丹麦金融服务管理局可以就第（1）款到第（3）款规定的条件制定更为详细的规定，包括通知是否应提供给公众及应提供给公众的程度。

19. （1）ATP（劳动力市场补充养老保险）应当在使用法规的依据的同时或者之前，将这些依据告知丹麦金融服务管理局。该规定同样适用于随后的基于上述依据的每一次修改。法规依据应包含对养老金法规计算依据的描述。

（2）法规依据的制定应能使法规被视为 ATP（劳动力市场补充养老保险）履行其养老金义务的充分依据。

（3）丹麦金融服务管理局可以就第（1）款和第（2）款规定的条件制定更为详细的规定，包括通知是否应提供给公众以及应提供给公众的程度。

19a. （1）若丹麦金融服务管理局认为第 18 条规定的必要条件没有被满足，则丹麦金融服务管理局应当与 ATP（劳动力市场补充养老保险）协商并就此向就业大臣呈送一份报告。

（2）若不符合第 19 条规定的条件或者按照本法出台的规定中的条件，则丹麦金融服务管理局可命令 ATP（劳动力市场补充养老保险）在丹麦金融服务管理局规定的时间内就公布的条件做出必要的修订。

第 7 部分　管理

20. （1）ATP（劳动力市场补充养老保险）应当由代表会、董事会和一位首席执行官管理。

（2）就业大臣应就 ATP（劳动力市场补充养老保险）委员会制定规定。

21. （1）代表会议应由 15 位雇主代表、15 位工薪者代表以及一位主席组成。

（2）雇主代表应按照第 25 条的规定以如下方式委任：

① 8 名由丹麦雇主联合会推荐；

② 2 名由丹麦雇主联合会农业协会推荐；

③ 1 名由财政大臣推荐；

④ 1 名由丹麦地区推荐；

⑤ 2 名由当地丹麦政府推荐；

⑥ 1 名由丹麦金融部门雇主协会推荐。

（3）工薪者代表应按照第 25 条的规定以如下方式委任：

① 10 名由丹麦工会联合会推荐；

② 3 名由受薪雇员和公务员联合会推荐；

③ 1 名来自丹麦经理和主管协会；

④ 1 名由丹麦专业协会联合会推荐。

（4）代表会议应任命一位与雇主和工薪者组织没有任何联系的人担任代表会议的主席。

（5）代表会议成员一届任期 3 年，但第 42 条规定的除外。若代表会议成员的任命在一届任期之内，则该任命只到任期结束。新一届任期开始时需要重新任命。

22. （1）代表会议应获得批准的年度报告，并处理董事会或者不少于 4 名董事会成员希望由代表会议处理的问题。

（2）代表会议应每年召开一次。在董事会或者不少于 4 名董事会成员或 10 名代表会议成员提出要求时也应召开。

23. （1）董事会由同时作为董事会主席的代表会议主席和从代表会议成员中选出的 12 名其他成员组成。按照第 25 条的规定，12 名成员应按如下方式委任：

① 3 名由丹麦雇主联合会推荐；

② 1 名由丹麦地区和地方丹麦政府联合推荐；

③ 1 名由丹麦雇主联合会农业协会推荐；

④ 1 名由财政大臣推荐；

⑤ 3 名由丹麦工会联合会推荐；

⑥ 2 名由代表会议中受雇于国家和市政府的工薪者的代表推荐；

⑦ 1 名由受薪雇员和公务员联合会与丹麦经理和主管联合会联合推荐。

（2）董事会成员每届任期 3 年。若代表会议成员的任命在一届任期之内，则该任命只到任期结束。新一届任期开始时需要重新任命。

（3）董事会应按照本法的规定和第 18 条、第 19 条公布的养老金及法规依据管理 ATP（劳动力市场补充养老保险）。

（4）董事会可以授权首席执行官将行政事务外包给依据第 26b 条第（3）款到第（5）款和第（7）款建立的附属公司。行政事务的出让应依据关于政府机构依《金融法》出让商业服务的有关规定进行。行政事务外包的账目应独立于 ATP（劳动力市场补充养老保险）的其他账目。就业大臣可就行政事务外包的条件和监督制定更为详细的规定。

（5）董事会可以授权首席执行官将服务外包给依据第 26b 条第（6）款建立的附属公司。这些服务应按照 ATP（劳动力市场补充养老保险）的常规商业项目和基于市场情况的项目交付。

（6）董事会应雇佣首席执行官和其他高级人才并为公司最重要的活动包括基金资产的定期投资制定书面的守则。发给成员和其雇主的一般指南和守则需经过董事会的批准。

（7）通过议事规则，董事会应为职责的旅行做出更为详尽的决定。

23a.（1）董事会的成员和 ATP（劳动力市场补充养老保险）的董事应拥有履行其职责的足够经验。

（2）当出现以下情形时，董事会成员和首席执行官不可再分别担任董事会成员和 ATP（劳动力市场补充养老保险）的董事：

①有关人员因违反《刑法典》《ATP（劳动力市场补充养老保险）法》或者《金融法》而被拘，导致存在不能充分履行职责的风险时；

②有关人员已申请暂停支付，被执行破产，已申请债务重订，或关于强制清偿的协商已经开始时；

③有关人员或有关人员所有的公司或有关人员参与经营的公司的财务状况已引起 ATP（劳动力市场补充养老保险）的损失或存在引起 ATP（劳动力市场补充养老保险）损失的风险时；

④有关人员的行为表现使人有理由假设其不能很好地履行这些职位所要求的职责和义务时。

（3）董事会成员和首席执行官必须将第（2）款所述的条件告知丹麦金融服务管理局。

23b. ATP（劳动力市场补充养老保险）应具备以下条件：

①高效的公司治理模式；

②明晰的组织架构及清晰、透明、协调的职责划分；

③良好的管理和会计实践；

④活动的所有重要领域的书面程序；

⑤识别、管理、监督、报告企业面临的或可能面临的风险的有效程序；

⑥与处理和预防利益冲突有关的职能分离的有效程序；

⑦完全的内部控制程序；

⑧充分的 IT 控制和安全措施。

24. 首席执行官应对 ATP（劳动力市场补充养老保险）的日常管理及董事会负责。

24a. （1）ATP（劳动力市场补充养老保险）董事会应雇佣一名负责精算师以对必要的职能包括计算和调查进行精算。出任该精算师职位不得兼任 ATP（劳动力市场补充养老保险）董事会成员职位或者首席执行官职位。

（2）若负责精算师辞职或被解雇，董事会和该精算师应在工作终止后的一个月内就该工作终止的原因向丹麦金融服务管理局提交独立的说明。

（3）就此而论，负责精算师应确保 ATP（劳动力市场补充养老保险）符合公布的养老金及法规的依据，并使上述养老金及法规的依据始终符合第 18 条和第 19 条规定的要求。就这一点而言，负责精算师应从总体上复查 ATP（劳动力市场补充养老保险）的活动和资料的精算内容。

（4）负责精算师应将对第（3）款规定的条件的任何疏忽立即告知丹麦金融服务管理局。负责精算师有权要求首席执行官向其提供任何为了履行职责的必要信息。丹麦金融服务管理局有权要求负责精算师提供评估 ATP（劳动力市场补充养老保险）财务状况的必要信息。

（5）负责精算师应每年向丹麦金融服务管理局提交一份报告。报告应包含依据公布的法规基础的（劳动力市场补充养老保险）ATP 的精算状态。

（6）丹麦金融服务管理局可以就第（1）款到第（5）款规定的条件制定更为详尽的规定，包括为了应聘成为负责精算师而应具备的条件。

（7）负责精算师可以要求召开董事会。负责精算师可以出席董事会并在董事会上发言，除非董事会在个别情况下另有规定。

（8）精算师可以参加由一个或多个董事会成员要求其参加的事项的处理过程。

24b.（1）依法或依协会章程受雇于 ATP（劳动力市场补充养老保险）董事会的人员，以及自身利益与 ATP（劳动力市场补充养老保险）的利益有明显的冲突风险的雇员，不得自费或通过其控制的公司采取下列行为：

①利用贷款或以前建立的信用去收购作为上述贷款和信任的担保的有价证券；

②获取、发布、交易衍生性金融工具，反对风险防范；

③以购买后不满 6 个月即出售为目的收购股份，在《投资公司、特殊用途协会和其他集体投资计划法》规定的投资协会、特殊用途协会、对冲协会和外国投资公司中持有的股份除外；

④为了除购买有价证券、商品或服务，或不动产管理，或旅行之外的任何事情而获得以欧元以外的外国货币为酬劳的职位。

（2）第（1）款所述人群不得持有从事第（1）款第（1）项到第（4）项所述业务的公司的股份。但该规定不适用于购买银行、保险公司、抵押信贷机构和投资公司的股份，也不适用于购买《投资公司、特殊用途协会和其他集体投资计划法》规定的投资协会、特殊用途协会、对冲协会和外国投资公司持有的股份。

（3）董事会应当决定哪些雇员在个人利益与 ATP（劳动力市场补充养老保险）利益之间存在冲突的危险性，因而哪些雇员适用于这些禁令。董事会应当确保相关的雇员知悉本规定。第 132 条规定的惩罚条款应从相关的雇员收到关于本规定的通告时生效。

（4）董事会应当为第（1）款所规定的人员制定关于遵守第（1）款和第（2）款第一句所述禁令的指导原则，包括关于投资报告的指导原则。

（5）外部审计师应当每年审查一次 ATP（劳动力市场补充养老保险）的第（4）款中所述的内部指导原则，在有关年度报告的审计账目上应详细阐述公司的内部指导原则是否恰当，是否发挥了相应的作用，以及 ATP（劳动力市场补充养老保险）的控制程序是否产生了观察数据。

（6）账户控股机构应在 ATP（劳动力市场补充养老保险）董事会的要求下向 ATP（劳动力市场补充养老保险）的外部审计师提供有关账目和存款的信息，并允许外部审计师就此向第（1）款规定的人员提交书面的说明。

（7）第（1）款第（2）项的禁令不包括作为相关人员薪水的衍生自与 ATP（劳动力市场补充养老保险）属于同一集团的公司的股份的金融工具。

（8）第（1）款第（1）项的禁令不包括用于购买职工股的贷款和第（7）款规定的金融工具。

（9）首席内部审计师和副首席内部审计师，无论是否符合第（1）款到第（8）款，不得在与 ATP（劳动力市场补充养老保险）属于同一集团的公司持有金融权益。

24c.（1）ATP（劳动力市场补充养老保险）不得介入与董事会成员，或董事会、首席执行官、补充养老保险计划的雇员、补充养老保险计划的外部审计师，或首席内部审计师，或副首席内部审计师有关的风险。

（2）没有董事会的批准且该批准被记录在董事会的会议记录中，ATP（劳动力市场补充养老保险）则不得与第（1）款规定的人员在其中作为董事会或理事会成员的公司建立商业风险或接受其抵押。

（3）第（2）款中规定的风险应按照 ATP（劳动力市场补充养老保险）的日常商业项目和基于市场环境的项目的分类予以批准。补充养老保险计划的外部审计师应在关于年度报告的审计记录中就第一句中的规定是否被满足做出说明。

（4）首席执行官和董事会应对第（2）款规定的风险的适应度和进程进行特别的监督。

（5）若公司人员与首席执行官有婚姻关系、至少两年的同居关系、亲戚关系或直系亲属及同胞关系，则第（2）款、第（3）款第一句、第（4）款的规定也同样适用于与该公司有关的风险。

24d.（1）未经董事会同意，ATP（劳动力市场补充养老保险）董事会依法或依协会规章雇佣的人员不得拥有或经营独立企业，不得以成为董事会成员、雇员，或者以任何其他方式参与除 ATP（劳动力市场补充养老保险）之外的其他公司的管理或经营，但第25p条第（8）款和第（9）款规定的情形除外。

（2）未经首席执行官同意，其他个人利益与 ATP（劳动力市场补充养老保险）利益之间存在明显的冲突风险的雇员不得拥有或经营独立企业，不得以成为董事会成员、雇员，或者以任何其他方式参与除 ATP（劳动力市场补充养老保险）之外的其他公司的管理或经营。首席执行官应将任何授权行为告知董事会。

（3）董事会应当决定哪些雇员的个人利益与 ATP（劳动力市场补充养老保险）的利益之间存在明显的冲突风险，以及因此哪些雇员应按照第（2）款的规定获得首席执行官的授权。董事会应确保相关雇员知悉该决定。第132条所述的惩罚规定应从相关雇员收到关于该决定的通知时生效。

（4）当且仅当 ATP（劳动力市场补充养老保险）或与 ATP（劳动力市场补充养老保险）属于同一集团的企业未拥有第（1）款和第（2）款规定的企业或者与上述企业属于同一集团的企业且未进入与之相关的风险时，第（1）款和第（2）款所述的行为才能进行。此规定不适用于以股份形式存在的风险，不适用于存在于第（5）款和第（6）款所述的与 ATP（劳动力市场补充养老保险）属于同一集团的公司的风险，也不适用于存在与 ATP（劳动力市场补充养老保险）、LD（劳工处退休金）、劳动力市场职业疾病基金联合占有或者与按照《金融企业法》第207条、第214条、第215条第（1）款的规定建立的基金和协会有关联的公司占有超过4/5的股份的公司的风险。

（5）关于第（4）款所述风险的禁令不适用于参加丹麦船舶融资 A/S 公司、丹麦发展金融 A/S 公司、BSU 基金、地产代理监管局按揭 A/S 公司、博恩霍尔姆 Erhvervsfond、Grønlandsbanken A/S 公司、丹麦王国钓鱼银行、证券交易所、授权市场的地方、结算中心、中央证券存管、OMX AB、OMX 交易有限公司、发展中国家产业化基金、东部发展基金的董事会的情形。

（6）关于第（4）款所述风险的禁令不适用于参加暂时由 ATP（劳动力市场补充养老保险）依照第26c条第（3）款经营的，用以调控和处理已进入风险的公司董事会的情形。

（7）董事会依照第（1）款的所有授权都应当记录在董事会的会议记录中。

（8）ATP（劳动力市场补充养老保险）应当至少每年发布一次关于董事会依第（1）款规定授权的职责和职位的信息。此外，外部审计师应当在关于年度报告的审计记录中就 ATP（劳动力市场补充养老保险）是否承担与第（1）款、第（2）款规定的公司有关的风险做出说明。

（9）尽管有第（1）款的规定，内部审计师可以不经董事会同意而对由 ATP（劳动力市场补充养老保险）按照其他法规或协议管理的计划和公司进行审计。

（10）在特殊情况下，丹麦金融服务管理局可以对第（4）款的规定给予豁免。

24e. 《公司法》中关于群体代表的规定不适用于 ATP（劳动力市场补充养老保险）用以从事其他基于暂时性依据的活动的公司的雇员。

25. （1）代表会议和董事会的组成应尽可能保持男女平衡。

（2）按照第 21 条第（2）款、第（3）款和第 23 条第（1）款的规定推荐代表会议和董事会成员时，男性和女性都应被推荐。若被推荐的成员不止一人，则男性和女性被推荐的名额应相当。若被推荐的成员名额为奇数，则其中一个性别应比另外一个性别多一个名额。这些组织应当在他们的建议中陈述其偏好，除非这些建议将导致代表会议或董事会中男女代表比例的不相称，否则就业大臣应当遵从上述建议。在这种情况下，就业大臣有权从这些建议人选中任命其他人以使代表会议和董事会的男女成员达到数目上的相等。就业大臣应当决定哪些被推荐人应被委任为代表会议和董事会成员。

（3）若有特殊原因，该机关或组织可以对第（2）款的规定加以减损。该机关或组织应对其减损的原因做出说明。

第7a部分　年度报告和审计

25a. （1）在每个财政年度，董事会和首席执行官应当准备一份年度报告，年度报告应至少由管理部门的批准意见书、资产负债表、损益表、记事表（包括会计政策）以及管理部门的审查意见书等部分组成。若年度报告已被审查，则审计师的审计报告应被包括在内。

（2）年度报告应当按照本法本部分的规定和第 25m 条的规定来准备。

25b. 首先，管理层的每个单个成员都有责任确保年度报告按照法规或者按照协会规章或协议规定的任何进一步的会计和报告要求来准备。其次，若审计是必需的，则每个单个成员都有责任确保年度报告得到及时的审计和批准。最后，每个单个董事会成员都有责任确保年度报告在法定的期限内被提交给就业大臣和丹麦金融服务管理局。

25c. （1）年度报告准备好之后，所有董事会的成员和首席执行官都要加以签署和注明日期。所有董事会的成员和首席执行官要在管理部门批准书上加盖姓名章，就以下问题做出说明：

①年度报告是否已按法律规定以及协会规章或协议规定的任何标准及条件的要求提交；

②年度报告是否真实而公允地概述了公司本年度的资产和负债、财务状况和结果，以及是否编制了综合财务报表，集团本年度的资产和负债、财务状况和结果。

（2）若管理层向年度报告中增加了补充报告，则董事会成员和首席执行官应当在管理机构批准意见书中就补充报告是否按照关于这些报告的一般可接受的指导原则真实而公允地概述了相关事项并做出说明。

（3）即使管理层中有人完全或部分地不同意年度报告，或者对已通过的具有既决内容的年度报告有不同意见，上述人员也无权随意签署年度报告。但是，这些管理人员可以连同他们的签章和管理部门批准意见书一起提出具体而充分的反对理由。

25d. （1）年度报告应真实而公允地概述 ATP（劳动力市场补充养老保险）本年度的资产和负债、财务状况和结果，以及是否编制了综合财务报表，集团本年度的资产和负债、财务状况和结果。

（2）若本法的应用或第 25m 条的规定的适用不足以真实而公允地概述第（1）款的内容，则应在年度报告中做进一步的公开。

（3）若在特殊情况下本法本部分的规定或第 25m 条的规定与第（1）款的要求相冲突，则减损前者以适应后者。任何减损都应当在每个财政年的记事簿中加以公布，并给出具体而充分的理由，同时若有可能按数量分别揭示关于 ATP（劳动力市场补充养老保险）和集团的资产和负债、财务状况和结果的减损的效果。

25e. (1) 为了使年度报告的法定部分能够真实而公允地概述第 25d 条的内容，第 (2) 款和第 (3) 款的规定必须得到遵守。

(2) 应当准备年度报告以支持财务报表的使用者的财务决策。这些使用者必须是其财务决策通常预期会受到年度报告影响的个人、公司、团体和公共当局，包括成员、债权人、雇员、客户、联盟合作者、当地社团以及资助和财政当局。有关决定至少应关涉以下内容：

①使用者自有资源的投资；

②管理层对公司资金的管理；

③公司资金的分配。

(3) 按照第 (2) 款的规定，应当准备年度报告以便公开关于哪些情况通常与使用者相关的信息。公布的信息对于使用者的正常预期也应当是可信赖的。

25f. (1) 年度报告的准备应当基于以下基本假设：

①必须以一种明确且可理解的方式来准备（精确性）；

②必须是交易的实质而不是没有任何真实内容的手续占主要方面（实质重于形式）；

③所有相关的情况都应被包括在年度报告中，除了没有任何意义的（物质性）。但是如若几个没有意义的情况联合起来被认为是有意义的，则这些情况应当被包括在年度报告中；

④一项活动的运作应基于持续经营假设，除非它将要终止或者假设它将不可能再持续下去。如果一项活动终止，则相关的分类和介绍以及确认和计量都应做出相应的调整；

⑤不论对自有基金和所得计算有何影响，价值上的任何变动都应当在年度报告中加以公布（中立性）；

⑥不论支付的时间如何，当交易、活动和价值变化发生时，都应当得到确认（应计基础）；

⑦同类情况必须适用相同的确认和计量基础方法（一致性）；

⑧每次交易、活动和价值变化都必须单独确认和计量，且各个单独的情况之间不可相互抵消（总介绍）；

⑨本财政年度的期初资产负债表必须与上一财政年度的期末资产负债表相一致（形式一致性）。

（2）介绍和分类、合并方法，确认和计量基础方法以及应用的货币单位不可以朝令夕改（实际一致性）。但是，如果修改可以带来更加真实和公允的概述，或者修改是为遵守第 25m 条的规定所必需的，则可以进行修改。

（3）第（1）款第⑥项到第⑨项、第（2）款的规定在特殊情况下可以减损。第 25d 条第（3）款第二句的规定应当相应地适用于这些情况。

25g.（1）除非按照第 25m 条的另行规定，否则 ATP（劳动力市场补充养老保险）的资产和负债应当以公平价值来衡量。资产和负债应当按照本条规定被折旧和价值重估，并且折旧和价值重估的数额应当包括在所得计算表中，第 25m 条中另有规定的除外。

（2）公平价值应由良性运行的市场中的相关资本和负债的市场价值来确定。凡此类资本和负债不是在良性市场环境下的，都应当采取可靠的方法对相关资本和负债的公平价值进行计算。

25h.（1）补充报告，例如关于知识、技能和员工条件的报告（知识账户），关于环境问题的报告（绿色账户），关于 ATP（劳动力市场补充养老保险）的社会责任的报告（社会账户），关于与 ATP（劳动力市场补充养老保险）在道德目标和后续行动上具有一致性的报告（道德账户）等，应当按照对于这些报告而言通常是可接受的准则进行真实而公允的描述。依照由案例性质所要求的特别条款，这些报告应当满足第 25e 条第（3）款规定的质量要求和第 25f 条第（1）款和第（2）款的基本假设。

（2）补充报告的准备所使用的方法和计量计算应当在报告中加以公布。

25i. 财政年度应包括历年。本规定也同样适用于任何附属公司。

25j. 确认、计量和公布的计量单位为丹麦克朗。

25k. 按照第 25p 条的规定，年度报告应当由 ATP（劳动力市场补充养老保险）的外部审计师加以审计。依第 25h 条的规定，审计内容不包括年度报告中所包含的补充报告。

25l.（1）在代表会议按照第 22 条第（1）款批准年度报告后无不当延误的情况下，最迟不超过财政年度结束后的 4 个月，经审计和批准的年度报告以及年度报告审计记录的副本应当提交给就业部和丹麦金融服务管理局。如果董事会已经建立了一个内部审计部门，则内部审计长的审计记录也应一并提交。

（2）提交的年度报告至少应包括强制性内容和完整的审计师报告。如果 ATP（劳动力市场补充养老保险）按照第 25h 条的规定希望将补充报告公布，则这些补充报告应当和年度报告的强制性内容一起提交，以使强制性内容与补充报告共同形成一个新的被命名为"年度报告"的文本。

（3）ATP（劳动力市场补充养老保险）的所有附属公司的年度报告的副本应与第（1）款规定的年度报告一同提交。

25m.（1）丹麦金融服务管理局应当就年度报告，包括资产的确认和计量、负债、收入和支出、损益表和资产负债表的介绍以及关于说明和管理审查的要求等，制定更为详尽的规定。

（2）丹麦金融服务管理局还应当就综合财务报表制定规定，包括关于年度报告何时应包括综合财务报表的规定。

（3）丹麦金融服务管理局可以就比年度报告跨度更短的期中决算报表的编制和发布制定规定。

25n. 为了确保 ATP（劳动力市场补充养老保险）的年度报告符合本法本部分和第 25m 条的规定，丹麦金融服务管理局可以采取以下措施：

①提供指导；

②惩罚违规；

③责令更正。

25o.（1）丹麦金融服务管理局可以要求 ATP（劳动力市场补充养老保险）按照由丹麦金融服务管理局制定的更详尽的指导原则向其提交经常性账目。

（2）丹麦金融服务管理局可以要求在第（1）款中提到的经常性账目中补充由 ATP（劳动力市场补充养老保险）的首席执行官、董事会或者负责精算师签署的关于个别事项的报告。

25p.（1）ATP（劳动力市场补充养老保险）的年度报告应经过至少一位具有国家授权的会计师资格的审计师的审计。代表会议应当任命审计师，但可以随时取消任命。就业部在特殊情况下可以任命一位额外的审计师。该审计师应当在相同的条件下工作并与代表会议选出的审计师遵守相同的规定。

（2）ATP（劳动力市场补充养老保险）的审计师也应是 ATP（劳动力市场补充养老保险）的任何附属公司的审计师。

（3）第（2）款的规定不适用于驻地不在丹麦的附属公司。

（4）董事会应当设立一个以首席审计师为首的内部审计部门。

（5）当审计师变动时，ATP（劳动力市场补充养老保险）和即将离职的审计师应当在由特殊原因引起的变动致使工作终止后的一个月内分别向丹麦金融服务管理局提交一份变动说明。

（6）如果一位审计师显然不称职，则就业大臣可以解雇上述审计师并任命另外一名审计师取而代之直到选出新的人选。

（7）审计师应当保留一份审计记录由董事会使用，该审计记录应当在每次的董事会会议上加以说明。对该审计记录的每一次增加都应经过全体董事会成员的签署。

（8）依照第24d条第（1）款的规定，董事会不得允许首席内部审计师和副首席内部审计师在集团外部的企业从事审计工作，但第24d条第（9）款规定的情况除外。依照第24d条第（9）款的规定，董事会也不得允许首席内部审计师和副首席内部审计师在集团内的企业、由ATP（劳动力市场补充养老保险）管理的计划或相同的联合管理机构内部的企业从事除审计外的工作。在特殊情况下，丹麦金融服务管理局可以对第一句的规定给予豁免。

（9）依照第24d条第（1）款的规定，董事会不得允许首席内部审计师和副首席内部审计师承担与关于法定资格的、相当于《国家授权会计师和注册会计师法》规定的适用于外部审计师的条款的规定相冲突的职责。

25q.（1）当董事会会议涉及处理有关审计或者账目介绍的问题时，审计师总是有权参加董事会会议。

（2）审计师应当在一名或多名董事会成员要求下参与董事会对问题的处理。

（3）审计师有权列席代表会议。若一位或多位代表会议成员提出要求，则上述审计师必须参加代表会议。

（4）丹麦金融服务管理局应当就ATP（劳动力市场补充养老保险）审计师的职责制定规定。

（5）丹麦金融服务管理局可以命令审计师公开关于ATP（劳动力市场补充养老保险）条件的信息。若董事会已按照第25p条第（4）款的规定设立内部审计部门，则该规定同样适用于首席内部审计师。

25r. 外部审计师和首席内部审计师应当立即将对于 ATP（劳动力市场补充养老保险）的持续运行至关重要的问题，包括参照《金融企业法》的定义可能被在与 ATP（劳动力市场补充养老保险）密切相关的企业从事审计工作的审计师发现的问题，报告给丹麦金融服务管理局。

第8部分　资金处置

26. 董事会和首席执行官应当将 ATP（劳动力市场补充养老保险）的资本以一种适当的、对参保人而言是能确保 ATP（劳动力市场补充养老保险）在任何时候都能履行义务的安全有利的方式进行投资。资金的处置应以保持资金的实际价值为目标。

26a. 依照本法本部分的规定，资产应按照下列规定来计算：

①应当按照 ATP（劳动力市场补充养老保险）年度报告的提交规则定期对资产进行计算和调整；

②任何被收费的资产都应被扣除，贷款只应被包括在属于借款人的义务的价值网络中；

③若 ATP（劳动力市场补充养老保险）已订立了能够降低资产不能履行其承诺的风险的合同，则该合同的价值应当包含在资产的价值之中；

④第 26b 条第（1）款第①项到第②项、第⑥项、第⑧项、第⑩项到第⑬项规定的有价证券的应收利息应当包含在有价证券的价值之中。

26b.（1）资金应当按照如下资产类别来划分：

①由中央政府或 A 区的地方政府发行或担保的债券或债务工具；

②允许进入欧盟成员国或已与欧盟达成金融领域协议的国家的规范市场或其他国家的相应市场进行交易的、由成员中包括至少一个欧盟成员国的国际组织发行的债券；

③抵押贷款证券，包括抵押贷款证券和由抵押信贷机构、银行、船舶金融机构发行的债券，以及由欧盟成员国或者已与欧盟达成提供等价抵押品的金融领域协议的国家发行的其他证券；

④处于公众监管之下的 A 区范围内的国家的信贷机构和保险公司的不包括从属于其他债权人应收款项，以及由 A 区范围内的国家的信贷机构和保险公司担保的其他应收款项；

⑤土地、房产、办公和商业财产以及价值独立于任何特殊商业用途之外的其他财产;

⑥用第(5)项中财产登记和抵押的占房产最新财产评估值的80%和其他财产的60%的贷款;

⑦下列机构中的部分:

(a)《投资公司、特殊用途协会和其他集体投资计划法》中规定的受《共同体法》调节的投资公司、货币市场协会、基金中的基金以及被批准的受限协会或部门;

(b)协会规章中包含与适用于投资协会、货币市场协会、基金中的基金的规定相当的关于工具和风险分散的规定或与《投资公司、特殊用途协会和其他集体投资计划法》第106条第(3)款和第(4)款的规定相当的关于风险分散的规定的置业协会、专业协会或部门;

(c)协会规章中包含与适用于投资协会、货币市场协会、基金中的基金的规定相当的关于工具和风险分散的规定或与《投资公司、特殊用途协会和其他集体投资计划法》第106条第(3)款和第(4)款的规定相当的关于风险分散的规定的其他协会或部门。

⑧允许进入欧盟成员国或已与欧盟达成金融领域协议的国家的规范市场或A区之内的其他国家的相应市场进行交易的其他债券和贷款;

⑨允许进入欧盟成员国或已与欧盟达成金融领域协议的国家的规范市场或A区之内的其他国家的相应市场进行交易的股权投资;

⑩第⑤项中未包括的财产以及非第⑥项中的财产所登记抵押的贷款;

⑪允许进入欧盟成员国或已与欧盟达成金融领域协议的国家的规范市场或A区之外的其他国家的相应市场进行交易的股权投资或者其他有价证券;

⑫第①项到第⑪项中未包括的其他贷款和有价证券;

⑬再保险合同、从A区之内的国家公众监督之下再保险公司和特殊用途车辆获得的款项,或者从公众监督之下的得到有资质的级别评定公司给予不低于投资级别的评级的再保险公司获得的款项。

(2)资金可以贷给已向ATP(劳动力市场补充养老保险)缴纳会费的雇主,但贷款额最高不超过其已缴纳款额的一半,最低不低于500丹麦克朗。贷款应当通过银行并按该银行通常的贷款利率发放,银行就贷款的偿还对ATP(劳动力市场补充养老保险)负有责任。

（3）资金可以用于 ATP（劳动力市场补充养老保险）的全资子公司，其目的是提供除《金融企业法》规定的人寿保险公司或依《劳工处养老金法》建立的计划中的养老金和类似事项的投资组合管理之外的行政服务。此外，上述公司可以为养老金计划、退休金的当局和其他提供商、提前退休金包括其他供应商的附属机构提供行政服务，同时，上述公司还可为成员和客户等提供信息。ATP（劳动力市场补充养老保险）向这些公司潜在的服务销售应当按照第 23 条第（4）款的规定来进行。

（4）资金可以用于 ATP（劳动力市场补充养老保险）的全资子公司，其目的是为与资金相关的雇主开支的支付计划提供行政服务。ATP（劳动力市场补充养老保险）向这些公司潜在的服务销售应当按照第 23 条第（4）款的规定来进行。

（5）资金可以用于 ATP（劳动力市场补充养老保险）的单独建立的或现在的全资子公司，其目的是为能力发展和教育、基于集体协议的培训基金及这样的组织提供行政服务，或者为面向此类客户的行政公司提供相应的服务。ATP（劳动力市场补充养老保险）向这些公司潜在的服务销售应当按照第 23 条第（4）款的规定来进行。

（6）资金可以用于 ATP（劳动力市场补充养老保险）的全资子公司，其目的是从事《金融企业法》规定的除银行业务、抵押贷款业务和保险业务外的金融业务。

（7）若 ATP（劳动力市场补充养老保险）拥有职能仅限于从事、发展、管理第（1）款规定的投资的子公司，股权范围内的子公司资产以及上述子公司的任何贷款都应视为第（1）款规定的资产。若子公司非 ATP（劳动力市场补充养老保险）全资拥有，则子公司的资产应当按照 ATP（劳动力市场补充养老保险）持有资金的比例同比例地计入第（1）款规定的资产。

26c.（1）ATP（劳动力市场补充养老保险）对某个公司使用资金，不得导致 ATP（劳动力市场补充养老保险）能够单独或者联合劳动力市场职业疾病基金或者联合 ATP（劳动力市场补充养老保险）的子公司对该公司施加控制性影响力，或者致使劳动力市场职业疾病基金能够对该公司施加控制性影响力，第（2）款或第（3）款中另有规定的除外。

（2）第（1）款的规定不适用于第 26b 条第（3）款到第（7）款规定的子公司的资金使用。

（3）ATP（劳动力市场补充养老保险）应当暂时性地采取其他措施确保或逐步消灭已遇的或者与公司重组有关的风险。ATP（劳动力市场补充养老保险）应将此事告知丹麦金融服务管理局。

26d. （1）ATP（劳动力市场补充养老保险）资产的处置应当遵守以下限制：

①第26b条第（1）款第⑦项到第⑬项规定的资产不得超过总额的70%；

②第26b条第（1）款第⑪项规定的资产不得超过总额的10%；

③第26b条第（1）款第⑫项规定的贷款不得超过总额的2%；

④若每个公司和协会分会占有ATP（劳动力市场补充养老保险）资本多于5%的份额，则第26b条第（1）款第④项、第⑥项到第⑨项、第⑪项、第⑫项规定的由银行、抵押信贷机构、保险公司、投资公司的分公司以及置业协会、货币市场协会、基金中的基金、限制协会和职业协会发行或担保的贷款不得超过总额的40%。

（2）第26b条第（1）款第（12）项规定的其他贷款和有价证券不得超过ATP（劳动力市场补充养老保险）资产总额的10%。

26e. （1）对ATP（劳动力市场补充养老保险）资产的下列限制同样适用于对单个公司或一组相互关联的公司含有风险的资产：

①第26b条第（1）款第③项规定的资产不得超过总资产的40%；

②第26b条第（1）款第④项规定的资产不得超过总资产的10%；

③第26b条第（1）款第⑦项规定的资产不得超过总资产的10%，但第（4）款规定的情形除外；

④第26b条第（1）款第⑬项规定的资产不得超过总资产的10%；

⑤第26b条第（1）款第⑥项、第⑧项、第⑨项、第⑪项和第⑫项规定的资产不得超过总资产的2%，但第（2）款规定的情形除外。若某公司的股本资本超过2.5亿丹麦克朗，或者该公司坐落在A区之内的国家并且其资产被允许进入欧盟成员国或已与欧盟达成金融领域协议的国家的规范市场或A区之内的其他国家的相应市场进行交易，则本项限制应放宽到3%；

⑥第26b条第（1）款第⑤项、第⑥项、第⑧项到第⑫项规定的资产不得超过总资产的5%；

⑦第26b条第（1）款第⑫项规定的贷款不得超过总资产的1%。

（2）若单个公司或者一组相互关联的公司的业务中包含对第26b条

第（1）款第⑤项、第⑩项规定的资产的投资，则其股本投资和贷款不得超过总资产的 5%。

（3）第（1）款第③项到第⑤项和第（2）款中的规定不适用于对第 26b 条第（3）款到第（6）款规定的新设子公司的投资。

（4）对于第 26b 条第（1）款中第⑦项规定的公司、投资公司和协会，若按照协会规章其业务被限定于对第 26b 条第（1）款第①项到第③项规定的资产进行投资，则第（1）款第③项到第⑤项和第（2）款的规定不适用于对该公司、投资公司和协会的投资。至于第（1）款第④项到第⑥项和第（2）款以及第 26d 条第（1）款第①项和第③项规定的限制，这些投资应当被计入第 26b 条第（1）款第①项到第③项规定的资产。

（5）董事会应当就 ATP（劳动力市场补充养老保险）的汇率和利率风险制定更为详尽的规定。

26f. 丹麦金融服务管理局可以在限定的时期内对第 26b 条、第 26e 条第（1）款第②项到第⑦项以及第（2）款到第（4）款的规定进行豁免。

26g. 丹麦金融服务管理局可以就第 26b 条第（1）款规定的不止一个的资产组的有价证券的限制制定更为详尽的规定。

第 9 部分　监管

27.（1）丹麦金融服务管理局（FSA）应保证遵守第 23 条第（6）款、第 23b 条、第 24a 条到第 24d 条以及本法第 6 部分、第 7a 部分、第 8 部分的规定。

（2）金融商务委员会应依据第（1）款的规定在其职权范围内实施监管，比照《金融企业法》第 345 条第（2）款的规定。

（3）丹麦金融服务管理局（FSA）可以命令 ATP（劳动力市场补充养老保险）在指定的时间期限内采取丹麦金融服务管理局认为必要的措施，以确保第（1）款所述的本法的部分和规定得到遵守。

（4）丹麦金融服务管理局（FSA）可以命令 ATP（劳动力市场补充养老保险）在其指定的时间期限内免除第 23a 条第（2）款所述的首席执行官。

（5）丹麦金融服务管理局（FSA）应当在做出上述命令的同时将第

（3）款和第（4）款所述的命令告知就业大臣。

27a. （1）依据第 27 条第（1）款的规定，ATP（劳动力市场补充养老保险）应接受丹麦金融服务管理局（FSA）的监管。丹麦金融服务管理局（FSA）应当审查 ATP（劳动力市场补充养老保险）的经济状况，审查方式包括定期报告的审查以及检查。

（2）对 ATP（劳动力市场补充养老保险）进行检查之后，丹麦金融服务管理局（FSA）应当紧接着召开会议，与会方包括 ATP（劳动力市场补充养老保险）董事会、首席执行官、负责精算师、外部审计师和首席内部审计师，除非该次检查只关涉 ATP（劳动力市场补充养老保险）内部明确划分的活动领域。在该会议上，丹麦金融服务管理局（FSA）应公布检查结论。

（3）检查结束后，重要结论应以书面报告形式提交给董事会、首席执行官、负责精算师、外部审计师和首席内部审计师。

（4）丹麦金融服务管理局（FSA）在向管理层提交报告的同时，应向就业大臣提交该报告的副本。

27b. （1）ATP（劳动力市场补充养老保险）应当向丹麦金融服务管理局（FSA）提交其活动的必要信息。

（2）丹麦金融服务管理局（FSA）在证明其身份的情况下，没有法院命令也可以随时进入 ATP（劳动力市场补充养老保险）以期获得信息，包括在检查期间。

（3）为了评估 ATP（劳动力市场补充养老保险）财务状况的需要，丹麦金融服务管理局（FSA）应有权获得信息，并在证明其身份的情况下，没有法院命令也可以随时进入与 ATP（劳动力市场补充养老保险）有直接或间接关系的公司。

（4）丹麦金融服务管理局（FSA）可以要求获得任何信息，包括账户、会计账簿、打印账簿、其他业务记录以及其他被视为丹麦金融服务管理局（FSA）活动所必要的电子存储数据。

27c. 丹麦金融服务管理局（FSA）应向就业大臣提交对 ATP（劳动力市场补充养老保险）监管的年度报告以及一份由负责精算师基于年度报告而做出的关于 ATP（劳动力市场补充养老保险）的精算状况的独立说明，参照第 24a 条第（5）款的规定。ATP（劳动力市场补充养老保险）应被告知该年度报告的内容。

27d. ATP（劳动力市场补充养老保险）应向丹麦金融服务管理局（FSA）付费。该费用应当依据《金融企业法》第22部分的规定而设定。

27e. 丹麦金融服务管理局（FSA）依据本法或者依照本法颁布的规章所做出的决定，可以由该决定所针对的对象在被告知该决定已提交的四周之内，提请公司上诉委员会。

27f. （1）《金融企业法》第354条关于丹麦金融服务管理局（FSA）保密责任的规定，应适用于本法，在适用中应当做出必要的变通。

（2）至于哪些人应作为与本法有关的当事人，《金融企业法》第355条的规定可以在实施中做必要的变通适用。《金融企业法》第355条所述的当事人的法律地位和当事人权力，在丹麦金融服务管理局（FSA）于2004年7月1日以后做出决定的条件下，应当被本法所限制。

第10部分　上诉委员会

28. （1）ATP（劳动力市场补充养老保险）依据本法所做的决定应包括以下内容：

①成员资格；

②缴费，包括计算和征收；

③除了依据第15条第（1）款做出的决定和第6部分包含的决定外，自决定被告知之日起4周的时间内可能被提请上诉委员会的养老金。

（2）上诉委员会可以获得关于案件评估的独立的专家援助。

（3）上诉委员会应由5名成员组成，除每位成员的1个代理人之外，应由就业大臣任命，任期3年。3名成员应在最高法院院长、海事和商业法院院长和丹麦劳动法院院长的建议下分别任命；2名成员应在ATP（劳动力市场补充养老保险）代表会议中的雇主代表和工薪代表的建议下分别任命。

（4）上诉委员会应制定其议事程序规则。

第 11 部分　杂项规定

29. 除第 17i 条第（2）款第二句和第三句规定的支付外，本法规定的津贴索赔不受扣押、强制执行或其他法律程序的作用。由津贴索赔所有权人签订的合同无效。

30.（1）任何人，只要雇佣一个或更多的本法所述的工薪者，就有义务按照由就业大臣在 ATP（劳动力市场补充养老保险）董事会的建议下制定的任何更加详尽的规定将前条所述的权利告知被雇佣者。

（2）政府当局、写入工伤保险的保险公司、失业保险基金，以及雇主、雇员和工会，一经要求，应当向 ATP（劳动力市场补充养老保险）报告所有对决定涉及本法的养老金问题具有重大意义的信息。

（3）为了本法管理的需要，ATP（劳动力市场补充养老保险）可以按照《收入登记法》第 7 条的规定通过电子登陆获得收入登记信息。

（4）第（3）款包含了关于向 ATP（劳动力市场补充养老保险）缴费的计算、征收、支付，当参保人死亡时养老金和津贴的支付，以及控制职责等方面的所有必要信息。与之相联系，应当进行信息的协调和比较以确定缴费和津贴是按照法律和依照本法制定的法规支付的。

31.（已废除）

32.（1）除非根据其他立法应该施行更严厉的惩罚，否则，无论其是董事会或者代表会议的成员、首席执行官还是 ATP（劳动力市场补充养老保险）精算师或审计师，任何人有以下行为的都应处以罚金或者宽松监禁：

①不履行本法规定的职责；

②向就业大臣、丹麦金融服务管理局（FSA）或其他政府当局，以及与 ATP（劳动力市场补充养老保险）有关的管理层提供错误或误导性信息；

③由于严重犯罪或屡屡疏忽或粗心大意，可能会对 ATP（劳动力市场补充养老保险）或其成员造成损失。

（2）第（1）款所述人员以及 ATP（劳动力市场补充养老保险）的雇员应当依据《刑法典》第 152 条并参照第 152e 条的规定，对其获得的与其工作和职责相关的所有信息保密。

32a.（1）参照第 23 条第（2）款第①项和第②项的规定，任何人违反第 23 条第（3）款、第 25l 条、第 25r 条的规定，都应被处以罚金或 4 个月的监禁，除非其他法律中规定了更加严厉的刑罚。任何人违反第 23b 条第（1）款第①项到第⑧项，第 24b 条，第 24c 条，第 24d 条第（1）款、第（2）款第一句、第（3）款、第（7）款和第（8）款，第 25a 条第（1）款第一句，第 25c 条第（1）款、第（2）款、第（3）款第一句，第 25d 条，第 25e 条，第 25f 条第（1）款、第（2）款第一句、第（3）款第二句，第 25g 条，第 25h 条，第 25i 条，第 25j 条，第 25k 条第一句，第 25o 条以及第 25p 条第（2）款和第（5）款的规定，都应被处以罚金。若 ATP（劳动力市场补充养老保险）未能遵守第 27 条第（3）款和第（4）款所规定的命令，ATP（劳动力市场补充养老保险）应当被处以罚金。

（2）在根据本法颁布的法规中，可以规定对任何违反上述规定的行为处以罚金。

（3）违反本法的规定或违反根据本法颁布的法规的行为，其时效为 5 年。

33.（1）以下人员应当被处以罚金：

（a）未在规定的期限内进行第 30 条第（1）款所述的告知，或者未能在规定的期限内为其雇佣的 ATP（劳动力市场补充养老保险）的成员支付全额费用的雇主；

（b）未能按照第 30 条第（2）款的规定遵守来自 ATP（劳动力市场补充养老保险）或上诉委员会的信息的要求，或者向 ATP（劳动力市场补充养老保险）或上诉委员会提供关于对本法规定的决定有重要影响的事项的错误的或者误导性信息的任何人。

（2）若这些违法行为有拒不向 ATP（劳动力市场补充养老保险）缴费的动机，或者有其他特别严重的情节的，处罚可加重至宽松监禁或 2 年监禁。

（3）上述案件应当被视为刑事案件。若指控涉及第（2）款所述的违法行为，则关于法律救济的《司法》第 68 部分、第 69 部分、第 71 部分和第 72 部分对前述违法行为的适用，应当等同于根据一般规定完全属于检察官管辖范围内的案件的适用。

34. 在就业大臣依据本法授权颁布的指令中，可以规定对任何违反这些指令的行为处以罚金。

35. 依据《刑法典》第 5 部分的规定，公司等法人可被判处刑罚。

36. （1）从 ATP（劳动力市场补充养老保险）处获得关于缴费的会计报表之日起的 3 年之后，不得再对个人缴费规模提出异议。在其他情况下，从应向 ATP（劳动力市场补充养老保险）缴费之日起的 5 年之后，不得再对缴费规模提出异议。

（2）个人养老金的债权在养老金可支付的 5 年后将失去法定时效。但是，ATP（劳动力市场补充养老保险）董事会在特定情况下可对此规定加以减损。

37. 本法规定的津贴不计入构成国家退休金基数的收入的计算。

38. （1）本法的实施范围不包括法罗群岛和格陵兰岛，但是第（2）款和第（3）款规定的情形除外。

（2）未在法罗群岛定居，且在法罗群岛受雇于丹麦政府，或受雇于总部或机构在丹麦王国的其他部分的企业和机构的丹麦打工者，只要其符合成员资格的其他条件，将适用该法案。

（3）未在格陵兰岛定居，且在格陵兰岛受雇于丹麦政府或者丹麦公司和机构的丹麦打工者，只要其符合 ATP（劳动力市场补充养老保险）成员资格的其他条件，将适用该法。相应的法规也适用于未在格陵兰岛定居且在格陵兰岛受雇于外国企业和机构的丹麦打工者。

第 12 部分　生效

39. 费用应当从工资中扣缴。对于周薪制劳动者，雇主的缴费以从 1964 年 4 月 1 日所在的工资周开始挣得的收入为基础；但是对于月薪制劳动者，雇主的缴费则以从 1964 年 4 月 1 日起所挣得的月收入为基础。

40. 按照本法的规定，1898 年 3 月出生的人应从 1965 年 4 月 1 日起领取补充养老金，尽管第 5 条第（1）款和第 9 条第（1）款的规定符合领取第 8 条规定的养老金年资的条件。

41. 补充养老金的支付应从 1965 年 4 月 1 日开始。

42. 在与代表会议协商后，就业大臣应就雇主代表和工薪劳动者代表的任期制定规定。

43.（过渡性条文，省略）

44. 本法立即生效。

1995 年 12 月 20 日第 1057 号法案第 10 条包含下列关于生效的规定：

10.

（1）本法自 1997 年 1 月 1 日起生效。但是，第 1 条第④项的规定自 1996 年 1 月 1 日起生效。

（2）第 2 条第①项、第 3 条第①项和第 5 条第①项规定的缴费在 1997 年应当占《ATP（劳动力市场补充养老保险）法》第 15 条第（1）款规定的缴费的 150%。

（3）第 4 条第①项、第 8 条第①项和第 9 条第②项规定的缴费在 1997 年应当占《ATP（劳动力市场补充养老保险）法》第 15 条第（1）款规定的缴费的 50%。

1995 年 12 月 20 日第 1071 号法案第 37 条包含下列规定：

37.

（1）经济和商业事务大臣应当经与税务大臣讨论，依照第 42 条规定本法或本法的一部分①的生效日期。

（2）……

（3）……

（4）……

（5）……

1997 年 6 月 10 日第 475 号法案，经 1998 年 6 月 26 日第 414 号法案第 5 条以及 1998 年 12 月 23 日第 1051 号法案第 2 条修正，第 9 条中包含下列规定：

---

① 该法自 1996 年 1 月 1 日起生效，参照 1995 年 12 月 20 日第 1132 号行政命令。

9.

（1）本法自 1998 年 1 月 1 日起生效。……但是，第 3 条第①—④项、第⑦—⑫项、第⑭项和第⑰项应当自本法在丹麦法律公报上公布的翌日起生效。

（2）董事会应当按照……《ATP（劳动力市场补充养老保险）法》第 24c 条第（2）款和第 24e 条第（1）款的规定编写内部指导规则、按照第 8 条第①项的规定不迟于 1998 年 3 月 1 日。

（3）按照《ATP（劳动力市场补充养老保险）法》第 8 条第①项和第②项的规定，该法……第 24d 条第（3）款第二句、第 24e 条第（2）款、第 24f 条、第 24i 条第（3）款第二句以及第 25b 条第（9）款的规定应当适用于 1998 年 1 月 1 日及其以后的财政年度。

（4）尽管有这些规定，但是对于管理委员会成员及其副职和地位相当的人员以及首席内部审计师和副首席内部审计师，若其在本法生效之日拥有或者经营与……《ATP（劳动力市场补充养老保险）法》第 24h 条的规定相抵触的公司，则按照本法第 8 条第①项的规定，仍可继续从事该活动。

（5）……

（6）……

（7）尽管有本法的规定，但是管理委员会成员及其副职和地位相当的人员以及本法所规定的金融机构的分部经理，仍可以担任以下机构的董事会成员：丹麦船舶融资（DSF）、丹麦出口融资、丹麦农业抵押银行（DLR）、丹麦风险融资 A/S 公司、丹麦酒店等融资机构、FIH – 丹麦工业融资、北欧协会、LRF 抵押银行、Totalkredit Realkreditfond、Grønlandsbanken A/S、丹麦王国渔业银行、博恩霍尔姆的投资基金。

（8）……

（9）外部审计师，或者首席内部审计师及副首席内部审计师，或者 ATP（劳动力市场补充养老保险）或 LD（劳工处养老金）以及第 1 条到第 5 条、第 7 条、第 8 条规定的机构和公司的雇员之间产生的于 1998 年 1 月 1 日生效的合法的公示和抵押，其效力可持续至原来约定的日期。

（10）……

（11）……

（12）……

1997 年 10 月 24 日第 803 号法案，经 1997 年 12 月 29 日第 1081 号法案第 5 条修正，第 15 条包含下列规定：

15.

（1）本法自在丹麦法律公报上公布的翌日起生效①，但第 8 条自 1998 年 7 月 1 日起生效。

（2）对于有义务缴纳《劳动力市场基金法》第 7 条第（1）款第（a）项、第（b）项、第（c）项规定的费用的人员，参照第 8 条第（1）款第（e）项第 11 条第（1）款的规定，其临时养老金储蓄应当按照《ATP（劳动力市场补充养老保险）法》第 17b 条第（1）款的规定征收。按照该法第 1 条第 1）项关于 1998 年 1 月 1 日起支付的工资、薪酬等和 1998 年 1 月 1 日之前支付的工资、薪酬等的规定，对这些按照《源头减税法》扣税后的工资等的征收应于 1997 年 12 月 31 日之后停止。

（3）对于有义务缴纳《劳动力市场基金法》第 7 条第（1）款第（c）项规定的费用的人员，参照第 8 条第（1）款第（e）项、第 11 条第（8）款和第 7 条第（3）款的规定，其临时养老金储蓄应当按照《ATP（劳动力市场补充养老保险）法》第 17b 条第（1）款的规定征收，正如该法第 1 条第（1）项关于 1998 年收入年的规定。但是，对于 1998 年的收入年是从 1997 年 11 月 1 日之前起算的人员，其养老金储蓄应当只占从 1997 年 11 月 1 日至 1998 年收入年结束的每个月计算的养老金储蓄的 1/12。

（4）对于本法第 2 条到第 4 条所述的人员，其临时养老金储蓄应当按照《ATP（劳动力市场补充养老保险）法》第 17b 条第（4）款的规定征收，包括该法第 1 条第①项规定的从 1998 年 1 月 5 日至 1998 年 12 月 31 日期间支付的失业保险金的收益中征收的临时养老金储蓄。

1997 年 12 月 17 日第 980 号法案第 42 条包含下列规定：

42.

（1）本法自 1998 年 7 月 1 日起生效。

---

① 该法自 1997 年 10 月 26 日起生效。

（2）……

（3）……

（4）……

（5）……

1998 年 6 月 26 日第 424 号法案第 9 条包含下列规定：

9.

（1）本法自在《丹麦法律公报》上公布的翌日起生效①。

（2）……

（3）……

（4）……

1998 年 6 月 1 日第 468 号法案第 13 条包含下列规定：

13.

（1）本法自在《丹麦法律公报》上公布的翌日起生效②。但是，第 2 条到第 7 条自 1999 年 1 月 1 日起生效。

（2）本法应当适用于始于并包括 1999 年的收入年的特别养老金的征收，参照第（3）款和第（4）款的规定。第 1 条第②项到第④项、第 8 条和第 11 条应当适用于始于并包括 1998 年的收入年的临时养老金的征收。第 1 条第①项和第 12 条第①项的规定应当适用于 1998 年 7 月 31 日之后向 ATP（劳动力市场补充养老保险）缴纳的款项。

（3）对丁有义务缴纳《劳动力市场基金法》第 7 条第（1）款第（a）项、第（b）项、第（c）项规定的费用的人员，参照第 8 条第（1）款第（e）项和第 11 条第（1）款的规定，特别养老金储蓄应当按照《ATP（劳动力市场补充养老保险）法》第 17f 条第（1）款和第 17f 条第（2）款第一句的规定征收。按照本法第 1 条第 6 项关于从始于并包括 1999 年 1 月 1 日起支付的工资、薪金等以及 1999 年 1 月 1 日之前支付的

---

① 该法自 1998 年 7 月 28 日起生效。

② 该法自 1998 年 7 月 3 日起生效。

工资、薪金等之中征收特别养老金储蓄的规定，对按照《源头减税法》
扣税后的工资等的征收应于 1998 年 12 月 31 日之后停止。

（4）对于有义务缴纳《劳动力市场基金法》第 7 条第（1）款第 c）
项规定的费用的人员，参照第 8 条第（1）款第（e）项、第 11 条第（8）
款和第 7 条第（3）款的规定，特别养老金储蓄应当按照《ATP（劳动力
市场补充养老保险）法》第 17f 条第（1）款和第 17f 条第（2）款第二句
的规定从 1999 年并包含 1999 年的收入年开始征收，正如本法第 1 条第⑥
项的规定。但是，对于其 1999 年的收入年是从 1998 年 8 月 1 日之前起算
的人员，养老金储蓄应当只占从 1998 年 8 月 1 日至 1999 年收入年结束的
每个月计算的养老金储蓄的 1/12。

1998 年 7 月 1 日第 490 号法案第 6 条和第 7 条包含下列关于生效
的规定：

6.

（1）本法自 1998 年 8 月 1 日起生效，并对 1998 年及以后财政年度的
年度财务报表有效。

1998 年 12 月 23 日第 1033 号法案第 5 条包含下列关于生效的规定：

5.

（1）本法自在《丹麦法律公报》上公布的翌日起生效①，并且从
2000 年 1 月 1 日起生效……

（2）……

1998 年 12 月 23 日第 1055 号法案第 5 条包含下列有关生效的规定：

5.

（1）本法自 1999 年 1 月 1 日起生效。

---

① 该法自 1998 年 12 月 29 日起生效。

1999 年 5 月 12 日第 278 号法案第 3 条包含下列关于生效的规定:

3.

(1) 本法自 1999 年 7 月 1 日起生效。

1999 年 5 月 12 日第 288 号法案第 17 条包含下列关于生效的规定:

17.

(1) 本法自 1999 年 7 月 1 日起生效,但第(2)款到第(5)款除外。

(2) 第 1 条第⑳项……自在《丹麦法律公报》上公布的翌日起生效[①]。

(3)……

(4)……

(5)……

1999 年 12 月 29 日第 1077 号法案第 2 条包含下列关于生效的规定:

2.

(1) 就业大臣应当规定本法生效的日期[②]。

(2)……

(3)……

1999 年 12 月 20 日第 1082 号法案第 3 条和第 4 条包含下列关于生效的规定:

3.

(1) 本法自 2000 年 1 月 1 日起生效……

---

① 该法第 1 条第⑳项自 1999 年 5 月 15 日起生效。

② 该法自 2000 年 5 月 15 日起生效,参照 2000 年 5 月 9 日第 320 号行政命令。

4.

（1）但是，求职者与公共就业服务中心（AF）在 2000 年 1 月 1 日之前签订的有关储备工作的协议，可以根据迄今为止生效的法律完成。

2000 年 5 月 17 日第 335 号法案第 3 条包含下列关于生效的规定：

3.

（1）本法自在《丹麦法律公报》上公布的翌日起生效[①]。

2000 年 5 月 30 日第 390 号法案第 5 条包含下列关于生效的规定：

5.

（1）本法自 2000 年 6 月 1 日起生效。

（2）……

（3）……

（4）……

2000 年 5 月 31 日第 397 号法案第 3 条包含下列关于生效的规定：

3.

（1）本法自 2000 年 7 月 1 日起生效。

2000 年 5 月 31 日第 458 号法案第 6 条包含下列关于生效的规定：

6.

（1）本法自在《丹麦法律公报》上公布的翌日起生效[②]。

（2）第 1 条，第 2 条，第 3 条第①项、第②项和第 4 条应当从 2001 年并包括 2001 年的收入年起生效……

（3）……

[①]　该法自 2000 年 5 月 19 日起生效。

[②]　该法自 2000 年 6 月 3 日起生效。

（4）……

2000 年 5 月 31 日第 459 号法案第 9 条包含下列关于生效的规定：

9.

（1）本法自在《丹麦法律公报》上公布的翌日起生效①。

（2）第 1 条、第 2 条、第 3 条第①项和第②项、第 4 条、第 5 条、第 6 条第①项到第③项应当从 2001 年并包括 2001 年的收入年起生效。

（3）……

（4）……

（5）……

2000 年 12 月 20 日第 1248 号法案第 3 条包含下列关于生效的规定：

3.

（1）本法自 2001 年 1 月 1 日起生效。

（2）……

（3）……

（4）……

（5）……

2000 年 12 月 20 日第 1253 号法案第 11 条包含下列关于生效的规定：

11.

（1）本法自 2001 年 1 月 1 日起生效。

（2）《ATP（劳动力市场补充养老保险）法》和《劳动力市场基金法》中迄今为止仍有效的关于参加劳动力市场培训计划的津贴的规定，应当继续适用于关于劳动力市场培训计划的 2000 年 5 月 31 日第 399 号法案第 68 条第（4）款规定的津贴。

（3）……

---

①　该法自 2000 年 6 月 3 日起生效。

（4）……

———————

2000 年 12 月 20 日第 1329 号法案第 6 条包含下列关于生效的规定：

6.

（1）本法自 2001 年 1 月 1 日起生效。

———————

2001 年 4 月 25 日第 284 号法案第 8 条包含下列关于生效的规定：

8.

（1）本法自 2001 年 7 月 1 日起生效，但第（8）款除外。

（2）……

（3）……

（4）……

（5）……

（6）……

（7）……

（8）第 3 条第②项①自 2003 年 1 月 1 日起生效。

———————

2001 年 5 月 16 日第 332 号法案第 2 条包含下列关于生效的规定：

2.

（1）本法自 2002 年 1 月 1 日起生效。但是，第 1 条第⑭项自 2001 年 1 月 1 日起生效。

（2）作为第 1 条第⑫项的附属规定，只有 2002 年 1 月 1 日后的同居时间才能列入第 14b 条第（2）款规定的两年同居关系的条件之中。

（3）作为第 1 条第⑫项的附属规定，只有 2002 年 1 月 1 日以后的成员资格和缴费才能列入第 14b 条第（3）款和第 14e 条第（3）款规定的两年等待期。

（4）2002 年 1 月 1 日以后的缴款不得作为第 11 条和第 11a 条规定的

———————

① 该法第 3 条第②项与《ATP（劳动力市场补充养老保险）法》第 2a 条第（8）款有关。

津贴计算的基础。

（5）在 2002 年 1 月 1 日已年满 65 岁的成员，不在本法第 1 条第⑫项和第⑬项规定的范围之内。

2001 年 6 月 7 日第 503 号法案第 6 条包含下列关于生效的规定：

6.

（1）本法自 2001 年 7 月 1 日起生效。

（2）……

2002 年 6 月 6 日第 357 号法案第 6 条包含下列关于生效的规定：

6.

（1）本法自 2002 年 6 月 10 日起生效，但第（2）款除外，并且本法自 2001 年收入年的第一次缴费记入起生效。

（2）第 1 条第①项和第 2 条到第 5 条自 2003 年 1 月 1 日起生效，但第（5）款除外。临时养老金储蓄计划的个人账户中的存款，参照迄今为止仍具效力的第 5b 部分的规定，应当于 2003 年 1 月 1 日转移至特别养老金储蓄计划的相同个人账户。尽管《养老金课税法》第 30 条第（1）款有规定，但是参照第一句的规定，临时养老金储蓄计划账户和特别养老金储蓄计划账户的合并不应被当作一项意味着已转移至特别养老金储蓄计划的资金不再满足《养老金课税法》第 1 部分规定的条件的交易。参照 2001 年 1 月 4 日第 5 号综合法案，在 1998 年的收入年度对临时养老金储蓄计划账户的任何调整，都应当依据迄今为止仍具效力的规定进行。2003 年 1 月 1 日之后的调整应当针对特别养老金储蓄计划中相关的个人账户。

（3）参照 2001 年 1 月 4 日第 5 号综合法案，在 1999 年和 2000 年的收入年度对特别养老金储蓄计划账户的任何调整，都应当依照迄今为止仍具效力的规定进行。

（4）① 参照迄今为止仍具效力的第 17g 条第（8）款的规定，ATP

----

① 该款被 2003 年 6 月 10 日第 421 号法案废止。

（劳动力市场补充养老保险）应当一开始就从不能计入 2001 年的存款分配的账户中扣除 3000 万丹麦克朗用作后续的账户调整等事项。剩余的金额应当在账户持有人之间进行分配。就业大臣应当就账户持有人之间进行的关于剩余的金额和当时已扣除用以账户调整等事项的金额的分配制定更为详尽的规定。

（5）参照第 29B 条第②项的规定，对依据《ATP（劳动力市场补充养老保险）法》第 14b 条第（1）款和第 14e 条第（1）款的规定支付的一次性补贴的课税，如本法第 4 条第①项所述，应当适用于参保人于 2004 年 1 月 1 日及其以后死亡时支付给其健在配偶、同居者以及子女的补贴。

2002 年 6 月 6 日第 403 号法案第 8 条包含下列关于生效的规定：

8.

（1）本法自 2003 年 1 月 1 日起生效，但第（2）款到第（4）款除外。

（2）……

（3）第 4 条第①项自本法在《丹麦法律公报》上公布的翌日起生效①，并从 2001 年 7 月 1 日起生效。

2002 年 6 月 6 日第 428 号法案第 19 条包含下列关于生效的规定：

19.

（1）本法自 2001 年 7 月 1 日起生效……

（2）……

（3）……

（4）……

---

① 第 4 条第①项与《ATP（劳动力市场补充养老保险）法》第 2b 条第（1）款第④项有关，并自 2002 年 6 月 8 日起生效。

2002 年 6 月 10 日第 434 号法案第 5 条包含下列关于生效的规定：

5.

（1）本法自 2002 年 9 月 1 日起生效。

―――――――――

已修正第 2b 条和第 28 条并废止第 5a 部分的 2002 年 12 月 17 日第 1032 号法案，包含下列关于生效的规定：

7.

（1）本法自 2003 年 1 月 1 日起生效，并且对基于 2003 年 2 月 23 日至 5 月 22 日期间获得的《ATP（劳动力市场补充养老保险）法》的缴费而支付的补偿款首次生效。

（2）ATP（劳动力市场补充养老保险）上诉委员会可以依据迄今为止仍具效力的规定，处理有关第 17a 条所述的补偿金计算和支付的案件。

―――――――――

已修正第 2a 条的 2002 年 12 月 17 日第 1066 号法案，包含下列关于生效的规定：

6.

（1）本法自 2003 年 1 月 1 日起生效。

―――――――――

已修正第 2a 条的 2003 年 6 月 10 日第 420 号法案，包含下列关于生效的规定：

3.

（1）本法自 2003 年 7 月 1 日起生效。

（2）……

―――――――――

已修正第 5c 部分、第 5d 部分、第 23 条、第 26a 条和第 29 条的 2003 年 6 月 10 日第 421 号法案，包含下列关于生效的规定①：

――――――――――

① 该法也废止了 2002 年 6 月 6 日第 357 号法案第 6 条第（4）款。

7.

(1) 本法自 2003 年 7 月 1 日起生效，但第（2）款到第（7）款除外。

(2) 第 17f 条第（1）款到第（5）款，第（6）款第二句、第三句、第六句，第（7）款；第 17h 条第（1）款到第（3）款，第 17i 条第（1）款，第 17j 条，如同本法第 1 条第 1）项和第 4）项的规定……自 2004 年 1 月 1 日起生效。第 17k 条第（1）款和第（2）款，第 17l 条第（1）款、第（2）款、第（4）款以及第 17n 条第（1）款到第（4）款，如同本法第 1 条第①项的规定，……自 2005 年 1 月 1 日起生效。

(3) 第 17f 条第（6）款第一句，如同本法第 1 条第①项的规定，应当适用于 1998 年的收入年的年度税务报表的修正，并应于 2004 年 1 月 1 日及其以后进行增补。第 17f 条第（6）款第四句，如同本法第 1 条第①项的规定，对于登记在 2003 年 9 月 1 日后死亡的参保人，应当适用于 1998 年的收入年的年度税务报表的修正。

(4) 第 17f 条第（6）款第一句，如同本法第 1 条第①项的规定，应当对 2001 年及其以后的收入年的年度纳税申报和计算的修正有效，并应于 2004 年 1 月 1 日及其以后进行增补。第 17f 条第（6）款第四句和第五句，如同本法第 1 条第①项的规定，对于登记在 2003 年 9 月 1 日后死亡的参保人，应当对 2001 年及其以后的收入年的欠款及年度税务报表的修正有效。

(5) 第 17g 条第（1）款和第（2）款，如同本法第 1 条第①项的规定，应当对 2003 年的收入年缴费的记入首次生效。对于直到 2003 年 6 月 30 日的这一时期内，（劳动力市场补充养老保险）应当就 2003 年的收入年的收费规定利率。

(6) 第 17i 条第（2）款和第（3）款，如同本法第 1 条第①项的规定，对于登记在 2003 年 1 月 1 日及以后死亡的参保人，应当对在 2002 年及其以后的收入年征收的养老金储蓄有效。

(7) 从 2004 年 1 月 1 日开始并且不管账户持有人的年龄，作为 1999 年和 2000 年的收入年度的税收评估改变的结果的已缴养老金储蓄的改变，不得使记入个人特别养老金储蓄计划账户的资金发生改变，但它们应当加入第 17p 条所述的金额理算储备或从中扣除，如同本法第 1 条第①项的规定。

(8) 若 2002 年 6 月 6 日第 357 号法案第 6 条第（4）款被废止，参照本法第 6 条的规定，剩余的金额应当转入第 17p 条所述的金额理算储备，如同本法第1条第（1）项的规定。

（9）ATP（劳动力市场补充养老保险）分别依据第17k条和第17n条建立特别养老金储蓄股权计划和特别养老金储蓄账户转移可能性而产生的费用，如同本法第1条第（1）项的规定，应当由特别养老金储蓄计划的账户持有人支付。由中央海关和税收机关产生的与特别养老金储蓄股权计划和特别养老金储蓄转移可能性有关的非经常性开支，参照第一句的规定，相对地应当由特别养老金储蓄计划的账户持有人负担。ATP（劳动力市场补充养老保险）应当于2003年7月1日向中央海关和税收机关转移300万丹麦克朗用以支付上述非经常性开支。

（10）对于1999年7月1日前已年满60岁的人员，第17f条第（2）款、第（3）款、第（6）款第三句、第17h条第（4）款规定的年龄限制应为66岁，如同本法第1条第①项的规定；按照第17f条第（6）款第一句和第（7）款的规定，如同本法第1条第①项的规定，年龄限制应为66岁；按照第17f条第（6）款第二句、第17j条第（1）款、第17r条第（5）款以及第17s条第（1）款的规定，如同本法第1条第①项的规定，年龄限制应为67岁。

已修正第27a条和第27d条的2003年6月10日第453号法案，包含下列关于生效的规定：

375.

（1）本法自2004年1月1日起生效。

（2）……

（3）……

（4）……

（5）……

已修正第17f条的2004年3月24日第190号法案，包含下列关于生效的规定：

5.

（1）本法自2004年4月1日起生效，但第（2）款除外。

（2）……第17f条第（9）款第一句及第二句，如同本法第2条的规定，自2005年7月1日起生效。

（3）……

已修正第17f条的2004年5月4日第308号法案，包含下列关于生效的规定：

2.

（1）本法自在《丹麦法律公报》上公布的翌日起生效①。

（2）有责任扣缴费款的雇主、失业保险基金、公共就业服务中心（AF）、市政当局以及雇员担保基金应当停止征收对2004年6月1日及其以后支付的工资、失业救济金、津贴等有影响的特别养老金储蓄。

（3）对于2004年向第17f条第（1）款第一句所述人员征收的特别养老金储蓄的偿还，当在国家税务机关的倡议下进行。税务大臣可以就偿还制定更加详尽的规定。

（4）对于2004年向第17f条第（3）款第一句所述人员征收的特别养老金储蓄的偿还，但第17f条第（3）款第六句的规定除外，如同本法第1条第②项的规定，应当在失业保险基金、公共就业服务中心或者市政当局的倡议下进行。

（5）对于2004年向第17f条第（3）款第三句所述人员征收的特别养老金储蓄的偿还，应当在雇员担保基金的倡议下进行。

（6）经与税务大臣协商，就业大臣应当就ATP（劳动力市场补充养老保险）于2004年向中央海关和税收机关转移的资金的偿还制定规定。

（7）ATP（劳动力市场补充养老保险）应当将2004年向第17f条第（3）款第一句和第三句所述人员征收的特别养老金储蓄偿还给失业保险基金、公共就业服务中心、市政当局和雇员担保基金。

（8）就业大臣可以就第（4）款、第（5）款和第（7）款所述款项的偿还制定更加详尽的规定。此外，就业大臣还应当就2004年特别私产储备扣除私产储备管理成本之后的基金收益的分配，制定更加详尽的规定。

（9）就业大臣可以依照本法就非依收入的补贴计划制定更加详尽的

---

① 该法自2004年5月6日起生效。

规定。

————————

已修正第 17m 条、第 6 部分到第 9 部分、第 32a 条以及附件 B 的 2004 年 5 月 19 日第 365 号法案，包含下列关于生效的规定：

6.

（1）本法自 2004 年 7 月 1 日起生效，但第（2）款除外。

（2）经济和商业事务大臣应当决定本法第 2 条第⑤项的生效时间，……①

（3）……

————————

已修正第 17f 条的 2004 年 6 月 9 日第 468 号法案包含下列关于生效的规定：

5.

（1）本法自在《丹麦法律公报》上公布的翌日起生效②。

（2）以及第 3 条应当应用于 2004 年 7 月 1 日及其以后挣得的收入。

（3）……

（4）……

（5）……

————————

已修正第 17m 条、第 17r 条、第 23 条、第 26b 条、第 26c 条以及第 28 条的 2004 年 12 月 20 日第 1370 号法案，包含下列关于生效的规定：

2.

（1）本法自 2005 年 1 月 1 日起生效。

————————

已修正第 24d 条、第 26b 条和第 32a 条的 2004 年 12 月 20 日第 1383

————————

① 该款 2004 年 7 月 12 日尚未生效。

② 该法自 2004 年 6 月 11 日起生效。

号法案，包含下列关于生效的规定：

17.

（1）本法自 2005 年 1 月 1 日起生效。

（2）……

（3）……

（4）……

已修正第 24b 条的 2005 年 6 月 1 日第 411 号法案，包含下列关于生效的规定：

6.

（1）本法自 2005 年 7 月 1 日起生效。

（2）……

（3）……

（4）……

已修正第 4a 条和第 17f 条的 2005 年 11 月 9 日第 1059 号法案，包含下列关于生效的规定：

2.

（1）本法自在《丹麦法律公报》上公布的翌日起生效①。

（2）与 2006 年月历年按照《地方所得税法》第 16 条执行的市政当局或者地方当局终税的计算相联系，随后应当按照本法第 1 条第②项的规定，以 2006 年市政基础费用的变化给终税带来的适当影响为基础对计算出的终税进行调整。

（3）第（2）款所述市政当局终税的计算出的调整，应当由社会福利和卫生大臣基于 2008 年 5 月 1 日提交的信息而决定。

（4）就业大臣可以依据本法就非依收入的补贴计划制定更为详尽的规定。

---

① 该法于 2005 年 11 月 10 日在《丹麦法律公报》上公布。

已修正第 24c 条、第 24d 条、第 25p 条以及第 32a 条的 2006 年 2 月 27 日第 116 号法案,包含下列关于生效的规定:

5.

(1)本法自 2006 年 3 月 1 日起生效。

已修正第 17f 条和第 30 条的 2006 年 5 月 8 日第 404 号法案,包含下列关于生效的规定:

23.

(1)本法自 2007 年 1 月 1 日起生效。

(2)……

(3)……

已修正第 2a 条、第 9 条、第 21 条、第 23 条和第 36 条的 2006 年 12 月 20 日第 1537 号法案,包含下列关于生效的规定:

2.

(1)本法自 2007 年 1 月 1 日起生效,但本法第 1 条第③项自 2009 年 1 月 1 日起生效。

已修正第 2 条、第 5 条、第 9 条、第 15 条、第 17f 条、第 17h 条、第 17j 条、第 17r 条、第 17s 条的 2006 年 12 月 20 日第 1587 号法案,包含下列关于生效的规定:

19.

(1)本法自 2009 年 7 月 1 日起生效。

(2)……

(3)……

(4)……

(5)……

(6)……

（7）……

已修正第 17m 条、第 26b 条、第 26d 条、第 26e 条、第 27a 条和第 32a 条的 2007 年 2 月 7 日第 108 号法案，包含下列关于生效的规定：

21.

（1）本法自 2007 年 11 月 1 日起生效。

（2）……

（3）……

（4）……

（5）……

（6）……

（7）……

已修正第 17m 条、第 26b 条、第 26d 条的 2007 年 4 月 30 日第 397 号法案，包含下列关于生效的规定：

6.

（1）本法自 2007 年 7 月 1 日起生效。

（2）……

已修正第 17 条的 2007 年 6 月 6 日第 523 号法案，包含下列关于生效的规定：

47.

（1）本法自 2008 年 1 月 1 日起生效。

已修正第 23b 条、第 26a 条、第 26b 条、第 26d 条、第 26e 条、第 26f 条和第 32a 条的 2007 年 6 月 6 日第 576 号法案，包含下列关于生效的规定：

12.

（1）本法自 2007 年 7 月 1 日起生效。

（2）……

（3）……

————————

已修正第 26b 条的 2007 年 6 月 7 日第 577 号法案，包含下列关于生效的规定：

12.

（1）本法自 2007 年 7 月 1 日起生效。

（2）……

（3）……

（4）……

————————

已修正第 17f 条的 2007 年 10 月 24 日第 1235 号法案，包含下列关于生效的规定：

14.

（1）本法自在《丹麦法律公报》上公布的翌日起生效①并从 2008 年的收入年开始适用，但第（2）款到第（4）款除外。

（2）对于 2008 收入年度，《源头减税法》第 5B 条第（2）款和《国家所得税和物业税征收法》第 8M 条第（2）款、第 9J 条第（1）款中的百分率总计应为 4.0%。对于 2008 收入年度，《源头减税法》第 5B 条第（2）款和《国家所得税和物业税征收法》第 8M 条第（2）款、第 9J 条第（2）款规定的基本金额总计应为 6950 丹麦克朗。

（3）对于 2008 年的收入年，《个人所得税法》第 10 条第（1）款和《国家所得税和物业税征收法》第 9F 条规定的基本金额总计应为 23200 丹麦克朗。对于 2008 年的收入年，《个人所得税法》第 10 条第（2）款规定的基本金额总计应为 17300 丹麦克朗。

（4）第 11 条第①项自 2008 年的收入年起生效。

（5）与《地方所得税法》第 16 条规定的 2008 年月历年的市政当局终税和教会税的计算相联系，基于对 2008 年市政税和教会税征收依据的

————————

① 该法于 2007 年 10 月 25 日在《丹麦法律公报》上公布。

变动的适当影响，对算出的终税进行调整。2008 年市政税和教会税征收依据的变动是由于下列原因：

①参照《ATP（劳动力市场补充养老保险）法》第 17f 条第（1）款的规定，经本法第 2 条第②款修正，向特别养老金储蓄计划缴费在 2008 年的暂停；

②参照第（2）款的规定，百分率和基本金额（就业扣除额）在 2008 年的提高；

③参照第（3）款的规定，基本金额（个人扣除额）在 2008 年的提高；

④按照《成本调整百分比法》调整的转移支付额的适当提高，相当于成本调整百分比于 2007—2008 年提高了 0.3 个百分点。

（6）第（5）款所述市政终税和教会终税的适当调整，应当由社会福利和卫生大臣基于 2010 年 5 月 1 日提交的信息而决定。

已修正第 5 条、第 8b 条、第 8c 条、第 9 条、第 9a 条、第 11 条、第 11a 条、第 12 条、第 13 条、第 14 条、第 15 条、第 16 条、第 17 条、第 18 条及附件 A 的 2008 年 2 月 26 日第 109 号法案，包含下列关于生效的规定：

2.

（1）本法自 2008 年 3 月 1 日起生效。第 1 条第②项、第 3 条、第 9 条到第 16 条自 2008 年 1 月 1 日起生效。

3.

（1）尽管《ATP（劳动力市场补充养老保险）法》第 9 条第（1）款有规定，如同本法第 1 条第③项所述，但对于 2008 年 1 月 1 日至 2009 年 6 月 30 日期间以自有养老金形式存在的补充养老金，根据要求应当在参保人达到法定退休年龄后的每月初偿付，并且应当按月提前支付。尽管《社会养老金法》第 12 条有规定，但与补充养老金的计算相联系，从 2008 年 1 月 1 日至 2009 年 6 月 30 日期间法定退休年龄应当按下列方式认定：

①于 1959 年 1 月 1 日之前出生的人员，法定退休年龄为 65 岁；

②于 1959 年 1 月 1 日至 1959 年 6 月 30 日之间出生的人员，法定退休年龄为 65 岁半；

③于 1959 年 7 月 1 日至 1959 年 12 月 31 日之间出生的人员，法定退休年龄为 66 岁；

④于 1960 年 1 月 1 日至 1960 年 6 月 30 日之间出生的人员，法定退休年龄为 66 岁半；

⑤于 1960 年 6 月 30 日以后出生的人员，法定退休年龄为 67 岁。

（2）参照第（1）款的规定，就业大臣应当按照 ATP（劳动力市场补充养老保险）董事会的建议，就从年满 67 岁到达到法定退休年龄期间养老金义务的换算制定更为详尽的规定。

（3）尽管《ATP（劳动力市场补充养老保险）法》第 9a 条第（1）款有规定，但如本法第 1 条第③项所述，截至 2008 年 12 月 31 日补充养老金的支付不能推迟到超过 70 岁。

已修正第 23 条、第 26b 条、第 26c 条和第 26e 条的 2008 年 3 月 12 日第 183 号法案，包含下列关于生效的规定：

2.

（1）本法自 2008 年 4 月 1 日起生效。

丹麦就业部，2008 年 7 月 8 日

克劳斯·H. 弗雷德里克森 ／Lise Fangel

附件 A：

依据第 8b 条，每缴费 100 丹麦克朗（DKK），从 67 岁开始将获得下列养老金权益：

年龄	67 岁时的养老金	年龄	67 岁时的养老金
16 岁	（DKK 18. 30）	42 岁	（DKK 12. 17）
17 岁	（DKK 18. 02）	43 岁	（DKK 11. 96）
18 岁	（DKK 17. 75）	44 岁	（DKK 11. 76）
19 岁	（DKK 17. 48）	45 岁	（DKK 11. 56）
20 岁	（DKK 17. 21）	46 岁	（DKK 11. 35）
21 岁	（DKK 16. 95）	47 岁	（DKK 11. 15）
22 岁	（DKK 16. 69）	48 岁	（DKK 10. 95）
23 岁	（DKK 16. 43）	49 岁	（DKK 10. 75）

年龄	67 岁时的养老金	年龄	67 岁时的养老金
24 岁	（DKK 16.18）	50 岁	（DKK 10.55）
25 岁	（DKK 15.93）	51 岁	（DKK 10.35）
26 岁	（DKK 15.69）	52 岁	（DKK 10.15）
27 岁	（DKK 15.44）	53 岁	（DKK 9.95）
28 岁	（DKK 15.21）	54 岁	（DKK 9.75）
29 岁	（DKK 14.97）	55 岁	（DKK 9.54）
30 岁	（DKK 14.74）	56 岁	（DKK 9.34）
31 岁	（DKK 14.51）	57 岁	（DKK 9.13）
32 岁	（DKK 14.29）	58 岁	（DKK 8.93）
33 岁	（DKK 14.06）	59 岁	（DKK 8.72）
34 岁	（DKK 13.84）	60 岁	（DKK 8.51）
35 岁	（DKK 13.63）	61 岁	（DKK 8.29）
36 岁	（DKK 13.41）	62 岁	（DKK 8.07）
37 岁	（DKK 13.20）	63 岁	（DKK 7.84）
38 岁	（DKK 12.99）	64 岁	（DKK 7.61）
39 岁	（DKK 12.78）	65 岁	（DKK 7.38）
40 岁	（DKK 12.58）	66 岁	（DKK 7.14）
41 岁	（DKK 12.37）	67 岁	（DKK 7.15）

注：该数额是基于男性和女性 50：50 的相同死亡率而计算。

养老金计算基础　　　　　2002 年 1 月 1 日—2007 年 12 月 31 日

附件 B：

A 区包含下列国家：

欧盟成员国，其他经济合作与发展组织（OECD）正式成员国，其他已与国际货币基金组织（IMF）签订特别贷款协定并从属于贷款总协定（GAB）的国家。但是，由于无力偿还而重组其外国国债的国家，将有 5 年被排除在 A 区之外。

《国民养老保险基金(AP FUNDS)法》 (瑞典)

(SFS 2000：192)

第一部分

第一章　介绍性条款

国民养老保险基金

第一条　该法包含的条款涉及 5 个由政府设立的、相互独立的收入关联养老保险基金管理机构。它们分别是"第一国民养老保险基金""第二国民养老保险基金""第三国民养老保险基金""第四国民养老保险基金"和"第七国民养老保险基金"。

此外，"第六国民养老保险基金"也对收入关联养老保险基金进行管理。这一基金的运营由《第六国民养老保险基金法》（SFS 2000：193）来规定。

第二条　第一至第四国民养老保险基金所管理的资产是按《社会保障缴费分配法》（SFS 2000：981）第六条、《国家养老金缴费法》（SFS 1998：676）第八条以及《国民养老金缴费法》（SFS 1994：1744）第六条的规定所分配的。

"第七国民养老保险基金"所管理的资产是根据《收入关联退休金法》（SFS 1998：674）第八章第二条第一段第二款的规定分配给"保费储蓄基金"或"选择性保费基金"的部分（SFS 2000：998）。

国民养老保险基金运营机构的责任

第三条 由国民养老保险基金运营机构负责执行的协议和其他法律文件对政府同样具有约束力。但在订约方知晓或应当知晓该协议或法律文件不属于基金运营机构的管辖对象，或者基金运营机构的代表在授权范围之外行动时，该条款不适用。

第二部分 第一至第四国民养老保险基金相关条款

第二章 资产分配和养老金给付等

资产分配

第一条 根据本法第一章第二条第一段之规定，瑞典社会保障管理机构应当将资产平均、分别转移至第一至第四国民养老保险基金。

养老金给付

第二条 根据《收入关联退休金法》（SFS 1998：674）的规定，在不能获得其他资金的情况下，瑞典社会保险管理机构应当向第一至第四国民养老保险基金申请必要资金，以资助收入关联养老金和补充养老保险。

根据《欧盟养老金便携性法》（SFS 2002：125）的规定，在进行收入关联养老金和补充养老金的转移操作时，社会保险管理机构也应当向这些基金申请必要的资金。

每一支国民养老保险基金应当提供转移支付基金资产的1/4来落实上述第一段、第二段的规定（SFS 2004：847）。

运营成本

第三条 第一至第四国民养老保险基金均应当以其所管理的资产承担相应的运营、监督成本。

借款的权利

第四条 如果其管理资产不足以履行本法所规定的各项义务，第一至第四国民养老保险基金中的任何一方在这种情况下均可以向"国债管理局"借款。

第三章　基金运营机构的管理

董事会

第一条　第一至第四国民养老保险基金均应当成立各自的董事会。每一个董事会由 9 名成员组成。

董事会要对基金运营机构的组织和相应资产的运营管理负责。

董事会代表基金运营机构。这一条款在涉及诉讼事务时仍然适用。

董事会成员的任命

第二条　董事会成员应当由政府任命。

对董事会成员的任命应当以其在增强资产管理方面的专业经验为基础。

董事会成员必须是瑞典公民。未成年人或者根据"关于父母、监护人、儿童的法规"第十一章第七条的规定被指定监护人者不得成为董事会成员。这一条款也适用于破产者和根据《交易禁止法》（SFS 1986：436）的规定被禁止交易者。

第三条　董事会中应当有两名成员由代表雇员利益的机构提名，同时应当有两名成员由代表雇主利益的机构来提名。在这些提名未做出的情况下，政府可以任命相应的董事会成员。在政府任命之前，必须给予相关组织提名的机会。在相关组织提名的人选不满足第二条第二段、第三段所规定条件的情况下，该条款仍然适用。

在相关组织提名产生的成员之外，由政府任命董事会主席 1 名和副主席 1 名。

任期

第四条　董事会成员的任期不应超过这一时点，即该董事会成员被任命后的第三个日历年度损益表和资产负债表被接受之时。

董事会成员的解职

第五条　政府可以在其任期结束之前解除董事会成员的职务。在任期结束之前解除董事会成员的职务应当由该董事会成员或依据第三条第一段做出提名的机构提出请求。在有成员被解职或任期提前结束的情况下，应当根据第二条和第三条的规定，任命新的成员履行剩余任期的相应职责。

召开会议

第六条　主席应当确保董事会成员在必要时召开会议。在有董事会成员请求的情况下，主席应当召集董事会会议。

召开会议的通知应当由主席发出。通知应当列出会议要解决的事项。

决策

第七条　董事会召开会议时，出席人数必须达到全体成员的半数以上。除上述规定外，有利益冲突的成员不应当计算在出席人数内，第八条将对"利益冲突"做出具体说明。对于任何既定事项，在可能的情况下，所有董事都必须获得参与决策的机会并获得足够的、用于决策的信息，否则不能做出决议。

董事会决议由出席成员根据简单多数原则做出，出现投票僵局的情况下，应当由董事会主席来投决定票。在不是全体成员出席的情况下，某项决议要获得通过，其支持者人数必须超过全体董事会成员的1/3。

董事会会议记录应当保存。会议记录要由主席和董事会任命的成员签字。在已经做出决议的情况下，如果有成员持不同意见，意见分歧应当在会议记录中注明。

利益冲突

第八条　董事会成员不得参与以下事务：

1. 该成员与国民养老保险基金之间的协议；

2. 国民养老保险基金与某些第三方协议，这些第三方是指该董事会成员在其中可能具有与国民养老保险基金利益相冲突的物质利益；

3. 国民养老保险基金与该成员独立或与他人共同代表的法人实体之间的协议。

如果国民养老保险基金在与其签订协议的一方持有的有表决权资本或全部股份超过半数，或者参与组织了该法人实体，本条第一段第三款的规定不适用。

第一段和第二段所指的"协议"应当被视为包括诉讼和其他法律事务。

董事会代表的任命

第九条　董事会应当任命一名人选，根据董事会颁布的指导方针和命令进行日常管理。对该人选的任命应以其在增强资产管理上的专业经验为依据。

第十条 董事会可以根据第九条的规定任命董事会成员来负责日常管理，也可以任命其他人选。董事会应当在任命中详细规定相关职权。如果被任命人选不是董事会成员，第二条第三段第二句、第三句以及第八条的规定应当适用。

报酬

第十一条 应当由政府来决定向董事会成员支付的报酬和补助标准。

第四章　基金管理

投资目标

第一条 第一至第四国民养老保险基金均应以使收入关联养老保险获得最大收益的方式来运营相应的基金资产。

基金总的投资风险应当保持在较低水平。基于选定的风险水平，基金资产还应以长期获得较高收益的方式进行投资。

在投资活动中，基金运营机构应当有必要的准备，以便按照第二章第二条的规定向社会保险管理机构转移资金（SFS 2004：847）。

运营方案

第二条 第一至第四国民养老保险基金均应每年制定运营计划。该计划应当包括投资活动和在每个投资对象中表决权行使的指导方针，以及风险管理方案。

风险管理方案应当对投资活动的主要风险以及应对措施进行说明。此外，还应当制订针对这些风险管理的内部说明。风险管理方案和内部说明应当在日常管理中持续贯彻。

一般性投资条款

第三条 第一至第四国民养老保险基金应当以投资或在资本市场上签订协议的方式运营基金资产，本章另有规定的除外。第一至第四国民养老保险基金均可以承担与这些协议有关的义务。

第四条 第一至第四国民养老保险基金分别持有的资产，投资于低信用风险和低流动性风险的债券的比例均不应低于其市值的30%。

股份的获得和持有

第五条 第一至第四国民养老保险基金只能购入被获准或者发行时间一年以内将被获准在规范市场或欧洲经济区以外的同类市场上交易的股票

或企业股权。这项限制不适用于下列企业：

1. 以拥有和经营房地产或土地租赁为主要目标的企业（房地产公司）；

2. 以拥有和运营未获准在规范市场或欧洲经济区以外的同类市场上交易的股票或企业股权为目标的企业（风险投资公司）　（SFS 2007：555）。

第六条　第一至第四国民养老保险基金可以分别持有的获准在瑞典规范市场上交易的瑞典有限公司股票不得超过该公司总市值的 2%。

本条第一段的规定不适用于下列情况：

1. 国民养老基金通过持有瑞典或国外基金不涉及表决权的参股权而间接拥有的公司股票；

2. 国民养老保险基金持有足够数量股份的房地产公司股票，即持有这些股份所代表的股本超过该公司所有有表决权股本的 10%（SFS 2007：555）。

债券和其他债务工具的获得

第七条　第一至第四国民养老保险基金只能够获得公开发行交易的债务工具。这项限制不适用于下列情况：

1. 以确保国民养老保险基金的流动性需求为目的而进行的投资；

2. 在某国民养老保险基金与其他三支国民养老保险基金中的一支或多支共同，或单独持有某房地产公司有表决权的资本或参股超过一半的情况下，该国民养老保险基金对该房地产公司的借款。

对持有非上市投资工具的限制

第八条　第一至第四国民养老保险基金中任何一支基金投资下列工具占其以市价衡量的全部资产价值的比例不得超过 5%：

1. 未获准在规范市场或欧洲经济区以外的同类市场进行交易的风险投资公司股份或其他参股权；

2. 未获准在规范市场或欧洲经济区以外的同类市场进行交易的债务工具；

3. 主要投资于未获准在规范市场或欧洲经济区以外同类市场进行交易的企业股份或其他参股权的瑞典或国外基金股权。

第一至第四国民养老保险基金均不得成为瑞典或国外"有限责任合伙制"中的无限责任合伙人（SFS 2007：555）。

对表决权比例的限制

第九条　第一至第四国民养老保险基金在某企业中持有有表决权资本的比例，以及在第八条第一段第一款所指的风险投资公司持有有表决权资本的比例分别不得超过 10% 和 30%。

第一段规定的限制不适用于下列情况：

1. 未获准在规范市场或欧洲经济区以外的同类市场上进行交易的房地产公司股票或其他股权；

2. 某房地产公司股票或其他股权获准在规范市场或欧洲经济区以外的同类市场上进行交易，但该国民养老保险基金单独或与其他国民养老保险基金在该公司共同持有的有表决权资本占全部可交易股权的比例不少于 50%；

3. 所含企业股票或其他股权持有者未授予表决权的瑞典和国外基金股份（SFS 2007：555）。

汇率风险

第十条　以市价衡量，第一至第四国民养老保险基金中任何一支基金面临汇率风险的资产比例均不得超过 40%。

风险暴露限制

第十一条　第一至第四国民养老保险基金中任何一支基金所持有的一个或一组相互关联的发行者所发行的可交易有价证券或其他金融工具在其以市价衡量的总资产中所占比例不得超过 10%。这项限制不适用于下列情况：

1. 瑞典政府、瑞典地方政府，或与此类似的实体；

2. 外国政府、中央银行、外国地方政府或与此类似的实体，以及根据《资本充足率及大额暴险法》（SFS 2006：1317）第四章第五条所规定的信用风险评级标准方法被赋予零风险权重的发行机构。

"一组相互关联的发行者"是指两个或两个以上的自然人、法人实体因为下列情况而构成一个风险单位，除非另有证明：

1. 该组发行者中的一个对其他发行者中的一个或多个直接或间接地拥有所有权的影响；

2. 在不具有本条第一款所提到关系的情况下，如果一个发行者遇到财务问题，该组其他单个或全部主体也会遇到财务困难，该组主体也属于"一组相互关联的发行者"（SFS 2006：1382）。

商品衍生工具

第十二条　第一至第四国民养老保险基金不可以投资期权、期货或其他类似的以商品为标的物的金融工具。

权利主张的保护

第十三条　第一至第四国民养老保险基金可以采取以下措施对权利主张进行保护：

1. 购买具有附加扣押令或包含权利主张抵押品的资产；

2. 在有根据假定不这样做国民养老保险基金会产生严重损失的情况下，应当占有作为该项权利主张抵押品的资产或其他资产，作为对权利主张的偿付。

作为按照本条第一段规定所购买或占有资产的交换，国民养老保险基金可以获得以运营这些资产为目标而成立的公司的股份。

在按照第一段或第二段的规定已经获得相应股份的情况下，国民养老保险基金也可以在同一公司获得更多的股份，条件是如果不这样做国民养老保险基金存在显著的损失风险。

第十四条　在按照第十三条的规定已经获得某公司股份的情况下，如果该公司向另一公司转移资产，国民养老保险基金可以将其在原公司的股份转为另一公司的股份。

特定股份的处置

第十五条　如果超出第六条或者第八至十一条中设定的限制，一旦认定市场条件是适当的，国民养老保险基金就应当对超出限制的股份进行处置。但对超限制股份的处置不得因时间过晚而使国民养老保险基金遭受损失。这一条款也适用于国民养老保险基金根据第十三条或第十四条而获得的资产。

不动产等

第十六条　第一至第四国民养老保险基金均可购入不动产、土地和房屋租赁权益，以获得经营场所或满足相关的需求。

借款

第十七条　第一至第四国民养老保险基金可以借入资金以满足短期现金需求，可以承担与借款相关的义务。

资产管理服务

第十八条　为了管理相关资产，第一至第四国民养老保险基金可以委托证券机构或其他资产管理者，被委托的证券机构或资产管理者应当受到其所在国政府当局或其他授权主体的充分监管。

与第一段的规定相一致，第一至第四国民养老保险基金委托管理的资产均不得少于其资产市值的10%。

第三部分　第七国民养老保险基金的相关条款

第五章　积累制养老金基金的管理

目标

第一条　第七国民养老保险基金以《收入关联退休金法》（SFS 1998：674）中关于积累制养老金的条款所确定的目标来运营"保费储蓄基金"或"选择性保费基金"。第七国民养老保险基金对以上两项基金的运营应当仅以提升养老金储蓄者的利益为目标。

第七国民养老保险基金可以分别从"保费储蓄基金"和"选择性保费基金"中提取相应的管理费用。对于与"保费储蓄基金"和"选择性保费基金"都有关的共同管理费，应当在两者之间以合理的方式进行分配。

第七国民养老保险基金应当按照养老保险管理局的相关指令，为"保费储蓄基金"和"选择性保费基金"接受和支付基金。

与养老保险管理局的合作协议等

第二条　第七国民养老保险基金应当根据《收入关联退休金法》（SFS 1998：674）第八章第三条第一段第二款的规定与养老保险管理局签订合作协议，并执行该部分第三至第六款所规定的任务。

"保费储蓄基金"和"选择性保费基金"的规则不允许除养老保险管理局以外的任何其他当事人进行干扰。第七国民养老保险基金不可以通过"保费储蓄基金"和"选择性保费基金"来进行按照《投资基金法》（SFS 2004：46）第六章规定的属于特殊基金管理的基金运营活动（SFS 2004：68）。

表决权的限制

第三条　第七国民养老保险基金代表"保费储蓄基金"和"选择性

保费基金"在瑞典或国外某有限公司中所获得的有表决权资本，连同在该公司持有的其他股份不得超过该公司所有股份中有表决权资本的5%。

表决权的行使

第四条 第七国民养老保险基金代表"保费储蓄基金"和"选择性保费基金"获得的股份，只有在通过其他方式无法满足长期保持较高收益和保证投资安全两项要求的情况下才可以行使表决权。

基金单位和基金单位的赎回

第五条 "保费储蓄基金"和"选择性保费基金"应当被划分为基金单位。同一基金的各基金单位应当规模相等。

"保费储蓄基金"或"选择性保费基金"每一单位的价值由基金总价值除以基金单位数量得到。基金价值应当以适用的市场价值为基础来计算。第七国民养老保险基金应当每天计算基金单位价值，并将其通知养老保险管理局。

在有资金被分配到"保费储蓄基金"或"选择性保费基金"的情况下，第七国民养老保险基金应当向养老保险管理局发行基金单位。资金从这两者中的支付应当通过对基金单位的赎回来实现。

可适用条款

第六条 本法案中以下关于第一至第四国民养老保险基金的条款也适用于第七国民养老保险基金：

第三章关于基金运营机构的管理的规定，第三条第一段例外；

第四章第一条第二段关于投资活动目标的规定，但"选择性保费基金"的运营并不要求总风险处于较低水平；

第四章第二条关于运营方案的规定，但关于在运营机构中表决权行使的指导方针的规定不适用；

第四章第十八条第一段关于管理雇佣的规定。

第七条 《投资基金法》（SFS 2004：46）中的以下条款应当适用于"保费储蓄基金"和"选择性保费基金"的管理：

第二章第十八条关于禁止内部知情人与该投资基金交易的规定；

第二章第二十一条第一段关于损失的相关规定；

第四章第二条关于集体投资等机构中的基金单位持有者代表的相关规定；

第四章第八条和第九条关于基金规则制定和批准的规定；

第四章第十三条第一段关于基金单位赎回的规定；

第四章第十五至第二十三条关于投资基金相关信息的规定；

第五章第一条、第三至第十九条以及第二十一条到第二十五条关于"UCITS"（可转让证券集体投资计划）等机构中的资产投资的相关规定；

第十章第十七条关于审计人员向瑞典金融监管局报告特定情况的义务的规定。

除本条第一段所述的适用条款外，"保费储蓄基金"和"选择性保费基金"应当被视为"UCITS"，并且养老保险管理局应当作为基金单位持有者。"UCITS"相关规定适用于第七国民养老保险基金。

涉及第二章第十八条禁止内部知情人与该投资基金交易规定和第二章第二十一条第一段关于损失的相关规定，政府或其授权的管理机构可以准予违背，并可从第一段所设立的条款中给予个案豁免（SFS 2004：68）。

金融监管局的监督

第八条　第七国民养老保险基金应当被置于瑞典金融监管局的监督管理之下。《投资基金法》（SFS 2004：46）第十章第一条、第十四至第十六条以及第十二章第一条的条款适用于金融监管局对第七国民养老保险基金的监督。

除本条第一段所规定的适用条款外，瑞典基金管理公司的相关条款也应当适用于第七国民养老保险基金（SFS 2004：68）。

第四部分

第六章　会计与审计等

财务年度

第一条　国民养老保险基金的财务年度应当为日历年度。

经常账户、票据凭证和归档

第二条　根据通行的会计准则，国民养老保险基金应当：

1. 以时价形式记录商业交易；

2. 确保所有簿记项目和系统文件都有相应的票据凭证和所适用的会计程序的描述；

3. 保留所有会计信息以及呈现相关会计信息的设备和系统；

4. 在第三条款规定的年度报告发布之时结清每财务年度的经常账户。

年度报告

第三条 年度报告应当包括：

1. 资产负债表；

2. 损益表；

3. 注释；

4. 管理报告。

资产负债表、损益表和注释应当以同一文件的形式来呈现，并提供关于国民养老保险基金财务状况和运营结果的准确信息。管理报告应当包括运营发展、财务状况和基金运营结果的准确概况。

年度报告还应当报告国民养老保险基金资产投资的市值。

第四条 年度报告应当由国民养老保险基金运营机构董事会全体成员签署。董事会会议记录之中的关于年度报告的不同意见应当附在年度报告之中。

年度报告应当在下一财务年度 2 月 15 日之前提交给审计人员。

依据第八条要求，国民养老保险基金运营机构在收到审计报告之后，应当立即将审计报告和年度报告提交给政府。

审计人员

第五条 政府应当向每只国民养老保险基金委派两名审计人员，以审核该基金的资产管理情况。政府还应委派一名全部国民养老保险基金共有的审计人员。上述审计人员应当是经过授权的公共会计师。

全部国民养老保险基金共有的审计人员应当对各基金管理活动的审计工作进行协调。

审计人员可以雇佣助手以履行其职责。

第六条 审计人员的任期不应超过这一时间，即该审计人员被任命后的第三个日历年度损益表和资产负债表被接受之时。

政府可以在任期结束之前解除审计人员的职务。如果审计人员提出离职请求，政府应当在其任期结束之前解除其职务。

在任期提前结束的情况下，应当任命新的审计人员来填补其剩余任期的空缺。

第七条 应当由政府来决定审计费用以及其他付给审计人员的报酬。

审计报告

第八条　审计人员应当提交关于每一财务年度的审计报告。

审计报告应当包含关于审计范围和结果的陈述、由该国民养老保险基金管理的资产的详细账目，以及是否存在关于年度报告、账目和基金运营的负面评论的信息。如果审计人员认为必要，他们也可以做出评论。

如果某审计人员持相反观点或认为有必要做独立陈述，而又没有提交独立的审计报告，那么该审计人员可以在审计报告中做独立陈述。

根据第四条规定，审计人员应当在收到年度报告的 14 天内向董事会提交审计报告。

损益表和资产负债表的接受

第九条　政府应当在下一财务年度的 6 月 1 日之前接受损益表和资产负债表。

第七章　其他规定

政府的总结与评论

第一条　政府应当每年起草关于国民养老保险基金年度报告的总结，并对基金资产运营状况进行评估。

政府应当在下一财务年度的 6 月 1 日之前向瑞典国会提交年度报告、政府总结和资产运营评估。

政府为进行评估而聘用一名专业人员所产生的费用应当由该国民养老保险基金或相关基金来承担。该项费用应当以政府认为合理的方式由各基金分担。

告知义务

第二条　董事会成员、国民养老保险基金审计人员，以及由董事会任命的雇员应当依照《金融工具交易法》（SFS 1991：980）第一章第一条的规定书面告知他们所持有的金融工具的份额及其变化。

由董事会根据本条第一段中的规定来确定告知的具体方式。

过渡性条款

SFS 2000：192

关于本法生效的条款将在《新立法〈瑞典国民养老金基金法〉实施法》（SFS 2000：194）中予以公布。

《俄罗斯联邦强制养老保险法》
（俄罗斯）

2001 年 12 月 15 日第 167 号联邦法律

截至 2010 年 1 月 1 日，根据 2004 年 6 月 29 日第 58 号联邦法律、2004 年 7 月 20 日第 79 号联邦法律、2004 年 12 月 2 日第 155 号联邦法律、2004 年 12 月 2 日第 157 号联邦法律、2004 年 12 月 28 日第 183 号联邦法律、2005 年 11 月 4 日第 137 号联邦法律、2006 年 2 月 2 日第 19 号联邦法律、2006 年 7 月 26 日第 137 号联邦法律、2007 年 7 月 19 日第 140 号联邦法律、2008 年 4 月 30 日第 55 号联邦法律、2008 年 7 月 14 日第 117 号联邦法律、2008 年 7 月 22 日第 146 号联邦法律、2008 年 7 月 23 日第 160 号联邦法律、2008 年 12 月 30 日第 304 号联邦法律、2009 年 7 月 18 日第 185 号联邦法律、2009 年 7 月 24 日第 213 号联邦法律、2009 年 12 月 27 日第 378 号联邦法律进行修改。

本联邦法律在俄罗斯联邦确立了强制养老保险的组织、法制和财政基础。

第一章　总则

第 1 条　法律调整对象
本联邦法律在俄罗斯联邦确立了国家调整强制养老保险的基础和调整强制养老保险体系的法律关系，以及确定了强制养老保险主体的法律地位、主体的权利义务产生的依据和实现程序、主体的责任。

第2条 关于强制养老保险的俄罗斯联邦法律

关于强制养老保险的俄罗斯联邦法律由下列内容组成:《俄罗斯联邦宪法》,本法,关于强制社会保险的基础、纳入俄罗斯联邦养老基金、俄罗斯联邦社会保险基金、联邦强制医疗保险基金、地方强制医疗保险基金的保险费、俄罗斯联邦劳动退休金、强制养老保险系统个人(人格化)核算的联邦法律,其他的联邦法律和根据它们实施的俄罗斯联邦规范性法律文件。

同由俄罗斯联邦养老基金的预算资金负担,包括由依照本法从联邦预算中投向俄罗斯联邦养老基金预算的资金负担的俄罗斯联邦强制养老保险相联系的法律关系,受俄罗斯联邦法律调整。

同强制养老保险的强制收费的缴纳,包括对它们的缴纳实行的检查相联系的法律关系,由"纳入俄罗斯联邦养老基金、俄罗斯联邦社会保险基金、联邦强制医疗保险基金、地方强制医疗保险基金的保险费"的联邦法律调整,如果本法没有其他规定。

在本法确定的其他规则已被俄罗斯联邦国际条约规定的情况下,适用俄罗斯联邦国际条约的规则。

第3条 本联邦法律中使用的基本概念

为了本联邦法律的目的使用了下列基本概念:

强制养老保险——国家建立的法制的、经济的和组织行为上的系统,这些措施旨在补偿公民在强制保险保障确立之前应得到的工资(为了被保险人的利益而支付的报酬);

强制保险保障——保险公司在发生保险事故的情况下,通过支付劳动退休金、截至死亡之日不享受临时丧失劳动能力和生育强制社会保险的养老金领取人的丧葬补助费,履行自己对被保险人的义务;

强制养老保险资金——处于强制养老保险的保险公司管理下的货币资金;

俄罗斯联邦养老基金预算——在俄罗斯联邦以强制养老保险为目的的货币资金的形成和花费形式;

强制养老保险的保险费(即保险费)——个人补偿性的强制收费,这些收费列入俄罗斯联邦养老基金预算,这些收费的个人特定用途是保障公民获得强制养老保险的强制保险保障的权利;

保险年度的价值——现金数量,这些现金应该在一个财政年度内替被保险人列入俄罗斯联邦养老基金中，为的是给被保险人提供俄罗斯联邦立法确定额度的强制保险保障。

第 3.1 条　俄罗斯联邦强制养老保险的联邦国家权力机关的职权

俄罗斯联邦强制养老保险的联邦国家权力机关的职权包括：

规定俄罗斯联邦养老基金预算的制定、审核和批准程序以及它的执行程序；

规定俄罗斯联邦养老基金预算报告的制定、外部监督和批准其审核和批准程序的程序；

确定养老保险积累资金的形成和投资的程序和条件；

确定保存强制养老保险资金的程序；

管理强制养老保险系统；

保障强制养老保险系统的金融稳定和平衡，其中包括通过保障列入俄罗斯联邦养老基金预算的强制支付款；

确定强制养老保险暂时闲置资金的使用程序；

对被保险人获得强制养老保险的保险保障的权利的实现实施国家监督和检查。

第二章　强制养老保险法律关系的参加者

第 4 条　强制养老保险的主体

投保人、保险公司和被保险人是强制养老保险的主体。

第 5 条　保险公司

在俄罗斯联邦，强制养老保险由作为俄罗斯联邦养老基金的保险公司来实行。

俄罗斯联邦养老基金（国家机构）和它的地方机构形成统一集中的管理俄罗斯联邦强制养老保险资金的机构系统，在这个系统里下级机构服从上级。

国家依据俄罗斯联邦养老基金的义务向被保险人承担补助责任。

俄罗斯联邦养老基金和它的地方机构依据本联邦法律运行。

俄罗斯联邦养老基金的地方机关根据俄罗斯联邦养老基金理事会的决定成立，并且是法人。

非国家养老基金在联邦法律规定的条件和程序下，可以与俄罗斯联邦养老基金同时成为强制养老保险的保险公司。非国家养老基金的养老积累资金的形成程序和他们对于上述资金的投资程序、俄罗斯联邦养老基金中的养老积累转移的程序和向非国家养老基金支付保险费的程序,以及非国家养老基金行使保险公司权限的范围,由联邦法律规定。

第6条 投保人

1. 强制养老保险的投保人包括:

①向自然人支付工资的人,其中包括:组织;个体经营企业;自然人;

②开展私人业务的个体经营企业、律师、公证人。

如果投保人同时与本款第①项和第②项中指定的几种投保人有关,则保险费的计算和交纳由投保人按照每一种原因进行。

为了本联邦法律,其他从事私人业务且非个体经营企业的人,与个体经营企业同等看待。

2. 为了本联邦法律,依据本联邦法律第29条第1款第①项、第②项和第⑤项的规定自愿发生强制养老保险法律关系的自然人,与投保人同等对待。

第7条 被保险人

1. 被保险人——依据本联邦法律被普及强制养老保险的人。俄罗斯联邦公民,以及经常或者有时居住在俄罗斯联邦领土的外国公民和无国籍人可以成为被保险人:

依据劳动合同,或者依据以完成工作和提供服务为对象的民事法律性质的合同,以及依据版权和许可协议的工作人员;

为自己提供工作的人(个体经营者、从事私人业务的公证人、律师);

农业人员;

如果俄罗斯联邦国际协议没有其他规定,在俄罗斯联邦领土境外工作的人依据本联邦法律第29条支付保险费的情况下;

从事传统经营的北方小民族的氏族公社和家庭公社的成员;

神职人员;

依据本联邦法律发生强制养老保险关系的其他类型的公民。

2. 根据2009年7月24日第213号联邦法律失效。

第 8 条　保险风险和保险事故

为了本联邦法律，被保险人的工资（为了被保险人的利益支付的报酬）损失或者由于保险事故发生导致的其他收入的损失被认为是保险风险。

为了本联邦法律，达到退休年龄、发生残疾、失去供养人被认为是保险事故。

第 9 条　强制保险保障

1. 强制养老保险的强制保险保障包括：

年老情况下的劳动退休金；

残疾情况下的劳动退休金；

失去供养人情况下的劳动退休金；

向死亡被保险人的法定继承人支付列入个人账户专门部分的退休金积累资金；

向由于缺少必要的保险工龄不具有获得养老劳动退休金权利的人一次性支付退休金积累资金；

截至死亡之日不享受临时丧失劳动能力和生育强制社会保险的养老金领取人的丧葬补助费。

2. 依照"俄罗斯联邦劳动退休金"联邦法律和"安葬和葬礼事宜"的联邦法律所确定的程序和条件，强制养老保险的强制保险保障的确定和支付得以实现。

3. 本条第一款规定的强制保险的财政保障依靠俄罗斯联邦养老基金预算资金实现。

第 10 条　列入俄罗斯联邦养老基金预算的保险费

1. 为被保险人而列入俄罗斯联邦养老基金的保险费的数额，按照"关于强制养老保险系统个人（人格化）核算"的联邦法律规定的标准计在他的个人账户上。

2. 保险费的征收对象、计算保险费的基础、不应计算征收的保险费的数额、计算程序、支付保费的程序和期限，以及保障履行支付保费义务的程序，由"关于列入俄罗斯联邦养老基金、俄罗斯联邦社会保险基金、强制医疗保险联邦基金和强制医疗保险的地方基金的保费"的联邦法律调整。

第 11 条　投保人在保险公司机构的登记和注销注册登记

1. 投保人的登记是强制性的并且在地方保险公司机构进行：

雇主——组织的雇主，农场主，作为个体经营企业（为了本联邦法律与个体经营企业同等看待的人）和独立向俄罗斯联邦养老基金支付保险费被登记的自然人，自对法人和个体经营企业进行国家登记注册的联邦行政权力机关向地方保险公司机构提交信息后的 5 天内完成登记这些信息是包含同一国家法人登记簿、统一国家个体经营企业登记簿、自治组织和依据全权代表俄罗斯联邦政府的联邦行政权力机关确定的程序被提交的成员登记簿一致的信息。

从事私人事务的公证人，在他们的居住地，依据其从担任公证人之日起 30 日内提交的作为投保人的登记申请和提交的同时附带上述申请的确认担任公证人的证书副本、确认投保人身份的证书、确认依据居住地和税务机关账户的设置进行登记的证书。

律师，依据居住地，依据其从呈报律师证明之日起 30 日内提交的作为投保人的登记申请和提交的同时附带上述申请的律师证明复印件、确认投保人身份的证书和确认他的登记是依据居住地进行的证书。

同工人缔结劳动合同的自然人，以及依据民事法律性质的合同支付酬劳（这些酬劳依据俄罗斯联邦立法可以计算保险费）的自然人，在上述自然人的居住地，依据其从缔结相应的合同之日起 30 日内提交的作为投保人的登记申请。

2. 注销投保人的注册登记在登记地的地方保险公司机构实现。

雇主——组织的雇主，农场主，作为个体经营企业（为了本联邦法律与个体经营企业同等看待的人）和独立向俄罗斯联邦养老基金预算支付保险费被登记的自然人，从联邦行政权力机关向地方保险公司机构提交之日起 5 天内完成登记。联邦行政权力机关实施对法人和个体经营企业、包含同一国家法人登记簿、统一国家个体经营企业登记簿、自治组织和依据俄罗斯联邦政府委托的联邦行政权力机关确定的程序被提交的成员登记簿一致的信息的国家登记。

从事私人事务的公证人（在自愿辞去职权或者依据法院关于剥夺公证活动权利的判决被解除职权的情况下），律师（在终止律师资格的情况下），以及本条第一款第五项所指的自然人，从投保人呈交取消投保人注册登记的申请之日起 14 日内。

3. 本条第一款第三项到第五项所指的投保人和为了本联邦法律与投保人同等对待的人的登记和注销登记的程序，由保险公司确定。

第三章　强制养老保险主体的权利和义务

第 12 条　依据 2009 年 7 月 24 日第 213 号联邦法律失效

第 13 条　保险公司的权利、义务和责任

1. 保险公司有下列权利：

检查投保人纳入俄罗斯联邦养老基金的保费计算和支付的正确性，检查投保人与强制保险保障的确定（重新计算）和支付、被保险人个人（人格化）账户信息报告相关的证明文件；

要求和接收付费人的必要的证明文件、证件和上述检查过程中发生问题的信息，除了在俄罗斯联邦立法规定的程序里被确定为商业秘密的信息；

要求被检查组织的领导和其他职员以及独立缴费的自然人消除违反俄罗斯联邦有关强制养老保险法律的行为。

接收税务机关关于纳税人的信息，包括在统一的国家法人登记簿和统一的国家个体经营企业登记簿的登记信息和其他依据俄罗斯联邦法律为完成保险公司的任务涉及税收秘密的信息。

税务机关按照保险公司的要求提交有关付费人实施依据俄罗斯联邦税法典规定的活动的信息；

依照俄罗斯联邦立法，对俄罗斯联邦养老基金预算资金实施管理，对它的花费实施监督。

在投保人面前代表被保险人的利益；

在不能确定特定支付是为什么样的被保险人支付的情况下，向投保人返还保险费。

同国家机关、地方自治机关和为了完成俄罗斯联邦法律赋予的保险公司的功能而管理证明文件的组织，通过书面或者电子形式实施信息的交流。电子形式的证明文件的形成、使用、保存、接收和转达的程序，应根据 2002 年 1 月 10 日第 1 号"关于电子签名"的联邦法律、2006 年 7 月 27 日第 149 号"关于信息、信息技术和信息保护"的联邦法律和依俄罗斯联邦政府委托的联邦行政机关确定程序的 2006 年 7 月 27 日第 152 号

"关于个人资料"的联邦法律的要求来确定。

2. 保险公司有下列义务：

对列入俄罗斯联邦养老基金的保费计算的正确性、支付的完整性和及时性实施监督；

预先告知保险费率额度的根据；

依据个人（人格化）核算的数据确定（重新计算）和按时支付劳动退休金，以及俄罗斯联邦法律确定的其他类退休基金、截至死亡之日不享受临时丧失劳动能力和生育强制社会保险的养老金领取人的丧葬补助费。

向死亡被保险人的法定继承人支付列入个人账户专门部分的退休金积累资金，向由于缺少必要的保险工龄不具有获得养老劳动退休金权利的人一次性支付退休金积累资金；

对确定（重新计算）强制保险保障的数额而提交的证明文件的根据，包括由于特殊劳动条件而享有的优惠条件，实施监督。

提出俄罗斯联邦养老基金预算方案和保障上述预算的执行；

按既定的程序定期向投保人、被保险人、国家和公共组织报告自己的基金状况和采取保障自己金融稳定的措施；

保障强制养老保险资金专款专用，以及对资金的使用实施监督；

对强制养老保险资金实施核算；对投保人实施登记；

实施投保人的登记和注销登记；

维护关于所有类别的投保人（其中包括自愿产生强制养老保险法律关系的自然人）的国家数据库，依照俄罗斯联邦强制养老保险系统个人（人格化）账户的立法对所有类别的被保险人的信息实施个人（人格化）核算。

保障符合联邦法律规定要求的个人账户的专门部分的管理制度；

在列入劳动退休金积累部分的保险费的个人账户专用部分以及列入劳动退休金积累部分的补充保险费、为被保险人利益雇主支付的保险费和依据"劳动退休金积累部分的补充保险费和形成退休金积累的国家支持"的联邦法律列入形成退休金积累拨款的费用的相应范围内，对确认退休金的额度和由退休金积累资金负担的支付进行及时的核算，并对此进行保障；

保障对个人账户专用部分相应的强制养老保险资金的投资收入组织的

及时核算；

免费向投保人解释强制养老保险问题并向他们说明有关强制养老保险的规范性法律文件；

通过自己的地方机构就强制养老保险问题为被保险人组织免费解答；

在俄罗斯联邦加强强制养老保险领域的国际联系；

接收、审核自愿进入强制养老保险法律关系的人的申请，其中包括依据"劳动退休金积累部分的补充保险费和形成退休金积累的国家支持"的联邦法律以向劳动退休金积累部分支付补充保险费为目的的人，并对他们进行审核。

每年向被保人提交关于依据"劳动退休金积累部分的补充保险费和形成退休金积累的国家支持"的联邦法律规定的，以向劳动退休金积累部分支付补充保险费为目的的，自愿进入强制养老保险法律关系和获得形成退休金积累的国家支持的权利的信息，同时附带被保险人个人账户信息状况的信息；

为了实现俄罗斯联邦法律赋予保险公司的权限，履行个人数据操作者的职能。

3. 因违反本联邦法律和其他关于强制养老保险的俄罗斯联邦法律文件的规定，保险公司应承担俄罗斯联邦法律规定的责任。

第 14 条　投保人的权利、义务和责任

1. 投保人有权：

通过自己的代表人参加强制养老保险的管理；

免费从保险公司获得关于强制养老保险规范性法律文件的信息，以及因投保人支付保险费而支付给被保险人的强制养老保障额度的信息；

要求法院维护自己的权利；

依据"劳动退休金积累部分的补充保险费和形成退休金积累的国家支持"的联邦法律，为了被保险人的利益支付雇主的费用。

2. 投保人的义务：

按照本联邦法律第 11 条规定的程序登记；

按时全额地向俄罗斯联邦养老基金支付保费，进行与纳入规定的预算的保费的计算和转账相关的核算；

向地方保险公司机构提交对于管理个人（人格化）核算以及强制保险保障的确认（重新计算）和支付所必需的证明文件；

完成地方保险公司机构关于消除违反强制养老保险的俄罗斯联邦法律的行为的要求；

确保依据"劳动退休金积累部分的补充保险费和形成退休金积累的国家支持"的联邦法律，以向劳动退休金积累部分支付补充保险费为目的的，自愿进入强制养老保险法律关系的被保险人的权利的实现；

按时全额地依据"劳动退休金积累部分的补充保险费和形成退休金积累的国家支持"的联邦法律所确定的程序向俄罗斯联邦养老基金预算划拨劳动退休金积累部分的补充保费，以及依据上述联邦法律进行与上述保费的计算、保管和转账相关、与为被保险人利益雇主付费相关的核算；

完成俄罗斯联邦法律规定的其他义务。

3. 本条依据 2003 年 12 月 23 日第 185 号联邦法律失效。

第 15 条　被保险人的权利、义务和责任

1. 被保险人有权：

通过工人和雇主的代表机关参与俄罗斯联邦强制养老保险系统的完善；

无障碍地获得雇主关于保费加算的信息和对它们划拨到俄罗斯联邦基金实施监督；

及时充分地获得由俄罗斯联邦养老基金预算资金负担的强制保险保障；

捍卫自己的权利，其中包括法律程序；

无障碍地获得雇主依据"劳动退休金积累部分的补充保险费和形成退休金积累的国家支持"的联邦法律关于劳动退休金积累部分的补充保险费的计算和保管的信息，对它们划拨到俄罗斯联邦基金实施监督，以及获得依据上述法律为被保险人利益付费的雇主的费用信息；

依据"劳动退休金积累部分的补充保险费和形成退休金积累的国家支持"的联邦法律向劳动退休金积累部分支付补充保费。

2. 被保险人的义务：

向保险公司提交载有可靠信息的证明文件，这些证明文件是本联邦法律规定的确认和支付强制保险保障的依据；

向保险公司报告影响强制保险保障支付的所有变化；

遵守为确认（重新计算）和支付强制保险保障而规定的条件。

3. 在为完成本条规定的上述义务和因此从俄罗斯联邦养老基金预算

中获得超额支付的情况下，被保险人依据俄罗斯联邦法律承担与其造成损失相应的赔偿责任。

第四章　强制养老保险的财政(金融)系统

第16条　俄罗斯联邦养老基金的预算

1. 俄罗斯联邦养老基金预算资金具有联邦特性，不列入其他预算并且不应有例外。

2. 俄罗斯联邦养老基金预算由保险公司对一个财政年度考虑到此预算收支的强制性平衡而形成。

在形成俄罗斯联邦养老基金预算的情况下，确定当前财政年度内的定额周转资金。

俄罗斯联邦养老基金预算和基金执行决算每年根据俄罗斯联邦政府的提议，按照《俄罗斯联邦预算法》规定的程序由联邦法律确定。

俄罗斯联邦养老基金的预算是巩固的。

3. 在俄罗斯联邦养老基金预算组成中独立地计算劳动退休金积累部分的保险费数额，以及劳动退休金积累部分的补充保险费数额，雇主为被保险人利益支付的费用额度，依据"劳动退休金积累部分的补充保险费和形成退休金积累的国家支持"的联邦法律拨给形成退休金积累的费用额度，依据2006年12月29日第256号"关于国家支持有儿童的家庭的补充措施"的联邦法律拨给劳动退休金积累部分的分娩（家庭）资本金（部分资金）的额度，用于投资的资金，由退休金积累资金负担的支付，以及与退休金积累的形成和投资、管理个人账户专门部分和劳动退休金积累部分的支付有关的俄罗斯联邦养老基金预算支出。

4. 强制养老保险资金保存在俄罗斯联邦中央银行机构开立的俄罗斯联邦养老基金账户上，在相应区域不存在俄罗斯联邦中央银行机构或者不能完成它的这些功能的情况下，在信贷机构开立账户。这些信贷机构是由俄罗斯联邦养老基金依据2005年7月21日第94号"关于为国家和市政当局的需要对于供应物品、完成工作、提供服务的订购配置"的联邦法律和2006年7月26日第135号"保护竞争"的联邦法律在竞争的基础上被选拔出来的。

不收取强制养老保险资金操作的银行服务费。

第 17 条　俄罗斯联邦养老基金预算的形成

1. 俄罗斯联邦养老基金预算依靠下列形成：

保险费；

联邦预算资金；

逾期罚金和其他金融制裁的数额；

对强制养老保险暂时闲置资金进行配置（投资）的收入；

不作为投保人或者被保险人进行支付的自然人和组织的自愿保费；

俄罗斯联邦法律未禁止的其他来源。

2. 向俄罗斯联邦养老基金预算提供的联邦预算的预算间转账，用于对依据"俄罗斯联邦劳动退休金"的联邦法律第 301 条实施的核算退休金资本额进行限价予以财政保障，补偿由于计算"俄罗斯联邦劳动退休金"联邦法律第 11 条第 1 款第 1 分款（应召兵役部分）、第 3 分款、第 6 分款到第 8 分款规定的保险工龄周期内支付劳动退休金保险部分的俄罗斯联邦养老基金的支出，考虑到上述付款组织的金融稳定，这些支付纳入俄罗斯联邦养老基金预算的总收支中。

补偿由于计算"俄罗斯联邦劳动退休金"联邦法律第 11 条第 1 款第 1 分款（应召兵役部分）、第 3 款、第 6 分款到第 8 分款规定的保险工龄周期内支付劳动退休金保险部分的俄罗斯联邦养老基金的支出的联邦预算资金的分配程序，和这些资金数额的计算程序，由"俄罗斯联邦预算基金分配给特定类别的公民用于补偿支付年老时劳动退休金保险部分、残疾时劳动退休金和失去供养人时的劳动退休金"的联邦法律确定。

3. 与俄罗斯联邦养老基金完成"劳动退休金积累部分的补充保险费和形成退休金积累的国家支持"的联邦法律确定的功能相关的支出，依靠联邦预算资金实现，在相应财政年度内包括俄罗斯联邦养老基金机构薪金在内的俄罗斯联邦养老基金预算支出的总范围内计算。

第 18 条　俄罗斯联邦养老基金预算资金的花费

1. 俄罗斯联邦养老基金预算资金有特定用途，用于：

依据俄罗斯联邦法律和俄罗斯联邦国际条约支付强制养老保险的保险保障，把同列入被保险人个人账户的特定部分退休金积累相等额度的资金投向为形成劳动退休金积累部分由被保险人挑选出的非国家养老基金；

供给依靠俄罗斯联邦养老基金预算资金支付的退休金；

保险公司日常活动的财政和材料——物质保障（包括它的中央和地方机构的薪金）；

俄罗斯联邦关于强制养老保险的法律规定的其他目的。

相应年度内俄罗斯联邦养老基金预算没有规定的支出，只是在联邦法律规定程序内引起规定预算的变化之后实现。

2. 由于列入联邦预算的统一社会税（费）的数量超过支付劳动退休金基础部分的拨款而实现的支出所形成的资金，全额列入俄罗斯联邦养老基金预算。上述资金按下列程序支出：

弥补俄罗斯联邦养老基金预算资金支付劳动退休金保险部分的不足；

补充在当前财政年度内由于通货膨胀劳动退休金基础部分的提高；

俄罗斯联邦养老基金暂时闲置资金的使用程序由联邦法律确定。

俄罗斯联邦养老基金预算超出源于支付保费的资金的部分，其中包括因为投保人未替被保险人向强制养老保险支付计算的保费，依靠预算拨款补偿俄罗斯联邦养老基金，列入依据关于当前财政年度和计划周期的联邦预算、俄罗斯联邦养老基金预算的联邦法律规定的属于弥补俄罗斯联邦养老基金预算赤字的资金。

3. 对俄罗斯联邦养老基金的货币资金的非专门用途的花费引起的责任依据俄罗斯联邦法律确定。

第 19 条　俄罗斯联邦养老基金预算储备

为了确保强制养老保险系统中期和长期财政的稳定性，在发生俄罗斯联邦养老基金预算剩余的情况下，建立储备。

这个储备的额度以及它的形成和花费程序由关于俄罗斯联邦养老基金预算的联邦法律确定。

第 20 条　核算养老金资本的形成和索引程序

计算养老金资产由保费总额和其他依据个人（人格化）核算的数据、为被保险人利益列入俄罗斯联邦养老基金的劳动退休金保险部分的拨款组成。

列入计算养老金资产的保费的核算，依据俄罗斯联邦政府确定的程序实现。

计算养老金资产的索引按照"俄罗斯联邦劳动退休金"联邦法律对于劳动退休金保险部分的索引规定的程序实现。

第 21 条　对俄罗斯联邦养老基金预算资金使用的监督

对俄罗斯联邦养老基金预算资金使用的监督依据俄罗斯联邦法律实施。

第五章　强制养老保险保费的支付

第 22 条　保险费率

1. 保险费率——作为计算保费测算基础的单位保费的数额；

2. 依据 2009 年 7 月 24 日第 213 号联邦法律失效。

2.1 对于本联邦法律第 6 条第 1 款第 1 分款规定的投保人，适用于下列保险费率：

保险费率	用于劳动退休金保险部分的拨款		用于劳动退休金积累部分的拨款
	1966 年及其之前出生的人	1967 年及其之后出生的人	1967 年及其之后出生的人
26.0%	26.0%	20.0%	6.0%

3. 依据 2004 年 7 月 22 日第 70 号联邦法律失效。

4. 计算保费基础的临界值依据"关于纳入俄罗斯联邦养老基金、俄罗斯联邦社会保险基金、强制医疗保险联邦基金和强制医疗保险的地方基金"的联邦法律确定。

第 23 条　依据 2009 年 7 月 24 日第 213 号联邦法律失效

第 24 条　依据 2009 年 7 月 24 日第 213 号联邦法律失效

第 25 条　依据 2009 年 7 月 24 日第 213 号联邦法律失效

第 25.1 条　依据 2009 年 7 月 24 日第 213 号联邦法律失效

第 26 条　依据 2009 年 7 月 24 日第 213 号联邦法律失效

第 27 条　违反俄罗斯联邦强制养老保险法和因此承担的责任

1. 投保人违反本联邦法律第 11 条规定的在俄罗斯联邦养老基金机构的注册期限内且不存在本款第三项规定的违反《俄罗斯联邦强制养老保险法》的情况下——导致缴纳 5000 卢布罚金；

投保人违反本联邦法律第 11 条规定的在俄罗斯联邦养老基金机构的注册期限超过 90 日——导致缴纳 1 万卢布的罚金。

2. 依据 2009 年 7 月 24 日第 213 号联邦法律失效。

3. 某人违法不报告（不及时报告）依据本联邦法律此人应该向俄罗斯联邦养老基金机构告知的消息——导致缴纳 1 万卢布的罚金。

在日历年度内重复实施那些行为——导致缴纳 5000 卢布的罚金。

第 28 条　非为自然人付费的投保人支付的保费额度

1. 本联邦法律第 6 条第 1 款之第 2 分款规定的投保人，按照保险年度价值确定的额度，按照"向俄罗斯联邦养老基金、俄罗斯联邦社会保险基金、强制医疗保险联邦基金和强制医疗保险的地方基金支付保险费"的联邦法律确定的程序，支付保费。

2. 保险年度的价值依据"向俄罗斯联邦养老基金、俄罗斯联邦社会保险基金、强制医疗保险联邦基金和强制医疗保险的地方基金支付保险费"的联邦法律确定。

第 29 条　自愿发生强制养老保险法律关系

1. 有权自愿发生强制养老保险关系的人包括：

①在俄罗斯联邦境外工作的、为了自己以便向俄罗斯联邦养老基金支付保费的俄罗斯联邦公民；

②以替其他自然人支付保费为目的的自然人，替其他自然人的支付不实现本联邦法律和"向俄罗斯联邦养老基金、俄罗斯联邦社会保险基金、强制医疗保险联邦基金和强制医疗保险的地方基金支付保险费"的联邦法律规定的投保人对于保费的支付。

③被保险人，作为投保人支付依据保险年度价值计算的保费超出本联邦法律第 28 条规定的保费额度；

④依据"劳动退休金积累部分的补充保险费和形成退休金积累的国家支持"的联邦法律，以向劳动退休金积累部分支付补充保费的自然人；

⑤根据本联邦法律强制养老保险不覆盖的、经常或者偶尔居住在俄罗斯联邦领土上的、替自己以便向俄罗斯养老基金支付保费的自然人。

2. 依据本条第 1 款罗列中的一些理由有权利自愿发生强制养老保险法律关系的人，有权利依据其中的任一理由自愿发生强制养老保险法律关系。

3. 本条第 1 款第①项、第②项、第 3 项和第⑤项规定的人，通过按照俄罗斯联邦政府确定的程序批准的规则向俄罗斯联邦地方养老基金机构提交申请，发生强制养老保险法律关系。

4. 本条第 1 款第④项规定的人，按照"劳动退休金积累部分的补充保险费和形成退休金积累的国家支持"的联邦法律规定的程序，以向劳动退休金积累部分支付补充保险费为目的，发生强制养老保险法律关系。

5. 本条第 1 款第①项、第②项、第③项和第⑤项规定的人，按照本联邦法律第 28 条规定的额度和程序，实现保费的支付。

6. 本条第 1 款第④规定的人向劳动退休金积累部分支付补充保险费，按照"劳动退休金积累部分的补充保险费和形成退休金积累的国家支持"的联邦法律规定的条件和程序得以实现。

7. 本条第 1 款规定人所享有的强制养老保险保障的权利，其中包括用于劳动退休金积累部分的补充保险费、为被保险人利益雇主支付的费用、依据"劳动退休金积累部分的补充保险费和形成退休金积累的国家支持"的联邦法律规定的形成退休金积累部分的拨款，只有在遵守"俄罗斯联邦劳动退休金"联邦法律规定的条件下才能实现。

第 30 条　依据 2009 年 7 月 24 日第 213 号联邦法律失效

第六章　最终和过渡性规定

第 31 条　关于强制养老保险问题的争议的审议和决定

1. 投保人或者被保险人对强制养老保险领域发生的争议问题的书面申请，由保险公司机构自收到上述申请之日起 1 个月内审议。保险公司机构在审议该申请后的 5 个工作日内以书面形式向申请人报告通过的决定。

2. 在投保人或者被保险人不同意保险公司机构通过的决定的情况下，争议应该按照俄罗斯联邦法律规定的程序在高级保险公司机构或者法院审议。

3. 在强制养老保险领域造成破坏的公职人员，依据俄罗斯联邦法律承担责任。

第 32 条　被保险人向非国家养老基金转交自己积蓄的权利

被保险人有权按照联邦法律规定的程序拒绝接收来自俄罗斯联邦养老基金的劳动退休金积累部分，并且有权自 2004 年 1 月 1 日起将计入个人账户特定部分的自己的积蓄转交给非国家养老基金。

第 33 条　过渡性规定

在 2010 年对于所有的投保人（本条第 2 款列举的情况除外）适用下列保险费率：

保险费率	用于劳动退休金保险部分的拨款		用于劳动退休金积累部分的拨款
	1966 年及其之前出生的人	1967 年及其之后出生的人	1967 年及其之后出生的人
20.0%	20.0%	14.0%	6.0%

2. 在 2010 年，对于本联邦法律第 6 条第 1 款第 1 分款中所指的下列的投保人适用以下低费率：

①符合《俄罗斯联邦税法典》第 346.2 条规定标准的农产品生产者，除适用统一农业税的组织和个体经营者、民族小手工艺组织和从事传统经营的北方土著小民族的家族（氏族）公社外：

保险费率	用于劳动退休金保险部分的拨款		用于劳动退休金积累部分的拨款
	1966 年及其之前出生的人	1967 年及其之后出生的人	1967 年及其之后出生的人
15.8%	15.8%	9.8%	6.0%

②在技术运用的特殊经济领域拥有居民地位并向在上述领域工作的自然人支付工资的组织以及个体经营者；适用简易征税体系的组织以及个体经营者；从事一些活动、缴纳核定收入统一税的组织和个体经营者（向开展应缴核定收入统一税的经营活动的自然人支付的工资和其他报酬部分）；向一等、二等或三等残疾的自然人支付工资和（或者）其他报酬的投保人（对于其工资和报酬部分）；残疾人的社会组织（其中包括作为残疾人社会组织联盟而建立的），其中残疾人和他们的法定代理人不少于区域和地方分支机构（甚至是残疾人社会组织）的 80%；法定资本完全来源于残疾人社会组织的投资，以及在组织中残疾人的平均人数不少于50%，并且在劳动支付基金中残疾人的劳动报酬部分不少于 25%；在于实现教育、文化、医疗保健、体育、科技、信息以及其他社会目的而建立的机构；以及对于为残疾人、残疾儿童及其父母（其他法定代理人）提供法律及其他帮助的，并且残疾人社会组织是其财产唯一的所有权人的机构，除了从事生产和（或者）销售应纳税商品、矿石原料、其他有用的资源，以及其他根据俄罗斯联邦政府依据全俄残疾人社会组织提议所确定的清单所列举的商品的投保人。

保险费率	用于劳动退休金保险部分的拨款		用于劳动退休金积累部分的拨款
	1966 年及其之前出生的人	1967 年及其之后出生的人	1967 年及其之后出生的人
14.0%	14.0%	8.0%	6.0%

③对于适用统一的农业税的组织和个体经营者：

保险费率	用于劳动退休金保险部分的拨款		用于劳动退休金积累部分的拨款
	1966 年及之其前出生的人	1967 年及之其后出生的人	1967 年及之其后出生的人
10.3%	10.3%	4.3%	6.0%

3. 2010 年计算保险年度价值的时候，基于这一价值确定由投保人依据本联邦法律第 6 条第 1 款第 2 分款规定所支付的保险费用额度，适用本条第一款规定的保险费率。

4. 2011—2014 年，对于本联邦法律第 6 条第 1 款第 1 分款中所指的下列投保人适用低费率：

①符合《俄罗斯联邦税法典》第 346.2 条规定标准的农产品生产者，民族小手工艺组织和从事传统经营的北方土著小民族的家族（氏族）公社；

②在技术运用的特殊经济领域拥有统治者地位并向在上述领域工作的自然人支付工资的组织以及个体经营者；

③适用统一农业税的组织和个体经营者；

④为一级、二级或者三级残疾的自然人支付工资以及其他报酬——作为认定的工资和奖励——的投保人；残疾人的社会组织；法定资本完全来源于残疾人社会组织的投资，以及在组织中残疾人的平均人数不少于 50%，并且在劳动支付基金中残疾人的劳动报酬部分不少于 25%，在于实现教育、文化、医疗保健、体育、科技、信息以及其他社会目的而建立的机构；以及为残疾人、残疾儿童及其父母（其他法定代理人）提供法律及其他帮助的，并且残疾人社会组织是其财产的唯一所有权人的机构，除了从事生产和（或者）销售应纳税商品、矿石原料、其他有用的资源，以及其他根据俄罗斯联邦政府依据全俄残疾人社会组织提议所确定的清单所列举的商品的投保人。

5. 2011—2014 年，本条第 4 款所规定的保险人适用下列保险费率：

周期	保险费率	用于劳动退休金保险部分的拨款		用于劳动退休金积累部分的拨款
		1966 年及其之前出生的人	1967 年及其之后出生的人	1967 年及其之后出生的人
2011—2012 年	16.0%	16.0%	10.0%	6.0%
2013—2014 年	21.0%	21.0%	15.0%	6.0%

第 34 条　本联邦法律的生效

本联邦法律自其正式公布之日起生效。

从本联邦法律生效之时起，它生效前已经适用且规定了强制养老保险条件和规则的联邦法律，与本联邦法律不冲突的部分予以适用。

俄罗斯联邦总统和俄罗斯联邦政府自本联邦法律生效之日起 3 个月内依据本联邦法律制定自己的规范性法律文件。

俄罗斯联邦总统　B. 普京

美洲地区

智利养老金体系的 3500 号律令
（智利）

建立新养老金体系的 3500 号律令
（1980 年 11 月 13 日公布于《官方日报》）

今天，即 1980 年 11 月 4 日，根据 1973 年 1 号和 128 号律令，1974
年 527 号律令和 1976 年 991 号律令，颁布 3500 号律令。

智利共和国政府委员会批准颁布如下律令：

第一章　总则

第 1 条[①]

建立一个资本化的年老、伤残和遗属养老金体系，由本法进行调整。

该体系由养老基金管理机构（简称 AFP）实行资本化管理。

第 2 条[②]

参加工作时未参加养老保险的劳动者自动加入本体系并据此承担对
AFP 的缴费义务。独立劳动者另行规定。

劳动者和本体系的法律关系因劳动者加入而产生，其权利和义务，特
别是劳动者缴费义务和体系提供社会福利的义务依法建立。

劳动者同本体系的关系具有唯一性和永久性。劳动者一旦加入，无论
是否工作，无论同时或先后从事一个或多个工作，无论是否改换 AFP，劳

[①]　本条第 3 款被 2008 年 3 月 17 日颁布的 20.255 号律令第 38 条取消。

[②]　详见 1993 年 12 月 4 日颁布的 19.260 号法。本条第 5 款、第 6 款经 20.255 号律令第 91
条修改。

动者与本体系之间的法律关系一直存在。

每个劳动者，即使服务于多个雇主，也只能向一个 AFP 缴费。

劳动者工作开始或者结束后 30 日内，雇主应向劳动者加入的 AFP 通报劳动者工作开始和结束的时间。违者将被处以相当于 0.2 个促进单位①的罚款，罚款上缴国家财政。具体执行办法由本律令第 19 条第 8 款规定。

劳动者工作开始后 30 日内应当向其雇主告知其所加入的 AFP。未能按本规定告知的，雇主将需履行本法第 19 条设定的义务，向根据实施条例确定的 AFP 缴费。劳动者属新近加入本体系的，雇主应当向本法第 15 章指定的 AFP 实施缴费。

AFP 不得拒绝劳动者根据本法递交的加入申请。

第二章　受益人和参加人

第 3 条②

加入体系后，年满 65 岁的男性参加人，年满 60 岁的女性参加人即有权享受（年老）养老金，本规定不与第 68 条的内容抵触。

符合前款要求的，如不行使享有养老金的权力，将不得申请伤残养老金。相关 AFP 将因此免除第 54 条规定的支付遗属养老金的责任和义务。

第 4 条③

不能依据本法退休的，即未满退休年龄，但因疾病、生理或智力残疾

---

①　促进单位（The Unit of Foment，简称 UF）是一种根据 CPI 的变化随之调整的会计单位。1967 年智利财政部颁布法令规定 1UF = 100 埃斯库多（Escudos，即当时的智利货币）。根据 CPI 的变化，每季度的第一天调整一次 UF 的价值。1975 年 5 月的法令改为每月调整一次。1977 年 8 月的法令改为每天调整一次。

1990 年的 05 - 03 - 900105 号法令规定，UF 的计算方法如下：

$$Rd \text{ 为 UF 每日调整系数} = (1 + vCPI_{-1}/100)^{(1/d)}$$

d 为 UF 每日价值所针对时间段的天数；

vIPC - 1 为上月 CPI 的变动幅度（%）由智利国家统计局提供；

UF 的当日价值 = UF 昨天价值 × Rd。——译者注

②　详见 1987 年 8 月 29 日颁布的 18.646 号法。2008 年 3 月 17 日颁布的 20.255 号法第 19 条第 2 款对本条第 2 款进行了修改。

③　详见 1990 年 3 月 10 日颁布的 18.964 号法。2008 年 3 月 18 日颁布的 20.255 号法对本条第 2 款、第 4 款、第 5 款和最后一款进行的修改，20.255 号法第 19 条第 3 款取代了本条第 3 款。

导致劳动能力永久性下降或丧失的可根据如下规定享受:

(a) 丧失 2/3 以上劳动能力的享受 100% 的伤残养老金;

(b) 丧失 2/3 以下、50% 以上(含)劳动能力的享受部分伤残养老金。

经第 11 条提到的各医学委员会对参加人的伤残养老金的申请进行核实,确认申请人是否符合前款规定的条件。对符合条件的,医学委员会将做出授权享受全部或者部分伤残养老金的决定,权利起始时间为宣布伤残之时;对不符合条件的,医学委员会将按规定驳回申请。医学委员会做出的全部伤残养老金的决定建议是唯一和终局的。

第一个授权享有部分伤残养老金的决定做出后满 3 年,医学委员会将通过相关 AFP 约见受益人,根据第二款第 (a) 目、第 (b) 目的规定,重新鉴定其伤残情况,并据此做出第二个授权决定,确认、修改或者取消第一个决定。3 年内达到退休年龄的部分伤残者,可通过 AFP 向医学委员会申请享有养老金。未提出申请的参加人,如其伤残情况在满法定退休年龄后经重新鉴定得以确认,其对第 53 条规定的补充性供款的权利得以保留。

约见通知需以书面形式做出,发出前需已支付 3 年期最后 3 个月的伤残养老金。相关伤残养老金受益人在通知约见日之满 3 个月未能参加约见的,其伤残养老金将从第 4 个月起中止支付。6 个月未能参加约见的,其伤残状况将被视为不存在。

符合本条第 2 款第 (a) 目规定的伤残养老金受益人,如在第二个决定中被宣布属于部分伤残、未申请过养老金且不符合第 3 条第 1 款的规定,有权领取全部伤残养老金。本款不与上述条款规定的规定形成抵触。

各医学委员会可以在第 3 款规定的期限内,以决议(决议需说明理由)的方式,约见那些在第一个决定中被确定为可以领取伤残养老金的受益人,要求重新检查其伤残情况,并视情理做出第二个决定。约见通知将以书面形式做出,发出前需已支付约见日之前 3 个月的伤残养老金,并按照第 4 款规定的方式,就有关中止发放伤残养老金或令第一次决定无效的情况做出说明。

附加第 4 条[1]

在不违反本法规定的情况下,参与本体系 60—65 岁未领取养老金的

[1]　本条是根据 20.225 号法第 85 条第 1 款添加的。

女性，有权领取伤残养老金和本法第54条规定产生的遗属养老金的补充性供款，补充性供款从第59条所指的保险中支付。

第5条[①]

参加人本人的家庭成员，包括其配偶、婚生和非婚生子女、继子女、非婚生子女的父和母为遗属养老金的受益人。

参加人应当通过适当的法定形式向相关 AFP 证明，一旦参加人死亡，是否存在受益人。

第6条[②]

如参加人死亡，从其死亡之日起向前推算，其配偶与参加人的婚姻关系需满6个月才能成为遗属养老金的受益人。如参加人死亡时已经领取养老金或伤残养老金，从其死亡之日起向前推算，其配偶与参加人的婚姻关系需满3年才能成为遗属养老金受益人。

参加人配偶如怀孕或同参加人育有子女的，不受前款规定的时间限制。

第7条[③]

已废除。

第8条[④]

参加人的子女需符合如下条件，且未婚，才能成为遗属养老金受益人：

未满18岁；

年满18岁但不满24岁，是正在接受初级、中级、技术或高等教育的学生；

学生身份需在参加人死亡前获得，或者在24岁前获得；

子女具有第4条意义上伤残情况的，无年龄限制。

伤残可以是参加人死亡后造成的，但伤残事件发生时，相关子女未超

---

① 详见1981年2月21日颁布的3.626号法。20.255号法第85条第2款对本条第1款进行了修改。

② 详见1981年2月21日颁布的3.626号法。20.255号法第85条第3款对本条第1款进行了修改。

③ 详见1981年2月21日颁布的3.626号法。20.255号法第85条第4款撤销了本条。

④ 详见1981年2月21日颁布的3.626号法。20.255号法第91条第4款对本条前两款进行了修改。

过本条第（b）目规定的最大年龄。

第 9 条①

参加人非婚生子女的父或母，如符合如下条件，可以成为未亡人养老金受益人：

（a）鳏或寡；

（b）依靠参加人生活。

第 10 条

参加人如无上述亲属，其死亡前所赡养的父母可以作为提取遗属养老金的受益人。参加人赡养父母的情况需经主管机构认可。

第 11 条②

本法第 4 条、第 7 条和第 8 条第（c）目所指的伤残需根据"养老金体系参加人伤残等级评估鉴定标准"确定。各大区③派 3 名外科医生组成专门委员会对伤残等级进行评估和鉴定。组成委员会的外科医生由 AFP 监管局依法指派。劳动人口众多或者分散的大区，可酌情设两个以上伤残等级评估鉴定委员会。

参加人具有第 54 条第（a）目、第（b）目指明的情况时，应当向隶属于 AFP 监管局并归其管理的注册外科医生提交能够支持其伤残申请的医疗诊断资料。认为伤残申请合理的，该外科医生将通告所属大区的医学委员会。大区医学委员会认可伤残申请后，派一名注册外科医生免费作为参加人参与伤残等级评估鉴定的顾问，并免费作为观察员对参加人参与各医学委员会的约见提供支持。参加人有权自行挑选一名他/她信赖的注册外科医生作为其顾问和观察员，但要负担相关费用。如伤残申请被认为合理且参加人具有第 54 条第（a）目或者第（b）目描述的情形，参加人可以不使用顾问，自行参加伤残评估鉴定，也可以自费指派一名他/她所信

①　详见 1981 年 2 月 21 日颁布的 3.626 号法。20.255 号法第 85 条对本条第 1 款和最后一款进行了修改，并用第 5 款取代了第 2 款。

②　详见 1988 年 10 月 28 日颁布的 18.753 号法，1990 年 3 月 10 日颁布的 18.964 号法。本条第 2 款由 20.255 号法第 38 条第 2 款增加，第 6 款被 20.255 号法第 91 条第 5 款取代。本条第 3 款被 20.255 号法第 91 条取消，第 4 款、第 5 款、第 7 款、第 8 款、第 9 款和第 20 款被 1991 条修改。

③　在行政管理方面，智利现分为 15 个行政大区，包括圣地亚哥大都市区。大区在智利国家行政管理中的地位相当于中国的省。——译者注

任的外科医生做自己的顾问和观察员。第 59 条所指的保险公司,如掌握参加人的伤残情况且向其提供了保险,可向本大区各医学委员会指派一名外科医生以观察员的身份参与参加人的各类约见。

各 AFP 应当根据各自管理的申请伤残养老金参加人的数量按比例承担各大区医学委员会和中央医学委员会的费用(聘用医务人员的费用除外),并对其实施管理。社会保障管理局按照根据互助型基本伤残养老金的人数,以同 AFP 一样的方法负担各医学委员会的费用。养老金监管局对医学委员会相关账目的收入实施审计。相关医学委员会的组成、职能,作为参加人顾问的注册外科医生及其适用法律法规、作为医学委员会成员的外科医生等由实施条例规范。作为参加人顾问的注册外科医生以及作为医学委员会成员的外科医生不得与监管局有隶属劳动关系,必须由监管局外聘。作为参加人顾问的外科医生的注册要求及其履行义务的权限由实施条例规定。

如大区医学委员会提出要求,伤残养老金申请人需接受医疗检查。检查由该委员会规定,如申请人未参加第 59 条提及的保险,检查费用由 AFP 承担;如申请人参加了第 59 条所指的保险,检查费由附加第 59 条所指的中标保险公司承担;如涉及互助性基本伤残养老金申请,检查费由社会保障管理局承担;由申请人单独承担。申请人承担检查费用的金额根据 18.469 号法第 30 条确定。上述机构也可自主承担高于 18.469 号法第 30 条规定比例的检查费用。18.469 号法及其补充规定所指的福利与本款所指的检查之间的等同关系,如以 18.469 号法及其补充规定为依据做出规定的,将由本法的实施条例规范。

根据本法规定,相关申请人、社会保障管理局以及保险公司可以向隶属于 AFP 监管局的中央医学委员会就医学委员会的决定提出申诉、申请复议。监管局局长按照与指派地区医学委员会成员同样的方法指派三名外科医生组成复议委员会。复议委员会采用非诉讼方式了解复议申请内容并依如下程序对其进行审理:

(a)申诉需以书面方式做出,并在收到决定通知之日起 15 个工作日内提交做出决定的大区医学委员会,提交辅以申请不需要律师;

(b)大区医学委员会收到申诉后 5 日内向中央医学委员会转交申诉和医学委员会决定的依据;

(c)中央医学委员会就收到的资料进行研究,可以要求大区医学委员会对参加人重新进行医学检查或者分析，重新检查或分析需在 60 日内进行；

（d）中央医学委员会收到申诉或者重新检查或者分析结果后 10 个工作日内做出复议裁决，对大区医学委员会的决定进行确认或者撤销。复议裁决将送达大区医学委员会并由其送达申诉人。

如申诉是参加人提出的，复议所要求的专门检查或者分析及其报告所需费用，应当由 AFP、保险公司、社会福利管理局和申请人依照第 4 款规定的方式承担。如复议申请是 AFP、保险公司或者社会福利管理局提出的，专门检查或者分析及其报告所需费用全部由申请单位承担。因复议产生的差旅费，由申诉人承担。即使参加人也提出了申诉，只要是中央医学委员会安排出差，差旅费就由相关 AFP、保险公司和社会福利管理局承担。

参加人就第 4 条第 3 款的伤残养老金权提出权利申请且该参加人未参加第 59 条所指保险的，所涉及的专业检查、分析及其报告以及差旅费全部由 AFP 承担；参加第 59 条所指保险的，由附加第 59 条中中标保险公司全部承担。申请互助性基本伤残养老金的，由社会福利管理局承担。

无论医学检查费用由谁来承担，禁止各大区医学委员会和中央医学委员会直接向申请人提交检查报告原件，但可以经中央医学委员会允许，在做出相关决定后，向其提供复印件。

如伤残申请主张伤残是工伤或职业病所致，社会保障监管局将指派一名外科医生作为中央医学委员会的主席。如中央医学委员会出现表决平局，主席可就伤残申请做出决定。在此类复议当中，社会保障监管局将指派一名律师向中央医学委员会提供复议案件情况，可参加复议审理，并拥有发言权；应中央医学委员会要求，养老基金监管局也可指派一名律师参加复议审理，并拥有发言权。此外，参加人接受其调整的 16.744 号法中的各类管理机构可指派一名外科医生作为案件审理的观察员。为确定致伤、致残原因，中央医学委员会应请相关管理机构提供相关材料和报告，后者应在 10 日内提供。

中央医学委员会也可提请雇主提供有关伤残原因的资料和信息。

雇主如不能在 15 个工作日内适当地提供前款所指信息，将被劳动局处以相当于 2—10 个促进单位、直至两倍于上述金额的罚款，上缴国家财政。15 个工作日从中央医学委员会请求提供信息的挂号信发出日起算。

罚款决定可根据《劳动法》第 448 条的规定提请复议。

第 9 款所指申诉（复议）事件一旦解决，应当将复议结果告知复议申请人、其所在的 AFP、所属的保险公司，并依据 16.744 号法向申请人支付职业伤残福利金。如伤残养老金的复议申请被驳回，AFP 收到复议被驳回通知后需向复议申请人支付养老金；如复议申请被接受，AFP 收到复议裁决后需向复议申请人支付互助性基本伤残养老金。无论复议申请被驳回还是被接受，接到通知的人或单位都可以在接到通知后 15 日内就中央医学委员会的裁决向社会保障监管局提请复议，以最终确定伤残是否是职业所致。本款中给付的开始不因复议申请重叠而中止。

如果伤残最终被确定是职业病或者工伤所致，AFP 将停止因执行伤残等级评估决定而一直进行的养老金给付，依据 16.774 号法应该向申诉人（复议申请人）发放福利的单位应对 AFP 已经实施的支付进行补偿，并从最终复议裁决做出之日起根据 16.774 号法向参加人履行给付福利金义务。

如果伤残最终被确定为非职业病或者工伤所致，AFP 将继续依法履行支付养老金义务；如在此之前 AFP 所支付的是互助性基本伤残养老金，则需在最终裁决后，进行相应清算。

附加第 11 条①

上一条所指"新养老金体系参加人职工伤残等级评估鉴定标准"需经技术委员会批准，技术委员会的组成如下：AFP 监管局局长任委员会主席、中央医学委员会主席、各 AFP 选出的一名代表、第 59 条所指的保险公司共同选派一名代表、智利大学校长理事会指派一名大学医学系主任。

各 AFP、第 59 条所指的保险公司以及各医学委员会中的一名主席可以向 AFP 监管局提出标准修改草案，后者也可提出自己的修改建议，然后提交技术委员会审批。

技术委员会审批标准草案需全体成员出席，绝大多数通过。AFP 监管局一名官员将担任委员会秘书，并作为委员会工作、讨论和决议的证明人。

第 12 条②

本法中的伤残养老金和遗属养老金不包括下述伤残和遗属养老金：因

---

① 详见 1990 年 3 月 10 日颁布的 18.964 号法。

② 详见 1987 年 8 月 29 日颁布的 18.646 号法。第 2 款被 20.255 号法第 9 条第 6 款修改。

16.744 号法、1960 年 338 号律令以及其他任何有关工伤和职业病保护的与本法不兼容的规定产生并由其调整的伤残和遗属养老金。

本法规定伤残养老金不同于参加人由于获得伤残养老金同样的原因而可能获得的补贴。

第 13 条①

采取不正当手段获得，或者为不正当地获得本法规定的利益提供便利，如隐瞒全部或个别受益人身份、提供虚假证明材料或隐瞒真实情况、损害 AFP、保险公司、国家财政利益者，将按照《刑法》第 467 条处以刑事处罚。

第三章　缴费、自主保障性储蓄存款、自主保障性集体储蓄、自主储蓄账户②

一　关于缴费

第 14 条③

本法采取《劳动法》第 41 条对薪酬的定义，且不同本法第 20 条第 3 款的规定抵触。

非货币支付的薪酬由 AFP 监管局根据统一标准评定。

第 15 条

收入是参与本体系的独立从业人员根据本法第 9 章的标准据以计算缴费的基础。

第 16 条④

参加人每月收入和薪酬的应税上限不超过 60 个促进单位，并根据国家统计局前年 11 月和去年 11 月间公布的实际薪酬指数变动率进行调整，且不同第 90 条第 2 款的规定抵触。

应税上限由养老金监管局决定，每年 1 月 1 日起生效。

---

① 详见 1987 年 8 月 29 日颁布的 18.646 号法。
② 详见 1987 年 8 月 29 日颁布的 18.646 号法。本标题由 20.255 号法第 91 条第 9 款修改。
③ 详见 18.964 号法和 2001 年 11 月 7 日的 19.768 号法。
④ 详见 1981 年 2 月 21 日颁布的 3.626 号法、1987 年 8 月 29 日颁布的 18.646 号法。本条第 1 款由 20.255 号法第 8 条第 1 款、第 2 款、第 3 款和第 A 目以及第 91 条修改。本条第 2 款由 20.255 号法第 8 条的第 B 目修改，最后一款是 20.255 号法第 C 目添加的。

如上述实际薪酬指数年度变动率为正值，应税上限必须进行调整；如为负值，用促进单位表示的上限保持不变，只有当薪酬指数年度变动率出现整数时才依据本条第1款进行相应调整。

如果劳动者同时从事两份以上的工作，或者同时具有独立劳动收入，进行前款的计算时需将该劳动者所有的薪酬和收入加总。监管局须确定实施和计算本法所指缴费的方法。用于第59条所指保险的补充性缴费应当由各雇主按照其付给劳动者应税薪酬在劳动者全部薪酬收入中的比率缴纳。

公共部门的劳动者，参加本养老金体系但不改变职业的，可以一次性选择将不具有应税性质的津贴改为应税津贴，《劳动法》认为不构成薪金的津贴除外。在这种情况下，课税上限仅对实行本法有意义。

本法中所有有关最高应税薪金和最高应税收入的提法，均认为已按照本条程序确定的金额进行了调整。

第17条①

本体系65岁以下的男性参加人和60岁以下的女性参加人有向其个人资本账户缴费的义务。缴费率为应税薪酬或收入的10%。

此外，应当向资本账户缴纳补充性缴费用以支付第59条规定的保险费。补充性缴费的计算方法由各AFP确定。补充性缴费应根据第29条第5款的规定告知参加人，同一费率适用于同一AFP管理的所有参加人，这一规定并不与第29条第3款的规定抵触。具有劳动能力的劳动者，除能够享受保障性补贴且仍在享受此项补贴的青年劳动者外，用于保险的额外缴费由雇主承担。

丧失劳动能力期间，参加人和雇主也应当继续缴费。

丧失劳动能力期间，参加人应当缴纳第84条、第92条规定的医疗保险费，医疗保险费根据应税薪酬与收入中用于医疗部分的比例计算。

上述各款中的缴费应当根据参加人休假前一个月的应税薪酬或收入计算，或者在没有假条的情况下，根据劳动合同的规定计算。上述应税薪酬或收入应当随相关补贴的调整而调整。

---

① 详见1987年8月29日颁布的18.646号法，1988年12月29日颁布的18.768号法，1994年11月14日颁布的19.350号法，1999年10月28日颁布的19.641号法以及2002年2月28日颁布的19.795号法。本条第2款、第3款由20.255号法第91条第9款修改。

补贴支付单位应当负责税务扣缴，并负责将上述缴费纳入相关机构。

附加第 17 条①

在不同上一条抵触的情况下，从事繁重劳动的参加人除向个人资本账户实施上述缴费，还应就以下各款规定实施另外一个缴费。

雇主雇佣劳动者从事繁重劳动的，需参加人个人资本账户中实施与前款缴费金额相等的供款。

本条所称"繁重劳动"是指那些即使不会因劳动致疾，但能够使多数从事这些工作的人加速体力、智力或心理消耗，导致早衰的劳动。

国家人类环境改变委员会将根据劳动者从事工作的性质和工作条件，确定是否属于"繁重劳动"。

根据本法第 14 条、第 16 条的意思，第 1 款所指的缴费费率为应税薪酬的 2%。

然而，如果劳动者从事的工作被国家人类环境改变委员会确定为"繁重劳动"，本条规定的缴费率和供款率降低至 1%。

国家人类环境改变委员会考虑怎样减轻繁重劳动对劳动者造成的损耗。

本条所指的缴费和供款从劳动者得到执行国家人类环境改变委员会做出是否属于"繁重劳动"决定后次月的应税工资的第一天开始支付。

参加人病假期间，无须实施本条所指的缴费和供款。

第 18 条②

用于支付第 17 条、附加第 17 条、第 20 条、第 84 条、第 85 条和第 92 条所指的缴费和自主保障性储蓄存款的应税收入属于《所得税法》第 42 条第 1 项的例外范畴。自主保障性储蓄存款由第 98 条第（p）目界定，通过 AFP 进行的自主保障性存款，受本法第 19 条约束。

独立劳动者实施第 17 条规定的缴费，用于第 92 条规定的医疗福利，其自主缴费金额和自主保障性储蓄存款将免缴所得税。在同一个日历年中，独立劳动者在某些月份的收入，用于实施本年度余下月份的缴费，也将免缴所得税。为实施本条规定，独立劳动者的实际收入根据《所得税法》的规定确定。

---

① 详见 1995 年 8 月 21 日的 19.404 号法。本条第 15 款被 20.255 号法第 91 条第 19 款去除。
② 详见 1901 年 11 月 7 日的 19.768 号法和 1990 年 3 月 10 日的 18.964 号法。

　　养老基金份额的增长不构成所得税意义上的收入，但依据本法发放的养老金属于包括工资、薪金和养老金等所得税应税项目。

第 19 条[①]

　　雇主、独立劳动者或者相关的补贴支付单位需在发放薪酬、获得收入或者参加人交的病假条次月上旬向参加人所在的 AFP 申报、缴纳本章规定的费用。如果最后期限逢节假日，则顺延至下一个工作日。

　　为此，雇主将从劳动者薪酬中扣除劳动者应缴费金额，并支付雇主应当缴纳的金额。两项金额均受本条规定约束。

　　雇主如采用电子缴费申报和支付，上述缴费期限延长至每月 13 日，逢节假日不实行顺延。

　　自愿参加人既可以月缴，也可以趸缴，趸缴最多不超过 12 个月。确定缴费金额、基础收入以及将来可获利益，视情况适用本法第九章第 1 段或者第 2 段的规定。监管局通过制定一般性规范对相关事宜进行监管。

　　雇主或补贴支付单位如不能及时缴纳应当为劳动者缴纳的费用，或者不能向受补贴者及时提供补贴，应当在本条第 1 款规定的期限内向相关 AFP 说明情况。

　　说明至少应当包括：说明人（单位）的姓名（名称）、税号、住所（地址）、法人代表、劳动者或接受补贴者的税号、应税薪酬等。未能在规定期限内说明情况者，雇主应当在期限届满后 1 个月最后的一个工作日向相关 AFP 说明其缴费义务因同劳动者的劳动关系解除而消除。AFP 应清查需支付的缴费，根据监管局的一般性规范追收欠费。如 AFP 不掌握相关劳动者劳动关系终止的证据，可咨询失业基金管理公司。说明劳动关系终止和中止的期限过后，如相关劳动者的劳动关系情况仍不清楚，就本条以及本条第 19 款追收欠费的规定而言，认为相关缴费已经申报但未支付。

　　如雇主或补贴支付单位未能按照前款规定及时、完整、准确地说明情况，将被处以罚款。罚款金额按每个劳动者或每份补贴 0.75 个促进单位计算。如说明不完整、存在错误，但没有证据证明是故意所为的，雇主或补贴支付单位如能在付薪的下一个月缴纳费用，将免于罚款。家庭劳动者

---

　　① 详见 1987 年 8 月 29 日的 18.646 号法、1993 年 12 月 4 日的 19.260 号法、1999 年 10 月 28 日的 19.641 号法。20.255 号法第 91 条第 11 款增加了本条第 3 款、第 4 款、第 24 款和第 25 款，并修改了第 2 款、第 6 款、第 20 款。

的雇主，如从劳动者薪酬中提取了相关费用，但到下月才实施缴费，将被处以 0.2 个促进单位的罚款；再行拖延缴费的，即使未等雇主说明情况，也将被处以 0.5 个促进单位的罚款。

劳动局负责对本条义务的履行情况进行监管，劳动局监察员具有行使前罚款的职能，罚款可以根据《劳动法》第 474 条申请复议。

如情况说明失实、不完全，且有证据证明属于故意所为的，国家劳动局局长只能授权大区劳动局局长向法官检举犯罪。

雇主或补贴支付单位未能及时缴费的，实际缴费金额应根据应当缴费期限最后一天的缴费金额和实际缴费日的情况进行调整。如果应缴费月的上上个月和实际缴费月的前一个月之间日消费者价格指数（以国家统计局公布的数据为准）上升，则缴费金额相应提高。

对上述经调整的拖欠债务实行罚息，每日罚息为 18.010 号法第 6 条所指的用本币经营可调整业务利息率的 1.5 倍。

如在特定月份当中，前两款所指的已经调整的拖欠债务和罚款息总和低于银行和金融机构监管局确定的不可调整业务利率或低于所有养老基金最近 12 个月的名义收益率，……最近 12 个月所有养老基金的平均各收益率 = 全部养老基金收益率的加权平均数 × 上月最后一天各只基金价值所有份额的价值占全部基金份额价值的比率。上述收益率为支付利息月份前一个月的收益率，并作为计算利息的一个参数。

计算罚息适用支付罚息前一个月第一天的利率。根据前款规定确定的利息按月实行资本化。

即使参加人可能已经更换的 AFP，后者也应当跟踪收取缴费、缴费调整数额及其利息。参加人将其基金转入的 AFP 可以作为行政公诉的支持人参与诉讼。

追收缴费的诉讼适用《民事诉讼法》第一卷第 10 章关于合并审理的规定，应任何一个当事 AFP 的要求做出排他性裁决。

多个 AFP 启动的追收缴费的诉讼，只要是向同一雇主收取其应为多个劳动者缴纳费用的，应当将新的诉讼纳入原有的诉讼，采用合并审理的主体合并程序。

同理，隶属于不同 AFP 的劳动者，其缴费被同一雇主拖欠，从而在旧的诉讼上叠加新的诉讼，审理时将进行合并审理，即采用客体合并程序。

AFP 的法人代表拥有 17.322 号法第 2 条规定的权限，17.322 号法第

2 条第 3 款规定的权限除外。

AFP 为其参加人缴费、缴费调整金额、利息，适用第 1 条、第 3 条、第 4 条、第 5 条、附加 5 条、第 6 条、第 7 条、第 8 条、第 9 条、附加第 10 条、第 11 条、第 12 条、第 14 条、第 18 条、第 19 条、第 20 条和附加第 25 条。上述法条中规定的罚款则适用于那些已经从劳动者收入中扣除但未缴费的雇主，这些法则可扩展适用于补贴支付单位。

缴费调整金额、利息以及缴费额应一并存入参加人个人资本账户。收取第 11 款、第 12 款所指的缴费调整金额和收取罚息（相当于经调整债务单利的 20%）的相关费用由 AFP 收取。上述收取罚息费用和雇主根据第 11 款、第 12 款和第 13 款实际缴纳的利息之差额将纳入参加人个人资本账户，由其受益。

收取缴费、罚款、拖欠债务调整额以及利息行为的时效为 5 年。从相关服务期限（劳动合同）届满起算。

上述由 AFP 收取的缴费、罚款、拖欠债务调整额以及利息享有《民法》第 2.472 条第 5 项规定的优先权，先于质押权以及其他专门法律规定的担保债权受偿。

在不与 17.322 号法第 12 条和第 14 条抵触的前提下，侵占或贪污从劳动者薪金中扣除的缴费损害劳动者及其他权利人利益的将根据《刑法》第 467 条的规定给予刑事处罚。

未能按本章规定缴费的雇主，如不能提供按期缴费的证明，将不能从生产促进财政资金资助的各种公共和私有机构获得资金。能够证实缴费后，雇主可提交上述资金的申请。

在提交资金申请前 24 个月持续按期缴费的雇主，可优先获取上述资金。但在获得上述资金以前，雇主需证实前 24 个月持续按期缴费。

二　关于自主缴费、协议存款以及自主保障性储蓄存款

第 20 条[①]

所有劳动者都可以在其所参加的 AFP 中任意一只养老基金的个人资本账户中进行自主缴费，或者参加各银行、金融机构、保险公司、AFP、投资及基金、住房公积金等机构提供的、经智利银行和金融机构监管局批

---

① 详见 2001 年 11 月 7 日颁布的 19.768 号法。

准的自主保障型储蓄计划。智利证券和保险监管局可批准其他机构实行同样的储蓄计划。

上款的自主保障性储蓄计划由本法第 18 条、第 20 条 20A 和第 20 条 20E 以及规范上述机构的法律调整。获批准机构的定义由本法第 98 条（q）目界定。

劳动者为达到第 68 条提前退休的资本金要求或者提高养老金金额，也可将其与雇主协议达成的自主存款存入任何一个他所加入的 AFP 的个人资本账户。同样，劳动者也可以指示其所参加的 AFP 为其直接在上述获批准机构进行协议存款。此外，劳动者还可以指示其雇主为其直接在上述获批准机构进行协议存款。在后一种情况下，获准机构将根据第 19 条规定收取存款。智利银行和金融机构监管局根据获准机构的性质对存款收取进行监督和管理。这些款项，即个人资本账户中的存款或者参加各类自主保障性储蓄计划的存款不构成具有法律效力的薪金，不得征税，且适用本法第 19 条规定。总之，协议存款及其收益在符合本法具体规定的条件下，可作为能够自由支配的剩余资金提取。

计算本法第 53 条中补充性供款不考虑自主缴费、自主保障型储蓄存款以及协议存款。

AFP、证券和保险、银行和金融机构监管局将共同制定一个一般性的规范，对自主保障性储蓄计划资金提出要求，并为保障其资金运用正确设定必要的程序。对于养老金标准化管理局管理的属于本法第 20 条 E 规定的内容，社会保障监管局将通过一个一般性规范对其施行监管。

第 20A 条①

自主保障性储蓄存款直接在获批准机构完成或者由某个 AFP 代其完成。在后一种情况下，劳动者需向 AFP 指明他选择的获批准机构。

第 20B 条②

劳动者可以将源于自主缴费、协议存款和自主保障性储蓄存款的款项

---

① 　详见 1987 年 8 月 29 日的 18.646 号法，1988 年 12 月 29 日的 18.768 号法，1994 年 11 月 14 日的 19.350 号法，1999 年 10 月 28 日的 19.641 号法以及 2002 年 2 月 28 日的 19.795 号法。本条第 2 款、第 3 款由 20.255 号法第 91 条第 9 款修改。

② 　详见 1987 年 8 月 29 日的 18.646 号法，1988 年 12 月 29 日的 18.768 号法，1994 年 11 月 14 日的 19.350 号法，1999 年 10 月 28 日的 19.641 号法以及 2002 年 2 月 28 日的 19.795 号法。本条第 2 款、第 3 款由 20.255 号法第 91 条第 9 款修改。

全部或者部分转往获批准机构或者 AFP。参加人可以将源于自主缴费、协议存款或者自主保障性储蓄存款的款项同时分别存入两个以上（含）AFP。款项来源机构要确保只能向获批准机构实施的其他自主保障性储蓄存款计划转账。上述转账将不被视为提款，也不适用所得税。

劳动者可以全部或者部分提取源于自主缴费和自主保障性储蓄存款的款项。但是，源于协议存款的款项将适用本法第 20 条第 3 款的规定。这种提款适用于《所得税法》附加第 42 条第 3 款的税项。

自主保障性储蓄存款的收益，在没有提取之前，不适用《所得税法》。

第 20C 条[①]

在不影响本法第 29 条规定的前提下，各 AFP 有权就管理协议存款、自主缴费和自主保障性储蓄存款以及代参加人向获准机构转款收取佣金。

管理协议存款和自主缴费的佣金必须是 AFP 所管理的自助缴费和协议存款余额的百分比。

自主保障性储蓄存款和协议存款转款佣金只能是就每笔转款收取固定费用。转款佣金从存款中扣除，且不因参加人选择不同的获批准机构不同而不同。但是，某个 AFP 将部分或者全部源于自主缴费余额或者协议存款的金额向其他 AFP 或者获批准机构转账，不能设定佣金。同样，所有获批准机构都不得就向其他获批准机构或者某个 AFP 全部或者部分转账设定佣金。

第 20D 条[②]

参加人在任何自主保障性储蓄存款计划的款项享有查封扣押豁免权。

符合本法领取养老金条件的参加人可以将其在自主保障性储蓄存款计划中的款项全部或部分划往个人资本账户，以提高养老金给付。

同样，根据本法第 68 条规定选择提前退休的参加人可以将其在自主保障性储蓄存款计划中的款项全部或部分划往个人资本账户，以便为提前领取养老金聚集资本或改善养老金。

---

①　详见 2001 年 11 月 7 日颁布的 19.768 号法。

②　详见 1987 年 8 月 29 日的 18.646 号法、1993 年 12 月 4 日的 19.260 号法、1999 年 10 月 28 日的 19.641 号法。20.255 号法第 91 条第 11 款增加了本条第 3 款、第 4 款、第 24 款和 25 款，并修改了第 2 款、第 6 款、第 20 款。

参加人从自主保障性储蓄存款计划划往个人资本账户的款项将不被视为提款，也不适用《所得税法》。

参加人死亡，且无幸存受益人的，其遗留的自主缴费、自主保障性储蓄存款或者协议存款将被纳入死亡人财产。

第 20E 条[①]

养老金标准化管理局的养老计划参加人（以下简称管理局参加人）可直接在获批准机构或 AFP 进行自主保障性储蓄存款。管理局参加人也可以同雇主协商一致由后者在一家获批准机构或 AFP 进行第 20 条第 3 款列明的存款。如属后一种情况，获批准机构或者 AFP 应根据第 19 条规定收取存款。银行和金融机构监管局、证券和保险监管局或 AFP 监管局将根据收取存款单位的性质对其收取行为进行监管。

此外，雇主可以在养老金标准化管理局实施存款，后者将存款转往管理局参加人选择的获批准机构或 AFP。即便管理局参加人转而参加本法规定的养老金体系，养老金标准化管理局仍有义务继续跟踪收取欠缴存款。

养老金标准化管理局有权就收取和划转管理局参加人的协议存款、自主保障性储蓄存款收取佣金。管理局参加人可以根据第 20B 条第 2 款的规定部分或全部提取源自协议存款、自主保障性储蓄存款的资金。

总之，管理局参加人实施上述存款并不影响其加入的养老制度所适用的法律法规。

三　关于集体自主保障性储蓄[②]

第 20F 条

集体自主保障性储蓄是雇主、职工代表以及 AFP 或者第 98 条第 1 目中所指的获批准机构之间签订的储蓄合同，旨在提高职工的养老金。

雇主可向全体或者每个职工提供一个或多个集体自主保障性储蓄合同。合同条款均由雇主、AFP 或者获批准机构拟定，内容一致，在任何情况下，合同条款都不得使一些人的利益高于他人。

---

① 详见 1987 年 8 月 29 日的 18.646 号法、1993 年 12 月 4 日的 19.260 号法、1999 年 10 月 28 日的 19.641 号法。20.255 号法第 91 条第 11 款增加了本条第 3 款、第 4 款、第 24 款和第 25 款，并修改了第 2 款、第 6 款、第 20 款。

② 本段是由 20.255 号法第 91 条第 12 款添加的。第 20F 条到第 20O 条是由 20.255 号法第 91 条第 13 款添加的。

雇主供款金额为职工供款金额的同一比率。但雇主可以在合同中设定最高供款金额，最高供款金额对所有的职工应该一致。

职工只能接受或不接受合同，不能对合同进行修改。

只有符合第 20G 条规定的合同才能生效。

合同一旦生效，雇主将根据合同条款向与其签订合同的 AFP 或者获批准机构履行供款的义务。如劳动者表示不愿继续供款，雇主的供款义务停止。

在不违背前款规定的前提下，如劳动者不履行供款义务，雇主可以根据合同继续履行供款义务。在这种情况下，合同可以视劳动者供款情况相应为雇主设定不同的供款金额和供款到位要求。

同样，无论劳动者是全部或者部分地休了医生诊断书中的休假天数，只要补贴支付单位为劳动者缴费，雇主和劳动者当月的供款义务免除。补贴支付单位不得从劳动者集体自主储蓄账户中扣除其缴费金额。

合同可以规定劳动者向 AFP 或获批准机构供款的最低期限。总之，劳动者在任何时候都可以根据第 20G 条所指的一般性规范表明不愿继续供款的意愿。在这种情况下，劳动者需用书面或电子方式将不愿继续供款的决定告知雇主、相关 AFP 或者获批准机构。

劳动者表明不愿继续供款的意愿后，在储蓄合同有效期间，可以根据合同的规定恢复供款，但须书面或电子方式告知雇主以及相关 AFP 或者获批准机构，雇主根据合同供款的义务也相应恢复。

雇主和劳动者有关签订上述合同的争议，由劳动争议法庭审理[①]，这一规定不与第 19 条的规定抵触。

第 20G 条

养老金、证券和保险以及银行和金融机构监管局共同制定一般性规范，设定对合同、集体自主保障性储蓄计划的要求，并规定必要程序，保证合同以及计划能够正确运用资金。

为保证雇主提供的合同覆盖面广，且不对不同的劳动者形成偏袒，一般性规范应当包括如下内容：

---

① 劳动争议法庭审理（Juzgados de Letras del Trabajo）是智利最低审级法院中的一种，一般以社区为辖区，专门审理与雇主和雇员关系、劳动法律的应用、社会保障有关的案件。——译者注

（a）参加某个合同的最低劳动者人数或者此人数占全部劳动者的比例；

（b）劳动者获得雇主所交供款所有权所需的、在该雇主企业工作的最低年限。

第 20H 条

劳动者供款，雇主将从其薪金中按月或者依双方约定定期扣缴。

雇主不履行供款义务的，适用第 19 条规定。AFP 或者获批准机构应当按照第 19 条规定的程序代表加入储蓄合同的劳动者跟踪收取雇主供款、拖欠供款调整金额、利息。

劳动者以及雇主的供款存放在同一个个人账户当中。根据合同的具体规定，这一个人账户在 AFP 或者获批准机构开立。AFP 或者获批准机构须将劳动者个人资本账户中劳动者的供款和雇主的供款分开记录。

源于劳动者供款的财产将永远属于劳动者所有。源于雇主供款的财产在劳动者满足了合同规定的条件后变为劳动者财产。如储蓄合同对劳动者成为雇主供款所有人设定了在该雇主企业工作的最低年限或其他条件，劳动者在该雇主企业的工作时间应当满足最低年限，或符合其他约定条件。总之，如果劳动合同因为《劳动法》第 161 条的规定解除，雇主供款将成为劳动者财产。如劳动者未取得源于雇主供款的财产所有权，雇主应当按照第 20G 条所指的普遍性规范所设定的程序撤回这些财产。

集体自主保障性储蓄供款适用第 20 条第 4 款和第 20D 条的规定。

第 20I 条

AFP 根据合同约定有权就管理集体自主保障性储蓄、将此类储蓄划转到其他 AFP 或者获批准机构收取佣金。

管理集体自主保障性储蓄的佣金只能根据此类储蓄余额的百分比而定。

将此类储蓄划转到其他 AFP 或者获批准机构的佣金只能就每笔转账收取固定金额。佣金从存款中扣除，佣金额不因参加人选择不同的转入机构而不同。

尽管如此，不能就源于集体自主保障性储蓄存款的财产从一个 AFP 向另外一个 AFP 或者获批准机构部分或者全部转账而收取佣金。同样，也不能就源于集体自主保障性储蓄存款的财产从一个获批准机构向另外一个获批准机构或者 AFP 部分或者全部转账而收取佣金。

管理集体自主保障性储蓄定额佣金可以由雇主和 AFP 或者获批准机构自由商定，因此，不同的合同可以有不同的佣金额。同样，统一合同可以根据参加计划劳动者人数不同而设定不同的佣金额。

第 20J 条

雇主向劳动者提供的合同应当指明可以充当储蓄管理者的 AFP 或者获批准机构。但是，根据 18.045 号法即《证券市场法》第十五章的规定，雇主向劳动者提供的合同所选的 AFP 或者获批准机构不能是雇主的关系人。

在任何情况下 AFP 都不得将签约劳动者加入或者转入自己管理的养老基金作为签订集体自主保障性储蓄存款合同的条件。违反本款规定的，将根据本法以及劳动和社会保障部 1980 年公布的 101 号律令惩处。

第 20K 条

集体自主保障性储蓄可以在任何一个 AFP 管理的任何一个基金办理，也可以在银行和金融机构监管局或证券和保险监管局批准的储蓄计划处办理。

根据 18.045 号法即《证券市场法》第十五章的规定，上述机构不得将各储蓄计划管理的超过其管理储蓄财产 20% 的财产投资于雇主及其关系人发行或者担保的投资产品。

第 20L 条

有关第 20 条所指的集体自主保障性储蓄和自主保障性储蓄，其税收方面的待遇，劳动者可以在如下税制间选择其一：

（a）在进行储蓄存款时，劳动者自主缴费、集体自主保障型储蓄和自主保障性储蓄不享受《所得税法》附加第 42 条第 1 款规定的利益的，支取源于劳动者自主缴费、集体自主保障性储蓄和自主保障性储蓄的财产时，所支取款项免征《所得税法》附加第 42 条第 3 款规定的税额；或者

（b）在进行储蓄存款时，劳动者自主缴费、集体自主保障型储蓄和自主保障性储蓄享受《所得税法》附加第 42 条第 1 款规定的利益的，支取源于劳动者自主储蓄、集体自主保障性储蓄和自主保障性储蓄的财产时，支取款项应缴《所得税法》附加第 42 条第 3 款规定的税额。

如劳动者选择第（a）目所指的税制，所支取金额的收益适用与自主储蓄账户相同的税收待遇，即按照本法第 22 条的规定计算应缴税额。如劳动者提取款项用于提前退休或者提高养老金给付，从而适用《所得税法》第 43 条的规定时，需降低劳动者集体自主保障性储蓄、自主保障性

储蓄和自主缴费在全部用于养老的基金中所占的比例乘以养老金金额计算出的结果。AFP 将确定上述缴费和供款的余额，已用于投资的资本需分别记录，已用于投资的资本用月度税务单位①表示，等于存款和净提款的差。存款和净提款额根据存款或提款时的税务单位计算的价值计算。

在上述税制之间进行选择后，参加人随时可以为自主缴费、自主保障性储蓄和集体自主保障性储蓄的后续供款选择适用另外一个税制，具体依据是养老金监管局、证券和保险监管局、银行和金融机构监管局制定的一般性的规范。但每一个日历年中，归属一个或选择另一个税制的供款总金额不得超过 600 个促进单位。

另外，雇主向集体自主保障性储蓄计划的供款将被视为雇主利率的必要成本。劳动者接受上述款项时不享受《所得税法》附加第 42 条第 1 款规定的利益。但是，只要上述款项不从计划中提取，将被视为劳动者的收入而非收益。

劳动者提出雇主所交供款，须缴纳《所得税法》附件第 42 条第 3 款的税额。劳动者根据第 20 条第 H4 款的规定，提取雇主所交供款后，所提款项视为适用《所得税法》的收入。

集体自主保障性储蓄计划的收益在未提取前，不受《所得税法》调整。

选择第 1 款第（b）目的税制的，用于自愿缴费、自主保障性储蓄、劳动者的供款和雇主为集体自主保障性储蓄的供款，每年每个劳动者在 600 个促进单位以下的数额内（含）享受第 1 款第（b）目规定的税收利益。

第 20M 条

劳动关系终止，与之相应的储蓄合同终止或者储蓄合同如此规定时，劳动者应当将储蓄余额划转到一个新的集体自主保障性储蓄计划或者由 AFP 或者获批准机构管理的自主保障性储蓄计划。这种转账将不被视为支取。同样，劳动者也可以按照供款时选择的税制全部或者部分提取累计储

———————

① 月度税务单位（Unidad Tributaria Mensual，简称 UTM）是智利的一种记账单位，1974 年 12 月 31 日由智利国内税务局设立。最初月度税务单位仅用于税收征管。后被智利中央政府、多个市政府及其他机构广为采纳，扩展使用在罚款、记账、关税等账目往来中。与促进单位（UF）所不同的是，月度税务单位不能作为金融工具使用。月度税务单位每月根据国家统计局公布的通胀率进行调整，实际收付时转换成为比索。——译者注

蓄余额。

第 20N 条

各 AFP 和获批准机构只能签订符合本章规定的集体自主保障性储蓄合同。集体自主保障性储蓄计划的监管由相关的监管局实施。

第 20O 条

有雇佣关系的劳动者或独立劳动者，其部分或者全部保障性储蓄选择使用第 20 条第（a）目的税制，将全部或者部分自主缴费余额，或者自主保障性储蓄余额，或者集体自主保障性储蓄余额用于提前退休或者改善养老金给付的，退休时其有权享受本条给予的税收奖励。

税收奖励金额等于劳动者选择使用第 20L 条第 1 款第（a）目税制的自主缴费、自主保障性储蓄或者集体自主保障性储蓄的 15%。每个日历年，税收奖励金额不得超过根据实施储蓄年度 12 月 31 日当天的月度税收单位价值计算出的结果。

本条规定的税收奖励额根据相关日历年度自主缴费、自主保障性储蓄存款和集体自主保障性储蓄供款额计算，总和不超过该劳动者根据本法第 17 条第 1 款规定实施当年缴费的 10 倍。

国内税收管理局每年确定税收奖励额，并告知国家财政总署以便后者着手实施狭义款所指的存款。为此，各 AFP 和获批准机构每年将向国内税收管理局发送本条 1 款所指的拥有保障性储蓄的参加人名单及其当年的储蓄额。报告方式和时间由养老金监管局、证券和保险监管局、银行和金融机构监管局以及国内税收管理局通过一般性规范联合决定。

本条所指的税收奖励将存于专门和专用的个人账户。账户在实施自主缴费、自主保障性储蓄和集体自主保障性储蓄的 AFP 或者获批准机构开立。税收奖励存款与其对应缴费或储蓄的收益条件和佣金条件相同。

选择适用第 20L 条第 1 款第（a）目税制的存款，对于任何可影响存款量的提款，相关 AFP 或者获批准机构将从前款所指的账户向国家财政总局划转相当于该提取金额 15% 的款项或者账户剩余款项（如账户剩余款项不足该提取金额的 15%）。

本条规定的税收奖励及其收益，未提取的，不受《所得税法》约束。

养老金监管局、证券和保险监管局、银行和金融机构监管局将共同制定一个一般性规定，据以设定税收优惠的程序、申请时间、办理以及支付，以及所有为保证其适当实施的、必要的规定。

四   关于自主储蓄账户①

第 21 条②

劳动者可以在其加入的 AFP 进行不具有保障性缴费性质因此不适用《所得税法》的自主存款。

本条所指的存款存入每个参加人个人账户,叫作自主储蓄账户。自主储蓄账户独立于个人资本账户。

在参加人明确授权的情况下,相关 AFP 有义务跟踪收取未能按期交存储蓄。为此,适用第 19 条第 17 款规定。

监管局将通过一般性的规范设定参加人每个日历年度可以从自主储蓄账户中提取自由支配款项的次数。最多提款次数不能少于 4 次。每次修改提款次数,新规定的次数将于次年第一天生效,有效期至少延续 1 年。上述账户中的留存资金,还可以按照住宅和市政管理局的规定,作为储蓄存入该管理局操作的住房系统。本法实施条件将设立在住房体系中的存款提款方式和条件。

独立参加人可以委托其 AFP 按月将其自主储蓄账户上的资金转入个人资本账户来支付保障型缴费,可以授权其 AFP 提取必要的资金向相关机构实施与既定收益、期限对应的保障性缴费。只要独立参加人账户存有足够的资金可以完成上述委托,AFP 就应当接受委托。本款所指转账和提款不纳入前款规定的用途。

本条所指自主储蓄账户不享有第 34 条和第 35 条规定的查封扣押豁免权。

第 22 条③

为满足本法关于退休的规定,参加人可以选择是否将自主储蓄账户上

---

①   详见 1987 年 8 月 29 日颁布的 18.646 号法。本段编号被 2008 年 3 月 17 日颁布的 20.255 号法第 91 条第 12 款修改。

②   详见 18.646 号法,1988 年 10 月 28 日颁布的 18.753 号法,1989 年 5 月 23 日颁布的 18.798 号法以及 1990 年 3 月 10 日颁布的 18.964 号法。本条第 3 条、第 4 条由 20.255 号法第 91 条第 14 款修改。

③   详见 18.646 号法,1988 年 10 月 28 日颁布的 18.753 号法和 1993 年 9 月 15 日颁布的 19.247 号法。本条第 1 款被 20.255 号法第 91 条第 15 款取代,第 3 款被 20.255 号法第 38 条第 4 款取消。

的资金全部或者部分转往个人资本账户。同样，领取养老金的人可利用自主储蓄的全部或者部分资金提高养老金给付金额。上述转账不视为是服务于第 21 条目的的转账。

根据本法第四章规定签订养老金合同后，参加人个人账户上的剩余资金可自由支配。

选择提前退休的参加人，可根据第 68 条规定，将自主储蓄账户的全部或者部分余额转入个人资本账户，以达到法定的提前退休要求。

参加人死亡后，其在自主储蓄账户的余额计入死亡人财产。但是，如参加人已经符合领取养老金条件，或者已经做出第 1 款规定的选择，只能将转账后的自主储蓄余额计入死亡人财产。

除参加人用于增加个人资本账户余额以及第 21 条第 5 款所指目的的提款外，参加人可以为其自主储蓄账户选择适用《所得税法》附加第 57 条 B 目的规定，参加人如果选择适用《所得税法》，除用于增加个人资本账户余额以及第 21 条第 5 款所指目的的提款外，提款适用《所得税法》的一般性规定。

每次提款的收益率由 AFP 根据以下方法计算：

（a）已投资本应当分别记录，已投资本用月度税务单位表示，已投资本＝存款－净提款，存款和净提款都按照月度纳税单位在提款当月的价值计算。

（b）每次提款时，AFP 需根据收益率计算此次提款量的收益。

为此，在减除提款之前，需确定储蓄账户余额同已经转化为比索的已投资本额之差。然后，AFP 根据这一差额和储蓄账户余额之间的关系，计算出收益系数。

（c）在重新将余额转化为税务单位时，须将净提款额从已投资本中减去。

（d）如参加人变更 AFP，原 AFP 需告知新的 AFP 截至变更时以月度税务单位表示的已投资本余额。

（e）AFP 应当于每个税务年度的 1 月 31 日之前向参加人发送一份提款记录，用于税收目的。记录的格式将由国内税收管理局负责提供。

依照前款程序确定的收益同 1976 年 1.328 号法第 19 条中有关赎回共同基金份额所获最大值适用同样的税务待遇。在收益方面，对 AFP 也适用同样的规定。对于这一收益同样适用《所得税法》第 57 条中有关赎回共同基金份额最大值的规定。

附加第 22 条[①]

AFP 有权向自主储蓄账户持有人收取佣金,用于账户管理。

每个 AFP 可以自主确定佣金率,但是对持有自主储蓄账户参加人收取的佣金率一律相同。

管理自主储蓄账户的佣金额只能根据所管理自主储蓄账户余额的一个百分比确定。

本条所指佣金需依法定形式公之于众,并告知 AFP 监管局,且自公布之日起 90 天生效。

第四章　关于 AFP

第 23 条[②]

AFP 采取股份有限公司的形式,其唯一宗旨是管理养老基金,提供和管理本法设定的福利和利益。

每个 AFP 应当拥有 4 只基金,即 B 类养老基金,C 类养老基金,D 类养老基金和 E 类养老基金。同时,AFP 应当拥有一只附加基金,即 A 类养老基金。法定交费、协议存款以及自主缴费余额总和可以隶属不同类型的基金。19.010 号法所指的赔偿金储蓄账户应当同法定缴费隶属于同一只基金。

55 岁以下的男性参加人和 50 岁以下的女性参加人可以选择加入前款所有类型的基金。56 岁以上男性参加人和 51 岁以上的女性参加人,其法定缴费账户余额和赔偿金储蓄账户余额不得加入 A 类基金。按计划退休提取养老金、领取临时性收益的参加人以及那些根据相关部门第一个决定被宣布部分丧失劳动能力的参加人,法定缴费账户余额和赔偿金储蓄账户余额不得选择加入 A 类或者 B 类基金。然而,如果上述余额超出了符合第 68 条第 1 款列明的养老金要求,超出部分不属于本款禁止的情形。

---

① 详见 1988 年 10 月 28 日颁布的 18.753 号法,1987 年 8 月 29 日颁布的 18.646 号法。20.255 号法第 91 条第 16 款取代了本条第 3 款,并对第 4 款进行了修改。

② 详见 1987 年 8 月 29 日颁布的 18.646 号法,1994 年 3 月 19 日颁布的 19.301 号法,1999 年 10 月 28 日颁布的 19.389 号法,2001 年 11 月 7 日颁布的 19.768 号法,2004 年 2 月 21 日颁布的 19.934 号法。20.255 号法对本条第 3 款、第 4 款、第 5 款进行了修改,并添加了最后 4 款。

男性参加人满 56 岁（含）后，女性参加人满 51 岁（含）后，应在年满 56 岁和 51 岁之日起 90 天内将其保留在 A 类基金的法定缴费、赔偿金储蓄账户余额转入其他类型的基金。如果上述余额超出了第 68 条第 1 款对养老金的要求，超出部分不属于转移基金类型的对象。参加人如在 90 天内未转换基金类型，上述余额将根据第 6 款规定逐步配置到 B 类基金。

成为本体系参加人时，如劳动者未选择基金类型，AFP 将按照如下方法对其进行配置：

（a）35 岁以下的男性和女性参加人将被配置到 B 类基金。

（b）36—55 岁的男性参加人、36—50 岁的女性参加人将被配置到 C 类基金。

（c）56 岁（含）以上的男性参加人、51 岁以上的女性参加人、相关部门第一决定宣布为部分丧失劳动能力的人、按计划退休模式领取养老金的参加人或者领取临时性收益的参加人将被配置到 D 类基金。

如参加人被配置到某一类型的基金后并未宣布其选择的基金，其法定缴费余额、赔偿金储蓄余额、自主储蓄余额、协议存款余额以及自主缴费余额将部分转入前款指明的基金类型，转账时间和数额如下：

（a）达到法定年龄段后，上述余额中的 20% 应当转入与参加人所属新的年龄段对应的基金类型；

（b）达到法定年龄后 1 年，上述余额中的 40% 应当转入与参加人所属新的年龄段对应的基金类型；

（c）达到法定年龄后 2 年，上述余额中的 60% 应当转入与参加人所属新的年龄段对应的基金类型；

（d）达到法定年龄后 3 年，上述余额中的 80% 应当转入与参加人所属新的年龄段对应的基金类型；

（e）达到法定年龄后 4 年，上述余额中的 100% 应当转入与参加人所属新的年龄段对应的基金类型。

配置相应的基金类型后，参加人在上述期间所发生的缴费和存款应当根据第 5 款的规定纳入参加人所属年龄段对应的基金类型。前款所指的配置不适用于那些参加人以明确的方式选择的账户余额。

AFP 应当根据监管局制定的一般性规范向参加人告知有关基金选择和配置的信息。信息需同第 31 条第 2 款所指的告知事项一并发送。发送时间为从第 6 款所指的第一次转账之前 12 个月到最后一次转账后的 12 个月。

参加人可以同 AFP 达成协议，将法定缴费余额、赔偿金储蓄账户余额、自主储蓄账户余额、协议存款余额和自主缴费余额配置到两个类型的基金中。此外，双方还可以就未来各个基金之间资金划转的协商达成一致，但同一账户的余额不应分配在两个以上类型的基金中。实施本款选择由监管局制定的一般性的规范调整。选择签署上述协议的 AFP 应当同所有具备这种条件的参加人签署协议。

AFP 收集第 21 条所指的缴费和存款，并将其存往参加人相应的资本账户或者自主储蓄账户，并根据本法规定进行投资。

尽管如此，资产不低于 2 万促进单位的 AFP 可以向其他 AFP 提供前款所指的服务，但其他 AFP 需要依本法规定向其提出委托指示。服务内容不得包括用其他 AFP 的养老金进行投资。

AFP 可以在国内建立股份制子公司，以便对其业务构成补充。成立股份制子公司需事先获得监管局的批准。AFP 的业务范围必须是：向国外自然人或在外国经营的法人提供服务，或者向在国外成立的、业务范围与养老保障有关的公司或 AFP 投资。子公司对 AFP 的业务范围构成补充的内容包括：管理养老基金组合、托管证券、收集缴费、供款和存款；管理并支付养老金利益；对信息进行电算化处理；租售电子信息系统；培训；管理个人账户和保障性储蓄；促销服务，提供养老保障咨询等。

批准成立子公司时，监管局需确保子公司履行第 12 款规定的义务，并不损坏、破坏 AFP 的良好运行。监管局的这一职责具有排他性。子公司的所有文件资料应当保密。

子公司是否符合第 12 款要求，由监管局进行审查。

为此，作为子公司股东的 AFP 应当定期或者应监管局要求向监管局报告子公司及其投资的情况。但不能据此免除子公司依其他法律法规提供信息的义务。

经监管局批准 AFP 可以在国内组建专门从事如下业务的股份制子公司：管理本 AFP 或其他 AFP 养老保障投资组合。此类子公司需依照附加 23 条组建，由监管局制定的一般性的规范和本法调整。

监管局应当在第 12 款和第 16 款所指的建立子公司的申请提交日起 30 天内做出答复。如果监管局以书面的方式告知申请人，所提交的申请材料不符合本条要求，因而要求补充材料，修改或者更正材料，上述 30 天的时限终结。申请人提交材料符合要求后，时限重新计算。接受申请后，监管局需在 6 个月内答复。不批准成立子公司的，需说明理由。

申请消除瑕疵或者达到监管局要求后，监管局未能在上述 6 个月时限内批准成立子公司的，视为批准。

此类公司的投资总额不得超过其向监管局提交的最新财务报表中 AFP 总资产与其经营资产的差额。

尽管如此，AFP 可以向那些根据本法第 13 章规定的形式和条件建立的证券存托企业。

在任何情况下，AFP 的管理人员以及工作人员都不得以直接或者间接、收费或者免费以及其他任何方式向参加人或者受益人提供本法规定以外的养老金、福利或利益。尽管如此，上述单位可以为参加人办理临时性规定第 3 条所指的认缴证明①以及临时性规定附加第 4 条所指的补充认缴证明。违反本款规定的，将根据本法以及 1980 年劳动和社会保障部颁布的 101 号律令给予处罚。对屡犯者处以最低限度的监禁。

AFP 必须至少拥有一个能够接待公众的全国性代理处或办公地点。

AFP 提供的与其业务有关的服务，仅限于监管局一般性规范规定的范围。规范将设定合同的基本内容，向关系人委托经营的监管以及服务提供者因签约而获得信息的保留等。一般性规范至少包括：向公共或者私有机构委托人账户管理服务；依照本法附加第 23 条规定向公共或者私有机构委托管理构成养老基金资源的投资组合；信息服务、提供有关养老及体系的咨询服务；接收养老金申请，向 AFP 寄发申请以便其办理相关手续，接收和传送本法附加第 61 条第 8 款第（a）目和第（c）目所指的信息。

AFP 对委托行为负责，并需对委托的服务实施全程控制。对委托提供的服务适用与 AFP 提供服务同样的标准。

AFP 提供与其业务有关服务的合同应当包括这样的条款，据此，服务提供者声明了解相关法律法规，并做出遵守的承诺。此外，其他条款应表明，允许监管局行使其第 94 条第 16 项意义上的监督管理职能。

---

①　参加人从旧的养老体系加入到新的养老体系，可以获得由国家发行的、用货币表示的认缴证明，表示其在旧的体系中的缴费期数。——译者注

附加第 23 条

AFP 可将管理养老基金投资组合的业务委托给无经营限期的股份有限公司经营，使之专门为自己管理养老基金投资组合。接受委托的无经营限期的股份有限公司应当符合本法以及监管局即将制定的一般性规范的要求。委托费用由 AFP 承担。

接受委托的公司应能够证实拥有不低于 2 万促进单位的资本金，并在提交企业名称注册申请时募集完成并交存。此外，公司总资产必须保持在最低资本金以上（含）。

如公司总资产减少，低于最低资本金要求，需在 6 个月内补足。否则其营业执照将被吊销，AFP 监管局将着手对其实施清算。具有严重违反此类公司适用法律法规行为的，监管局也可吊销其执照。

此类公司要将自有财产与受托管理的财产分开。其管理的构成 AFP 资产的财产以及权利享受查封扣押豁免，第 21 条所指以及第 34 条第 2 款所指的存款除外。

养老基金投资组合管理公司及其关系人管理的资金总和，不得超过本体系养老基金总价值的 1/5 或者全国最大的一只养老基金价值的 1/5 两者居高者。

养老基金投资组合管理公司的经营需接受 AFP 监管局监管，监管局监管养老基金投资组合管理公司的职能与监管 AFP 相同。监管局的监管不能替代其他机构对养老基金投资组合管理公司的监管。

养老基金投资组合管理公司接受与 AFP 一样的禁止、约束，由调整 AFP 的一般性法律法规调整，在涉及收购、保持、托管或者转让养老基金的投资工具、委托第 23 条第 23—25 款规定的服务时更是如此。

为履行 26 号法《银行通律》第 69 条的规定，养老基金投资组合管理公司可以组建由第 69 条调整的公司。

第 24 条①

建立 AFP 最低必要资本额为 5000 个促进单位，需在公司名称注册时筹足并交存。

---

① 详见 1987 年 8 月 29 日颁布的 18.646 号法，1994 年 3 月 19 日颁布的 19.301 号法，1995 年 5 月 19 日颁布的 19.389 号法，1999 年 10 月 28 日颁布的 19.641 号法以及 2002 年 2 月 28 日颁布的 19.795 号法。

如 AFP 的初始资本高于最低必要资本额，高出部分应当在两年内交存。两年期限从公司获准成立，公司章程被批准之日起算。

此外，AFP 的总资产必须保持不低于最低资本金，随着参加人数增加最低资本金水平将相应上调。

满 5000 名参加人的 AFP，最低资本金为 1 万促进单位；满 7500 名参加人的 AFP，最低资本金为 15000 促进单位，满 1 万名参加人的 AFP，最低资本金为 2 万促进单位。

如 AFP 总资产减少，低于最低资本金水平，需在半年内补足，否则其营业执照将被吊销，相关清算程序将被启动。

前款规定也适用于那些未能在半年内根据扩大了的规模增加总资产的 AFP。

资本需用现金交存。

AFP 对关系企业进行的投资或贷款，根据第 23 条第 12 款、第 16 款和第 20 款进行的投资，不计入所要求的最低资本。

第 24A 条[①]

发起建立 AFP 的股东应当符合如下条件：

（a）单独或者加总拥有与计划投资等值的净资产。此资产一旦减少，需及时报告。

（b）各股东不得有过严重的或者重复发生的威胁所筹建的 AFP 或者将要管理的 AFP 稳定的行为。

（c）未参加过违反智利或外国的法律法规或者有悖于银行、金融、商业稳健的行为、活动或司法行为。

（d）不存在下属情形：

ⅰ. 涉及无法收回的款项的；

ⅱ. 申请设立 AFP 之日起前 15 年内曾经担任过因巨额亏损被强制清算或者倒闭或者被财政部或者央行临时接管的银行、人寿保险公司或者 AFP 的董事长、首席执行官、直接或者通过第三人作为大股东的，1 年内不得参与成立 AFP；

ⅲ. 近 5 年来票据遭到拒付，次数多或者数额较大，且未做出声明的；

---

① 详见 2007 年 6 月 5 日颁布的 20.190 号法。

ⅳ．被判处刑罚或遭到下述指控的：

（1）侵犯财产权或者公序良俗；

（2）有违行政道德、影响国家安全、税务案件、海关案件以及具有恐怖主义、洗钱或漂白资产行为的；

（3）18.045 号法、18.046 号法、1997 年颁布的具有法律效力的 3 号律令、18.092 号法、18.840 号法、1982 年颁布的具有法律效力的 707 号律令、4.702 号法、5.687 号法、18.175 号法、18.690 号法、4.097 号法、18.112 号法、1931 年颁布的 251 号律令，以及有关质押的法律和本法规定的；

ⅴ．被排除刑罚或被剥夺权利不能担任公、私职务的；

ⅵ．被直接或者通过法人执行下述措施的，但追溯期限已过或强制手段被已执行的判决驳回的：

（1）被宣布强制清算或者其商业活动被临时接管；

（2）因违法，其经营许可、执照或其他经营、公开募集资金所需的必须登记被撤销的。

如为法人，如发起股东为法人，本条规定适用于截至申请成立之日是其控股人、大股东或者大合伙人，担任董事长、管理层、经理以及主要执行人职务的人。

监管局负责核实发起股东是否符合上述要求，并可以要求相关人提供相应证明材料。从提交证实材料之日起 90 天内，如监管局做出拒绝的决定，需说明理由。如监管局未能在上述时限内做出决定，根据 19.880 号法，视为行政默认。

特殊情况下，如发起股东的资格审查结果不便公开时，上述期限可以再延长 120 天。部分和全部审查结果可以不公开，但是，不公开部分视情况需告知财政部长、中央银行、国家安全委员会、金融分析局或公共部。

签署了招股说明书并在 AFP 财产中占有较高份额的人被视为发起股东。

第 25 条

任何自然人或法人，如未能依据本法成立 AFP，不得自称是 AFP。

其经营场所、办公地点、名牌和通告不得做 AFP 的表示，信笺、海报、表格、收据、通知以及其他办公印刷品不得出现能够说明使用人从事 AFP 业务的字眼。禁止用此类表述在印刷或其他媒体上做广告。

违反本条规定的将根据 1974 年颁布的 280 号律令第 3 条规定实施处罚。

如因违反本条规定导致任何公共利益受损的，将依照《刑法》第 467 条对负责人进行较高等级的刑事处罚。

AFP 监管局将案件材料移交给全国经济检察院酌情处理，公众也可进行举报。

监管局认为存在违反本条规定行为的，可以行使《组织法》赋予的与其监察其所监察机构同样的监察职能。

任何个人或公私组织，发现违反本条规定的可以向监管局举报。

第 26 条①

成立申请、公司章程获批准且履行完 18.046 号法第 131 条规定的手续后，AFP 才可以做广告。

所有业务广告和促销活动须向公众提供有关其资本、投资、收益率、佣金、办公地点、代理机构或分支机构的基本信息，要符合 AFP 监管局一般性规范的要求，以免公众对本体系的组织情况、财产情况、宗旨和根本的理解产生错误和混淆。

一旦发现 AFP 的广告不符合要求，监管局可以敦促其修改或中止广告传播。如果在 6 个月内出现两次以上广告违规情况，再次做广告需事先征得 AFP 监管局批准。

AFP 的办公地点应当便于公众出入，并张贴、悬挂含有如下内容的信息：

1. 公司基本情况：

（a）名称；

（b）法定地址；

（c）章程制定日期，获准成立或商业注册日期；

（d）董事会和总经理；

（e）代理机构和分支机构。

2. 最近一个年度的总决算，监管局要求的财务报告。最新两个财务报告须置于公众可及之处。

---

① 详见 1981 年 2 月 21 日颁布的 3.626 号法，1987 年 8 月 29 日颁布的 18.646 号法，1999 年 10 月 28 日颁布的 19.641 号法。本条第 5 款和末款是 20.255 号法第 91 条第 19 款添加的。

3. 资本金、养老基金金额、收益率波动储备金、准备金；

4. 各只养老基金份额的总价值；

5. 拟收取佣金额；

6. 各只养老基金的投资组合构成；

7. 各类型基金补充缴费比率。需分别报告用于 AFP 运作的补充缴费以及用于支付第 59 条所指保险费的补充缴费。

所有的 AFP 都当拥有至少包含前款内容的网址，供参加人查询并可借助网址了解监管局一般性规范规定的手续。

上述公开信息需在每月的前 5 天进行更新。

所公布的有关各只基金组合投资构成情况的信息应当覆盖前数第 4 个月最后 1 天前的时间。所公布信息的内容需符合监管局一般性规范的要求。监管局可以公布上述期间后总投资组合的构成情况。

第 27 条①

AFP 应当对各只基金的财产分开记账。

第 28 条②

AFP 有权收取佣金。佣金从参加人个人资本账户或者提取款项中扣除。

佣金用于 AFP 融资，包括管理各只养老基金，管理个人资本账户，管理各种年老、伤残和遗属养老金体系和国家利益担保体系，支付第 59 条所指的保险费，以及管理本法规定的其他社会福利。

本条所指的佣金免缴 1974 年颁布的 825 号法第 2 章规定的增值税。

监管局应当提交一份养老基金管理成本报告，报告中应当包括：各类养老基金成本细目，第 59 条所指的保险成本细目，养老基金的收入来源及其主要用途。报告需公开每个 AFP 的收益率。收益率不包括准备金，向证券存托企业的投资以及对补充 AFP 业务的企业的投资，补充 AFP 业务的企业包括第 23 条所指的向国外提供服务或者向国外投资的股份制子公司、管理养老金资金投资组合的股份制子公司。收益率不包括其他特别收入。为此，净收益率指减除了经营利润（utilidad）或上述资金产生的

---

① 详见 1999 年 10 月 28 日颁布的 19. 461 号法。

② 详见 1987 年 8 月 29 日颁布的 18. 646 号法，1999 年 10 月 28 日颁布的 19. 641 号法，2002 年 2 月 28 日颁布的 19. 795 号法。本条第 1 款经由 20. 255 号法第 91 条第 20 款修改。

亏损以及向这些资金进行投资后的收益率。研究报告应当以公开的信息为依据。报告至少每季度提交一次，置于公众可及之处。

此外，监管局还负责编写和公开一份有关养老经营成本的比较研究报告，向具有不同薪金和应税收入的参加人公开各个 AFP 的养老金管理成本情况。为此，养老金管理成本＝补充性缴费额×相应的应税薪金或应税收入。

第 29 条[1]

在不与第 3 款规定抵触的前提下，各 AFP 可自主确定佣金水平，并统一适用于所有的参加人。

只能对资本账户中的定期缴费收取佣金。在提取款项中，只能对第 61 条第（b）目和第（c）目的临时性收益或者计划退休模式的养老金收取佣金。

定期缴费佣金只能是产生上述缴费的应税薪金和收益的百分比。根据这一百分比计算的佣金应当与第 17 条第 2 款所指的补充性缴费相对应。对下列参加人的佣金待遇应当不同：无权享有第 59 条所指的伤残和遗嘱保险的参加人和独立缴费人，以独立劳动者身份缴费的以及不受第 54 条第（b）目约束的参加人。

第 2 款所指提取款项佣金只能是相关价值的百分比。

佣金确定后应当公之于众，并按照实施条例规定的形式向 AFP 监管局报告。佣金上调需在通告 AFP 监管局 90 天后生效。佣金下调则在通告 AFP 监管局 30 天后生效。

第 30 条[2]

AFP 的名称应当包括"养老基金管理公司"或者简写 AFP 的字样，并不得包括现存自然人或法人的名字或名字简写，也不得包括监管人认为可能使公众对 AFP 的财产责任和管理责任产生误解的编造的名字或名字简写。

第 31 条[3]

参加人加入 AFP 时，后者应当向其发一本存折，并应参加人申请打印出申请时个人资本账户上和自主储蓄账户上的份额数以及金额。

---

[1]　详见 1999 年 10 月 28 日颁布的 19.461 号法。

[2]　详见 1981 年 2 月 21 日颁布的 3.626 号法。

[3]　详见 1988 年 10 月 28 日颁布的 18.753 号法，1994 年 3 月 19 日颁布的 19.301 号法，1999 年 10 月 28 日颁布的 19.641 号法，2004 年 2 月 21 日颁布的 19.934 号法，2005 年 5 月 31 日颁布的 20.023 号法。本条第 2 款、第 3 款经由 20.255 号法第 91 条第 22 款修改。

AFP 应当至少每 4 个月一次向参加人寄送对账单，告知其截至记录日个人资本账户以及自主储蓄账户（如果有的话）发生的资金往来、登记的份额数量以及金额。如果参加人资本账户在最近的一个寄单期中没有因缴费而发生的资金往来记录，AFP 可以中止寄单，直到参加人个人资本账户因缴费而发生资金往来为止。属于第 19 条第 5 款所描述的情况的，寄单不得中止，但是，寄单中须向参加人强调拖欠缴纳费用和补贴的情况，并随单附送 17.322 号法第 2 条所指的决定，向参加人说明其索取欠款的权利。中止寄单的 AFP 每年应当至少一次告知参加人有关其资本账户和自主储蓄账户（如果有的话）的情况。

此外，AFP 还应当告知参加人有关佣金、个人资本账户收益率、参加人所参加的基金份额的情况。前述数据 AFP 本身需要了解，而且需按照监管局决定的期限通告其他 AFP。此外，AFP 还应当告知参加人第 17 条规定的补充性缴费情况，用于维持 AFP 正常经营的补充缴费和用于支付第 59 条保险的补充性缴费应当分开记账。用以支付保险费的补充性缴费费率应当表示为参加人应税薪金的百分比。

此外，各 AFP 需按照监管局的指示向所有符合附加第 72 条规定的参加人或受益人寄送有关养老金模式、特点以及选择方法的信息。

第 32 条[①]

参加人可以将自己养老金份额的价值转移到另外一个 AFP，为此，需在应当实施当月缴费日期前 30 天通知其所参加的 AFP 和雇主。如果参加人已经退休，在领取养老金，通知需在领取下月养老金日期的前 30 天做出。

前款所指的转款，属于雇主应当实施的缴费但未能在转款日期缴纳的，原 AFP 一旦收到需立即划转。

同样，在符合第 23 条第 3 款要求的情况下，参加人也可以将其份额价值转往另外一个类型的养老基金。个人资本账户和自主储蓄账户上的价值可以在不同类型的基金之间划转。尽管如此，在一个日历年

---

① 详见 1981 年 2 月 21 日颁布的 3.636 号立法法令，1999 年 10 月 28 日颁布的 19.641 号法，2002 年 2 月 28 日颁布的 19.795 号法以及 2005 年 5 月 31 日颁布的 20.023 号法。本条第 2 款、第 3 款经由 20.255 号法第 91 条第 22 款修改。

度发生两次以上划转的，每增加划转一次，需支付一笔固定数额的佣金。这一规定分别适用于法定缴费余额、协议存款余额、自主缴费余额以及自主储蓄账户余额转款。佣金不得从这些账户以及参加人的缴费中扣除。

参加人每次从一只基金向另外一只基金划转份额价值，需事先通知其所在的 AFP。

同样，遗属养老金受益人也可以根据第 23 条的规定，在征得另外一个 AFP 或者另外一类养老基金同意的情况下将已死亡的参加人个人账户份额的价值划转到那里。

第 33 条①

每只养老基金在财产上相互独立，且同 AFP 的财产独立。AFP 对各养老基金不具有控制权。

每只养老基金有第 17 条、第 20 条、第 21 条和第 53 条规定的缴费和供款、认缴证明及其有效的补充认缴证明，缴费、供款、认缴证明的投资以及收益减除 AFP 佣金后构成。

第 34 条②

构成养老基金财产的实物或权利享有查封扣押豁免权，源于第 21 条所指储蓄的那部分财产除外。这些财产只能用于创造本法规定的社会保障福利。

尽管如此，养老基金的财产可交给清算所为履行源自第 45 条第（i）目所指的衍生工具操作的债务以及其他监管局认为需要担保的情形设定担保。赔偿应当符合存托养老基金财产的安全性要求以及监管局一般性规范提出的其他要求。在这种情况下，将担保财产用于上述债务的履行时可以被扣押和查封。

用于强制履行第 45 条第（j）目和第（m）目所指的金融合约债务的，也免于查封豁免权。

AFP 倒闭时，各只养老基金将根据第 43 条规定进行管理和清算。

---

① 详见 1999 年 10 月 28 日颁布的 19.641 号法。

② 详见 1987 年 8 月 29 日颁布的 18.646 号法，1994 年 3 月 19 日颁布的 19.301 号法，1995 年 5 月 18 日颁布的 19.389 号法，1999 年 10 月 28 日颁布的 19.641 号法，2002 年 2 月 28 日颁布的 19.795 号法。本条第 2 款经由 20.255 号法第 91 条第 24 款修改。

第 35 条①

各养老基金的价值用份额表示。一只基金的份额具有同样的价值、同样的特点，并享有查封豁免。

份额的价值根据其经济价值或者投资的市场价值确定，每日调整。投资的市场价值由监管局或监管局聘用的机构确定并公布。投资的市场价值适用于所有的养老基金。监管局通过一般性规范确定据以评估养老金获准使用的投资工具的官方信息来源、方法，并设定评估更新的期限。

每月确定各只基金每个份额的平均价值。该价值等于每天所有份额价值的和/当月的天数。

第 36 条②

基金的月名义收益率 = 基金份额当月的平均值对基金份额上月的平均值的变动率。

每类基金的月名义收益率分开计算。

每类基金的月平均收益率 = （所有此类基金的月名义收益率的加权平均数 × 每只基金份额总价值在同类基金份额在总价值中的比例）。

每只基金份额总价值和同类基金份额在总价值以上月最后一天的数字为准。每只基金份额总价值在同类基金份额在总价值中的比例不得大于 2/现有的同类基金的只数的商，其中，现有同类基金只数的最大值为 14。如果一只或多只基金的这一份额超过了上述除法的商，超出部分之和需在其他基金之间按照其每只基金份额总价值在所有其他基金（超出的基金除外）份额总价值中所占的份额分摊。如果还有基金超限，上述程序将不断重复直到超限情况消除为止。

第 1 款、第 2 款规定的某只基金月实际收益率，某类基金的平均收益率以及名义收益率需根据当期国家统计局公布的消费者价格指数之变动率进行调整。

每种基金最近 36 个月的年实际收益率需分别计算。每种基金最近 36 个月的年实际收益率根据第 1 款、第 2 款、第 3 款中的月实际收益率计算

---

① 详见 1981 年 2 月 21 日颁布的 3.626 号立法法令，1990 年 3 月 10 日颁布的 18.964 号法，1994 年 3 月 19 日颁布的 19.301 号法，1999 年 10 月 28 日颁布的 19.641 号法，2002 年 2 月 28 日颁布的 19.795 号法。本条第 2 款经由 20.255 号法第 91 条第 24 款修改。

② 详见 1990 年 3 月 10 日颁布的 18.964 号法，1994 年 3 月 19 日颁布的 19.301 号法以及 1999 年 10 月 28 日颁布的 19.641 号法。

得出。同种类所有基金的年平均实际收益率根据同种类所有基金每个月的平均实际收益率计算得出。

第 37 条[①]

AFP 需保证其管理的每只基金在最近 36 个月的年实际收益率不低于以下各组计算结果中较小的数字：

1. 对 A 类和 B 类基金而言：

（a）同类所有基金的年平均实际收益率减去 4%；

（b）同类所有基金的年平均实际收益率减去该收益率 50% 的绝对值。

2. 对 C 类、D 类和 E 类基金而言：

（a）同类所有基金最近 36 个月的年平均实际收益率减去 2%；

（b）同类所有基金在最近 36 个月的年平均实际收益率减去该收益率 50% 的绝对值。

如果基金的经营年限不满 36 个月，AFP 需负责相关基金在经营年限中的年实际收益率不低于以下各组计算结果中较小的数字：

1. 对于 A 类和 B 类基金而言：

（a）经营期间同类所有基金的年平均实际收益率减去 6%；

（b）经营期间同类所有基金的年平均实际收益率减去该收益率 50% 的绝对值。

2. 对于 C 类、D 类和 E 类基金而言：

（a）经营期间同类所有基金的年平均实际收益率减去 4%；

（b）经营期间同类所有基金的年平均实际收益率减去该收益率 50% 的绝对值。

上述单只基金的年实际收益率和同类所有基金的年平均实际收益率按照第 36 条第 4 款的方式计算。

本条内容不适用于 AFP 用来计算经营期限不满 12 个月的基金的年实际收益率。

---

① 详见 1985 年 12 月 24 日颁布的 18.481 号法，1990 年 3 月 10 日颁布的 18.964 号法，1999 年 10 月 28 日颁布的 19.641 号法，2002 年 2 月 28 日颁布的 19.795 号法。20.255 号法第 91 条第 25 款替代了本条第 2 款，取消了本条末款。

第 38 条[①]

已废除。

第 39 条[②]

因未能如期履行义务或听从参加人根据本法行使权利的指示导致参加人个人资本账户受到损害的，由 AFP 承担责任。证实因未履行义务造成参加人个人资本账户收益率受损且 AFP 未进行相关补偿的，监管局可以根据一般性规范设定的程序下令对参加人个人资本账户实施补偿。在这种情况下，AFP 可以根据第 94 条第 8 款规定对上述决定申请复议。

第 40 条[③]

AFP 应当保持一定数量的准备金，准备金比率为每只基金的 1%。

投资于本基金份额的准备金，目的在于实现第 37 条所指的最低收益率。

表示准备金的权证享有查封、扣押豁免权。

对未能保持最低必要准备金或者未能在不少于 15 天的规定期限内不足最低必要准备金的 AFP，将适用第 42 条的规定。

如果在同一个日历月内，AFP 被发现准备金不足达两次以上的，同样适用第 42 条的规定。

如 AFP 一天的准备金为赤字，将被监管局处以相当于赤字金额的罚款，上交国家财政。

对罚款有异议的，可根据第 94 条第 8 款规定申请复议。

第 41 条[④]

已废除。

第 42 条

单只基金在特定月份的年度实际收益率低于第 37 条最低收益率的，AFP 应当在 5 天内补上不足部分。

为此，AFP 可以启用第 40 条所指的准备金。被动用的准备金需在 15

---

① 详见 1994 年 3 月 19 日颁布的 19.301 号法，1999 年 10 月 28 日颁布的 19.641 号法。本条被 20.255 号法第 91 条第 26 款废止。

② 详见 1990 年 3 月 10 日颁布的 18.964 号法，1999 年 10 月 28 日颁布的 19.641 号法，2002 年 2 月 28 日颁布的 19.795 号法。本条被 20.255 号法第 91 条第 27 款取代。

③ 详见 1994 年 3 月 19 日颁布的 19.301 号法和 1999 年 10 月 28 日颁布的 19.641 号法。

④ 详见 1981 年 2 月 21 日颁布的 3.626 号法。

天内回补。

AFP 不得动用上述准备金来弥补其他由其管理的养老基金出现的赤字。

动用准备金后，如仍然存在赤字，该赤字由国家弥补。

未能按期弥补养老基金赤字或未能按期回补准备金的 AFP 将依法解散。

AFP 清算期间，国家将作为本条第 4 款所付款项的债权人，根据《民法》第六卷第 2472 条的规定享有优先权。

AFP 被解散或者清算后，其参加人需加入另外一个 AFP。否则，清算人将把其账户余额划转到根据实施条件确定的 AFP。

第 43 条①

AFP 或因任何原因解散，AFP 监管局将负责对其管理的各类基金及其子公司进行清算。届时，为保证监管局能够适当地实现各只基金以及子公司的财产，将被赋予必要的职能。

根据第 42 条末款规定，在基金清算过程中，对那些没有加入其他 AFP 的参加人，被清算的 AFP 仍需继续营业。

根据第 42 条末款规定，在基金清算过程中，清算人将把代表参加人个人账户余额的份额转入到所有参加人都将加入的 AFP。为完成上述转账，清算人可以根据第 35 条的规定计算转出养老基金金融工具的价值，并将其纳入转入养老基金。转入的金融工具在 6 个月内不纳入转入 AFP 根据第 36 条进行的最低收益率计算。

未完成欠款所致的转账前，本法第 42 条第 4 款的为国家设定的义务不得免除。

如解散是由于两个以上 AFP 合并，各 AFP 的养老基金不进行清算，也不适用第 42 条末款的规定。

如解散涉及合并，监管局应当在做出允许合并决定后 15 日内在官方日报上公布合并之事，公布内容核实无误后 60 天内，养老基金管理公司和各只养老基金开始合并，并需履行本法规定的其他程序。

---

① 详见 1981 年 2 月 21 日颁布的 3.626 号法，1982 年 10 月 28 日颁布的 18.175 号法，1990 年 3 月 10 日颁布的 18.964 号法，1999 年 10 月 28 日颁布的 19.641 号法以及 2002 年 2 月 28 日颁布的 19.795 号法。本条第 1 款、第 3 款、第 4 款经 20.255 号法第 91 条第 28 款修改。

公告必须包括合并后机构的佣金数额以及补充性缴费数额。

合并不得导致个人资本账户余额减少，相应地，也不能导致参加人自主储蓄账户余额减少。

第 44 条[①]

代表每只养老基金及其相应准备金价值 98% 以上（含）的凭证，应交付托管的，全程由智利中央银行看管。如属于第 45 条第（j）目所指的投资，将存于经智利中央银行批准的外国机构和 18.876 号法所指的证券存托企业。如属于后一种情况，证券存托企业和 AFP 应当遵守本法第十三章有关托管的特别规定。监管局将通过一般性规范，规定无须交付上述机构托管的凭证范围。

前款托管的费用由智利中央银行确定。

监管局将规定每只基金投资组合以及 AFP 每天必须在每只基金保持的准备金最低值，并告知智利中央银行和证券存托企业。最低值不得少于每只基金及其对应准备金价值减去在国外投资余额的 90%。基金达到这一最低值，托管人（depoitario）才得允许其提取托管权证从事可以用养老基金进行的交易。

如不能达到前款规定的最低值，托管人需极尽勤勉通过在正规二级市场上的交易，在法定期限后的第一个工作日达到这一最低值。

用以证实养老基金所实行投资的凭证，未按照第 1 款规定托管的，发行或划转时应标明"养老基金"，随后要注明基金类型、对应的 AFP。10.046 号法第 12 条末款所指的体系也适用相同的要求。

转让未存托的权证只能通过 AFP 交付相关权证及其背书，否则不发生转让效果。转让的权证如果属于记名权证，除由 AFP 交付权证和背书外，还需通知发行人。

不履行第 1 款义务的，AFP 将被监管局处以罚款，罚款将上缴国家财政。罚款金额不得低于第 1 款所指缺失存款数额的 1%，也不得高于这一数额的 100%。

---

①　详见 1981 年 2 月 21 日颁布的 3.626 号立法法令，1989 年 3 月 23 日颁布的 18.789 号法，1995 年 5 月 18 日颁布的 19.389 号法，1999 年 10 月 28 日颁布的 19.641 号法，2000 年 12 月 20 日颁布的 19.705 号法以及 2007 年 6 月 5 日颁布的 20.190 号法。本条第 1 款、第 10 款和末款经由 20.255 号法第 91 条第 30 款修改。

如 AFP 的托管赤字在 3 个月内有两次以上超过所有养老基金及其准备金价值的 2% 并未能在要求其补足赤字的次日补足的话，则依法解散。AFP 出现上述需解散情形的，监管局需做出相关解散决议。

丢失养老基金未托管的投资权证，AFP 在通报监管局后可获取该权证副本。违反本款规定的，将被处以最高可达所获权证副本价值 100% 的罚款。如发行人背书人或者担保人未在提交权证副本、新背书或者新保函之前在上述通报中提出请求，AFP 监管局或者证券和保险监管局可以向权证发行人、背书人或者担保人处以同样的罚款。

AFP 只能用管理的，且处于托管状态的任何一只基金的权证，为衍生品交易设立以清算所为受益人的担保。

为了履行本条义务，本法认为各养老基金和相关准备金的价值 = 该只基金的投资价值 − 〔借出的第 45 条第 2 款第（j）目、第（m）目所指的金融工具 + 交给银行和清算所的用以为从事第 45 条第 2 款第（l）目所指的衍生品交易设立担保的金融工具〕。

第 45 条[①]

养老基金投资的唯一目的是适当的收益和安全。所有其他目的的投资都将被认为是违背参加个人利益的，严重违背 AFP 义务的行为。

除第 46 条所指的经常账户存款外，养老基金应当投资于：

（a）国家财政总署或中央银行发行的债券、各大区和都市住宅和城市化服务局发行的信用证、养老基金标准化管理局发行的认缴证明以及其他由国家发行或担保的债券。

（b）定期存款，债券或其他由金融机构发行的代表存款的证明；

（c）金融机构担保的债券；

（d）金融机构发行的信用证；

（e）公共和私有企业债券；

（f）18.045 号法第 121 条所指的可以转换为股票的公共、私有企业债券；

---

① 详见 1995 年 5 月 18 日颁布的 19.389 号法，1996 年 9 月 3 日颁布的 19.469 号法，1999 年 1 月 18 日颁布的 19.601 号法，1999 年 10 月 28 日颁布的 19.641 号法和 2000 年 12 月 20 日颁布的 19.705 号法以及 2007 年 7 月 31 日颁布的 20.210 号法。现在的第 2 款、第 13 款、第 14 款和末款经 20.255 号法第 91 条第 31 款修改。第 31 款还取代了第 4 款，用现在的第 4 款到第 12 款取代，增加了第 15 款，用现在的第 18 款到第 24 款，取代了第 9 款到第 20 款。

（g）开放式股份有限公司的股票；

（h）18.815 号法所指的投资基金份额以及由 1976 年 1.328 号律令调整的共同基金份额；

（i）公私企业发行的期票；

（j）根据养老基金投资制度，投资于由外国国家、中央银行、外国或者国际银行机构发行的信用凭证、期票或证券；由外国企业发行的股票和债券，共同基金、外国投资发行的在国际市场正常交易的，且至少具有第 24 条所指的养老基金投资制度（Régimen de Inversión de los Fondos de Pensiones）标明特征的基金份额。AFP 进行外部投资时，还可以投资于金融产品指数，短期存款以及 18.045 号法第 24 章中所指的在国内二级市场正常交易的外国证券；可签订资产出借合同；所有投资需遵照投资制度规定的条件。同样，可以投资于经由监管局批准（事先报告智利中央银行），符合养老基金投资制度设定的条件的证券和金融工具，进行相关的金融操作、签署合约等行为；

（k）其他公开发行的金融产品，其发行人须由证券和保险监管局或银行和金融机构监管局监管。投资须事先征得监管局批准（事先报告中央银行）；

（l）进行具有本条第 12 款和养老基金投资制度所列特征的衍生品操作；

（m）以出借为目的金融工具操作或签署合约，其发行人须为本国，隶属于养老基金且具有监管局一般性规范指明的特征。

为此，本法认为经担保的金融工具是那些担保人至少是与主债务人具有相同履约义务的从属债务人。

A 类、B 类、C 类、D 类和 E 类养老基金可以投资于本条第 2 款第（a）目到第（m）目所指的金融工具、实施本条第 2 款第（a）目到第（m）目所指的操作和签署本条第 2 款第（a）目到第（m）目所指的合约。

债务工具中，养老基金可以购买第（b）、第（c）目、第（d）目、第（e）目、第（f）目、第（i）目和第（j）目所指的债务工具，这些债务工具需至少拥有两个由不同的私有评级公司给出的等于或者高出 BBB 等以及第 105 条中 N-3 级的投资等级；购买第（g）目所列的符合下一款要求的股票。也可购买第（h）目所指的投资基金和共同基金份额，第（j）目所指的代表资本的权证，这些权证需经风险评级委员会批准。还可以购买第（k）目所指的投资工具。这些投资工具须经监管局批准，或者在监管局的要求下经风险评级委员会批准。

养老基金购买第（g）目所指的股票，股票发行人须符合养老基金投资制度确定的最低要求。不符合养老基金投资制度确定的最低要求的股票，养老基金也可以购买，但前提是，这些股票至少获得了 18.045 号法所指的两家投资评级公司给出的 1 等投资等级。

前文所指的最低要求中的概念、计算方法和极限价值等由投资制度调整。证券和保险监管局以及银行和金融机构监管局将负责投资制度所规定的证券的计算并将编订本条第（g）目所指的、符合要求的股票发行人名录。名录将包括所有不符合前述要求的发行人名单。名录将于每年 4 月、6 月、10 月和 12 月 10 日前发送至监管局备案。名录可随时增删修改。

就第（b）目、第（c）目、第（d）目、第（e）目、第（f）目、第（i）目和第（k）目所指的债务工具而言，第 5 款所指的风险评估应当根据 18.045 号法的规定划分等级。如果进入国际市场交易，风险评估可由下款所指的风险评估机构完成。

第（j）目所指债务工具的风险评估应当由国际认可的国际风险评估机构实施，这些国际风险评估机构需是智利中央银行用自己的资金进行投资时所使用的风险评估公司。如果上述债务工具是在国内正规的二级市场交易，风险评估可由 18.045 号法所指的风险评估机构完成。

养老基金投资于第（b）目、第（c）目、第（d）目、第（e）目、第（f）目、第（i）目、第（j）目和第（k）目的债务工具以及第（g）目的股票时，应当以私有风险评估机构给出的最高风险等级为风险标准。

18.045 号法所指的风险评估机构需于每月前 5 天向监管局提交一份其受托评估的债务工具和股票的风险评估结果清单以及根据证券和保险监管局要求撰写的、向公众公开的报告。此外，还需视情况，向 AFP 监管局、银行和金融机构监管局提交定期更新的报告。

操作第（i）目所指的衍生工具时，养老基金可以对冲那些可能影响养老基金的风险为目的，或者其他目的。投资制度将列明衍生工具的操作类型以及操作所涉及的、获准用养老基金投资的目标资产。投资制度可以从通过政策、程序、管理和其他能够提供足够保障的限制性措施为衍生工具操作设定条件。

第（b）目、第（c）目和第（d）目所指的金融机构应当在智利合法成立，或获准在国内从事经营活动；第（e）目、第（f）目、第（g）

目和第（i）目所指的企业，以及第（h）目所指的投资基金和共同基金等应当在智利合法成立。

第（b）目、第（c）目所指的系列工具以及第（e）目、第（f）目、第（g）目、第（h）目、第（i）目、第（j）目、第（k）目所指的工具应当按照 18.045 号法的要求在智利证券和保险监管局或者银行和金融机构监管局登记注册。

当养老基金购买第（b）目、第（c）目、第（d）目、第（e）目、第（f）目、第（g）目、第（h）目、第（i）目、第（j）目所指的符合投资制度要求但不符合第 5 款、第 6 款的要求的证券时，只要投资被控制在投资制度为其设定的具体界限之内就可以进行。

参加人选择计划退休模式或者临时收益和延后年金收益模式提前退休的，AFP 不得用其管理的养老基金购买属于参加人的认缴证明。在这种情况下，AFP 也不得购买属于与其有关系的 AFP 参加人的认缴证明。如参加人选择计划退休模式或临时收益加延后年金收益模式，且与参加人签订上述养老金模式的保险公司是 AFP 的关系人时，AFP 不得购买参加人的认缴证明。

前述限制适用于认缴证明的首次交易，参加人身份根据 AFP 在正规二级市场实施购买时的情况确定。

养老基金进行下述和第（1）项到第（4）项投资时，需符合下列各项规定的范围并不得超过智利中央银行对各工具规定的最高限额：

（1）第 2 款第（a）目提及的投资工具之和：A 类和 B 类基金不得低于 30% 和高于 40%；C 类基金不得低于 35% 和高于 50%；D 类基金不得低于 40% 和高于 70%；E 类基金不得低于 50% 和高于 80%。

（2）同一 AFP 的各只养老基金在国外投资之和的最高限额为 A、B、C、D 和 E 类基金投资上限的总和，或为每类基金的投资上限的总和。

智利中央银行将同一 AFP 管理的各类养老基金在外国投资总和的上限设定为养老基金价值总额 30%—80%。智利中央银行将每类基金在国外投资的上限设定为：A 类，45%—100%；B 类，40%—90%；C 类，30%—75%；D 类，20%—45%；E 类，15%—35%。

在外国投资是指，购买第（j）目所指的国外债权、通过投资基金购买的 18.815 号法第 5 条第（17）项到第（28）项所指的投资工具、通过共同基金购买 1976 年 1.328 号律令第 13 条第（9）项到第（11）项投资工具。投资制度将规定，在何种情况下通过第 2 款第（h）目所指基金进行的投资是在上述范围之内的。

（3）进行未曾经过对冲处理的外汇投资，各类基金的投资范围分别为：A类，不低于30%也不高于50%；B类，不低于25%也不高于40%；C类，不低于20%也不高于35%；D类，不低于15%也不高于25%；E类，不低于10%也不高于15%。E类的最高限额要低于D类，D类的最高限额要低于C类，C类要低于B类。

（4）投资于第21款第1项、第2项、第3项、第4项、第6项、第7项的投资工具以及第2款第（e）项、第（f）项、第（g）项、第（i）项和第（k）目所列的、发行人经营年限低于3年的投资工具，投资工具总和的最高限额为A、B、C、D各类基金价值的10%—20%。监管局确定本项的投资限额范围时，可以排除各类基金投资于第（k）目所列的投资工具。

对第（g）目和第（h）目列明投资工具的投资、第48条第6款所指合约中的承诺供款额、对第（j）目和第（k）目中代表资本的投资工具的投资，总额上限比例分别是A、B、C、D和E类基金价值的80%、60%、40%、20%和5%。如组合主要由债权构成，上述这一上限比例不考虑本条第（k）目所列的经批准的指数债权的投资以及对第（h）目和第（j）目所指的投资基金和共同基金份额的投资。投资制度将规定，在何种情况下，由指数债权、共同基金和投资基金份额组成的投资组合将被视为是主要由债权构成的组合。总之，只要法律对某类基金投资于代表资本的工具设定了更高的上限，该类基金对此种工具的投资在组合中的比例就应当更高。

投资制度可以就投资于第2款中的工具、交易（操作）以及合约根据每只或者所有基金的价值设定上限。此外，投资制度还可以仅仅为投资于各类代表资本的工具设定下限。

但在任何情况下，投资制度必须就下列9项列明的工具或交易设定限度：

（1）第（b）目、第（c）目、第（d）目、第（e）目、第（f）目、第（i）目、第（j）目和第（k）目所指的工具。涉及第（j）目、第（k）目所指的其他工具时，应为债务工具，且具有BB、B和N-4的风险等级。涉及第（b）目、第（c）目、第（d）目、第（e）目、第（f）目、第（i）目、第（j）目和第（k）目所指的其他工具时，这些工具只具有私有评估机构做出的一个风险评估结果，且该等级不低于BB、B和N-4，或者其风险评级被风险评估委员会拒绝。

（2）第（b）目、第（c）目、第（d）目、第（e）目、第（f）目、第（i）目、第（j）目和第（k）目所指的工具。涉及第（j）目、第（k）目所指的工具时，需为债务工具，或者其风险等级低于 B 和 N－4；或者未曾经过风险评估。

（3）不符合本条第 6 款要求的第（g）目所指的股票，风险评估委员会未批准的第（h）目所指的共同基金和投资基金份额；

（4）流动性较差的第（g）目所指的股票，第（h）目所指的投资基金份额，第 48 条第 6 款所指的通过合约承诺的供款数额。

（5）通过合约承诺的供款以及投资基金份额支付证明；

（6）未获风险评估委员会批准的第（j）目所指的股票，投资基金和共同基金份额；

（7）第（k）目所指的任意一种公开交易的投资工具。

（8）第（l）目所指的对衍生工具的操作。在这种情况下，投资制度可以将相关标的资产、交易价值、相对方投资、保险费（如果存在的话）以及第 34 条所指的用养老基金设定的抵押等作为参数设定限值。同样，投资制度可以将衍生品交易纳入本法以及投资制度设定的限值范围。

（9）第（j）目和第（m）目所指的、以借出养老基金的金融工具为目的的操作或合约。

投资制度对养老基金通过本条列明的工具进行间接投资实行监管。

投资制度将规定第（g）目所指的工具和第（h）目所指的工具是否流动性差的情形和评判标准。证券和保险监管局每个季度对这些工具的流动性进行核定。

提前告知第十六章所指的投资技术委员会后，AFP 监管局通过决议设立投资制度。监管局不得将投资技术委员会否定的内容纳入到投资制度内。同样，监管局的决议应当说明为何在制定投资制度时未采纳投资技术委员会的建议。决议公布之前，财政部国务秘书处需向财政部提请批准。

如因为将债券转换为股票导致养老基金对某种投资工具的投资超过上限，或导致已经超过的部分扩大，相关基金需在 3 年内将超出的部分消化。

如因为认购增资股而导致养老基金对某种投资工具的投资超过上限，或导致已经超过的部分扩大，相关基金需在 3 年内将超出的部分消化。

各养老基金公开转让股份，如因受让公开交易的证券而导致养老基金对某种投资工具的投资超过上限，或导致已经超过的部分扩大，相关基金需在 3 年内将超出的部分消化。

对第（k）目所指的每种投资工具的和可以纳入本法或投资制度规定的总体限度之内。是否纳入，由监管局决定。

附加第 45 条①

养老基金的资金不得直接或间接地投入到 AFP、保险公司、共同基金管理公司、投资基金管理公司、证券交易所、证券经纪公司、证券代理公司，即融咨询公司、养老基金组合管理公司，也不得投资于根据 18.045 号法第 3 条的规定享有信息公开豁免的体育、教育机构等。

用养老基金购买了第 45 条第（g）目所指的公司和第 45 条第（h）目所指的投资基金的股票、债券或份额后，AFP 应当出席第（g）目所指的公司股东大会、债券持有人大会和第（h）目所指的投资基金供款人委员会。股东大会、债券持有人委员会和第（h）目所指的投资基金供款人委员会应当由董事会指派的代表组成，代表不得行使指派以外的职能。上述委员会和大会要宣布其达成的协议，并在会议纪要中对投票表决情况进行记录。AFP 违背上述规定的，将根据 1994 条第（8）项进行处罚。

监管局将在一般性规范中规定，在何种情况下可以免除前款为 AFP 设定的义务。

养老基金投资于国家（直接或者通过其企业、放权管理的机构、自治机构、市政机构或任何法人间接地）控股的企业的股票，这些股票符合第 45 条第 6 款的条件，两家私人评级公司将其定级为 2 级或者根据下列可能对其收益产生负面或者实质性影响的情况认为其信息不充分，AFP 可以根据 18.046 号法第 69 条及其他条款的规定撤出投资：

（a）调整企业产品或服务价格或市场准入的法律法规发生变化；

（b）与决定企业生产产品和提供服务时的情形相比，企业的管理部门或企业领导对其产品或者服务价格的决定发生了变化，从而对产品和服务产生实质性的负面影响；

---

① 详见 1994 年 3 月 19 日颁布的 19.301 号法，1995 年 5 月 18 日颁布的 19.389 号法，1996 年 9 月 3 日颁布的 19.469 号法，1999 年 10 月 28 日颁布的 19.641 号法，2000 年 12 月 20 日颁布的 19.705 号法，2002 年 2 月 28 日颁布的 19.795 号法。20.255 号法第 91 条第 32 款取消了本条的第 2 款，修改了第 1 款、第 2 款、第 6 款，增加了第 4 款、第 5 款、第 7 款和 8 款。

（c）企业的管理部门或企业领导决定购买开展业务必需的原材料或者其他产品或服务，其计入成本的价格高于正常情况下国内外市场上购买同样数量、品质和型号产品的平均价格；

（d）企业进行促进、援助活动或直接、间接地提供补贴，但并未从国家得到足够的资金来支持这些活动，且这些活动在养老基金购买其股票之前并未存在；

（e）企业根据其管理部门或企业领导的决定实施的任何可能对其现在或未来的收益产生负面影响的其他行为。

前款所指的风险评估需由 18.045 号法所指的评估公司完成。AFP 可以提出评估申请并承担费用。

用养老基金投资于第 45 条第（h）目和第（j）目所指的共同基金、投资基金份额的，投资于第（j）目所指的指数性投资产品的以及投资计划规定的其他含佣金的投资产品的，APF 监管局、银行和金融机构监管局以及证券和保险监管局每年需做出基于论证的共同决定，规定反映市场价值的共同基金、投资基金及其他发行人可收取的、由养老基金支付的佣金上限。须事先听取 AFP 的意见。如果已经支付的佣金超过了规定上限，超出部分由 AFP 承担。在确定养老基金实际支付佣金数额的程序中，将规定超出上限的佣金以何种方式、在什么时候归还给养老基金。

AFP 监管局每年需在论证的基础上做出决定，规定反映市场价值的、由养老基金向接受 AFP 委托其管理第 45 条第（j）目所指的权证投资的外国公司支付的佣金上限。为此，需事先听取 AFP 意见。如实际支付的佣金高出上限，高出部分由 AFP 承担。决定需确定受托公司向养老基金返还超限佣金的方法和期限。

就养老基金、AFP 向投资基金、共同基金和其他收取暗佣的发行人以及代理公司实际支付佣金情况，监管局需编发季度报告。各 AFP 应按照监管局一般性规范要求的方法和期限，公布实际支付佣金的情况。

第 46 条[①]

AFP 为每只养老基金开立了专门的银行经常账户。

---

① 详见 1990 年 3 月 10 日颁布的 19.964 号法，1995 年 3 月 19 日颁布的 19.415 号法，1995 年 5 月 18 日颁布的 19.389 号法，1999 年 10 月 28 日颁布的 19.641 号法，2000 年 12 月 20 日颁布的 19.705 号法，2002 年 2 月 28 日颁布的 19.795 号法。20.255 号法第 91 条第 33 款修改了本条第 3 款。

经常账户的存款包括参加人的全部缴费、基金的投资产品以及准备金划转。

经常账户只能用来从事如下业务：购买权证、履行因进行第 45 条第（1）目所指的衍生品操作而产生的义务、将基金划转到由养老基金组合管理公司管理的经常账户、支付福利、佣金、实行本法规定的其他转账和汇款。为在国内和国际市场投资时，经常账户还可以介入正规外汇市场。此外，养老基金组合管理公司可以将根据本法第 23 条规定受托管理的资金从其管理的养老基金经常账户向 AFP 管理的养老基金经常账户转账。

第 47 条[①]

在抵触第 45 条规定的情况下，同一 AFP 管理的养老基金的经常账户存款、定期存款、购买银行或金融机构及其子机构发行或担保的债券，总额不得超过智利中央银行为所有金融机构设定的唯一倍数乘以相关银行或金融机构或其子机构的总资产。唯一倍数介于 0.5 和 1.5 之间。在任何情况下，智利中央银行修改唯一倍数后，新设的唯一倍数不得低于设定时实行的唯一倍数。

同一 AFP 管理的养老基金对租赁企业发行或担保债券的投资总额不得超过该企业总资产的 70%。

同一 AFP 管理的养老基金对期票的投资总额不得超过同一序列的 35%。

同样，同一 AFP 管理的养老基金对同一系列债券的投资总额不得超过该序列的 35%。

同一 AFP 管理的养老基金对第 45 条第 2 款第（g）目所指的公司股票的投资总额，不得超过该公司认购股份的 70%。认购新股时，最高不得超过发行量的 20%。

同一 AFP 管理的养老基金对银行或金融公司股票的投资总额，不得超过该机构认购股份的 2.5%。

同一 AFP 管理的养老基金对第 45 条第 2 款第（h）目所指的投资基金份额的投资加上第 48 条第 6 款所指的承诺供款合约投资总额不得超过

---

① 详见 1990 年 3 月 10 日颁布的 18.964 号法，1994 年 3 月 19 日颁布的 19.301 号法，1999 年 1 月 18 日颁布的 19.601 号法，2000 年 12 月 20 日颁布的 19.705 号法。20.255 号法第 91 条第 34 款替代了第 1 款，取消了第 2 款、第 6 款、第 8 款、第 10 款、第 12 款、第 22 款、第 23 款、第 24 款、第 25 款、第 27 款、第 28 款、第 31 款和第 39 款，增加了第 1 款、第 2 款、第 5—11 款，第 13—16 款，修改了第 12 款、第 20—23 款，并以现在的末款取代了原来的最后两款。

投资基金认购份额和第 48 条第 6 款所指的承诺购买份额的 35%。认购新发行的份额，不得超过发行量的 35%。同一 AFP 管理的养老基金用于购买第 45 条第 2 款第（h）目所指的共同基金份额时，投资总额不得超过该共同基金流通份额的 35%。

同一 AFP 管理的养老基金对同一发行人发行的第 45 条第 2 款第（j）目所指的股票，其发行不需要风险评估委员会批准，可在国内二级市场交易，投资总额不得超过认购股份的 7%。同一 AFP 管理的养老基金对同一发行人发行的第 45 条第 2 款第（j）目所指的共同基金和投资基金份额，其发行不需要风险评估委员会批准，并可在国内二级市场交易，投资总额不得超过流通份额或者认购份额的 35%。

同一 AFP 管理的养老基金对同一公司发行或担保的债券或期票，投资总额不得超过发行公司资产价值的 12%。

同一 AFP 管理的养老基金对同一母公司及其子公司发行的债券或期票，投资总额不得超过母公司净综合会计资产价值的 12%。

在不抵触前述各款规定的情况下，同一 AFP 管理的养老基金投资于专门发行以可转让的信用凭证担保的债券和期票的股份制公司发行的债券和期票的，投资总额不得超过相关序列的 35%。

各只养老基金投资于第 98 条第（h）目定义的由同属于一个集团的企业发行或担保的债券和期票的，投资总额不得超过该基金价值的 15%。

在不抵触前述各款规定的情况下，投资制度将针对特定发行人，以各只养老基金的价值或同一 AFP 管理的全部养老基金的总价值为基础，设定投资上限。

前款所指的投资上限可以视下列情况而有所不同：投资工具的风险等级、股份财产集中情况、证券的流动性、权证投资组合的多样性、发行人存在年限、对冲标的工具金额或者是否符合第 45 条第 5 款、第 6 款的要求情况等。

此外，投资制度还规范了养老基金通过第 45 条第 2 款所指的投资工具发行人进行的间接投资。

投资计划不得针对特定发行人设定投资下限。

如果因为将债券转换为股票导致投资超限，相关基金需在 3 年内消除超限部分。

如果因为认购增资股票导致投资超限，相关基金需在 3 年内消除超限部分。

在各养老基金公开出售的股份中，如果因购进公开出售的证券导致投资超限，相关基金需在3年内消除超限部分。

针对第45条第（k）目所指的投资工具发行人设定的限度，比照本法或者投资制度中已经设定相关限度的投资拨弄工具执行。等同方式以及使用怎样的限度由监管局针对每类基金分别做出规定。同样，如果不存在可以用来等同的工具，相关限度由监管局针对每类基金分别做出规定。

为执行本法和投资制度设定的投资限度，第45条第（j）目和第（m）目所指的借出的金融工具也视为养老基金的投资。

养老基金的投资超限，或不再符合养老基金投资的初衷，超限部分将计入该基金的特别账户，问题不解决，相关AFP就不得用该只养老基金追加对问题投资工具的投资。同理，如果同一AFP的所有养老基金的投资超限或不再符合既定的投资初衷，这一超限问题不解决，相关AFP不得用这些养老基金追加对同种投资工具的投资。上述规定的实行不得与第45条第25款、第26款、第27款以及第17款、第18款、第19款的规定抵触，也不得妨碍监管局实施应有的行政处罚。

投资制度将根据本法以及投资制度设定的投资限度，就消除超限投资和弥补投资赤字设定机制和期限。

对同一发行人的投资超限超过20%的，超限部分应当3年内消除，这一时限从出现超限情况时起算。

养老基金的投资不再符合投资的初衷，相关投资工具应当在出现超限情况后3年内转让。

本法授予央行的权限，央行应需就个案报知监管局后得以行使。

视主管、隶属关系，银行和金融机构监管局或证券和保险监管局应当按季度向养老金监管局提供计算养老基金投资限度的必要参数。

附加第47条①

养老基金不得直接或间接投资于相关AFP发行或担保的证券，也不

---

① 详见1994年3月19日颁布的19.301号法，1995年5月18日颁布的19.389号法，1999年10月28日颁布的19.641号法，2000年12月20日颁布的19.705号法，2002年2月28日颁布的19.795号法。根据20.255号法第91条第35款的规定，现在的第1款和末款替代了原来的第9款和末款。

得投资于由相关 AFP 关系人发行或担保的投资工具。

如各只投资基金的管理公司互为关系人,第 47 条所指的限度视为互为关系人的管理公司管理的所有同一类型的养老基金总投资额的限度;第 47 条所指的限度统共适用于所有类型的养老基金投资时,所有类型养老基金的投资总额等于互为关系人的管理公司管理的所有养老基金投资的总和。在不与上述规定抵触的前提下,养老基金向其股东管理公司投资,不论是直接投资还是间接投资,都不得超过 AFP 认购股份的 5% 。

同理,如 AFP 委托其他公司管理部分或全部养老基金组合,第 47 条所指的限度适用于该 AFP 的投资与受托公司用其受托管理的养老基金进行的投资之和。

养老基金投资的由被 AFP 聘用管理 AFP 投资组合的公司发行或担保的证券及由该公司关系人发行或担保的投资工具,由投资制度调整。禁止投资组合管理公司将其管理的养老基金投资于 AFP 或其关系人发行的证券。

第 48 条①

所有用养老基金进行的证券交易需在正规二级市场上进行。

在不与前款规定抵触的前提下,养老基金可以在本条界定的正规初级市场上购买第 45 条第(a)目、第(e)目、第(f)目、第(g)目、第(h)目、第(i)目和第(k)目所指的投资工具和该条第(b)目、第(c)目所指的系列工具。

AFP 可以用其管理的 A 类、B 类、C 类、D 类基金参与依照 18.045 号法第 25 章的规定进行的股票公开出售活动。

证券和保险监管局在收到 18.045 号法第 203 条所指的招股说明书后 3 日内要将其副本送达养老金监管局。

养老基金可以根据监管局制定的一般性规范参与 18.045 号法第 130 条所指的自愿性债券救助活动。

AFP 可以以自己的名义为其管理的养老基金签订 18.815 号法所指的

---

① 详见 1985 年 1 月 24 日颁布的 18.398 号法,1987 年 12 月 31 日颁布的 18.681 号法,1994 年 3 月 19 日颁布的 19.301 号法,1995 年 5 月 19 日颁布的 19.389 号法,1995 年 9 月 30 日颁布的 19.415 号法,1996 年 9 月 3 日颁布的 19.469 号法,1999 年 10 月 28 日颁布的 19.641 号法,2000 年 12 月 20 日颁布的 19.705 号法,2002 年 2 月 28 日颁布的 19.795 号法。20.255 号法第 91 条第 36 款修改了第 2 款、第 8 款和第 12 款,增加了 5 款,取消了第 8 款。

承诺购买并支付投资基金份额的合约，在合约中承诺用其管理的养老基金履行承诺。根据合约进行的供款必须与份额交割同时进行。

为执行前款规定，在不妨碍投资基金对其供款人履行认购份额的优先选择权的前提下，只要相关投资基金向所有的 AFP 预先告知将要发行的可以用养老基金购买的基金份额，AFP 就可以签订上述合约。监管局通过一般性规范，以确保各 AFP 在发出承诺购买和支付投资基金份额的要约时享有均等机会。

承诺购买和支付投资基金份额的合约期限不得超过 3 年，这一期限从相关投资基金在证券和保险监管局进行发行登记时起算。

签署第 6 款所指的合约时投资基金份额已获风险评估委员会批准，但在认购份额、提交供款时，如风险评估委员会做出了不予批准的决定，或者相关投资基金陷入清算状态，则向该基金供款的义务随之解除。在这种情况下，已支付的供款不予退回，已经认购和支付的份额不受依然有效。

养老基金可以直接在发行机构购买由国家金融机构发行的、未曾交易的单行金融工具。养老基金对第 45 条第 2 款第（h）目、第（j）目所指的共同基金份额的投资可以直接在发行机构买卖。买卖或者签订本国或者外国发行人发行的融券性（借出证券）金融工具，或者进行第 45 条第 2 款第（l）目所指的交易，且交易对方符合风险评估委员会的要求时，视为本条第 1 款的例外情况。

为此，需要澄清以下概念：

（a）正规初级市场：发行人和买方为保证交易的透明度，根据预先设定并被双方熟知的交易程序以及双方知情的公共信息，对首次公开发售的产品共同定价。发行人和买方实施共同定价行为的场所即正规初级市场。本法实施条件对正规初级市场需要达到的最低要求做出规定，以确保交易充分透明。此外，共和国财政总署和中央银行的发行场所也属于正规初级市场。

（b）正规二级市场：买卖双方同时、公开参与相互间交易证券的场所。正规二级市场每日需公布交易量和已完成交易所遵循的价格。

（c）交易第 45 条第 2 款第（j）目所指的工具的正规二级市场，由智利中央银行界定。

单行工具：指单独发行的，不易组成序列的工具。

智利中央银行将确定哪些正规二级市场属于本法所指的正规二级市

场。AFP 监管局将根据本法及其实施条例确定哪些正规初级市场符合养老
基金交易的条件,专门对用养老基金进行交易的二级和一级市场上进行监
管,专门对各 AFP 从事的交易或者因为其职务和地位可以获取投资基金
信息的人的交易进行监管。AFP 监管局做出上述规定不影响保险监管局行
使的监管权限。为行使监管权,AFP 监管局可以直接要求证券交易所、证
券和保险监管局以及银行和金融机构监管局提供有关场内外交易(即便
没有任何养老基金、AFP 或者能够获得本款所指信息的人参与这些交易)
的信息,有关已被养老基金购买的工具的信息或者可以用养老基金进行投
资的工具的信息。养老基金进行交易的正规初级市场的运行由本法的实施
条例规定。

AFP 可以通过划转参加人的缴费价值在各基金间实现金融工具的划
转,而无须进入正规市场。随后,AFP 也可以通过在各只基金间以划转准
备金进行金融工具的划转。这两种转账的费用根据第 35 条的规定确定。

第 49 条①

对养老基金开业后 1 年内的投资上下限,投资制度可以做出与本法和
投资制度不同的规定。

第 50 条②

AFP 董事会应当为其管理的不同类型的养老基金制定不同的投资政
策,还应当制定处理利益冲突的政策。

AFP 应当将利益冲突处理政策提交养老金体系用户委员会和 AFP 监
管局并在网页上公布。

监管局制定的一般性规范中应当包括第 1 款所指两项政策告知监管局
和普通公众的方式、审核修改周期和时间。

利益冲突处理政策至少要包括如下方面:

ⅰ. 确保适当管理和解决利益冲突的内部管理程序和规范。利益冲突
可能涉及 AFP 的董事、经理、主要行政管理人员和执行人员;

ⅱ. 内幕信息的保密和管理;

ⅲ. 关于养老基金可能投资于其中的股份公司董事选举程序和要求。

不执行上述政策的,将由监管局公之于众,并根据劳动和社会保障部

---

① 详见 1994 年 3 月 19 日颁布的 19. 301 号法。本条由 20. 255 号法第 91 条第 37 款取代。

② 详见 1994 年 3 月 19 日颁布的 19. 301 号法。本条是 20. 55 号法第 91 条第 38 款添加的。

1980 年的 101 号律令第 3 章的规定给予处罚。

AFP 应当在董事会内设立投资和利益冲突委员会,其职能和权限如下:

(a) 监督执行由董事会制定和批准的投资政策。投资政策需与利益冲突处理政策的规定兼容。兼顾执行本法和投资制度为养老基金设定的投资限度。

(b) 审查养老基金投资风险管理的目标、政策和程序。

(c) 检查与养老金交易衍生品和外国权证有关的事项。

(d) 制定利益冲突处理政策并提交 AFP 董事会通过。董事会否决利益冲突处理政策需经多数票同意,并说明否决理由。利益冲突处理政策草案被否决后,应当向监管局提交一份能够证明否决、否决的理由以及董事会提出的修改建议的文件副本。在这种情况下,委员会在利益冲突处理政策草案被否决后 15 天内,需向董事会提交包含了董事会修改意见的政策草案。未能在 15 天内提交修改后的草案的,经董事会修改的草案视为通过。

(e) 对第 (d) 目所指政策的正确实施进行监督。

(f) 向董事会提交年度报告。报告包括的内容有:本条所指政策的实施情况、对执行情况的评估以及对董事会的建议。年度报告需抄送监管局。

(g) 其他由董事会委托的事宜。

投资和利益冲突处理委员会应当由 AFP 的 3 名董事组成,由董事会委派,其中 2 名具有附加第 156 条所指的独立董事的身份。委员会主席由董事会从 2 名独立董事中指定。

委员会的讨论和决议应当记入会议纪要。

附加第 50 条[①]

投资制度可以包括根据各养老基金组合的风险情况对其投资实施监管的规范。

监管局的一般性规范可以为 AFP 评估其管理的每一种类型的每一只养老基金的投资组合风险设定程序。一般性规范将确定估算风险的周期以及公开估算结果的方式。

---

① 本条是 20.255 号法第 91 条第 39 款添加的。

第五章①   关于养老金的融资

第 51 条②

第二章中规定的年老、伤残和遗属养老金用参加人个人资本账户的余额支付。

在不抵触欠款规定的情况下,根据第一次决定发放给具有第 54 条所列情形的参加人的部分伤残养老金由参加人所在的 AFP 支付。

第 52 条③

对年老养老金而言,个人资本账户余额等于参加人累计的资本,其中包括第 53 条所指的贡献累计缴费额,第 15 章规定情形中涉及的认缴证明、补充认缴证明④以及参加人根据第 22 条规定从自主储蓄账户转来的存款等。

第 53 条⑤

本法认为,用促进单位表示的补充性供款 = (支付参考养老金的必要资本 + 丧葬费) – (截至参加人死亡时或者执行最终确定参加人丧失劳动能力的决定时参加人的累计资本 + 认缴证明)。如结果为负值,补充性供款为零。

计算宣布部分丧失劳动能力参加人的补充性供款,参加人在过渡期的缴费以及附加第 65 条所指的留存余额不计入参加人的累计资本。

贡献累计缴费是参加人在个人资本账户中实施了相当于根据第一次决定已付伤残养老金 10% 的缴费后其个人资本账户上累计缴费的金额。贡

---

① 详见 1987 年 8 月 29 日颁布的 18.646 号法。

② 详见 1990 年 3 月 10 日颁布的 18.964 号法。本条第 1 款、第 2 款经 20.255 号法第 38 条第 5 款修改。本条第 2 款经 20.255 号法第 91 条第 40 款修改。

③ 详见 1990 年 3 月 10 日颁布的 18.964 号法和 1994 年 3 月 19 日颁布的 19.301 号法。

④ 用来发放给那些 1991 年 4 月 30 日之前未曾参加强化自行保险,因年老、丧失劳动能力而退休的参加人。这一措施旨在鼓励那些即将退休的人参加到新的养老金体系中。同样,1991 年 4 月 30 日之前退休的旧体系的缴款人如其选择放弃认缴证明,则可以向其所在的 AFP 申请补充认缴证明。补充性认缴证明金额根据参加人及其家属的预期寿命确定,具体由 AFP 计算并送交智利社会保障局 (Instituto de Previsión Social,简称 IPS) 批准。——译者注

⑤ 详见 1990 年 3 月 10 日颁布的 18.964 号法和 2004 年 2 月 21 日颁布的 19.934 号法。本条第 1 款、第 2 款经由 20.255 号法第 91 条第 4 款修改。

献累计缴费用促进单位表示，等于（伤残养老金金额＋领取伤残养老金月份数÷9）。总之，贡献累计缴费计入参加人的累计资本。

第 54 条[①]

被第一次决定宣布为部分丧失劳动能力的参加人的部分伤残养老金，由 AFP 负责支付。AFP 还需负责向被宣布为完全丧失劳动能力的参加人和死亡但并未退休的参加人之个人资本账户进行补充性供款。本款规定并不妨碍 AFP 在以下情形行使权利，对抗依据第 82 条产生的当事人：

（a）参加人处于缴费状态。具有隶属劳动关系的参加人在工作期间死亡或被宣布丧失劳动能力的；独立参加人在发生伤残或者死亡前一个月已缴费的；属于第 89 条规定的独立参加人，且具有第 92E 条规定的情形的；属于自愿性参加人，且具有第 92L 条规定的情形的。

（b）具有隶属劳动关系的参加人，劳动关系停止或中止，死亡或被宣布丧失劳动能力发生在劳动关系停止或中止月最后一天起 12 个月内的。此外，劳动者在停止或中止劳动关系之前至少有 6 个月的缴费记录。

同样，领取部分伤残养老金的参加人在 3 年内或者第 4 条规定的 6 个月期限内或者其第二次伤残情况评估决定尚未做出的，如死亡或者根据第二次决定有权领取伤残养老金的，只要可以适用前述第（a）目、第（b）目的规定，其补充性供款由 AFP 专门负责。如第二次决定否决了伤残养老金申请或者在第 4 条第 4 款所指的 6 个月期限内参加人未能参加约见，除非伤残养老金因参加人死亡而停止发放，AFP 应当承担第 53 条所指的贡献性缴费。

保险合同不得以任何方式改变本条对 AFP 设定的责任。

第 55 条[②]

第 53 条中的必要资本为下述金额的预期现值：

（a）第 4 条、第 5 条规定的参加人个人及其家属享有的参考养老金总和，从参加人死亡或最终伤残决定宣布时开始起算到参加人本人以及受益人的养老金权利终止；

---

① 详见 1990 年 3 月 10 日颁布的 18.964 号法。本条第 1 款经由 20.255 号法第 86 条第 4 款修改。20.255 号法第 91 条第 42 款还修改了本条的第 1 款、第 2 款，并增加了末款。

② 详见 1990 年 3 月 10 日颁布的 18.964 号法，2004 年 2 月 21 日颁布的 19.934 号法。本条第 1 款第（a）目经 20.255 号法第 91 条第 43 款修改。

（b）第 88 条所指的丧葬费。

必要资本根据 AFP 监管局、证券和保险监管局共同制定的技术规范、预期寿命和死亡率计算，采用证券和保险监管局根据下款中的折现利率（tasa de interes de actualizacion）。

参照根据本法发放的伤残和遗属年金收益中暗含的平均利率确定折现利率。有效参照期限是死亡或伤残发生前 6 个月中的 2 个月。

第 56 条[①]

计算必要资本、第一次决定宣布为部分伤残的参加人的部分伤残养老金，参加人本人的参考养老金等于：

（a）属于第 54 条第（a）目或者第（b）目情况的，死亡或者有权领取伤残养老金的人，其参考养老金等于基础收入的 70%；

（b）属于第 54 条第（a）目或者第（b）目情况的，有权领取部分伤残养老金的人，其参考养老金等于基础收入的 50%；

第 57 条[②]

基础收入为：（第 63 条第 2 款规定的方法折现后的应税薪金＋死亡或第一次决定宣布丧失劳动能力或者部分丧失劳动能力或者全部丧失劳动能力前 10 年申报的收益）÷120。

参加本体系不满 10 年的参加人，发生意外死亡或伤残，基础收入为：（应税薪金＋申报收益）÷加入本体系到发生死亡或伤残前一个月所经历的月数。

不满 24 岁加入的参加人，发生死亡或伤残时不满 34 岁的，其基础收入为根据本条第 1 款或者第 2 款的规定计算出的得数和按照参加人满 24 岁以来至发生死亡或伤残时所经历的月数计算出的得数中的较大值。

归 18.675 号法第 9 条调整的公共部门劳动者，1988 年 1 月 1 日前加入本体系的，确定其基础收入只需考虑 1987 年 12 月 31 日后各月的应税薪金和申报收益。如 1987 年 12 月 31 日以前获得应税薪金和收益的月份不足 24 个月，还须加上 1987 年 12 月 31 日之前应税薪金和申报收益，从

---

① 详见 1990 年 3 月 10 日颁布的 18.964 号法，2004 年 2 月 21 日颁布的 19.934 号法。本条经 20.255 号法第 91 条第 44 款修改。

② 详见 1988 年 5 月 28 日颁布的 18.717 号法；1990 年 3 月 10 日颁布的 18.964 号法；1993 年 1 月 8 日颁布的 19.200 号法。20.255 号法的第 91 条第 45 项，修改了本条的第 1 款和末款，替代了第 2 款，增加了第 3 款。

而使获得应税薪金和收益的月份凑足 24 个月。应税薪金和申报收入须根据第 63 条的规定折现。如无法凑足 24 个月，只需考虑参加后经过的月数。上述应税薪金和申报收益应当被 24 和 1988 年 1 月至发生死亡或伤残时经过月数的较大者除。最后一句话的规定适用于 1986 年 5 月 31 日以后加入的劳动者。

根据 1980 年颁布的 1—3.063 号律令由内政部转入市政管理部门的人员，无论市政管理部门直接管理或者通过公司间接管理，并决定保留公共部门雇员养老待遇的；由教育部 1980 年 3 号律令调整的各大学教职工，且具有 3 号律令第 1 条规定情形并于 1993 年 1 月 1 日前加入本体系的，计算其前述各款所指的基本收入时，仅需考虑 1992 年 12 月 31 日后各月的应税薪金和收益，如 12 月 31 日以后的月份不足 24 个月，还须用该日期以前的余份补足 24 个月。各月的应税薪金和收益需根据第 63 条的规定折现。无法凑足 24 个月的，仅考虑加入后经过的月数。

对那些在计算基础收入期间已经领取伤残养老金的劳动者，视领取伤残养老金期间领取的养老金、薪金以及申报收益的总和为应税薪金。以这种方式计算得出的应税薪金不得超过产生原始伤残养老金的基础收入。原始伤残养老金用比索表示，比索金额根据支付月最后一天促进单位的价值换算。

为确保本法实施，意外事件指突发的、激烈的、创伤性的，能导致伤残或死亡的事实。

基础收入用死亡发生前一个月最后一天促进单位的价值表示，或者第一次决定宣告部分伤残或全部伤残的前一个月最后一天的促进单位价值表示。

第 58 条①

根据第 5 条确认的遗属养老金受益人的参考养老金等于参加人本人参考养老金的下属比例：

（a）遗属为配偶的，其参考养老金为本人参考养老金的 60%；

（b）遗属为配偶，且与本人共同拥有享有养老金权利的子女的，其参考养老金为本人参考养老金的 50%；子女弃权的，比例提高至 60%；

----

① 详见 1990 年 3 月 10 日颁布的 18.964 号法。本条第 1 款、末款经 20.255 号法第 85 条第 6 款修改，第 2 款由 20.255 号法第 85 条第 6 款取代。

（c）遗属为配偶，其子女并非出自同本人的婚姻关系，但经本人承认的，其参考养老金为本人参考养老金的 36%；

（d）遗属为配偶，其子女并非出自同本人的婚姻关系，但经本人承认的，此外，同本人共同拥有享有养老金权利的子女的，其参考养老金为本人参考养老金的 30%；

（e）遗属为本人父母，且符合第 10 条规定的条件的，其参考养老金为本人参考养老金的 50%；

（f）遗属为本人子女，且符合第 8 条规定的条件的，其参考养老金为本人参考养老金的 15%。子女满 24 岁并被宣布为部分伤残的，这一比率降至 12%。

如两人以上声称为本人配偶或者本人非婚生子女父母的，从本人死亡之日起，相关比率要除以有权获得相关遗属养老金的人数。

本人死亡时无有权配偶的，上述子女参考养老金的比率将增大到第 1 款第（b）目规定的比例，并在各子女之间平均分配。子女的父或母拥有前款第（d）目权利的除外。

第 59 条[①]

为确保第 54 条所规定义务的融资，AFP 需共同与一家保险公司签订保险合同，保险须覆盖以下项目：

（a）被第一次决定宣布为部分伤残的参加人的养老金；

（b）前述第（a）目所指参加人有权根据第二次决定领取伤残保险金后的补充性供款，以及那些被宣布为完全伤残的参加人的补充性供款；

（c）第（a）目所指参加人死亡后的补充性供款；

（d）未退休的参加人死亡后的补充性供款；

（e）第（a）目所指的参加人无法通过第二次决定领取伤残养老金时的第 53 条第 3 款所指的贡献性缴费。

本条所指的保险合同需采用统一固定的保险费率，保险费率为参加人应税收益的百分比。在任何情况下，保险合同均不得包括关于出险率调整、根据收入确定保险比例，以及其他可导致保险费率变化的条款。

---

① 详见 1990 年 3 月 10 日颁布的 18.964 号法。本条第 1 款、第 3 款经 20.255 号法第 91 条第 46 款修改，第 2 款由 20.255 号法第 91 条第 46 款取代。

如 AFP 倒闭或清算，在清算期间，根据第 29 条规定从个人资本账户中扣除的佣金首先要支付本条第 1 款所指的保险费，而且，相当于保险费金额的佣金不得查封和扣押。根据附加第 59 条规定赢得招标的人寿保险公司仍负有向清算中的 AFP 或者相关参加人后加入的 AFP 支付第一个决定宣布的伤残养老金、相应补充性供款或者贡献性缴费的义务。清算 AFP 管理的各养老基金收到这些款项享有查封扣押豁免权。

附加第 59 条[①]

上一条所指的保险以公开招标的方式进行。招标方为所有的 AFP，招标行为由本法及相关的招标条件调整，招标条件需符合 AFP 监管局以及证券和保险监管局一般性规范的要求。

招标之日前成立的人寿保险公司均可投标。

投标报价最低的人寿保险公司中标。为避免风险过分集中，确保最大限度地覆盖伤残和遗属风险，可以允许两个以上人寿保险公司中标。

根据参加人性别，保险分组招标。如果每个性别分组超过 1 个，同一性别的组别随机确定。一般性规范调整招标程序以及对招标条件的最低要求。一般性规范至少要规定：

（a）中标标准；

（b）向中标保险公司支付的保险费以及对保险提供融资的其他费用的计算方法；

（c）在同一次招标中参加人的分组程序；

（d）一家中标保险公司最多可以负担多少组别，或可以负担的最大风险是多少；

（e）对所有竞标合约而言，招标期限应当一致；

（f）对参加投标的保险公司风险等级的最低要求。低于或者等于 BB 级的保险公司不得参加投标。

用于第 17 条所指的保险融资的缴费（应税薪金和收益的百分比），统一适用于本体系的所有参加人，与招标中 AFP 同保险公司之间保险合同规定的保费无关。缴费的计算由第 1 款所指的一般性规范规定。如市场利率发生显著变动、出险率发生显著变动，上述保险合同中的保费可以根

---

① 本条由 20.255 号法第 91 条第 47 款添加。

据招标条件的规定做相应调整。

AFP 应当根据第 1 款一般性规范所规定的方法将用于保险融资的缴费转入中标的保险公司。

如因参加人性别差异导致缴费与保险融资所需的保险费不等,AFP 应当根据第 1 款一般性规范的规定将多出的缴费退回到其缴费高出保险费的参加人的资本账户。

第 17 条所指的用于保险融资的缴费可以包括第 82 条第 2 款所指的保险费。

在招标期间加入本体系的参加人将被派到第 4 款第(c)目划分的组别中。

新组建的 AFP 签订保险合同,需全盘接受现有保险合同设定的权利和义务。

中标保险公司倒闭的,其他中标保险公司承接倒闭保险公司承保的风险,直至倒闭保险公司所签保险合同终止。在这种情况下,承接倒闭保险公司承包风险的公司可以根据第 1 款所指统一规范的规定重新计算第 17 条所指的保险融资缴费。

第 60 条①

第一次决定宣布为部分伤残的参加人,只要具有第 54 条第(a)目或第(b)目所指情形,AFP 将根据附加第 65 条规定着手向其支付伤残养老金。伤残养老金从宣布伤残之日起支付,在第一次决定执行后到第二次决定执行月或从第一次决定执行后到第 4 条第 4 款规定的 3 个月期满是相关人可以行使要求支付权的期间。

第二次决定或者一次终局决定宣布为伤残的参加人或参加人死亡的,且适用第 54 条规定的,AFP 向其个人资本账户进行补充性供款。从第二次或者一次性决定宣布伤残决定执行或者从参加人死亡相关申请提出后,可要求 AFP 履行这一义务。

前款所指的补充性供款完成后,不得确认与补充性供款有关的新受益人,这些新受益人的养老金权利不受影响。

从第 4 条第 4 款规定的 6 个月期满之日开始,AFP 应当向参加人账户

---

① 详见 1990 年 3 月 10 日颁布的 18.964 号法。本条第 1 款、第 2 款经 20.255 号法第 91 条第 48 款修改。

划入第 53 条所指的贡献性缴费。贡献性缴费从第二次否决伤残申请的决定开始执行之日起算。

第六章[①]　关于退休（年老）养老金、伤残养老金和遗属养老金

第 61 条[②]

符合第 3 条要求的参加人，被宣布为部分和完全伤残的参加人，一旦第二个决定付诸实施，即可将其资本账户余额用于养老金构建。相关 AFP 核查情况属实后，对相关利益进行确认并颁发证明。

参加人用资本账户余额养老，可以选择如下养老金模式：

（a）即刻年金收益；

（b）临时收益加延时年金收益；

（c）计划退休；

（d）即刻年金收益加计划退休。

附加第 61 条[③]

参加人或受益人应当在收到本条定义的养老金金额咨询和报价体系提供的信息后，再行选择养老金模式。改变养老金模式的参加人或者遗属养老金受益人，也是用同样的程序。参加人或遗属养老金受益人应当自行选择养老金模式。参加人和受益人可以通过特殊公证委托一名代表专门负责为其选择养老金模式。

选择年金收益的参加人可以接受任何一种由养老金金额咨询和报价体系提供的其他任何一种养老金金额报盘；或者接受由参加过养老金金额咨询和报价体系的保险公司根据本条第 13 款所指的一般性规范提供的高于本体系提供金额的养老金报盘；或者请求本体系进行竞拍。

如果参加人不做上述选择，可以推迟做出退休决定，除非其向养老金金额咨询和报价体系的咨询是伤残养老金申请引起的，且第一次决定已生

---

① 详见 1987 年 8 月 29 日颁布的 18.646 号法。

② 详见 1987 年 8 月 29 日颁布的 18.646 号法。

③ 详见 2004 年 2 月 21 日颁布的 19.934 号法，1990 年 3 月 10 日颁布的 18.964 号法。本条第 1 款经由 20.255 号法第 91 条第 49 款修改。

效执行。

要进行本条所指的竞拍，参加人应当选择年金收益类型，且至少要指明三家可以参加竞拍的人寿保险公司。只有经参加人指明的人寿保险公司才得参与竞拍。参加人还应当确定最低拍价。最低拍价不得低于这 3 家保险公司对养老金金额咨询和报价体系报出的最高养老金金额。

参加竞拍的保险公司中，出价高者胜出。如竞拍出价相同，参加人选中的保险公司胜出；如竞拍出价相同，参加人也未做出选择，风险等级低的胜出；如竞拍出价相同，参加人未做出选择，三家公司的风险等级也相同，则本条第 13 款所指的一般性规范制定的保险公司胜出。因竞拍产生的合同，如参加人或受益人不能签署的话，相关 AFP 应当代为签署。

参加人指定的保险公司中，至少有两家出价，竞拍才可进行。只有一家出价的，参加人可以选择接受其出价，或者选择重新竞拍，或者根据本条第 3 款的规定申请外部报价，或者重新向体系进行咨询。

各 AFP、人寿保险公司应当拥有互联的电子信息系统，即养老金金额咨询和报价体系，并通过这一系统进行如下操作：

接收并传输参加人提出的养老金金额要求，指出参加人事先确定的年金收益类型；

接收并传输各人寿保险公司的年金收益报盘以及各 AFP 报出的计划退休养老金金额；

年金收益报盘至少应当对参加人指出的年金收益类型做出回应。如参加人未指出其年金收益类型偏好，报盘至少应当涉及简单即刻年金收益。参加人随后还可以选择一种或多种年金收益类型。

年金收益报盘应当用促进单位表示，其中的可变内容除外，可变内容可以用证券和保险监管局批准的其他单位或者货币表示。系统发出的报盘应当对养老金金额做出解释，指明通过本体系报盘的参考佣金、费用。如保险公司支付的佣金、费用低于参考佣金、费用时，或不存在佣金、费用时，养老金将依据本条第 13 款所指的一般性规范的规定上调。在任何情况下，实际支付的养老金都不得低于同一保险公司通过体系报出的、基于参考佣金或费用的养老金金额。参考佣金和费用由财政部和社会保障部共同颁布的最高法令确定，并从在《官方日报》公布次月第一天起 24 个月内有效。满 24 个月后，如无新的最高法令颁布，原参考佣金和费用仍然有效。

计划退休加临时年金应当用促进单位表示，金额和相关佣金应告知参加人。计划退休的，应当告知参加人第一年的退休金金额、每月佣金额以及随后每年各月的估算退休金金额和佣金额。估算依据是：参加人的预期寿命加 3 年以及上述退休金和佣金的平均数。估算需根据有效的利率和死亡率表格进行。

告知进行咨询的参加人根据第（b）目得出的每月可得养老金金额；

1997 年财政部 3 号律令第 70 条第（a）目所指的、提供养老金咨询服务的银行子机构以及养老金和证券监管局批准的养老金咨询人可以与 AFP、保险公司相同的条件加入养老金金额咨询和报价体系。

参加养老金金额咨询和报价体系的 AFP、人寿保险公司以及养老基金咨询人应当保证向体系提供全面的、不间断的服务，以便使参加各方能够接收和传输本条所指的咨询和报盘。加入体系，只需根据体系所提供服务的成本结构收取费用。收费应低廉且无歧视性。

参加养老金金额咨询和报价体系的 AFP、人寿保险公司以及养老基金咨询人应当对系统信息的完整传输负责。同时应当根据 19.628 号法的规定确保信息的私密性，有效地保护个人信息，承担法律赋予的相关责任。

对参加人或其受益人进行欺诈而非法获得财产的，或者未经许可使用参加人或其受益人信息的，或有附加第 72 条所列情形的，将根据《刑法》第 467 条处以刑罚，而且并不因此免除其他应得的法律制裁和行政处罚。

AFP 监管局、证券和保险监管局将共同制定一般性规范，对有关养老金金额咨询和报价体系的事宜做出规定。规范至少需要明确，体系必须传输的信息，信息的期限，对加入互联系统者的要求，包括与电子数据传输原则相符的安全水平以及报盘者要向参加人提供哪些信息等。

除可以作为自由支配的剩余外，对于参加人实际从个人资本账户转入的资金，人寿保险公司只能以直接或间接的方式向参加年金收益销售活动的中介或代理支付佣金或费用，不超过转入资金的一个固定的最高比例。这一比例有效期为 24 个月，从本法生效之日起算。满 24 个月后，财政部和社会保障部账户将根据 AFP 监管局、证券和保险监管局的要求通过最高法令制定新的比例。AFP 监管局、证券和保险监管局的要求需经论证后做出，需考虑相关技术背景，包括被监管机构的技术背景。在要求做出前至少 15 天内，新的佣金或费用比率及其依据要公示。修改后的佣金或费用比率，有效期为 24 个月。

人寿保险公司不得向其工作人员、中介、代理及其他参加销售的人员给予任何其他可变报酬、酬金、奖金、奖励或任何因为销售或中介销售年金收益而给予的超过前款所指佣金或费用的支付（包括金钱或实物），也不得为其承担其各自应当承担的费用。人寿保险公司的工作人员因劳动合同而产生的固定和永久性薪金及其他具有普遍性、永久性、统一性和普世性的劳动所得除外。

第一段　有关即刻年金收益和即刻年金收益加计划退休①

第 62 条②

即刻年金收益养老金模式：参加人同一家人寿保险公司签订合同。签约后至参加人死亡前，保险公司有义务向参加人按月支付收益，并有义务在参加人死亡后，向第 5 条所指的受益人支付遗属养老金。

前款所指的保险合同应当根据证券和保险监管局的一般性规范进行调整，并且不可撤销。一般性规范更应当明确本保险的养老属性，并使之同其他养老金具有适度的可比性。一般性规范公布前，证券和保险监管局应会商 AFP 监管局，听取意见。计算收益应当考虑参加人个人资本账户的全部余额，参加人根据第 6 款规定提取自由支付部分的情形除外。不变年金收益以及可变年金收益中的固定部分应当用促进单位表示。可变部分可以用法律、外币或者证券和保险监管局同意的与投资组合有关的指数表示。合同月收益为可变收益的，年金收益中的固定部分应当符合下款的要求，提前退休的情况除外。在提前退休的情况下，合同收益中固定部分至少应当等于前款所指的最低养老金的 150%。

参加人签订合约后，如果收益等于或者超过互助性基础养老金，可以选择即刻年金养老金模式。

年金收益保险合同经参加人书面接受人寿保险公司的报盘或人寿保险公司赢得竞拍而成立。保险人应当向 AFP 提交保单及其他能够证明其符合附加 61 条规定的材料。收到保单及材料后，AFP 核实参加

---

①　详见 2004 年 2 月 21 日颁布的 19.934 号法。

②　详见 2004 年 2 月 21 日颁布的 19.934 号法。

人是否符合前款规定。确定符合后，应当将参加人个人资本账户上的资金划转到保险公司以支付保费。完成本款规定行为的时限，由 AFP 监管局以及证券和保险监管局通过共同制定一般性规范做出规定。

向相关保险公司划转资金后，合同生效。人寿保险公司成为向参加人及其受益人支付合同约定的年金收益和遗属养老金的唯一负责人。

参加人前述合同年金收益不低于第 73 条所指的最低养老金 150%，且不低于根据第 63 条规定计算的平均薪金和申报收益 70% 的，支付保险金后，可以自由支配资本账户的剩余金额。如参加人被宣告伤残，则考虑不低于其基础收入的 70%。

在不与前款规定抵触的前提下，参加人随时可以用上述剩余金额增加其正金额在提取的养老金金额。如参加人将上述剩余金额划转到签署年金收益合同的保险公司，需另行签订保险合同。

选择同根据第 60 条规定负责支付补偿性供款的同一家保险公司签订年金收益保险合同的参加人或者受益人，即使该保险公司并未根据附加第 61 条通过系统报盘，也有权与之签订合同，有权要求签约保险公司在无特别保险条件的情况下，向其支付不低于第 56 条或第 58 条规定的参考养老金金额 100% 的即刻年金收益，即刻年金收益的资金来源不考虑个人账户余额中由自主缴费、自主保障性储蓄存款、集体自主保障性储蓄存款以及协议存款组成的部分。参加人做出这一选择，需在相关人寿保险公司根据附加第 61 条的规定报盘通知发布之日起 35 日内做出。

附加第 62 条[①]

即刻年金收益加计划退休模式：参加人将个人资本账户余额中的一部分用于购买即刻年金收益，剩余的用于计划退休。采用这种模式后，养老金等于年金收益和计划退休金的总和。只有那些其即刻年金收益不低于互助基本养老金的参加人才得以选择这种模式。

在这种模式下，参加人的养老金不低于第 73 条所指的最低养老金 150% 且不低于薪金和申报收益平均数 70%（根据第 74 条计算）的参加人有权提取可自由支配的金额。如参加人被宣布为伤残，则需不低于基础收入的 70%。

---

① 详见 2004 年 2 月 21 日颁布的 19.934 号法。本条第 1 款、第 4 款经 20.255 号法第 38 条第 7 款第（a）目、第（c）目修改。

尽管有第 23 条第 3 款的规定，选择本条规定的即刻年金收益模式的参加人，如签署了符合前款规定的等值即刻年金收益合同，可以用其剩余的资本账户余额同任意一家 AFP 办理计划退休。

参加人可以向 AFP 要求减少计划退休金。如参加人无法参加互助性养老，可以要求 AFP 调整计划退休金，从而使其年金收益与实际得到的计划退休金之和等于互助性基础养老金金额。

参加人选择了即刻年金收益加计划退休模式的，负责补充性供款的保险公司有签约义务，并有义务支付年金收益。年金收益应当不低于参加人转向保险公司的那部分个人资本账户余额与第 56 条所指的 100% 参考养老金之和。为此，资本账户余额包括第 62 条第 8 款所指的部分。

本条未尽事宜，由退休计划和即刻年金收益规范调整。

第 63 条[①]

第 62 条第 6 款所指的平均薪金等于 ［（选择退休金模式前 10 年当中得到的应税薪金总和 ＋ 申报收益总和）÷120］，前提条件是，未实际缴费的月数不大于 16。如实际未缴费月数大于 16，平均薪金等于 ［（选择退休金模式前 10 年当中得到的应税薪金总和 ＋ 申报收益总和）÷（120 − 超过了 16 的实际未缴费月数）］。如上述年份中，参加人根据第一次决定领取伤残养老金，则适用第 57 条第 5 款规定，且不考虑第 57 条第 5 款设定的上限。

可以根据已得的薪金和申报收益计算折现值。为此，AFP 监管局每月需公布相关的折现因素，折现因素需根据得到薪金或申报收益当月最后一天至折现当天之间国家统计局公布的消费价格指数进行调整。

第二段　关于临时收益和延后年金收益

第 64 条[②]

临时性收益和延后年金收益模式：参加人同人寿保险公司签订合同，在合同中约定从将来某日开始，保险公司向参加人按月支付约定的收益。

---

① 详见 1990 年 3 月 10 日颁布的 18.964 号法，2004 年 2 月 21 日颁布的 19.934 号法。

② 详见 1987 年 12 月 31 日颁布的 18.681 号法，2004 年 2 月 21 日颁布的 19.934 号法。本条第 4 款经由 20.255 号法第 91 条第 52 款修改。本条第 6 款经由 20.255 号法第 38 条第 8 款第（a）目修改。

合同中还要约定，参加人的个人资本账户要留存足够的资金以便 AFP 能够在参加人选择这种养老金模式后、保险公司开始向其支付延后年金收益前向其支付临时性收益。

延后年金收益不得低于首月临时性收益的 50%，也不得高于首月临时性收益的 100%。

本条所指的保险合同按第 62 条第 1 款到第 5 款的规定调整。执行第 62 条第 2 款的规定，只考虑用于延后年金收益的个人资本账户余额。尽管如此，各方可以依据下列程序通过协商，提前延后年金收益的支付：

（a）降低被保的收益金额，但需遵守第 62 条第 3 款设定的额度；

（b）用个人资本账户余额或自主账户余额支付一笔额外保险费；

（c）二者合并。

临时性收益是在参加人签订延后年金收益保险合同，根据与 AFP 的协议从其留存在个人资本账户的余额中提取的养老金。临时性收益按年度结算，用促进单位表示，每年分 12 个月支付。用于延后年金收益的资金转往保险公司后，根据临时性收益的持续时间将留存在个人资本账户上的余额分为各年度等值的份额，然后用劳动和社会保障部及财政部最高法令规定的折现率折现，得出的现金流就是临时性收益。计算折现率过程中，可以考虑诸如年金收益的隐含利率、各养老基金的平均收益率以及截至计算时所实行的长期利率等参数。

首次确定折现率后，每年要进行调整，或根据 AFP 监管局以及证券和保险监管局的共同要求随时调整。

参加人在领取临时性收益过程中，可以选择降低临时性收益金额。如果参加人不符合参加互助性养老体系的条件，也可以将临时性收益调整为与互助性基本养老金相等。

如参加人签订的延后年金收益不低于第 73 条所指的最低养老金的 150%，且至少等于既得薪金和申报收益（根据第 63 条计算）的 70%；如参加人被宣布为丧失劳动能力，则等于其基本收入的 70%，且可获得的临时性收益不低于上述延后年金收益的话，其资本账户中超过领取临时性收益必须资金的余额可以自由支配。

第三段　关于计划退休

第 65 条[①]

计划退休模式:参加人每年从个人资本账户领取退休金,年度退休金用促进单位表示,等于个人资本账户实际余额÷支付每份养老金额必要资本额。参加人死亡后,受益人根据第 58 条设定的比例领取。

根据第 64 条第 4 款所指的技术规范和利率、采用 AFP 监管局会同证券和保险监管局根据本法的实施条例共同制定的方法计算必要资本。计算必要资本要采用 AFP 监管局会同证券和保险监管局共同制定的死亡率和预期寿命表。AFP 监管局、证券和保险监管局每年需交换有关选择计划退休或者年金收益参加人的数据库,用以对有效死亡率表进行调整。

计划退休金每年分为 12 个月支付。如参加人自筹参考养老金金额高于含有互助支持的最高养老金[②]或参加人不符合参加互助养老条件,年度计划退休金将根据 AFP 监管局在一般性规范中确定的因素进行调整。这一因素必须能够弱化调整对养老金数额产生的影响。

参加人可以选择提取较低数额的养老金,如参加人不符合参加互助养老的条件,还可以选择将每月提取的养老金数额等值于互助性基本养老金数额。

选择计划退休的,在确定第 1 款所指的退休日其资本账款的余额高于法定最低余额时,超过部分可以自由支配。

法定最低余额即保证参加人及其受益人能够按照第 58 条规定的比例获得第 63 条所指平均薪金的 70% 或者当参加人被宣布伤残时,其基础收入的 70% 的养老金的必要资本。

尽管如此,法定最低余额应当不低于保证支付由国家担保的最低养老金的 150%,并足以支付给收益人法定份额养老金的必要资本。法定最低

---

① 详见 1987 年 12 月 31 日颁布的 18.681 号法,2004 年 2 月 21 日颁布的 19.934 号法。本条第 2 款、第 3 款经由 20.255 号法第 91 条第 53 款修改,本条第 4 款由 20.255 号法第 38 条第 9 款第 (a) 目修改。

② 含有互助性资助的最高养老金 (Pensión Máxima con Aporte Solidario, 简称 PMAS) 等于基础养老金中无权获得老年互助保障性支持 (Aporte Previsional Solidario de vejez) 的部分。老年互助保障性支持是政府提供的一项福利,针对的是符合 20.255 号法的相关规定的、其基础养老金不超过 PMAS 的参加人,是对其自我融资养老金的一种货币化补充。——译者注

余额指不低于保证支付符合上述条件的养老金所需要的余额，选择无特殊保险条件的即刻年金模式的，应当不低于参加人通过报价和咨询体系选择的每一单位养老金的基础成本。

前两款所指的必要资本根据本条第 2 款的方法计算。

第四段　关于伤残养老金[①]

附加第 65 条[②]

具有第 54 条第（a）目、第（b）目所述情形的被宣布为部分伤残的参加人，有权根据第一次决定领取伤残养老金，数额用促进单位表示，等于第 56 条规定的伤残参考养老金。数额低于互助性基础养老金时，且不符合加入互助养老的条件，参加人可以选择利用其个人资本账户的资金调整其养老金达到互助性基础养老金金额。

不具有第 54 条第（a）目、第（b）目所述情形的被宣布为部分伤残的参加人，有权根据第一次决定通过退休计划领取养老金，数额等于根据第 65 条确定的退休金的 70%。此项退休金免收第 29 条第 2 款所指的佣金。参加人根据第二次决定未领取伤残养老金的，不得自由支配资本账户剩余金额。

被宣布为部分伤残的参加人，一旦第二次决定付诸执行，参加人可以选择第 61 条列明的任何养老金模式。但是，向保险公司划转的资金中，不得考虑留存余额。留存余额的意义在于，当参加人被宣布为完全伤残，年满第 3 条指明的年龄或选择第 68 条的养老金模式后，用于重新计算参加人领取的养老金或者用于为第 69 条第 6 款规定的新养老金提供资金。同样残疾人如不符合参加互助养老的条件，则可用于将其养老金提高到等于互助性基本养老金。留存余额等于执行第二次决定日期时个人资本账户余额的 30%，包括认缴证明或者补充认缴证明。计算留存余额不考虑第 4 条第 3 款所指的过渡期缴费。

就留存余额而言，为实现第 23 条所指的基金类型选择和配置，参加人将不被视为退休人。

---

① 详见 1990 年 3 月 10 日颁布的 18.964 号法。
② 详见 1990 年 3 月 10 日颁布的 18.964 号法。

第五段　关于遗属养老金①

第 66 条②

参加人身份有效期间，遗属养老金受益人可以选择第 61 条规定的模式领取遗属养老金。选择即刻年金收益、即刻年金收益和计划退休或临时收益和延后年金收益的，需全体受益人同意。未做出上述选择的，所有受益人受计划退休模式约束。参加人本人具有第 54 条第（a）目或第（b）目情形的，AFP 将第 60 条所指的补充性供款划入参加人本人的个人资本账户。

选择即刻年金收益模式的，受益人的遗属养老金份额等同第 58 条规定的比例。年金收益合同由第 62 条的规定调整，但不适用第 6 款的规定。

选择临时性收益和延后年金收益的，延后年金收益由前款规定调整。临时性收益根据第 58 条规定在受益人中分配。如各分配比例之和低于或高于 100%，需按照加总后的比率重新计算。第一次支付的临时性收益需完全等于延后年金收益。延后年金收益由第 64 条的规定调整，但不适用第 64 条末款的规定。

选择计划退休的，各遗属养老金受益人有权得到根据第 65 条指明的方法计算的养老金，参加人本人领取的养老金要从必要资本中扣除。如受益人为本人子女，享有养老金权利且无伤残的，计划退休金额最多可达本人参考养老金的两倍。这种情况下的计划退休模式不适用第 65 条第 5 款、第 6 款、第 7 款、第 8 款的规定。

如不存在遗属养老金受益人，残疾人本人个人资本账户的余额计入死亡人财产。

第 67 条③

领取老年养老金、根据第二次决定或一次终局决定领取伤残养老金的参加人死亡后，第 5 条所指明的受益人获得遗属养老金权利。

参加人死亡前如选择了年金收益模式退休，受益人应将其死讯告知支

---

① 详见 1990 年 3 月 10 日颁布的 18.964 号法。

② 详见 1990 年 3 月 10 日颁布的 18.964 号法，2004 年 2 月 21 日颁布的 19.934 号法。本条第 4 款经 20.255 号法第 91 条第 55 项修改。

③ 详见 1990 年 3 月 10 日颁布的 18.964 号法。

付养老金的相关保险公司，以便其支付遗属养老金。

残疾人死亡前如选择了临时收益和年金收益模式退休，应根据如下情况，分别对待：

（a）如参加人死亡前一直领取临时收益，受益人应当将其死讯告知 AFP，以便后者将参加人资本账户余额交由受益人处置。受益人可根据全体一致统一选择参加延后年金收益或者根据第 66 条第 4 款规定分配参加人本人的临时性收益。如受益人之间未达成协议，将分配参加人本人的临时性收益。

受益人的养老金权利消失后，本人个人资本账户的余额记入死亡人财产。

临时性收益期限过后，保险公司开始支付遗属养老金。

（b）如参加人死亡前一直领取延后年金收益，受益人应当将死讯告知保险公司，以便后者着手支付遗属养老金。

如参加人死亡前一直领取计划退休金，受益人应当将死讯告知 AFP，以便后者核实要求行使养老金权利的受益人身份，着手承认相关养老金数额并颁发证明。随后，AFP 将本人个人资本账户余额交由受益人处置，处置将按照第 66 条的规定进行。

如参加人死亡前因部分伤残而领取养老金，且在第二次决定做出后一直领取完全伤残养老金，其资本账户留存余额将用于提高受益人根据第 66 条规定行使选择权后的遗属养老金金额，但对第 66 条所指的补充性供款不进行处置。

如参加人死亡前一直根据第一次决定领取部分伤残养老金，具有第 54 条第（a）目、第（b）目情形的，AFP 应当将第 54 条规定的补充性供款划入本人的个人资本账户，并需考虑第 58 条有关第 56 条第（b）目规定的参考养老金比率。如参加人不具有第 54 条第（a）目、（b）目的情形，AFP 将本人个人资本账户余额交由受益人处置，处置根据第 66 条规定进行。

第六段　特别规定

第 68 条[①]

参加人只要就第 61 条规定的养老金模式做出选择，在符合下列要求

---

①　详见 1990 年 3 月 10 日颁布的 18.964 号法，1995 年 8 月 21 日颁布的 19.404 号法，2004 年 2 月 21 日颁布的 19.934 号法以及 2007 年 6 月 5 日颁布的 20.190 号法。本条第 1 款被 20.255 号法第 38 条第 11 项（b）目修改，第 4 款被取消。

的情况下，即使不符合第 3 条的规定，也可以退休：

（a）根据第 63 条计算，可以获得的养老金不低于所得应税薪金和申报收益的 70%；

（b）截至选择养老金模式之日，可以获得的养老金不低于第 73 条指明最低养老金的 150%。

为执行前款规定，拥有认缴证明或者补充认缴证明权利的参加人，可以将认缴证明或者补充认缴证明转让，用转让所得以及个人资本账户余额为养老金提供融资。转让可以采用实施条例规定的简单背书方式，或者根据 18.876 号法第 7 条、第 8 条的规定对认缴证明进行非实体转让。无论转让方式如何，只能在到期日支付转让价款。

参加人未满第 3 条规定的法定年龄也为转让认缴证明、补充认缴证明，但选择了计划退休模式的，只要符合下列条件，也可以退休：

（a）养老金根据本条第 1 款第（a）目、第（b）目的规定进行调整。计算养老金需将个人资本账户实际余额、认缴证明价值、补充认缴证明价值加总后，按照 AFP 监管局确定的申请退休当日的折现率折现。

（b）在认缴证明到期日之前，个人资本账户的余额足以支付根据第（a）目计算所得的养老金，即不低于根据实施条例确定的利率折现得出的养老金现金流。

符合本条第 1 款条件的参加人，未满退休年龄申请退休的，不得因伤残退休，AFP 因此免除支付第 54 条规定的因伤残养老金而产生的遗属养老金义务和责任。

附加第 68 条①

参加人从事或者曾经从事的劳动被鉴定为繁重劳动的且不符合上条第 1 款规定要求的，可以通过依法降低退休年龄的方式退休。实施了附加第 17 条 2% 的缴费，每 5 年可降低两年退休年龄，最多不得超过 10 年。以这种方式计算，只要参加人退休时其缴费年限满 20 年或者其在任何养老金体系的工作年限记录满 20 年的，就可以退休。实施附加第 17 条所指缴费时间不足 5 年的，按照 2×（补足 5 年的缴费时间÷5 年）的计算结果，降低退休年龄。

---

① 详见 1995 年 8 月 21 日颁布的 19.404 号法。

第 69 条[①]

超过 65 岁的男性参加人或超过 60 岁的女性参加人，或者年老退休或完全伤残退休的参加人，继续被雇佣工作的，应当缴纳第 84 条规定的医疗保险费，但可免除第 17 条的缴费义务。雇主免予缴纳用于支付第 59 条所指保险费的缴费。

部分伤残退休的参加人以及处于第 4 条第 4 款所指的 6 个月期限的参加人，继续被雇佣工作的，应当缴纳第 84 条规定的医疗保险费以及第 17 条所指的缴费，雇主应当缴纳用于第 59 条所指保险费的缴费。

部分伤残参加人如根据第二次决定可领取伤残养老金，同时继续工作的，其作为部分伤残参加人时的缴费用于扩大其个人资本账户的留存余额。留存余额可用于提高附加第 65 条规定的养老金金额。

退休人员的健康缴费以劳动者的薪金为基础，最高不超过第 16 条规定的应税上限，参加人正在领取的养老金需从薪金中扣除。

第 1 款所指的参加人自愿选择继续缴费的，缴费将纳入其个人资本账户。

参加人选择即刻年金收益或延后年金收益的，每年在其选择养老金模式的月份可以将其个人资本账户余额转入到向其支付年金收益的保险公司或其他机构，如果参加人重新签订年金收益合同则将资本账户余额转向另外一家保险公司，或者根据第 65 条的规定选择计划退休模式。

第 70 条

参加人死亡后，补充性供款已经划入参加人个人资本账户成为个人资本账户余额的组成部分，如有人要求执行遗属养老金权力，但其受益人身份不能及时确定的，AFP 需着手确认其身份。受益人身份确定后，将被纳入养老金受益人。

遗属养老金开始支付后，如有人要求其养老金权力，但其受益人身份未能及时确定的，最初确定的遗属养老金需重新计算，以保障所有受益人的权力。重新计算每个受益人的遗属养老金金额需按照本法实施条例规定的方法根据参加人个人资本账户剩余额或者保险公司保有的未解付的储备金计算。应当就截至权利要求日的相关养老金模式下的养老金重新进行清

---

① 详见 1990 年 3 月 10 日颁布的 18.964 号法。本条第 1 款、第 2 款经由 20.255 号法第 91 条第 57 款修改。

算。从权力要求之日起,新受益人的遗属养老金权力成立。

第七段　一般性规定

第 71 条[1]

由于参加人退休而可以提取的可自由支配的个人资本账户剩余金额,需根据《所得税法》第 42 条计算纳税金额,并纳税。

第 72 条

参加人死亡后,其个人资本账户或自主储蓄账户余额计入死亡人财产的,低于 4000 个促进单位的部分免缴《遗产、遗赠和捐赠税法》规定的税项。

参加人配偶或者婚生或非婚生子女提取前款所指的余额,不超过 5000 个促进单位部分,无须出示有效继承权证明。

附加第 72 条[2]

各 AFP 应提前一年公布来年满退休年龄的或者其资本账户余额足以支付第 68 条规定的养老金的参加人及其家属的名单。名单要包括那些已经提交养老金申请的参加人或受益人姓名。AFP 应当将公布其姓名的情况提前告知被公布人,后者可以要求 AFP 不公布其姓名。

发布、宣传名单的时间,名单信息内容及期限、AFP 提前确定哪些参加人即将达到退休条件的方法、向相关参加人告知名单公布的情况以及就公布名单申诉的期限等,由监管局一般性规范调整。

名单有关参加人的信息至少要包括如下内容:

(a) 参加人姓名、出生日期、身份证号、性别以及住所;

(b) 受益人年龄、性别及其特征;

(c) 个人资本账户累计余额;

(d) 认缴证明金额以及发放日期。

用以调整确定参加人是否可以提前退休的规范应采用计算计划退休的利率和技术标准。

此外,存在认缴证明的情况下,还需对其进行贴现,利息按照进行计算时前一个月的上个季度二级市场上认缴证明交易的平均利率计算。

---

[1]　详见 2001 年 11 月 7 日颁布的 19.768 号法。

[2]　详见 2004 年 2 月 21 日颁布的 19.934 号法。

第七章①　关于国家担保的利益

第 73 条②

已废除。

第 74 条③

已废除。

第 75 条④

已废除。

第 76 条⑤

已废除。

第 77 条⑥

已废除。

第 78 条⑦

已废除。

第 79 条⑧

已废除。

---

①　详见 2004 年 2 月 21 日颁布的 19.934 号法。

②　详见 1987 年 8 月 29 日颁布的 18.646 号法。

③　本条由 20.255 号法第七章第 5 条（临时性规定）废止，但根据 20.255 号法过渡性第 15 条的规定，本条对本法第 62 条、附加第 62 条、第 64 条、第 65 条、附加第 65 条、第 68 条以及第 82 条的参考作用有效期视情况延长至 2009 年 7 月或 2012 年 7 月。

④　详见 1990 年 3 月 10 日颁布的 18.964 号法，1995 年 8 月 4 日颁布的 19.398 号法，2004 年 2 月 21 日颁布的 19.934 号法。本条由 20.255 号法第七章第 5 条（临时性规定）废止。

⑤　详见 1990 年 3 月 10 日颁布的 18.964 号法。本条由 20.255 号法第七章第 5 条（临时性规定）废止。

⑥　详见 1990 年 3 月 10 日颁布的 18.964 号法、2004 年 2 月 21 日颁布的 19.934 号法，本条由 20.255 号法第七章第 5 条（临时性规定）废止。

⑦　详见 2004 年 2 月 21 日颁布的 19.934 号法。本条由 20.255 号法第七章第 5 条（临时性规定）废止。

⑧　详见 1990 年 3 月 10 日颁布的 18.964 号法。本条由 20.255 号法第七章第 5 条（临时性规定）废止。

第 80 条①

已废除。

第 81 条②

已废除。

第 82 条③

国家对第 53 条所指的补充性供款以及贡献性缴费，第 61 条第（a）目、第（b）目所指的年金收益，第 54 条所指的源自第一次决定的伤残养老金以及第 88 条所指的丧葬费提供担保。

保险公司因停止支付或宣布破产而不能履行支付上述利益的义务，从而造成上述利益不能完全、及时支付的，由国家履行其未尽的支付义务。AFP 监管局需证明保险公司不能履行义务的情况。在这种情况下，国家可以就上述利益的支付进行保险招标。

保险公司因停止支付或宣布破产而不能如约支付第 61 条所指的年金收益的，或者可能拖后支付年金收益时，国家担保的金额等于互助性基础养老金。停止支付或宣布破产的情况需由证券和保险监管局证明。

前述各款所指国家担保的范围包括补充性供款、贡献性缴费、源自第一次决定的伤残养老金以及保险公司未付的年金收益。

年金收益超出第 3 款所指最高金额的，国家对超出基础互助养老金部分的担保比率为 70%。

总之，国家对年金收益的担保每月、每人（参加人或者受益人）不得超过 45 个促进单位，从中应当减掉已经支付的金额。

保险公司因停止支付或宣布倒闭未支付丧葬费的，由国家支付。

国家担保执行后，国家可对执行的担保金额行使担保债权，其担保债权享有《民法》第 2472 条第 6 项规定的优先权。

养老金领取者对保险公司的债权享有前款所指法律规定的优先权。

---

① 本条由 20.255 号法第七章第 5 条（临时性规定）废止。

② 本条由 20.255 号法第七章第 5 条（临时性规定）废止。

③ 详见 1990 年 3 月 10 日颁布的 18.964 号法。第 2 款、第 4 款及末款经由 20.255 号法第 91 条第 58 项修改。第 3 款、第 5 款经由 20.255 号法第 38 条第 12 项第（a）目、第（b）目修改。

第八章　其他与养老金利益有关的特别规定

第 83 条[①]

已经加入或将选择加入本法规定养老体系的具有隶属劳动关系的劳动者受劳动和社会保障部 1981 年颁布的 150 号律令规定的家庭福利和失业补贴计划、1960 年颁布的 338 号律令、16.744 号法有关职业风险的规定或者其他有关劳动保护的法律法规约束。涉及家庭福利、失业补贴以及劳动保护等利益时，已经加入或任何选择加入本法规定养老体系的具有隶属劳动关系的人，仍接受截至本法公布时负责向其提供相关福利、收取相关费用机构的约束。

由职业病或者劳动事故引发的养老金支付，由国家财政负责，并由旧养老制度中与劳动者从事职业对应的机构根据相关规定进行支付。16.744 号法调整的职业病或劳动事故除外。

由 1960 年 338 号律令第 129 条所指的劳动事故造成公务员残废的，该公务员有权向国家财政索要养老金。养老金金额等于同等条件下向国家公务员和记者管理局缴费的缴费人可以获得的养老金金额。

第 84 条[②]

前条所指的劳动者享有 16.781 号法和 6.174 号法规定的健康福利。

除其他收入和财政资助外，健康福利资金来源于上述劳动者向相关机构实施的相当于其应税薪金 7% 的缴费，缴费行为由 17.322 号法调整。

在不与前述各款规定抵触的前提下，劳动者可以将健康缴费或者高于上述比例的健康缴费交给向其提供健康福利和利益的机构或单位。如劳动者选择高于 7% 的月缴费额，应当书面通知雇主以便后者从其薪金中扣缴。缴费享有第 18 条规定的豁免权，豁免权最高为第 16 条规定的应税最高限额的 7%，最高限额根据缴费前一个月最后一天促进单位的价值

---

① 详见 1987 年 8 月 29 日颁布的 18.646 号法。

② 详见 1981 年 2 月 21 日颁布的 3.626 号立法法令；1982 年 7 月 5 日颁布的 18.137 号法，1985 年 12 月 28 日颁布的 18.482 号法，1987 年 12 月 31 日颁布的 18.681 号法，2001 年 11 月 7 日颁布的 19.768 号法。第 3 款由 20.255 号法第 9 条第 59 项修改。

确定。

前款所指的机构或单位应当是在国家健康基金注册的。

本法授权共和国总统在 180 日内发布总统令，宣布调整福利提供机构和单位的规范、国家卫生当局实施技术管理的方法、劳动者选择本体系时签订的合同、受益人或国家健康基金使上述机构承担责任的方式及其他运行本体系所需的程序。

第 85 条[①]

本法体所规定的养老金一律缴纳 7% 的健康缴费，但不得超过缴费当日 60 个促进单位的价值。

缴费用于提供健康福利，负有支付养老金义务的单位须将健康缴费扣缴划入国家健康基金。

选择计划退休或者临时性收益的参加人，资本账户余额用完后，不能加入互助养老金体系的，可以根据有效互助性基础养老金金额计算健康缴费，并缴纳。

第 86 条[②]

享有源自 1960 年 338 号律令和 16.744 号法或其他有关工伤事故、职业疾病法体的部分或全部伤残养老金的参加人，应当根据本法第 17 条和第 85 条的规定实施缴费。

年满第 3 条的退休年龄后，前款所指的伤残养老金停止，劳动者可以根据本法的规定退休。

如第 1 款所指的领取伤残养老金的参加人继续工作，则应根据本法第 17 条和第 84 条的规定缴费。

第 87 条[③]

死于工伤事故或职业病的参加人，以及在根据 1960 年 338 号律令和 16.744 号法或任何有关工伤事故、职业疾病的法体领取全部或部分伤残养老金期间死亡的参加人，遗属养老金根据上述法律法规而产生。

[①]　详见第 1982 年 12 月 29 日颁布的 18.196 号法。本条末款由 20.266 号法第 91 条第 60 项添加。

[②]　详见 1987 年 8 月 29 日颁布的 18.646 号法。

[③]　详见 1987 年 8 月 29 日颁布的 18.646 号法。

在这种情况下，参加人个人资本账户累积的资金计入死亡人财产。

第 88 条[1]

因婚姻或非婚姻或生养等与死亡参加人发生关系的人，如其承担了死亡参加人的丧葬花销，有权从相关资本账户提取相当于 15 个促进单位的丧葬费。

如承担死亡参加人丧葬花销的与参加人既无婚姻关系，也无父母子女关系的人，仅可以从相关资本账户实报实销，但最多不得超过 15 个促进单位。

如参加人从保险公司领取年金收益，上述丧葬费由保险公司支付，支付条件同上。

如参加人选择了即刻年金收益和计划退休，AFP 和保险公司根据资本账户余额最初在两个机构的分配比例支付上述丧葬费。

第九章　关于独立参加人和自愿参加人[2]

第一段[3]　关于独立参加人

第 89 条[4]

所有不隶属于雇主、从事经济活动并据此获得收入的自然人均可参加本法规定的体系。

独立劳动者首次向 AFP 缴费后成为本体系参加人，并加入其选择的基金。相关事宜使用第 23 条第 3 款和第 5 款规定。

第 90 条[5]

独立参加人每月的应税收入为每月向其 AFP 申报的收入。月应税收入不得低于最低收入，也不得超过 60 个促进单位。

第 91 条[6]

根据本章规定加入本体系的，对本法规定的养老金体系享有权利，并

---

① 详见 1987 年 8 月 29 日颁布的 18.646 号法、2004 年 2 月 21 日颁布的 19.934 号法。
② 第九章标题经 20.255 号法第 9 条第 61 项修改。
③ 本段由 20.255 号法第 91 条第 62 项添加。
④ 详见 1999 年 10 月 28 日颁布的 19.641 号法和 2002 年 2 月 28 日颁布的 19.795 号法。
⑤ 详见 1990 年 3 月 10 日颁布的 18.964 号法。
⑥ 详见 1983 年 6 月 28 日颁布的 18.255 号法。

享有 6.174 号、10.383 号和 16.781 号法规定的福利。实施第一次缴费后,
参加人应当在 10.383 号和 16.781 号法规定的健康福利中做出选择。如未
选择,本法视其选择了前者。

如劳动者选择了 10.383 号法规定的福利,其配偶、子女在符合该法
体设定的条件后,有权享有该法体规定的利益,并且不与 1979 年 2.575
号律令的规定抵触。如劳动者选择了 16.781 号法规定的福利,参加人将
享有该法规定的利益,其配偶、子女(未满 18 岁或者年满 18 岁但不满
24 岁,未婚,依靠参加人生活,且正在接受初级、中级和高等教育的)
享有该法规定的利益。

截至参加本体系之日,一直属于家庭抚养利益或失业保障利益体
系并实施使之具有家庭抚养利益或失业保障利益体系参加人身份行为
的独立劳动者,加入本体系后仍然受家庭福利和失业补助统一体系制
度的约束。

第 92 条[①]

独立参加人须实施第三章规定的缴费,即 7% 的健康缴费。健康缴费
由 AFP 向国家健康基金缴纳。

尽管如此,本章所指的参加人可以选择第 84 条第 3 款及后续款项规
定的健康体系。

如参加人选择加入前款所指的健康体系,并决定支付超过 7% 的缴
费,应当在同相关健康机构签约时明示。健康缴费,在不超过 4.2 个促进
单位的范围内享受第 18 条规定的豁免权。缴费金额按照缴费前一个月最
后一天促进单位的价值核算。

第二段[②]　关于自愿参加人

第 92J 条

在不与第 90 条第 3 款抵触的前提下,所有不从事有报酬经济活动的
自然人都可以向 AFP 的自愿缴费个人资本账户缴费。自愿缴费个人资本

---

①　详见 1981 年 2 月 21 日颁布的 3.626 号律令、1982 年 7 月 5 日颁布的 18.137 号法,1982
年 12 月 29 日颁布的 18.196 号法,1985 年 12 月 28 日颁布的 18.482 号法,1987 年 12 月 31 日颁
布的 18.681 号法以及 2002 年 11 月 7 日颁布的 19.768 号法。

②　本段以及第 92J 条、第 92N 条由 20.255 号法第 91 条第 63 项添加。

账户的权利、义务关系由本法第 17 条第 1 款的规定调整，同时考虑本段的特殊规定。

AFP 因管理账户而从自愿缴费个人资本账户收取的补充性缴费等于根据下一条规定的方法确定的收入。用于第 59 条所指的保险费的那部分收入，则以根据下一条规定的方法确定的收入为基础，并不得超过根据本法第 16 条确定的上限。

相关人签署加入申请后成为本体系的自愿参加人。已经加入本体系的有隶属劳动关系的参加人或者独立参加人作为自愿参加人的首次缴费标志着自愿缴费个人资本账户的开立并归 AFP 管理。

法定个人资本账户和自愿个人资本账户应当由同一个 AFP 管理。

自愿参加人可以自行缴费也可以由别人以其名义缴费。自愿缴费不适用《所得税法》对保障性缴费的规定。

自愿参加人可以选择养老基金类型或者根据第 23 条规定被配置到相关养老基金类型。

本段所指的参加人可以选择实施本法第 21 条规定的自主储蓄。

第 92K 条

自愿参加人每月向 AFP 实施的缴费额减去相应的佣金再乘以 10 视为本段所指自愿参加人的应税收入。具体办法由监管局一般性规范规定。应税收入不得低于最低月收入。自愿参加人的应税收入不适用第 16 条所指的应税上限。

尽管如此，自愿参加人可以根据第 19 条第 4 款的规定一次性实施多个月缴费。在这种情况下，应税收入根据参加人月度缴费计算。月度缴费等于一次性缴费总额减去相应的补充性缴费再除以 12。具体办法由监管局一般性规范确定。如上述计算结果低于对应于最低月收入的缴费，应当调整缴费次数以便使每月缴费额等于与最低月收入对应的缴费额。

第 92L 条

缴费后一个月起，参加人遭遇的伤残和死亡事故属于保险范围。为确定补充性供款，计算第 57 条规定的基础收入时需考虑第 16 条所指的应税上限。

自愿参加人按照第 92K 条第 2 款指明的方法实施的缴费，自 AFP 收到缴费次月起，根据一般性规范的规定，视为按月缴费。前款所指的保险据此执行。

第 92M 条

如自愿缴费人的配偶为具有隶属劳动关系的参加人，根据《劳动法》第 58 条规定，其配偶可以通知雇主将自愿缴费人的个人资本账户的缴费、包括补充性缴费从其薪金中扣除。雇主需遵照具有隶属劳动关系参加人的意思，将扣除的金额划入自愿缴费人或其具有隶属劳动关系配偶所在的 AFP。如情况属后者，AFP 应当将划入缴费划转到自愿缴费人所在的 AFP，具体办法由监管局一般性规范确定。第 19 条有关具有隶属劳动关系参加人缴费的规范同样适用于此类缴费。任何月份当中，如果具有隶属劳动关系的参加人的缴费是通过补贴支付机构实施的，AFP 在当月的缴费划转义务中止。

AFP 有权就缴费转账收取第 20C 条意义上的佣金。

以配偶名义实施的缴费并不能使具有隶属劳动关系参加人获得第 18 条所指的免税待遇。

第 92N 条

监管局将制定一般性规范调整本段所指的缴费关系。一般性规范至少需要规定：确定补充性缴费的比例、补充性缴费的收取以及缴费的计算等。

第十章　关于管理

第 93 条

根据本法建立养老基金管理机构监管局（AFP 监管局）。监管局为自治机构，具有法人身份，拥有自己的财产，其存在期无限，由专门的组织机构章程规范，并通过劳动和社会保障部与中央政府发生联系。

监管局负责 AFP 的监督管理，实施本法赋予的职能和权限。

监管局接受共和国审计总署审计，其收入和支出账户接受共和国审计总署审查。

第 94 条[①]

除本法赋予的权限和义务外，监管局的一般性职能如下：

1. 批准成立养老基金管理机构（AFP）、第 23 条第 12 款所指的子机构。

2. 根据共和国政治宪法收购 AFP 股份，批准成立养老金投资组合管理机构并负责上述机构的登记注册。

3. 对 AFP 的经营、AFP 向其参加人提供福利的行为以及养老金投资组合管理公司的经营活动实施监督和管理。

4. 就本体系对 AFP、第 23 条所指的子机构、养老金投资组合管理机构的强制性立法和实施条例进行固定解释，并就上述强制性立法和实施条例制定实施办法。

5. 对准备金的构成、维持、运行和使用进行监督管理。

6. 对养老基金投资以及投资组合进行监督管理。

7. 在不损害证券和保险监管局权限的前提下，制定规范调整与本法规定的福利有关的保险合同，监管规范的实施以及合同义务的履行。

8. 对 AFP、养老基金投资组合管理机构以及养老基金实施清算。

依法对 AFP、AFP 子机构和养老基金投资组合管理机构实施处罚、吊销执照。AFP 子机构不再符合第 23 条第 12 款规定的时候，可以勒令转让对子机构或者通过子机构进行的投资。监管局勒令转让对子机构或者通过子机构进行的投资前，须正式通知 AFP，告知子机构违规的情况，以便 AFP 得以在收到通知之日起 10 个工作日内做出申辩并说明申辩理由。监管局实施这一职能，需采用决议的方式，决议须说明依据，并有专人证明。

AFP、AFP 子机构以及养老基金投资组合管理机构可以在收到通知之日起 15 日内向相关上诉法庭提出申诉，上诉法庭应表明是否接受申诉并查明是否有法律依据。接受申诉后，上诉法庭将于 15 日内将申诉材料交给监管局。如材料移交完毕或监管局不出庭，上诉法院通知提交相关证明

---

① 详见 1981 年 2 月 21 日颁布的 3.626 号立法法令，1985 年 1 月 24 日颁布的 18.398 号法，1994 年 3 月 19 日 9 颁布的 19.301 号法，1995 年 5 月 18 日颁布的 19.389 号法，1999 年 10 月 28 日颁布的 19.641 号法，2002 年 12 月 20 日颁布的 19.705 号法，2002 年 2 月 28 日颁布的 19.795 号法，2004 年 2 月 21 日颁布的 19.934 号法，2007 年 6 月 5 日颁布的 20.190 号法。20.255 号法第 91 条第 64 项修改了本条第 8 项，取代了第 4 项和第 10 项，并添加了第 16 项、第 17 项、第 18 项和第 19 项。

材料，随机选择审理法庭，将案件列入次日审理日程。法庭在 30 日内宣布审理结果。

就监管局实施的罚款提出申诉的，申诉人应当向法庭支付相当于罚款总额 25% 的诉讼费。

如申诉被接受，起诉费将被退回。

法庭的决定是具有强制执行力的法律文件，如无申诉，从通知之日起或申诉裁决之日起 15 日后生效。

就本条所指的申诉，监管局官员一般将通过书面材料向法庭陈述情况。书面材料属于对个人证明的事实进行的法律推理。为确保案件能够得到更好的审理，法庭还可以通知监管局官员口头陈述情况。

监管局免交诉讼费。

因故意或者过失责任导致的罚款，AFP、AFP 子机构、养老基金投资组合管理机构的董事及其代理人负连带责任。对此，相关决议应当说明。相关人可以按照上述规定的方式和期限对监管局的罚款决议提出申诉。

9. 执行相关规范，保障第七章所指的国家担保的实施。

10. 进行必要的技术性研究，促进养老基金体系的发展和巩固，对受益人和参加人获得的养老金质量进行评估。在进行上述研究的过程中，证券和保险监管局应当应 AFP 监管局的要求向其提供有关年金收益养老金模式参加人以及受益人的信息。

11. 对养老基金加入的初级市场和二级市场进行监管、管理；对因为职务、社会地位而有可能获得养老基金投资信息的 AFP 和个人进行监督管理。AFP 监管局行使此项职能不得与证券和保险监管局的权限抵触。

12. 采用适当的方式或者通过其他单位向参加人告知其对养老金体系的权利和义务，以提高养老金服务的覆盖面。

13. 要求根据 18.045 号法单独或者联合对 AFP 形成控股的自然人和法人或者单独持有 AFP10% 以上股份的自然人或法人向监管局如实提供财务报告。监管局通过一般性规范规定报告的时间以及内容，要求报告的时间和内容不得超过证券和保险监管局对开放式股份公司的财务报告要求。

14. AFP 专门与关系人或通过关系人联合用养老基金进行为期 3 个月并可以延长 3 个月的交易，当 AFP 的财务状况或者其关系人的财物状况可能威胁养老基金的安全时，监管局以决议的方式指示 AFP 要克制交易，并说明理由。

15. AFP 专门与关系人或者通过关系人联合用养老基金进行为期 3 个月并可以延长 3 个月的交易，当关系人因连续严重违反相关法律、法规或行政规章而被处罚从而可能威胁养老基金的安全时，监管局以决议的方式指示 AFP 要克制交易，并说明理由。

16. 为确保养老基金的安全，对 AFP 转包（委托）的、与其本身业务范围有关的服务进行监督管理。为此，监管局可以要求提供相关文件和信息，或者直接联系 AFP 的下属部门并获取服务提供机构的档案材料。

17. 对地区和中央医学委员会进行行政监督，下发有关伤残鉴定的操作规范。督促各医学委员会履行职能，确定各地区可以设立医学委员会的数量，所需设备。要求各医学委员会提供信息以便实施监督管理。

18. 为确保养老基金的安全，可以向相关 AFP 下达决议，委派检查员，并向相关 AFP 说明理由。

委派监察员的期限不得超过 6 个月，只可延期一次，延长期限不得超过 6 个月。

委派监察员必须基于如下可能影响养老基金安全从而必须采取紧急措施的事实：

（a）多次出现严重违规或被罚款；

（b）拒不履行监管局依法发布的规范和命令；

（c）董事会董事职务或替代人员职位大量空缺；

（d）养老基金管理的内部控制出现严重瑕疵；

（e）监管局认为 AFP 违反有关利益冲突、关系人交易或与 AFP 专营业务、其所属企业集团专营业务有关的规范；

（f）AFP 申请破产或出现其他不能履行重大义务的情况；

（g）AFP 所属的企业集团宣布破产或被强制清算；

（h）有事实证明 AFP 或其养老基金的财务报告失实；

（i）低于法定最低财产要求或不符合本法有关最低准备金要求。

监察员对 AFP 全部经营活动进行检查，如董事会或其代理人的决议可能使公众对养老基金的安全和稳定产生担忧，监察院有权中止执行董事会或董事会代理人的决议。履行监察职能时，监察员可以要求监管局官员陪同，也可以雇佣外部私人顾问，所需费用由相关 AFP 承担。特派监察员以及陪同官员应当对工作中接触到的信息保密，并不得用于为个人或第三者谋取利益的目的。根据财政部 2004 年的 29 号律令第 125 条第 2 款的规定，违反本款规定的被视为有悖行政道德，且不妨碍其承担其他责任、接受其他处罚。

AFP 可根据本条第 8 项的规定就监察员的委派提出申诉。申诉程序不影响委派的执行。

19. 对 19.404 号法所指的上诉委员会以及人文环境改善委员会进行行政监督，并下发有关繁重劳动评估的操作规范。督促上述委员会依法履行职能。

第 95 条

本法授权共和国总统自本法颁布之日起 90 天内通过劳动和社会保障部颁布法令，规定监管局的组织章程、职能以及权限。

本法颁布之日起 180 天内，共和国总统通过劳动和社会保障部颁布法令对前款所指的章程进行补充，并就监管局的人事配置做出决定。共和国总统行使本法赋予的此项职权时，可以确定监管局人事职位、不归 1974 年 249 号律令调整的人员的工资制度、职工的劳动、保障规范以及其他与人事有关事宜。

第 96 条

智利国防保障局以及智利武装警察保障局人员的养老关系不变，有关下款所指的本法未及事项，继续接受智利国防保障局、智利武装警察保障局以及现行立法调整。

共和国总统将组成委员会，该委员会须在 180 天内提交一部法案，确定前款提及人员中哪些可以参加本法设立的养老体系，怎样加入本法设立的养老体系以及协调本体系与智利国防保障局及智利武装警察保障局之间关系的规范。委员会主席由国防部部长担任。

第 97 条

第 2 条从 1981 年 5 月 1 日起生效。

第 98 条①

本法认为：

---

① 详见 1985 年 1 月 24 日颁布的 18.398 号法，1989 年 5 月 23 日颁布的 18.798 号法，1990 年 3 月 10 日颁布的 18.964 号法，1994 年 3 月 19 日颁布的 19.301 号法，1995 年 5 月 18 日颁布的 19.389 号法，1999 年 10 月 2 日颁布的 19.641 号法，2001 年 11 月 7 日颁布的 19.768 号法，2002 年 2 月 28 日颁布的 19.795 号法。第（b）目被 20.255 号法第 91 条第 65 项取代，原第（f）目、第（i）目、第（j）目被 20.255 号法第 91 条第 65 项取消，第（ñ）目由 20.255 号法第 91 条第 65 项添加。

（a）财产：全部资产和可要求负债的差。

（b）潜在预估损失：包括企业对 BB 等、B 等、D 等、D 等或 E 等，或者 N－4 级或 N－5 级投资工具的投资，或者对无投资等级的企业或投资工具的投资；对 A 等或者 N－2 级投资工具的投资的 20%，对 BBB 等或者 N－3 级投资工具的投资的 60%；发行企业或者投资企业直接或通过其他自然人或法人拥有的代表发行企业或者投资企业 5% 以上的表决权本以外的投资工具，都计入预估损失，并不考虑投资等级。

（c）序列：一次发行的相互间有关联的，在到期日、利率、清场、赎回、担保和调整类型等方面具有相同特征的一整套投资工具。

（d）间接投资：养老基金通过第 45 条第 2 款的投资工具，根据投资制度进行的巨额资产投资。

（e）综合资产净值：母公司与子公司之间的资产差额以及根据资产负债总表计算的潜在预估损失；

母公司和子公司根据 18.046 号法的第 86 条的外延定义。

（f）小股东：直接或者通过其他人持有的股份不超过认购股份 10% 的人。

（g）关系人：采用 18.045 号法第十五章的定义。

（h）企业集团：采用 18.045 号法第十五章的定义。

（i）控股人：采用 18.045 号法第 97 条的定义。

（j）绝对值：一个数字的正值。

（k）自主保障性储蓄存款：劳动者参加获批准机构提供的自主保障性储蓄计划的款项。

（l）获批准机构：第 20 条指明的提供经银行和金融机构监管局或者证券和保险监管局批准的自主保障性储蓄计划的机构，不包括 AFP。

（m）自主保障性储蓄计划：为执行本法第三章规定由银行和金融机构监管局或证券和保险监管局批准实施的替代性投资和储蓄安排。

（n）源自自愿缴费、自主保障性储蓄存款和协议存款的资金：缴费或者存款加上收益。

（ñ）集体自主保障性储蓄计划：为实施本法第三章的规定，由银行和金融机构监管局或者证券和保险监管局批准的替代性储蓄和投资安排。

附加第 98 条[①]

监管局、证券和保险监管局共同做出决议，就附加第 61 条所指的养老金咨询和报价体系的监管管理程序做出规定，就由本法调整并由人寿保险公司实施的利益和养老金支付做出规定，对本法第十七章所指的养老金咨询机构以及第 59 条所指的伤残保险和遗嘱保险的支付做出规定。

第十一章[②]　关于风险评估委员会

第 99 条[③]

根据本法成立风险评估委员会，下文称评估委员会。风险评估委员会具有法人资格及由第 102 条末款所指的款项构成的独立财产。其权限和职能如下：

（a）批准或不批准第 45 条第 2 款第（h）目所指的投资基金、共同基金发行份额，第（j）目所指的代表资本的工具，应监管局要求，批准或不批准第（k）目的代表资本的证券。批准或者不批准进行第 45 条第 2 款第（l）目所指的衍生工具交易的相对方。

（b）根据第 105 条规定，不批准风险评估机构根据 18.045 号法对第 45 条第 2 款第（b）目、第（c）目、第（d）目、第（e）目、第（f）目、第（i）目、第（k）目列明投资工具的评级，这些投资工具的两个最高风险等级的评估结果不低于 BBB 等或者 N-3 级。

第（c）目就批准以下内容设立具体程序：第 45 条第 2 款第（h）目的投资基金份额和共同基金份额、第（j）目的代表资本的投资工具、第（k）目的补充性投资工具以及第（l）目所指的衍生工具交易的相对方。

（d）在国际知名的评级公司对第 45 条第 2 款第（j）目指明的债权证明做出的评级和第 105 条规定的风险等级之间建立对等关系。

（e）在上述目第（c）目的基础上，对第 45 条第 2 款第（j）目所指

---

　①　本条由 20.255 号法第 91 条第 66 项添加。

　②　详见 1985 年 1 月 24 日颁布的 18.398 号法。

　③　详见 1994 年 3 月 19 日颁布的 19.301 号法，1995 年 5 月 1 日颁布的 19.389 号法，1999 年 1 月 18 日颁布的 19.601 号法，1999 年 10 月 28 日颁布的 19.641 号法，1999 年 12 月 20 日颁布的 19.705 号法，2002 年 2 月 28 日颁布的 19.795 号法。本条标题经 20.255 号法第 91 条第 67 项修改，第（a）目到第（f）目由现在的第（a）目到第（e）目取代。

的、在本国正规的市场交易的、代表资本的投资工具的审批设立具体程序。

第 100 条[1]

风险评估委员会由如下人员组成：

（a）养老金监管局委派的 1 名官员；

（b）银行和金融机构监管局委派的 1 名官员；

（c）证券和保险监管局委派的 1 名官员；

（d）AFP 共同选派的 4 名代表。

风险评估委员会主席经匿名投票从上述人员中选出，任期 1 年，可以连选连任。副主席的选举适用同样的程序。主席缺席或因故不能出席时，由副主席代其履行职责。

至少需要 4 名成员出席，风险评估委员会才可召开会议，决议需参会委员绝对多数同意才能通过。无绝对多数产生时，委员会决定是否通过决议。

第（a）目、第（b）目、第（c）目指明的人员缺席或因故不能出席时，相关监管局要指定其他代表出席。

第 101 条[2]

第 100 条第（d）目所指成员任期两年，由各 AFP 根据共同制定的规章选出。

4 名成员需具备法律规定的担任开放式股份公司董事的条件，并不得从事证券经纪、代理业务，不得担任证券经纪、代理公司、银行或其他金融机构的经理、行政管理人员或者董事职务。不得是 AFP 的关系人或合伙人，不得是 18.045 号法所指的风险评估机构董事会的行政管理人员或董事。

除上述 4 名成员外，还需指定 4 名候补委员，在 4 名正式委员缺席或因故不能行使职权时代理行使职权。

正式委员或替补委员，如同属于 18.045 号法所指的需风险评估委员会批准的投资工具的发行人有利害关系，不得参加与相关投资工具有关的

---

[1]　详见 1994 年 3 月 19 日颁布的 19.031 号法。20.255 号法第 91 条第 68 项替代了第 1 款第（a）目到第（c）目，并取消了第 4 款，用现在的第 4 款替代了原来的第 5 款。

[2]　详见 1994 年 3 月 19 日颁布的 19.301 号法，1995 年 5 月 18 日颁布的 19.389 号法。

会议，并在相关讨论或通过决议程序中回避。

第 102 条[①]

风险评估委员会设立行政秘书处，其职能来自于本法的规定和委员会的具体委托。

委员会指定一人担任秘书。秘书是委员会各种活动、讨论、决议的证明人，还是秘书处的司法及非司法事务代表。

委员会将制定规章，对委员会秘书处的运行以及人员设置做出规定。

委员会、秘书处的办公费用由各 AFP 根据其各自管理的养老基金的价值比例分摊。

第 103 条[②]

有关诉诸风险评估的发行人和投资工具的文件、档案，如果不便公开，委员会成员以及在委员会工作的公务员应当保密。违反此项义务的将处以监禁。

禁止委员以及在委员会工作的公务员在相关信息保密期间直接或间接地利用因职务之便获得的信息为个人或第三人谋取利益。保密时间由本法第 109 条第 1 款规定。违反此项规定的将被处以监禁，并在受刑期间停止公职。

委员会成员、秘书处成员、公务员以及那些对提交到委员会等待审批的投资工具或请求其考虑的风险评级等事宜知情的人，如就投资工具是否通过审批公布、散播虚假或导向性信息的，将被处以监禁，并在受刑期间停止公职。这一处罚并不排除其承担相关民事责任。

第 104 条[③]

应一家 AFP 申请，第 45 条第 2 款第（h）目所指的投资基金和共同基金份额需报请风险评估委员会审批，后者做出批准或不批准的决定；应任何一家 AFP 申请，第 45 条第 2 款第（j）目所指的代表资本的融资工具需报请风险评估委员会审批，后者做出批准或不批准的决定；应任何一家 AFP 申请，第 45 条第 2 款第（k）目所指的债权凭证（不包括股份公

---

① 详见 1990 年 3 月 10 日颁布的 18.964 号法，1999 年 10 月 28 日颁布的 19.641 号法。

② 详见 1994 年 3 月 19 日颁布的 19.301 号法，1995 年 5 月 18 日颁布的 19.389 号法。

③ 详见 1994 年 3 月 19 日颁布的 19.301 号法，1995 年 5 月 18 日颁布的 19.389 号法，1999 年 1 月 8 日颁布的 19.601 号法，2002 年 2 月 28 日颁布的 19.795 号法。本条第 1 款、第 2 款被 20.255 号法第 91 条第 69 项删除，第 3 款被修改。

司的债券和股票）须报请风险评估委员会审批，后者做出批准或不批准的决定。批准需根据养老金监管局的决定来做出。

第 105 条①

第 45 条第 2 款第（b）目、第（c）目、第（d）目、第（e）目、第（f）目、第（i）目、第（j）目、第（k）目所指的融资工具，如为长期债务工具时，其风险等级如下：

1. AAA 等；

2. AA 等；

3. A 等；

4. BBB 等；

5. BB 等；

6. B 等；

7. C 等；

8. D 等；

9. E 等，现无用以进行评估的信息。

第 45 条第 2 款第（b）目、第（c）目、第（i）目、第（j）目、第（k）目所指的融资工具，如为短期债务工具时，其风险等级如下：

1. 1 级（N–1）；

2. 2 级（N–2）；

3. 3 级（N–3）；

4. 4 级（N–4）；

5. 5 级（N–5）。

上述等级与 18.045 号法界定的等级对应。AAA 等和 N－1 级为最低风险等级，风险等级随着字母顺序递增，D 等和 N－4 级为最高风险等级。

风险评估委员会在行使第 99 条第（b）目所指的职能时，应当要求相关发行人提供补充风险评估。补充风险评估应由发行人从 18.045 号法所列的私人风险评估机构中选出一家完成。风险评估委员会两名委员认为

---

① 详见 1994 年 3 月 19 日颁布的 19.301 号法，1995 年 5 月 18 日颁布的 19.389 号法，1999 年 1 月 18 日颁布的 19.601 号法，2000 年 12 月 20 日颁布的 19.705 号法。20.255 号法取代了第 1 款、第 2 款、第 4 款、第 5 款，修改了第 6 款、第 7 款，取消了第 8 款。

已发生的事实会对发行企业造成实质性的负面影响并可能改变其发行证券的风险等级时，可以要求进行补充风险评估。

补充风险评估结果提交给风险评估委员会后，风险评估委员会可以凭借多数票否决补充风险评估结果，否决及其理由须记入会议纪要，认为否决理由须保密的除外。风险评估委员会否决最低等级的补充风险评估结果，需 5 名委员一致同意。

风险评估委员会根据第 99 条第（c）目的规定，按照委员会自己设定的程序，批准第 45 条第（j）目所指的代表资本的投资工具。

风险评估委员会应当在本条第 1 款所列的风险等级和国际风险等级之间建立对等关系。有关第 45 条第（j）目所指的债务工具的风险等级与国际风险等级的对等关系将以协议的形式在《官方日报》上公布，并从公布之日起生效。

第 106 条①

应一家 AFP 申请，第 45 条第 2 款第（h）目所指的投资基金和共同基金份额（第 45 条第 5 款所指的份额除外）需报请风险评估委员会审批。审批须考虑上述份额是否符合下款列明的要求，根据发行人向监督管理机构历来提交的可以公开的信息做出决定。

审批做出批准的要求包括：投资的多元化是否适当，是否达到了投资目标以及风险评估委员会的其他要求。风险评估委员会的其他要求需在《官方日报》上公之于众。此外，还要考虑批准时基金是否保持了最低投资量。发行人需根据风险评估委员会要求的方式和时间提供评估上述项目所需要的信息。

评价投资基金和共同基金份额是否符合上述要求采纳的概念、定义、计算方法以及各种指标的极限值等，由风险评估委员会报请养老金监管局决定，并须在《官方日报》上公布。

委员会根据自己设定的程序，审批第 45 条第（j）目所指的代表资本的投资工具。审批程序需要考虑的事项至少包括：国家风险，对发行人及

---

① 详见 1994 年 3 月 19 日颁布的 19.301 号法，1999 年 1 月 18 日颁布的 19.601 号法，1999 年 10 月 28 日颁布的 19.641 号法，2000 年 12 月 20 日颁布的 19.705 号法，2002 年 2 月 28 日颁布的 19.795 号法。20.255 号法第 91 条第 71 项现在的第 1 款到第 3 款取代了原有的第 1 款到第 8 款，并修改了现在的第 4 款和末款。

其发行证券进行监督管理的制度体系，所发行证券在二级市场上的流动性等。

尽管如此，如第 45 条第（j）目所指的在国内正规市场上交易的代表资本的工具（不包括该条第 15 款所指的证券），其风险评估须按照风险评估委员会根据第 99 条第（e）目规定而设定的程序进行。

第 107 条①

已废除。

第 108 条②

每月前 5 天，18.045 号法所指的风险评估机构须向风险评估委员会提交一份债务工具风险评估清单。清单包括风险评估机构上月接受委托并完成的所有风险评估。同时，风险评估机构还需遵照证券和保险监管局的要求，向公众提交相关报告。还需向风险评估委员会附送应当提交给证券和保险监管局或银行和金融机构监管局的定期更新报告。

一旦发现可能影响投资工具的风险等级或影响投资基金、共同基金份额批准的重要信息，上述风险评估机构应当向风险评估委员会和监管局报告，并附送其董事会就重新评估相关工具或份额召开特别会议的情况，这些情况也需报送风险评估程序监督管理机构。

风险评估委员会履行职能，对某只投资工具做分析时，可要求私有评估机构在规定的期限内提交其对该投资工具评定风险的依据。

如发生特殊情况，风险评估委员会必须改变某评估结果时，风险评估委员会委员可以提议对现行协议进行紧急修改。

第 109 条③

最终协议在《官方日报》上公布以前，风险评估委员会需对讨论情况保密。最终协议最迟需在决定做出的下一个月的第一个工作日公布。公布内容需要包括对第 45 条第 2 款第（b）目、第（c）目、第（d）目、

---

① 详见 1994 年 3 月 19 日颁布的 19.301 号法，2002 年 2 月 28 日颁布的 19.795 号法。本条被 20.255 号法第 91 条第 72 项废止。

② 详见 1994 年 3 月 19 日颁布的 19.301 号法。本条第 1 款到第 4 款经 20.255 号法第 91 条第 73 项修改。

③ 详见 1994 年 3 月 19 日颁布的 19.301 号法，1995 年 5 月 18 日颁布的 19.389 号法。本条第 1 款经 20.255 号法第 91 条第 74 项修改。

第（e）目、第（f）目、第（i）目、第（k）目所指的债务工具评定的第 105 条所指的风险等级不予批准的情况，以及对第 45 条第 2 款第（h）目、第（j）目、第（k）目所指的代表资本的投资工具评定的风险等级予以批准的情况，并说明批准或不批准的理由。

应公众请求，风险评估委员会应当向其提供会议纪要，如有理由认为，向公众提交的信息可能对发行人业务产生影响的除外。风险评估机构也可以要求《官方日报》对风险评估依据保密，《官方日报》需申明公开内容具有保密性质。风险评估机构还可以要求对会议记录以及风险评估依据保密。风险评估委员会可以视情况决定采取保密措施。发行人不得自行对风险评估依据保密。除非风险评估委员会要求对风险评估依据进行保密外，风险评估机构不对风险评估依据保密，并需随时根据风险评估委员会的要求，向其提供可能影响风险评估结果的情况。

第 110 条[①]

如因鉴定或未决事宜，风险评估委员会难以对先前批准的投资工具做出批准或不批准的决定时，要保持现状。能够做出决定时，相关决定要公之于众。

第十二章　关于养老基金可以入股的股份公司[②]

一　关于公司

第 111 条[③]

不受附加第 45 条限制性规定约束的股份公司，如符合第 45 条第 6 款的要求，可以在其章程中写入对本章内容的承诺。

第 112 条[④]

受本章约束的股份公司应当在章程中写入如下永久性规范：

（a）任何人不得直接或者通过其他关系人持有本公司 65% 以上的表

---

① 详见 1994 年 3 月 19 日颁布的 19.301 号法。本条经 20.255 号法第 91 条第 75 项修改。

② 详见 1985 年 1 月 24 日颁布的 18.398 号法。

③ 详见 1994 年 3 月 19 日颁布的 19.301 号法。本条经 20.255 号法第 91 条第 76 项修改。

④ 详见 1994 年 3 月 19 日颁布的 19.301 号法，2002 年 2 月 28 日颁布的 19.795 号法。

决权股份；

　　（b）小股东持有本公司表决权股份不低于 10%；

　　（c）本公司至少有 15% 的表决权股份由 100 个以上相互非关系人认购，其中每个人应当至少持有相当于 100 个促进单位的股份，促进单位的价值由最近一次决算确定。

　　尽管如此，如果国家财政直接或者通过国企、权力下放机构、自治机构或者市政机构持有开放式股份公司 50% 以上的认购股份，只要国家财政或者国企、权力下放机构、自治机构或者市政机构承诺出售 30% 的股份，根据第 124 条以及本法其他相关规定签署相关的股权分散协议，视为符合本章要求。如果国家财政或上述机构减持股份或承诺减持超过 30%，减持后或者承诺减持后的比率为本法许可的集中持股上限。

　　在任何情况下，如国家财政或上述机构持有股份超过 50%，其中至少 10% 需由小股东持有，15% 要视其持股分散承诺由 100 名以上非关系人股东认购。用养老基金购买的股份计入上述 15%。

　　第 113 条[1]

　　公司章程中应当明确个人直接或者通过其他关系人集中控制表决权股份的最大比例，但要与国家财政和其他股东的最大集中控股比例有所区别。

　　第 114 条[2]

　　为确保集中持股不超过第 112 条以及相关公司章程中的相关比率，公司股份转让时，认购股份必须登记持股人姓名，其名下的股份不得超限。公司需在 15 天内通知股东将超限股份转让，双方需根据第 124 条及后续条款的规定签署分散持股承诺。

　　第 115 条[3]

　　股东持股比率超过章程规定的不得选择增资扩股认购，也不得选择实施 18.064 号法第 25 条意义上的债转股。

　　第 116 条[4]

　　在不违背第 114 条规定的前提下，股东大会一旦成立，本章提及的任

---

[1]　详见 1994 年 3 月 19 日颁布的 19.301 号法。

[2]　详见 1987 年 8 月 29 日颁布的 18.646 号法，1994 年 3 月 19 日颁布的 19.301 号法。

[3]　详见 1987 年 8 月 29 日颁布的 18.646 号法。

[4]　详见 1987 年 8 月 29 日颁布的 18.646 号法。

何股东都不得自行或者代表其他股东行使基于下述原因的表决权：因持有一定比例的股份而拥有表决权，但其持股比例超过了公司章程许可的最高集中持股比例。在这种情况下，计算持股集中比例需将其个人持股比例与其关系人持股比例加总。

那些持股加总后超过公司章程规定最高比率的股东不得委派任何人做其代表。

国家财政直接或者通过国企、放权管理机构、自治机构或市政机构持有公司股份的，不适用前述各款规定。

第 117 条①

本章所指公司可以要求股东提供必要资料以确定是否存在第 98 条第（h）目指明的关系，股东有义务提供上述资料。

如股东为法人，除上述信息外，应公司的要求，法人股东还需要提供其主要合伙人以及主要合伙人的自然关系人的资料。

第 118 条

在不违背 18.046 号法第 52 条规定的前提下，股东大会常设机构每年应当指派 1 名公司账目监察员，并授予其 18.046 号法第 51 条规定的权限。

第 119 条②

本章所指的公司中，股东大会常设机构除需要履行 18.046 号法第 56 条规定的职能外，还需负责审批由公司管理层提交的公司的投资、融资政策，作为公司经营的指导方针。

投资政策至少需要明确投资领域以及各领域的投资上限，明确公司对上述投资领域的控制情况。

融资政策至少需要明确：最高负债水平，管理层在下述事宜的权限：同债权人就分红进行谈判、提供担保，对公司经营活动至关重要的资产等。

此外，投融资政策还需要就下述事宜明确对管理层的授权：签署、修改和撤销购买或者租赁对公司经营至关重要的商品和服务合同。

如国家财政、国企、放权管理机构、自治机构或市政机构拥有公司发

---

① 详见 1990 年 3 月 10 日颁布的 18.964 号法，2002 年 2 月 28 日颁布的 19.795 号法。
② 详见 1985 年 7 月 5 日颁布的 18.420 号法。

行的 50% 以上的股份，投融资计划还应当包括公司出售产品和服务的定价标准。在这种情况下，公司章程应当规定，投融资计划的通过需要国家财政的赞成票以及剩余股东中绝对多数的赞成票。

第 106 条规定的内容公布后，从第二次股东大会常务会议开始，通过投融资政策需要达到前款所指的特殊法定人数。如相关承诺已确定在第二次股东大会常务会议后分散公司 25% 的股份，只有在分散股份这一天随后召开的那次股东大会常务会议才要求符合前款所指的特殊法定人数。如 25% 的股份在承诺日期之前完成，分散股份之后召开的那一次股东大会常务会议需符合前款所指的特殊法定人数。

第 120 条

在不违背 18.046 号法第 57 条的前提下，股东大会特别会议的议题包括：

公司执行投融资政策核心财产和权利的转让和担保；

对股东大会常务会议批准的投融资计划提出修改。

第 121 条[①]

为符合本法规定，公司股东大会特别会议关于根据本法第 112 条、第 113 条修改章程的决议需征得持有公司发行的 75% 表决权股份的股东的同意。

第 122 条

公司所有行为以及公司同大股东、董事、执行人或董事、执行人的关系人签订的合约应当事先征得公司董事会 2/3 董事的同意，并不得违背 18.046 号法第 44 条的规定。

二　分散持股承诺

第 123 条[②]

已废除。

第 124 条

分散持股承诺应当公证。为分散持股，应明确公司和股东（们）的义务，以及履行义务的方式和期限。

---

① 详见 1994 年 3 月 19 日颁布的 19.301 号法。
② 详见 1994 年 3 月 19 日颁布的 19.301 号法。

第 125 条[①]

分散持股承诺在考虑公司资本额以及持股集中严重程度的前提下，可以规定逐步分散持股的期限。

期限从承诺签署之日起算，最长不得超过 5 年。

第 112 条第 2 款所指的分散 25% 持股的期限，最长不得超过 3 年。

第 126 条[②]

承诺书主要内容应当在《官方日报》以及在一份全国发行的报纸上公布。承诺事宜须在公司股东登记簿中提及，并在签署了承诺书的股东们的股份认购书边缘载明。

第 127 条

承诺书主要内容应当包括：

（a）签署承诺书的股东以及公司的股份结构；

（b）公司资本、股份份数、序列标记、优先股、股票面额、注册资本、实缴资本以及缴全资本的期限；

（c）每个股东持股份数，签署承诺书的股东各关系人的持股份数，并需同时指明，签署承诺书股东各股东关系人持股数量在公司认购股份当中的比例；

（d）签署承诺书股东的义务；

（e）逐步分散持股的期限。

第 128 条

如股东不能完全、及时履行其承诺的义务，公司应当在动产证券交易所出售份额达到持股分散所需的股份时，由不履行义务的股东承担相关费用和风险。所得价款，扣除转让费用后，交付相关股东。

执行前款规定，不妨碍执行承诺书规定的其他分散持股方式和处罚方式。

第 129 条[③]

已废除。

---

① 详见 1985 年 7 月 5 日颁布的 18.420 号法，1994 年 3 月 19 日颁布的 19.301 号法。

② 详见 1994 年 3 月 19 日颁布的 19.301 号法。

③ 详见 1994 年 3 月 19 日颁布的 19.301 号法。

第 130 条[1]

已废除。

第 131 条[2]

已废除。

第 132 条[3]

已废除。

第 133 条[4]

已废除。

第 134 条[5]

已废除。

第 135 条[6]

已废除。

第十三章　关于养老基金债券、证券的托管

第 136 条

18.876 号法关于证券存托的规范，在不同本章规定冲突的情况下适用于养老基金存托和 AFP 存托。

第 137 条

存托养老基金证券的视养老基金为存托人，存托企业有义务将每个养老基金存托人的账户和 AFP 存托人的账户分开管理。

第 138 条[7]

养老基金存放在存托企业的证券享有查封扣押豁免权，不可就存托证券设立质押或实体权利，也不可执行保护措施。

---

① 详见 1994 年 3 月 19 日颁布的 19.301 号法，2002 年 2 月 28 日颁布的 19.795 号法。本章第三段和本条被 20.255 号法第 91 条第 77 项废止。

② 详见 1994 年 3 月 19 日颁布的 19.301 号法。本条被 20.255 号法第 91 条第 77 项废止。

③ 详见 1994 年 3 月 19 日颁布的 19.301 号法。本条被 20.255 号法第 91 条第 77 项废止。

④ 详见 1994 年 3 月 19 日颁布的 19.301 号法。本条被 20.255 号法第 91 条第 77 项废止。

⑤ 本条被 20.255 号法第 91 条第 77 项废止。

⑥ 详见 1995 年 5 月 18 日颁布的 19.389 号法。本条被 20.255 号法第 91 条第 77 项废止。

⑦ 详见 1995 年 5 月 18 日颁布的 19.389 号法，2000 年 12 月 20 日颁布的 19.750 号法。本条第 2 款经 20.255 号法第 91 条第 78 项修改。

前款规定不影响用存托证券为第 45 条第 (1) 目所指的衍生工具交易设立担保。

第 139 条

各 AFP 不可用养老基金购买应税的、可以被禁止或查封扣押的证券。

第 140 条

AFP 需按照监管局通过一般性指示确定的时间和条件向其通告在本国或外国证券存托企业、18.045 号法第十九章所指的清算所以及中央银行存放的组合价值。证券存在存托企业的,AFP 随时应监管局要求,向其提供存托企业根据 18.876 号法第 13 条规定开具的由其管理的组合价值。

第 141 条

存托企业和清算所有义务在监管局要求的期限内,向其提供有关存托证券的信息,同养老基金和 AFP 的存托业务往来以及有助于监管局实施监督管理的其他必要信息。

为有助于监管局监督管理,存托企业和清算所有义务将养老基金及其准备金投资的账户、登记或文件交由监管局处置。

第 142 条

AFP 应当参加 18.876 号法第三章所指的存托人大会。大会决议应当场宣布并将投票情况记入会议纪要。有悖本款规定的将根据第 94 条第 8 项规定的方式处以罚款。

第 143 条

存托企业因发生 18.876 号法第 37 条、第 38 条规定的情形而被证券和保险监管局吊销执照后,证券和保险监管局最迟应当在吊销执照令公布后次日通告 AFP 监管局。AFP 监管局需指令被吊销执照的存托企业将由其托管的证券组合临时交给中央银行或其他证券存托企业。

第 144 条

存托企业解散也适用前款规定。证券和保险监管局最迟需在存托企业解散事实发生后次日告知 AFP 监管局。

第 145 条

如有债权人要求存托企业破产,法官应当根据 18.876 号法第 41 条的规定,通知监管局。

如证券和保险监管局根据 18.876 号法第 41 条在报告中表示,相关存托企业不可能履行债务或者不能在规定期限内做出决定,AFP 监管局将责令将养老基金的证券临时存放在中央银行或者其他由监管局指定的存托企业，从而把这些证券从破产财产中隔离。

第 146 条

各 AFP 最多可以直接或间接持有证券存托股份公司认购股份的 7% 。

第十四章①　关于利益冲突的监管

一　关于 AFP 的责任

第 147 条②

AFP 应当极尽所能保证养老基金的投资安全和适当的收益。在履行职能过程中，服务于养老金利益是 AFP 的唯一宗旨，AFP 要确保所有用养老基金进行的证券买卖符合这一宗旨。

义务不履行造成养老基金损失的，AFP 将负普通过失责任。

为避免养老基金因所持债务工具未得偿付而遭受损失，AFP 可以采取交易、承诺、司法协议和法外协议、调节、延期或展期等措施。同样，AFP 可以参加债权人大会或其他类型的竞标程序，并行使发言权和表决权；如果债务人是 AFP 的关系人，AFP 只能行使发言权。

AFP 受托管理养老基金组合的，需对养老基金的任何损失承担责任。

第 148 条③

本法明确授权给 AFP，AFP 可以对任何有损于其管理的养老基金的事物做出反应。AFP 所在地的初审法庭有权审理赔偿案件，赔偿事宜适用《民事诉讼法》第三卷第十一章规定的快速审判程序。

第 149 条④

AFP 的董事、工作人员以及向其提供服务的人员，因行使或者疏于行使第 147 条和第 150—154 条所指的行为，从而造成养老基金直接损失的，AFP 要对养老基金进行赔偿。上述行为的参与人需承担连带责任，包括实际损害和潜在损失。根据上述责任，监管局可将养老基金可获得的赔偿计

---

① 详见 1994 年 3 月 19 日颁布的 19.301 号法。
② 详见 1994 年 3 月 19 日颁布的 19.301 号法。
③ 详见 1999 年 10 月 28 日颁布的 19.641 号法。
④ 详见 1999 年 10 月 28 日颁布的 19.641 号法。

入其收入。获得赔偿的法律行为由相关的初审法官主持。初审法官主持有关赔偿的法律行为，依据第 148 条所指的程序。

第 150 条①

为实施本条规定，遵守第 154 条设定的禁止项目，监管局采用一般性指令的方式，规定 AFP 就其自身进行的交易、同关系人发生的交易和与其管理的养老基金发生的交易应当保有怎样的信息和记录档案。AFP 着手就一只投资工具进行交易时，须记录是以自身的名义还是相关养老基金的名义进行交易。

AFP 外部审计人员应当就 AFP 的内部控制机制、记录用养老基金实施交易的时间、来源和目的的档案等做出声明。AFP 采取的内部控制机制旨在忠实履行本条的规定，遵守第 154 条设定的禁止项目。

第 151 条②

AFP 的董事、控股人股东、经理、管理层以及任何因职务或地位可能接触到养老基金投资信息的，该信息尚未正式向市场公开、从信息的性质判断，该信息能够对养老基金投资的证券价格产生影响的，上述人员应当对信息保密。本款所指人员受 18.045 号法第 166 条的约束。

禁止上述人员直接或者间接地利用保密信息买卖证券，为个人或者养老基金以外的他人牟利。

参加养老基金持有、购买或转让投资工具的人员，除利用或代表 AFP 或养老基金或者 AFP 账户参与持有、购买和转让交易的人员外，不得将决定告知他人。

第 152 条③

禁止 AFP 购买那些养老基金可能购买的股票和投资基金份额。禁止 AFP 以及参与养老基金持有、购买或转让资产的人员、那些因职务或地位了解养老基金所做交易的人员购买 18.045 号法第 162 条所指的低流动性资产。

如 AFP 已经投资于前款所指的资产，应当从养老基金可以购买该资

---

① 详见 1999 年 10 月 28 日颁布的 19.641 号法，2002 年 2 月 28 日颁布的 19.795 号法。

② 详见 1999 年 10 月 28 日颁布的 19.641 号法。本条第 1 款经 20.255 号法第 91 条第 79 项修改。

③ 详见 1999 年 10 月 28 日颁布的 19.641 号法。

产之日起 1 年内转让。只要 AFP 将其作为自己的投资持有，将被禁止使用任何一只养老基金购买这些资产。

第 151 条和本条所指的人员及配偶购买了养老基金可以购买的资产后，应当在实施交易次日起 15 天内告知监管局，直接从发行机构购买银行和金融机构长期存款的除外。同样，监管局可以要求上述人员及配偶提供有关本条所指交易的信息。上述交易指在养老金可以交易之前 12 个月内完成的交易。

附加第 152 条[①]

AFP 应当向监管局报告其管理的养老基金在第 48 条所指的正规二级市场上交易的情况，报告期限由监管局一般性规范确定。

第 153 条[②]

作为 AFP 及其养老基金管理组合的职能，特别是就投资工具做出的持有、购买或转让的决定等与管理其他组合的职能不能兼容。此外，违背此禁止规定的 AFP 及其执行人员，视其对相关养老基金造成的损失承担相应的民事责任，同时不妨碍根据本法对其实施行政和刑事处罚。

为实施本条规定，本法视接受第三者委托用第三者的资金进行投资并对所实施的投资实施管理的行为为组合管理。

同样，买卖 AFP 提供的服务同买卖 AFP 所属的企业集团的任何单位的产品、服务不得兼容。

在任何情况下，AFP 的总经理、商务经理、投资经理以及商务和投资方面的执行人员、销售代理不得在 AFP 所属的企业集团的任何其他单位兼任类似职务。

AFP 接待公众的下属部门不得与 AFP 所属企业集团的任何其他单位兼容。

如 AFP 向其所属的企业集团的任何其他单位提供了参加人个人信息数据库信息，相关单位将连带承担 19.628 号法第 23 条设定的责任。

---

① 详见 1999 年 10 月 28 日颁布的 19.641 号法，2002 年 2 月 28 日颁布的 19.795 号法。

② 详见 1995 年 5 月 18 日颁布的 19.389 号法，1999 年 10 月 28 日颁布的 19.641 号法。本条第 3 款、第 4 款和第 6 款由 20.255 号法第 91 条第 80 项添加。

二　禁止 AFP 从事的行为

第 154 条[①]

在不与上述条款抵触的前提下，本法认为 AFP 下述作为或不作为有悖本法规定：

（a）利用养老基金的财产直接或间接牟取不正当利益；

（b）除本法明确授权的佣金外，向养老基金收取任何其他服务费的；

（c）利用对养老基金即将实施的交易的了解为个人或他人牟利的；

（e）除代表 AFP 必须参加交易的人外，在养老基金进行购买、持有或者转让资产交易之前，向任何其他人透露养老基金购买、转让或保持资产交易信息的；

（f）养老基金转让资产，AFP 在 5 日内购买这些资产，所付价格低于转让资产前一天正规市场的加权平均价格的；

（g）养老基金购买资产，AFP 在 5 日内出售出这些资产，出售价格高于购买资产前一天正规市场的加权平均价格的；

（h）养老基金购买或转让财产，AFP 自己作为买方或卖方参加交易的；

（i）AFP 转让或购买资产的利润高于同一天养老基金转让或购买资产利润的；交易完成后两天将差价交给养老基金的除外。

为履行同所属企业集团其他单位的义务而对参加人或受益人的利益打折扣，有悖于社会保障以及本法规定的宗旨的；

为实施本条规定，AFP 这一表述包括任何参与养老基金投资决策的人，因其职务或地位关系可以接触到养老基金投资信息的人。此外，资产这一概念包括同一发行人发行的同一系列、同种类型、同种级别或种类的资产。

尽管可能被诉诸民事、刑事、行政责任和被请求损害赔偿，任何有悖于上述禁止行为的合同和契约均视为有效。

---

① 详见 1999 年 10 月 28 日颁布的 19.641 号法。本条第（g）目、第（1）目经 20.255 号法第 91 条第 81 项修改。

三 AFP 在养老基金投资的企业董事选举中的表决权

第 155 条[①]

养老基金投资的企业，如董事据以当选的多数票是 AFP 提供的，当选董事应当在监管局备案后行使董事职能。监管局将通过一般性规范，规定备案要求，并对办案程序进行监管。上述一般性规范需是在第十六章所指的投资技术理事会的报告中得到积极评价的。备案被拒绝可以根据第 94 条第 8 项的程序及本条规定提出申诉。养老基金投资的企业的董事会选举中，AFP 不得对具有下列情形者投赞成票：

（a）是该企业的大股东或大股东的关系人，通过直接、间接的方式，或者通过共同行动能够决定多数董事人选的；

（b）是企业的股东或股东的关系人，连同 AFP 的选票可以决定多数董事人选的；

（c）是 AFP 的股东且直接或者间接持有 AFP 认购股份 10% 的，或者是其关系人的；

（d）是 AFP 的董事或执行人员，或者该 AFP 所属企业集团任何企业的董事或执行人员。

在不与第（a）目抵触的前提下，AFP 可以投票支持其养老基金投资的企业所属企业集团其他企业的董事参加董事会选举，但被支持者需符合如下条件：

（a）参与同一企业集团旗下一个或者多个公司的董事会是其与企业集团控股人的唯一关系；

（b）并不是因为得到企业集团控股人或者关系人决定性的支持才得以参与第（a）目所指的同一企业集团旗下一个或者多个公司的董事会的。

本法认为，决定性支持是指如果没有来自于某些自然人或法人或自然人、法人关系人的选票，该董事原本不可能当选。AFP 不得对 18.046 号法认为的非独立参选人投赞成票。

股东大会选举出董事会成员之日起 45 个工作日内，监管局可以就当

---

① 详见 1995 年 5 月 18 日颁布的 19.389 号法，2000 年 12 月 20 日颁布的 19.705 号法。本条第 1 款被 20.255 号法第 91 条第 82 项替代，第 3 款被修改。

选董事是否符合本条规定做出声明，并决议哪些当选董事是因 AFP 提供的多数选票当选但因故不能任职的（无资格）、哪些需要离职，并说明理由。声明内容需通告为相关董事投支持票的 AFP。

因故不能任职的董事，如有替补人员，替补人员可暂时代其履行职务。如果无替补人员，董事会应当指定 1 名能够任职的人员替代。

投票支持因故不能任职董事的 AFP 可以就监管局的声明提出申诉，申诉遵循第 94 条第 8 项的程序。申诉未解决前，董事会不得指定人选替代因故不能任职的当选董事。

如未发生申诉，或者驳回申诉的决定已经执行，替补董事将正式就任。在其他情况下，最终能够任职的替代董事需由董事会从投票支持被替代董事的 AFP 提出的 3 名候选人中指定。指定需在监管局认为当选董事无资格任职决定或驳回申诉决定执行之日起 15 日内完成。被指定替代董事的期限等于当选的任职无资格董事的任期。

如当选董事在任职期间失去任职资格，监管局将通过决定说明其不能任职的情况，要求其离职，并通知相关 AFP、其任职的公司以及本人。其职务将由根据前述各款规定指定的替代董事履行。

公司董事会当中，如有董事失去任职资格，但是在其失去任职资格的情况未经监管局决议宣布的，董事会通过的决议仍为有效决议。

监管局将通过一般性规范，对 AFP 声明第 4 款、第 8 款内容应当遵循的程序做出规定。

各 AFP 之间或者联合那些不受本条限制性条件约束的股东联合参加选举。但对其选出 1 名或多名董事的公司，不得做出任何具有参与或干预其管理的行为。违者将由监管局根据本法施以处罚。

参加选举的过程中，AFP 受如下规范的约束：

（a）AFP 董事会应当确定需要其代表投赞成票支持的候选人名单，并指出，如基于养老基金的利益而投票选举名单外候选人的，应当遵守哪些规则。这些内容应当记入董事会会议纪要并说明理由。

（b）如 AFP 的代表投票支持名单外候选人，在下次董事会上，该代表应提交一份书面报告，说明投票的理由和投票时的情形。报告以及董事会对该报告的意见应纳入会议纪要。

AFP 代表有义务在选举中大声表决并将其纳入股东大会纪要。

四　关于 AFP 董事会选举

关于董事

第 156 条[①]

除 18.046 号法第 35 条、第 36 条规定的无资格任职的情形外，下述人员不得担任 AFP 董事职务：

（a）银行或其他金融机构、证券交易所、证券经纪机构、投资基金管理机构、共同基金管理机构、保险公司或者 AFP 的执行人员；

（b）第（a）目列举的所有机构的董事，以及 AFP 所属企业集团的其他本国或外国企业的董事。

执行人员指：经理、副经理、具有代表企业或者具有可以就企业的业务做出决策权限的人。

对 18.046 号法第 36 条第（1）项、第（2）项所指的人员而言，本条规定的无任职资格的期限为任职期满后 12 个月。

附加第 156 条

AFP 董事会至少由 5 名董事组成，其中两名必须为独立董事。

独立董事指同 AFP 以及同一企业集团的任何其他企业及其控股人、执行人无任何关联、不可能与其产生利益冲突，从而能够做出独立判断的人。

本法认为，近 18 个月来的任何时期具有如下任何情况的人，都不具备独立董事资格：

（a）同前款所指人员保持任何关联、经济利益或某种职业、信贷或商业方面的隶属关系，其性质和数量根据本条所指的一般性规范判断属于重大的；

（b）是前款所指人员的配偶，或者同前款所指的人员具有二代内直系血亲或一代旁系血亲关系的；

（c）直接或者间接持有向前款所指人员提供过标的金额庞大的法律或咨询服务的企业 10% 以上股份的，是该企业的合伙人或股东的，在向前款所指人员提供过标的金额庞大的法律或咨询服务的企业担任过董事、

---

① 详见 1995 年 5 月 1 日颁布的 19.389 号法。本条第 2 款经 20.255 号法第 91 条第 83 项修改，第 3 款是 20.255 号法第 91 条第 84 项添加的。

经理、管理人员以及主要执行人的,或曾担任外部审计的;

(d) 直接或者间接持有向 AFP 提供过金额庞大的商品或者服务的企业 10% 股份,是合伙人或股东的,在该企业中担任过董事、经理、管理人员以及主要执行人的。

为执行本条第 2 款规定,本法认为,根据 18.046 号法作为独立董事参与 AFP 董事会的人具有独立董事资格。

参选独立董事,候选人应当由代表公司 1% 以上股份的股东推荐,推荐需在股东大会召开董事选举会议前 10 天内完成。推荐的候选人名单中,应当包括独立董事替补人员名单,以便在独立董事缺席或因故不能行使职权时代其行使职权。替补人员应当完全符合本法对独立董事的要求。候选人及其替补人员至少要在召开选举会议前两天向总经理提交一份声明,宣誓自己符合上述对独立董事的要求。

选举期间担任独立董事职务的人仍然可以作为独立董事候选人参选。

不再符合独立董事要求的人,自动失去任职资格。

符合上述独立董事条件且得票最多的两名候选人当选。

监管局将通过一般性规范,对照本条的规定判断相关人员是否具有独立资格。规范内容应得到第十六章所指的投资技术委员会的肯定。

董事的职能

第 157 条[①]

AFP 的董事应在利益冲突,特别是如下事项方面做出声明:

(a) AFP 参加养老基金投资的企业董事选举的政策和表决;

(b) 防止违反第 147 条到第 154 条规定的内部控制机制;

(c) 指定外部审计员的建议;

(d) 指定 AFP 负责养老基金向外国投资的负责人;

(e) 养老基金一般性投资政策;

(f) 养老基金同 AFP 关系人交易的政策。

五　处罚及程序

第 158 条

个人或集体实施或签署任何违反第 147 条到第 154 条规定的行为或契

---

① 详见 1999 年 10 月 28 日颁布的 19.641 号法。

约，将根据 AFP 监管局组织机构法和本法给予处罚。

第 159 条

AFP 的董事、经理、受托人、清算人、交易终端的操作人以及工作人员，因其职务或地位利用 18.045 号法第二十一章所指的内部信息的，将被处以监禁。

（a）个人或者通过其他人经营或交易公开出售的证券为个人或其他人牟取金钱利益的；

（b）向负责利用或者代表养老基金从事公开出售的证券的收购或转让交易以外的人散布有关养老基金投资决策信息的。

负责养老基金组合管理的从业人员，特别是负责养老基金及相关的 AFP 购买、持有或转让投资工具决定的从业人员，自行或通过他人同时管理其他投资组合的，以及任何具有上述身份的人从事违反第 154 条第（a）目、第（c）目、第（d）目、第（h）目规定行为的人，将被处以同样的刑罚。

第十五章①　关于个人资本账户管理招标

第 160 条

监管局自己或者通过委托第三人可以就管理本条第 4 款所指的人的个人资本账户招标。第 161 条所指的单位均可参加招标。满足本章规定条件的、出价最低的单位中标。

招标每 24 个月一次。监管局也可以视某一阶段的具体技术情况不按每 24 个月一次的频率招标。监管局需就不招标的技术情况做出决议，并说明理由。

从参加人加入 AFP 之日起停留在特定 AFP 的时间由招标条件规定，但最长不得超过 24 个月。

中标后 6 个月内，所有在未来 24 个月内参加本体系的人，应当加入中标的 AFP，在 AFP 停留的时间为前款所指的期限。以上规定不得与第 65 条第 2 款的规定抵触。

---

① 第十五章、第十六章、第十七章的标题由 20.255 号法第 91 条第 85 目添加。

第 161 条

现有的 AFP 以及国内外非 AFP 法人均可参加招标。国内外非 AFP 法人参加招标的，须持 18.064 号法第 130 条所指的养老金许可证明，经监管局同意，并符合作为 AFP 中标的技术、经济、财务和法律要求。这些要求在第 166 条所指的一般性规范中确定。参加招标的国内外非 AFP 法人是否符合要求事先由监管局确定。

第 162 条

招标由招标规则以及本法确定的规范调整。劳动和社会保障部以最高法令的形式批准招标规则。招标规则应在支付投标费之前置于有投标意向的人的可及之处，投标费由监管局确定，并上缴国家财政。投标规则至少应当包括以下内容：

（a）每年参加体系的人数及其平均收入；

（b）投标期限和方式；

（c）投票保证金金额；

（d）履约保证金金额；

（e）诚实履约保证金金额；

（f）参加人停留在中标 AFP 的时间；

（g）佣金报价的有效期间；

（h）中标程序和机制以及平局的解决；

（i）中标结果的通告方式和期限；

（j）非 AFP 中标单位开始经营的日期；

（k）代理机构和地区分支机构的准备期限；

（l）作为 AFP 提供服务的最低标准。

第 163 条

投标中报出的对正在缴费的参加人收取的佣金应当低于投标时养老金体系内最低的缴费存款佣金。如在投标期间，有 AFP 根据第 29 条末款的规定通知修改最低价缴费存款佣金，则以修改后的最低佣金为准。

中标决定由监管局做出，并说明理由。

中标人不得在招标规则规定的期限，即从中标之日起满 6 个月后第一个月的第一天起算 24 个月内提高佣金，并需向参加人提供统一的服务，使用统一的佣金率。上述期限结束后，AFP 可以根据第 29 条的规定自由确定佣金，并有权参加新一轮招标。参加人必须停留在同一个 AFP 的期限结束后，根据第 160 条第 4 款规定可以自由转换 AFP。

第 164 条

中标人应当根据其投标所报条件接受所有新的参加人。

出现下述情形的，监管局应当将新的参加人配置到收取佣金最低的 AFP：

（a）在规定期限内，中标人不再符合成为 AFP 的条件；

（b）根据本法或招标规则，无人投标或者无人中标。

第 165 条

根据第 160 条第 4 款规定已经加入中标 AFP 的劳动者，只有出现如下情形，方可在必须停留在中标 AFP 期间内转换 AFP：

（a）中标 AFP 不履行第 24 条有关法定最低财产的义务；

（b）中标 AFP 不履行第 37 条有关各类型基金最低收益率的义务；

（c）中标 AFP 停止支付，或者已经明显地失去偿付能力，或者申请，或者声明破产；

（d）中标 AFP 正在清算；

（e）中标 AFP 收取的佣金连续两个月高于其他 AFP。这种情况下，参加人只能转换到收取佣金更低的 AFP；

（f）第 163 条第 3 款规定的期限结束后，提高佣金的；

（g）在中标 AFP 中标之日和参加人转换 AFP 申请之日期间，假如参加人参加另外一个 AFP，所得到的收益将高于中标 AFP 收取的最低佣金，在这种情况下，参加人只能转换到另外一个 AFP。与转换 AFP 有关的计算方式由第 166 条所指的监管局一般性规范确定。

根据第 160 条第 4 款规定必须加入中标 AFP 的劳动者，在出现前款第（a）目到第（d）目所列的任何的情形时，没有义务必须加入中标 AFP。

第 166 条

监管局将制定一般性规范对本条规定的招标事宜进行监管。

第十六章　关于投资技术理事会

第 167 条

根据本法设立投资技术理事会，以下称"理事会"。理事会为永久性

机构,其宗旨是就养老基金的投资提供报告、建议和声明,以确保养老基金的安全和适当的收益。理事会的职能和权限如下:

(a) 就第 45 条的投资制度内容做出解释并就监管局提出的修改意见做出说明。为此,理事会应当在监管局公布修改投资制度的法令之前,提交技术建议报告;

(b) 就投资制度中的养老基金投资事宜,特别是关于投资限度结构、投资组合风险度量机制以及第 45 条第 (1) 目所指的经营活动等发表技术意见;

(c) 理事会在认为合适的时候或者应监管局要求就完善养老基金投资制度发表建议、提供报告;

(d) 应财政部以及劳动和社会保障部的咨询,就养老基金投资事宜做出解释;

(e) 最迟需在每年的第一个季度向共和国总统提交上年年度报告,报告须公开,报告还须提交国会。

(f) 负责进行有关养老基金投资的调研活动。

第 168 条

理事会由如下人员组成:

(a) 1 名由共和国总统指定的成员。这名成员必须担任过财政部部长或养老金监管局局长或领导、银行和金融机构监管局领导、证券和保险监管局领导、智利中央银行顾问或经理;

(b) 1 名由智利中央银行顾问委员会指定的成员。这名成员有关金融和资本市场的知识和经验必须被广为认可、声誉卓著;

(c) 各 AFP 共同指定 1 名成员。这名成员必须在投资组合管理方面具有丰富的经验,曾担任过金融部门某一企业的经理或主要执行人;

(d) 两名由大学经济或经济管理系主任指定的成员。这些大学必须经 20.129 号法认证。其中 1 名学者有关金融和资本市场的知识和经验应当被广为认可、声誉卓著;另外 1 名学者有关宏观经济的知识和经验应当被广为认可、声誉卓著。对两名学者资质的判断根据本法实施条例进行。

上述成员在担任理事会成员期间,不得担任 AFP 及其企业集团任何单位的经理、管理人员和董事。

董事会成员任期 4 年,届满后可连选连任一次。

除上述指定人员外,还需为每名成员指定 1 名替补委员,以便在正式委员缺席或因故不能履行职务时代行其职。替补委员需达到正式委员的条件。

第 2 款的规定也适用于替补委员。

正式和替补委员有如下情形时需离职：

（a）任命期限届满；

（b）辞职被任命者接受；

（c）心理或生理疾病使之不能履行职务；

（d）出现本条第 2 款列明的不具备任职资格的原因，需自动离职的；

（e）严重不履行本章规定的义务的。

正式、替补委员以及理事会秘书处成员应当就其履行职能过程中接触到的不便公开的文件和资料保密。违反保密义务的将被处以监禁。

前款所指的人员不得直接或间接地利用因履行职务获取的未曾公开的信息为个人或第三人牟利。违法本款规定的将被处以监禁。受刑期间停止一切公共职务。

理事会成员每月参会的补助用比索支付，金额相当于 17 个促进单位，每月的参会补助最多不超过 34 个促进单位。

第 169 条

共和国总统任命的委员担任理事会主席。召开理事会会议，至少需 3 名委员参加，决议须参会委员绝对多数赞成才得通过。投票平局时，由主席决定是否通过决议。上述规定不妨碍本条第 15 款所指的理事会运行规范的执行。

理事会应当从正式委员中任命 1 名副主席，在主席缺席时代行其职，代理期限可以由理事会决定，也可以等同于其作为委员的期限。

理事会每年至少会晤两次。主席可以召集理事会，委员多数也可以提议召开。养老金监管局要求召开理事会的时候，理事会应当召开。

理事会业务秘书由监管局官员担任。理事会业务秘书是理事会所有行为、讨论和决议的证明人。

理事会为自身的运行、适当履行受托职能制定规则，并就其成员的义务和职责制定规则。

监管局向理事会提供行政支持，并提供其履行职能必要的资金，包括上述参会补助。

第 170 条

理事会会议谈论的问题与委员有利害关系或者委员是相关问题的当事人，委员应当回避。回避的规范和程序由理事会制定。

第十七章　关于养老金咨询

一　宗旨

第 171 条

养老金咨询服务的宗旨是综合考虑参加人和受益人的具体情况，向其提供有关本体系的信息，以便其在知情的情况下根据自己的需要和利益做出涉及本法规定的福利和利益的决定。养老金咨询服务包括养老金保险中介。咨询应当完全独立于提供利益的单位。

对于符合退休条件的参加人或按照计划退休模式领取养老金的人，咨询应当特别告知怎样根据本法第 61 条规定的模式退休，各个模式的特点以及可能得到的其他利益，以及可能领取到的养老金金额。

第 172 条

本法设立养老金咨询师注册制度，注册由养老金监管局、证券和保险监管局共同维护。提供上条所指养老金咨询服务的个人或单位应当注册。注册应当符合本章规定以及上述两个监管局联合制定的一般性规范的要求。

二　关于养老金咨询机构和咨询师

第 173 条

养老金咨询机构应当在智利设立，专门向参加人和受益人提供养老金咨询服务。

其合伙人、管理人员、法定代表以及负责提供养老金咨询的人应当符合本章规定的条件并履行本章设定的义务。

养老金咨询机构和咨询师应当向监管局、证券和保险监管局证实，其持有的保险单对其正确和全面履行咨询义务，特别是能够对因其提供的咨询给参加人或受益人造成的损害提供保险。

前款所指的保单的保额应当在 500 个促进单位和上年所服务过的参加

人个人资本账户余额总和 30% 之间取较高者，保费应当是 15000 个促进单位，外加 15000 的 10%，最多不超过 6 万个促进单位。

第 174 条

养老金咨询服务机构的合伙人、管理人员、法定代表及其工作人员，以及养老金咨询师应当符合如下条件：

（a）成年智利人或外国人，外国人需具有长期居留权以及有效的身份证件；

（b）具有不可争议的商业经营经验；

（c）至少接受过中等或相当水平的教育；

（d）能够证明具有足够的养老金和保险知识。

监管局、证券和保险监管局的一般性规范将规定认证上述条件的方式和期限。

具有下列任何情形者不得成为咨询机构的合伙人、管理人员、法定代表及其工作人员，以及养老金咨询师：

（a）正接受刑事审查或被处刑罚的；

（b）所犯错误未改过，被禁止从事商业活动的；

（c）在监管局、证券和保险监管局、银行和金融机构监管局保持或监管的各种登记注册被吊销的，或者曾经在一家被同样处罚过的法人单位担任管理人员、董事或法人代表的，已经根据本法免除责任的除外。

在 AFP、保险公司、再保险公司、灾难清算公司以及这些机构所在的企业集团担任董事、经理、受托人或工作人员的，不得成为养老金咨询师，也不得成为养老基金咨询机构的董事、经理、受托人或工作人员。

第 175 条

对符合条件的人，养老金监管局、证券和保险监管局将共同做出决议，命令其依法注册，批准其执业，并规定开始营业的日期。

养老金咨询机构应当记录工作人员的情况，指导其工作并对其进行培训。养老金监管局、证券和保险监管局划定养老金咨询机构的职能。养老金咨询机构应当具有行使职能的权限。

第 176 条

养老金咨询机构和咨询师，其咨询服务给参加人或受益人造成损害的，最高可承担一般过失责任，并必须对造成的损害进行赔偿，同时并不妨碍接受相关的行政处罚。

养老咨询机构及其合伙人、管理人员应当承担行政、民事或刑事责任,能够证明其未参加或者反对违规或不履行行为者除外。

养老金咨询机构在咨询时接受养老金监管局、证券和保险监管局的监督、控制和审计,两个监管局的相关权限来自本法、财政部 1931 年的 251 号律令以及相关的组织机构法。

同样,养老基金咨询机构负责提供养老金咨询服务的工作人员也需接受监管局、证券和保险监管局的监督、控制和审计,两个监管局的相关权限来自本法、财政部 1931 年的 251 号律令以及相关的组织机构法。

第 177 条

吊销或注销养老基金咨询机构和咨询师的注册的情形包括:

(a)违反本法且情节严重;

(b)不持有第 173 条所指的有效保险。

违反本法情节严重的声明由养老金监管局、证券和保险监管局共同发布,声明应当对照本法的规定说明理由。

经宣布严重违法,或者第 1 款第(b)目所指的不履行被证实后,两个监管局联合发表决议,责令撤销相关养老金咨询机构以及咨询师的注册,并吊销营业许可。

三　关于养老金咨询服务的缔约

第 178 条

养老金咨询机构或咨询师需同参加人或其受益人就提供养老金咨询服务签订合同,合同将规定双方的权利义务。合同基本内容由两大监管局一般性规范设定。

是否使用养老金咨询服务,完全听从参加人或其受益人的意愿。任何情况下,参加人或其受益人都没有义务采纳咨询师的书面建议。

第 179 条

除本条第 2 款、第 3 款规定的内容外,参加人或其受益人不得动用个人资本账户支付咨询服务费。

符合退休条件的参加人或受益人,选择计划退休模式后,可以动用个人资本账户款项支付养老金咨询服务费,最高限额为附加第 61 条第 14 款所指的最高法令确定的最高费率乘以纳入计划退休模式的个人资本账户余额。选择年金收益模式的,咨询服务费即附加第 61 条第 14 款所指的佣金或费用，根据附加第 61 条第 14 款规定的方式支付。本款第一句话中所提到的计划退休模式下的最高费率以及咨询服务费最高限额应当低于年金收益模式的咨询费。

咨询服务费最高不得超过参加人用于退休金的个人资本账户余额的 2%，不包括可能被提取的自由支配剩余，也不得超过 60 个促进单位。

除本条规定的项目外，各 AFP 和人寿保险公司不得向咨询师直接或间接地支付任何其他报酬，无论是现金还是实物，也不得承担咨询服务成本。

四　其他规定

第 180 条

未进行第 172 条所指的注册的自然人或法人，不得自称养老金咨询师，在此，适用本法第 25 条第 2 款及后续各款的规定。

只有本章第 2 项所指的自然人和法人才得使用养老金咨询师、养老金咨询机构的名称。

第 181 条

养老金咨询机构合伙人、管理人员、法人代表以及从事养老金咨询业务的分支机构，包括登记注册的养老金咨询师，在任何情况下都不得直接或间接地、收费或免费地向参加人或其受益人提供咨询服务以外的激励或利益。

第十八章①　临时性规定

第 1 条②

曾经或还是某养老金机构纳税人的劳动者，有权选择参加依本法建立的养老金体系或者参加截至本法公布时有效存在的其他养老金体系。

1982 年 12 月 31 日前首次参加养老金体系的劳动者具有同样的选择权。此日期后未参加任何养老金体系的，必须加入依本法建立的体系。

选择权因参加一家 AFP 而实现。

---

①　详见 1994 年 3 月 19 日颁布的 19.301 号法。
②　详见 1986 年 8 月 13 日颁布的 18.520 号法。

第 2 条[①]

已废除。

第 3 条[②]

旧养老金制度机构将发行用货币表示的债券，称认缴证明，代表对那些意将加入本体系的人在旧体系中所缴纳的养老金税。

认缴证明可以是有形的、具有防伪措施的文件，也可以是无形的非物质形态，即不采用实物印刷方式，但其法律效力并不因无形而受到影响。

无形非物质形态的认缴证明应当存放在 18.876 号法批准的证券存托企业。为此，发行机构应当同存托企业达成协议，由存托企业记录非物质形态债券认缴证明的持有人。协议也可以规定，对最初以有形方式发行的认缴证明进行无形化处理。只有出现 18.876 号法或者证券和保险监管局许可的情形才有必要发行有形认缴证明。印刷必须采取防伪措施，相关费用由请求印刷方承担。

本法认为，至本法公布时有效存在的养老金机构为旧养老制度机构。

第 4 条[③]

选择本体系的人以及那些在本法公布前 5 年至少向旧的养老金机构缴纳过 12 个月养老税的人，有权持有认缴证明。认缴证明金额根据如下方式确定：

（a）作为 1979 年 6 月 30 日以前每月交费基数的薪金总额的 80%，最大不超过 12，根据第 63 条的规定计算 1979 年 6 月 30 日的折现金额，再除以上述养老金税所对应的月份数，结果再除以 12。

（b）上述计算结果 ×（向旧的养老制度缴费年数 ÷ 35）。上述缴费应当与 1981 年 5 月以前各期的薪金对应，并不得作为已提取养老金的基础。

如上述商大于 1，公式就改为：上边的计算结果 × 1。

（c）参加人为男性，则上述演算结果乘以 10.35；如参加人为女性，则上述演算结果乘以 11.36。

（d）上述计算结果再乘以与下列年龄对应的乘数：

---

① 详见 1983 年 1 月 26 日颁布的 18.208 号法。

② 本条经 2007 年 6 月 5 日颁布的 20.190 号法第 5 条第 5 项修改。

③ 详见 1987 年 8 月 29 日颁布的 18.646 号法，1981 年 2 月 21 日颁布的 3.626 号立法法令，1990 年 3 月 10 日颁布的 18.964 号法。

1. 男性参加人：

65 岁	1.11
64 岁	1.09
63 岁	1.07
62 岁	1.04
61 岁	1.02
60 岁	1.00

2. 女性参加人：

60 岁	1.31	50 岁	1.12
59 岁	1.29	49 岁	1.10
58 岁	1.27	48 岁	1.09
57 岁	1.24	47 岁	1.08
56 岁	1.22	46 岁	1.06
55 岁	1.20	45 岁	1.05
54 岁	1.18	44 岁	1.04
53 岁	1.16	43 岁	1.02
52 岁	1.15	42 岁	1.01
51 岁	1.13	41 岁及更低	1.00

（e）以上计算结果再根据 1979 年 6 月 30 日至参加人加入本法规定的体系之日前一个月最后一天的消费价格指数（国家统计局公布）进行调整。

如果劳动者在前款第（a）目所指的期限，本条第 4 款所指的期限以及临时性规定第 8 条规定的时间内领取过丧失劳动能力补贴，本法认为上述期间内据以计算补贴的薪金为所得薪金。但是，如认缴证明发行机构没有关于上述薪金的信息，则所得薪金等于补贴金额乘以 1.18。

为执行第 1 款规定，如劳动者向两个以上机构缴纳养老金税，相关认缴证明只考虑作为计算缴税基础的薪金总额而不考虑同期内重复缴纳的养老金税。

选择本体系、无权要求第 1 款规定的认缴证明且于 1979 年 7 月 1 日至选择日期间有养老金缴费记录的人，有权要求金额等于这一阶段应税薪金 10% 的认缴证明。这一认缴证明金额需根据每次领取薪金下一个月最后一天至参加人行使选择权当月最后一天国家统计局公布的消费价格指数的变动率进行折现,这种情况不适用临时性规定第 8 条。

有权要求第 1 款所指的认缴证明的,在计算认缴证明金额时可以只考虑 1979 年 7 月 1 日以后各期缴费,并根据前款规定计算认缴。

为实施本条和临时性规定第 8 条的规定,同顾主签订由雇主负责支付养老金税和供款合同的劳动者,如该合同在可以要求认缴证明权利时有效,本法视为劳动者已经缴费。

附加第 4 条[①]

有权要求临时性规定第 4 条第 1 款所指的认缴证明,不行使该条第 5 款所指的选择权,1991 年 4 月 30 日以前退休或者领取伤残养老金但不具有第 54 条情形的,可以为那些具有遗属养老金权利的、其预期寿命将超过参加人本人寿命的受益人要求补充认缴证明,旨在确认这部分受益人在旧体制下的养老金权利。计算方法如下:

(a)临时性规定第 4 条第 1 款第(b)目所指的运算结果 × [26 + (1.04 的倒数升至参加人预期寿命 − 1.04 的倒数升至每个受益人预期寿命)]。其中每个参加人预期寿命根据第 79 条每个受益人相应的最低遗属养老金估算,参加人预期寿命根据第 79 条界定的最低退休金估算。

(b)上述计算结果根据 1979 年 6 月 30 日至实际支付日前一个月最后一天之间国家统计局公布的消费价格指数调整。

为执行前款规定,确定参加人及其受益人的预期寿命将考虑参加人满第 3 条规定的年龄时参加人及其受益人的年龄,或如参加人比第 3 条规定的年龄年长,则考虑参加人申请补充认缴证明之日参加人及其受益人的年龄。

确定预期寿命,采用国家统计局为此编订的表格。

第 5 条所指的人,如在参加人满第 3 条规定的年龄之日或参加人根据第 4 条规定享受伤残养老金之日符合第 6 条、第 7 条、第 8 条、第 9 条和第 10 条规定,则为受益人。如为配偶,则其与参加人的婚姻关系需在上述日期满 3 年后才可获得受益人身份。

如在参加人符合退休条件之日和申请补充认缴证明期间,受益人失去其受益人身份,计算补充认缴证明时将对此受益人不做考虑。

补充认缴证明的计算应当由参加人所在的 AFP 实施。参加人所在的

---

① 详见 1987 年 8 月 29 日颁布的 18.646 号法。

AFP 还应当向相应的补充认缴证明发行单位提出开具补充认缴证明申请，以便将其纳入参加人的个人账户。AFP 向相应的补充认缴证明发行单位提出申请之日后 20 日内，如后者对 AFP 计算的补充认缴证明金额未提出异议或者进行了实际结算，视为其同意该计算结果。

临时性规定第 10 条以及临时性规定第 12 条第 3 款的规定适用于补充认缴证明。

接受第 68 条规定约束的拥有补充认缴证明权利的参加人，适用临时性规定中的第 11 条。

第 5 条①

如参加人认为在临时性条款第 4 条第 1 款第 （a） 目所指的时间内所得薪金少于其在 1979 年 6 月之前 60 个月内所得平均年薪，可以要求开具认缴证明的机构用 1979 年 6 月之前 60 个月的应税薪金根据第 63 条的规定折现并除以 5 之后的得数代替根据临时性条款第 4 条计算得出的薪金额。

当事人实施上述行为的，应当向相关机构提交实际薪金和实际缴费的证明。

第 6 条

为确定认缴证明最高金额，只考虑 15.368 号法第 25 条及其修改所规定的上限以下的应税薪金。有些参加人加入的养老金体系适用薪金上限可能超过 15.368 号法第 25 条及其修改所规定的上限，尽管如此，也不得例外。

第 7 条②

已经支付、提取或者退还但并未纳入新体系的养老金税，纳入认缴证明的计算，但要从折现值中扣除。折现根据支付、提取或者退还前一个月最后一天和参加人选择加入新体系前一个月最后一天之间国家统计局公布的消费价格指数进行确定。

将提取的养老金税纳入新体系不构成发放养老金的前提条件或者不改变养老金金额的，不适用前款规定。

---

① 详见 1990 年 3 月 10 日颁布的 18.964 号法。
② 详见 1987 年 8 月 29 日颁布的 18.646 号法。

第 8 条①

就对应于 1981 年 5 月 1 日以前的工作在旧的养老金体系实施缴费的参加人,如选择加入根据本法体的养老金体系,其认缴证明金额上调。上调幅度为作为缴费基础的薪金的 10%。缴费薪金需根据薪金发放下月最后一天和参加人加入新养老金体系当月最后一天国家统计局公布的消费价格指数进行更新。

第 9 条②

认缴证明的价值需根据参加人加入本体系前一个月最后一天和认缴证明兑现并支付 4% 年息之日的前一个月最后一天之间国家统计局公布的消费价格指数进行调整。认缴证明兑现之前产生的年息自动实行资本化。

前款规定不适用于补充临时性条款补充第 4 条规定的补充认缴证明。

第 10 条

认缴证明由参加人参加新体系之前最后一次缴费的旧养老金机构开具,开具机构有权要求其他对认缴证明负有义务的机构共同兑现认缴证明。其他参加人曾经向其缴费的机构,对参加人向其缴费期间相对应的部分负有义务。

如参加人在选择参加新体系时同时向多个机构缴费,参加人可以向其中任何一个机构要求开具认缴证明。

第 11 条③

认缴证明以劳动者的名义开具,适用临时性规定第 3 条第 2 款的规定。除第 68 条第 2 款的情形外,认缴证明不得转让。认缴证明须标明到期日,即劳动者达到第 3 条规定的年龄的日期。开具机构将认缴证明送交劳动者参加的 AFP。认缴证明只能以临时性规定第 12 条的方式兑现。

如参加人改换 AFP,原 AFP 应当将参加人的认缴证明与账户余额一并转给新的 AFP。

由截至本法生效时有效存在的养老金机构发放的或者即将发放的养老金以及认缴证明,享有国家担保。

国家实行前款所指的担保时,认缴证明支付机构受 1975 年 1263 号律

---

① 　详见 1981 年 2 月 21 日颁布的 3.626 号律令。
② 　详见 1981 年 2 月 21 日颁布的 6.626 号律令,1987 年 8 月 29 日颁布的 18.646 号法。
③ 　详见 1990 年 3 月 10 日颁布的 18.964 号法。

令的调整。为此，应当颁布最高法令。

认缴证明一旦开具，旧养老金体系的相关机构不得重新计算认缴证明金额，18.646 号法临时性规定第 5 条的情形除外。认缴证明需在当事人提出兑现申请后 60 天内支付。每延后支付一天，需支付相当于 18.010 号法第 6 条所指的本币可调整交易利率 1.5 倍的罚息。

第 12 条[①]

认缴证明、经调整后的差额以及利息只能在参加人满第 3 条规定的年龄后，或者参加人死亡，或者参加人基于第一次决定享受部分伤残养老金但没有第 54 条第（a）目、第（b）目情形的，或基于第二次、一次终局决定享受完全伤残养老金后，才得以支付到参加人在相关 AFP 的个人资本账户上，或向根据第 68 条规定的被背书人或向根据 18.876 号法第 7 条、第 8 条规定的非实体化认缴证明受让人支付。

尽管如此，根据 1978 年 2.448 号律令在旧养老体系中提前退休的参加人（男性不满 65 岁，女性不满 60 岁）从退休之日起可以要求支付认缴证明。

同样，根据 1980 年 3.501 号律令第 1 条的规定缴纳养老金税的参加人，如根据该法规定因从事繁重劳动而在养老金标准化管理局提前退休，有权从提前退休之日起要求支付认缴证明。

在要求支付认缴证明的过程中，AFP 是参加人及其受益人所有司法和非司法程序的代理人。

第 13 条

实施第 14 条规定时，1974 年 249 号律令所指的劳动以及其他国家民政管理部门、国会、司法部门以及大学的劳动者得到的依法声明为非应税利益，不视为薪金。

第 14 条

已废除。[②]

---

① 详见 1987 年 8 月 29 日颁布的 18.646 号法，1990 年 3 月 10 日颁布的 18.964 号法，1992 年 11 月 27 日颁布的 19.177 号法，2007 年 6 月 5 日颁布的 20.190 号法。本条第 1 款由 20.255 号法第 91 条第 86 项修改。

② 详见 1981 年 12 月 1 日颁布的 18.072 号法。

第 15 条①

为实施第 47 条规定，本法公布后两年半内，第 47 条第 1 款所指的倍数为 2。

第 16 条②

本法公布后 2 年内，各 AFP 可以免除签订第五章所指的保险合同的义务。

为此，第 18 条规定的缴费费率为 3%，AFP 应当根据参加人的工作性质将此缴费纳入相关机构。如参加人具有隶属性劳动关系，应纳入参加人所属的养老金机构；如参加人为独立劳动者，应纳入相关社会保障服务机构。这些养老金机构或者社会保障服务机构根据自己的规定发放伤残福利以及遗属服务。

就后一种情况而言，参加人被宣布伤残或者死亡后，AFP 应将其个人资本账户余额转入相应的养老金机构。

源自上述缴费的资金将由本条所指的机构实行分账户管理，第 3 款所指的利益从这些账户支付。

第 1 款规定的期限满后，AFP 需完全执行第五章的规定。

第 17 条③

在旧养老金制度下已经退休或即将退休的人，可以参加本体系，但不享有第七章所指的国家担保。

前款所指的参加人，参加本体系不满 5 年并选择了第 61 条列明的养老金模式的，其在旧制度下获得的养老金加上从新体系获得的养老金加总后如果不低于最近 10 年的平均应税薪金和申报收益的 50%，可以提前退休。应税薪金和申报收入根据第 63 条的规定计算。

本条所指的参加人如果根据第 62 条第 6 款、第 64 条第 6 款、第 5 条第 6 款的规定提取自由支配金额，其在旧制度下获得的养老金加上从新体系获得的养老金加总后不得低于最近 10 年平均应税薪金和申报收益的60%，应税薪金和申报收入根据第 63 条的规定计算。

---

① 详见 1981 年 2 月 21 日颁布的 3.626 号法，1981 年 12 月 31 日颁布的 18.086 号法。

② 详见 1981 年 2 月 21 日颁布的 3.626 号法。

③ 详见 1990 年 3 月 10 日颁布的 18.964 号法，1994 年 11 月 14 日颁布的 19.350 号法以及 2004 年 2 月 21 日颁布的 19.934 号法。

对本条第 2 款、第 3 款所指的参加人，如其提前退休，不得要求其满足第 68 条第（b）目的要求，在其提取自由支配金额时，也不得要求其在新、旧制度下的养老金总和不低于第 73 条所指的最低年老养老金的 150%。

第 18 条[①]

从 1994 年 7 月 1 日开始，智利中央银行不得就第 45 条列明的投资工具设定低于养老基金价值 3% 的限度。从 1994 年 7 月 1 日开始，每过一年，这一比率提高一个百分点，直至达到 6%。

对外国企业发行的股票、投资和共同基金份额的投资限度为前款限度比率的 50%。

对 1980 年 3500 号律令的补充性规定

18. 398 号法，1985 年 1 月 24 日公布于《官方日报》

临时性规定

第 1 条

本法生效后 6 个月内，AFP 监管局需制定 1980 年 3500 号律令第 107 条所指的方案。第 107 条是本法添加的。

第 2 条

已废除。[②]

第 3 条

1988 年 7 月 1 日起，养老基金可以投资于符合 3500 号律令规定的银行和金融公司股票。

第 4 条

如 AFP 因实施本法导致投资超过 3500 号律令第 47 条关于投资多样化的数量及比例投资上限，且投资上限是基金的百分比，超过部分可以由养老基金持有。

---

① 详见 1994 年 3 月 19 日颁布的 19. 301 号法。
② 本条由 1990 年 3 月 10 日颁布的 18. 964 号法废止。

如上限是针对发行人设定的数量性限制，超过部分最多可以持有 2 年。

如在本法公布和生效期间，投资增多导致超限，增加部分按零计算，并在本法生效之日起 6 个月内清算完毕，至少应当在 6 个月内符合有关投资多样化上限的规定。[①]

18.420 号法,1985 年 7 月 5 日公布于《官方日报》

临时性条款

临时性条款

截至 1986 年 12 月 31 日，1980 年 3500 号律令第 104 条所指的对银行和金融公司的投资工具进行风险评估，需考虑不能支付本金和利息的概率，投资工具的特点及其市场流动性。同样，截至 1986 年 12 月 31 日，1980 年 3500 号律令第 108 条末款的规定不适用于上述风险评估。

18.646 号法,1987 年 8 月 29 日公布于《官方日报》

第 5 条

本法对 1980 年 3500 号律令的修改，公布后满 120 天次月 1 日生效。

尽管如此，本法对第 1 条第 2 项、第 24 项、第 25 项、第 29 项、第 33 项、第 34 项、第 35 项、第 36 项、第 37 项、第 38 项、第 39 项和第 40 项的修改从公布之日起生效。

第 6 条

截至本法公布之日，养老基金可以购买 3500 号律令第 45 条第 （g）目所指的开放性股份公司的股票，持股集中上限为 20% 或者服从其章程中关于超过 20% 的规定。

AFP 将其管理的养老基金用于上款所指工具的投资，可以根据 18.046 号法第 69 条及后续条款的规定撤资。但撤资要完全符合下述规定：

[①]　根据 1985 年 7 月 5 日颁布的 18.420 号法第 4 条第 2 项规定，本条成为临时性第 4 条。

（a）公司决定修改章程，将投资集中上限上调超过 20%；

（b）AFP 投票反对上述决定；

（c）所有的 AFP 用其管理的养老基金购买的该公司股份低于该公司表决权股份的 10%。①

临时性规定

第 1 条

本法对 3500 号律令第 1 条的修改生效之日受 3500 号律令第 20 条约束的劳动者，可以继续实施第 20 条所指的缴费，直至完成当年一年的缴费。在此期间产生的养老金，由本法生效以前的规定调整。

本法第 1 条对 3500 号律令的修改生效之日不再具有劳动者身份或者中止劳动合同的劳动者，不适用 3500 律令第 54 条中由本法替代的部分。本规定对本法生效后次月停止或中止劳动的劳动者也不适用，但拘于保险的约束，这些劳动者可以选择使用未经本法第 1 条修改的第 20 条，在停止或者中止劳动后的 12 个月内继续实施缴费。

第 2 条

1980 年 3500 号律令第 82 条有关国家担保的规定，未经本法修改的部分仍然适用于在本法第 1 条对 3500 号律令的修改生效之前产生的养老金。

第 3 条

在本法第 1 条对 3500 号律令的修改生效前养老金已经支付，符合本法添加到 3500 号律令第 77 条、第 78 条规定的，且不享有国家担保的已经退休的参加人或其遗属养老金受益人可以享受最低养老金国家担保。这一利益只能在本法生效后支付，并不对本法生效前已经支付的养老金产生影响。一旦参加人本人个人资本账户余额用尽即行支付。

第 4 条

为实施经本法修改的 3500 号律令第 63 条、第 68 条的规定，旧制度下的养老金机构应当告知，参加人的应税薪金和申报收益不足 10 年。10 年时间从领取养老金前一个月起算。

养老金机构告知的 1981 年 3 月以前领取的应税薪金和申报收益，适

---

①　第 6 条被 1990 年 3 月 10 日颁布的 18.964 号法第 5 条替代。

用于 1980 年 3500 号律令第 2 条有关上调的规定。

第 5 条

已开具的认缴证明，且截至本法公布之日不可以要求兑现的，应当根据本法对 1980 年 3500 号律令第 37 项第（a）目、第（c）目、第（d）目、第（e）目以及第 39 条的修改重新计算。

第 6 条

本法第 1 条第 37 项第（b）目的规定扩展适用于在本法生效前已死亡，或已经领取年老或伤残养老金且加入计划退休项目或根据 3500 号律令第 62 条（原文错）规定选择了年金收益模式的劳动者。同样扩展适用于在本法生效时其持有人并未退休（领取养老金）但已经可以要求支付的认缴证明。①②

认缴证明的计算差额纳入参加人的个人资本账户，或者如参加人选择了年金模式，则纳入其加入的 AFP，用于 3500 号律令第 69 条第 4 款及本法对其修改规定的目的。

第 7 条

旧制度下的养老金机构，如根据上一条所指的情形最初开具了认缴证明，应当在本法公布之日起 120 天内提供一份新的文件，用于证明因适用第 37 条第（b）目规定而产生的差额，3500 号律令临时性条款第 9 条、第 10 条、第 11 条、第 12 条的规定同时适用。

第 8 条

本法第 1 条第 38 项的规定扩展适用于那些在本法生效前已经因年老或伤残退休的劳动者，他们接受了计划养老制度，或者选择了未经本法修改的 3500 号律令第 62 条规定的年金模式。③

本法临时性规定第 6 条第 2 款的规定同样适用于此类补充认缴证明的金额。

第 9 条

出现本法临时性规定第 6 条和第 8 条的情形，即已经执行国家担保

---

① 18.646 号法第 1 条第 37 项和第 39 项分别与 3500 号律令的临时性第 4 条、第 7 条对应。

② 本条第一款第一句话是 1988 年 12 月 29 日颁布的 18.768 号法第 28 条添加的。

③ 1987 年 8 月 29 日颁布的 18.646 号法第 1 条第 38 项向 3500 号律令增加了附加临时性第 4 条。

后，过渡性第 7 条所指的认缴证明同补充认缴证明之间的差额首先应当用于归还国家已经执行的担保金额，如有余额，纳入参加人个人账户。

第 10 条

申请退出根据 3500 号律令建立的新养老金体系的，且在本法生效时申请正处于办理状态的，继续接受提交申请之日有效的规范的调整。

18. 964 号法，1990 年 3 月 10 日公布于《官方日报》

第 2 条

本法第一条第 1 项、第 2 项、第 3 项、第 19 项到第 36 项（两端数字均含）、第 38 项到第 43 项（两端数字均含）以及第 60 项中的修改，从本法在《官方日报》上公布之第 5 个月的第一天生效。

本法第一条第 9 项到第 13 项（两端数字均含），第 46 项、第 47 项、第 48 项、第 49 项第（b）目和第（e）目，第 52 项、第 53 项、第 54 项从本法在《官方日报》上公布之第 4 个月的第一天生效。但是，第一条第 46 项、第 52 项和第 54 项引入的修改，如涉及 1980 年 3500 号律令第 45 条第（J）目、第（k）目所指的投资工具风险评估，其生效之日为本法公布之日。

总之，1980 年 3500 号律令第 45 条（1）目的规定，以及其他有关该目的修改从本法公布之日起第 7 个月的第一天生效。

第 3 条

在 18. 933 号法第 38 条第 7 款加入以下句子：

"如向前述 11 条所指的委员会提出宣告伤残申请，委员会应当负担与申请有关的所有费用，包括专项检查费、化验费、医学报告费以及缴费人的旅行费用。"

第 4 条

18. 398 号法临时性规定第 2 条废止。

第 5 条

用下述内容取代 18. 646 号法第 6 条：

"第 6 条

本法公布之日起，养老基金可以购买 1980 年 3500 号律令第 45 条第（g）目所指的开放性股份公司的股票，其最大持股集中比率为 20% ，如公司章程的规定超出这一比率,从公司章程规定。

用其管理的养老基金购买上款所指股票的 AFP,如同时满足如下规定,可以实行 18.046 号法第 69 条以及后续各条意义上的撤资:

(a) 公司决定修改章程,从而提高持股集中上限;

(b) 在相关投票中,AFP 反对上述决定;

(c) 所有用其管理的养老基金购买股票的 AFP,其持有的全部股份低于该公司发行的表决权股份的 10%。"

第 6 条

用下述内容取代 18.768 号法第 10 条第 2 款的规定。

"对上述认缴证明享有权利的并未根据 1980 年 3500 号律令第 68 条第 2 款实施转让的人,在相关 AFP 向其发出通知该认缴证明对应金额起 2 年内,可以就这一金额向养老金标准化管理局提出申诉。"

临时性规定

第 1 条

退休参加人或遗属养老金受益人,如在本法第 1 条第 40 项和第 41 项引入 1980 年 3500 号律令的修改生效之前已经领取养老金和遗属养老金,且符合 3500 号律令第 76 条和第 77 条的相关规定并未享有国家担保的,有权享有最低养老金国家担保。最低养老金国家担保从本法公布之日起,或者从国家担保产生之日起可以支付。

第 2 条

为实施伤残评估,在本法对 1980 年 3500 号律令引入的附加第 11 条所指的技术委员会按照该条规定的方法部分或全部取代 1980 年 3500 号律令所指的医学委员会之前,医学委员会继续适用现行的由 AFP 监管局印发的评估标准。

第 3 条

认缴证明经当事人提示后 60 天内,养老金标准化管理局应当用根据本法对 3500 号律令临时性规定第 11 条第 1 款引入的修改调整过的文件替代已经根据 3500 号律令第 68 条转让的认缴证明。

前款所指的"替代"不构成 1980 年 3500 号律令第 68 条第 2 款所指的认缴证明转让的先决条件。

第 4 条

保险公司可以将在本法生效前参加人转让的所有认缴证明替换为 1980 年 3500 号律令临时性规定第 11 条第 1 款所指的认缴证明，替换必须按照前款所指方式进行，且必须保证其认缴证明被替换的所有参加人的合同收益率提高 3%。替换需提前申请，上调的收益应当在替换申请提交后下月兑现。

本法公布后 60 天内，各保险公司可以提出替换申请。替换只能是全部而不能是部分。符合这些条件后，认缴证明可以交易。

第 5 条

在根据 3500 号律令第 99 条建立的风险评估委员会未在《官方日报》上公布风险等级的特征，以及根据 3500 号律令（经本法修改的）可以用养老基金购买的金融工具的评估程序之前，劳动和社会保障部 1985 年颁布的 35 号最高法令继续有效。风险评估委员会在《官方日报》上公布风险等级的特征，以及根据 3500 号律令（经本法修改的）可以用养老基金购买的金融工具的评估程序后，劳动和社会保障部 1985 年颁布的 35 号最高法令废止。

第 6 条

本法公布之日与第 1 条第 60 项引入到 3500 号律令的修改生效之日期间，认缴证明及其调整金额和利息只有在当事人达到 3500 号律令第 3 条规定的年龄后或死亡或领取伤残养老金后才可以要求兑现。兑现金额需纳入当事人在 AFP 的个人资本账户或者向根据 3500 号律令第 68 条受让认缴证明或被背书的人或者单位支付。

19. 247 号法, 1993 年 9 月 15 日公布于《官方日报》
临时性规定

第 6 条

截至 1992 年 12 月 31 日的纳税人，如其投资可能享受本法现行版本附加第 57 条第 1 项、第 2 项、第 4 项所规定的利益，如果保持这些投资，可以继续根据上述规定享受这些利益，直到投资工具规定的期限（长期或者无限期投资）期满为止。

同样，截至 1993 年 12 月 31 日如养老金纳税人一直保持着由 1980 年

3500 号律令第 21 条调整的自主储蓄账户上的资金，从账户上的资金以及收益提取的款项适用当时有效的税收待遇，而不适用《所得税法》第 54 条第 3 项的规定。为此，1993 年 12 月 31 日以前的储蓄金额将被视为共同基金份额，并将汇款或者提款纳入以前的基金份额。截至 1994 年 1 月 1 日，如参加人的自主储蓄账户余额不超过 100 个年度税收单位，从当日起加入所得税法调整的普通税收制度，或者选择《所得税法》附加第 57 条的 B 制度，对前述自主账户所产生的利益不征任何税。

19. 260 号法,1993 年 12 月 4 日公布于《官方日报》

临时性规定

第 2 条

本法第 1 条第 1 项、第 3 项、第 4 项，第 3 条第 1 项、第 2 项、第 3 项、第 5 项规定的内容从本法在《官方日报》公布之日起次月 1 日生效。生效之日起发放的薪金适用于上述规定。

临时性规定

第 5 条

本法生效前有 17. 322 号法第 13 条描述行为者（该条由本法第 1 条第 2 项引入），或 1980 年 3500 号律令第 19 条末款描述行为者（该条由本法第 3 条第 6 项引入），受行为发生时有效的刑事法律法规约束，但并不影响《刑法典》第 18 条的适用。

19. 301 号法,1994 年 3 月 19 日公布于《官方日报》

临时性规定

第 1 条

18. 045 号法，即《证券市场法》、关于养老基金的 3500 号律令以及关于保险公司的 1931 年 251 号律令曾经过修改。本法授权共和国总统从本法公布之日起 1 年内确定的上述经修改过的法律文本。共和国总统在行使本法所赋予的权力时，可以对上述法律法规进行修改，使之相互协调，使之系统化,可以对条款排序、标题、概念以及其他类似性质的内容进行正式改动。

第 7 条

本法对 1980 年 3500 号律令第 45 条第（1）目的修改自其公布之日起 1 年内生效。

第 8 条

AFP 监管局和智利中央银行制定本法规定的投资限度计算参数之前,本法生效前的规定继续有效。

同样,在风险评估委员会就项目介绍方式、养老基金可以投资的债务工具的风险评估、与各个等级风险对应的风险参数等做出决定之前,现行的项目介绍方式、养老基金可以投资的债务工具的风险评估、与各个等级风险对应的风险参数继续有效。执行现有规定需考虑 1980 年 3500 号律令第 108 条规定的风险评估报告和依据。

在风险评估委员会按照 1980 年 3500 号律令第 106 条规定的方式一并公布项目介绍以及股票批准方式之前,在 AFP 监管局以及银行和金融机构监管局按照 18.045 号法第 92 条规定的方式制定股票风险评估一般程序之前,现行项目介绍以及股票批准方式继续有效。

1980 年 3500 号律令第 45 条第（h）目、第（i）目、第（j）目、第（1）目以及第（m）目所指的债务性投资工具的风险评估和批准方法,如风险评估委员会尚未做出决定,并未规定批准程序且并未与第 99 条第（e）目和第（d）目所指的国际风险评估机构的评估结果建立对应关系,现行的评估方法和批准程序继续有效。为此,风险评估委员会将在本法公布之日起 90 天内完成上述规定的制定。规定制定完成后,应风险评估委员会要求,相关发行人以及 AFP 需在 90 天内向其提供用于实施上述规定所需的信息。

风险评估委员会需按照本法规定的程序,在各组投资工具符合相关要求后 90 天内对各组投资工具同时做出决定。

本法公布之日起 60 天内风险评估委员会需确定 1980 年 3500 号律令所指的最低要求,并将其提交 AFP 监管局,如被 AFP 驳回,可在 15 天内进行修改或重新提出建议。如 AFP 监管局接受,最低要求建议将在 5 天内在《官方日报》上公布。

风险评估委员会需在 120 日内公布 3500 号律令第 45 条第（o）目所

指的交易以及第（1）目、第（n）目及（ñ）目所指的新型投资工具的批准和评估标准及程序。120 日的期限从本法就此做出相关规定后起算。

第 9 条

由 3500 号律令第十二章调整的股份公司，如在本法公布之日其股票已经批准可以被养老基金购买，则该股份公司需在 1 年内按照上述第十二章规定的方法修改其章程以及持股分散承诺。修改公司章程和持股分散承诺须公司投票权股份绝对多数通过。未修改之前，证券和保险监管局或者银行和金融机构监管局可以决定公司现有股份集中参数（由公司章程以及实际资产账面净值决定）是否继续有效。

第 10 条

从本法生效后第一次日常董事会开始，AFP 需执行 3500 号律令当中有关选举董事的规定。

第 15 条

对 3500 号律令的修改生效后 1 年内，第 47 条第 7 款、第 8 款、第 11 款、第 12 款所指的基金价值比率为 6.5% 。之后，每过一年，该比例下调 0.5% 。

19.040 号法,1995 年 8 月 21 日公布于《官方日报》

第 3 条

为实施上述各条规定，由国家经济委员会认定繁重劳动并确定是否着手减少 3500 号律令附加第 17 条规定的缴费和供款。国家经济委员会是自治机构，由下列成员组成：

（a）一名职业病外科专家，担任委员会主席；

（b）一名创伤和整形外科专家；

（c）一名专门从事职业风险预防的土木工程师；

（d）一名专事工业卫生的土木工程师；

（e）一名人类环境改善专业的大学教授；

（f）由在本国最具代表性的工会指定的一名代表，这名代表需担任或者曾经担任卫生和安全劳资混委员会（Comité Paritario de Higieney Seguridad）委员；

（g）由在本国最具代表性的雇主组织指定的一名代表，这名代表需担任或曾经担任过卫生和安全劳资混委员会（Comité Paritario de Higieney Seguridad）委员；

为了执行养老金标准化管理局降低退休年龄的规定以及3500号律令附件第17条所指的超额缴费，国家经济委员会需在考虑生理、环境、组织和心理压力的前提下，制定一份繁重劳动和一份非繁重劳动清单。

委员会因应相关劳动者、雇主、工会或者受托人要求执行职能，相关劳动者、雇主、工会或者受托人需向其居住地劳动和社会保障部门亲自提出要求。

对委员会决定有异议的，相关雇主或者劳动者可以在30天内向申诉委员会（自治机构）提出申诉。上诉委员会由3名成员组成。这3名成员必须具有本条第1款所列的某项专业或专长。

前款所指申诉期限从收到委员会决定的通知之日起算。

本条所指的各委员会通过国家劳动和社会保障部社会保障局同政府发生联系。其经费来自国家财政，除第1款第（g）目所指的成员外，委员会成员有权因执行职务获得报酬。国家经济委员会的成员以及申诉委员会成员由社会保障监管局局长提名，由劳动和社会保障部部长任命，第1款第（f）目、第（g）目所指的委员除外。

实施条例将对上述委员会的组织及运行做出规定。

19.641 号法,1999 年 10 月 28 日公布于《官方日报》

第 2 条

本法就建立第二只养老基金对3500号律令所做的修改，自修改内容在《官方日报》公布之月后第5个月的第一天生效。本法对3500号律令所做的其他修改自其在《官方日报》公布之月次月的第一天生效。

临时性规定

第 1 条

根据对3500号律令的修改计算最低收益率和收益波动准备金时，采用修改生效前12个月的数据。每月计算最低收益率和收益波动准备金时，增加一个月的数据。如此类推，直至达到36个月的数据。

第 2 条

建立 2 类养老金的修改生效第 1 年内，计划退休模式和临时收益模式的已退休参加人以及那些根据第一次决定领取伤残养老金的参加人、最多只差 3 年就达到退休年龄的参加人只能加入 2 类养老基金。这一规定不妨碍执行对 3500 号律令第 32 条的修改。建立 2 类养老基金的修改生效两三年内，最多只差 7 年或 10 年就达到退休年龄的参加人也可以加入。

第 3 条

建立第 2 类养老基金的修改生效后前 3 年内，AFP 只可以通过对同一 AFP 管理下的 1 类、2 类基金参加人的份额在各基金间转账而进行投资工具的划转，而无须诉诸正规市场。转账费用根据 3500 号律令第 35 条的规定确定。AFP 对 1 类基金向 2 类基金转账后导致的投资超限不负责任，由 3500 号律令第 47 条的规定对这种情况进行调整。

同样，在前款所指的期限内，2 类养老基金可以在规定的限度内购买中央银行批准的代表资本的投资工具，但 AFP 监管局需在中央银行顾问委员会规定的期限（不少于 5 个工作日）内事先报告中央银行顾问委员会。如 AFP 监管局未能在规定期限内报告中央银行顾问委员会，后者可以直接做出决定。投资限度不得超过 1 类养老基金。确定投资限度应采用循序渐进的方式，逐步与本法对 3500 号律令的修改所规定的永久性规范并轨。

在本法关于建立 2 类养老基金的修改生效后前 36 个月内，中央银行可以根据本法对 3500 号律令的修改颁布一般性规范，对 2 类养老基金的投资规定超过 3500 号律令所许可的投资上限。

2 类养老基金开业后第 1 年内，计算 3500 号律令第 64 条第 4 款所指的利率时，采用 2 类养老基金开业前一年养老基金的平均收益率。在后续各年内，根据 2 类养老基金的实际收益率计算其平均收益率。

第 4 条

建立 2 类养老基金的修改生效后 1 年内，AFP 监管局应当采取一切必要措施实施 3500 号律令第 35 条第 2 款第二句规定的养老基金固定收益组合估价办法。

19. 768 号法，2001 年 11 月 7 日公布于《官方日报》

临时性规定

第 1 条

本法自其在《官方日报》上公布之日起满 90 天的次月 1 日生效，以下规定例外：

（1）第 1 条第 1 项第（a）目有关生死两全保险的规定自本法公布之日起生效。

（2）第 1 条第 1 项第（b）目的规定自本法公布之日起生效。

（3）第 1 条第 3 项自本法公布之日起生效，生效内容限于有关 2001 年 4 月 19 日以后购买的股份和基金份额的规定。

（4）第 1 条第 6 项自本法公布之日起生效。

（5）第 6 条从 2000 税务年度开始生效。

（6）由《所得税法》附加第 4 条，第 42 条以及第 50 条调整的储蓄及其孳息，如果未来发生的法律调整不利于上述储蓄及孳息，仍适用储蓄发生时的相关规定。

第 5 条

本法生效之日起，源自劳动者自主缴费的资金，可以部分或全部转入自主保障性储蓄计划。如符合 3500 号律令第 20 条第 B2 款的规定，劳动者可以提取。源自劳动者协议储蓄的资金，可以全部或者部分转入自主保障性储蓄计划。

第 6 条

根据 3500 号律令建立的养老金体系的参加人，本法公布之日前在其个人资本账户保有自主缴费的，确定提取自由支配剩余所需缴纳的税金时，可以适用本法公布时实行的 3500 号律令第 71 条规定的制度。税金需参加人用自主缴费的资金缴纳。提取特定的可自由支配的剩余的税金用参加人在本法公布之前其个人资本账户中的自主缴费金额支付。纳税额按照特定的可自由支配的剩余金额和参加人个人资本账户中自主缴费金额两者之间较低者为计算基础。两个金额取提款当日的数值。如参加人选择适用本法公布时实行的 3500 号律令第 71 条规定的制度，本法公布之前的协议存款不得作为可自由支配的剩余提取。参加人可以在本法公布后首次提取时到相关 AFP 实施上述选择。相关 AFP 需根据国内税务管理局规定的方式方法和时间向国税局报告参加人的税制选择。

本法公布后,选择适用本条第 1 款税制的纳税人从自主缴费、自主保障性储蓄存款和协议存款提取的可自由支配的剩余,需接受《所得税法》第 42 条规定的调整,并无权实施该条规定的免税提款。

选择继续适用本条第 1 款所指税制的纳税人,提取可以自由支配的剩余时,税务管理方面首先考虑其从本法公布前个人资本账户中自主缴费项下提取的金额。

如纳税人选择适用 3500 号律令第 20A 条或第 20B 条,相关 AFP 和 3500 号律令第 98 条界定的获批准机构应当记录本法公布后参加人实施的自主缴费、自主保障性储蓄存款和协议存款。记录方式视主管单位的不同,分别由 AFP 监管局、银行和金融机构监管局或者证券和保险监管局规定。

19.795 号法,2002 年 2 月 28 日公布于《官方日报》

临时性规定

第 1 条

本法对 3500 号律令的修改,自本法在《官方日报》公布之月后第 6 个月的第一天生效。

然而,对第 47 条第 15 项第(a)目和第(n)目所指的修改以及本法用第 18 项取代第 47 条第 18 款所做的修改自本法在《官方日报》公布之月次月 1 日生效。后一项修改临时适用于 1 类和 2 类养老基金。

第 2 条

本法根据临时性规定第 1 条第 1 款的规定生效后,1 类养老基金重新定名为 C 类养老基金,2 类养老基金重新定名为 E 类养老基金。

第 3 条

本法根据临时性规定第 1 条第 1 款的规定生效后,参加人可在 90 天内选择参加 A 类、B 类、C 类、D 类、E 类基金。如参加人未能在规定的期限内做出选择,其个人资本账户的所有资金将根据如下方法配置:

（a）35 岁（含）以下的参加人将被配置到 B 类基金；

（b）36—55 岁的男性参加人、36—50 岁的女性参加人将被配置到 C 类基金；

（c）56 岁及以上的男性参加人，51 岁以上的女性参加人以及第一次决定宣布为伤残的参加人，在计划退休或临时收益模式下退休的参加人，只要在本法根据临时性规定第 1 条第 1 款的规定生效前未选择 2 类基金的，均被配置到 D 类基金；在本法根据临时性规定第 1 条第 1 款的规定生效前选择 2 类基金的，将被配置到 E 类基金。

根据本法进行的基金类型选择或配置不视为 3500 号律令第 32 条第 3 款意义上的基金间资金划转。

第 1 款所指的余额将按照下述金额和时间划转到相关类型的基金：

（a）本法根据临时性规定第 1 条第 1 款的规定生效后满 90 天后，参加人所有余额之 50% 应当被与其年龄段对应的养老基金保有。

（b）上目所指的余额划转后 1 年内，参加人所有余额之 100% 应当被与其年龄段对应的养老基金保有。

归参加人选择基金类型的余额不适用本条第 1 款和上一款所指的配置。

各 AFP 应当按照监管局一般性规范的规定向参加人发送有关可选基金类型以及配置的信息。本法公布之日至第 3 款所指的最后一次余额划转后的 12 个月之间，第 31 条所指的通告应当连同上述信息一并寄送给参加人。

同样，AFP 最迟应当在本法生效后 30 天内根据监管局的指示，向参加人发送与选择基金类型有关的信息。

第 4 条

本法根据临时性规定第 1 条第 1 款的规定生效后两年内，AFP 对因设立 5 类基金可能造成的超限投资以及投资赤字不负责任。两年期满后，AFP 需遵守有关投资限度的所有规定，各养老基金应当调整到第 45 条、第 47 条和附加第 47 条规定的限度内。

本法根据临时性规定第 1 条第 1 款的规定生效后两年内，同一 AFP 管理的各只基金对代表资本的投资工具的投资额应当有所不同，这是因为，根据第 45 条的规定，如果某只基金对代表资本的投资工具的投资下限较高，该类投资工具在其组合中的比例就会更大。

第 5 条

本法根据临时性规定第 1 条第 1 款的规定生效后 24 个月内，同一 AFP 管理下各类基金总资产的 90% 需按照 3500 号律令第 44 条的规定进行托管。

第 6 条

本法根据临时性规定第 1 条第 1 款的规定生效后 24 个月内，B 类、C 类、D 类和 E 类养老基金不受最低收益以及收益波动准备金制度的约束。从本法根据临时性规定第 1 条第 1 款的规定生效后第 25 个月开始，B 类、C 类、D 类和 E 类养老基金根据前 20 个月的数据计算最低收益和收益波动准备金。此后，每次计算就添加 1 个月的数据，直至满 36 个月的数据。本法根据临时性规定第 1 条第 1 款的规定生效后 36 个月内，最低收益和收益波动准备金制度不适用于 A 类养老金的 AFP。从本法根据临时性规定第 1 条第 1 款的规定生效后第 37 个月开始，采用前 20 个月的数据计算最低收益和收益波动准备金。此后，每次计算就添加 1 个月的数据，直至满 36 个月为止。

第 7 条

计算 A 类、B 类和 D 类基金开始营业最初 12 个月的折现利率（3500 号律令第 64 条第 4 款所指），采用各该类基金开始营业前一年本养老金体系内 C 类养老基金的加权平均收益率。后续各期计算平均收益率，还需考虑体系各该类养老基金的实际收益率。

第 8 条

本法根据临时性规定第 1 条第 1 款的规定生效后 12 个月内，智利中央银行应当根据 3500 号律令第 45 条第 23 款第一句话设定的限度为基金价值的 20%。在第 13 个月至第 24 个月之间，这一限度不得低于基金价值的 20%，也不得高于基金价值的 25%。从第 25 个月开始，该限度不得低于基金价值的 20% 也不得高于基金价值的 30%。

同样，本法根据临时性规定第 1 条第 1 款的规定生效后 3 个月内，同一 AFP 管理的 A 类、B 类、C 类和 D 类基金，其对代表资本的投资工具的投资总和不得超过各只基金价值的 13%，3 个月过后，这一比率升至 15%。

第 9 条

本法根据临时性规定第 1 条第 1 款的规定生效后 30 天内，智利中央银行应当对第 45 条第 24 款所指的未进行对冲处理的外币投资设定限度。央行为未进行对冲处理的外币投资设定的限度从设定当月后第 9 个月的第 1 天开始执行。

第 10 条

本法授权共和国总统，于本法在《官方日报》上公布之日起 1 年内，颁布律令，对修改、整合后的 3500 号律令文本定稿。

19.934 号法,2002 年 2 月 21 日公布于《官方日报》

临时性规定

第 1 条

本法在《官方日报》公布之日起第 81 天生效。

第 2 条

本法对 3500 号律令的修改生效后，AFP 监管局连同证券和保险监管局应当组织建立数据传输系统，用于申请和实施养老金咨询，提供养老金金额报盘。

第 3 条

根据第一次或第二次决定提出的伤残养老金申请；参加人本人在缴费期间死亡引发的遗属养老金要求；提前退休申请以及提取可自由支配的款项的申请，本法生效时处于办理过程中的，继续适用申请提交时实行的规范。

第 4 条

退休的参加人或遗属养老金受益人，如其养老金是在本法第 1 条第 20 项、第 21 项对 3500 号律令引入的修改生效之前已经领取，并符合本法体第 77 条第（b）目或第 78 条（这两条均经本法修改）规定的条件，且不享有最低养老金国家担保的，有权享受最低养老金国家担保。这一利益从本法公布之日起生效。

第 5 条

在不与本法第 1 条第 12 项（本法第 1 条第 12 项对 3500 号律令第 63 条第 1 款进行了修改）的规定抵触的前提下，本法生效起 3 个月内，平均薪金等于以下数据的加权平均数：

（a）用 3500 号律令第 63 条第 1 款的公式计算出的得数，

（b）从参加人退休当月或根据第一次决定被宣布为伤残当月之前 10 年所得的应税薪金和申报收益加总后除以 120 后的得数。

本法生效后第一年，赋予第（a）目中公式计算出的得数以 0.3 的权重，赋予第（b）目的计算得数以 0.7 的权重。本法生效后第二年，对上述第（a）目、第（b）目的计算得数均赋予 0.5 的权重。从本法生效后第三年开始，用第（a）目中公式计算的得数权重为 0.3，第（b）目的计算结果权重为 0.7。本法生效后第 4 年，根据第（a）目的规则计算。

第 6 条

用下述内容替代 19.795 号法临时性规定中的第 7 条：

"第 7 条

计算 A 类、B 类和 D 类基金开始营业最初 12 个月适用的折现利率（3500 号律令第 64 条第 4 款所指），采用本养老金体系内所有 C 类基金在 A 类、B 类和 D 类基金开业前一年的加权平均收益率。在后续各期，计算平均收益率还需考虑体系各该类养老基金每只的实际收益率。"

第 7 条

本法第 1 条第 17 项的规定对 3500 号律令第 68 条第 1 款第（a）目及第（b）目进行了修改。在与这些修改不抵触的前提下，从本法引入的修改生效开始，第（a）目对提前退休的规定，将为 52%。此后，本法生效期每过 1 年，这一百分比将提高 3 个百分点，直至 70%。本法引入的修改生效后，第 68 条第（b）目规定的比率，将为 110%。本法生效后第二年开始，上调为 130%，随后的第三、第四年，分别上调至 140% 和 150%。

第 8 条

本法生效 10 年满 55 岁或超过 55 岁的男性参加人，年满 50 岁或超过 50 岁的女性参加人，可以根据未经本法修改的 3500 号律令第 68 条和第 63 条的规定提前退休。

第 9 条

从本法第 1 条第 8 项对 3500 号律令引入的附加第 61 条生效起，在本法第 1 条第 8 项第 8 款第（b）目所指的最高法令未颁布之前，参考佣金率或费率为 2.5%。

第 10 条

从本法第 1 条第 8 项向 3500 号律令引入的附加第 61 条生效起至其生效后第 24 个月的最后一天，第 14 款所指的最高佣金率和费率为 2.5%。

20. 210 号法,2007 年 7 月 31 日公布于《官方日报》

临时性规定

临时性条款

本法对 1980 年 3500 号律令的修改自本法在《官方日报》上公布之日次月 1 日生效。

总之，本法在《官方日报》上公布之日起 4 个月内，3500 号律令第 45 条第 23 款所指的限度不得超过基金价值的 35%；第 5 个和第 8 个月之间，不得超过 40%，第 9 个月开始，不得超过 45%。

20. 255 号法，2008 年 3 月 17 日公布于《官方日报》

临时性规定

第一段　对第一章的临时性规定

第 1 条

本法对第一章的规定从 2008 年 7 月 1 日起生效。

生效起前两年内，实施本法第 3 条第（b）目的规定，采用社会保护卡片①作为锁定目标的技术工具。总之，实施条例将兼顾本法第 4 条的规定，设定使用社会保护卡片的程序。

第 2 条

本法第一章生效后，18. 611 号法第 10 条，18. 681 号法第 47 条，1975 年劳动和社会保障部颁布的 869 号律令废止。但是，869 号律令对实施本法第 35 条的规定仍然有效。

---

① 社会保护卡片（Ficha de Protección Social）是智利公民享受国家福利和利益的文件。这一文件记录了智利公民的社会经济状况及其具体的社会保障需求，例如残疾、年老、事业、低收入、疾病等。通过社会保护卡片，国家得以有的放矢地实施社会福利和社会保障计划。——译者注

本法第一章生效之日,依据 1975 年 869 号法领取救助性养老金的人,自本法第一章生效之日起有权依法领取基本养老金或伤残养老金,同时停止领取救助性养老金。本规定不适用于领取救助性养老金的智障未成年人。领取救助性养老金的智障未成年人适用下一条第 2 款的规定。

本法第一章生效之日,根据 3500 号律令有关救助性养老金的规定提出的申请已经依法提交并在办理当中的,依本法第一章的规定进行审批。

第 3 条

自本法第一章生效之日,18.600 号律令第 18 条第 3 款废止。

自本法第一章生效之日,16.600 号法所指的智障未成年人,如依然在依据 1975 年 869 号律令领取救助性养老金,自本法第一章生效之日起有权依法领取本法第 35 条规定的补贴,同时停止领取上述救助性养老金。

第 4 条

1975 年 869 号律令为国家救助性养老基金(Fondo Nacional de Pensiones Asistenciales)设定的权利和义务自本法第一章生效之日起一并转给社会保障管理局,社会保障管理局接受养老金监管局的监管。

自本法第一章生效之日,18.141 号法第 2 条废止。

第 5 条

本法第一章生效之日起,3500 号律令第 73 条到第 81 条(含两端数字)废止,临时性规定中第 6 条、12 条和第 15 条的规定继续有效。

第 6 条

本法第一章生效时,依据 3500 号律令第 7 章领取享有国家保障的最低养老金和伤残养老金的人,可以继续领取,也可以按照同样的条件做出末款所指的选择。

本法第一章生效时,年满 50 岁或者超过 50 岁,并参加了 3500 号律令所指的养老金体系的,从本法第一章生效之日起,可以根据参加时有效的 3500 号律令第 7 章的规定,享受国家担保的最低养老金和伤残养老金。在任何时候,参加人都可以依据可适用的规定选择参加本法建立的互助型养老金体系,但是,这种选择仅限一次。

本法第一章生效时已经领取养老金的人员,可以按照前款同样的条件行使选择权;在这种情况下,本法第一章生效日需根据养老金监管局一般性规范确定自我融资的参考养老金金额。

第 7 条

对于在本法公布之日后第 15 年的最后一天，根据 3500 号律令的规定符合领取伤残养老金条件的人，将适用上一条第 2 款的规定。

第 8 条

在确定本章第 6 条所指的最低养老金国家担保时，不考虑自主缴费、自主保障性储蓄存款、协议存款以及集体自主保障性储蓄存款。

参加人未满 3500 号律令第 3 条所指的法定退休年龄前，除非参加人依据 3500 号律令附加第 68 条的规定已经退休，本章第六条所指的最低养老金国家担保不能启用。

第 9 条

养老金标准化管理局的养老制度项下的人，如无权从任何养老制度下领取养老金，且符合本法第 3 条和第 16 条规定的条件，将有权享有互助性基础养老金或基础伤残养老金。

第 10 条

本法第一章生效时，凡是从养老金标准化管理局养老金制度项下领取养老金或退休金、伤残养老金或遗属养老金的人，或者即将从养老金标准化管理局养老金制度项下领取养老金或退休金的人，只要其基础养老金低于本法第 13 条所指的含有互助性供款的最高养老金金额，并符合本法第 3 条第（a）目、第（b）目、第（c）目的规定，都将有权享受本法第一章第三段规定的老年互助性养老资助[①]。

将根据本法第 2 条第（f）目的规定计算前款所指的老年互助性养老金资助。这样，基础养老金将等于从前款中各养老金制度领取的养老金之和，包括 19.403 号法、19.539 号法和 19.953 号法所指的红利。

如第 1 款所指的人还从 3500 号律令设立的养老金体系领取养老金，他有权享有的老年互助性养老金资助将根据本法第十条或者第十一条的规定计算。在这种情况下，基础养老金就等于前款计算所得加上自我融资的参考养老金再加上受益人依据 3500 号律令领取的遗属养老金。本法第一章生效时，已经依据 3500 号律令退休的人，其自我融资的参考养老金将根据养老金监管局制定的一般性规范确定。

[①] 老年互助性养老资助（El Aporte Previsional Solidario de Vejez，简称 APSI）：是国家对那些已经在某种养老金制度下有养老金积累，但养老金金额很低的人的一种补助。——译者注

第 11 条

由养老金标准化管理局各类养老金制度管理的伤残人士，如符合本法第 20 条第（a）目的要求，有权享有上述制度赋予的伤残养老金，而且伤残养老金的数额加上任何来自于其他养老金制度下的养老金收入之和低于互助性伤残基础养老金的，将有权获得第一章第五段规定的互助性伤残养老资助。[①]

同样，仅享有上述养老金标准化管理局养老金制度赋予的遗属养老金权利，符合前款条件且遗属养老金的金额低于互助性伤残基础养老金金额的残疾人士可以成为上述资助的受益人。

第 12 条

本法第一章生效时享有 3500 号律令第七章国家担保的最低遗属养老金的人，将继续领取国家担保的最低遗属养老金。此外，在本法公布后第 15 年最后一天符合条件的人，也可以享有这一国家担保。

前款所指的最低养老金与互助养老金体系不兼容。但是，前款所指的最低养老金受益人，如符合加入互助养老金体系的条件，可以加入互助养老金体系，但在加入互助养老金体系申请中，要声明放弃上述国家担保。

第 13 条

2008 年 7 月 1 日至 2009 年 6 月 30 日，老年互助基础养老金上调至 6 万比索，含有互助资助的最高养老金上调至 7 万比索。2008 年 7 月 1 日至 2009 年 6 月 30 日第 3 条第（b）目规定的比率为 40%。

从 2009 年 7 月 1 日起，老年互助基础养老金上调至 7.5 万比索，含有互助性资助的最高养老金上调至 12 万比索。与此同时，第 3 条第（b）目规定的比率为 45%。

2009 年 9 月 1 日至 2011 年 6 月 30 日，含有互助性资助的最高养老金上调至 15 万比索。与此同时，第 3 条第（b）目规定的比率为 50%。

2010 年 7 月 1 日至 2011 年 6 月 30 日，含有互助性资助的最高养老金上调至 20 万比索。与此同时，第 3 条第（b）目规定的比率为 55%。

2011 年 7 月 1 日起，含有互助性资助的最高养老金上调至 25.5 万比索。与此同时，第 3 条第（b）目规定的比率为 60%。

---

① 互助型伤残养老资助（El Aporte Previsional de Invalidez，简称 APSI）：是针对那些曾经向某种养老金制度缴费，养老金额偏低的残疾公民，国家每月给付的现金补贴。——译者注

本法第 32 条所指的比率将由本条第 1—4 款指明。

第 14 条

因实施本法第八条进行调整而产生的差额在 2009 年 7 月 1 日后的 12 个月内支付；因实施本法第 13 条进行调整而产生的差额，在 2011 年 7 月 1 日后的 12 个月内支付。

第 15 条

虽然有临时性条款第 1 条的规定，对本法第 38 条第 6 项第 （a） 目、第 （c） 目，第 7 项第 （b） 目，第 8 项第 （b） 目，第 9 项第 （b） 目以及第 11 项第 （a） 目的修改自 2012 年 7 月 1 日起生效。

第 38 条第 6 项第 （b） 目、第 7 项第 （a） 目、第 （c） 目、第 8 项第 （a） 目，第 9 项第 （a） 目以及第 10 项第 （a） 目、第 （b） 目的修改从 2009 年 7 月 1 日起生效。

同样，对第 38 条第 12 项的修改从 2009 年 7 月 1 日起执行。但是，这一修改不适用于 2009 年 7 月 1 日以前签订的保险合同。

第二段　对第二章的临时性规定

第 16 条

本法授权共和国总统，从本法实施之日起算 1 年内，通过劳动和社会保障部颁布一个或多个律令（这些法令也应当由财政部签署），就下列事宜制定规范：

1. 确定社会保障局的人员编制。编制中的人员可以来自社会保障局以及养老金标准化管理局。社会保障司有职衔的官员应当优先选派。

2. 确定养老金监管局的人员编制。养老金监管局的人员可以来自 AFP 监管局、社会保障监管局以及养老金标准化管理局。AFP 监管局有职衔的官员应当优先选派。

3. 确定社会保障管理局的人员编制。编制中的人员可以来自养老金标准化管理局。养老金标准化管理局有职衔的官员应当优先选派。

4. 确定社会保障监管局人员编制。编制中的人员可以来自社会保障监管局以及养老金标准化管理局。社会保障监管局有职衔的官员应当优先选派。

5. 确定劳动保障管理局（即前养老金标准化管理局）人员的编制。编制中可以包括养老金标准化管理局的人员。

6. 根据下一项的规定，规定上述官员调转工作，无论是在编人员还是聘用人员，调转期间工作不中断。同样，养老金标准化管理局向其他公共机构调转要配合相关预算资源的调转。

7. 在编或聘用人员调转，保持调转之日的职务，在前后两个工作单位对应的基本工资级别不同的除外。如调出和调入两个机构的基本工资级别不同，被调人员的工资以最为接近其调出单位的基本工资的级别为准。自调动之日起，被调官员在调出单位职位依法撤销。原单位的人员总数也相应减少。相关律令将确定依专业和法律身份而被调转官员的数量，以及调转的时限。各调令由劳动和社会保障部颁发采取"根据共和国主席令……"的格式。人员调转同时配合相关预算资源的调转。

8. 共和国总统行使权力，可以以法令的方式规定人员编制的结构和人员运转，尤其可以就下述内容做出规定：实施可变薪金制度（诸如 19.533 号法第 1 条，19.528 号法第 5 条以及 18.091 号法第 17 条等）、每套编制职位数量、履行职务的要求、职位的名称、具有总统专署信任特征的职务以及实施 19.882 号法第六章规定的官阶等级和实施 18.834 号法第 8 条的官阶等级。18.834 号法的修改稿已经由财政部 2005 年 29 号律令定稿。此外，共和国总统还可以就人员安置问题对本法第 15 条制定补充性规定。

9. 共和国总统将确定人员编制的生效时间及其职位安排，并确定上述机构的人员编制上限。

10. 共和国总统行使上述人事权力需遵守如下约束：

（a）上述被调人员的工龄不受影响，其工作调动不得被当作结束劳动关系、撤职、停职或停止工作的理由。不征得被调官员的同意，不得将其住所迁离其履行职务所在地区。

（b）不得借人员调转降低其薪金、停止其职能、改变其养老金权力。被调人员薪金的任何变化，从补充编制中支付。补充支付今后将被并入相关官员的增薪当中，公共部门普遍增薪的情况除外。补充编制同其所补充的编制适用同样的纳税规定。

（c）被调转安置官员的工龄和资历须保持。

（d）共和国总统行使这一权限时，不得改动当年预算法确定的人员总编制上限，但总统可以有增加 6 个职位的权限。

11. 共和国总统将确定养老金监管局和社会保障管理局开展工作的起

始日期和时限。此外，共和国总统还将确定 AFP 监管局的撤销日期以及其资源的归属。

12. 此外，共和国总统还将下令将养老金标准化管理局的所有财产划转到社会保障管理局。

第 17 条

共和国总统通过财政部颁布法令，为养老金监管局以及社会保障管理局制定第一个预算，调出人员或物资的单位将必要的资金划拨至养老金监管局和社会保障管理局，以便其履行职能。为此，共和国总统可以废止或修改预算中的相关章节、资金划拨、项目或备注。

现行《预算法》中公共财物 2003 年 1 月 5 日项下用于最低养老金国家担保的资金可以在本法所指的机构间划转。

第 18 条

在养老金标准化管理局任职的高级领导人，调往社会保障管理局后继续接受在养老金标准化管理局任职时所适用的法律法规的调整。

第 19 条

因确定人员编制和指派职位而产生的费用，1 年不得超过 94 亿比索。

第 20 条

从本法生效之日起，由养老金标准化管理局行使社会保障管理局的职能和权限，直到后者开始正式运行为止。

同样，除社会保障监管局转给养老基金监管局的权限在后者正式运行前继续由前者行使外，AFP 监管局将行使养老基金监管局的其他职能和权限，直到后者开始正式运行为止。

第 21 条

本法需将上述机构履行的职能以及本法未提及的其他公共服务职能转化为第 39 条所指的公共服务，因此，相关组织机构规定需进行修改。为此，本法授权共和国总统，在本法公布之日起 1 年内，通过劳动和社会保障部颁布一道或者多道律令对相关公共服务组织机构的规定进行修改。财政部参与签署上述律令。

第 22 条

本法第 64 条对 19.404 号法的修改，对 3500 号律令附加第 17 条第 5 项的废止，本法第 91 条第 16 项第（g）目对 3500 号律令添加的第 94 条第 19 项等自本法公布之日后第 12 个月的第一天起生效。

第 23 条

第一次任命第 70 条第（b）目所指的国务委员时，共和国总统先由参议院推荐两名任期为 6 年的候选人和两名 3 年非完整任期的候选人。

委员会组成后，应当就现行有效的第 66 条第 1 项第（b）目所指的各实施条例召开委员会会议，并提出意见。

第三段　有关第三章的临时性规定

第 24 条

根据本法第一段有关第三章的永久性规定，2009 年 7 月 11 日后退休的女性可以从其子女的红利中受益。

所有女性，只要符合第 74 条的规定并于 2009 年 7 月 11 日后退休的，对其在此日期前亲生或收养的子女的红利享有权利。该红利等于截至 2009 年 7 月 11 日有效最低收入的 10%。2009 年 7 月 11 日后，第 75 条第 2 款规定的利息和差额调整开始进行，计算方法由第一段有关第三章的永久性条款规定。

2009 年 7 月 11 日开始，在根据本法第一章的规定计算自我融资的参考养老金时，将考虑妇女对儿女红利的权利。

第 25 条

第二段有关第三章的临时性条款中的规定自其在《官方日报》公布之日起第 7 个月的第一天生效，且只能适用于在此日期后的无效婚姻和离婚诉讼。

第 26 条

第 82 条第 1 款的规定自其在《官方日报》公布之日起第 7 个月的第一天生效，第 2 款的规定自 2011 年 7 月 1 日起生效。

第 27 条

截至本法公布之日满 60 岁的女性，不适用 3500 号律令附加第 4 条的规定。

第二十八条

本法第四段关于第三章临时性条款中的规定自其在《官方日报》公布之日起第 7 个月第一天生效。

第 85 条第 2 项到第 6 项对 3500 号律令的修改，只适用于那些在前款所指的生效日以后退休的人群。

第四段　有关第四章临时性规定

第 29 条

本法第四章从本法公布之日起第 4 年的 1 月 1 日起生效。

第四章生效的前 3 年，如无明确的相反规定，3500 号律令第 89 条第 1 款所指的劳动者应当根据第 92F 条的规定实施第三章所要求的缴费。养老金监管局将通过一般性规范对这一权利的行使制定程序。

为实施前款规定，第 1 款所指规定生效后的第 1 年、第 2 年和第 3 年，3500 号律令第 90 条第 1 款所规定的应税收益需分别乘以 0.4、0.7 和 1。但是，在第 1 年和第 2 年，本条所指的独立劳动者可以自愿实施 3500 号律令第三章所指的、高于上述金额的缴费，但不得超过 3500 号律令第 90 条所指的应税上限。

自第四章生效后第 4 年起，独立劳动者必须遵照 3500 号律令第 92F 条的规定实施第三章所要求的缴费。

自第 1 款所指规定生效后第七年的 1 月 1 日起，需根据本法第 86 条的规定实施 7% 的医疗福利缴费。在此日期之前，医疗福利缴费将根据本法公布时有效的规定执行。

截至第 1 款所指的日期年满 55 岁的男性劳动者或年满 50 岁的女性劳动者无须履行上述各款所指的义务。

第 30 条

3500 号律令第 89 条所指的独立劳动者，需根据 3500 号律令的规定，按照第 88 条第 2 款到第 4 款规定的条件和渐进程度实施 3500 号律令第 88 条第 2 款所指的缴费。临时性规定第 20 条末款的规定同样适用。

本法第 89 条的规定自本法公布之日起第 7 个月的第一天起生效。自此日期至 2011 年 12 月 31 日，3500 号律令第 89 条所指的独立劳动者可以根据本法公布时实行的第 89 条文本选择适用本法第 89 条的规定。

第 31 条

本法公布之日起第 7 个月第一天开始，参加养老金标准化管理局所管理的养老金体系的独立劳动者，受 16.744 号法规定的保险合同约束的，适用本法第 88 条第 2 款到第 4 款以及末款的规定。其最高应税收入将由 18.095 号法第 1 条规定。

第五段　有关第五章的临时性规定

第 32 条

本法有关第五章的临时性规定自其在《官方日报》公布之日后第 7 个月第一天生效，并不与下述各款的规定抵触。

本法第 91 条第 13 项纳入 3500 号律令的第 20 条 O 所规定的红利，适用于前款所指的生效日期后完成的自主性缴费、自主保障性储蓄存款以及集体自主保障性储蓄存款。

本法第 91 条第 5 项第（b）目所指的对 3500 号律令中有关医学委员会融资规定的修改，根据临时性规定第一条，同本法有关第一章的临时性规定同时生效。

本法第 91 条第 85 项加入到 3500 号律令的第十六章自本法公布之日起次月 1 日生效。

本法对第五章第 92 条第 3 项的修改自本法有关第四章的临时性规定生效后第 4 年生效。

1931 年财政部 251 号律令所指的年金收益保险经纪人，在前款所指的规定生效之日后 6 个月内仍然可以继续从事年金收益保险经纪活动。

第 33 条

本法有关第五章的临时性规定于 3500 号律令的修改生效之日正在办理中的伤残养老金申请、遗属养老金申请和退休申请等，继续由上述生效之日正在执行的规定调整。同样，在上述生效之日正根据第一次决定领取伤残养老金的，其伤残评估继续由生效之日正在执行的规定调整。

为实施 3500 号律令第 65 条第 3 款的规定，上述生效之日已经退休的人，继续由该日期之前所执行的规定进行调整。

第 34 条

第五章的临时性规定于 3500 号律令的修改生效之日以前，因领取伤残养老金或养老金的参加人本人死亡而产生的遗属养老金，继续由参加人领取伤残养老金或养老金时所实行的相关规定调整。

第 35 条

第五章的临时性规定于 3500 号律令的修改生效之日已经退休的，可以实施 3500 号律令第 85 条末款（由本法第五章第 91 条第 60 项引入）所指的医疗福利缴费。

第 36 条

第五章的临时性规定于 3500 号律令的修改生效之日已经退休的参加人，可以将自主储蓄账户里的资金全部或者部分转入到个人资本账户，以提高养老金金额。

第 37 条

第五章的临时性规定于 3500 号律令的修改生效之日已经退休的参加人，且符合本法第 23 条第 3 款（经本法第 91 条第 17 项修改）规定的，可以行使第 23 条第 3 款所指的选择权。

第 38 条

建立 3500 号律令第 45 条（经本法第五章第 91 条第 31 项修改）所指的投资制度的第一个决议，所设定投资限度的严格程度不得高于本法第五章对 3500 号律令修改前所执行的 3500 号律令第 45 条和第 47 条。

第 39 条

本法第五章对 3500 号律令的修改生效时，如养老基金有收益率波动准备金，相关 AFP 应当依参加人个人资本账户中的份额按比率将准备金分配给参加人。分配方式和期限由养老金监管局颁布的一般性规范规定。

第 40 条

虽然有 3500 号律令第 168 条（本法第五章第 91 条第 85 项引入）的规定，第一次任命的投资委员会成员的任期根据如下内容确定：

（a）AFP 指定的成员任期两年。

（b）经 20.129 号法认证的大学经济系或经济与管理系主任指定的成员任期 3 年。

（c）中央银行顾问委员会指定的成员任期 4 年。

（d）共和国总统指定的成员任期 5 年。

第 41 条

本法第五章对 3500 号律令的修改生效后头两年，AFP 不对执行本法规定而导致的投资超限负责，但不妨碍养老金监管局就超限投资的转让设定期限。

第 42 条

本法第五章对 3500 号律令的修改生效后 12 个月内，养老基金向国外全部投资不得超过养老基金价值的 60%，也不得低于养老基金价值的 30%。限度由智利中央银行根据本法第五章第 91 条第 31 项引入到 3500

号律令第 45 条第 18 款第 (2) 目的规定设定。本法第五章对 3500 号律令的修改生效后第 13 个月开始,上述限度将不低于 30%,也不得高于 80%。

本法第五章对 3500 号律令的修改生效后 12 个月内,各类养老基金向国外投资的总额为:

A 类养老基金:不得超过 80%,也不得低于 25%;

B 类养老基金:不得超过 70%,也不得低于 20%;

C 类养老基金:不得超过 60%,也不得低于 15%;

D 类养老基金:不得超过 30%,也不得低于 10%;

E 类养老基金:不得超过 25%,也不得低于 5%。

从第 13 个月开始,各类养老基金向国外投资的总额为:

A 类养老基金:不得超过 100%,也不得低于 45%;

B 类养老基金:不得超过 90%,也不得低于 40%;

C 类养老基金:不得超过 75%,也不得低于 30%;

D 类养老基金:不得超过 45%,也不得低于 20%;

E 类养老基金:不得超过 35%,也不得低于 15%。

限度由智利中央银行根据本法第五章第 91 条第 31 项引入到 3500 号律令第 45 条第 18 款第 (2) 项的规定设定。

第 43 条

本法第五章对 3500 号律令的修改生效后 90 天内,各 AFP 应根据 3500 号律令第 23 条 (由本法第五章第 91 条第 17 项修改) 的规定修改服务合同。

第 44 条

3500 号律令附加第 59 条 (本法第五章第 91 条第 47 项引入的) 所指的保险的第一次招标至少需要在本法第五章对 3500 号律令的修改生效 6 个月以后才得以进行。

第 45 条

3500 号律令第 160 条 (本法第五章第 91 条第 85 项引入的) 所指的参加人组合的第一次招标,至少要在本法第五章对 3500 号律令的修改生效 6 个月以后才得以进行。

第 46 条

本法第 91 条第 8 项引入 3500 号律令第 16 条的修改,自本法公布之日后次年 1 月 1 日起开始适用。

第 47 条

雇主支付 3500 号律令第 59 条所指的保险费的缴费义务,自 2009 年 7 月 1 日起具有约束力。

上述义务生效之日至 2011 年 6 月期间,如在某月份雇主为 100 名以上雇员申报了养老金缴费,则参加人的补充性缴费应当包括保险费,这样,第 1 款为雇主设定的义务在该月份免除。

第 48 条

上条第 2 款的规定不适用于国家机关。

第 49 条

本条第五章生效时正进行自主保障性存款或实施自主缴费的纳税人,不适用本法第 92 条第 1 款第(f)目有关税制选择的规定。在这种情况下,除非纳税人做相反声明,本法认为参加人选择了继续适用《所得税法》附加第 42 条第 1 款的税制。有关本条的适用程序,养老金监管局将制定一般性规范。

第六段 有关第六章的临时性规定

第 50 条

自本法公布之日起满 3 年的第一天开始,第 98 条规定的最低应税薪金开始适用。但是,自本法公布之日起第一年起,最低应税薪金为最低月收入的 83%,第二年起为最低月收入的 92%。

第七段 有关第七章的临时性规定

第 51 条

第 100 条和第 101 条列明的修改,自本法公布之日起生效。但是,20. 128 号法第 100 条第 4 款引入的修改内容自其在《官方日报》公布之日后第七个月第一天起生效。

第 52 条

20. 128 号法第 5 条所指的养老金准备基金,还需根据本法临时性规定第 6 条和第 20 条的规定用来履行与最低养老金、伤残养老金和遗属养老金国家担保(由 3500 号律令调整)有关的财政义务。

第 53 条

提取 20.128 号法第 5 条所指的养老金准备基金，每年最高限额等于根据 20.128 号法第 6 条第（b）目确定上年供款金额。

前款所指的提款可以在本法第一章生效之日至 2016 年期间实施。

第 54 条

本法生效后 1 年内实施是费用最高的一年，该费用将从劳动和社会保障部的预算中支付，不足部分，从国库项目补足。后续各年内，执法费用纳入相关预算法规。

临时性规定末条

在不与本法上述各条款抵触的前提下，在本法公布之日起可以就本法的实施制定条例。

《公务员退休金法案》
（加拿大）

1989 年修订法规第 377 章

关于新斯科舍省公务员退休津贴的法案

简称

1. 该法案可引为《公务员退休金法案》。*R. S.*，*c. 377*，*s. 1.*

第一部分

部分释义

2. 在本部分：

（a）"折算价值" 意为：按条例规定计算的价值。

（b）"递延津贴" 意为递延至有资格获得此津贴的人到达正常退休年龄时的一种津贴。

（c）雇员的 "受养人" 雇员死亡时，由于精神或生理疾病而依赖雇员生存的父亲、母亲、兄弟、姐妹或子女。

（d）"雇员" 包括：

（i）见习雇员；

（ii）长期雇员；

（iii）雇佣于公共服务部门，由总督会同行政局委派，为实现本法案的目的，作为或曾作为雇员的一类人中的一员或一个人；

不包括：

（ⅳ）除法律规定以外的兼职雇员；

（ⅴ）除总督会同行政局委派以外的临时雇员；

（ⅵ）以其他方式提供养老金的一类人员，或被排除在枢密院令以外的任何人；

（ⅶ）未满 18 岁的雇员。

（da）"《所得税法案（加）》"意为：《所得税法案（加）》，包括任何与之订立的规例。

（e）"部门"指财政部门。

（f）"正常退休日期"指雇员满 65 岁当月的最后一天。

（g）"兼职雇员"指雇员定期工作并且每天工作时长少于全职工作时长，或每月工作日数量少于全职工作。

（ga）"养老金计划"指该法案设立的公共服务部门养老金计划。

（h）"永久雇员"指已完成试用期，以全职形式供职，未设定任何特定终止服务日期的人员。

（i）"见习雇员"指全职受聘，但工作时间少于试用期的雇员。

（j）"薪金"指雇员在受聘基础上的薪酬或补偿，包括除根据雇佣合约明文规定的工资和奖金之外的任何绩效工资，但不包括：

（ⅰ）非本省公务员的借调人员的工资、奖金、绩效收入或其他津贴：在该种情况下，借调人员的工资参照该岗位本省公务员的工资标准；

（ⅱ）署任薪酬，除非雇员：

（A）处于 6 个月或以上的代职期间，或代职期间的部分或全部时间发生在 1997 年 5 月 10 日之后；

（B）提交申请拥有法案承认的、作为应计养老金服务期的时段，在同意前提下，在该时段内按照理事会的行政机构设定利息率向退休养老基金支付法案规定金额，署任薪酬在应缴费的时间内完成；

（C）津贴如生活与住房津贴、汽车津贴、任何酬金、加班费、代替加班费的费用或生活奖金的费用。

（k）"学校董事会"指按照《教育法案》组织的学校董事会。

（ka）"配偶"指以下两种相同或不同性别的人：

（ⅰ）两人正处于婚姻关系中；

（ⅱ）彼此的婚姻关系是可撤销的，并未因无效的声明而废止；

（ⅲ）已经历过婚礼形式并彼此信任，是无效的；正在同居或者已经不再同居，但同居时间在紧接权利之日 1 年内；

（ⅳ）或者，两人没有结婚，以夫妻关系连续同居时间超过 3 年即将接近有关时间，以及以夫妻关系同居达到有关时间；

（kb）"养老金基金"指由本法案规定设立的公共服务养老金基金。

（1）"临时雇员"指在特定时间受雇的雇员，此特定时间为 6 个月或少于 1 年。*R. S.，c. 377，s. 2；1993，c. 39，s. 1；1997，c. 3，s. 13；1998，c. 13，s. 14；2002，c. 5，s. 52；2007，c. 51，s. 1.*

法案的施行

3.（1）本法案由财务部门负责施行；

（2）该法案施行的费用由退休金基金支付；

（3）部长须于 4 月 30 日或之前，向总督会同行政局提交一份上个财政年度的所有诉讼程序的年度报告，以及一份显示养老金基金目前状况的文件。*R. S.，c. 377，s. 3.*

所得税法的适用（加拿大）

3A.（1）本法案应与《所得税法案（加）》协同施行，当本法案与所得税法案（加）相冲突时，则《所得税法案（加）》优先。

（2）为了更加明确，尽管任何本法其他条款或其他法规有规定，不能用养老金基金支付其他退休金津贴。

（a）其数额超过该《所得税法案（加）》允许的最高退休金；

（b）超过《所得税法案（加）》所允许的退休金供款最高限额的收入；

（c）或者，未亡配偶的配偶抚恤金中超过《所得税法案（加）》所规定的最大额的部分。*1993，c. 39，s. 2；2007，c. 51，s. 2.*

退休金津贴的领取

4.（1）除本法案基本协议订立的规例，对以下雇员应给予未超过核定税额的养老金津贴：已经在公共服务系统工作 10 年以上的，根据下文规定退休的，以及因健康欠佳或身体残疾而无法履行员工责任的。

（2）对于 1986 年 4 月 1 日及之后的雇员，第（1）分部应该仔细阅读、理解并考虑，如"5"在某处出现时是用于代替"10"。

（3）对于 1988 年 1 月 1 日及以后的雇员，尽管有第（2）分部，但是仍需要对第（1）分部仔细阅读、理解并考虑，如"24个月"在某处出现时是用于代替"10年"。

（4）对于过去由于健康欠佳或身体残疾而退休、如今恢复的雇员，总督会同行政局应负责使该雇员在公共服务部门进一步就业，若该雇员接受再就业，那么在再就业期间其退休金津贴应暂停；若该雇员不接受再就业，则总督会同行政局应指示停止发放该雇员的全部或部分退休金津贴。

（5）依据第一部分的规定，不能授予以下员工退休金津贴：该员工已接受除拖欠支付之外其他任何形式的有部长规定的由养老金基金支付的补贴。*R. S.，c. 377，s. 4.*

信用事先服务

5.（1）根据第二部分规定，一位雇员或前雇员重新就业，则其以前工作时间和再就业工作时间，在计算由本法案规定应享有的退休金津贴时都应计入在内。

（2）任意一位雇员：

（a）依据本法案，这位雇员没有对退休金基金做出任何出资；

（b）或者，做出贡献，同时也领取了津贴；

根据《所得税法案（加）》，如适用，应该自付薪之日至向退休基金付款之日，或自提取该雇员的出资额起，依据本法案的规定，按照总督会同行政局规定的利率，向退休金基金存入规定出资额，同时应记入服务。

（3）根据《所得税法案（加）》，任何已经领取递延退休金津贴折算价值的雇员，自折算价值支付之日起，将所收到的折算价值按总督会同行政局规定的利率存入退休金基金，同时记入服务。*R. S.，c. 377，s. 5；2007，c. 51，s. 3.*

退休前死亡

6.（1）1958年5月第3天及之后，雇员死亡，并且死亡前已达到65岁即将有资格领取退休金津贴的：

（a）雇员死亡并留有配偶，该雇员应获得的退休津贴的66%或2/3应支付给其配偶，以维持生活。

（b）雇员死亡但尚留下子女，年龄低于：

（i）18岁；

（ii）或者，25岁，同时子女正就读于总督会同行政局认可、规管的全日制教育机构，并且每年向财政部部长提交符合要求的出席证明；

雇员本应该收到的退休金津贴中的 10% 应该支付给任意一个子女，如其子女的年龄未达到：

（ⅲ）18 岁；

（ⅳ）或者，25 岁，同时子女正就读于总督会同行政局认可、规管的全日制教育机构，并且每年向财政部长提交符合要求的出席证明，并且直到子女达到该年龄；

不超过上述关于这些子女的退休金津贴的 1/3。

假若雇员未留下配偶或配偶已经死亡，雇员本有资格获得的退休金津贴中的 2/3 应该支付给上述子女，以代替上述的 10% 的津贴。

（c）雇员死亡时未留下配偶及 18 岁以下子女，或未满 25 岁的正接受全日制教育的子女的，雇员本应获得的退休金津贴的 2/3 应该支付给雇员的家属或遗属，以维持生活。

（d）雇员死亡时未留下配偶、18 岁以下子女或家属，应该将该雇员根据本法案已缴纳的金额支付给该雇员指定的受益人。

（2）按照本部分规定应向雇员子女支付的退休津贴，应连续支付直至该子女满 18 岁或 25 岁的月份的最后一天。*R. S.，c. 377，s. 6；1993，c. 39，s. 3；1998，c. 13，s. 15；2007，c. 51，s. 4.*

支付配偶津贴

6A. （1）尽管根据第六部分，雇员在 1998 年 7 月 1 日当天或之后去世的情况下，应该根据第六部分向其配偶支付雇员应得的退休金津贴，但是雇员应得的退休金津贴减去根据第六部分第（b）款第（1）项规定的退休金津贴，应该在 5 年内支付给雇员遗留的配偶。

（2）需进一步确定的是，第 6 条第（1）项第（a）款、第（b）款应该在第（1）分部提及的时间之后启用。*1998，c. 13，s. 16.*

两个配偶

6B. （1）在雇员死亡时留下两个配偶（在本法案规定的情况内），为保障第 6 条、第 6A 条、第 17 条、第 17A 条起见，该雇员的退休金津贴，应该根据该雇员作为公务员期间，两个配偶与该雇员以夫妻关系共同居住的时间进行分配。

（2）尽管有第（1）分部的规定，为实施本法案的需要，雇员在死亡时与雇员存在婚姻关系的配偶被视为该雇员的唯一配偶，除非另一配偶在雇员死亡后 12 个月内向财政部提交书面申请，说明为死亡雇员的配偶。

（3）根据第（1）分部，为了获得分配退休金津贴的资格，尚存配偶应向财政部提供相关证据，以使财政部根据第（1）分部向该配偶进行退休金津贴分配。

（4）若与死亡雇员有婚姻关系的配偶未在雇员死亡后 12 个月内提交书面申请，财政部无义务向其支付退休金津贴。

（5）在死亡雇员遗留的两位配偶向财政部提交相互冲突证据的情况下，在其中一位或两位配偶收到法院关于向其中一位或在两位配偶分配退休金津贴的通知之前，财政部有权力决定不向任何一位配偶支付退休金津贴。

（6）需进一步确定的是：

（a）在死亡雇员遗留一位配偶的情况下，根据第 6 条、第 6A 条、第 17 条、第 17A 条及第 18 条所支付的退休金津贴，不应超过退休金基金能够支付的总额；并且

（b）由于配偶向财政部提交冲突的证据而造成的退休金基金支付的延误，财政部无义务向任何一位配偶支付利息。*2007，c. 51，s. 5.*

获得津贴前死亡或终止权利

7.（1）雇员遇到以下情况时，

（a）在公务员雇佣期间、雇佣未满 10 年之前死亡，或雇员在 1986 年 4 月 1 日当天及以前死亡且雇佣未满 5 年；

（b）被解除公务员雇佣关系；

（c）或者，在公务员岗位上辞职，并且辞职被接受，

在获得退休金资格之前该雇员根据本法案在 1988 年 1 月 1 日前所缴纳的金额，在该雇员死亡的情况下，应该支付给死亡雇员的财产受益人或指定受益人；或在该雇员被解雇或辞职的情况下，支付给被解雇或辞职的雇员本人。

（2）雇员在 1988 年 1 月 1 日当天及之后，在职位上死亡，或被解雇、辞职，

雇佣时间未满 24 个月，根据本法案在 1988 年 1 月 1 日当天或之后所缴纳的金额，应该支付给死亡雇员所在地方或指定受益人，或支付给被解雇或辞职的雇员本人。

（3）雇员的退休金返还根据本部分第（1）项、第（2）项及第 6 部分第（1）项第（d）款关于雇员在 1978 年 5 月 1 日之后死亡、被解雇或

辞职的情况，基于雇员1977年1月1日及之后缴纳的数额，按照一定比率或每次的利息率来计算利息；并按照总督会同行政局规定的方式累积。

（4）根据本法案，辞职或被解雇的享有递延退休金津贴的雇员，不能从退休金基金提取1988年1月1日及之后相关的退休金额度，除非根据本法案进行转移。*R. S.*，*c. 377*，*s. 7*；*2007*，*c. 51*，*s. 6.*

支付折算价值

8.（1）有权获得递延退休金津贴的雇员终止雇佣合同，可以向财政部要求支付递延退休金的折算价值：

（a）若退休基金与另一退休计划有关联关系，并且另一退休金基金的管理人员同意接收付款，则可统一接收支付；

（b）根据由退休金收益法案为这种转移而规定的章程，可支付给一个退休金储蓄计划；

（c）在用于支付终身递延年金的情况下，距离正常退休日期超过10年以上则不能支付。

（2）根据第（1）分部，雇员可以在按照财政部要求的方式告知财政部之后行使获取津贴的权利。

（3）第（1）分部不适用于终止雇佣关系的雇员根据本法案获取除递延津贴以外的退休金津贴。

（4）在根据第（1）分部计算出的递延退休金津贴的换算价值少于雇员根据本法案缴纳的金额与这些金额的利息之和的情况下，该雇员可以提出以下要求：

（a）退还超过的部分，或

（b）转移超过第（1）分部计算出金额的部分。

（5）除去本部分的规定，超过《所得税法案（加）》所允许的最大额的部分，不能根据本部分进行任何的转移。

部门薪水的扣除与支付

9.（1）部门在每个支付期间应从每个雇员薪金中扣除下列数额并支付给退休金基金：

（a）扣除数额的7.4%等于或少于属于加拿大退休金计划的本年度退休金收入的最大额；

（b）雇员工资的9.6%超过属于加拿大退休金计划的本年度退休金收入的最大额；

（c）雇员的就业不包括在加拿大退休金计划之内，工资是与省达成协议或其他方式，则部门应当从省统一基金中，向退休金基金支付相当于上述雇员工资的 9.6% 的数额。

（1A）在第一部分，"部长"指雇佣服务员养老金计划的雇员的负责人；

（1B）在第一部分"相当数量的支付额"适用于雇员根据本法案向退休金基金支付的数额，但仅限于雇主供款匹配尚未提出的范围，并且应遵守任何明确的雇主供款限制，如：

（a）部长必须匹配所有由省的统一基金支付的省或学校的董事会雇员的供款；

（b）每一个雇主，其员工参与养老金计划，则雇主应当匹配这些供款和雇员。

（2）在 1980 年 6 月 5 日之前，由于年龄原因而无法向退休金基金供款的雇员以及在该日期之后必须向该基金供款的雇员，可以在 1981 年 6 月 5 日之前，选择以该员工在公共服务系统前期服务的时间作为计数，支付养老金基金，在部长的批准下一次性缴清或分期付款。该法案所要求的供款，其利息是总督会同行政局根据第 13 条规定确定的利息率或利率，并且应与前期服务相联系。第 13 条第 7 款比照适用于该雇员。

（3）尽管第一部分规定，1958 年 5 月 3 日在公共服务系统在职，并且为在条款规定的时间限制内向部长提出申请的员工，可以在其在职的任何时间从其全部工资中扣除。

（a）提示部长从所有工资中扣除供款，

（b）向财政部门支付，按照部长批准的方式一次缴清或分期付款。按照第（1）项的规定在 1958 年 5 月 3 日之后从雇员工资中扣除的数量，以及如果该员工已经按照第（1）项向部长提出申请将要缴纳的数额之间的差额，与该差额的利息（利率由总督会同行政局按照第 20 部分确定）一起，从该员工全部工资中扣除供款之日起开始计算。

（4）按照第（3）项规定扣除或向部门支付的数额应推定为在第（1）项下扣除的数量；部门应将其与相当数量的省统一基金一起支付给退休金基金。

（5）当遇有以下情况：

（a）与按照第（1）项的规定提交给部门的指示相一致，从 1958 年 5 月 3 日起供职于公共服务系统的雇员，其供款从其全部工资中扣除；

（b）在职雇员可以申请部门停止扣除其工资中超过 6000 美元部分的供款；

部门在收到申请后，应当不再对员工工资中超过 6000 美元的部分进行扣除，并应从退休金基金中，向雇员返还从 1958 年 5 月 3 日至今从雇员工资超过 6000 美元部分中扣除的总额。

（6）按照第（5）项提出申诉、已经停止扣除其工资中超过 6000 美元部分的供款，并已经收到按该条款计算的返还数额后，可以推定本法案的目的是保证在支付的扣除额中，没有任何一部分是来源于工资中超过 6000 美元的部分。

（7）尽管有第（1）项到第（6）项的规定，但部门不能从未满 18 岁的员工的工资中扣除任何数额。

（8）1935 年以前按照《新斯科舍省教师养老金法案》第 10 部分第（e）分部（该分部颁布于 1932 年法案第 48 章）确定的、向新斯科舍省教师退休基金缴纳的供款，连同应计利息，应立即转入按照本法案建立的退休金基金；寡妇、学校督学的子女、普通职业学校和农业学院的全职教师或教授以及持有大学学位的教育署的全职职工，不享有 1928 年前《新斯科舍省教师养老金法案》所规定的任何福利。

（9）在《省级财政法案》授权的方式下，部门可以对退休金基金进行投资。

（10）部长可卖出退休金基金的任何股票、债券或其他证券，任何出售的收益须按照未投资前的方式处理。

（11）部长应使用未投资款项每半年向养老金基金支付一次利息，以每年 4% 的利率或按照总督会同行政局每次规定的利率计算，减去任何可能已赚取利息后的数额支付。

盈余的影响

9A.（1）在本部分中，"盈余"意为在本法案的条件下，由部长确定并由独立精算师报告证实，退休金基金资产的精算价值超过了负债的精算价值。

（2）尽管其他成文法则中有关于养老金基金的盈余的规定，部门可以规定一段时间，介于 1997 年 4 月 1 日和 1999 年 3 月 31 之间，在此期间所有必需的支付和扣除是按照第 9 条第（1）项关于员工对于盈余之规定，规定有关于不应该要求雇员工作达到盈余的程度，如果规定，此类扣除和支付不该实施。

（3）第（2）项中所提到的"时间段"可以理解为已完成服务的时间段，也可理解为正在服务的时间和未来服务的时间。

（4）当第（2）项中所提到的"时间段"是代表正在服务和未来服务的时间时，若根据第 9 条第（1）项提出申请，则部门应当持续扣除和支付直至规定时间结束。

（5）在第（2）项中所提到的时间内或之后，部长应该从退休养老基金中返还工资扣除部分，该部分指的是保留在基金中有关规定期限内从该雇员劳务中扣除的部分并应该返还省级同一基金同样的金额。

（6）根据本部分确定的供款中，扣除额不会影响雇员的服务数量、雇员权利、每年退休津贴数量或其他任何权益，否则，将依据本法案对雇员进行支付。*1998，c. 13，s. 17.*

假期

10. 在本法案规定下，雇员未得到正式授权的以部分工资或无工资的形式的任何缺席，都不能计入津贴的服务期，以下情况除外：雇员向退休基金支付本段时间雇员全勤上班所得工资中应扣除数额与缺勤上班所得工资中应扣除数额之差再加上利息（利率由总督会同行政局按照第 20 部分确定）。*R. S.，c. 377，s. 10.*

供职 35 年以上供款扣减

11. 法定扣除额和政府补贴，除总督会同行政局另有指示外，不得对已经支付该补贴的工作年龄超过 35 年的雇员再次支付，但是，半年期法定扣除额利息支付应当继续。*R. S.，c. 377，s. 11；2004，c. 3，s. 43.*

基金资金不足

12. 如退休金基金在任何时候都不足以支付本法案所要求的数额，则部门应从该省统一基金中调拨一部分款项，以保证退休金基金的付款运作。*R. S.，c. 377，s. 12.*

年平均退休津贴数额

13.（1）在本部分中，"服务"是指雇员一段时间或一个时期内连续向退休金基金供款，并没有撤回它们。兼职员工按比例分配。

（2）向雇员支付的每年退休金津贴基于以下公式：

加总所有年份的 130.5 倍最高数额

以两周和整月为单位

或其中的某些部分，员工的服务的 2% X（X 为标准）

在此基础上，员工供职时间不超过 35 年

5

（其中月份按照年份的百分比表示）

（2A）如雇员依据第（2）项有权享有每年计算退休金津贴并且其供职时间少于 5 年，则该条款公式应调整为计算雇员每两周实际工资和供职时间；

（2B）雇员已供职 35 年和根据第 11 部分条款规定已经停止供款，利用第（2）项中公式，应该在确定员工最高而为的 130.5 倍双周薪酬，或其中的某些部分，雇员所赚取完成后，35 年后的服务，员工会做出贡献多年来一直赚取的薪金前 35 年的工龄。

（3）为计算雇员在公共服务系统供职年限，雇员应当计入：

（a）1 年之内雇员被认定为以退休补贴为目的的供职，根据理事会的政务局规定的数量从教师养老基金到转移退休养老基金，根据教师养老金法案的规定，

（b）1 年之内（省内任何大学全职教师的大学学年），如果本人向部长以书信形式提出申请，并且支付部长决定的由劳务带来的精算费用。

（4）在第（3）项的条件下，1954 年 4 月 14 日被雇佣的雇员所计入的年数，不得少于按照《1935 年法案》第 20 章颁布的在该款条件下所规定的授权年限。

（5）为计算供职年限，只有实际年数和整月供职能够计入供职年数。

（6）本部分为计算供职年数：

（a）1939 年 9 月 10 日开始，在战争时期雇员为参军休假，则该段时间应计为在省公共服务部门供职。

（b）为实施本法案，雇员在上述时期的薪金，应被视为在上述时期已被分次核实。

（c）在本款中，"军队"是指任何女皇陛下的海军、陆军或空军部队，加拿大皇家骑警，驻英国加拿大消防战士服务团（文职），美国的武装部队，法国战斗部队和其他任何由总督会同行政局指定的军队。

（7）本部分为计算供职年数，任何雇员在下列时期：

（a）受雇于公共服务系统；

（b）即将受雇于公共服务系统；

（c）曾经受雇于公共服务系统，并正在领取退休津贴或在本法案条件下即将被授权领取津贴；

（d）在第二次世界大战期间（1939 年 9 月 10 日起至 1947 年 9 月 30 日止）曾积极地服役于英国的武装部队，包括加拿大、英国或英联邦其他国家的军队；

（e）或者，朝鲜战争期间（1950 年 6 月 30 日起至 1954 年 1 月 1 日止）在朝鲜服役。

在员工向部门提出申请的基础上，该种供职应当被认定为在省公共服务部门供职；在雇员存入统一基金的基础上，雇员实际于 1986 年 4 月 1 日供款；或者雇员在 1986 年 4 月 1 日尚未供职，雇员提出申请的日期，根据理事会政务局监管下的收益率，从雇员开始成为退休基金的供款者日期起到选择供款的日期止（按照总督会同行政局按规定定期确定的利率或利息率计算的利息，从员工成为退休金基金供款人之日起至可选择是否供款之日止）。

（8）第（7）项中所提及的就服务而言的退休金津贴应当由省统一基金支付。

（9）第（7）项不适用于以下情况：雇员已经获得或即将获得另一法案或第（7）项所涵盖的退休金计划规定下的返款。

（10）本部分为计算供职年限，即雇员就职政府司法长官、首席书记和职员，地区法庭职员，契约书登记员或遗嘱登记员，或者以上工作的全职代表，应当计为在省公共服务部门供职。

（11）根据第（7）项获得战争津贴的人，以此种方式认定的额外的劳务，应该在计算有效津贴支付的首日考虑。*R. S. , c. 377, s. 13*；*1993, c. 39, s. 5*；*2007, c. 51, s. 8*.

最低退休津贴

14.（1）尽管本法案另有规定：

（a）在本法案规定条件下，在职雇员或退休雇员获得的年平均退休津贴不应当少于 120 美元乘以服务年限（不超过 20 年）所得总额；

（b）根据第（6）项或第（17）项，可以支付给任何人而非专属于雇员的任何津贴，应当按照本部分一直生效的条件计算。

（2）1988年1月1日及之后受聘的雇员以及根据本法案有资格获得退休津贴的雇员，有资格获得最低津贴，该津贴折算价值不低于该职员的供款总额加上以一定利率计算的利息，并由总督会同行政局以规例方式进行规定。*R. S.，c. 377，s. 14.*

退休津贴的整笔代替

15. 当根据本法案可支付的津贴的折算价值少于当年长奉收入最小额的2%时，在加拿大退休金计划的含义下，在其在职的最后一年，有权获得津贴的人，可以选择津贴折算价值一次性支付来代替津贴。*R. S.，c. 377，s. 15.*

退休年龄和日期

16. （1）（2）废除2003（第二次会议）c. 6，s. 1。

（3）雇员在正常退休日期后受聘，可以继续向退休金基金供款，直至其受聘结束或其达到71岁，根据本法案对于此类受聘的规定，此二者之一发生，则该雇员有权享受其应得权益。

（4）为雇员权益而做出的供款，应当在雇员达到71岁生日时截止；在本法案规定下，在雇员达到71岁时，该雇员有权获得退休金。

（5）任何达到60岁且就职5年以上雇员，可以从公共服务岗位退休。

（6）废除2002 c. 5，s. 53。

（6A）任何雇员，2001年1月1日及之后：

（a）是在职雇员；

（b）或者，曾经的雇员，是公共服务退休金计划的成员的，以及未在该计划下领取退休金的；

并且达到50岁、供职年限加上年龄达到80年以上者，根据本法案及规章规定，有资格获得退休津贴。

（7）雇员于1988年1月1日及之后受聘，并且：

（a）终止就业；

（b）年龄达到55岁；

（c）供职年限不少于2年；

有权获得提前退休津贴，并且该津贴价值应当实际等于该雇员的递延退休金补贴。

（8）尽管本法另有规定，但雇员应当在其选择的从公共服务岗位退休的月份的最后一天离职。

（9）尽管本法案包含的所有条款，雇员在 1980 年 6 月 5 日就职或在随后时间就职的，为本法案所指雇员；在公共服务部门供职不足 5 年、已达 65 岁或死亡的，是本法案所指雇员。依本法案条款规定，在退休时，其有权获得退休金补贴；若其死亡，该人的配偶、子女、抚养人有权获得该人的退休津贴。

（10）第（9）项之规定不是且不应当被解释为：某雇员、配偶、子女、家属有资格获得一份退休津贴；因此就没有资格再获得非此退休津贴的、第（7）项规定的雇员供款的支付额。*R. S.*，*c. 377*，*s. 16*；*1993*，*c. 39*，*s. 6*；*2002*，*c. 5*，*s. 53*；*2003*（*2nd Sess.*），*c. 6*，*s. 1*；*2007*，*c. 51*，*s. 9.*

获得退休金津贴期间死亡

17.（1）当雇员在领取退休金津贴期间死亡：

（a）留有配偶（在雇员退休前成为其配偶，或在 1958 年 5 月 1 日前成为其配偶），

该津贴的 2/3 应当支付给该配偶以维持生活。

（b）留有子女，其年龄低于：

（ⅰ）18 岁；

（ⅱ）或者，25 岁，同时子女正就读于总督会同行政局认可、规管的全日制教育机构，并且每年向财政部部长提交符合要求的出席证明，则该退休津贴的 10% 或更少的金额（当有资格的子女超过 3 人时）应当支付给该子女，并且直到子女达到该年龄，不超过上述关于应支付给这些子女的退休金津贴的 1/3。

如果雇员未留下第（a）款中所指配偶或第（a）款中所指配偶死亡，雇员本有资格获得的退休金津贴中的 2/3 应该支付给上述子女，以代替上述的 10% 或更少的金额（当有资格的子女超过 3 人时）的津贴。

（c）雇员未留下在其退休前或 1958 年 5 月 1 日前成为其配偶的人，以及未满 18 岁子女或未满 25 岁同时正就读于总督会同行政局认可、规管的全日制教育机构，并且每年向财政部部长提交符合要求的出席证明的子女，但留有家属，该津贴的 2/3 应当支付给该家属以维持生活。

（2）废除 1993，c. 39，s. 7。

（3）根据本法案，由于雇员死亡且未留下有资格获得退休津贴的人员而被停止支付的退休津贴，雇员本身和其配偶、子女及家属应获得的总额，应当合计起来，若所支付的退休金总额少于其供款总额加上按照规定利率计算的利息之和，则此二者之间的差额应当支付给该雇员所在居住地或该雇员指定受益人。

（4）尽管本法案有任何其他规定，但当享受退休津贴的人死亡时，其津贴应支付到该人死亡当月的最后一天。

（4A）根据本条规定向雇员子女支付的退休津贴，应当支付至该子女达到 18 岁或 25 岁（无论适用哪条）当月的最后一天。

（5）当一人在雇员退休后成为其配偶，并且赡养该雇员，则根据第（1）项之规定，如果该人在该雇员死亡前至少 3 年成为其配偶或成为子女的抚养人，该配偶、该配偶的一个子女或该配偶与该雇员的一个子女，有权获得其退休津贴的一部分。

（5A）废除 2007，c. 51，s. 10。

（6）当留存的配偶或子女获得第（5）项规定的退休津贴时，则不能再获得第（1）项第（c）款规定的津贴。*R. S.*，*c. 377*，*s. 17*；*1993*，*c. 39*，*s. 7*；*1995—96*，*c. 24*，*s. 1*；*1998*，*c. 13*，*s. 18*；*2007*，*c. 51*，*s. 10.*

对配偶的支付

17A.（1）尽管第 17 条的相关规定，当根据第 17 条规定已经开始领取退休津贴的雇员，在 1998 年 7 月 1 日及之后死亡，并且是在退休后 5 年内，其未亡配偶，在剩余 5 年内，依据第 17 条第（1）项第（b）款应该从死者死亡日起得到退休津贴。

（2）为更加明确，第 17 条第（1）项第（a）款和第（b）款适用于第（1）项提及的日期之后。*1998*，*c. 13*，*s. 19.*

特定情况下的退休津贴

18.（1）废除 2007，c. 51，s. 11.

（2）凡雇员在公共服务系统供职 10 年以上（包括 10 年），以及：

（a）在退休津贴可以或能够发放该雇员之前，该雇员由于部门或职位被取消而退休，或由于该雇员已经或即将被解雇；

（b）根据本法案，已从该雇员工资中扣减的总额尚未退还给该雇员本人或其代理人；

总督会同行政局可以命令实施支付行为；

（c）由于健康欠佳或身体残疾而提前从岗位上退休；

（d）在该雇员已达到60岁；

（e）或者，年龄达到55岁，且供职年限与年龄之和达到85年；

在雇员死亡时，或对于该雇员的配偶、子女或亲属，该雇员的退休金津贴将支付给其本人或上述继承人，原本该支付给该雇员或配偶、子女或亲属，如果雇员死亡或由于健康状况变糟、年龄等原因从公务岗位上退休。

（3）当发生下列情况：

（a）任何一位雇员在公共服务系统供职超过10年（包括10年）；

（b）在退休津贴可以或能够发放前辞职；

（c）根据本法案，已从该雇员工资中扣减的总额尚未退还给该雇员本人或其代理人；

（d）由于健康欠佳或身体残疾无法供职；

（e）达到60岁；

（f）年龄达到55岁，且供职年限与年龄之和达到85；

在雇员死亡时，或对于该雇员的配偶、子女或亲属，该雇员的退休津贴将支付给其本人或上述继承人，原本该支付给该雇员或配偶、子女或亲属，如果雇员死亡或由于健康状况变糟、年龄等原因从公务岗位上退休。

（4）当一位雇员已经获得本法案的规定下的退休津贴，及当该雇员向退休金计划供款超过10年上，但仅用供职年限的一部分来确定其津贴的数额时，向该雇员支付的津贴，应当一部分源于退休金计划，一部分源于省统一基金；并且，源于退休金计划中的支付额不应当占全部的较大比例，不大于雇员向基金供款的年数，从而决定雇员津贴的数额。

（5）对1986年4月1日及之后就职的雇员而言，应当仔细阅读第（2）项、第（3）项、第（4）项、理解并考虑，如"5"在某处出现时是用于代替"十"。

（6）尽管有第（5）项之规定，对1988年1月1日之后就职的雇员而言，应当仔细阅读、理解并考虑第（2）项、第（3）项、第（4）项，如"24个月"在某处出现时是用于代替"10年"。*R. S. , c. 377, s. 18; 1993, c. 39, s. 8; 2007, c. 51, s. 11.*

分期按月支付津贴

19. 支付给任何雇员或雇员配偶、未成年子女或家属的津贴，应当在部长批准后按月支付。*R. S.，c. 377，s. 19.*

总督会同行政局的权利

20. 除本法案赋予权力的其他机构，总督会同行政局可借枢密院令：

（a）在发放本法案规定的任何退休金津贴前，须提交相关证明；

（b）决定是否以及在何种程度上和在什么条件下：

（ⅰ）为省以外其他任何雇主工作，应当被视为在省公共服务部门供职；

（ⅱ）转移或付款可能源于退休金基金或省统一基金中与退休基金有关的部分，而非省公共服务，该部分与每个接受雇佣的退休雇员的劳务相关；

（ⅲ）出于本法案的目的，某一类人或受雇于公共服务系统的人应当被视为即将是或已经是在职雇员；

（ⅳ）有资格获得退休金的人员由于未达 19 岁，或由于体弱、疾病或其他原因而生活不能自理，退休金可以支付给由总督会同行政局指定的该类人的保管人。

（c）在本法案条件下支付的年平均退休金津贴之外或支付的额外津贴，由总督会同行政局视生活消费情况以规定的方式来确定。

（d）订立如下规例：

（ⅰ）出于本法案的目的，规定一个比例或比率并按相同的方式计算利息；

（ⅱ）指定任意人员或某类人员作为特殊的一类，建立最高薪金，并从中扣减由部长规定并支付给退休金基金的数额；

（ⅲ）本法案条件下，规定供款年限可以被用来确定支付的退休津贴；

（ⅳ）出于本法案的目的，认可教育机构的资格；

（ⅴ）固定付款期限及确定购买优先服务的条款和条件；

（ⅵ）出于本法案目的，规定一类或几类兼职雇员成为正式雇员，并规定该类雇员向退休金基金供款的计算方式，决定其获得退休金资格的供职的计算方式，以及决定其退休金数额的供职年限工资的计算方式；

（ⅶ）为任何更好地执行该法案的目的。*R. S.，c. 377，s. 20.*

雇员从公共机关转入或转出

21.（1）在本部分，"公共机关"指加拿大政府或加拿大的任意省份、城市、注册镇、市政法令适用的市、公共机关、经营大学、医院或公共机构的机关，包括有关当局；根据本法案一个或多个部门、公司、机构的代表应被视为公共机关。

（2）总督会同行政局可以授权部长制定、进入和执行与公共机关达成的关于雇员转移和受雇于公共机关的协议。

（3）根据第（2）项达成的协议可以规定条款和条件，在这些条款和条件规定下支付额将从退休金基金或省统一基金中支付。

（4）适用于被公共机关雇佣的人员的公共机关养老金或退休金计划，提供与本法案条件下大致相当的权益，并允许对该类人员发放信贷，总督会同行政局可以借枢密院令从退休金基金或省统一基金中支付该类款项，以及对本法案条件下的雇员和受雇于公共机关的人员发放信贷。*R. S.*, *c. 377*，*s. 21.*

强制性公积金

22. 对于上文中提及的对之授予退休津贴的任意雇员，公积金是强制的，并且这种强制不应当被视为是对该雇员的谴责。*R. S.*，*c. 377*，*s. 22.*

总督会同行政局的测定

23. 对于本法案适用性上的问题，例如对于在公共服务系统供职的任意个人或某类人的适用，以及奖金的价值和其他包括在雇员薪金中的利益的适用，同样应由总督会同行政局来确定。*R. S.*，*c. 377*，*s. 23.*

法案的不适用情况

24. （1）根据第（2）项之规定本法案不适用于下列情况：雇员正在收到或有资格收到或在将来某一日期有资格收到任意其他法案或由省提供资金的资源所规定的退休津贴，

（2）正在接受退休津贴的人员其"就业"是由《教师退休金法案》所定义，则在本法案规定下，就该人或该人的供职而言的退休津贴，不应当因该人的就业或上述法案适用于该人的情况而终止；但是，在该人这种就业情况下，不应当考虑计算根据本法案计算的退休金或根据《教师退休金法案》计算的养老金。*R. S.*，*c. 377*，*s. 24.*

视为雇员的情况

25. 出于本法案的目的，下列人员被视为是或曾经是省公共服务系统的雇员：

（a）消防长官和代表、视察员，以及消防长官办公室的非暂时雇佣的办公室人员和文员；

（b）正在接受根据本法案所规定的利益或有权获得本法案规定的递延利益的所有新斯科舍省电力公司的前雇员；

（c）废除 1992，c. 11，s. 42；

（d）新斯科舍省公共档案馆董事会的全职雇员；

（e）新斯科舍省酒业公司的所有成员以及非暂时雇佣的雇员。*R. S.，c. 377，s. 25；1992，c. 8，s. 34；1992，c. 11，s. 42；2007，c. 51，s. 12.*

其他视为雇员的情况

26. 每个学校的督学、省师范学院或农业学院的每个全职教师或教授以及教育署在 1935 年 3 月 11 日受雇于公共服务系统的持有大学学位的全职雇员，被视为本法案条件下的雇员。*R. S.，c. 377，s. 26.*

配偶间退休金的分配

27.（1）在本部分：

（a）"法院"指最高法院审判庭；

（b）"婚姻存续期间所得津贴"指在下列期间赚取的津贴的规定比例：

（ⅰ）婚姻存续期间；

（ⅱ）作为雇员的配偶或其他人同居 3 年或以上；

（ⅲ）或者，作为雇员的配偶或其他人同居持续时长即将超过雇员的婚姻持续时长；

按照本条例的规定。

（2）当一位雇员有资格获得一份退休金津贴和：

（a）离婚请愿的备案；

（b）申请无效声明的备案；

（c）或者，雇员与其配偶已经分开居住并且没有恢复同居的合理的前景预测；

该雇员配偶可以向法院申请分配雇员在婚姻存续期间赚取的退休津贴。

（3）考虑到所有的情况，法院可以命令雇员的配偶该当获得不超过婚姻存续期间赚取的津贴的一半。

（4）根据本条规定，由法院规定婚姻存续期间退休津贴的分配。

（a）配偶有权获得的基于婚姻分离的退休金津贴，从以下日期中最早的开始：

（ⅰ）津贴开始支付给雇员的日期；

（ⅱ）该雇员的正常退休日期；

（ⅲ）雇员根据第16条第（6A）项第（b）款或第18条之规定，即将有资格获得津贴的日期。

（b）在雇员根据第8条第（1）项规定有权获得退休津贴的基础上，配偶有权要求部长支付根据该款规定的津贴的折算价值。

（c）若配偶在收到津贴前已死亡，则雇员配偶所在地方（the estate）有权获得资金返还的数额等于雇员供款加上该配偶在婚姻存续期间应获得的津贴的比例部分所得利息。

（d）在本法案或规例条件下，雇员原配偶之后的配偶无权获得任何津贴或其他利益。

（e）配偶的津贴不受雇员死亡的影响。

（f）雇员的津贴不受配偶死亡的影响。

（g）部长应按照规定向雇员配偶提供信息。

（5）除非本法案或规例另有规定，法院规定的婚姻存续期间的津贴的分配，并不意味着雇员配偶有权获得本法案或规例条件下的利益。

（6）本条不排除根据《婚姻财产法案》第13条（该条规定每个配偶分配的本法案或规例条件下的任何养老金、津贴或其他利益的价值）规定的财产的分配，因此，由于婚姻关系的终止，雇员配偶将失去获得津贴的机会；并且由于此原因而发生财产分配不均时，第（1）款到第（5）项不适用。*R. S.，c. 377，s. 27；1998，c. 13，s. 20；2007，c. 51，s. 13.*

豁免扣押和不可转让

28. 根据第27条，任意雇员在本法案的退休金基金和本法案条件下享有的退休津贴中的利益，除无法说明公共资金的账目外，不受扣押、查封、没收和任何法律程序的约束，并且不可转让。*R. S.，c. 377，s. 28.*

省费报销

29. 对于董事会、委员会、基金会、专门机构、协会或其他团体，根据某法规的规定一项付款被政府或部长直接纳入退休金基金，或根据某法规的规定一份退休金津贴或其他资金直接由省统一基金付出，则无论是否为法人机构，该团体均应向省报销上述付款、退休金津贴或其他资金。*R. S.，c. 377，s. 29.*

部长提供的资料

30. 部长应向每位适用本法案的雇员以书面形式提供：

（a）本法案之条款适用于该雇员的解释；

（b）本法案规定的该雇员权利和义务的解释；

（c）关于雇员的供款、提供给雇员的福利，本法案以及自上次声明后可能影响雇员权利或义务的规例的任何修订的年度报告。*R. S. , c. 377，s. 30.*

第二部分

本部分释义

31. 在本部分：

（a）"加拿大退休金计划"指，加拿大退休金计划或出于本部分的目的由总督会同行政局声明作为加拿大退休金计划的类似计划所提供的退休金计划；

（b）"雇员"指被省最高领导人或其代理人雇佣的人员。*R. S. , c. 377，s. 31.*

协议

32. 总督会同行政局可订立或授权一项协议，大意是出于加拿大退休金计划的目的，从协议规定的特定日期（该日期简称为"协议生效日期"）起，被省最高领导人或其代理人雇佣是一种长奉就业。*R. S. , c. 377，s. 32.*

与加拿大退休金计划整合

33. 总督会同行政局可以将本法案的运作和效应与加拿大退休金计划整合，可以进行所有的行为，可以在其认为有必要或附带于该目的并且不限制前述的一般性时，订立规例。

（a）该法案规定下的雇员的供款总数的拨出额全部或部分，依照加拿大养老金计划；

（b）法案规定下财政部从款项总数中拨出额进入养老基金全部或部分，需要依照加拿大养老计划；

（c）要求一位雇员的供款与加拿大退休金计划要求的数额相一致，

并且本法案第一部分未对该数额做出规定；

（d）要求并授权财政部支付的数额与加拿大退休金计划要求的数额相一致，并且不是本法案规定的由财政部支付并由退休金基金拨出；

（e）法案规定下变化款项总额要求雇员和财政部支付给退休养老基金；

（f）法案规定下支付额和津贴的变动需要雇员本人，或其配偶、子女、继承人在其退休或者死亡后完成；

若对雇员、雇员的遗孀或家属的应付退休津贴，及加拿大退休金计划就该雇员作为省最高领导人或其代理人的雇员的支付额一起，应不少于本法案第一部分条件下应付退休金津贴数额。*R. S.*，*c. 377*，*s. 33.*

扣减和支付

34. 从协议生效日期起或之后，财政部被授权从省最高领导人或其代理人的雇员的薪金或工资中扣除相当于加拿大退休金计划要求雇员应支付的金额，并且与加拿大退休金计划要求的时间、方式相同；财政部也被授权支付与作为省最高领导人或其代理人的雇员相关的费用，并采取与加拿大退休金计划所要求相同的时间、方式及按照加拿大退休金计划可以要求雇主支付的相同的金额。*R. S.*，*c. 377*，*s. 34.*

长期残疾计划

35.（1）根据《公务员集体谈判法案》，总督会同行政局在财政部及管理公务员法的部长的建议的基础上，可以订立规例来实施一项长期残疾人员收入持续计划，并且在不限制前述一般性情况的条件下可订立规例，以：

（a）确定由雇主或雇员提供的供款；

（b）决定是否以及在何种程度上、在什么条件下，一位收到长期残疾人员收入的个人被视为本法案目的（包括设定最高工资并从其中扣减应支付给退休金计划的数额）下的雇员；

（c）确定该计划下应支付福利的条件；

（d）确定该计划下应支付福利的计算方法和数额；

（e）整合该计划下应支付福利与加拿大退休金计划下残疾人福利，或整合该计划下应支付福利与本法案下残疾人福利，或整合该计划下应支付福利与上述二者；

（f）提供该计划下应支付福利的指标。

（2）在本法案条件下，收到长期残疾人员收入持续计划下的福利时期被视为供职于省公共服务机关，总督会同行政局可以订立规例整合本法案下的计划，并且在不限制前述一般性情况的条件下可订立规例以确定本计划下接受该福利的雇员应得的薪金或平均薪金。

（3）根据本部分应支付的长期残疾人员收入可以代替或与本法案其他条款规定的由于健康欠佳或身体残疾而对其支付的退休金津贴整合，但是一定不能少于上述退休金津贴。*R. S. ，c. 377，s. 35.*

要求行使本法案条件下的权力

36.（1）对一个部门的部长或主管人员而言，当总督会同行政局应当行使归属于本法案的权力时，该部长或主管人员应制作一份这一事实的报告，包括可能与财政部门有关的材料；

（2）在收到根据第（1）项制作的报告时，根据本法案相关条款之规定，财政部长应当向总督会同行政局提交一份报告，以建议上述人员提出的要求的实施情况。*R. S. ，c. 377，s. 36.*

第三部分

兼职雇员退休金计划

37.（1）对于兼职雇员省长委员会可制定自愿退休金计划。

（2）第（1）项所载总督会同行政局的权力应当是法案规例含义下的规例。*R. S. ，c. 377，s. 37.*

第四部分

本部分释义

38. 在本部分中，

（a）"雇员"指退休金计划方案中的一名成员；

（b）"退休金计划"指根据本法案建立的公务员退休金计划；

（c）"教育委员会"指根据《教育法案》定义的教育委员会。*2004，c. 3，s. 44；2007，c. 51，s. 14.*

获退休金津贴权利

39. 除第 41 条另有规定外，其中雇员退休或者依照退休金计划条款已经退休并且根据养老金计划的条款且未参照《所得税法案（加）》最高退休金的规定来计算的退休金比《所得税法案（加）》制定的最高退休金规定更好，雇员享有退休津贴等于这两种规定之差，根据同样的条款和条件就如同依照退休金计划的规定和《所得税法案（加）》。*2004，c. 3，s. 44.*

支付退休津贴

40. 根据第 39 条所制定的退休津贴应该支付给：

（a）省或教育委员会所雇佣的雇员，从省统一基金中支付；

（b）或者，除了省或教育委员会由其他雇主所雇佣的雇员。*2004，c. 3，s. 44.*

雇主的退休金缴款

41. 尽管在这个法案中包含了所有的情况，但由省或其他雇主根据雇员制定的退休金缴款应该针对那些达到一定程度的工资，其缴款的额度根据《所得税法案（加）》制定的最高退休金规定来计算。*2004，c. 3，s. 44；2007，c. 51，s. 15.*

第 39 条应用

42. 尽管第 39 条和第 40 条第（b）款，除了省或教育委员会以外的雇主可以手写的形式建议部长，任何时刻第 39 条不适用于其雇员，在该种情况下，退休金计划缴款的限制参考第 41 条应用于雇主和雇员。

规则

43.（1）省长委员会可以制定规则：

（a）有关这部分的退休金津贴的支出；

（b）定义在这部分使用的任何文字或表达；

（c）必要的或建议的高效率的执行这部分意图和目的。

（2）第（1）项所载总督会同行政局的权力应当是法案规例含义下的规例。

（3）根据该部分指定的法规应该在操作中有追溯力，不早于 2000 年 1 月 1 日。*2004，c. 3，s. 44.*

后　记

　　20世纪90年代初，中国开始构建社会保障制度。经过七八年的努力，到20世纪末21世纪初，社会保障制度经历了一个政策密集发布和制度快速建设的历史时期，各项社会保障制度逐步建立起来。进入21世纪以来，社会保障制度建设进入快速成长期。截至目前，中国已经建立起覆盖人数和支付规模相当可观的社会保障制度，取得了令世人瞩目的伟大成就。但总体来看，中国社会保障制度相关法律体系仍需要不断完善和调整，亟须借鉴国外一些国家社会保障法律法规作为参考。

　　2009年12月，中国社会科学院世界社保研究中心受中华人民共和国人力资源和社会保障部基金监督司（现中华人民共和国人力资源和社会保障部社会保险基金监督局）委托，牵头分别组建了中国社会科学院世界社保研究中心项目组和中国政法大学项目组，共同完成了部分国家的社会保障法律的翻译工作。此后的半年多时间里，在人力资源和社会保障部基金监督司的领导下，两个项目组共十余人，多次开展交流活动，密切合作，互通有无，团队成员付出极大的努力，初译了筛选的相关国家社会保障法律文件。后期又通过几次封闭式研讨，对中英文逐句对照校对，规范了大量的法律词汇和社会保障专业词汇，最终翻译国外社会保障法律共16部。但由于经费等原因，这些翻译稿件一直没有公开出版发行。

　　几年来，中国社会科学院世界社保研究中心越来越认识到，了解和借鉴国外社会保障法律法规具有极大的理论和现实意义。因此，2015年7月再次启动该项工作，增选翻译了多部经典的国外社会保障法律并顺利完成。对本译丛的出版起关键性推动作用的是，2015年4月在北京郊区开会时得到了中国社会科学院科研局局长马援同志的支持，从而纳入中国社会科学院创新工程学术出版资助项目之中，获得近百万元的资助，使这套几百万字的译丛"起死回生"。从那时到现在，两年多时间过去了，终于迎来了付梓面世的这一刻。应该说，20世纪建立社会保障制度至今尚未有专业翻译出版的国外社会保障法律的丛书，这套译丛的出版填补了这一空白。为此，对中国社会科学院的支持、对马援局长的伯乐精神表示衷心感谢！

本译丛的出版历时两期、跨度长达8年，如今能够顺利出版发行，实属不易。这不仅是翻译团队成员努力的结果，与政府、学界和企业界等各方的大力支持也分不开。

其一，要感谢中华人民共和国人力资源和社会保障部原副部长、中国社会保险学会会长胡晓义先生的支持和指导，是他在2009年催生了这个宏大的翻译项目。还要感谢人力资源和社会保障部基金监督司原司长陈良先生，在他的直接指导下，这个项目才得以集中社会力量进入实际操作层面。另外，还要重点感谢基金监督司林志超处长，他在2009年启动的第一期翻译工作时，多次亲自组织团队成员进行封闭式研讨，并提出了很多建设性意见；在此期间，翻译团队还得到了胡玉玮和肖宏振等专业人士的大量建议，这些都为第二期翻译工作的顺利开展奠定了坚实的基础。

其二，要感谢中国证券投资基金业协会的支持。由于这套译丛是开放式的，不断增加新的翻译内容就意味着需要不断地增加出版经费。在中国证券投资基金业协会的倡议和资助下，增加了新的法律文件翻译，为此，这里要感谢洪磊会长和钟蓉萨副会长的支持，钟蓉萨副会长还在百忙中多次询问这个项目的进展情况。黄钊蓬、靳珂语、胡俊英和姚竣曦等其他同志都积极参与了翻译和出版的协调工作，为此，他们付出了大量汗水。

其三，要感谢中国社会科学出版社赵剑英社长的支持。重大项目出版中心王茵主任多次抽出宝贵时间参加翻译合同的草拟和协调工作，为本译丛的顺利出版花费了大量时间。重大项目出版中心王衡女士，作为主要协调人和责任编辑，与译丛出版所涉及的多个单位和部门做了大量沟通工作，使得出版工作顺利开展。

其四，要感谢中国政法大学的胡继晔教授的热情参与和敬业精神。胡继晔教授既是社会保障专家，在法律研究上也颇有造诣，与他合作，使得整个翻译团队工作效率更高，水平大幅提升。在他的指导下，中国政法大学项目组所有成员保质保量的完成了大量翻译工作，为出版工作争取了宝贵时间。

其五，感谢西北大学的校译团队，他们的教学和学习任务重，却欣然承担了《美国社会保障法》三卷200多万字的校译工作，专业又高效。这支团队由西北大学公共管理学院社会保障学系系主任许琳教授率领，唐丽娜副教授负责，成员有朱楠副教授、杨波老师，以及硕士研究生高静瑶、贺文博、杨娜和赵思凡。感谢校译者们的辛勤付出。

最后，还要感谢中国社会科学院世界社保研究中心团队的诸多同事。从2009年开始，中心副秘书长齐传钧博士就一直负责这个项目的组织和联络工作，后来，张盈华博士也加入进来。房连泉博士和高庆波博士等为这个项目也做出了很多努力，包括董玉齐和闫江两位同志。因此，对中国社会科学院拉丁美洲研究所和中国社会科学院美国研究所的支持表示感谢，同时也要感谢拉美所的吴白乙和王立峰两位老同事，以及美国所的孙海泉、郭红和陈宪奎等同事。

这套译丛是开放式的，目前出版了六卷，即将出版的还有两卷德国的社会保障法律。之后，这套译丛将不断"扩容"，尤其那些具有重要意义的社会保障法律，欢迎业内同行踊跃推荐。愿这套译丛成为中国社会保障工作者案头的一部重要工具书。

翻译社会保障法律不仅需要较高的外语翻译水平，还需要具有社会保障专业知识和法律知识，所有这些对翻译者和校对者都是极大的挑战和考验。因此，尽管所有参与者付出了极大的艰辛和努力，但由于时间、水平和理解等诸多方面的原因，本译丛中存在的错误、遗漏和不当之处在所难免，敬请读者批评指正。

郑秉文

中国社会科学院世界社保研究中心主任

中国社会科学院美国研究所所长

2017年6月12日